FAIRE L'EUROPE
SANS DÉFAIRE LA FRANCE

60 ANS DE POLITIQUE
D'UNITÉ EUROPÉENNE DES
GOUVERNEMENTS ET DES PRÉSIDENTS
DE LA RÉPUBLIQUE FRANÇAISE (1943-2003)

P.I.E.-Peter Lang

Bruxelles · Bern · Berlin · Frankfurt am Main · New York · Oxford · Wien

EUROCLIO est un projet scientifique et éditorial, un réseau d'institutions de recherche et de chercheurs, un forum d'idées. EUROCLIO, en tant que projet éditorial, comprend deux versants : le premier versant concerne les études et documents, le second versant les instruments de travail. L'un et l'autre visent à rendre accessibles les résultats de la recherche, mais également à ouvrir des pistes en matière d'histoire de la construction/intégration/unification européenne.

La collection EUROCLIO répond à un double objectif : offrir des instruments de travail, de référence, à la recherche ; offrir une tribune à celle-ci en termes de publication des résultats. La collection comprend donc deux séries répondant à ces exigences : la série ÉTUDES ET DOCUMENTS et la série RÉFÉRENCES. Ces deux séries s'adressent aux bibliothèques générales et/ou des départements d'histoire des universités, aux enseignants et chercheurs, et dans certains cas, à des milieux professionnels bien spécifiques.

La série ÉTUDES ET DOCUMENTS comprend des monographies, des recueils d'articles, des actes de colloque et des recueils de textes commentés à destination de l'enseignement.

La série RÉFÉRENCES comprend des bibliographies, guides et autres instruments de travail, participant ainsi à la création d'une base de données constituant un « Répertoire permanent des sources et de la bibliographie relatives à la construction européenne ».

Sous la direction de

Éric BUSSIÈRE, Université de Paris-Sorbonne (France),
Michel DUMOULIN, Louvain-la-Neuve (Belgique),
& Antonio VARSORI, Universitá degli Studi di Firenze (Italia)

FAIRE L'EUROPE
SANS DÉFAIRE LA FRANCE

60 ANS DE POLITIQUE D'UNITÉ EUROPÉENNE DES GOUVERNEMENTS ET DES PRÉSIDENTS DE LA RÉPUBLIQUE FRANÇAISE (1943-2003)

Gérard BOSSUAT

Euroclio n° 30

Livre publié avec le soutien de l'Unité mixte de recherche IRICE (Paris-I, Paris-IV, UCP, CNRS), de la Chaire Jean Monnet d'histoire de l'UCP (Université de Cergy-Pontoise) et de la Communauté d'agglomération de Cergy-Pontoise.

© P.I.E. PETER LANG S.A.
Éditions scientifiques internationales
Bruxelles, 2005 – 2e tirage 2006
1 avenue Maurice, B-1050 Bruxelles, Belgique
info@peterlang.com ; www.peterlang.com

ISSN 0944-2294
ISBN 13 : 978-90-5201-249-0
ISBN 10 : 90-5201-249-0
D/2005/5678/13
Imprimé en Allemagne

Information bibliographique publiée par « Die Deutsche Bibliothek »

« Die Deutsche Bibliothek » répertorie cette publication dans la « Deutsche National-bibliografie » ; les données bibliographiques détaillées sont disponibles sur le site http://dnb.ddb.de.

Table des matières

Liste des abréviations

ABC	Armes atomiques, bactériologiques et chimiques
ACP	Pays d'Afrique, Caraïbes, Pacifique
AEE	Association économique européenne
AELE	Association européenne de libre-échange
AIE	Agence internationale de l'énergie
AIR	Autorité internationale de la Ruhr
AKP	Parti de la justice et du développement (Turquie)
BCE	Banque centrale européenne
BEI	Banque européenne d'investissements
BERD	Banque européenne pour la reconstruction et le développement
BIRD	Banque internationale pour la reconstruction et le développement
CAEM	Conseil d'aide économique mutuelle
CAEUE	Comité d'action pour les États-Unis d'Europe
CDU	Christlische Democratische Partei
CEA	Commissariat à l'énergie atomique
CECA	Communauté européenne du charbon et de l'acier
CED	Communauté européenne de défense
CEE	Communauté économique européenne
CEEA	Communauté européenne de l'énergie atomique
CEI	Communautés des États indépendants
CES	Conseil économique et social
CFLN	Comité française de la libération nationale
CGT	Confédération générale des travailleurs
CIG	Comité intergouvernemental (en 1956)
CIG	Conférence intergouvernementale
CJCE	Cour de justice des Communautés européennes
CNF	Comité national français
CNPF	Conseil national du patronat français
COREPER	Comité des représentants permanents

CPE	Communauté politique européenne
CSCE	Conférence pour la sécurité et la coopération en Europe
CTCE	Conseil tripartite de coopération économique
DM	Deutsche Mark
DOM	Départements d'outre-mer
ECA	European Cooperation Administration
ECOFIN	Conseil des ministres de l'Économie et des Finances de l'Union européenne
ECU	European Currency Unit
EDF	Électricité de France
EEE	Espace économique européen
EFTA	European Free Trade Area
Euratom	Communauté européenne de l'énergie atomique (CEEA), Europe atomique
Eurêka	European Research Coordination Agency
EUROPOL	Office européenne de police
FDES	Fonds de développement économique et social français
FECOM	Fonds européen de coopération monétaire
FED	Fonds européen de développement
FEDER	Fonds de développement régional
FEDOM	Fonds européen de développement de l'outre-mer
FEOGA	Fonds européen d'orientation et de garantie agricole
FMI	Fonds monétaire international
FRR	Force de réaction rapide
G7	Groupe des 7 pays les plus industrialisés
GATT	General Agreement on Tariffs and Trade
GDF	Gaz de France
GFIM	Groupements de forces interarmées multinationales
GPRF	Gouvernement provisoire de la République française
IRBM	Intermediate Range Balistic Missiles
MRP	Mouvement des républicains populaires
MCM	Montants compensatoires monétaires
NATO	voir OTAN
OCDE	Organisation de coopération et de développement économiques
OECE	Organisation européenne de coopération économique
OMC	Organisation mondiale du commerce

ONU	Organisation des Nations unies
OPEP	Organisation des pays exportateurs de pétrole
ORA	Organisation de résistance de l'armée
OSCE	Organisation pour la sécurité et la coopération en Europe
OTAN	Organisation du traité de l'Atlantique Nord
PAC	Politique agricole commune
PCF	Parti communiste français
PECO	Pays d'Europe centrale et orientale
PESC	Politique étrangère et de sécurité commune
PIB	Produit intérieur brut
PLT	Plan à long terme
PNB	Produit national brut
POM	Pays d'outre-mer
PS	Parti socialiste
PSU	Parti socialiste unifié
PTOM	Pays et territoires d'outre-mer
RDA	Rassemblement démocratique africain
RDA	République démocratique d'Allemagne
RFA	République fédérale d'Allemagne
RFY	République fédérale de Yougoslavie
RNPG	Rassemblement national des prisonniers de guerre
RPR	Rassemblement pour la République
SFIO	Section française de l'Internationale ouvrière
SGCI	Secrétariat général du Comité interministériel chargé des questions de coopération économique européenne
SME	Système monétaire européen
SMI	Système monétaire international
SPD	Socialistische Partei Deutschland
TEC	Tarif extérieur commun
TOM	Territoires d'outre-mer
TVA	Taxe à la valeur ajoutée
U-235	Uranium 235
UDF	Union pour la démocratie française
UE	Union européenne
UECE	Union européenne de coopération économique
UEM	Union économique et monétaire

UEO	Union de l'Europe occidentale
UEP	Union européenne des paiements
UESD	Union européenne de sécurité et de défense
UK	United Kingdom
UMP	Union pour un mouvement populaire
ZLE	Zone de libre-échange

PARTIE I

L'ENGAGEMENT DE LA FRANCE

INTRODUCTION

Le désir d'unité

Les gouvernements et le peuple français veulent-ils l'unité de l'Europe ? Plus que les Anglais répondra-t-on sans doute. Est-ce si sûr ? Les Français vivent encore sur le mythe d'une France gaulliste hautaine vis-à-vis des Communautés européennes et sur celui de la lumineuse proposition Schuman du 9 mai 1950.

Comment expliquer ces paradoxes ?

Le travail de l'historien

La réponse se trouve dans les archives d'État, privées ou européennes communautaires, dans la fréquentation des écrits des responsables de la politique européenne de la France sur plus d'un demi-siècle. À travers les textes présentés aux lecteurs – documents d'archives, témoignages, discours, lettres personnelles, articles de presse – nous espérons leur donner l'envie d'aller au-delà du mythe de la construction européenne.

Il est encore impossible de disposer de tous les fonds publics ou privés qui permettraient de brosser un tableau exhaustif des politiques d'unité européenne des Gouvernements français. Si les archives sont bien ouvertes selon la règle des trente ans après les événements, notre propos est d'aller jusqu'à la période la plus récente, 2004. Aussi faut-il utiliser les textes officiels ou de presse, et bien sûr les extraits de *Mémoires* qui éclairent les intentions des politiques, tout autant que les archives orales.

Cependant, pour la période allant de 1943 à 1973 et par rapport aux publications antérieures de documents sur les affaires européennes[1], il nous a paru intéressant de nous appuyer sur des documents puisés dans les fonds d'Archives publiques et privées. Cette approche de la politique à partir de sources brutes a des inconvénients – une perception trop analytique de l'événement – mais des avantages certains – la fraîcheur de l'événement et, peut-on espérer, une meilleure crédibilité historique. L'historien et le lecteur en attendent une meilleure compréhension d'une situation puisqu'il s'agit souvent de notes commandées par un ministre pour l'éclairer sur la décision à prendre.

---

[1] On lira avec profit de LIPGENS W. (ed.), *Documents on the History of European Integration, vol. 2, Plans for European Union in Great-Britain and in Exile, 1939-1945*, Berlin-New York, De Gruyter, 1986.

Loin de nous l'idée de vouloir diminuer l'importance des sources officielles et de presse, mais on appréciera de pouvoir entrer dans les bureaux
et les cabinets où se prennent les décisions. Que ces documents confirment les réticences de l'Administration française au sujet du marché
commun est un fait, mais on comprend mieux aussi les raisons de ces
hésitations qui sont finalement celles de l'opinion publique. Monnet et
Schuman, en mai 1950, profitent d'une vague qui ne doit rien au hasard,
ce qui ne diminue pas le mérite de Monnet d'avoir compris l'esprit du
temps, ni le courage de Robert Schuman, ministre des Affaires étrangères,
d'avoir assumé politiquement la Déclaration du 9 mai 1950, mais ce qui
en relativise l'originalité, sinon ses conséquences historiques.

Aussi est-ce avec prudence que nous présentons ces documents de
nature et d'objet différents. Ce sont des notes d'information ou des
esquisses de projets politiques pour les responsables gouvernementaux
(« Notes pour le ministre »), parfois l'expression libre de la pensée d'un
haut fonctionnaire au moment où se produit l'événement ou longtemps
après. Ce sont des déclarations officielles destinées à fixer la politique du
pays ou des témoignages, sympathiques ou critiques, de l'action des
décideurs à travers des extraits de mémoires, de journaux, de commentaires.

La parole des décideurs et des témoins

Les documents présentés en deuxième partie illustrent bien la pratique
politique des plus hauts responsables français entre 1943 et 2004. Leur
personnalité, leur caractère, leurs convictions apparaissent plus à travers
les extraits de mémoires ou dans les discours officiels – songeons aux
conférences de presse du général de Gaulle – que dans les notes pour le
ministre, rédigées en termes convenus. La valeur de l'information historique des notes porte plus sur les circonstances de l'événement, sur les
conséquences à en tirer que sur le caractère du ministre ou de l'auteur. La
spontanéité d'une personne, donc sa vérité, perce plus aisément dans une
lettre personnelle, quoiqu'on sache que Monnet réécrivait ses textes et
combien aussi les conversations téléphoniques étaient nombreuses et
n'ont pas laissé de traces.

On sent la prudence saisir le haut fonctionnaire, rédacteur d'une note
de synthèse, ou le ministre, devant un avenir européen incertain et pourtant nécessaire. Les chefs d'État et de Gouvernement, au contraire,
comme c'est leur « métier » de le faire, parlent pour définir une politique
qui deviendra celle de la France. Il y a donc plusieurs niveaux de responsabilité chez les auteurs des textes présentés aux lecteurs. Certains d'entre
eux ont fait l'histoire, d'autres sont un témoignage sur l'histoire.

Certaines notes ont du souffle (celle de G. Defferre sur l'Eurafrique,
celles de J. Monnet sur l'état des relations internationales en 1950), de
l'originalité (celle de Monnet sur le dictateur de la Ruhr en 1945), de

l'intelligence et de la finesse (celle de René Mayer en septembre 1943). D'autres, plus anodines dans leur forme ou leur contenu, sont présentées comme révélatrices d'une politique européenne française en action ou en gestation. Des témoignages peuvent avoir un réel intérêt littéraire : les textes de Peyrefitte, de de Gaulle, de Mitterrand, voire de Monnet.

Ces textes permettent de dégager une problématique française de la construction européenne. On sent naître dans les services du ministère français des Finances, du ministère des Affaires étrangères (le Quai d'Orsay), du Commissariat général du Plan (Jean Monnet), chez les hommes politiques, une attention soutenue pour les problèmes européens, dès la période de guerre ; elle se développe au début de la IVe République, pour ne plus cesser.

Les obsessions françaises

La France, en effet, ne peut plus envisager seule son avenir. Il lui faut trouver le moyen de s'intégrer dans une construction européenne qui satisfasse ses légitimes aspirations, sans qu'elle ne s'y montre hégémonique. L'expérience est nouvelle, les choix tactiques sont délicats à faire. Dans quelle mesure la France est-elle libre de ses choix ? Elle a besoin désormais de l'Europe pour son développement économique, mais en retour, les autres pays d'Europe attendent d'elle des gestes d'intégration ou de coopération qui semblent longs à obtenir.

Le début de la période est caractérisé par une dépendance de l'Europe et de la France vis-à-vis des États-Unis qui s'exprime par le plan Marshall et le Pacte atlantique. L'unité européenne est désirée par les Américains. Les gouvernements français doivent donc se situer par rapport à l'Amérique sans tomber dans la dépendance politique. Que vaudrait en effet une unité européenne sous mandat américain ? Les Français cherchent donc à compenser l'influence inévitable des États-Unis, en raison de leur puissance financière, par l'action de l'Organisation européenne de coopération économique (OECE).

Mais l'essentiel pour la France n'est-il pas de contenir l'ennemie de toujours, l'Allemagne ? Parler des constructions européennes, c'est poser la question allemande. Or, la France de 1945 ne voit dans l'Allemagne que le vaincu. Par sa victoire sur l'Allemagne – mais est-ce une victoire française ? – la France cherche des compensations au terrible désaveu de sa puissance qui lui a été infligé en juin 1940. La surprenante évolution, qui mène les gouvernements français à accepter la CECA, une Haute Autorité dans un secteur-clef de l'économie française, cinq ans seulement après la fin de la guerre, n'est peut-être pas aussi curieuse qu'il y paraît. Le contre-exemple, si douloureux, du rejet par la France de son second projet d'unité, la Communauté européenne de défense (CED), le 30 août 1954, aux conséquences politiques si durables, semble montrer les limites de la stratégie d'unité européenne des gouvernements de la IVe République. L'Europe, c'est la main tendue à l'ennemi d'hier, c'est aussi la main de fer dans un gant de velours posée sur l'Allemagne. Si les États-nations européens démocratiques se sont compromis dans la faillite historique de la paix et de la sécurité internationale pour avoir accepté l'inacceptable à Munich, en 1938, l'idée d'Europe ne représente pas encore, en 1945, une voie royale sur laquelle s'engager avec enthousiasme. Rien n'est simple quand on est en charge d'un pays et d'un peuple. L'unité européenne est acceptable quand elle représente un surcroît de force pour la nation, un moyen d'améliorer la vie quotidienne ou d'exercer une influence sur les autres nations. Elle est redoutée, quand elle offre le visage d'une *diminutio capitis*, d'un désaveu des ambitions nationales traditionnelles. L'histoire prestigieuse ou douloureuse du pays compte toujours dans l'élaboration de sa politique étrangère.

Mais que de chemin parcouru depuis 1950 ! Quelle transformation opérée dans les relations franco-allemandes et dans les relations de la France avec ses voisins européens ! Pourtant, il n'est pas sûr que l'objectif français de 1948-1950 de faire une politique de grandeur – terme gaulliste utilisé à partir de 1958 – ou une politique de puissance, terme commun au temps de la IVe République, ait été oublié par les successeurs du général de Gaulle. La France veut s'assurer par l'Europe communautaire les moyens de construire une Europe qui lui convient, c'est-à-dire une Europe qui prolongera les objectifs de sa politique extérieure. La IVe République sait, en partie, utiliser l'Europe communautaire pour son développement économique (CECA). Elle sait adoucir le prix de la décolonisation, en Afrique noire au moins, en tournant ses partenaires européens vers l'Afrique avec le Fonds européen de développement de l'outre-mer (FEDOM) ; la France gaulliste agit de même en acceptant le marché commun, un utile « traité de commerce » dit de Gaulle ; elle ne réussit pas, cependant, à asservir les Communautés à ses ambitions de politique étrangère, puisque le général de Gaulle échoue dans sa tentative d'éloigner les Communautés des États-Unis et de les diminuer au profit d'une confédération d'États.

L'échec du plan Fouchet en 1962, la crise politique de la chaise vide en 1965 incitent, paradoxalement, les responsables français à admettre l'originalité de la construction européenne et ses effets sur la politique française. Les Communautés ne sont plus une excroissance de la politique française pour les gouvernements français : elles représentent un lieu d'action politique particulier et neuf que l'adhésion de la Grande-Bretagne renforce. Elles redeviennent presque le champ clos des rivalités politiques traditionnelles des grands États européens, comme le furent les enceintes diplomatiques européennes après le congrès de Vienne de 1815, sauf que les conséquences du 9 mai 1950 jouent pleinement. Les Communautés européennes ont une consistance juridique ; elles sont dotées de pouvoirs propres dont elles usent et avec lesquels la politique française doit composer. Il est impossible de se retirer des Communautés. Il faut faire avec elles parce que l'intérêt commande de poursuivre la vie commune. Les intérêts en jeu sont énormes : la richesse est multipliée grâce à cette union, la sécurité renforcée, le poids mondial de chacun des pays membres, y compris les plus petits, augmente du fait de leur participation aux Communautés. Les crises financières internationales de 1971 (crise du dollar), puis la crise énergétique de 1973, la crise du terrorisme de 1972 (Munich) prouvent qu'unis les Européens de l'Ouest résistent mieux.

La politique française d'unité européenne, de Pompidou à Chirac, oscille donc entre recherche d'une confédération préservant les souverainetés nationales (Pompidou) et relance originale d'unité européenne avec sauvegarde des droits des États (Giscard d'Estaing, Mitterrand, Chirac). La politique européenne de la France s'éloigne des intuitions fondatrices de Schuman et de Monnet (le fédéralisme) sans revenir à une politique pleinement souverainiste. La France ne peut pas « asservir » les autres membres de l'union à sa politique, comme de Gaulle a tenté de le faire, comme l'URSS l'a fait dans son camp, comme les États-Unis, plus subtilement, le font dans le leur. La France fait donc une politique raisonnée de balance entre approfondissement des Communautés européennes (Sommet de La Haye de 1969, Conseil européen de Paris en 1974, Conseil de Fontainebleau et de Milan, 1984-1985, traité de Nice, 2000) et résistance à la fédéralisation, car sans politique étrangère nationale que peut-il subsister de la nation française ? Quel sens pourrait avoir un défilé du 14 juillet sans possibilité de mettre en scène l'armée française ?

Depuis 1950, les termes du débat européen n'ont pas changé : la France veut-elle ou non partager des parts essentielles de sa souveraineté avec les pays membres des Communautés ? Les responsables politiques français, sauf Schuman, hésitent à proposer une telle politique européenne pour la France. Les présidents réputés « européens », Giscard et Mitterrand, illustrent cette image par des actes politiques de relance qui sont un approfondissement des institutions existantes ; ils ne peuvent pas faire un acte de rupture en faveur de la souveraineté communautaire européenne qui signifierait l'affaiblissement de l'autorité de l'État et, pensent-ils, le délitement de la nation. Le poids de l'histoire joue. On se souvient que la nation française est une vieille affaire, assurément, mais que derrière le jacobinisme français, galvaudé ou brocardé, il existe une collectivité nationale qui rassemble les citoyens et qu'une menace plane sur cette construction politique à faire trop vite l'unité fédérale de l'Europe, d'autant plus que les citoyens n'ont pas été souvent interrogés sur l'avenir européen de la nation[2].

---

[2] Le projet de traité sur une Constitution européenne sera soumis au référendum des Français en 2005.

L'unité européenne a commencé à la suite de menaces extérieures. En 1948, il faut reconstruire et trouver des crédits. Les Européens inventent l'OECE. Il faut aussi offrir des perspectives pacifiques pour les relations internationales après les désordres de l'esprit public durant la guerre : le Conseil de l'Europe naît en 1949. En 1950, alors que la guerre froide s'amplifie, l'offre Schuman du 9 mai surmonte les vieilles querelles franco-allemandes qui menacent la sécurité de l'Europe occidentale et des États-Unis, empêchant le développement économique français. La menace soviétique est à l'origine de la pression américaine pour réarmer l'Allemagne et, indirectement, de la réconciliation franco-allemande. Les Français inventent aussi la CED. La nécessité de la croissance, la recherche d'un commerce libéré des entraves de toutes sortes, la volonté des entrepreneurs de créer un vaste marché de consommation, justifient le traité de marché commun en mars 1957. Les soubresauts dramatiques du système monétaire international en 1969-70 enclenchent la mise en œuvre d'une coopération puis d'une intégration monétaire qui aboutit en janvier 1999, à la monnaie commune, l'euro. Les menaces terroristes des années 1970, celles d'une immigration économique et politique incontrô-lée donnent naissance à des instruments communautaires de régulation ou de répression. La crainte d'un délabrement des États nouvellement indépendants en Europe centrale, orientale et balkanique accélère le processus d'adhésion à l'Union. Les facteurs extérieurs exercent donc une influence considérable sur la mécanique communautaire. La politique européenne de la France varie, elle aussi, selon les aléas extérieurs.

L'idéal de l'unité européenne ne guide pas la politique française en dépit des grandes déclarations. La politique française est toutefois mar-quée, depuis Pompidou, par la reconnaissance de l'intangibilité des traités de Communauté européenne, ce qui n'était pas le cas avec de Gaulle, même si la France n'est pas en posture de proposer une politique d'unité qui subordonnerait toutes ses politiques nationales à une souveraineté de l'Union, comme Schuman l'a fait avaliser par le gouvernement français, dans un secteur essentiel mais limité de l'économie.

L'image que ces textes donnent de la France entre 1943 et 2004 est celle d'un pays à la recherche de son ancienne puissance historique, négociant péniblement avec le temps présent les conditions du relèvement et de la grandeur. La « construction européenne » est l'une de ces condi-tions. Hélas !, semblent dire certains documents. L'image de l'après-gaullisme est plus difficile à saisir. Mais les représentations européennes des gouvernements français évoluent en fin de période. Nous retiendrons qu'à la politique de puissance et de grandeur succède la politique d'influ-ence. La France a un rôle à jouer dans la construction de l'Europe unie. Ce rôle n'est pas de construire une fédération. Il est de négocier une plus grande solidarité inter-européenne, de faire apparaître l'apport de la France au bien commun que représente l'unité, sans pour autant renoncer à manifester son influence. Les objectifs du début de la période sont adoucis mais restent présents, alors que le cadre institutionnel communautaire n'est plus mis en cause et qu'il est devenu un facteur permanent de la décision française en politique européenne.

Tous les États européens ne raisonnent-ils pas ainsi, en particulier la Grande-Bretagne, vers qui la France ne cesse d'incliner au temps de la IVe République et avec laquelle Pompidou comme Chirac ont cherché un rééquilibrage. L'alliance avec la Grande-Bretagne forme le thème majeur du projet européen de la France, au début de la période. Il s'estompe au contraire avec de Gaulle, mais retrouve ensuite une actualité. On comprend aisément l'intérêt d'une entente cordiale, avec le plus puissant et le plus prestigieux des États européens en 1945. Quitte à entamer une souveraineté que les malheurs du temps ont amoindrie, autant le faire avec une autre puissance orgueilleuse de ce continent ! La construction d'un destin commun est donc aussi une affaire de sentiments. Mais les susceptibilités britanniques engendrent la « mésentente cordiale », ruineuse en termes d'efficacité pour l'unité européenne, significative aussi des prudences qu'il convient de prendre en compte, ou de dépasser, du fait des permanences des vieilles habitudes nationales de pensée, en matière de construction européenne.

La relation franco-allemande est au centre des textes retenus parce qu'elle fait l'histoire de ces soixante années d'unité. Entre 1950 et 1968, la France dirige le couple franco-allemand. L'image d'une France généreuse et d'une Allemagne reconnaissante génère chez les Français un sentiment flatteur pour le narcissisme national et rassurant sur le leadership français dans l'Europe des Six. Puis la relation devient plus égalitaire et bascule en faveur de la puissance allemande. On sent ce basculement après mai 1968 et une inquiétude que certaines hésitations mitterrandiennes et certaines impatiences chiraquiennes trahissent encore. L'image d'une France mauvaise gestionnaire de ses finances publiques s'oppose à la vertueuse Allemagne. Pourtant, s'il n'y a pas de faille dans l'idée que la politique de la France passe par une étroite entente franco-allemande en Europe, l'objectif dessiné par de Gaulle et Adenauer n'est pas toujours bien tenu au temps même des fondateurs du traité de l'Élysée de janvier 1963, puisque le Bundestag «trahit » la confiance du général, – sinon celle d'Adenauer –, en votant le fameux préambule pro-américain et pro-communautaire du traité de l'Élysée. Pompidou n'hésite pas à revendiquer pour lui seul le mérite d'avoir relancé l'unité européenne après le sommet de La Haye de décembre 1969, rabaissant le rôle de Willy Brandt et de Monnet que l'histoire leur reconnaît maintenant. L'entente butte aussi sur la réponse aux difficultés du système monétaire international au temps de Pompidou comme de Giscard d'Estaing. Quant à Mitterrand, il faut attendre la présidence française du Conseil, au premier semestre de 1984, pour retrouver l'efficacité de la démarche commune franco-allemande qui aboutit à l'Acte unique européen et au traité de Maastricht. Les ratés du moteur franco-allemand entre 1995 et

2002, suivis, il est vrai, en 2003 d'une relance, prouvent à l'envi que des replis nationaux peuvent se produire. Et pourtant, le salut de l'Union, même celui d'une Union élargie, réside encore dans la complicité franco-allemande pour défendre l'intérêt supérieur de l'Union.

Les étapes d'une réflexion commencée durant la guerre

Pourquoi avoir commencé en 1943 ?

On est en droit de penser que les hommes d'Alger, c'est-à-dire les équipes gaullistes mais aussi les ralliés de 1943 au chef de la France combattante, appelés à préparer sous sa direction la rentrée en guerre de la Métropole, à assurer son ravitaillement, sa reconstruction et sa moder-nisation, réfléchissent aussi au rôle nouveau de la France à la veille d'une victoire certaine. 1942-43 est le temps des anticipations concrètes et non plus celui des rêves impossibles. Il faut donc se demander si le Comité français de la libération nationale (CFLN) a un projet opérationnel en matière d'unité ou de coopération européennes pour « l'après-Libération » et des idées claires sur le moyen terme. Il en a comme le prouvent les textes de Monnet, de Massigli, de René Mayer !

1950 est l'année de la déclaration Schuman, offerte au ministre par Jean Monnet. Tout part du projet de Haute Autorité du charbon et de l'acier. Mais l'année 1954 manifeste les limites de l'engagement fédéra-liste du gouvernement et de l'Assemblée nationale française.

1957 confirme le choix du Parlement français d'une politique euro-péenne originale, ménageant les aspirations au mieux-être et le respect des choix politiques nationaux, dans des conditions politiques et écono-miques intérieures délicates. L'Europe occidentale s'est construite, vaille que vaille, sur ces compromis. En 1957 triomphent les réalistes européens tandis que s'éloignent les prophètes et les nationalistes conservateurs. Pour un seul printemps ?

On pourrait le croire, puisque 1958 voit le retour au pouvoir du géné-ral de Gaulle. Des doutes sur la pérennité des très jeunes Communautés européennes surgissent. Rapidement pourtant, de Gaulle choisit la voie de l'unité ouverte par les traités de Rome et le confirme en acceptant un premier désarmement douanier entre le marché commun et les pays tiers de l'OECE non membres des Six ; de plus il fait une réforme monétaire en France qui stabilise le franc dans de bonnes conditions. Sans doute croit-il possible alors de faire l'Europe à la française dont il rêve avec son plan d'Union politique.

Le temps des épreuves arrive, entre 1962 et 1965, car le général de Gaulle se heurte à ses cinq partenaires. De Gaulle refuse une règle fon-damentale des traités : le passage au vote majoritaire au sein du Conseil des ministres au terme de la transition. Il barre la route à l'installation d'une Europe fédérale qui ne dit pas son nom. Néanmoins, en dépit de cette entorse, un arrangement intervient qui permet de poursuivre la fusion des exécutifs en 1967 et de fonder solidement les quelques politiques communes en vigueur : l'Union douanière, la politique commerciale extérieure et la PAC.

1969 est une date importante car le successeur du général de Gaulle, Georges Pompidou, accepte l'entrée de la Grande-Bretagne dans les Communautés européennes. Un acte irréversible vient de se produire. La France fait des Communautés un des lieux d'élaboration de sa politique étrangère, sans arrière-pensée d'abandon mais sans céder d'un pouce aux sirènes fédéralistes. Pompidou banalise les Communautés, les désacralise en en faisant un facteur ordinaire de la décision politique française et en s'accommodant de leur nature communautaire.

Le nouveau président de la République, Valéry Giscard d'Estaing, obtient en 1974 la transformation des sommets des Neuf en Conseils européens que Jean Monnet appelle le futur « gouvernement européen ». Giscard d'Estaing travaille aussi à la création du Système monétaire européen en 1979 et cherche à bâtir une Confédération européenne.

La relance de Fontainebleau et de Milan, en 1984 et 1985, dans laquelle François Mitterrand joue un rôle déterminant, donne mandat à Jacques Delors, président de la Commission européenne, de mettre en place un grand marché unique avant 1992 et de réformer les institutions. Elle aboutit au traité de Maastricht, à l'origine de l'Union européenne.

La présidence française du second semestre 2000 donne naissance au traité de Nice pour assumer l'élargissement de l'Union aux pays d'Europe orientale et centrale par des institutions plus efficaces. On sait le rôle personnel que le président Jacques Chirac et le premier ministre Lionel Jospin jouent pour faire de Nice un succès très discuté et pour préparer l'accueil de dix nouveaux pays.

Les politiques d'unité européenne de la France s'articulent donc autour de ces dates et événements importants. Après les traités de Rome, le temps des pionniers cesse et s'ouvre, avec de Gaulle, le temps des consolidations puis de la contestation du modèle communautaire. Enfin, avec Pompidou, Giscard, Mitterrand et Chirac vient le temps de la coopération intergouvernementale dans un cadre communautaire stabilisé où peuvent s'exprimer tantôt les ambitions nationales traditionnelles des États, tantôt des innovations communautaires, tandis que les Français apprennent difficilement à manifester leur double fidélité à la nation et à l'Europe.

CHAPITRE 1

1944, la Libération, tout est possible

Une réflexion sur un projet de Fédération régionale européenne s'impose assez rapidement aux responsables du CFLN sous la pression des événements internationaux en 1943, bien que le dossier ait été ouvert, tant du côté français que du côté allié, longtemps auparavant. L'entretien Dejean-Spaak en est un bon exemple (*texte 1*). Le commissaire aux Affaires étrangères du CFLN, Maurice Dejean, n'imagine pas réduire à la misère les Allemands, invités à contribuer au relèvement de l'Europe. Le projet porte sur un regroupement de la France, de la Belgique, du Luxembourg et des Pays-Bas. Les projets pour l'après-guerre se précisent du fait des victoires américaines et anglaises (débarquements en Afrique du Nord en novembre 1942, en Sicile à l'été 1943) puis soviétiques (Koursk en juillet 1943) qui font espérer un armistice rapide. Mais les Britanniques, les Polonais, les Tchèques se heurtent à une fin de non-recevoir de Staline pour les projets de création de petites fédérations dans l'Europe danubienne.

Toutefois, réfléchir à l'avenir de l'Europe s'avère indispensable pour peser dans les conférences alliées qui vont engager l'avenir. De Gaulle est libre par rapport au général Giraud qu'il vient d'évincer du CFLN dans l'été 1943. Les Français d'Alger n'ont guère de canons, ils ont plus d'idées qu'on ne l'imagine pour l'organisation de l'Europe libérée.

La Résistance prête pour la fédération européenne ?

Il faut d'abord tenir compte des projets élaborés en France occupée. En effet, des fonctionnaires révoqués du Quai d'Orsay travaillent secrètement, dans Paris occupé, autour de Jean Chauvel, sur l'avenir de l'Europe. Ils imaginent une union douanière franco-belgo-hollandaise contre l'Allemagne. Ces études ont été communiquées au CFLN à Alger. Ils cherchent la meilleure solution pour contrôler économiquement et militairement l'Allemagne. Leur objectif est de détacher les principales régions industrielles allemandes (Ruhr, Silésie, Sarre) du reste de l'Allemagne. La France deviendrait la puissance directrice de l'Europe rénovée. Elle offrirait une garantie contre les risques de domination de l'Europe par l'URSS, les États-Unis et peut-être la Grande-Bretagne.

L'aspiration à l'unité fédérale européenne se manifeste assez tôt dans les mouvements de résistance. Une feuille clandestine, *Les Petites ailes de France*, écrit en mai 1941 : « Nous voulons en Europe une fédération d'États égaux avec une Allemagne guérie de sa mégalomanie ». Le journal était dirigé par Henri Frenay. Dans *Combat* de septembre 1942, Henri Frenay écrit encore : « Les États-Unis d'Europe – un pas vers l'unité mondiale – seront bientôt une réalité pour laquelle nous combattons ». Il espère une « Europe organisée sur la base du droit dans la Liberté, l'Égalité, la Fraternité »[1]. P.-H. Teitgen commence son itinéraire européen en s'appuyant sur des idées puisées dans *Combat* : « S'il faut dans l'avenir contrôler l'Allemagne, comment faire accepter ce contrôle ? Par l'abandon par toutes les nations européennes, au profit de la Fédération européenne, d'une part de leur souveraineté nationale »[2]. Albert Camus voit dans les projets d'union douanière le point de départ d'une fédération politique (avril-mai 1944).

Le rayonnement moral de Léon Blum durant la Seconde Guerre mondiale influence les esprits. Interné dans les geôles de Vichy en 1941, il réclame la création d'un « corps international puissant et efficace... installé comme un État suprême, sur un plan dominant les souverainetés nationales... »[3]. Puis les 13 et 14 novembre 1943, la commission nationale du parti socialiste clandestin se prononce pour un Congrès socialiste européen destiné à établir un programme d'action commun à toutes les organisations sociales-démocrates européennes[4]. En fait, les socialistes ont orienté leurs projets vers les États-Unis du monde et il ne semble pas que le mouvement socialiste ait influencé les projets du GPRF de l'automne 1943 sur les formes d'unité européenne. Mais Léon Blum a adopté le ton juste sur l'Allemagne dans *À l'échelle humaine* : « on ne met pas à néant un peuple, une langue, une tradition, une légende. L'abus de la force crée la volonté de revanche ». Il veut créer une communauté internationale assez puissante pour « rééduquer l'Allemagne, la discipliner, la maîtriser », tout en l'intégrant. Il n'est donc pas question de démembrement. Dans *Combat* du 12 décembre 1943, Henri Frenay revient sur la Fédération européenne. L'Europe, dit-il, est née du sang des Résistants. Six mois plus tard, en mars 1944, d'Alger, Henri Frenay lance : « J'adresse un appel à tous les hommes de la résistance européenne. Je les appelle à discuter ensemble ce que nous décidons ici. Si nous sommes d'accord, nous forgerons les premiers maillons de la chaîne qui demain rassemblera les peuples libres ; ce sera la naissance d'un grand espoir pour l'Europe ». Ainsi, en France occupée et résistante, ou à peine libé-

---

[1]   *Franc-Tireur* du 25 décembre 1942, voir aussi BELOT R., *Henri Frenay, de la résistance à l'Europe*, Paris, le Seuil, 2003.

[2]   TEITGEN P.-H., *Faites entrer le témoin suivant, 1940-1958, de la résistance à la Ve République*, Ouest-France, 1988, p. 475.

[3]   Office universitaire de recherche socialiste (OURS), A 7 63 MM, SFIO, Secrétariat international, « la SFIO et l'Europe, 1947-1967 ».

[4]   *Ibid.*

rée, les Mouvements condamnent le nationalisme, comme Jacquier-Bruère, *alias* Michel Debré et Emmanuel Monick, dans *Demain la Paix* : « Aujourd'hui pour vivre, une nation doit être dépendante », écrivaient-ils[5].

Le CFLN propose la Fédération de l'Ouest européen

De Gaulle avait dit que le temps du nationalisme était terminé. Une sensibilité à l'internationalisme était perceptible dans ses discours de Londres[6]. Alors pourquoi pas l'Europe ? Malgré les circonstances les informations circulent. Le CFLN sait ce que pensent les Mouvements ou les hauts fonctionnaires en France.

À Alger, capitale provisoire de la France, le débat se développe entre Jean Monnet, René Massigli, Hervé Alphand, Maurice Couve de Murville, René Mayer, Lambert Blum-Picard, et le général de Gaulle. Une note de Jean Monnet, commissaire chargé de l'armement et de l'approvisionnement, du 5 août 1943, nous aide à comprendre les enjeux pour l'Europe d'après-guerre (*texte 2*)[7]. Monnet estime que la France doit jouer un rôle moteur dans l'organisation du vieux continent, pour empêcher l'URSS, les États-Unis et la Grande-Bretagne d'imposer des solutions arbitraires. Prudemment, il propose la création d'une « entité européenne » à vocation économique et politique, qu'il appelle « fédération ». Que veut-il dire par « autorité européenne » ? Il s'élève contre la renaissance des souverainetés économiques nationales et plaide pour une entité européenne de nature politique destinée à créer « une unité économique commune ». Reprend-il des idées débattues durant la guerre aux États-Unis ? Ce n'est pas impossible car les milieux qu'il fréquentait à Washington les diffusaient. John Foster Dulles, avec lequel il était en rapport aux États-Unis, n'avait-il pas écrit que le rétablissement de la pleine et entière souveraineté des États européens serait « a political folly »[8]. Est-ce déjà l'expression du concept de supranationalité ? Les quelques lignes que Monnet trace pour le futur Congrès de la Paix sont les plus intéressantes et les plus frustrantes car elliptiques. Il veut, en effet, un plan de reconstruction politique et économique de l'Europe, la constitution d'un État européen de la grosse métallurgie, une autorité européenne pour la

---

[5] JACQUIER-BRUÈRE, *Demain la Paix. Esquisse d'un ordre international*, Paris, Plon, 1945.

[6] Londres, 18 juin 1942, *Discours et Messages, Pendant la guerre (juin 1940-janvier 1946)*, Paris, Plon, 1970, t. 1, p. 253.

[7] Cette note (fonds Monnet, AME), est publiée dans *l'Europe une longue marche*, Fondation Jean Monnet pour l'Europe, Lausanne, 1985, p. 12-16.

[8] Archives de Jean Monnet, AME 66/20/14, « Toward World Order », 5/03/1942, by J.F. Dulles, Ohio Wesleyan University.

fabrication des avions et la gestion des lignes commerciales[9]. L'Europe du possible, pour Monnet, est une Europe libérée des entraves aux échanges qui conduise à une entité politique. C'est l'expérience, le réel et non l'idéologie qui poussent Monnet vers une solution d'unité européenne, condition de la paix et de l'exercice de la démocratie. Une autre note assigne comme mission à l'Europe de l'Ouest de répondre à l'idéal humaniste.

Monnet est-il isolé ? Il n'en est rien car son texte du 5 août 1943 n'est pas le premier. En décembre 1942, un document du Comité national français (CNF) évoque déjà une régionalisation européenne[10]. Il établit une distinction entre les États d'Europe occidentale et ceux d'Europe orientale et sud-orientale. De grands travaux publics seraient confiés à des corporations internationales de caractère semi-public. Le document envisage la création d'un *Federal Reserve System* européen. Il n'est pas question de supranationalité, mais de « collaboration entre égaux, entre pairs, acceptant dans l'intérêt commun une règle commune ». René Mayer, alors Commissaire aux Communications et à la Marine marchande, dans une note sur « l'Europe nouvelle », laisse percer, lui aussi, son souci de faire disparaître le cloisonnement douanier en Europe (*texte 3*), vieille complainte des milieux entrepreneuriaux entre les deux guerres[11]. Il trace les contours d'une fédération de l'Ouest européen comprenant Belgique, Luxembourg, Pays-Bas, France et un État rhénan avec le bassin de la Ruhr. Mayer est donc dans des dispositions d'esprit proches de celles de de Gaulle sur le destin de l'Allemagne. Une Allemagne désarticulée, écartelée, dont une partie serait dans la mouvance de l'Ouest. Cependant, il voit tout de suite les limites de sa proposition. Est-il acceptable pour les alliés de détacher politiquement la Ruhr ? Est-ce profitable à la France ? La métallurgie française pourra-t-elle résister ? La création d'une « Lotharingie industrielle » ne serait-elle pas le germe d'une germanisation de la France ? Ne faut-il pas équilibrer cette puissante Europe rhénane par l'admission des États latins ? En fait, la note de Mayer pose des problèmes sans prétendre les résoudre. Le CFLN s'emploie à répondre à ces questions.

---

9   Archives de Jean Monnet, AME 33/1/3, Note du Commissaire à l'Armement, à l'Approvisionnement et à la Reconstruction, « Note sur les premières étapes de la reconstruction de la France », 22/09/1943.

10   Archives du ministère des Affaires étrangères, Guerre 1939-45, Londres-CNF, vol. 178, microfilm 1711, « Notes préliminaires sur quelques points importants relatifs à la reconstruction économique de l'Europe après la guerre », décembre 1942, Londres.

11   MASSIGLI R., *Une comédie des erreurs, 1943-1956, souvenirs et réflexions sur une étape de la construction européenne*, Paris, Plon, 1978, p. 37 à 42. 363 AP 3, « Note Mayer » du 30 septembre 1943, 5 pages ; *idem* exemplaire n° 3, Guerre 1939-1945, Alger, CFLN-GPRF, 728 ; MAYER D., *René Mayer, Études, Témoignages, documents réunis et présentés par Denise Mayer*, Paris, PUF, 1983, p. 118 et 240.

Les deux inspecteurs des Finances, Hervé Alphand et André Istel, dès 1942, évoquent la restauration de la puissance française pour l'après-guerre[12]. Alphand juge qu'il « serait particulièrement opportun pour la France de conclure une union régionale économique avec les puissances de l'Europe occidentale ». Il se déclare « européen ». Cette union régionale serait fondée sur la libre circulation des marchandises, un tarif extérieur commun et une monnaie unique. Le projet d'union économique européenne par secteurs géographiques est affiné en septembre 1943 par Alphand. L'union européenne devra s'étendre à toute l'Europe, sauf l'URSS[13]. Cette union européenne rassemblera des bureaux européens, branches de bureaux mondiaux, chargés de répartir les matières premières (charbon), les produits agricoles (blé, maïs, orge) et industriels (fer, etc.), pendant les vingt années suivant la guerre[14]. Le 17 septembre 1943, Alphand présente une seconde note sur les bureaux européens et l'union douanière[15]. Mais il hésite entre une union économique européenne de l'Ouest fondée sur de larges secteurs économiques ou une union douanière plus limitée entre la France, la Belgique, le Luxembourg et les Pays-Bas. Sa note du 5 octobre résume bien les débats et les positions du CFLN (*texte 4*).

Dans l'esprit de de Gaulle, le retour à l'autarcie continentale est impossible. Mais de Gaulle, Mayer ou Monnet rejettent une union avec la Grande-Bretagne et l'Allemagne[16]. Ils penchent pour une construction continentale avec le futur Benelux et peut-être une partie du Reich – la Rhénanie, l'Italie, la Suisse et l'Espagne. La Grande Nation est de nouveau à l'ordre du jour ! Tandis que Massigli ou Marjolin, proches de Monnet, penchent pour un regroupement occidental constitué autour de la France et de la Grande-Bretagne.

Devant ces contradictions, le CFLN décide de définir une politique européenne[17]. Un échange de vues a lieu le 17 octobre 1943. Alphand suggère la création de secteurs d'échanges libres en Europe, « plus éten-

---

12   Archives de Jean Monnet, AME 17/3/5, « Problèmes économiques de l'après-guerre, un point de vue français », Mémoire de H. Alphand *et al.* dont Istel. Juillet 1942, Guerre 1939-45, Londres-CNF, 174, microfiche 1711.

13   Archives de Jean Monnet, AME 33/2/3 « Note sur la thèse française de la reconstruction économique », 3/08/43, note d'Alphand, annotée par Jean Monnet.

14   Archives du ministère des Affaires étrangères, Guerre 1939-1945, Alger, CFLN-GPRF, 1534-1535, mémorandum, septembre 1943, 6 pages, pas de source indiquée ; Guerre 1939-1945, Alger, CFLN-GPRF, 728, Alphand pour Massigli, 5 octobre 1943.

15   Archives de Jean Monnet, AME 33/2/4, « note d'Alphand » du 17/09/43 ; Guerre 1939-45, Alger-CFLN-GPRF, vol. 718, Note, 17 septembre 1943, non signée, mais c'est la note d'Alphand, p. 55-58 du carton.

16   Archives Nationales, 363 AP 3, 26 octobre 1943, R.M. à M. le commissaire aux Affaires étrangères, 167/CMM/RM/ref. note du 23 octobre 1943.

17   Archives de Jean Monnet, AME, 33/1/8, 17 /10/43, conversations de Gaulle, Monnet, Diethelm, Mayer, Alphand.

dus que les territoires nationaux ». Monnet prend une position plus complexe. Si l'Allemagne est politiquement divisée, chaque État allemand entrera dans l'ensemble européen, avec les mêmes avantages que les autres éléments[18]. Mais dans une seconde rédaction, l'allusion à la division politique de l'Allemagne a disparu : « L'Europe doit constituer un ensemble économique unique d'échanges libres, en tenant compte du fait que le problème allemand doit en même temps faire l'objet d'une solution particulière, car c'est ainsi seulement que la sécurité et la prospérité de la France pourront être assurées »[19]. Monnet, devant de Gaulle, plaide pour l'Allemagne comme partenaire de « l'ensemble européen ». Mais il approuve aussi, assez contradictoirement, la création d'un « pays industriel européen composé notamment de la Ruhr, de la Sarre, de la Rhénanie, du Luxembourg », exploité au profit de l'Europe. Monnet apporte deux idées neuves : « l'ensemble européen » et « le pays industriel européen », une sorte de petite Europe dans la grande. Le projet de « pays industriel européen » vient très probablement des milieux américains. Il ne comprend pas la Lorraine, ni la Belgique sidérurgique. Monnet dit-il toute sa pensée ? De Gaulle écarte finalement le projet parce qu'il y a dans le « pays industriel européen » une opportunité pour l'Allemagne de renforcer sa puissance et il refuse que la France et les Allemagnes fassent partie d'une même union économique. De Gaulle pense à une union européenne non autarcique, mais organisée autour de la France. Le consensus ne vient pas et le CFLN décide alors de faire rédiger une étude par ses services à Londres.

Le rapport essentiel sur l'unité européenne est celui de Lambert Blum-Picard, un spécialiste des questions sidérurgiques, remis au CFLN le 1er décembre 1943. Massigli lui a demandé s'il est souhaitable d'établir une union économique entre un certain nombre de pays. Cette « Fédération des États de l'Europe occidentale » permettrait la libre circulation des hommes, des produits et des capitaux et pourrait s'étendre à l'Italie, la Suisse et la Grande-Bretagne en dehors du noyau initial constitué de la France, Belgique, Luxembourg, Pays-Bas et Rhénanie[20]. Dans sa réponse, Blum-Picard explique que « l'Europe unifiée est l'exemple de la fausse bonne solution qui attire par son apparente simplicité ». Peut-on alors

---

[18]   Archives du ministère des Affaires étrangères, Guerre 1939-45, Alger-CFLN-GPRF, vol. 728, note incomplète commençant par « agents de liaison... », un numéro de classement : Alger D 61 e1 ; elle commence à la page 3 d'un document qui en contenait cinq, p. 104 à 106 du volume 728 ; Il s'agit de la même note à l'état de brouillon que celle indiquée en AME 33/1/8 datée du 17 octobre 1943, avec les mêmes protagonistes.

[19]   *Ibid.*, en AME.

[20]   Archives du ministère des Affaires étrangères, Guerre 1939-45, Alger-CFLN-GPRF, vol. 718, « Note concernant les études relatives à l'organisation de l'Europe occidentale » ; AP-PA Dejean, vol. 21 à 23, 30 octobre 1943, CFLN, Commissariat aux Affaires étrangères, secret, pas de titre, commence par « I – Les conditions dans lesquelles... », p. 55-62 du volume.

faire une unité européenne plus limitée ? Une Lotharingie unissant Ruhr et Lorraine par exemple ? Blum-Picard conclut qu'elle n'est pas souhaitable car elle conduirait au morcellement de l'Allemagne. En revanche, il recommande des accords européens par grandes productions. Il imagine une charte du charbon[21]. Il parle même de créer des conseils régionaux européens auxquels les gouvernements « consentiront des abandons de souveraineté ».

De Gaulle n'est pas convaincu par le rapport Blum-Picard et demande, au début de 1944, d'étudier les conséquences d'une séparation économique de la Rhénanie du Reich et la création d'une fédération économique de l'Ouest, limitée à la France et au futur Benelux, « à laquelle pourrait se rattacher la Grande-Bretagne »[22]. Les services français imaginent une mise en commun des ressources monétaires des membres de l'union dans le cadre d'une union confédérale sans abandon de souveraineté. Dans l'esprit de de Gaulle et de la direction des Affaires économiques du Commissariat aux Affaires étrangères, la création d'une unité européenne occidentale serait le pendant du détachement par l'URSS des provinces allemandes orientales[23].

Le discours du général de Gaulle devant l'Assemblée consultative d'Alger, le 18 mars 1944, dit l'espoir du CFLN de voir se constituer une union économique occidentale, non autarcique, coopérant étroitement avec le monde soviétique et américain. Le 31 mars 1944, Alphand fait le point sur les divers projets d'organisation économique européenne (*texte 5*). Le CFLN retient les objectifs de collaboration financière et politique entre les pays d'Europe occidentale selon les termes du discours de de Gaulle du 18 mars. « C'est le groupement Pays-Bas, Belgique, France qui est l'élément essentiel », explique Massigli à Morawsky, l'ambassadeur polonais, en avril 1944[24]. De plus, l'organisation occidentale engloberait l'Afrique et serait structurée autour du Rhin, de la Manche et de la Méditerranée. La France aurait été au cœur du dispositif. Il ne faut donc pas s'étonner des résistances de l'URSS qui repousse dans le même temps toute tentative d'unité régionale dans les Balkans, dans les pays danubiens.

---

[21] Allusion dans AME 56/2/9, 12/07/1944, Blum-Picard, « Mémoire relatif à l'organisation économique de l'Europe ».

[22] Archives du ministère des Affaires étrangères, Guerre 1939-1945, Alger, CFLN-GPRF, 718, de Gaulle, 24 février 1944, 315/SP, à R. Massigli.

[23] Archives du ministère des Affaires étrangères, Guerre 1939-45, Alger-CFLN-GPRF, vol. 717, DAE, [probablement Baraduc], « Note pour M. Massigli », Alger, 2 mars 1944.

[24] Archives du ministère des Affaires étrangères, Guerre 1939-45, Alger-CFLN-GPRF, vol. 718, microfilm 1830, « Conversations avec l'ambassadeur de Pologne », Alger 3/IV/44, CFLN Massigli.

L'unité de l'Europe de l'Ouest doit répondre à la faiblesse des puissances européennes et particulièrement à celle de la France. Mais les alliés refroidissent l'activisme des Français. Les Anglais veulent associer les États-Unis. Les Français tentent d'associer les Belges et les Hollandais. Il y a des variations à propos de la place des Britanniques dans l'union, mais de Gaulle l'accepte finalement, d'après sa conférence de presse tenue à Alger, le 21 avril 1944. Devant les résistances, Massigli recommande d'abandonner l'idée d'établir « un groupement occidental » et de se limiter à des ententes avec les voisins de la France « sur les problèmes économiques et financiers que poseront plus immédiatement la Libération et la fin des hostilités »[25].

Le projet gaulliste de fédération économique européenne de l'Ouest traduit les nouvelles aspirations des hommes d'Alger et de la résistance. Mais les contraintes extérieures l'ont ruiné, entre autres raisons parce que le GPRF est exclu des grandes conférences de Yalta ou de Potsdam, en 1945. Ce désintérêt des alliés occidentaux pour l'union de l'Europe encourage paradoxalement le GPRF et de Gaulle à revenir à des projets de destruction de l'unité allemande. En septembre 1945, de Gaulle invite explicitement l'Angleterre à exercer avec la France un condominium sur l'Europe de l'Ouest et dans les affaires internationales où des intérêts franco-britanniques existent (*texte 6*). Il affirme avec force ce qui devient le point cardinal de la politique française : séparer la Rhénanie et la Ruhr du Reich, soumettre la Ruhr à un régime international et internationaliser le Rhin. L'éclatement du Reich semble l'emporter sur la construction d'un groupement occidental. Ce condominium franco-britannique sur l'Europe est-il du goût de l'Angleterre ?

---

[25] Archives du ministère des Affaires étrangères, Guerre 1939-45, Alger-CFLN-GPRF, vol. 717, JMB, projet de télégramme pour M. Dejean, avril 1944, et Guerre 1939-45, Alger-CFLN-GPRF, vol. 718, CFLN, Note, séance du 19/04/1944 ; document n° 4.

Le printemps de l'Europe (1945-1949)

L'unité européenne n'est pas enterrée par ce premier échec, car les années qui suivent la fin de la Seconde Guerre sont celles du printemps de l'Europe auquel les gouvernements de la IVe République ont contribué d'une façon décisive. Un grand dirigeant anglais, Winston Churchill, pousse les Européens, singulièrement la France, à tenter l'unité le 19 septembre 1946, à Zurich (*texte 7*) La vigueur des mouvements en faveur de l'unité européenne laisse croire que les peuples forceront leurs dirigeants à agir. La Constitution française d'octobre 1946 prévoit des abandons de souveraineté contre réciprocité[26]. Là encore, de quelle Europe s'agit-il ? Entre 1945 et 1947, les énergies françaises sont tournées vers la solution du problème allemand par la force et non pas par l'unité européenne. Trois directions sont empruntées à partir de 1948 : la première est celle de l'union politique, tentée avec le Conseil de l'Europe, la seconde, celle de l'unité économique de la grande Europe du plan Marshall avec l'Organisation européenne de coopération économique (OECE), la troisième, celle des unions sectorielles et fonctionnalistes avec la Communauté européenne du charbon et de l'acier (CECA) et la Communauté européenne de défense (CED).

Des autorités fonctionnalistes régionales

La question du charbon allemand est essentielle pour la France en 1945. Dépourvue de charbon cokéfiable, indispensable pour la fabrication de l'acier, l'économie française dépend des importations allemandes. Or le Plan français a entrepris un programme de développement d'une grande sidérurgie française (Sollac, Usinor) ; il faut, à l'évidence, pouvoir accéder au charbon allemand, le plus proche, et vendre à l'industrie allemande le fer de Lorraine. Deux solutions s'offrent : négocier cette entente ou agir par la force au titre de la sécurité de la France ou au titre des réparations.

Monnet, encore membre du Gouvernement provisoire, avant de devenir Commissaire général du plan de modernisation et d'équipement fin 1945, imagine une solution transnationale – sinon supranationale – pour la gestion du charbon de la Ruhr. Il tente d'obtenir le soutien des États-Unis, en septembre 1945, pour nommer un « dictateur du charbon », chargé d'établir un plan coordonné destiné à accroître la production de charbon en Allemagne (*textes 8-9-10*). Le projet de « dictateur du charbon » est intrigant. N'est-il pas l'ancêtre du plan Schuman du 9 mai. 1950 ? Les trois occupants occidentaux de l'Allemagne auraient conféré au « dictateur du charbon » une autorité réelle, sans qu'elle soit suprana-

---

[26] Préambule de la Constitution du 27 octobre 1946, paragraphe 15 : « Sous réserve de réciprocité, la France consent aux limitations de souveraineté nécessaires à l'organisation et à la défense de la paix ».

tionale. Monnet entendait favoriser l'approvisionnement de la France en charbon rhénan par une organisation européenne transnationale. L'affaire capote à cause d'Eisenhower, Commandant en chef américain en Allemagne.

Le Commissaire général du plan est aussi à l'origine, en février 1946, d'un projet de réorganisation de l'Allemagne comprenant la création d'Autorités de gestion des Vallées du Rhin, de l'Elbe, du Danube et de l'Oder (*texte 11*). Elles auraient disposé de grands pouvoirs et d'une autonomie réelle, puisque, à la différence du projet de « dictateur du charbon », elles auraient bénéficié de prérogatives supranationales par rapport aux Länder et aux États riverains. Monnet travaille donc sur des solutions transnationales pour résoudre des problèmes concrets. Toutefois, il n'engage pas la politique du gouvernement français.

Une union avec le Benelux et la Grande-Bretagne

La véritable politique européenne des gouvernements provisoires français (3 juin 1944 – 16 janvier 1947) et de ceux du début de la IVe République consiste à négocier une entente franco-britannique et une entente avec le Benelux. Une période de confiance franco-britannique s'ouvre d'ailleurs avec la signature d'un accord financier, le 27 mars 1945 et du traité de Dunkerque, le 4 mars 1947, puis les travaillistes choisissent de se replier sur le Commonwealth.

Les gouvernements français, depuis le milieu de la guerre, espèrent en une entente économique avec les pays du Benelux. Une telle union aurait constitué, contre l'Allemagne, un ensemble puissant dont la France (ou un directoire franco-anglais) prendrait la tête. Pierre Mendès France, ministre de l'Économie nationale jusqu'en avril 1945, approuve la collaboration avec le Benelux. Cette politique va dans le sens des perspectives d'union occidentale telle que de Gaulle l'envisageait, le 18 mars 1944 à Alger. La France signe un accord avec la Belgique, les Pays-Bas et le Luxembourg, le 20 mars 1945, instituant un Conseil tripartite de coopération économique (CTCE) en vue d'harmoniser les politiques économiques des pays signataires et préparer une union douanière. La France leur propose des ententes industrielles et agricoles qu'ils refusent. Les raisons se trouvent à Londres qui observe attentivement les choix de la Belgique ou des Pays-Bas. Les vieux comportements anglais renaissent (le « balance of power »), les vieilles peurs taraudent les esprits et le *Foreign Office* refuse l'innovation. La situation politique instable en France et les hésitations de la politique financière du gouvernement français troublent aussi le Benelux. La France doit constater, au début de 1947, qu'elle n'a pas atteint ses buts en matière d'union économique avec le Benelux, ni avec la Grande-Bretagne.

Pourtant, lors des négociations du traité de Dunkerque, les Français plaident pour coordonner les plans de production des deux pays et pour une union douanière en Europe occidentale. Léon Blum, chef d'un gouvernement socialiste homogène pendant cinq semaines (décembre 1946-janvier 1947), a l'espoir de faire entrer la Grande-Bretagne en union douanière avec la France et le Benelux. Mais Clement Attlee, le premier ministre, amuse les Français avec la perspective d'harmonisation des deux économies. Dans les mois qui suivent, la France doit tenir compte de l'hostilité britannique à ses projets d'union continentale, couplés à ceux de développement économique. La France se heurte aux vastes entreprises de réorganisation économique du monde et aux rivalités stratégiques des très grandes puissances. L'échec du début de l'année 1947 est-il définitif ?

Un autre échec, bien plus important car il touche aux relations internationales, éclipse les premiers : la coupure en deux de l'Europe. Dans un premier temps Paul Ramadier, président du Conseil, Vincent Auriol, président de la République ou même Georges Bidault, croient possible de faire l'unité économique de toute l'Europe, y compris l'Europe centrale et orientale (Pologne, Tchécoslovaquie, etc.), voire y intéresser les Soviétiques. L'illusion dure jusqu'en juillet 1947, date de la conférence franco-anglo-soviétique convoquée pour formuler une réponse au promoteur du plan américain de relèvement économique, le secrétaire d'État, Georges C. Marshall. L'attitude de Molotov ne laisse alors planer aucune équivoque sur la position de l'URSS. Il n'y aura pas de plan paneuropéen de reconstruction avec l'aide américaine. L'Europe est coupée en deux quand la Tchécoslovaquie et la Pologne font savoir, à l'instigation de l'URSS, qu'elles ne peuvent participer à l'aide Marshall, le 9 juillet 1947.

Les pressions américaines pour l'unité européenne

Les échecs des projets d'Union douanière avec le Benelux ou de co-direction franco-anglaise de l'Europe occidentale font évoluer la politique allemande de la France et la prédisposent à accepter l'aide américaine pour sa modernisation et sa sécurité.

Le bruit courait que le président des États-Unis, Harry Truman, avait adopté les thèses de Coudenhove-Kalergi sur les États-Unis d'Europe. En fait, Truman veut une unification commerciale de l'Europe et la paix en Europe. Le Département d'État préconise, un moment, la pérennisation des trois organisations européennes provisoires, les trois « E » (European Coal Organization, Emergency Economic Committee for Europe, European Central Inland Transport Organization). En mars 1947, le sénateur Fulbright, sous la pression de Coudenhove et dans une atmosphère dramatique, fait même adopter une résolution sur l'unité européenne par le Congrès des États-Unis. L'unité de l'Europe revient au premier plan dans le discours de George C. Marshall du 5 juin 1947 sur l'aide à l'Europe. L'unité de l'Europe est une condition de l'aide américaine (*textes 12 et 13*). On imagine une Fédération économique européenne.

La réflexion des Français se limite alors à penser l'Europe de l'Ouest, c'est-à-dire l'Europe des seize pays membres du Plan Marshall et il est difficile de trouver une proposition française véritablement originale dans l'été 1947. En effet, le gouvernement Ramadier se débat dans des difficultés économiques incroyables, au point de faire cesser les importations des États-Unis, faute de dollars. La France connaît une crise grave qui met en péril la modernisation économique prévue par le plan Monnet et les services attendent impatiemment l'aide américaine.

Mais comment satisfaire les Américains qui exigent une Europe unie pour donner leur aide financière ? Dans ce débat sur la forme de l'unité économique européenne, deux conceptions s'affrontent. Celle des Américains, appuyés par Jean Monnet et le gouvernement français, favorable à une organisation européenne forte, capable d'orienter les économies européennes, s'oppose à la conception britannique, scandinave et suisse d'une coopération inter-européenne. Fin juillet 1947, les Américains proposent aux Seize du plan Marshall de créer une union douanière. Hervé Alphand, directeur des Affaires économiques et financières au Quai d'Orsay, rapporte que William Clayton, secrétaire d'État adjoint, a insisté sur « l'élargissement des frontières économiques par l'établissement d'unions douanières »[27]. Des États-Unis, Christian Valensi, attaché financier à Washington, évoque les projets « d'économie combinée et d'aide inter-européenne » ou « d'organisation générale de la vallée du Rhin » agités par le Congrès et l'opinion publique américaine[28]. Les États-Unis agissent dans les négociations commerciales internationales du GATT pour en favoriser la naissance alors que les Français, décidés à se reconstruire sous protectionnisme transitoire, travaillent à obtenir, pour la France et l'Europe, le droit de discriminer et répugnent à s'engager sur la voie d'une union douanière. L'administration américaine accepte que l'Europe occidentale, entrée en coopération, puisse discriminer provisoirement mais ne relâche pas ses efforts en vue de rassembler les Européens dans une union douanière.

Les Français, unitaires par nécessité, proposent alors la création d'une union douanière entre les pays membres du plan Marshall, le 13 septembre 1947, à la veille de la remise du rapport européen demandant 22,4 milliards de dollars à la puissante Amérique. Seule, l'Italie répond favorablement et engage avec la France des négociations qui n'auront pas d'effet, malgré la signature d'un traité. La Grande-Bretagne, attachée au Commonwealth combat une telle idée. Les États-Unis savent que les

---

[27]   Archives Nationales, Archives Bidault, 457 AP 20, Alphand, directeur général des affaires économiques, financières et techniques, MAE, le 2 août 1947, « Note pour le président », très secret, 4 pages.

[28]   Archives du ministère des Finances, B 8902, Christian Valensi à Guillaume Guindey, Directeur des Finances extérieures, AF/r. 215, CV/MJ, 1er août 1947, 4 pages.

Britanniques se cachent derrière la relation spéciale avec eux pour repousser l'union douanière. Rien ne dit qu'ils s'en satisferont.

Les trois impasses : *l'Union occidentale, le Conseil de l'Europe, l'Autorité internationale de la Ruhr*

En fait la situation internationale détourne les États-Unis de leur projet initial d'exiger des Européens une puissante institution unitaire. Devant les menaces venues de l'Est, des actions diplomatiques sont entreprises fin 1947 : la rédaction d'un traité entre la France, la Grande-Bretagne et les pays du Benelux pour assurer la sécurité de ces cinq pays, le Pacte de Bruxelles, qui pourrait pu servir de cadre à l'unité européenne souhaitée par les Américains. Le secrétaire au *Foreign Office*, Ernest Bevin, avait d'ailleurs alléché les Français en décembre 1947 : « Nous devrions en arriver à une sorte de Fédération en Europe occidentale possédant ou non une base juridique ». L'harmonisation des économies britannique, française et du Benelux semble de nouveau possible. La France poursuit sa pression pour une union douanière élargie à la Grande-Bretagne et au Benelux, dans le cadre des négociations du Pacte de Bruxelles. Le 22 janvier 1948, Bevin prononce un discours en faveur d'une Union Occidentale. Certains comprennent qu'il accepte d'entrer en union douanière. En fait, le projet anglais, anti-soviétique, gêne les Belges et les Français, car la politique française d'union douanière occidentale n'est pas anti-soviétique. La prise du pouvoir par les communistes à Prague, sous la pression de milliers de militants (25 février 1948), renforce le caractère militaire du Pacte et fait oublier ses objectifs d'unité économique. La Grande-Bretagne s'oppose à toute organisation économique normative des pays du Pacte. Le 17 mars 1948, le Pacte de Bruxelles est signé et l'action des Cinq s'inscrit dans les préoccupations atlantiques de sécurité et pas du tout pour réaliser l'unité européenne de défense. Toutefois, les Américains veulent toujours l'unité économique des pays du Plan Marshall pour justifier aux yeux de l'opinion américaine les dépenses en faveur de l'Europe et pour établir une Europe forte, capable éventuellement de résister à une menace soviétique, comme l'explique à Auriol l'ambassadeur de France à Washington (*texte 14*).

Les mouvements pro-européens viennent à la rescousse en organisant, peu après la signature du Pacte de Bruxelles, le congrès de l'Europe, à La Haye, du 7 au 10 mai 1948. Ce congrès gêne le gouvernement français parce qu'il parait forcer la main des responsables politiques. Certes, parmi les 130 membres français, se trouvent des politiques connus, dont Paul Ramadier, Pierre-Olivier Lapie, François Mitterrand, Édouard Daladier, Paul Reynaud, Jacques Chaban-Delmas. La commission politique est présidée par Paul Ramadier, la commission économique par le libéral Paul Van Zeeland et la commission culturelle par Salvador de Madariaga, grand écrivain espagnol en exil. Paul Reynaud et Édouard

Bonnefous tentent de recommander l'élection au suffrage universel d'un Parlement européen.

Trois mois après le congrès de La Haye, le gouvernement français approuve l'idée de créer une Assemblée européenne. Georges Bidault a repris « au vol » ce projet, le 19 juillet 1948, parce qu'il a intérêt à se positionner favorablement sur l'Europe face aux États-Unis. Il satisfait leur vœu profond au moment où est signé l'accord bilatéral franco-américain qui fait entrer la France dans l'aide Marshall. Un projet d'Assemblée européenne est défendu par les gouvernements français et belge dans l'été 1948 et les Cinq du Pacte de Bruxelles mettent en place, le 25 octobre 1948, un comité pour l'étude et le développement de la Fédération européenne avec la participation de cinq Français et de cinq Britanniques, de Belges, de Néerlandais et de Luxembourgeois, à raison de trois participants pour chaque pays. Édouard Herriot, le 19 janvier 1949, demande la création d'une Assemblée ayant une existence propre. Pourtant les gouvernements reculent, à l'instigation des Britanniques, et décident de désigner eux-mêmes les parlementaires de l'Assemblée européenne et surtout de ne pas lui confier le moindre pouvoir. Le 28 mars 1949, une conférence des Dix (les Cinq du Pacte de Bruxelles, augmentés du Danemark, de l'Irlande, de l'Italie, de la Norvège et de la Suède) se réunit à Londres et élabore un projet de traité, signé le 5 mai suivant. Les participants créent une organisation nouvelle, le Conseil de l'Europe, constitué de deux institutions, le Comité des ministres et l'Assemblée consultative. Les décisions sont prises à l'unanimité des voix exprimées au Comité des ministres. Le Conseil de l'Europe déçoit profondément en termes de construction de l'unité, mais il a ébloui l'administration américaine.

L'action du gouvernement français est plus décisive dans la création de l'Autorité internationale de la Ruhr (AIR). Cette organisation est installée le 26 avril 1948 par les trois alliés occidentaux et le Benelux. Les Allemands sont invités à y participer. Dans l'esprit des Français, elle doit contribuer à la sécurité du ravitaillement charbonnier de la France. Les Français, très exigeants, ont tenté d'obtenir l'internationalisation de la propriété des mines de charbon et des usines sidérurgiques de la Ruhr. Les Anglais et les Américains n'acceptent que la gestion internationale des exportations de charbon de la Ruhr. L'AIR est chargée de répartir la production de la Ruhr entre la consommation locale interne et les marchés extérieurs. Est-ce une organisation européenne ? D'abord, les Américains y participent, surtout elle n'est pas une institution destinée à assurer l'unité européenne.

L'OECE ou l'harmonisation des économies européennes

La négociation du plan Marshall offre l'occasion de créer une nouvelle institution européenne. La création de l'OECE, le 16 avril 1948, puis la réflexion des pays membres sur un programme de relèvement européen auraient pu être l'occasion de bâtir une vraie unité économique européenne.

Les Français veulent fondamentalement préserver leurs chances d'obtenir des dollars pour la modernisation. Leur « ligne bleue des Vosges » est le plan Monnet. Ils souhaitent un exécutif européen fort, comme en témoignent les *Mémoires* de Robert Marjolin car ils s'estiment capables, au sein de l'OECE, de faire avaliser leurs objectifs de modernisation. Un exécutif européen fort les aurait assurés d'une prise en considération de leurs plans. Ils caressent aussi l'espoir de parvenir à contrôler l'Allemagne, de l'empêcher de se développer plus vite que la France. Ils échouent à cause de la volonté britannique de faire barrage à toute forme d'organisation normative de l'Europe. Les nouvelles instances européennes de coopération leur apportent des déconvenues supplémentaires, comme la critique acerbe de leurs objectifs de planification[29].

L'échec de l'harmonisation

Malgré ces déconvenues, révélatrices des limites de l'influence française au sein de l'OECE, le gouvernement Queuille ne renonce pas à négocier avec ses partenaires une spécialisation des économies qui suppose une répartition des tâches de production. Comment ce vœu pourrait-il être réalisé en l'absence d'un exécutif européen fort ? Il faudrait obtenir l'adhésion des Britanniques aux plans français. L'entente franco-britannique entraînerait *ipso facto* celle des autres pays participants. C'est la raison pour laquelle les Français, dont Jean Monnet, comptent beaucoup sur les conversations franco-britanniques du printemps 1949. Ils en attendent des accords industriels, commerciaux et agricoles à long terme, capables d'assurer à l'économie française des approvisionnements et des débouchés sûrs. C'était la modernisation sans le risque d'une concurrence incontrôlée.

Monnet travaille fermement, au début de 1949, à ce condominium franco-britannique à l'OECE. Mais les Britanniques refusent toujours toute coordination des programmes de relèvement français et britannique. La méfiance s'installe. Le souvenir de 1940 plane encore, au grand dépit des Français qui en sont plusieurs fois humiliés (*texte 15*). Les Anglais manquent sûrement une grande occasion historique d'unir les Européens, car les Français sont prêts à accepter volontairement cette primatie anglaise. Une telle occasion ne se retrouvera plus jamais.

---

[29] Documentation personnelle, Stafford Cripps, Treasury Chambers, 27 novembre 1948, « Mon Cher Ministre », lettre à Maurice Petsche.

Autre témoignage de l'incapacité des Européens à s'entendre sur des objectifs économiques et sur des processus de modernisation communs, l'échec de l'union douanière à l'OECE. Certes, un protocole d'union douanière est signé à grand bruit, le 20 mars 1948, entre la France et l'Italie, suivi d'un traité, le 26 mars 1949, instituant une union tarifaire , dotée d'un tarif extérieur commun et prévoyant une union économique en six ans. Mais il maintient des contingentements et il n'est pas ratifié par les Parlements. La libération des échanges intervenue entre les membres de l'OECE rend caducs les projets franco-italiens. De plus, il est invraisemblable de concevoir une union douanière avec des contingentements. La France ne désire plus cette union douanière qui ne peut pas remplacer le véritable projet français d'union douanière avec l'Italie et le Benelux.

Quel visage la France veut-elle donner à l'Europe des Seize, en 1949, un an après le début de l'aide Marshall ? Les gouvernements français de Troisième force désirent créer une institution normative dans le domaine économique par l'entente franco-britannique, capable de concevoir une planification européenne évolutive pour relever et moderniser les États européens ravagés par la guerre, à l'abri de la concurrence américaine, pour un temps au moins. Ces projets vont bien plus loin que la disparition des barrières quantitatives aux échanges entre Européens. La France entend ainsi garantir le succès de son propre plan de modernisation, mais elle accepte aussi un certain partage industriel avec la Grande-Bretagne, donc une remise en cause de son projet national. Elle est prête à certains sacrifices, à condition que l'Angleterre s'embarque dans l'aventure. Elle formule donc un projet de coopération économique contractuelle originale, qui aurait engagé l'Europe dans une concertation économique à long terme. Ce sont les options de Maurice Petsche (indépendant), ministre des Finances du gouvernement Queuille, proposant une « unification progressive des économies européennes » (*texte 16*). Certes, cet indépendant recommande la libération des échanges, main invisible favorisant la rationalisation des productions et la spécialisation des économies. Il recherche aussi la convertibilité des monnaies européennes entre tous les Européens. Mais le ministre met en avant la « coordination des politiques économiques et financières des pays participants », c'est-à-dire la coordination des investissements privés et des accords inter-européens de spécialisation entre les gouvernements ou les industriels, ainsi que la création d'une Banque européenne d'investissements. À qui en remettre la charge ? Bien sûr à l'OECE et aux ministres des Finances des Seize[30]. La libération des échanges doit s'accompagner d'ajustements fondamentaux de l'économie, de la monnaie et des finances des États.

---

[30]   OECE, CGN (49) 17, or. fr., confidentiel, le 29 octobre 1949, « Problèmes du relèvement européen, déclaration du Ministre des Finances et des Affaires économiques de la France devant le groupe consultatif ».

Du Finebel à l'UEP

Un an après le début du plan Marshall, les États-Unis font connaître leur déception : l'Europe reste désunie. Ils songent même à abandonner leur programme d'aide aux nations européennes. Paul Hoffman, l'administrateur américain du programme de relèvement européen, n'hésite pas à exprimer son vif mécontentement (*texte 17*). La création d'une économie européenne vigoureuse, dit-il, « n'implique rien moins que l'intégration de l'économie de l'Europe occidentale ». Il en précise la forme : un vaste marché unique à l'intérieur duquel seraient définitivement abolies les restrictions quantitatives aux mouvements des marchandises, les barrières monétaires qui s'opposent au courant des paiements et en fin de compte tous les tarifs douaniers. Les moyens en sont la coordination étroite des politiques fiscales et monétaires, l'entente sur les taux de change et la création d'espaces d'intégration économique limités à deux ou trois pays européens en attendant mieux.

Soumis à la pression américaine en faveur de l'unité, les Français proposent une union régionale économique et monétaire entre la France, le Benelux et l'Italie – on parlerait aujourd'hui de coopération renforcée. Le projet français de Finebel, ou Association économique et monétaire régionale, du 12 novembre 1949 aurait permis l'adhésion de l'Allemagne, ce qui était fondamentalement révolutionnaire. La libre cotation des monnaies aurait été autorisée dans un système de changes flottants contrôlés. Un fonds de soutien aux monnaies aurait été créé avec l'aide américaine. L'accord prévoit une accélération de la libération des échanges et une coordination des économies. Les Anglais tentent de le torpiller avec Uniskan (Grande-Bretagne, Suède, Danemark et Norvège), en décembre 1949. La Grande-Bretagne voit en Finebel la naissance d'un ensemble discriminant, une sorte de petite Europe dans la grande ; l'argument servira encore contre le plan Schuman et contre les traités de Rome. Les services français, finalement, s'opposent à la participation de l'Allemagne, manifestant moins d'à-propos que Schuman, six mois plus tard. Mais les Américains lâchent aussi ce projet qu'ils ont soutenu à sa naissance, car ils préparent, avec les Britanniques, une Union européenne des Paiements (UEP) entre les pays membres de l'OECE.

L'UEP s'inscrit dans un ensemble de propositions faites à l'OECE pour faciliter les échanges et les paiements entre les Seize : en juin 1950, Dirk Stikker, président du Conseil de l'OECE, propose un Plan d'Action pour l'intégration économique de l'Europe par le moyen de la spécialisation, de la division du travail et du marché unique européen. Les ministres français et italien, Petsche et Pella, amendent le plan Stikker, en donnant de l'importance à une Banque européenne d'investissements (BEI) qui aurait dû réguler les investissements. Aucun de ces plans n'est appliqué. Mais l'UEP est créée en septembre 1950. Elle facilite la transférabilité des monnaies européennes et donc les échanges commerciaux inter-européens, ce qui est un avantage extraordinaire. Elle pénalise les pays en déficit permanent des paiements et récompense (en or) les pays créditeurs de la zone UEP, incitant les dirigeants à équilibrer les échanges. Les négociations de l'UEP s'accompagnent d'une réflexion sur la coopération inter-européenne. Pourtant, l'UEP n'est pas à l'origine de l'intégration économique européenne, à la grande déception des États-Unis, mais elle fait disparaître les obstacles aux échanges.

Des actes forts, la Haute Autorité du charbon et de l'acier et la Communauté européenne de défense

Que retenir de la politique française d'unité européenne au début de l'année 1950 ? La France accepte la libération des échanges en Europe contre l'harmonisation des politiques économiques et financières par la coopération. La déclaration Schuman du 9 mai 1950 doit être appréciée par rapport à cette politique suivie par la France jusqu'alors.

La politique d'intégration est illustrée, en 1950, par les deux projets de Haute Autorité du charbon et de l'acier et de Communauté européenne de défense (CED). Elle résulte tout autant de l'insuccès de la politique allemande de la France que des pressions américaines. Un changement est indispensable. Monnet le sent bien dès l'été 1948[31]. L'idée d'une « corporation » indépendante, comme la Tennessee Valley Authority, est avancée, de diverses sources, pour la gestion de la sidérurgie allemande. Mais les Français sont rebutés, voire scandalisés, par ceux qui, tel Douglas, ambassadeur américain à Londres, suggèrent de traiter de la même façon la sidérurgie lorraine et celle de la Ruhr. L'idée de soustraire à la souveraineté nationale une activité industrielle parait relever de la punition et la France ne conçoit pas qu'elle puisse être diminuée.

Pourquoi la « révolution » du 9 mai 1950 ?

Le projet de Haute Autorité est un acte fondateur de l'unité européenne dans la mesure où il propose des transferts de souveraineté des États vers une organisation supérieure commune. Les événements ont compté dans son succès. L'année 1950 est celle de la peur. La guerre froide s'intensifie ; l'Europe est hantée par la bombe atomique. L'Allemagne fait toujours peur en France. Comment désarmer la méfiance alors que la tension reste vive entre les deux pays au grand désespoir des États-Unis ? Certes, la politique de force et la politique de réparation a échoué. Mais les esprits évoluent trop lentement pour les alliés anglo-saxons en dépit de transformations certaines dans la haute fonction publique française depuis le plan Marshall, comme le prouvent les notes de Simon Meyer, haut fonctionnaire de la zone française d'occupation, ou du

---

[31] Voir Gérard BOSSUAT, *La France, l'aide américaine et la construction européenne, 1944-1954*, tomes 1 et 2, Paris, CHEFF, 1992, 1021 p.

secrétaire général de la présidence de la République (*textes 18 et 19*). Le premier pense qu'il existe de bons cartels capables d'organiser, au moindre risque pour l'économie française, un rapprochement économique franco-allemand. Il conviendrait alors « d'internationaliser les industries-clefs européennes sous l'égide du Conseil de l'Europe ; on créerait ainsi des cartels sans leur donner leur véritable nom ». Le second propose l'exploitation internationale du grand bassin Ruhr-Moselle, y compris la Lorraine, au nom de la solidarité européenne.

« L'air du temps » offre des possibilités que Monnet sait capter et traduire en propositions précises. L'engagement de Schuman, que son histoire personnelle explique, joue aussi[32]. La coopération économique franco-allemande apparaît indispensable aux Européens et aux Américains, pour des raisons politiques majeures, tandis qu'elle semble dangereuse aux Français. Il faut donc la contrôler par une structure internationale. Monnet ajoute : supranationale.

Monnet propose au président du Conseil, Georges Bidault et au ministre des Affaires étrangères, Robert Schuman, un projet qu'il élabore depuis janvier 1950. Il le fait précéder d'une note impressionnante d'intelligence géostratégique du 3 mai sur les conditions générales dans lesquelles il fait sa proposition (*texte 20*). La déclaration annonce que le gouvernement français propose de placer l'ensemble de la production européenne de charbon et d'acier sous « une Haute Autorité commune ». Cette communauté sera les premières assises concrètes « d'une Fédération européenne indispensable à la préservation de la Paix ». Par rapport aux thèses françaises antérieurement défendues à l'OECE, la déclaration Schuman offre la fin des contingentements et des tarifs douaniers sur deux produits, l'acier et le charbon, ce qui va dans le sens de la libération des échanges en Europe, mais elle innove par le projet de Haute Autorité (*texte 21*). Le dialogue de sourds à l'OECE sur la concertation économique européenne est donc dépassé.

L'entente franco-allemande permet d'attirer d'autres pays. Bruxelles, Luxembourg, La Haye et Rome se joignent à l'aventure et entrent en négociation sur la base d'une délégation limitée de souveraineté. Monnet vérifie que la surprise suscitée par le plan est un excellent outil pour négocier. Le projet est mis en forme dans un traité signé à Paris, le 18 avril 1951, et ratifié par les six parlements européens.

Certains hommes politiques français veulent même élargir la Haute Autorité du charbon et de l'acier à d'autres domaines comme la santé (pool blanc), les transports ou l'agriculture. Pierre Pflimlin tente de créer un pool vert en août 1950 (*texte 22*). On ne peut s'empêcher de penser, à la lecture de l'échange de correspondance avec Monnet, qu'il va trop vite

---

[32]   Voir l'ouvrage de Raymond POIDEVIN, *Robert Schuman, homme d'État, 1886-1963*, Paris, Imprimerie nationale, 1986.

en besogne. Monnet lui-même n'y est pas favorable, malgré ses bonnes paroles. Sans doute a-t-il senti que les difficultés de conduire la négociation du traité issu du plan Schuman condamnent son extension aux questions agricoles. Peut-être n'est-il pas convaincu de la volonté du ministère de l'Agriculture de préserver dans le projet de pool vert l'aspect supranational, qui fait le prix du plan Schuman. Le ministère de l'Agriculture recherche essentiellement à s'assurer, à n'importe quel prix, des débouchés en Europe. La tentative de pool vert est reprise par l'OECE et donc soumise à la règle de l'intergouvernementalité. D'ailleurs, les États-Unis, si confiants pour le plan Schuman, après il est vrai quelques heures d'hésitation sur la nature du projet, manifestent des sentiments mitigés face aux autres pools qui ressemblent trop à des cartels. L'héritier direct du pool vert est la politique agricole commune (PAC) du marché commun. Quant aux Anglais, ayant rejeté le plan Schuman, ils s'attachent à l'OECE comme organisation anti-plan Schuman plus que comme vecteur de l'unité économique.

Le plan Schuman ne sera pas l'aube des États-Unis d'Europe

La négociation du traité est un formidable révélateur des tensions franco-allemandes, franco-françaises et interalliées. La notion de Haute Autorité suscite des oppositions dans toute la haute administration française. Le projet de Monnet s'opposent profondément à la politique française traditionnelle : la coopération inter-européenne, et surtout le libéralisme contractuel des économies européennes. Maurice Petsche dirige les Finances en mai 1950. Il n'est pas à l'origine de ce projet alors qu'il a été l'initiateur jusqu'alors de la politique économique européenne de la France (libéralisation et harmonisation, Finebel). Un front commun se forme contre le projet Monnet. Les attaques partent du secrétariat d'État aux Affaires économiques contre le « dirigisme » de Monnet. Elles visent à remplacer la Haute Autorité par l'OECE ou par une Banque européenne d'investissements, en cohérence avec le projet Petsche de libération et d'harmonisation des économies européennes[33]. Soutenu par ses services, Maurice Petsche propose à l'OECE le 3 juillet 1950 d'élargir les listes de libération. Il salue le plan Schuman – comment ne pas le faire ? – mais il se garde bien d'en proposer l'extension à d'autres secteurs économiques. En revanche, il peaufine son projet de Banque européenne d'investissements qui est l'un des trois projets de libération des échanges soumis à la réflexion de l'OECE. Philippe Huet, un inspecteur des Finances, remar-

---

[33] Voir Archives Nationales, F 60 ter 474 dossier 362, « Plan Schuman 1950-1952 », « Notes et études antérieures à la conclusion du traité, mai-juillet 1950 », « Note de Kojève pour M. Filippi, objet le « combinat » et l'OECE », suivie d'une annexe reproduisant le texte de la déclaration Schuman du 9 mai où le mot Haute Autorité est remplacé par ceux d'OECE ou de BEI. Note de Bernard de Margerie du 20 mai 1950, « Note sur le projet de pool européen du charbon et de l'acier ».

que, en l'analysant, que le projet Petsche part du souci de « libération des échanges et de coordination économique », conformément au but que la France s'est fixé depuis la création de l'OECE en 1948 (*texte 23*).

L'affrontement franco-britannique se produit presque immédiatement. Massigli prend manifestement le parti des Anglais auprès desquels il est accrédité. Est-il possible de convaincre les Anglais d'y participer sans dénaturer le projet ? On se persuadera assez facilement, d'après la correspondance de Massigli, que cela aurait été très difficile. Massigli adopte d'ailleurs les arguments entendus en Grande-Bretagne mais aussi en France, contre la Haute Autorité, réduite à une « synarchie » de directeurs « maîtres quasi absolus de l'économie européenne » ou contre le caractère supranational de l'organisation, assimilé à une dictature des experts, sans contrôle parlementaire[34]. Suffisamment d'efforts ont-ils été faits pour imaginer la participation du Commonwealth britannique au plan Schuman ? Massigli se dit effrayé du dialogue franco-allemand sur le projet de Haute Autorité[35]. Schuman réagit en homme d'État, détenteur de l'autorité légitime, contre ce diplomate prestigieux mais récalcitrant (*textes 24-25-26*). À propos des exigences allemandes de ne pas démanteler les cartels de la Ruhr, Monnet écrit en décembre 1950 : « Nous sommes en pleine bataille ; qui va gagner ? ». Les bonnes relations de Monnet avec les responsables américains en Europe, McCloy, Tomlinson et Bowie jouent pleinement. Ils condamnent l'esprit de « domination » des Allemands. Adenauer résiste trois longs mois avant d'approuver la déconcentration, le 14 mars 1951 ! Mais le plan est un échec à court terme pour la Fédération européenne. Personne n'a jamais rêvé d'une Fédération sans l'Angleterre et limitée à six pays. Critiqué, Monnet doit réduire les pouvoirs supranationaux de la Haute Autorité.

Pourtant le plan Schuman ouvre bien une nouvelle donne de l'histoire européenne. Cette réussite s'explique parce que le projet répond aux angoisses françaises à propos de l'Allemagne. Le fait de lier l'Allemagne au destin de l'Europe occidentale est rassurant et l'économie française pourra accéder au charbon de la Ruhr, tandis que l'économie allemande sera contrôlée par la Haute Autorité. L'esprit du temps porte à de telles délégations de souveraineté. La conférence de Westminster du Mouvement européen d'avril 1949 a proposé des ententes industrielles par produits (charbon, acier, électricité, transports). L'influence des Américains est énorme, non pas tant dans la rédaction de la déclaration Schuman que par l'incessant appel à enterrer le conflit franco-allemand. La proposition Schuman résout avec élégance les contradictions de la politique allemande de la France. Mais cette nouvelle politique entre *de facto*

---

[34]   Archives V. Auriol, 4 au 56, dr 1, sdr a, René Massigli, 17 juin 1950, note pour le Ministre, 7 pages dactylographiées, signature autographe de Massigli.

[35]   Archives Nationales, 4 au 57, dr 4, Massigli Londres 27 juin 1950, 20h30, n° 2335 – 36, Réservé, refer votre télégramme n° 5384-5403, 2 pages.

en concurrence avec celle de l'OECE. Or les élites françaises, de la haute fonction publique aux responsables politiques, trouvent dans l'OECE un lieu de confrontation et d'action entre Européens de la grande Europe, à laquelle ils tiennent. La politique française à l'OECE reste tout aussi active qu'avant le plan Schuman.

Le plan Schuman, même limité à six membres, sauve probablement, avec l'UEP, le plan Marshall, car il répond enfin aux vœux américains d'unité des Européens. Dans le conflit franco-allemand, il est un armistice avec promesses de paix, davantage admis pour le dialogue franco-allemand que pour l'invention de la Haute Autorité. L'erreur des fondateurs est de croire ou de faire croire que les peuples européens sont parvenus, « hors des jours ordinaires, à l'aurore des États-Unis d'Europe », comme l'écrit Jacques Van Helmont, un proche de Jean Monnet. Le plan Schuman arrive trop tard dans une Europe qui a dit non, en 1948, à une organisation contraignante des économies européennes. Il liquide le contentieux franco-allemand par une formule extraordinaire, à la hauteur du différend qui a lancé, par deux fois, les peuples français et allemand l'un contre l'autre. Certaines réactions américaines prouvent que malgré les encouragements apportés au plan Schuman dans sa dimension de réconciliation franco-allemande, les États-Unis surveillent de très près l'intégration et même s'en méfient (*texte 27*). La bonne Europe doit répudier tout protectionnisme, même transitoire[36]. Dans ces conditions, on voit mal comment le plan Schuman aurait pu être élargi à d'autres secteurs. De même, les réactions virulentes de la haute fonction publique française font comprendre l'échec de la Communauté européenne de Défense, le clone de la CECA. Le projet de Haute Autorité est bien accepté par le Conseil des ministres français du 9 mai. Mais il ne vient pas du gouvernement, ni du sérail habituel ; il vient de Monnet, du Plan et a été récupéré par Schuman qui l'a imposé à ses collègues. Il est l'acte d'un franc-tireur.

Ainsi le plan Schuman n'est-il pas une étape tranquille dans la longue marche vers l'intégration européenne, comme on se plaît souvent à l'écrire. Il n'exprime même pas la pensée européenne dominante des responsables français. Certes, dans les milieux du pouvoir, personne ne discute le bien-fondé de l'unité européenne. Mais le combat fait rage sur sa nature. Il y a débat entre ceux qui ne jurent que par l'OECE et la Grande-Bretagne, et ceux, minoritaires et gagnants d'un jour, qui rêvent à la supranationalité, même réduite à un secteur économique et à une petite Europe. Tous sont unis pourtant par le soin qu'ils apportent à donner à l'économie française des garanties de développement, refusant la concur-

---

[36]   Archives du ministère des Finances, B 33887, Haut Commissariat de la République française en Allemagne, Direction générale des affaires économiques & financières, Armand Bérard, RM/LD, 1er août 1951 à son excellence M. Robert Schuman, Ministre des Affaires étrangères, exemplaire communiqué à Guindey, 1 page.

rence directe avec les États-Unis et prenant le temps de bâtir une économie solide et rénovée.

L'audace inopportune de la Communauté européenne de défense

Le plan Schuman proposait une forme d'organisation européenne idéale pour la réconciliation franco-allemande. Les Américains, comme les Anglais et d'autres responsables politiques européens, imaginent aussi que cette organisation européenne pourrait favoriser le réarmement allemand. Les Français s'y opposent fermement. Mais devant les risques d'incendie du monde – la guerre de Corée éclate le 25 juin 1950 – les Américains prient les Français de lever leurs réserves sur le réarmement allemand. En septembre 1950, Dean Acheson dit : « Je veux des Allemands en uniforme pour l'automne 1951 ». Si bien que René Pleven, chef du gouvernement, en relation avec Jean Monnet, propose un projet de Défense européenne intégrant les Allemands, préparé rapidement au cours du mois d'août. Dans une lettre à Pleven, du 3 septembre, et à Schuman, du 16 septembre, Monnet annonce un plan Schuman élargi aux questions de défense. Le texte de Monnet est d'une ampleur tout à fait saisissante. Il présente le monde atlantique sous forme de trois ensembles : les États-Unis, l'Empire britannique, l'Europe continentale de l'Ouest, fédérée dans le cadre général de la communauté atlantique (*texte 28*). La réflexion de Monnet et de son équipe aboutit au texte que Pleven lit le 24 octobre 1950 à l'Assemblée nationale, annonçant la négociation d'un traité créant une armée européenne.

Le projet d'armée européenne est accueilli sans enthousiasme en France. Les négociateurs français, issus cette fois-ci des corps traditionnels, présentent un mémorandum qui déclare que « vouloir demain une armée européenne est certainement une utopie » ! La négociation piétine à l'instigation de Jules Moch, socialiste et ministre de la Défense, résolument anti-allemand et responsable de la délégation française. En juillet 1951 apparaît un véritable projet de Communauté européenne de Défense sous l'influence de Monnet qui rentre dans la négociation après la signature du traité de CECA. Monnet convainc les Américains de l'intérêt du projet qui obtient aussi le soutien des « européens » : Spaak, de Gasperi et Adenauer. Monnet fait un voyage quasi triomphal aux États-Unis à partir du 11 avril 1952. Avant de partir, il affirme à *France-Soir* : « nous verrons le début des États-Unis d'Europe avant la fin 1953 ».

Le traité de CED est signé le 27 mai 1952 à Paris. Il est accompagné de quatorze textes annexes. Six protocoles additionnels sont paraphés en mars 1953. La Grande-Bretagne garantit la CED (avril 1954). La sécurité de la France est contre-assurée par un accord tripartite entre la France, les États-Unis et la Grande-Bretagne. Le traité provoque des débats très durs sur la souveraineté de la France, sur la pérennité de la nation. Les gouvernements français, partagés, repoussent le moment de faire ratifier le texte par l'Assemblée nationale.

Entre-temps, un appel pour fonder une Communauté politique européenne aux pouvoirs limités mais réels, dans la foulée de la Communauté européenne de défense, est venu du Conseil de l'Europe et d'Alcide de Gasperi, démocrate-chrétien et chef du gouvernement italien. Réunis à Luxembourg en septembre 1952, les Six invitent l'Assemblée commune de la CECA à créer une assemblée *ad hoc*, c'est-à-dire spécifique, pour rédiger un projet de Communauté politique européenne (CPE). L'assemblée *ad hoc*, composée de 86 membres, installe une commission constitutionnelle de 26 membres présidée par Heinrich Von Brentano. Les travaux de la commission constitutionnelle sont adoptés par l'assemblée *ad hoc* en mars 1953, puis discutés par les gouvernements. La Communauté politique européenne sera dotée d'une Constitution fédérale et d'un marché commun (projet Beyen de décembre 1952). Mais le gouvernement français manifeste la plus grande circonspection puis de l'opposition. Il ne veut pas exposer l'économie française « à des pressions violentes ». Bidault, ministre des Affaires étrangères a parlé des risques de « télescopage aveugle des économies ». Devant ses services et les ministres intéressés, il déclare, le 11 février 1953, qu'il faut réunir la CED et la CECA « sinon pour le minimum, du moins contre le maximum », et « ouvrir des fenêtres par le moyen du suffrage universel », ce qui embrouille encore la politique française. Il aurait été paradoxal, néanmoins, que la France refuse la supranationalité qu'elle a inventée. Bidault n'est pas Schuman, mais le MRP – la démocratie-chrétienne française – est européen et Bidault en est un des membres éminents. La Direction des Affaires économiques du Quai d'Orsay invente une formule réduite aux acquêts : la « nouvelle » autorité supranationale regrouperait la CECA et la CED, sans le « troisième pied » d'un marché commun.

Les dirigeants français du moment, Bidault, Mayer, Pleven, craignent la fin de l'indépendance de la politique étrangère française et la faillite du rôle mondial de la France, si une Communauté politique européenne (CPE) prend des décisions de politique étrangère et de défense. Les hauts fonctionnaires s'opposent implicitement à une intégration qui amoindrirait la puissance de la France dans les relations internationales. Le 9 mars 1953, Georges Bidault déclare qu'il s'agit de « faire l'Europe sans défaire la France… je veux dire aussi, sans défaire l'union française »[37]. Bidault est coincé entre des gaullistes et des communistes instruisant un procès d'abandon de la nation, face à des socialistes soucieux de démocratiser

---

[37]   Archives G. Bidault, 457 AP 39, Assemblée *ad hoc* pour le traité de CPE, informations et documents officiels de la commission constitutionnelle, mai- juillet 1953. « Réunion des 6 ministres des affaires étrangères », Strasbourg, 9 mars 1953, secrétariat, 16 mars 1953, n° 8.

davantage l'Europe et des MRP anxieux de suivre Robert Schuman. Le projet de CPE sombrre avec la CED.

La fin de la CED survient le 30 août 1954, là où elle est née, devant l'Assemblée nationale française. Robert Schuman n'a pas fait ratifier le traité quand il était aux Affaires étrangères jusqu'à la fin de 1952. Les raisons sont multiples : il concentre contre lui les flèches des germano-phobes, les Allemands comme les Américains renforcent le sentiment anti-CED en France en exigeant toujours plus d'égalité, la question sarroise accentue l'impopularité de Schuman car le projet d'européanisa-tion de la Sarre paraît , à la droite, un autre recul intolérable. Au Quai d'Orsay, la querelle se développe entre Hervé Alphand, architecte du traité et René Massigli, artisan d'une participation britannique. L'insistan-ce de John Foster Dulles, le nouveau secrétaire d'État américain, a pu renforcer le sentiment anti-CED en France. Ami de Jean Monnet, il attend beaucoup de la CED qui renforcera la sécurité des Etats-Unis et du monde occidental. Dulles menace, selon un scénario élaboré, de réviser d'une manière déchirante la politique américaine concernant le station-nement des troupes américaines en Europe (*agonizing reappraisal*) en décembre 1953. Il manifeste le dépit des Américains que l'Europe ne puisse s'unir plus vite. Le dossier de la CED est pris en charge par le président du Conseil, Pierre Mendès France, après la conférence de Genève qui met fin à la guerre en Indochine. Les dispositions d'esprit de Pierre Mendès France sur la CED sont diversement appréciées. Il s'est exprimé sur la CED et la CPE à l'Assemblée nationale en novembre 1953. Il organise d'abord la liquidation de la guerre d'Indochine et s'occupe du redressement des finances extérieures de la France avant de régler les dossiers européens. La CED n'est pas sa priorité. Il s'en est expliqué plus tard (*texte 29*). Les historiens aussi[38]. Néanmoins, en juillet 1954, il décide de crever l'abcès. Or, prévoyant les plus grandes résistan-ces à l'Assemblée nationale, il demande à ses partenaires de la CED d'ac-cepter un nouveau protocole d'application, qu'ils lui refusent avec mépris (Bruxelles, 19-23 août). Adenauer lui manifeste une grande hostilité, tandis que l'intervention de l'ambassadeur américain, David Bruce, en faveur d'une réunion sur le réarmement allemand, sans la France en cas d'échec, ajoute au trouble. Mendès France souffrit de cette intrusion et n'obtint pas le droit de veto de huit ans qu'il demandait au sein de la CED, mais de deux ans seulement. Le vote est organisé à l'Assemblée nationale le 30 août 1954. À une motion préjudicielle d'ajournement,

[38] MARGAIRAZ M. (dir.), *Pierre Mendès France et l'économie*, Paris, Odile Jacob, avec Le Seuil, 1989 ; *Pierre Mendès France et la modernité, Matériaux pour l'Histoire de notre Temps*, actes du Colloque, 15 juin 2001, juillet-décembre 2001, n° 63-64 ; GIRAULT R. (dir.), en collaboration avec BOULBINA S. et BOSSUAT G. *Pierre Mendès France et le rôle de la France dans le monde*, Colloque organisé par l'Institut Pierre Mendès France à l'Assemblée nationale les 10 et 11 janvier 1991, Grenoble, PUG, 1991, 487 p.

lancée par les cédistes pour faire durer le débat, s'oppose une motion préalable anti-cédiste dont l'effet est de repousser toute délibération sur le traité signé. Comprenant le danger, Pierre Mendès France obtient que les deux motions soient retirées. Mais une manœuvre de dernière minute conduit leurs auteurs à les mettre au vote. Le gouvernement n'engage pas sa responsabilité. La motion anti-cédiste l'emporte par 319 voix contre 264 (*texte 30*). Il n'y a plus lieu de délibérer. C'est la fin de la CED. « La bête est morte », écrit tout à sa joie le conseiller de la République Michel Debré (*texte 31*).

Une mesure de rattrapage : l'Union de l'Europe occidentale

L'échec français ouvre la voie au « retour » des Anglais sur le continent. Antony Eden, ministre des Affaires étrangères puis premier ministre, offre la coopération des Britanniques. Churchill avait d'ailleurs reçu Mendès France (entretiens de Chartwell), le 23 août, après l'échec de Bruxelles. Mendès France et Eden formulent une solution alternative à la CED, « une sorte de coalition des six pays d'Europe à laquelle se joindrait le Royaume-Uni ». Aussi, du 28 septembre au 3 octobre, une conférence se réunit-elle à Londres. Mendès France accepte l'idée d'une Union occidentale élargie permettant de contrôler plus facilement une Allemagne devenue membre de l'OTAN. Eden annonce que la Grande-Bretagne maintiendra ses forces sur le continent. Une conférence suit à Paris, du 19 au 23 octobre. Elle permet la signature des Accords de Paris, élargissant l'UEO, puisque l'Allemagne et l'Italie adhèrent au Pacte de Bruxelles du 17 mars 1948. L'Allemagne entre dans l'Alliance atlantique mais renonce aux armes atomiques, bactériologiques et chimiques (ABC). Une agence pour le contrôle des armements est créée. La nouvelle UEO aurait une Assemblée parlementaire, mais il n'est plus question d'institutions supranationales. L'Assemblée nationale française ratifie les nouveaux accords, en décembre 1954, à une courte majorité de 287 voix contre 260. Le Sénat, à son tout, les ratifie en mars 1955. Mendès France a voulu réunir dans un certain mécanisme commun l'OECE, la CECA et l'UEP. Malheureusement, l'UEO ne s'engage pas sur le terrain économique. Le Comité permanent des armements, créé le 7 mai 1955 et l'Agence pour le contrôle des armements produisent surtout des rapports sur l'industrie d'armement des pays membres. L'UEO permet seulement à l'Allemagne de se réarmer et d'entrer dans l'OTAN.

L'histoire retient que l'initiatrice de la Haute Autorité, la France, a déserté le camp de l'intégration. Il ne faut pas y voir une preuve de duplicité, ce qui serait simpliste, mais la manifestation de la profonde originalité de l'acte fondateur du 9 mai 1950. La politique française d'unité européenne entre 1945 et 1954 est d'abord une politique de coopération économique inter-européenne, une politique d'harmonisation des potentiels industriels dans le respect des souverainetés nationales. Le plan Schuman est un accident dans la politique européenne de la France en raison des abandons de souveraineté qu'il consent, tout en étant tout à fait conforme à l'esprit d'harmonisation des économies européennes qui caractérise la politique française depuis 1945.

CHAPITRE 2

L'engagement de la IVe République (1955-1958) dans les traités de Rome

S'il est une politique réussie de la IVe République, c'est bien celle qui a conduit à un engagement ardent dans les traités de Rome.

Messine, une relance imprévue pour le gouvernement français

La relance de Messine (juin 1955), à laquelle la France participe, n'est pas une affaire française dans sa genèse. Le gouvernement d'Edgar Faure se borne à réagir à l'offre de Spaak, Beyen et Monnet. Ce dernier n'imagine pas une relance qui s'appuierait sur le gouvernement Edgar Faure, car celui-ci est partagé entre pro et anti-européens. Monnet reçoit néanmoins le soutien d'importants ministres français dont Robert Schuman, ministre de la Justice, et Antoine Pinay, ministre des Affaires étrangères. Il propose une extension des compétences de la CECA aux transports et à l'énergie atomique, ces secteurs ayant été retenus par Spaak dès novembre 1954.

Le 4 avril 1955, Paul-Henri Spaak, ministre belge des Affaires étrangères, lance « officiellement » l'idée de nouvelles institutions européennes. Le modèle de référence est la Haute Autorité de la CECA. Ce même jour, J.W. Beyen, ministre néerlandais des Affaires étrangères remet à Spaak un mémorandum sur un marché commun général, projet qu'il avait avancé, fin 1952, à l'OECE. Pierre Uri rédige pour Spaak, le 13 avril 1955, un document comportant « à la fois la coopération politique, le marché commun, l'Euratom et pour faire plaisir à la Haute Autorité, l'énergie ». Mais Beyen y insère en fait son propre texte[1]. C'est la base du mémorandum des pays du Benelux.

Du côté français, Pinay, ministre des Affaires étrangères, pense seul à une relance. Il a même fait rédiger un plan de Conseil confédéral européen qu'il propose aux Allemands, le 29 avril 1955. Edgar Faure souhaite aussi faire quelques gestes en faveur de l'intégration européenne, pour modifier l'image de la France après l'échec de la CED et pour des raisons

---

[1] URI P., *Penser pour l'action, un fondateur de l'Europe*, Paris, Odile Jacob, 1991, p. 115. Le texte a été publié dans URI P., *Fragments de politique économique*, Grenoble, PUG, 1989, p. 199-203.

de politique intérieure (alliance avec le centre). Mais il n'est pas très réactif et il est mis devant le projet Monnet-Spaak-Beyen, le mémorandum des pays du Benelux, le 18 mai 1955. Il accepte, sans enthousiasme, une réunion des six pays de la CECA, à Messine, pour débattre de ce mémorandum et pour remplacer Monnet, démissionnaire de la présidence de la Haute Autorité. En effet, comme dit le Quai d'Orsay, « la création d'un marché commun soulève pour la France de très graves difficultés »[2]. À la veille de Messine, Pinay reçoit de ses services une note contre « le plan Beyen ». Le gouvernement français n'est pas disposé non plus à renommer Monnet, démissionnaire en novembre 1954, à la tête de la CECA, pour assumer la relance, comme il le souhaitait. René Mayer, radical, pro-européen, est son candidat. Monnet, qui connaît bien Mayer depuis le temps du CFLN d'Alger, lui propose un programme d'action pour les « États-Unis d'Europe » qui comporte une extension de la CECA aux transports et à l'atome, la création d'un fonds européen de sécurité de l'emploi pour les chômeurs de ces secteurs et l'élection au suffrage universel de l'Assemblée de la CECA.

La conférence de Messine (1er-3 juin 1955) a marqué l'histoire. Elle est, en effet, le début d'un processus d'unité européenne qui fait la synthèse entre l'économie de marché (plan Beyen) et l'intégration sectorielle dans le domaine de l'énergie atomique civile, dans un nouveau cadre normatif, le triangle institutionnel communautaire des traités de Rome. Edgar Faure a donné comme instructions à Pinay d'accepter une Europe atomique (ce qui ne préjuge en rien des institutions) et d'être prudent à propos du marché commun[3]. Pinay met donc en avant l'Europe atomique et annonce les conditions préalables d'une intégration économique : harmonisation sociale, création d'un fonds d'investissement, coordination des politiques monétaires. Des passes d'armes se produisent sur le tarif extérieur commun : sera-t-il protectionniste ou protecteur ? Sur l'uranium du Congo belge, réservé par accord bilatéral aux Américains : Comment la Belgique pourrait-elle alors contribuer au pool atomique européen ? Mais Messine rallume la flamme de l'intégration grâce, surtout, au projet d'Europe atomique alors que le projet de marché commun est qualifié de « pretty nebulous project », par le Département d'État américain[4].

Les Six nomment un politique, Paul-Henri Spaak, à la tête du comité d'experts chargé d'étudier les projets de Messine, le Comité intergouver-

---

[2]   Documents diplomatiques français (DDF) 1955, tome I, janvier-juin 1955, n° 310, « Note du département, plan Beyen, 26 mai 1955 », p. 692 et note 308, relance européenne, mai 1955.

[3]   PINEAU C. et RIMBAUD C., *Le grand pari, l'aventure du traité de Rome*, Paris, Fayard, p. 168.

[4]   FRUS IV, 1955-1957, p. 302-303, "From the acting US representative to the ECSC to the acting director of the office of European regional Affairs (Palmer)", Luxembourg, June 30, 1955.

nemental (CIG), auquel la Grande-Bretagne participe à la demande de Pinay[5]. Spaak réunit, rue Belliard, à Bruxelles, à partir du 9 juillet 1955, quatre commissions et quatre sous-commissions. Un comité des chefs de délégations s'efforce de rapprocher les points de vue en cas de difficultés. Monnet, hors du gouvernement, pèse sur les travaux de relance par le Comité d'action pour les États-Unis d'Europe qu'il vient de créer. Progressivement, la délégation française au CIG, dirigée par Félix Gaillard, passe d'une situation de réserve à une attitude positive. Elle défend d'abord et avant tout une organisation européenne de l'énergie atomique, civile, qui s'interdirait absolument de contrôler les programmes militaires et qui ne disposerait pas des pouvoirs de la Haute Autorité de la CECA. Les Français demandent la création d'une Agence atomique européenne pour financer une usine de séparation isotopique et de fabrication d'eau lourde. Ils sont plus réservés sur les transports, mais proposent de créer une compagnie aérienne européenne (Eurofima) et une société européenne pour l'achat des matériels aéronautiques. Ils demandent aussi la création d'une organisation européenne des télécommunications (automatisation des télécommunications européennes). On parle de conférer des pouvoirs régaliens au Conseil des ministres nationaux de la future organisation. La question du marché commun n'est pas une priorité. Les Français insistent aussi sur la création d'un Fonds de compensation pour les travailleurs migrants.

Peu à peu, le comité intergouvernemental consacre plus de temps au projet de marché commun. Les Français sont partagés entre partisans d'une politique de coopération dans les transports à l'OECE et partisans d'une nouvelle organisation sectorielle destinée, de toute façon, à affaiblir le projet de marché commun global, car ils craignent qu'il soit « l'amorce d'un véritable gouvernement économique supranational ». Toutefois, Gaillard sait déjouer les méfiances. Paul-Henri Spaak aurait même confié, en octobre 1955, à l'ambassadeur américain en Belgique, que les projets français de marché commun étaient « la première proposition constructive d'intégration émanant du gouvernement français en trois ans »[6]. Les résultats de la négociation sont donc bien acceptés par les Français, parce que le gouvernement d'Edgar Faure a senti qu'il pourrait réussir à construire une Europe atomique, conforme aux intérêts français, tout en tergiversant au maximum sur le marché commun.

En novembre, le délégué britannique, observateur attentif et critique, explique que le Royaume-Uni aurait des difficultés particulières à participer au marché commun. Il rejette le caractère supranational du projet d'Europe atomique. La Grande-Bretagne se retire en fin d'année du

---

[5] On dit, à l'époque le CIG et non pas la CIG.

[6] FRUS IV, 1955-57, 121, Télég. from the Ambassador in Belgium, Alger to the D. of State, Brussels, October 21, 1955, 5 p.m.

Comité intergouvernemental (CIG) avertissant, avec suffisance, les six pays européens qu'il n'est pas souhaitable qu'ils aboutissent. Un négociateur juge même que la Grande-Bretagne désire « dissoudre le marché commun comme un morceau de sucre dans une tasse de thé »[8]. L'annonce de nouvelles élections législatives en France, au début de 1956, reporte de six mois la publication du pré-rapport Spaak. La clef du succès final dépend du vote des Français. Enverront-ils une majorité favorable à ces projets ? Or, ce dont il faut bien convenir, c'est que les élections françaises ne se font pas sur le thème de l'unité européenne. Le sort ou la volonté des politiques décideront donc de l'avenir du rapport ! Les élections législatives françaises de janvier 1956 seront cruciales pour l'Europe.

Les traités de Rome, le choix de Guy Mollet

Les élections législatives sont gagnées par le Front républicain, conduit par deux politiques de gauche, Guy Mollet, secrétaire général du PS-SFIO et Pierre Mendès France, radical, auréolé de son précédent mandat de président du Conseil. Le président de la République, René Coty, choisit l'homme de l'Europe, Guy Mollet, certainement contre l'attente du plus grand nombre de Français qui auraient préféré Mendès France. Dans sa déclaration d'investiture, Guy Mollet se présente en européen convaincu qui peut réussir la relance (*texte 32*).

Les négociations reprennent donc entre les Six qui travaillent sur la base du rapport Spaak sur le marché commun, rédigé principalement par Uri et Von der Groeben, le 21 avril 1956, et sur le rapport Euratom, rédigé par Louis Armand. Du côté français, la négociation européenne est menée par une petite équipe réunie autour du président du Conseil, Guy Mollet. L'homme de confiance sur les questions européennes, dans le cabinet, est Émile Noël, qui a suivi Guy Mollet depuis le Conseil de l'Europe. Il travaille avec Alexandre Verret, chargé de mission auprès du président du Conseil, en accord étroit et confiant avec le ministre des Affaires étrangères, Christian Pineau et le secrétaire d'État aux Affaires étrangères chargé des questions européennes, Maurice Faure. La délégation française à Bruxelles est dirigée par Robert Marjolin. Elle comprend des hauts fonctionnaires tels Jacques Donnedieu de Vabres et Jean-François Deniau.

Les Français acceptent de négocier l'unité à Venise, mai 1956

Les Six décident donc de se rencontrer à Venise, les 29 et 30 mai 1956, pour définir leur politique européenne. Les Français font valoir qu'ils ne peuvent entrer dans le marché commun sans garanties sociales (égalité des charges sociales), ni sans être assurés que les produits agri-

---

[8]   PRATE A., *Quelle Europe ?, Commentaire*, Paris, Julliard, 1991, p. 44.

coles français entreront librement sur les marchés des pays adhérents. Ils veulent faire participer l'outre-mer au marché commun en échange d'un libre accès commercial de l'Europe des Six aux territoires français d'outre-mer. Le gouvernement refuse tout ajustement préalable des taux de change du franc français recommandé depuis des années par l'OECE. En conséquence, la France ne s'engagera dans le marché commun que provisoirement, pour quatre ans, à l'expiration desquels un bilan serait tiré. Les Français sont, en revanche, disposés à créer une Communauté atomique européenne, avant la Communauté économique si nécessaire, ce que leurs partenaires refusent, craignant qu'une fois la négociation de l'Europe atomique terminée, les Français ne les suivent plus sur le projet de marché commun. Ces positions françaises sont communiquées avant la réunion de Venise des six de la CECA dans un « Mémorandum du gouvernement français ».

Devant les importantes réserves françaises, on croit un moment que les communautés ne se feront pas. Mais Christian Pineau donne l'accord du gouvernement français pour poursuivre et élaborer deux traités. Il faut maintenant résoudre les points litigieux. L'opinion française n'est pas hostile à l'idée d'unité, mais les milieux économiques et industriels sont partagés. Les syndicats ouvriers, sauf la CGT, ne croient pas à l'apocalypse, prédite par les opposants les plus angoissés ; ils craignent surtout que la classe ouvrière perde les avantages acquis depuis le Front populaire et la Libération. Une autre opposition, plus étonnante, surgit encore, celle de Monnet ! En effet, le Comité d'action pour les États-Unis d'Europe veut des unions sectorielles dans les domaines de l'atome, des transports, de la santé et de la main d'oeuvre, et pas un marché commun général. Monnet sait toutefois taire publiquement ses réticences et tente de faire accepter par les décideurs français et américains une organisation atomique européenne ayant le monopole de la fabrication des matériaux nucléaires.

La liste des réserves françaises est longue, renforcée encore par les prises de positions très critiques de Pierre Mendès France. Une correspondance de Claude Cheysson demande à Pierre Mendès France de réagir aux projets d'Euratom interdisant à la France d'utiliser les matières fissiles à des fins militaires (*texte 34*)[9]. Puis il faut surmonter les profondes réserves des partenaires de la France. Les Néerlandais n'ont aucune ambition nucléaire. Les Belges, liés par un accord sur l'uranium du Congo avec les Américains, hésitent à partager leurs ressources. Les industriels allemands veulent développer le nucléaire civil en coopérant avec les Anglais et les Américains plus qu'avec la France.

---

[9] IPMF, Claude Cheysson sur papier du ministère des Affaires étrangères, secrétariat d'État, Affaires marocaines et tunisiennes, cabinet, 13 avril (1956), 4 pages manuscrites, trouvées dans les papiers classés « Boris ».

Le « Mémorandum du gouvernement français » est le fruit ou la compilation des doléances, réserves et angoisses des services sur le rapport Spaak du 21 avril. Seule la direction des Finances extérieures, dirigée par Jean Sadrin, exprime l'opinion plutôt positive que le projet est « révolutionnaire ». Mais, méthodiquement, Sadrin en relève les conséquences. Premier obstacle recensé : le vraisemblable alignement à la baisse du tarif douanier français sur le futur tarif extérieur de la Communauté. Deuxième obstacle : le sort de l'Union française qu'ignore le rapport Spaak. Les partenaires de la France accepteront-ils de privilégier les produits coloniaux français ? Accepteront-ils de partager avec la France les charges qu'elle assume pour développer les territoires d'outre-mer ? Sadrin pense aussi que le marché commun entraînera nécessairement la création d'une monnaie commune. Il pose la question d'une gestion commune des réserves monétaires. Il insiste sur un point très important pour les Français, le « soutien des prix agricoles ». Il rappelle les critiques formulées contre une gestion « exagérément technocratique » du futur marché commun. Enfin, il met l'accent sur l'Europe sociale qui correspond bien aux choix politiques du gouvernement de Guy Mollet (*texte 33*)[10].

Le secrétariat d'État aux Affaires économiques (Jean Masson) s'étonne de devoir se prononcer si rapidement sur le projet. Le marché commun risque de rompre les solidarités entre la métropole et l'Union française, en particulier avec la Tunisie et le Maroc, nouvellement indépendants mais désireux de rester dans l'Union française. Le regroupement à Six est trop limité. On ne croit pas à la possibilité de créer un marché commun agricole en raison de l'échec du pool vert en 1952. Aucune harmonisation sociale préalable n'est prévue. La libre circulation des capitaux et de la main-d'œuvre favorisera la spéculation et l'abaissement du niveau de vie des ouvriers français. La libre concurrence provoquera des faillites que le Fonds européen d'investissement ne pourra empêcher. Il n'y a pas d'accord entre les Six sur une politique de plein emploi[11]. À s'en tenir aux principaux services, le gouvernement aurait dû renoncer à poursuivre la négociation (*texte 35*). La critique est donc totale et très négative (*texte 36*). L'administration française est donc plutôt hostile. Elle louvoie depuis le 9 mai mais est contrainte d'accepter l'objectif défini par le chef de gouvernement son discours d'investiture : la création d'un marché commun.

---

10 Archives de Paul Ramadier, 52 J 114, ministère des Affaires économiques et financières, direction des Finances extérieures, 1er bureau, n° 187 cd, 28 avril 1956, « Note pour le président, objet : projet de marché commun européen ».

11 Archives de Paul Ramadier, 52 J 114, Secrétariat d'État aux Affaires économiques, Cabinet, HM, 3 mai 1956, « Note objet : marché commun : résumé des premières observations de quelques chefs de services du Secrétariat d'État aux Affaires économiques, en ce qui concerne le rapport de M. Spaak sur le marché commun ».

En revanche, la réaction du ministère de la France d'outre-mer, dirigé par Gaston Defferre (*texte 37*), est favorable. Defferre souhaite que les territoires d'outre-mer participent au marché commun européen qui « deviendrait donc un marché commun eurafricain ». Pourquoi ? Pour ne pas ruiner l'actuel marché commun entre la France et ses territoires d'outre-mer, caractérisé par la libre circulation des hommes et des capitaux et par une monnaie unique. Gaston Defferre refuse d'examiner la possibilité de distendre les liens économiques entre la métropole et ses territoires au risque aveuglant d'aboutir « à la sécession politique ». Il faut donc prévoir une entrée simultanée des TOM et de la France dans le marché commun européen. Mais l'état de sous-développement de ces territoires suppose des clauses spéciales. Defferre demande la création d'une institution européenne équivalente au Fonds de développement économique et social français (FDES), des protections transitoires pour l'industrie des TOM, des protections pour les produits coloniaux africains, des étapes pour la libre circulation des hommes entre l'Europe et l'Afrique afin d'éviter que l'Italie ne peuple l'Afrique française. En échange, le marché des TOM « serait partagé entre les industries européennes ». Enfin, il est un dernier argument politique. L'adhésion des TOM est souhaitable, dit Defferre, « surtout si l'on considère que l'évolution politique, en tout état de cause, ne peut manquer de conduire les territoires par paliers successifs vers une autonomie grandissante »[12]. Par cette proposition d'Eurafrique, Gaston Defferre a compris le phénomène général de décolonisation en cours. La construction eurafricaine arrimerait à l'Europe démocratique des territoires qui pourraient bientôt être tentés par d'autres aventures.

Au contraire, le ministre des Finances, Paul Ramadier, socialiste, est prudent (*texte 38*). Il s'inquiète de l'avenir de l'économie planifiée dans le cadre d'un marché commun. Logique, il remarque que l'économie collective n'a pas pour finalité première le libéralisme. Ramadier trouve des mots pour plaider en faveur des pratiques protectionnistes « grâce auxquelles la reconstitution industrielle de la France a été possible et qui sont manifestement indispensables à notre agriculture ». Le marché commun serait, à ses yeux, un élément de déstabilisation politique et sociale de la France. Résumons : le marché commun c'est la crise ! Ramadier propose un certain nombre de correctifs : révision du régime fiscal et de la Sécurité sociale, puis dévaluation, enfin création d'un organisme de coordination des autorités monétaires européennes du type *Federal Reserve Board*. À ce prix « l'expérience d'un marché commun

---

[12] Archives de Paul Ramadier, 52 J 114, Direction des affaires économiques et du Plan, 17 mai 1956, le Ministre de la France d'outre-mer à Monsieur le Président du Conseil des ministres, « Objet : problèmes posés pour la France d'outre-mer par le projet de marché commun européen ».

pourrait être tentée », sous réserve de pouvoir s'en retirer[13]. Enfin, faut-il prendre le risque du marché commun à six, sans la Grande-Bretagne ?

Le gouvernement aurait-il plus de chance auprès du patronat français ? Le CNPF, en la personne de Georges Villiers, entend attirer l'attention du gouvernement sur « certains éléments de première importance » (*texte 39*). Le CNPF est attaché à l'harmonisation des législations fiscales et sociales entre les Six, en même temps que s'abaisseront les tarifs. Il ne peut envisager un marché commun européen sans les territoires d'outre-mer en raison des liens économiques existants mais aussi pour « des raisons politiques évidentes »[14]. La lettre de Georges Villiers, courte, ne ferme pas la porte au marché commun. En effet, le patronat a évolué depuis la CECA. Cependant la dégradation des comptes extérieurs français, constatée clairement à la fin de l'année 1956, permet au patronat de lancer une charge sévère contre la gestion du gouvernement de Front républicain, au nom des futurs engagements européens de la France. Toutefois, le CNPF est disposé à accepter le traité sous réserve d'harmoniser les charges sociales, d'avoir une politique économique commune, un marché commun des produits industriels et agricoles, une protection suffisante aux frontières du marché commun. Georges Villiers écrit : « Si l'économie française, incapable de supporter la concurrence internationale, se laissait isoler dans l'autarcie avec ses ressources naturelles insuffisantes, elle serait condamnée à la régression »[15]. Le gouvernement français, instruit de ces réactions, affaiblit le caractère supranational du rapport Spaak au profit d'un Conseil des ministres des États. Il demande un fonds d'investissements européen. La France attend la définition d'une politique agricole contractuelle pour le long terme. Les partenaires de la France s'engagèrent à se prononcer rapidement sur l'adhésion des territoires d'outre-mer.

Guy Mollet et Christian Pineau acceptent donc l'ouverture de négociations. Mais ont-ils le choix ? Ils se rendent compte qu'en raison de la situation internationale, la France ne peut vivre isolée. Guy Mollet et Christian Pineau savent qu'en cas d'échec, les cinq partenaires de la France rejoindront une zone de libre-échange avec les Britanniques qui sera bien moins intéressante pour la France – si elle y adhérait aussi – pour son agriculture et pour les investissements outre-mer ainsi que pour les aides à la balance des paiements. De plus, Christian Pineau et Maurice Faure suscitent la confiance de leurs partenaires parce qu'ils font savoir

---

[13] Archives de Paul Ramadier, 52 J 113, ministère des Affaires économiques et financières, le ministre, 24 mai 1956, « Note sur le marché commun », 4 pages. Cette note n'est pas signée, il subsiste un doute sur l'auteur.

[14] Archives de Paul Ramadier, 52 J 114, CNPF, copie, 7 mai 1956, Georges Villiers à M. Guy Mollet, président du Conseil, 2 pages dactylographiées.

[15] Archives de Paul Ramadier, 52 J 115, CNPF 15 janvier 1957, « Exposé du président Villiers à l'Assemblée Générale du CNPF », 7 pages dactylograhiées.

que la France n'a pas de réserves de principe sur le marché commun mais des réserves concrètes auxquelles il faut répondre par la négociation. Aussi, est-il unanimement décidé que s'ouvrira au château de Val-Duchesse (à Auderghem, commune de Bruxelles), le 26 juin 1956, sous la présidence de Spaak, une conférence en vue de rédiger les traités.

Difficultés profondes et contraintes extérieures

Accord sur la Sarre

La rédaction des traités décidée, le bon déroulement de la négociation exige qu'il soit mis préalablement un terme au contentieux franco-allemand sur la Sarre. Certes un référendum a tranché la question le 23 octobre 1955 en faveur du rattachement à la RFA, mais les Français réclament du charbon sarrois pour la sidérurgie de Lorraine. Les négociations traînent. Guy Mollet et Konrad Adenauer se rencontrent le 5 juin 1956 et Adenauer approuve la demande française. Un traité sera signé à Luxembourg le 27 octobre 1956 et après ratification, la Sarre rejoindra politiquement la RFA le 1ᵉʳ janvier 1957, le rattachement économique étant différé de trois ans. La canalisation de la Moselle est décidée et cofinancée avec les Allemands afin de faciliter le ravitaillement en charbon de la Lorraine. Ainsi, les conditions d'une entente franco-allemande sont-elles réunies pour faire aboutir les traités de Communauté économique et de Communauté atomique.

Habile propagande gouvernementale

Pourtant la négociation piétine toujours. L'opinion française doit être convaincue des bienfaits des traités. Pour capter la confiance des députés, Guy Mollet organise une séance mémorable d'information de l'Assemblée nationale, le 11 juillet 1956, sur les questions atomiques. Des experts de renom, François Perrin, Louis Armand se font entendre à la tribune de l'Assemblée. Louis Armand passionne l'auditoire sur l'énergie atomique. Le gouvernement se sent soutenu malgré l'opposition de Pierre Mendès France et des communistes. Mais les partenaires de la France repoussent l'idée d'associer les territoires d'outre-mer aux Communautés, l'Allemagne craignant les dépenses excessives et les bouleversements de ses courants d'approvisionnement en produits tropicaux. Le contentieux entre la France et ses partenaires perdure aussi sur l'égalisation des charges sociales ; la France refuse le *dumping* social et demande un alignement par le haut des avantages sociaux consentis aux travailleurs : égalité des salaires masculins et féminins, semaine de travail de 40 heures, égalisation de la durée des congés payés et de la rémunération des heures supplémentaires. En fait, dès le 4 septembre, donc avant l'expédition de Suez, le gouvernement français est décidé à signer un traité de marché commun, comme en témoigne le compte rendu de la réunion du comité Verret, mais il fait monter les enchères. Pour Euratom, les Français, au contraire du Département d'État (Dulles) et de Monnet, veulent une Europe de l'atome qui ne leur interdît pas de disposer librement des matériaux fissiles que le CEA produira car ils désirent poursuivre les travaux nationaux sur les piles et les moteurs atomiques. Mais ils sont prêts à accepter l'idée d'expérimentations nucléaires sous contrôle européen. Une réunion des Six à Luxembourg, en octobre, ne règle rien. La négociation semble aller vers un échec.

Suez : « il faut faire l'Europe » (Adenauer)

L'échec politique de la France et de la Grande-Bretagne à Suez en novembre 1956 réveille l'opinion publique. « C'est l'opinion publique qui s'est ralliée au marché commun comme un moyen de rendre une certaine indépendance à la France par rapport aux États-Unis », explique C. Pineau, et pas le gouvernement[16]. Le choc de novembre 1956 retourne certains hésitants en faveur du marché commun. Le gouvernement peut s'appuyer sur l'affaire de Suez pour amplifier le soutien qu'il espère des Français. L'interruption des livraisons de pétrole du Moyen-Orient renforce Monnet dans sa campagne pour une Communauté de l'énergie atomique.

Le 6 novembre 1956, jour déterminant dans la crise militaire et diplomatique de Suez, Christian Pineau et Guy Mollet rencontrent le chancelier Adenauer à l'Hôtel Matignon. Les deux chefs de gouvernement manifestent la volonté de conclure, c'est-à-dire de passer outre les difficultés rencontrées depuis juin. Devant Adenauer, Guy Mollet et Christian Pineau lisent et commentent la fameuse lettre menaçante de Boulganine à la France et à l'ONU. Adenauer leur fait part de ses doutes concernant la sécurité de l'Europe par la seule *pax atomica* américano-soviétique. « Nous devons nous unir contre l'Amérique, ose-t-il dire, [...] Naturellement l'Angleterre doit faire partie de ces pays européens »[17]. « Et maintenant il faut faire l'Europe ! » ajoute-t-il[18]. L'entente franco-allemande est une réaction au condominium russo-américain dans les affaires internationales.

---

[16] SERRA, E. (a cura di), *Il rilancio dell'Europa e i trattati di Roma. La relance européenne et les traités de Rom. The Relaunching of Europe and the Treaties of Rome, op. cit.*, p. 525.

[17] Archives du ministère des Affaires étrangères, Z Europe 1955-60, Allemagne 26, « Compte-rendu des entretiens Guy Mollet, K. Adenauer du 6 novembre 1956, en présence de Pineau, Faure, Couve de Murville, Von Brentano, Von Maltzan, etc. » ; DDF 1956-III, n° 138, p. 235, « Procès-verbal de l'entretien du 6 novembre 1956 entre le président Guy Mollet et le chancelier Adenauer » ; voir aussi SOUTOU G.-H., « Les accords de 1957 et 1958 : vers une communauté stratégique et nucléaire entre la France, l'Allemagne et l'Italie ? », *Matériaux pour l'histoire de notre temps*, avril-juin 1993, n° 31. p. 1-12.

[18] PINEAU C., RIMBAUD C., *Le grand pari, l'aventure du traité de Rome*, Paris, Fayard, p. 223.

L'Europe atomique plaît aux Français

Adenauer et Mollet s'entendent sur l'utilisation civile de l'énergie atomique et Adenauer accepte qu'Euratom ne contrôle pas l'usage des matières fissiles destinées au secteur militaire, ce qui permettra aux Français de développer éventuellement une bombe A. Les Allemands acceptent aussi le principe d'une distribution centralisée des matières fissiles par Euratom pour une durée limitée. Le contrôle européen du développement de l'industrie nucléaire civile allemande est donc assuré. Du côté français, les militaires et le CEA, partisans d'un armement nucléaire national, sont rassurés. Le projet d'Euratom ne contient plus aucune limitation au droit pour les États de procéder à la production d'armes atomiques (sauf pour l'Allemagne). Le moratoire de quatre ans sur l'expérimentation des armes atomiques disparaît. Le gouvernement français savait que, sans cet abandon du moratoire, il aurait eu de la peine à obtenir plus de cinquante votes favorables à l'Assemblée. L'entente franco-allemande permet à la France d'obtenir des pays du marché commun qu'ils se dirigent vers les 40 heures sans en faire une obligation immédiate. La France peut conserver les taxes à l'importation et les aides à l'exportation, en attendant de régler le problème du déficit de sa balance des paiements. Elle promet de ne pas mettre son veto au développement du marché commun après la première période de quatre ans.

Si la conférence des ministres des Affaires étrangères de Bruxelles des 26-28 janvier et du 4 février 1957 fait reconnaître le principe de la création d'une usine de séparation isotopique destinée à produire de l'uranium enrichi (U-235), sa construction n'est pas inscrite dans le traité, au grand dépit des Français. Les accords secrets de collaboration bipartite Strauss-Bourgès-Maunoury, du 17 janvier 1957 (protocole de Colomb-Béchar), puis l'accord tripartite franco-germano-italien de novembre 1957 sur la conception d'IRBM[19] et les accords secrets Strauss-Chaban-Delmas-Taviani d'avril 1958 sur l'usine de séparation isotopique indiquent que l'effort d'unité européenne pouvait aussi servir les desseins de puissance de la France... et de l'Allemagne. Le 30 novembre 1956, le gouvernement français autorise secrètement le CEA à préparer des explosions atomiques expérimentales. Toutefois, restent en suspens les épineuses questions d'une politique agricole commune et de l'adhésion des TOM à la Communauté économique européenne. Guy Mollet sait mobiliser une fois encore la confiance de l'Assemblée nationale sur le marché commun lors du débat d'orientation du 15 au 22 janvier 1957, comme il l'a fait sur l'Europe atomique, en juillet 1956.

---

[19] VAÏSSE M., « Un dialogue de sourds, les relations nucléaires franco-américaines 1957-1960 », *Relations internationales*, n° 68, hiver 1991, p. 409.

Les TOM doivent faire partie du marché commun

Mendès France, une grande figure politique, fait connaître sa très profonde méfiance sur les projets d'intégration européenne. Dans les cercles mendésistes le projet européen semble préfigurer la fin de l'empire. Georges Boris, un conseiller de Mendès France, pour ne prendre qu'un exemple, réagit très durement : « Les rêveurs naïfs de l'Eurafrique peuvent l'ignorer, mais il y a peut-être des esprits machiavéliques pour qui le marché commun est une étape vers la liquidation souhaitée » de l'Union française (*texte 40*)[20]. Boris méconnaît donc complètement l'intérêt pour la France de liquider élégamment les relations coloniales francoafricaines et d'ouvrir de nouvelles perspectives pour le dialogue francoafricain. Robert Verdier, président du groupe socialiste à l'Assemblée nationale, ex-anti-cédiste, réussit à faire adopter un ordre du jour félicitant le gouvernement du bon travail accompli en matière européenne. Mais Paul Ramadier, ministre très influent des Finances et des Affaires économiques, laisse encore planer les doutes les plus sérieux sur le consensus au sein du gouvernement pour conclure les négociations, en décembre 1956. Ramadier veut que les pays d'outre-mer entrent, en même temps que la Métropole, dans la CEE. Sa position est partagée par le gouvernement français. Il exige des partenaires de la France des contreparties sérieuses à leur entrée sur les marchés de l'Union française sous la forme d'une participation aux investissements non rentables supportés jusqu'alors par la France et d'une préférence européenne pour les produits agricoles de l'Union française. Ramadier met en garde aussi contre toute promesse de convertibilité monétaire entre les Six en raison de l'incertitude de l'avenir. Il repousse toute idée d'une intervention des futures autorités monétaires européennes dans le domaine du crédit. Il refuse la libération définitive des mouvements de capitaux pour conserver au gouvernement la possibilité de jouer sur le contrôle des changes pour museler les mouvements spéculatifs de capitaux. Les remarques de Ramadier manifestent un rejet caractérisé de l'autorité des futures institutions européennes en l'absence d'une participation des Britanniques. Pour lui, l'unanimité doit prévaloir dans les décisions financières et monétaires. S'il est moins entendu qu'il ne l'espérait d'après le texte des traités, la pratique des Communautés a conforté son souhait de grande prudence pendant une décennie[21].

---

[20]   BORIS G, « Mirages de l'Eurafrique », *L'Express*, 28 décembre 1956,

[21]   Archives de Paul Ramadier, 52 J 115, « Le Ministre des Affaires économiques et financières à M. le Ministre des Affaires étrangères, objet : négociations sur le marché commun »,. Note non datée, non signée mais elle fait allusion à des instructions d'octobre 1956. Le texte est donc postérieur, vraisemblablement de décembre 1956 ou de janvier 1957. Son en-tête indique clairement qu'elle vient de Ramadier et qu'elle est destinée au Quai d'Orsay.

Les derniers dossiers sont bouclés avec peine : taux de protection du tarif extérieur commun (TEC), association des TOM au marché commun et montant des contributions des pays membres au Fonds européen de développement. Le principe d'une politique agricole commune est retenu (*texte 41*). Alors que les négociations vont aboutir, les pays tiers réagissent au projet de tarif extérieur commun et de préférence communautaire. Il faut calmer l'appréhension des Américains concernant les importations agricoles dans la Communauté. Le Canada fait connaître ses réserves sur le tarif extérieur commun (TEC) trop élevé. Au GATT les pays tiers risquent d'exiger des modifications que les Français jugent dangereuses pour l'avenir de l'unité européenne. Ludwig Erhard, ministre de l'Économie, déclare que « le projet de marché commun est erroné sur le plan économique », dix jours avant sa signature ![22] On imagine l'émoi à Paris.

La participation des TOM au marché commun provoque des réactions en France contre le prétendu abandon de l'Afrique. Mais le gouvernement reste déterminé : « Les TOM dedans ou rien du tout, pas de marché commun ! », déclarent Gaston Defferre et Jacques Chaban-Delmas[23]. Il faut expliquer aux Pays-Bas, qui redoutent d'être « taxés » pour les colonies françaises, qu'il s'agit en fait de créer un grand marché commercial très avantageux pour tous. Les Allemands auraient aimé associer à l'entreprise européenne les pays colonisés eux-mêmes. Il conviendrait donc de les décoloniser préalablement pour ne pas déconsidérer l'Allemagne auprès des pays africains. Des tensions grandissent avec l'Allemagne qui propose de garantir un capital aux pays africains pour se dispenser de consentir des préférences commerciales aux producteurs de cacao, bananes et café africains ou antillais. L'insertion des TOM est acquise, enfin, lors de la conférence des Six de Paris du 20 février 1957. L'association des TOM au marché commun relève pour une part de la manœuvre politique permettant à la France de gagner à bon compte des alliés dans les relations internationales, en dépit de la guerre d'Algérie, et de faciliter le désengagement français de l'outre-mer. D'un autre côté, elle est une réponse à la nécessité d'insérer, dans de bonnes conditions, les territoires sous développés dans un espace commercial de liberté des échanges, sous contrôle de l'Ouest. Les Français doivent réagir encore contre Spaak qui tente de retirer le Congo de l'association avec les Six. Maurice Faure manifeste son dépit pour la modestie du Fonds de développement prévu par les Six, 581,25 millions de dollars, dont 512 millions pour les TOM français en cinq ans. Les contributions française et allemande sont fixées à 200 millions de dollars chacune. Les tarifs douaniers des Six seront abaissés de 30 % sur les importations en provenance

---

[22] DDF 1957-I, n° 242, M. Pineau, MAE à M. Couve de Murville, ambassadeur de France à Bonn, télég. n° 966-967, 15 mars 1957, 21h 45.

[23] SGCI, F 60, classement provisoire, carton 24, dossier 122.21, notes prises en séance, au crayon, Rédacteur inconnu. Comité interministériel du 13 février 1957 sur les TOM.

des TOM. Les TOM seront libres de maintenir leur propre tarif vis-à-vis des pays tiers et de la métropole pour protéger leurs industries naissantes.

Une supranationalité amoindrie

Les institutions européennes posent peu de problèmes. La France ne veut plus d'institutions supranationales que son Parlement a repoussées avec la CED. Préserver les droits des gouvernements convient à tous les États. Deux exécutifs sont créés pour chacune des deux nouvelles Communautés : les Commissions (Commission économique européenne de 9 membres et Commission de l'Euratom de 5 membres) et le Conseil des ministres. Les Commissions sont collégiales. Le Conseil, présidé successivement par chacun des États membres, est l'organe de décision essentiel. Il édicte des règlements qui s'imposent à tous les États membres, ou des directives qui fixent des objectifs précis que les États appliquent selon des modalités qu'ils définissent eux-mêmes. Le vote se fait soit à l'unanimité, soit, – dans une proportion croissante avec le temps –, à la majorité qualifiée. La Commission est seule habilitée à prendre des initiatives et donc à faire des propositions de directives ou de règlements au Conseil. Elle veille aussi à l'application des décisions et directives du Conseil. Ainsi le « tandem Commission-Conseil » réalise-t-il un équilibre entre la représentation des intérêts nationaux et l'engagement des gouvernements d'une part, et, d'autre part la vision globale et l'expression de l'intérêt commun, d'après l'analyse qu'en fait l'historien P. Gerbet. L'Assemblée parlementaire de 142 membres est commune pour la CECA, Euratom et le marché commun. Elle est nommée par les parlements nationaux. Elle délibère et contrôle les deux Commissions et la Haute Autorité. Une Cour de justice est commune aux trois Communautés (CJCE). Un Conseil économique et social (CES) consultatif est créé pour les deux nouvelles Communautés.

La question de la localisation des institutions européennes n'a pas été réglée. Les Français préfèrent centraliser les institutions. Ils veulent faire de Paris la capitale des Communautés européennes. Mais devant les résistances, ils ont comme objectif de ne pas céder sur Bruxelles. Ils espèrent arriver par suite d'évolutions tactiques à une candidature de compromis sur Paris, par refus successifs de Bruxelles, de Strasbourg-Kehl ou de Milan. Ce sera finalement Bruxelles… à titre provisoire.

La signature des traités de Rome du 25 mars 1957

Le traité de marché commun implique la mise en place rapide de la première étape de l'Union douanière (1er janvier 1959). Il prévoit, au terme d'une période transitoire, la mise en place d'une politique agricole commune. La liberté de circulation et d'installation des travailleurs, des marchandises, des capitaux et des entreprises est annoncée. Il veille à faire respecter la concurrence sur le marché économique. De nouvelles politiques communes (transports et commerce) pourront être développées ultérieurement. Il est muet sur les politiques économique et monétaire, industrielle et régionale. Il se préoccupe de solidarité (création d'un Fonds social européen) et institue une BEI pour financer des investissements productifs dans la Communauté économique.

Le traité d'Europe atomique se donne pour objectif de développer une industrie nucléaire européenne pacifique en investissant dans les installations indispensables (combustible, piles atomiques, moteurs) (*texte 42*). Euratom est propriétaire des matières fissiles et dispose du monopole des achats et des ventes, ce qui permet à l'organisation de contrôler l'utilisation pacifique et d'échapper au contrôle des Américains. Mais l'usine de séparation isotopique, indispensable à la fabrication d'uranium 235, combustible utilisé pour faire fonctionner les piles atomiques (et pour la fabrication des bombes atomiques), n'est pas construite par Euratom.

Christian Pineau, ministre des Affaires étrangères et Maurice Faure, secrétaire d'État aux Affaires étrangères, ont le privilège de signer les traités au nom de la République française. Guy Mollet aurait aimé le faire, mais il accepte de laisser ses deux ministres accomplir ce geste pour l'Histoire, sur leur insistance. Ces trois hommes ont toutefois été au cœur de la décision politique : Pineau et Faure, sous la direction attentive du président du Conseil, Guy Mollet.

Un européen communautaire, Guy Mollet

Malgré les difficultés de l'économie française qui culminent en mars 1957 (le déficit extérieur s'accroît, la France est accusée de mauvaise gestion devant l'OECE, elle ne peut pas libérer 90 % des échanges privés comme convenu), Guy Mollet, qui a sa part de responsabilité dans la situation économique, a pris le risque du marché commun, c'est-à-dire de la concurrence avec des économies plus stables. Le témoignage donné par Émile Noël sur Guy Mollet insiste sur son choix du vote à la majorité, tempéré par une étape de transition où l'unanimité sera la règle, dans les institutions européennes (*texte 43*)[24]. À ses yeux, les traités européens ouvrent la voie vers « l'indépendance réelle » de la France et donnent à la France la possibilité de s'épanouir réellement. Les traités offrent à l'Europe la possibilité de devenir partenaire des deux grands et d'être associée aux États-Unis. Ils sont la voie vers une Europe politique. Ils offrent aussi aux pays sous-développés une émancipation réelle, économique et sociale contre les leurres de l'émancipation politique. Toutefois

---

[24] *Témoignages, Guy Mollet : 1905-1975*, « L'Européen » par NOËL É., p. 67, l'extrait publié commence à la page 73-76, Fondation Guy Mollet, 1977.

l'Europe ne sera grande qu'avec les Britanniques[25]. Elle n'est donc pas achevée.

L'arrivée au pouvoir du général de Gaulle permet à Guy Mollet de préciser sa philosophie politique de l'intégration européenne, assortie d'une critique de plus en plus acerbe de la politique gaulliste. « Je ne suis d'accord avec de Gaulle ni sur l'Europe ni sur le Pacte atlantique », dit-il en 1959[26]. « La France vient du fond des âges. Elle vit. Les siècles l'appellent. Mais elle demeure elle-même au long des temps », écrit, superbement, de Gaulle[27]. Guy Mollet voit la grandeur du peuple français dans l'internationalisme librement consenti « qui a fait sa force historique ». Il cherche à faire de l'Europe une force internationale capable de participer à l'organisation de l'économie mondiale selon les principes du socialisme démocratique. Il ne fait aucun doute que Guy Mollet, membre de l'Assemblée consultative du Conseil de l'Europe, de l'Assemblée commune de la CECA, du Comité d'action pour les États-Unis d'Europe de Jean Monnet, s'est fixé l'objectif de fonder une unité européenne démocratique. Alain Savary écrit : « J'irai pour ma part jusqu'à dire que la construction européenne a été largement due à la ténacité de Guy Mollet »[28]. Il s'agit bien d'une vision nouvelle et généreuse de la place de la France dans les affaires mondiales.

Si Guy Mollet et son équipe à Matignon sont responsables politiquement du choix d'Euratom et du marché commun, des circonstances favorables ont servi leur action. Le choix du marché commun est fait alors que la France profite de la croissance, en dépit des déséquilibres conjoncturels persistants : inflation mal contenue, déficits des comptes extérieurs, dépenses militaires pour la guerre en Algérie. Mollet n'a pas senti l'importance d'un retour à l'équilibre pour pouvoir entrer sans douleur dans le processus d'unité européenne. La décolonisation exige de nouvelles alliances et favorise le choix des traités européens. Pourtant, la France ne catalyse plus l'espérance européenne, comme en 1950. Ses exigences de clauses dérogatoires exaspèrent. Pour toutes ces raisons, les traités sont un « pari audacieux », dans une conjoncture difficile, explique l'un des négociateurs des traités, Maurice Faure[29].

---

[25] *Populaire-Dimanche*, n° 438, 28 juillet 1957, « Euratom et le marché commun, une étape sur la voie de la vaste Europe politique de demain », G.M.

[26] OURS, Comité Directeur, 1 avril 1959. CD 9 XII 59 ; CD, 30 I 1963.

[27] DE GAULLE C., *Mémoires d'espoir*, t. 1, 1958-1962, Paris, Plon, 1970, p. 1.

[28] *Un camarade en République*, ouvrage collectif, Lille, Presses Universitaires de Lille, 1987, p. 531.

[29] FAURE M., « un pari audacieux », *Le Monde*, 25 mars 1977.

La ratification des traités

Guy Mollet quitte la présidence du Conseil le 23 mai, quelques semaines après la signature des traités de Rome, le 25 mars 1957. Il garde un œil attentif sur leur ratification, d'autant plus facilement que Christian Pineau et Maurice Faure sont toujours membres du gouvernement Bourgès-Maunoury, un radical. Pour éviter aux traités le sort funeste de la CED, il est souhaitable qu'ils soient approuvés rapidement.

Les eurosceptiques

On aura une bonne idée des oppositions aux traités de Rome et singulièrement au traité de marché commun en lisant le discours de Pierre Mendès France du 6 juillet 1957[30]. Opposé à une autorité supranationale, Mendès France craint en même temps l'absence de mécanismes européens de coordination des investissements et redoute la faiblesse économique de la France (qu'il surestime) et le bourbier colonial[31]. Il ne croit pas à une organisation des marchés agricoles européens[32]. La question d'Euratom est plus délicate pour lui. En dépit de ses dénégations, Mendès France n'a pas exclu les applications militaires de l'énergie nucléaire quand, par décret secret du 26 octobre 1954, il a créé une Commission supérieure des applications militaires de l'énergie atomique[33]. Faut-il repousser Euratom pour ne pas être lié ? Mais une Europe atomique n'est-elle pas une garantie contre les démons de l'Allemagne ? Une correspondance de Mendès France, datée du 27 février 1957, donne le ton de son opposition (*texte 44*)[34]. Après le vote de juillet, Mendès échange des courriers avec l'auteur du rapport Spaak, Pierre Uri, qui cherche à désamorcer ses critiques[35]. Mendès France répond qu'il refuse que le marché commun privilégie la vallée du Rhin, vouant à la désespérance d'autres régions plus pauvres. Il juge que le marché commun n'assurera pas l'harmonisation sociale, préalable aux libérations des échanges, ni une politique commune des investissements. Il critique donc la précipitation et le libéralisme des nouvelles institutions, rejoignant les préoccupations françaises antérieures exprimées devant l'OECE ou par Ramadier[36]. Bien entendu, Uri lui répond que les dispositions du traité garantissent des

---

[30] MENDÈS FRANCE P., *Œuvres complètes IV, Pour une République moderne, 1955-1962*, Paris, Gallimard, 1987, p. 290, Lettre à André Istel, 27 février 1957.

[31] MENDÈS FRANCE P., *Œuvres IV, op. cit.*, p. 299, § *Entreprise*, 1er avril 1957.

[32] MENDÈS FRANCE P., *Œuvres IV, op. cit.*, p. 350 ; MARGAIRAZ M. (dir.), *Pierre Mendès France et l'économie*, Paris, Odile Jacob, 1989, p. 191,.

[33] IPMF, archives carton de l'année 1964, note sur la politique atomique en 1954/55, 12 janvier 1964, 6 pages dactylog., sans auteur.

[34] IPMF 1957, 27 février 1957, lettre (copie ou pelure) à André Istel.

[35] IPMF 1957, Pierre Uri, Paris, le 9 juillet 1957, lettre à Pierre Mendès France.

[36] IPMF 1957, Pierre Mendès France, 13 juillet 1957 à Pierre Ury (*sic* !), CECA, Luxembourg.

corrections du libre jeu de la concurrence, tels la BEI ou le Fonds social européen[37]. Mendès n'est pas convaincu, bien qu'il reconnaisse s'être trompé en matière d'organisation des marchés agricoles. En fait, il donne le fond de sa pensée à Pierre Uri, dans une dernière lettre du 5 août 1957 : « Il n'y aura probablement pas de vrai marché commun, je veux dire que les barrières douanières, les contingents, etc., ne seront pas abolis et encore comme je suis persuadé, pour ma part, que l'on recherchera beaucoup plus le progrès et le bonheur de tel de nos partenaires plus puissants que le nôtre, je ne cesse pas d'être inquiet » *(texte 45)*[38]. Il fait partie de ceux qui n'ont pas encore bien saisi combien la France ne peut plus, seule ou appuyée sur ses colonies, bâtir sa prospérité et influencer le monde. Dans le fond, Mendès France aurait volontiers abandonné ses réticences si la Grande-Bretagne avait adhéré aux constructions nouvelles. Cependant, un an plus tard, il finit par accepter le marché commun, une « tentative imparfaite ». Bientôt il défend l'eurocratie bruxelloise contre le nationalisme gaulliste. Il défend aussi la supranationalité, dont il se méfiait auparavant, à condition de la contrôler par la démocratie. L'attitude de Mendès France n'épuise pas la palette des critiques. Michel Debré, gaulliste, conseiller de la République, explique qu'Euratom est une organisation volontairement réduite dans son étendue, qu'elle est tournée vers la dépendance américaine et que l'organisation handicape la France. Ses critiques du marché commun sont un peu moins graves *(texte 46)*[39]. Les débats de ratification permettent très abruptement de percevoir les fantasmes des députés et de l'opinion. Ainsi Jacques Debû-Bridel, conseiller de la République, repousse l'Europe des Six, parce qu'elle serait l'Europe des « sacristains et des technocrates ». Pierre Cot parle d'une « Europe bornée ».

La ratification

Alain Savary, un ex-anti-cédiste, se charge, à la demande de Guy Mollet, de défendre les deux traités devant l'Assemblée nationale. Le traité de marché commun est approuvé, le 10 juillet 1957, par 341 voix contre 235 et Euratom par 337 contre 243. Les communistes, les gaullistes, les poujadistes et une partie des radicaux, derrière Mendès France, s'y sont opposés. Les députés socialistes anti-cédistes d'août 1954 ont émis un vote positif, fruit du travail de conviction de Guy Mollet. Devant le Conseil de la République le vote favorable est acquis avec 231 voix pour le marché commun contre 69, et par 218 voix pour Euratom contre 88.

---

[37] IPMF 1957, Pierre Uri, Luxembourg, 26 juillet 1957, CECA, Haute Autorité, division de l'économie, ref PU/cr.

[38] IPMF 1957, 5 août 1957, M. Pierre Ury, CECA, lettre non signée, pelure.

[39] SGCI, F 60, classement provisoire, carton 28, séance du Conseil de la République du 19 juillet 1957.

L'Union européenne de coopération économique (février 1958)

Le gouvernement français doit ensuite défendre les nouvelles Communautés contre une offensive britannique en faveur du « Grand design », un projet destiné à mettre les petites communautés à Six sous la coupe de l'Assemblée parlementaire du Conseil de l'Europe et à créer une zone de libre-échange. L'originalité des deux nouvelles communautés européennes continentales et de la CECA aurait disparu.

Les séductions de la zone de libre-échange

L'OECE s'est saisie de la question d'une zone de libre échange, sur l'initiative de la Grande-Bretagne, le 19 juillet 1956, alors que les négociations du marché commun et de l'Euratom sont en cours. La proposition britannique de créer une zone de libre-échange entre les pays de la CEE et les autres membres de l'OECE fait sensation. Les 11 pays de l'OECE (sur 17), non membres du marché commun, désirent absolument éviter la discrimination douanière entre grande et petite Europe. Trois groupes de travail de l'OECE sont créés pour analyser les problèmes relatifs à ces questions. Les négociations tardent à démarrer car les Six donnent la priorité aux traités de marché commun et d'Euratom. Les Allemands sont immédiatement favorables à une zone de libre-échange tout en défendant l'autonomie de la CEE. L'Angleterre se rapproche du continent pour conjurer le spectre de l'autarcie de la CEE, mais toute sa politique consiste à obtenir le maintien des avantages du Commonwealth. L'affaire est importante car la plupart des responsables français pensent qu'une Europe à six n'est pas le vrai destin de l'Europe unie. Les Britanniques doivent s'impliquer en Europe. Des pressions s'exercent pour que la Grande-Bretagne participe au marché commun ou pour aller vers une entente entre l'Europe des Six et le Commonwealth. Le rêve français d'une Europe sous direction franco-britannique persiste. G. Paul-Boncour, conseiller technique dans le cabinet de Ramadier, croit que les Anglais préparent une « union politico-économique entre le Commonwealth et l'Europe ». Il est curieux de constater que Paul-Boncour écrit une note très enthousiaste en se fondant uniquement sur des articles de presse. Il y cherche les éléments favorables à son rêve de Troisième Force internationale. Il en montre en même temps l'intérêt économique puisque l'abaissement ou la disparition de la préférence impériale devant les exportations françaises élimineraient le déficit de la balance commerciale française avec la zone sterling. Mais l'auteur, conscient de sa rhétorique, peut-être vaine, conclut à une élémentaire prudence (*texte 47*)[40].

---

[40] Archives de Paul Ramadier, 52 J 113, ministère des Affaires économiques et financières, cabinet, n° 230-G.P.B./jml, 28 juin 1956, « Note au sujet des liens politiques et économiques à établir éventuellement entre le Commonwealth et l'Europe ».

Plus sérieusement, Paul Ramadier fait connaître, à la fin de l'année 1956, une opinion qui tranche par rapport à celle des partisans du marché commun à Six. Sa réponse à Macmillan manifeste l'intérêt qu'il porte aux projets anglais de zone de libre-échange et à l'étroite association qui en résulterait, « que je considère personnellement comme essentielle »[41]. Les négociations sur l'élargissement de la zone de libre-échange aux pays du marché commun échouent. Dès janvier 1957, les Anglais opposent un « *non-possumus* absolu » à la libre entrée des produits agricoles continentaux en Grande-Bretagne. Ils rejettent la possibilité d'une adhésion des colonies britanniques à une zone de libre-échange européenne, privant donc les Six du marché impérial britannique et contestent la forme d'adhésion des TOM des Six au marché commun, comme contraire au GATT (*textes 48-49*)[42]. Les Français auraient pu accepter une zone de libre-échange à condition que l'essentiel y figurât, c'est-à-dire l'inclusion des produits agricoles, comme l'indiquent les entretiens entre Maurice Faure avec le chancelier de l'Échiquier Thorneycroft en mai 1957 (*texte 50*)[43].

Pourtant la zone de libre-échange suscite toujours, au sein du personnel gouvernemental français, une certaine sympathie. L'Assemblée nationale en accepte le principe, en janvier 1957, pour impliquer la Grande-Bretagne sur le continent. Cependant, après avoir compris ce que voulaient les Anglais, Paul Ramadier, ministre des Affaires économiques et financières et anglophile déterminé, rappelle que la France ne saurait oublier l'Algérie et les DOM et surtout qu'elle ne pourrait supporter de charges nouvelles, en plus de celles du marché commun. Les intentions du gouvernement français sur la zone de libre-échange sont donc floues.

L'impossible compromis avec les Anglais

Mais tandis que Reginald Maudling, le négociateur anglais, insinue que le marché commun divise l'Europe, les Français n'imaginent pas une zone de libre-échange sans tarif extérieur commun (TEC). Ils demandent une coordination des politiques économiques, financières et sociales. Ils ne vont pas vers le libéralisme. Les Anglais disposent d'une puissance industrielle énorme, d'un marché impérial, de ressources charbonnières

---

[41] Archives de Paul Ramadier, 52 J 115, 16 décembre 1956, le Ministre des Affaires économieues et financières à M. le Ministre des Affaires étrangères, note signée de Huet chef de cabinet de Ramadier et chargé de transmettre la réponse du Ministre au Quai d'Orsay.

[42] Archives de Paul Ramadier, 52 J 115, télégramme à l'arrivée, Londres, 17 janvier 1957, réservé, très urgent, Chauvel, 5 pages.

[43] Archives de Paul Ramadier, 52 J 115, Londres le 7 mai 1957, Ambassade de France à Londre, l'attaché financier, Paul Leroy-Beaulieu, à M. le Ministre des Affaires économiques et financières, cabinet, n° 413, PLB, « Objet : zone de libre-échange. Entretiens de M. Maurice Faure avec le chancelier de l'Échiquier ».

abondantes et d'instruments financiers performants. Ils risquent d'absorber le marché commun. Les pays scandinaves eux-mêmes semblent redoutables pour l'économie française dans certains secteurs économiques. Les pays européens en voie de développement distribuent de bas salaires (Portugal et Grèce). Les TOM français seraient ouverts au commerce allemand et italien. Sera-t-il possible de coordonner les politiques de tous ces pays ? Toutes ces raisons de fond, sérieuses ou fantasmatiques, expliquent que la France désire exercer une discrimination raisonnable entre les Six et la zone de libre-échange.

Pour éviter les deux extrêmes de l'absorption du marché commun par la zone de libre-échange ou de la forteresse des Six, fondée sur le couple franco-allemand, le Quai d'Orsay propose de réduire progressivement les discriminations commerciales et monétaires entre les Six et les autres pays de l'OECE. Il estime, en effet, que la grande Europe de l'OECE est utile financièrement et économiquement à la France, puisque l'UEP apporte des crédits européens à la France et que ses partenaires de l'OECE lui ouvrent libéralement leurs marchés alors qu'elle discrimine provisoirement contre eux. Olivier Wormser, alors directeur des Affaires économiques et financières au Quai d'Orsay, dit que la France « essaiera de ménager le principe du maintien de la préférence impériale auquel tient le gouvernement de Londres »[44]. Mais il ne peut que réclamer le maintien du TEC entre les Six. Marjolin, alors au cabinet du ministre des Affaires étrangères, résume bien le dilemme : « La zone de libre-échange est politiquement nécessaire (en raison de nos liens d'amitié avec la Grande-Bretagne), mais économiquement impossible »[45]. Quelle décision prendre pour satisfaire les Anglais sans défaire les traités de Rome ?

Félix Gaillard est le nouveau président du Conseil depuis novembre 1957 et Christian Pineau, ministre des Affaires étrangères. Gaillard est personnellement favorable à la zone de libre-échange. Maurice Faure, secrétaire d'État aux Affaires étrangères, défend l'unification européenne comme un impératif politique. De son côté, le Conseil national du patronat français (CNPF) a publié, le 17 septembre 1957, un texte très critique sur la zone de libre-échange alors qu'il s'accommode désormais des traités de Rome. Le patronat du textile, de l'automobile, des aciers spéciaux, du papier, de l'agriculture y sont hostiles. Toutes les branches industrielles critiquent le projet de zone de libre-échange. L'industrie cotonnière des Vosges craint une invasion de produits bas de gamme de Hongkong, territoire britannique. Les papetiers et les électrométallurgistes se sentent menacés par les Scandinaves. La Chambre de commerce de Roubaix craint le dumping salarial. Les constructeurs d'automobiles

---

[44] DE/CE 1945-60, 752, DAEF, coopération et intégration économiques, compte rendu d'une réunion tenue à Londres lundi 7 octobre 1957 au *Foreign Office*.

[45] *Revue du marché commun*, n° 1, mars 1958, p. 30, « La zone de libre échange devant l'opinion française ».

jugent l'industrie française incapable de répondre aux constructeurs britanniques. La chambre de commerce de Strasbourg dénonce l'absence de TEC et d'harmonisation des économies, l'exclusion des produits agricoles, l'absence de participation de l'Empire britannique. « L'objection-clef, explique Robert Marjolin, était essentiellement la suivante : la zone de libre-échange aurait donné aux Anglais pour les produits qui les intéressaient, les produits industriels, les mêmes avantages que les partenaires du marché commun s'accordaient réciproquement sans que les Anglais eussent à accepter les contreparties et obligations diverses que les Six avaient jugé nécessaires d'inscrire dans leur projet de traité pour en assurer l'équilibre, la création d'un TEC, le développement progressif d'une politique commerciale et d'une politique agricole communes, l'harmonisation, sur certains points, des législations sociales »[46].

Les services de l'État réagissent aussi. La Marine veut mettre la pêche hors zone et maintenir le monopole du pavillon. La France d'outre-mer veut exclure les DOM et les TOM de la zone. Ces ministères défendent manifestement des intérêts catégoriels qui ont été préservés dans le cadre du traité de marché commun. D'autres veulent gagner du temps pour des raisons politiques. Félix Gaillard, chef du Gouvernement, comme Christian Pineau, ministre des Affaires étrangères, craignent un échec semblable à celui de la CED. Des ministres redoutent le Parlement, d'autres de mécontenter les cinq autres partenaires du marché commun et la Grande-Bretagne. Des services louent l'utilité politique de la zone en cas de crise : la solidarité atlantique jouerait. La zone de libre-échange aura un effet attractif sur la Yougoslavie[47]. La conclusion s'impose : les Français ne veulent pas de la zone, mais le gouvernement peut-il l'écarter ?

Le projet français pour une zone de libre-échange est défini par le gouvernement de Félix Gaillard, le 24 février 1958, sous le nom d'Union européenne de coopération économique. L'Union regrouperait les Dix-sept pays membres de l'OECE, soit les Six du marché commun et les Onze non membres. Il propose que le rythme du désarmement douanier au sein de cette Union soit plus rapide entre les Six du marché commun qu'entre les Six et les Onze. Il demande l'inclusion des produits agricoles dans l'Union européenne de coopération économique (UECE) et l'élaboration de politiques communes. Ce texte cherche à accorder tout le monde. Félix Gaillard estime que la France n'est pas en mesure d'entrer directement dans une zone de libre-échange. Aussi adopte-t-il l'idée d'un décalage de 3 ans du désarmement douanier et contingentaire entre les Six et les Onze par rapport au désarmement interne des Six du marché

---

[46] MARJOLIN R., *Le travail d'une vie, mémoires, 1911-1986*, Paris, Robert Laffont, 1986, p. 315.

[47] Archives du ministère des Affaires étrangères, DE/CE 1945-60, 752, D Europe, 17 février 1958, Note pour M. Joxe, a.s. aspects politiques de la ZLE.

commun. On retrouve dans ce texte les accents bien connus des positions françaises à l'OECE depuis 1948, sur le « développement concerté des productions et des échanges dans les domaines de base les plus importants comme l'agriculture »[48]. Mais il respecte les dispositions du marché commun.

Ce projet est-il calculé pour conduire à l'échec, car il est difficile de le rendre acceptable pour les Britanniques ? Sans doute pas, tellement les Français sont soucieux de faire participer les Anglais à l'intégration européenne. Le projet français de janvier 1958 « traduit le souci de s'engager vers un système plus souple tenant mieux compte de la situation des pays et d'un équilibre entre ceux-ci », écrit un haut fonctionnaire français[49]. Le projet Gaillard est approuvé dans son principe par les partenaires de la France dans le marché commun, mais il n'est pas retenu. Ludwig Erhard s'y est opposé, car le projet est trop peu libéral. Reginald Maudling affirme sèchement qu'il n'est pas question « de diminuer la préférence sur les produits agricoles importés du Commonwealth »[50]. Sur ce dossier les partenaires de la France au sein du marché commun, bien que très anglophiles, ne peuvent tout de même pas renier les traités de Rome. Mais la France est isolée. La négociation sur la zone de libre-échange est volontairement dramatisée dans la perspective du premier abaissement de 10 % des droits de douane et l'élargissement des contingents entre les Six au 1er janvier 1959. Les Anglais ont promis de lutter contre cette discrimination insupportable. Les Français doutent des capacités de leur économie d'assumer, sans aide extérieure, les engagements du marché commun. Ils ne se sentent pas prêts à consentir les mêmes avantages aux non Six. Si le projet de zone de libre-échange peut paraître attrayant, y compris pour certains intérêts économiques français tournés vers le Commonwealth, l'arrogance britannique devient insupportable. La Grande-Bretagne veut

---

[48]   771 471, art. 59-70, SGCI 1187, 19 février 1958, « Projet français, associant à la CEE les autres pays européens au sein d'une Union européenne de coopération économique ». [notules sur le texte : texte étudié à la suite de la réunion de la Commission Delcourt du 18/2/58, soumis au Comité interministériel du 20/2/1958], 15 pages dactylog. Archives du ministère des Affaires étrangères, DE-CE, 1945-1960, 753, « Projet français associant à la CEE les autres pays européens au sein d'une Union européenne de coopération économique », 24 février 1958, 15 p. Le document est divisé en paragraphe : « Rappel des positions françaises sur le renforcement de la coopération économique européenne, I – Présentation générale, II – Les objectifs de la politique commune, III – Les accords par secteurs, IV – Le cadre général d'élimination des obstacles aux échanges, V – Les secteurs de base à incidences générales, VI – Le fonctionnement de l'union européenne de coopération économique, VII – Rapports avec la Communauté économique européenne ».

[49]   *Revue du marché commun*, n° 2, avril 1958, anonyme, « Le libre échange... sans la zone ? », p. 65.

[50]   Archives du ministère des Affaires étrangères, DE/CE 1945-60, 743, DAEF, coopération et intégration économiques, 3 avril 1958, n° 16/CE, a.s. ZLE, compte rendu ; 6e session CIG, Paris, 31 mars 1958.

accéder au marché commun sans renoncer aux traditionnels privilèges impériaux et sans ouvrir aux Six son aire impériale. Les gouvernements de la IVe République ne sont pas prêts à céder aux Britanniques ni à Erhard[51], d'une part parce qu'ils ont choisi la petite Europe, une solution conforme au cœur et à la raison économique, d'autre part parce qu'ils ne veulent pas voir l'économie française brutalement soumise à la concurrence britannique, alors qu'il n'y a aucune compensation agricole. Les traités de Rome sont donc un excellent argument pour refuser une ouverture trop libérale de l'économie française dans une grande zone de libre-échange, dominée par la Grande-Bretagne. À peine ratifiés, ils protègent déjà la France du risque de domination économique tout en la préparant à assumer la concurrence avec les autres économies.

La Quatrième République a fait beaucoup pour l'unité européenne au nom de l'idéal, porté par la génération qui a suivi immédiatement la Seconde Guerre mondiale. Elle a tenté aussi de répondre à l'intérêt national, économique et politique. Robert Schuman, Pierre Pflimlin, René Mayer, Guy Mollet, Christian Pineau, Maurice Faure et Robert Marjolin ont imposé, souvent contre l'analyse des services de l'État et des milieux économiques, des formes d'unité originales pour l'Europe, en tous cas à risque. Cette République qui est souvent vilipendée pour sa fragilité institutionnelle, ses erreurs sur l'avenir de l'Algérie et de l'Indochine, a donné la note juste sur l'unité européenne puisque la France a profité de la croissance et de la paix, renforcées par les institutions européennes. Les partisans du marché commun ont fait un acte de foi dans les capacités françaises d'adaptation. L'économie française, en dépit des réserves du CNPF, se révèle capable de supporter le choc, sinon du grand large, du moins celui des proches voisins de la France. Enfin, l'histoire de cette période manifeste l'ambiguïté des continentaux envers la Grande-Bretagne. Tous, en France, ressentent l'absence de la Grande-Bretagne comme un manque, mais pas au point de céder devant son arrogance. L'unité de l'Europe se fera au rythme des Communautés et non au rythme d'une grande zone de libre-échange britannique, sans ambition politique. En revanche, l'horizon européen s'est rétréci. Les Français, comme les autres Européens de l'Ouest, ont oublié la plus grande Europe, l'Europe allant de l'Irlande à la Vistule. C'est ce qui différencie aussi la politique européenne de la France en 1957 par rapport aux projets de guerre. En 1957, la France doit s'accommoder de l'intégration de l'Allemagne à l'Europe occidentale. Elle consent d'ailleurs les gestes nécessaires pour la favoriser. Adenauer aussi, qui, pour des raisons politiques, cède aux Français sur certains dossiers des traités de Rome. Après le « coup » du 9 mai 1950 et l'échec humiliant de la CED, le 30 août 1954, les traités de Rome peuvent apparaître comme un vrai succès après des années de

---

[51]   *De Gaulle en son siècle*, t. 5, *l'Europe*, Paris, Plon, La Documentation française, 1992, débat : intervention de Dirk Spierenburg, p. 109.

tâtonnement, moins sans doute parce que la France, son gouvernement, son peuple, ont changé que parce que les Six pratiquent une *realpolitik* où se mêlent la nécessité de s'unir, le respect des aspirations nationales, et la volonté politique.

CHAPITRE 3

L'Europe européenne du général de Gaulle

Incontestablement le retour au pouvoir du général de Gaulle, le 1er juin 1958, en tant que chef du dernier gouvernement de la IVe République (jusqu'au 8 janvier 1959) ne passe pas inaperçu dans le domaine de la politique européenne. Les diplomates et les observateurs savent que de Gaulle a protesté contre la CECA, la CED surtout et le marché commun. Deux dossiers de politique européenne sont sur le bureau du nouveau président du Conseil. Le premier concerne les traités de Rome. La France peut-elle appliquer les dispositions prévues au 1er janvier.1959, l'abaissement des barrières douanières de 10 % et la suppression des contingentements entre les Six ? Le second dossier est celui de la zone de libre-échange que les Anglais cherchent toujours à imposer pour faire contrepoids au marché commun continental.

De Gaulle sauve le marché commun

Au cours du premier conseil interministériel du 10 juin 1958 consacré aux questions internationales, de Gaulle demande quels sont les engagements pris par la France en matière de nucléaire militaire. On l'informe de l'accord tripartite franco-germano-italien pour la construction d'une usine de fabrication d'uranium enrichi, l'U-235. De Gaulle paraît intéressé aussi par la question du siège des Communautés européennes. « Paris, évidemment, dit-il, si l'Europe devait réellement s'organiser ». Mais quelles sont alors ses convictions européennes ? Certes, il a démoli en paroles les précédentes constructions européennes du temps de son opposition à la IVe République. Teitgen rappelle sa conférence de presse du 17 août 1950, après la déclaration Schuman : « Nous avons à rassembler l'Europe. L'actuel Conseil de Strasbourg (le Conseil de l'Europe) ne le fera pas, lui qui n'a pas de mandat européen valable. Il y faut comme base une entente pratique franco-allemande, car sur notre vieux continent, c'est là que sont, pour l'essentiel, les réelles possibilités stratégiques et économiques ». De Gaulle approuve même le projet Monnet-Schuman du 9 mai pour le lien privilégié franco-allemand. Il suggère la création, par le suffrage direct, d'institutions européennes habilitées à résoudre les questions économiques et de défense de l'Europe, co-gérant des délégations de souveraineté. « Il y faut enfin, dit-il, un système de défense commun dont il appartient normalement à la France de tracer le plan et de désigner le chef, tout de même que cette prééminence revient aux États-Unis sur le théâtre du Pacifique, à l'Angleterre sur celui de l'Orient, le tout sous une direction suprême par le Conseil des puissances et son État-Major combiné »[1]. Se souvient-il aussi de sa conférence de presse tenue au Palais d'Orsay, le 22 décembre 1951, une conférence anti-CED, mais positive en termes de projets d'unité européenne ? « La Communauté européenne doit être une confédération. Oui ! Une confédération d'États constituant entre eux un pouvoir confédéral commun, auquel chacun délègue une part de sa souveraineté. Cela en particulier dans la matière économique, dans la matière de la défense, dans la matière de la culture. Il faut que la confédération encadre l'Allemagne par des liens et des institutions tels qu'il n'y ait pas de risques, autant que les choses humaines puissent en prévoir, d'hégémonie de sa part... ». Quant aux Communautés issues des traités de Rome, elles fonctionnent depuis le 1er janvier 1958. Les deux Commissions Euratom et marché commun sont nommées, leur président respectif choisi : Walter Hallstein pour la CEE et Louis Armand pour Euratom. Mais l'essentiel va se produire le 1er janvier 1959 : l'abaissement de 10 % des droits de douane sur le commerce entre les Six. De Gaulle voudra-t-il reconnaître les engagements de la France de la IVe République ? Il formule ainsi les principes directeurs de sa politique européenne, le 10 juin : « L'essentiel, c'est le marché commun qui en soi n'est pas une mauvaise chose, et surtout l'organisation politique et culturelle de l'Europe »[2].

La fin de la coopération franco-allemande

De Gaulle fait cependant cesser une coopération inter-européenne prometteuse et secrète, reposant sur les projets communs franco-allemands de défense, élaborés après la venue d'Adenauer à Paris, le 6 novembre 1956. On sait que, parallèlement à l'organisation européenne, une coopération dans les domaines militaires de pointe, dont le nucléaire et les engins balistiques, s'est développée entre la France et l'Allemagne, à laquelle l'Italie a été associée. Un protocole d'accord franco-allemand sur l'achat des avions Mirage est signé en octobre 1957. Les accords Strauss-Chaban-Delmas du 20 novembre 1957, élargis aux Italiens le 28 novembre, portent sur un projet de coopération tripartite franco-germano-italienne dans les domaines des constructions aéronautiques, la fabrication d'engins spéciaux, une première approche commune dans le domaine

---

[1]   TEITGEN P.H., *Faites entrer le témoin suivant, 1940-1958, de la résistance à la Ve République*, Rennes, Ouest-France, 1988, p. 493-494.

[2]   Archives du ministère des Affaires étrangères, Cabinet du ministre, M. Couve de Murville, compte rendu d'entretiens, 1958, vol. 282, « C.r. réunion chez le général sur les questions internationales », très secret, 16 juin 1958, réunion du 10 juin, Couve de Murville, Joxe, Wormser, Laloy, Pompidou, Boegner. Voir R. Poidevin, « De Gaulle et l'Europe en 1958 », *De Gaulle en son siècle*, t. 5, *l'Europe*, Paris, Plon, La Documentation française, 1992, p. 82.

des recherches nucléaires[3]. Un document de 1960 se réfère explicitement au volet nucléaire de l'accord et précise aussi que « ce dernier domaine n'a pas été étudié jusqu'à présent », c'est donc qu'il était prévu de le faire[4]. La IVe République n'a donc pas exclu la création d'une force militaire indépendante européenne ou au moins franco-allemande sous direction française. De Gaulle refuse aussi d'honorer les accords Chaban-Delmas-Strauss-Taviani, de février 1958, sur la construction d'une usine de séparation isotopique[5]. Nous savons en effet que Jacques Chaban-Delmas, ministre de la Défense nationale, avait la volonté de réaliser une coopération franco-germano-italienne sur les armements atomiques. L'accord définitif a été signé le 8 avril 1958 à Rome. « On ne connaît pas, écrit G.-H. Soutou, la contrepartie prévue, qui d'après certaines indications, aurait pu être soit la constitution d'une force nucléaire tripartite, soit le stockage en France de bombes nucléaires qui n'auraient été remises à l'Allemagne qu'en cas de guerre »[6]. Le financement aurait été de 45 % pour la France, 45 % pour la RFA, 10 % pour l'Italie[7]. En tous cas, le décret permettant l'achat des terrains de Pierrelatte pour construire une usine de production d'U-235 a été signé par Félix Gaillard, le 11 avril 1958, avec ordre d'expérimenter la bombe atomique au premier trimestre 1960.

La coopération franco-allemande dans le domaine nucléaire n'est pas acceptable pour de Gaulle, car elle implique à ses yeux une interdépendance insupportable. De Gaulle repousse cette coopération « proche du domaine nucléaire militaire », écrit, mystérieux, Bertrand Goldschmidt[8]. Les accords antérieurs sont donc dénoncés le 17 juin 1958, d'après Couve de Murville. Strauss ne peut retourner la situation lors de son voyage à Paris dans l'été 1958[9]. Il plaide pour l'Europe mais repart bredouille. Ce que l'Euratom ne permettait pas, la coopération inter-européenne secrète l'aurait permis. De Gaulle rompt, dès son arrivée au pouvoir, la coopéra-

---

3   DDF 1957-II, n° 359, M. Pineau, MAE aux ambassadeurs de France à Bonn, Rome, téllég. n° 4678-4685 ; 2871 à 2878, Très secret, 20 novembre 1957, 22h ; n° 380, Protocole, 25 novembre 1957.

4   DGA, 5-6-11, extrait des cartons 122, 123, 133, « Coopération franco-allemande en matière d'études et de fabrication d'armements », 1960, source non indiquée.

5   VAÏSSE M., « Le choix atomique de la France (1945-1958) », *Vingtième Siècle*, octobre-décembre 1992, n° 36, p. 26.

6   SOUTOU G.-H., « Les relations franco-allemandes de 1955 à 1963 », *Storia delle relazioni internationali*, anno VIII, 1992/1-2, p. 222.

7   *Revue d'Histoire diplomatique*, 1-2/1990, BARBIER C., « Les négociations franco-germano-italiennes en vue de l'établissement d'une coopération militaire nucléaire au cours des années 1956-1958 », p. 110-111.

8   GOLDSCHMIDT B., *Le complexe atomique*, Paris, Fayard, 1980, p. 205.

9   SHAA, E 2119, secret, 6 juillet 1958, « Résumé des déclarations faites le 3 juillet 1958 par M. Strauss, Ministre de la Défense de l'Allemagne fédérale devant M. Guillaumat, Ministre des Forces armées, au sujet du Mirage III ».

tion militaire nucléaire avec l'Allemagne et l'Italie, alors qu'il a, à sa disposition, les instruments pour bâtir une force militaire européenne moderne que la France, à l'évidence, aurait dirigée.

Le marché commun est de l'intérêt de la France

Observant, ensuite, que le marché commun n'a nullement l'ampleur de la CED, de Gaulle juge que l'intérêt national commande de le conserver. Il constate que les milieux industriels français l'ont accepté. Cette transformation des mentalités ne touche pas toutes les catégories d'industriels, mais repousser le marché commun aurait déçu les plus innovateurs. De Gaulle dit à son entourage que les industriels français « paraissaient s'accommoder » du marché commun, ce qui traduit une confiance nouvelle dans les capacités de l'économie française[10]. De Gaulle doit prendre en considération l'intérêt des élites économiques pour les traités de Rome. Les agriculteurs français en ont besoin et ils sont un soutien fidèle de Gaulle. D'autre part, le général de Gaulle préfère s'en prendre à l'OTAN plutôt qu'au marché commun. Enfin il peut considérer qu'une des voies du rapprochement franco-allemand passe par l'Europe du marché commun et non par une Europe nucléaire. S'appuyer sur le couple franco-allemand dans l'Europe du marché commun est le moyen idéal de développer l'influence française vis-à-vis des États-Unis et de la Grande-Bretagne. Les premiers effets positifs du traité de CEE jouent peut-être un rôle dans la décision de de Gaulle. En effet, le 19 mai 1958, en raison de la crise politique en France, le gouvernement a imposé des restrictions de change. Le 23 mai, la très jeune Commission économique européenne et le Conseil des ministres décident d'aider la France à franchir ce passage difficile. L'action de l'Europe est donc bénéfique pour la France et pour de Gaulle.

Les Américains, qui sont inquiets de la politique du général de Gaulle s'il revient au pouvoir, l'ont discrètement sondé à Colombey-les-Deux-Églises. De plus, une conversation de janvier 1957 entre l'ambassadeur Douglas Dillon et de Gaulle, rue de Solférino, a porté sur les affaires internationales et les rapports franco-américains ou encore sur la faiblesse du régime. À une question sur les négociations européennes en cours, de Gaulle ne répondit rien sur Euratom, mais sur le marché commun, affirma « que le traité ne fonctionnera jamais réellement »[11]. Les Américains nourrissent donc la plus extrême méfiance à propos des intentions du général de Gaulle en matière d'unité européenne. Ils croient qu'il n'attend que le moment opportun pour repousser l'intégration européenne. En octobre 1958, l'homme de la « grandeur de la France » les surprend en

---

[10] 771 471, art. 59-70, SGCI 1189 ; DAEF, O.W. 26 novembre 1958, « Note, problème du marché commun et de la ZLE ».

[11] National Archives, 651.00/1-1057, HBS, Dillon to S of S. 3363, January 10, [1957], 6 p.m. « felt certain they (treaties) would never actually work ».

acceptant l'Europe unie[12]. Les Américains sont rassurés par la parti-cipation de Mollet, Pinay et Pflimlin au gouvernement. En conséquence, John Foster Dulles, le secrétaire d'État américain, donne la consigne de ne rien changer à la politique européenne des États-Unis. Il veut préserver les acquis du marché commun et d'Euratom et avancer vers l'unité européenne dans la solidarité atlantique[13].

De Gaulle défend les Communautés contre les Britanniques

Il faut trancher aussi la question de la zone de libre-échange, connue sous le terme d'Association économique européenne. De Gaulle rapporte qu'en juin 1958 Harold Macmillan lui lance : « le marché commun, c'est le blocus continental »[14]. Macmillan comparait la ligne de partage entre marché commun et les Onze avec le rideau de fer qui divisait tragique-ment l'Europe, de Stettin à Trieste. De Gaulle répond à son « cher ami » Macmillan que la coopération européenne ne doit pas ébranler les fi-nances françaises ni la coopération entre les Six[15]. De Gaulle se pose maintenant en défenseur du traité de Communauté économique euro-péenne et de l'agriculture française. Macmillan lui rétorque : « Mais pourquoi êtes-vous si protectionnistes ? »[16]. Or, ce n'est plus la bonne remarque, puisque le gouvernement français accepte, malgré la situation économique difficile, de faire fonctionner le marché commun[17]. Olivier Wormser, directeur des Affaires économiques et financières au Quai d'Orsay, souligne, le 22 juillet 1958, que « les événements politiques récents n'ont pas entraîné de modifications fondamentales dans l'attitude française à l'égard de l'Association économique européenne »[18]. Il sug-gère, pour faciliter les rapports entre les pays du marché commun et les autres pays européens, de faire bénéficier les Onze des abaissements

---

[12] National Archives, RG 59, 840.00/4390, Memorandum of conversation, October 6, 1958, P. Wigny, Under Secretary for State.

[13] National Archives, 840.00/6-1058, Dulles, circular 1163, 1958 June 10 p.m.

[14] DE GAULLE, C., *Mémoires d'espoir, le renouveau*, Paris, Plon, 1970, p. 199.

[15] Archives du ministère des Affaires étrangères, DE-CE, 1945-1960, 753, p. 225 à 227, p. 241 du dossier.

[16] Archives du ministère des Affaires étrangères, Cabinet du ministre, M. Couve de Murville, compte rendu d'entretiens, 1958, vol. 282. Entretiens franco-britanniques des 29 et 30 juillet 1958, présidence du Conseil, 2e séance 29 juin, 22 heures.

[17] POIDEVIN R., « De Gaulle et l'Europe en 1958 », p. 79-87, *De Gaulle en son siècle*, t. 5, *L'Europe*, Institut Charles de Gaulle, Paris, Plon, La Documentation française, 1992 ; JOUVE E., *Le Général de Gaulle et la construction de l'Europe*, Paris, LGDJ, 1957.

[18] 771 471, art. 59-70, SGCI 1187, et Archives du ministère des Affaires étrangères, DE-CE 1945-60, vol. 757 ; DAEF, Coopération et intégration économiques, 30 juillet 1958, « Note, a.s. conversations franco-allemandes des 21-22 juillet sur la ZLE ». Olivier Wormser a été directeur des affaires économiques et financières au Quai d'Orsay de 1954 à 1966.

tarifaires de 10 % prévus entre les Six, au 1er janvier 1959. Cette nova-
tion, par rapport au projet Gaillard, est subordonnée au redressement
interne de l'économie française[19]. Les cercles économiques français repoussent toujours la zone de libre-échange. Pierre Dreyfus, le patron de la
Régie Renault, estime qu'il y a « incompatibilité entre le marché commun
et la zone de libre-échange, telle qu'elle est conçue actuellement »[20]. Mais
les Britanniques jouent la division des Six en s'appuyant sur les Belges
ou les Allemands. Wormser accuse les Anglais de « rendre caduc le traité
de Rome en proposant le traité de Zone ». Il suggère au ministre, Maurice
Couve de Murville, de risquer une crise au sein des Six « pour maintenir
la lettre et l'esprit du traité de Rome »[21]. Maudling, le négociateur
britannique, ne montre évidemment aucune souplesse en raison de la
cacophonie entre les Six. Fin octobre, la France est à nouveau isolée.
Pourtant la rupture entre les Six ne se produit pas car la délégation
française a reçu la consigne « de ne pas provoquer de rupture, de ne pas
provoquer de crise, de ne pas prendre d'engagement »[22]. De Gaulle parle
de « revendications excessives auxquelles le gouvernement français n'est
pas en état de satisfaire, sinon la France serait submergée »[23]. À Londres,
Selwyn Lloyd, le secrétaire au *Foreign Office*, parle avec grandiloquence
d'un désastre : « On est arrivé au stade le plus critique des relations
anglo-françaises depuis juin 1940 »[24].

La suspension des négociations sur la zone de libre-échange est dans
l'air. Pourtant, quand elle se produit, le 15 novembre 1958, elle scandalise
car elle reconnaît l'existence de deux ensembles sub-régionaux en Europe
de l'Ouest. Pour prouver à ses partenaires du marché commun la sincérité
de sa « conversion » aux traités de Rome, le général de Gaulle décide de
respecter scrupuleusement les obligations du marché commun au
1er janvier 1959 et, pour priver la Grande-Bretagne d'un prétexte de
rupture et de tension à l'OECE, il offre à tous les pays membres du
GATT, selon la suggestion de Wormser, l'abaissement des tarifs douaniers de 10 % et l'augmentation de 20 % des contingents d'importation,
ce que ses partenaires ne peuvent refuser. Curieusement la France n'a

---

[19]   Archives du ministère des Affaires étrangères, DE/CE 1945-60, 743, DAEF, coopéra-
       tion et intégration économiques, OW, 12 juin 1958, « a.s. Zone de libre-échange et
       opération 10 %, » 8 pages dactylog.

[20]   771 471, art. 59-70, SGCI 1195, Renault, M. Bosquet à SGCI, 2 octobre 1958.

[21]   771 471, art. 59-70, SGCI 1187, OW DAEF, 20 octobre 1958, Note, ZLE.

[22]   Archives du ministère des Affaires étrangères, DE-CE, 1945-1960, 754, DAEF O.W.
       31 octobre 1958, note.

[23]   Archives du ministère des Affaires étrangères, DE-CE, 1945-1960, 754, présidence du
       conseil, Paris le 6 novembre 1958, « Note pour le Ministre des Affaires étrangères,
       Cabinet ».

[24]   Archives du ministère des Affaires étrangères, Cabinet du ministre, M. Couve de
       Murville, compte rendu d'entretiens, 1958, vol. 282, « Conversation Selwyn Lloyd,
       Couve de Murville, Maudling, Londres, 6 novembre 1958 ».

plus peur de la concurrence internationale ! De Gaulle prend sans doute un pari sur l'avenir, tout en sachant parfaitement que le plan Pinay-Rueff de relèvement économique et monétaire est prêt. La France peut donc dénoncer « l'intransigeance » britannique (*texte 51*).

De Gaulle, l'Européen

De Gaulle est en train de gagner la bataille des opinions française, européenne et américaine. Monnet lui manifeste sa confiance en déclarant à ses amis américains que de Gaulle pourrait prendre une décision théâtrale concernant le renforcement de l'intégration européenne. Il dit que « le Général était en train de réaliser que l'avenir de l'Europe ne se trouvait pas dans la souveraineté individuelle des États, mais dans un ensemble intégré »[25]. Le gouvernement français désire, comme les gouvernements précédents de la IVe République, construire une communauté européenne à Six, bien identifiée au sein de l'OECE et du GATT[26]. Il a en fait deux soucis : assurer le relèvement de l'économie française dans le cadre du marché commun et préserver la Communauté des Six comme espace de développement d'une ambitieuse politique européenne (*texte 52*).

De Gaulle est devenu, en six mois, l'homme de l'Europe parce qu'il est porteur d'une volonté politique pour l'Europe. Il l'écrit avec juste raison dans les *Mémoires d'espoir*[27]. De plus, il agit ainsi en raison des rapports confiants qu'il entretient avec Adenauer. Les convergences franco-allemandes sont remarquées lors d'une première rencontre de Gaulle-Adenauer à Colombey-les-Deux-Églises, le 14 septembre 1958. De Gaulle indique que le gouvernement français accepte le marché commun. Adenauer confirme que la RFA soutient la création d'une politique agricole commune et entend de Gaulle dire qu'il ne veut pas des Anglais en Europe. La zone de libre-échange est donc déjà condamnée[28]. Une seconde rencontre a lieu après la suspension des réunions du comité Maudling, le 26 novembre 1958, à Bad Kreuznach. Français et Allemands se mettent d'accord pour proposer aux Six d'élargir aux pays tiers l'abaissement tarifaire de 10 % et leur ouvrir les contingents d'importa-tion prévus dans le marché commun, au 1er janvier 1959. De Gaulle ajoute, devant Adenauer, « la zone c'est quelque chose d'exagéré et nous

---

[25] National Archives, 840.00/11-1458, J. Tuthill, Am. Embassy, Paris, to D. of S., European integration, November 14, 1958 ; « He spoke with a feeling of conviction that the General was in the process of realizing that the future of Europe lay not in the individual sovereign states but in being an integrated whole ».

[26] Archives du ministère des Affaires étrangères, DE-CE 1945-60, 744, DAEF, « a.s. Zone de libre-échange, Note » 6 octobre 1958.

[27] DE GAULLE C., *Mémoires d'espoir, le renouveau*, Paris, Plon, 1970, p. 199.

[28] MAILLARD P., *De Gaulle et l'Allemagne, le rêve inachevé*, Paris, Plon, 1990, p. 157 et p. 158.

n'en voulons pas ». Les partenaires de la France ratifient les propositions franco-allemandes, le 3 décembre 1958[29]. Le consensus à Six tient uniquement aux bons rapports Adenauer-de Gaulle. Mais les Six réussissent à affirmer leur caractère propre, tout en facilitant très largement les échanges inter-européens. L'ambassadeur américain en France, Amory Houghton, est enthousiaste sur la politique européenne de de Gaulle et des Six[30].

Le 26 février 1959, la Commission économique européenne rédige un rapport sur l'Association économique européenne (AEE). En fait beaucoup se demandent si une zone de libre-échange est encore utile alors que la récente convertibilité des monnaies rend sans objet les subtiles négociations sur l'élargissement des contingents. Un comité spécial du Conseil des ministres de la CEE fait un rapport. D'emblée, la France approuve tout ce qui renforce le traité de Rome[31]. Preuve est donnée de son attachement au traité de marché commun. Mais Belgique, Pays-Bas et RFA veulent reprendre contact avec les Onze pour créer une l'Association économique européenne, tandis que la Commission du marché commun veut renforcer les Six. Mueller Armack, promoteur des nouvelles idées allemandes, s'érige en médiateur entre la France et la Grande-Bretagne, au grand dépit de Wormser[32]. La France déplore les accusations qu'on porte contre elle de faire traîner la réouverture des négociations, ce qui au demeurant est vrai[33]. Un haut fonctionnaire français, toujours brillant tacticien, Alexandre Kojève, suggère de s'en prendre aux « nébuleuses zonales hérétiques envisagées par les Anglo-Germains »[34]. Il est évident que les partenaires de la France restent attirés par une large ouverture libérale et donc par une zone de libre-échange.

De Gaulle a maintenu la solidarité chancelante des Six contre la zone de libre-échange, au nom des traités de Rome, dès son retour au pouvoir. Il n'agit pas pour la Fédération européenne, mais pour l'identité de l'Europe occidentale et pour le salut de la France, en s'appuyant sur l'Allemagne. Si de Gaulle a réellement sauvé le marché commun au début de son mandat, ses véritables intentions apparaissent très vite. Le

---

[29]   771 471, art. 59-70, SGCI 1196, Assemblée Parlementaire européenne, la ZLE et les commentaires de la presse, APE 1153.

[30]   National Archives, 840.00/1-2859 HBS, from Paris, to Secretary of State, n° 2764, January 28, 8 p.m. Houghton, section two of two.

[31]   771 471, art. 59-70, SGCI 1190, Mémorandum de la France au Comité spécial [non daté].

[32]   771 471, art. 59-70, SGCI 1190, DAEF, OW, 25 mars 1959, « a.s. conversations franco-allemandes d'Aix-la-Chapelle et de Bonn du 24 mars 1959 ».

[33]   771 471, art. 59-70, SGCI 1190, Représentant français auprès de la CEE et CEEA, Carbonnel, 30 avril 1959, n° 160 à SGCI.

[34]   771 471, art. 59-70, SGCI 1190, AK, 18 mars 1959, « Note pour M. Clappier, objet : ZLE (2e round) ».

marché commun ne sera jamais l'antichambre de l'unité européenne à la Monnet, comme l'explique le général de Gaulle : « La mise en œuvre du marché commun va donner lieu à un vaste déploiement d'activités, non seulement techniques, mais aussi diplomatiques. En effet, l'opération, indépendamment de sa très grande portée économique, se trouve enveloppée d'intentions politiques caractérisées et qui tendent à empêcher la France de disposer d'elle-même. C'est pourquoi, tandis que la Communauté se bâtira dans les faits, je serai, à plusieurs reprises, amené à intervenir pour repousser les menaces qui pèsent sur notre cause »[35].

La politique agricole commune, une obsession française

L'une des politiques communes les plus symboliques des Communautés européennes est la politique agricole commune. La France et la Hollande l'exigent. La France en a fait la condition de son adhésion aux Communautés. Le traité de marché commun en a arrêté les principes : tarif extérieur commun (TEC), préférences communautaires, élévation du niveau de vie des agriculteurs par des prix élevés.

La Commission Hallstein, à partir de janvier 1958, soutient cette position, puisque la PAC représente une des politiques communes, essence même de la pratique communautaire. Une alliance se noue entre le fédéraliste W. Hallstein et le gouvernement français. De Gaulle en fait l'un de ses thèmes favoris, renforçant, au nom de l'intérêt des agriculteurs, le système communautaire. Les mécanismes de la politique agricole commune sont définis à la conférence de Stresa qui réunit les ministres de l'Agriculture et les représentants des organisations professionnelles des Six (3-11 juillet 1958). Elle décide de sauvegarder le caractère familial de l'agriculture européenne, d'aider les reconversions, de procurer un revenu équitable aux agriculteurs, comparable à celui des autres secteurs économiques, mais aussi de permettre la compétitivité et d'éviter la surproduction. Le vice-président de la Commission économique européenne, Sicco Mansholt, chargé de l'agriculture, joue un rôle essentiel. Le 30 juin 1960, la Commission propose au Conseil des ministres une politique agricole commune (PAC) basée sur les principes de la libre circulation des produits agricoles entre les Six, sur des organisations communes de marché par produit (OCM) avec des prix progressivement unifiés et garantis et sur la préférence communautaire. Un Fonds européen d'orientation et de garantie agricole (FEOGA) sera chargé de soutenir les cours, d'aider aux exportations et de financer les réformes de structure. Elle remplace progressivement les diverses politiques agricoles nationales, explique l'historien Pierre Gerbet.

---

[35] DE GAULLE, C., *Mémoires d'espoir, le renouveau 1958-1962*, Paris, Plon, 1970, p. 194.

Le poids social et économique de l'agriculture française est énorme et de Gaulle, comme Monnet auparavant au Plan, est décidé à moderniser les structures agricoles françaises. Des crédits nationaux importants lui sont consacrés par la loi d'orientation agricole de 1960. De Gaulle dit à Edgar Pisani, ministre de l'Agriculture en 1961 : « il faut aller de l'avant, il faut conquérir des marchés, il faut défendre nos positions »[36]. Une PAC bien conduite doit soulager le budget français et assurer le développement des potentialités agricoles françaises dans un marché protégé de 200 millions de consommateurs. Le gouvernement français lie donc le passage à la deuxième étape du désarmement douanier en 1962 à un début de mise en place de la politique agricole commune définie à Stresa. Il dit que, sans règlement agricole commun, le traité de Rome présente un déséquilibre profond au préjudice de la France et au bénéfice des États industriels du nord de la Communauté, affirme Marjolin dans ses *Mémoires*[37]. La rupture de la Communauté économique est possible.

La négociation au Conseil des ministres de l'Agriculture commence le 15 décembre 1961. Une décision aurait dû être prise avant le 31 décembre, minuit. On arrête les pendules et la négociation dure jusqu'au 14 janvier 1962, à l'aube, mais elle permet d'adopter le système commun de prix de soutien concernant 85 % de la production agricole communautaire, de décider la création du FEOGA et de convenir d'un règlement financier provisoire valable jusqu'au 30 juin 1965. Elle lie encore l'adoption de la politique commerciale commune (négociations du GATT) à la poursuite de la PAC. Le 23 décembre 1963, la CEE adopte 300 règlements concernant la viande bovine, les produits laitiers, le riz. Troisième étape décisive, le 15 décembre 1964, le Conseil adopte un prix commun (au 1er juillet 1967) pour les céréales, la viande de porc, les œufs et les volailles. Le fonctionnement du marché commun agricole est amélioré après la crise de la chaise vide du dernier semestre 1965.

Le général de Gaulle a obtenu, en dépit des réticences de certains de ses partenaires, une politique commune conforme aux intérêts des agriculteurs français. Il a suivi personnellement tous les débats de Bruxelles au témoignage de son ministre de l'Agriculture. En effet de Gaulle et les syndicats agricoles français imposent des prix agricoles communs et un système d'encouragement de la production qui, rapidement, grève le budget communautaire. Il est vrai que chacune des négociations annuelles sur les prix agricoles de référence dans la Communauté donne lieu à des séances interminables, les fameux « marathons » agricoles où il faut arrêter la pendule pour respecter les délais. Mais en 1965, c'est plus grave. La Commission a accru sa puissance dans le cadre de la PAC. Elle propose, en avril 1965, que les taxes sur les importations agricoles et les

[36] *De Gaulle en son siècle, op. cit.*, p. 178.
[37] MARJOLIN R., *Le travail d'une vie, op. cit.*, p. 320.

rentrées douanières sur les produits industriels deviennent des ressources propres, affectées directement au budget communautaire. Le budget agricole sera donc dénationalisé progressivement, renforçant les pouvoirs de la Commission. L'Assemblée parlementaire européenne sera invitée à contrôler davantage l'utilisation des fonds communautaires. Le vote au Conseil doit, d'ailleurs, se faire à la majorité qualifiée. Le renforcement des pouvoirs de la Commission demandé par Hallstein contribue à précipiter la crise entre la France et ses partenaires à partir du 1er juillet 1965.

Les derniers règlements agricoles sont adoptés en mai et juillet 1966 (fixation au 1er avril 1968 des prix communs pour les produits laitiers et la viande bovine, organisation de marché et prix communs pour l'huile d'olive au 1er novembre 1966 et le sucre au 1er juillet 1968). En avril 1970, naissent les organisations communes de marché pour le vin et le tabac. Le règlement financier définitif de la PAC est adopté avec la création des ressources propres par le traité du 22 avril 1970. La PAC, voulue par de Gaulle et la Commission, fait progresser et assainit l'agriculture française qui connaît une croissance annuelle de 4,2 %, le plus fort taux de la CEE, tandis que la population active agricole passe de 20 % à 8 % ! Les exportations de produits agricoles français décuplent en valeur et vont principalement aux pays de la Communauté économique européenne. En 1968, la balance agricole devient excédentaire et le reste durablement. La France est la principale bénéficiaire des versements du FEOGA. Dans l'ensemble le projet marché commun est une réussite pour la France, du moins telle est l'opinion du jeune secrétaire d'État aux Finances, V. Giscard d'Estaing (*texte 53*).

Les projets d'Union politique européenne (le plan Fouchet)

Les organisations communautaires européennes créées en 1950 (CECA) puis en 1957 (Traités de Rome) intéressent essentiellement l'économie. Les préoccupations du général de Gaulle sont tout autres. Il s'agit d'une part de relever la France, d'autre part d'assurer sa grandeur. Une union politique européenne, rêve caressé par l'Assemblée consultative du Conseil de l'Europe à ses débuts, peut servir ces objectifs, bons pour la France mais bons pour l'Europe aussi. Il s'ensuit que de Gaulle a tenté de bâtir une Union politique européenne capable d'assumer par elle-même son existence, une Europe européenne.

Un projet d'Union politique (septembre 1960)

Le 26 juin 1959, à Rome, de Gaulle suggère la création d'un secrétariat permanent installé à Paris pour permettre aux Six de se consulter sur les questions de politique étrangère. Un an plus tard, les 29 et 30 juillet 1960, à Rambouillet, au cours d'une rencontre avec Adenauer, il lance son projet d'Union politique qui constituait, d'ailleurs, un élément d'une réflexion plus générale sur la sécurité en Europe et la réforme de l'Alliance atlantique[38]. Il rencontre aussi les Italiens, Hollandais et Belges. Le 5 septembre 1960, de Gaulle propose officiellement une coopération organisée en Europe occidentale dans les domaines politique, économique, culturel et de défense. Il expose sa conception d'une Europe des États, s'efforçant, comme il le dit le 31 mai 1960, de « bâtir l'Europe occidentale en un groupement politique, économique, culturel et humain, organisé pour l'action, le progrès, la défense ». Dans sa conférence de presse du 5 septembre 1960, il défend le rôle des États pour rassembler les Européens, car seuls les États disposent de la légitimité et de l'autorité politique : « Quelles sont les réalités de l'Europe ? Quels sont les piliers sur lesquels on peut la bâtir ? En vérité ce sont les États qui sont, certes, très différents les uns des autres, qui ont chacun son âme à soi, son histoire à soi, sa langue à soi, ses malheurs, ses gloires, ses ambitions à soi, mais des États qui sont les seules entités qui aient le droit d'ordonner et l'autorité pour agir. Se figurer qu'on peut bâtir quelque chose qui soit efficace pour l'action et qui soit approuvé par les peuples en dehors et au-dessus des États, c'est une chimère… ».

Son projet politique prévoit une réunion trimestrielle des chefs de gouvernement européens préparée par quatre commissions : politique extérieure, défense, enseignement et culture, affaires économiques. L'Assemblée parlementaire consultative serait composée des représentants des Parlements nationaux. La Commission du marché commun ne serait pas diminuée. Une université européenne serait créée. De Gaulle n'exclut pas l'Angleterre. La nouvelle Alliance atlantique reposerait sur le partage des responsabilités militaires, en Europe, entre la France, l'Allemagne, la Grande-Bretagne, l'Italie et les États-Unis. Un référendum conférerait à cette union une légitimité populaire. On sait cependant qu'il croit qu'une fois constituée, cette union politique pourra se substituer aux Communautés existantes[39].

Un projet mal accueilli, sauf par Monnet

Le projet est mal accueilli parce qu'il remet en cause les principes communautaires d'organisation de l'économie que de Gaulle a défendus un an auparavant contre la zone de libre-échange. Il s'agit de coopération intergouvernementale. Le Luxembourg se sent proche des projets gaullistes, tandis que Bruxelles se montre hésitante et La Haye s'y oppose ouvertement. De Gaulle reste l'homme qui a une « certaine idée de la France ». Il espère que, dans le cadre économique tracé par les Communautés, il arrivera à organiser une politique étrangère commune des Six. L'Allemagne et l'Italie, piliers de l'Alliance atlantique, craignent le

---

[38]   SOUTOU G.-H., « Le général de Gaulle et le plan Fouchet », in *De Gaulle en son siècle*, t. 5, Paris, Plon, 1992, p. 126 et ss.

[39]   Instructions du 30 septembre à Debré pour son entretien avec Adenauer des 7 et 8 octobre 1960.

relâchement des liens avec les États-Unis. L'image de l'action européenne du général de Gaulle n'est pas bonne chez ses pairs, malgré le coup de maître de novembre 1958. À cela plusieurs raisons : le sentiment qu'il veut régler ses comptes avec la IVᵉ République dans le dossier de la construction européenne ; le sentiment aussi que la France recherche l'hégémonie en Europe occidentale parce qu'elle possède un empire africain, qu'elle occupe un siège permanent au Conseil de sécurité, qu'elle est membre du Standing Group de l'OTAN, qu'elle est devenue puissance atomique. Pour toutes ces raisons, De Gaulle ne peut accepter tout au plus qu'une Confédération, de plus, sans l'Angleterre. Le général de Gaulle est crédité de l'ambition de construire l'unité européenne pour que la France soit traitée à égalité avec les États-Unis au sein de l'OTAN ; il est accusé encore de transformer l'unité européenne en troisième force, c'est-à-dire de porter atteinte à l'engagement de l'Occident contre l'URSS[40].

Mais pour Monnet, en dépit des intentions réelles ou prêtées au général de Gaulle, il s'agit d'une relance européenne, même s'il est évident que la conférence de presse du président de la République, le 5 septembre 1960, contient des attaques contre les institutions communautaires. Le rôle des États y est affirmé, les institutions de Bruxelles devront se cantonner dans un rôle de coopération subordonné aux gouvernements. Monnet accepte les projets de de Gaulle sous le titre de confédération européenne, le 22 novembre 1960 (*texte 54*). Il y voit, d'après l'historien W. Loth, « moins un instrument destiné à tenir en laisse les Communautés européennes existantes qu'une nouvelle version de cette stratégie d'intégration dynamique observée dès la fin de la guerre » (*texte 55*)[41].

Les propositions françaises d'Union d'États (octobre 1961)

Un sommet des Six se tient à Paris les 10 et 11 février 1961. De Gaulle est appuyé par le chancelier Konrad Adenauer et par le président du Conseil italien, Amintore Fanfani. De Gaulle a substitué les termes de « coopération organisée » à celui de Confédération, qui aurait enterré les espoirs des fédéralistes. Il est entendu qu'on ne parlera pas de défense. Les dirigeants européens acceptent, presque tous, d'aider de Gaulle, à condition de ne pas toucher aux institutions communautaires existantes. Pourtant une résistance hollandaise se manifeste vigoureusement à travers Joseph Luns. Le ministre néerlandais veut les Anglais dans le marché commun. Toutefois, les Belges et les Luxembourgeois se rallient au projet d'Europe politique, ce qui isole Luns. P.-H. Spaak, qui, après sa démission du poste de secrétaire général de l'OTAN, a succédé à Pierre

---

[40] Archives du ministère des Affaires étrangères, RP-UE, 21, d'après une note du Quai d'Orsay du 27 août 1960, très confidentielle, « a.s. la négociation européenne et ses difficultés psychologiques ».

[41] *De Gaulle en son siècle*, t. 5, *L'Europe*, Paris, Plon, 1992, p. 148.

Wigny à la tête des Affaires étrangères de Belgique, se montre ouvert aux propositions françaises. Mais l'entente se révélant impossible immédiatement, les Six créent une commission de représentants des gouvernements, présidée par le diplomate français Christian Fouchet, qui se réunit à partir du 16 mars 1961. Seule la Hollande refuse que les chefs d'État et de gouvernement abordent les problèmes mondiaux et exige une participation des Britanniques !

Le 18 juillet 1961, un second sommet des Six se tient à Bad-Godesberg, près de Bonn. La discussion porte sur la mise en place d'un Conseil des chefs d'État et de gouvernement. La position hollandaise semble fléchir. Mais Joseph Luns, ministre néerlandais des Affaires étrangères, met en pièce l'assemblage. Il est opposé aux consultations politiques et militaires à Six sans la Grande-Bretagne et hors de l'OTAN. Luns refuse le plan Fouchet parce que, explique-t-il plus tard, le projet aurait consacré l'hégémonie franco-allemande sur l'Europe occidentale. Luns qui est, d'après de Gaulle, « l'agent des Britanniques », ne s'est pas rendu compte que ceux ci sont parfaitement éloignés de la conception de l'Europe des pères fondateurs. Plus grave, P.-H. Spaak change d'avis. Il pense que de Gaulle veut réduire les Commissions des Communautés européennes à des tâches purement techniques. Le ministre belge se montre également opposé à la volonté gaulliste d'arriver à une entente militaire européenne continentale, à côté de l'OTAN. De plus, Spaak soutient la demande d'adhésion de la Grande-Bretagne à la CEE, formulée en août 1961. Il est clair que Luns comme Spaak ou Snoy et d'Oppuers ont peur de de Gaulle. Les Six adoptent tout de même une résolution décidant théoriquement de « donner forme à la volonté d'union politique déjà implicite dans les traités qui ont institué les Communautés européennes... de tenir à intervalles réguliers des réunions qui auront pour objet de confronter leurs vues, de concerter leurs politiques de l'Europe, renforçant ainsi l'Alliance atlantique... ». La résolution indique que les États-Unis sont les alliés de l'Europe et que l'union doit renforcer le fonctionnement des Communautés. Un accord est-il encore possible ?

La France présente à la commission Fouchet, le 19 octobre 1961, un projet de traité (Fouchet I) instituant une « Union d'États » qui aurait eu des compétences pour mener une politique étrangère et de défense commune et organiser la coopération dans le domaine de la science et de la culture. La politique économique est exclue puisqu'elle dépend des traités de Rome. Les institutions de l'Union seraient composées d'un Conseil des chefs d'État et de gouvernement, se réunissant tous les quatre mois et prenant ses décisions à l'unanimité « assouplie » (possibilité d'abstention), assisté d'une commission politique permanente siégeant à Paris, composée de hauts fonctionnaires nationaux, d'un Conseil des ministres des Affaires étrangères se réunissant tous les trois mois et d'une Assemblée parlementaire des Communautés qui délibérerait sur les buts de l'Union et formulerait des recommandations. La coopération européenne doit s'étendre à la culture, à l'enseignement et à la recherche. Une clause de révision (art. 16) permet, trois ans après le début de cette union, d'aller éventuellement vers une intégration plus poussée. C'était peu et beaucoup à la fois.

Le projet est alors accueilli avec intérêt, sauf par les Néerlandais toujours hostiles. Les débats à la commission d'études font rejouer les clivages et les suspicions. Le système proposé est purement intergouvernemental. La Belgique et les Pays-Bas craignent un directoire des grands pays. Ils réclament la supranationalité, un secrétariat général indépendant, et le vote majoritaire au Conseil des ministres. Les Italiens sont désireux de pouvoir prendre des décisions à la majorité (des 5/6e) et de faire élire au suffrage universel l'Assemblée parlementaire européenne. Ces points ne sont pas acceptables par le gouvernement français qui n'entend pas soustraire la politique étrangère et de défense de l'Union aux gouvernements. L'idée d'une défense européenne est approuvée par les gouvernements allemand et italien à condition de la faire dans l'Alliance atlantique ; Joseph Luns et Paul-Henri Spaak sont attachés à l'organisation atlantique. Ils cherchent donc à faire entrer dans l'Union un partenaire de poids qui garantira cette permanence, l'Angleterre, dont le gouvernement conservateur d'Harold Macmillan vient d'annoncer, le 31 juillet 1961, la candidature de la Grande-Bretagne aux Communautés européennes. La délégation française fait pourtant des concessions sur les rapports avec l'OTAN et sur le respect des dispositions communautaires. Allemands, Italiens et Luxembourgeois s'en satisfont.

Le changement de ton du général de Gaulle en janvier 1962

Mais brusquement, le général de Gaulle modifie unilatéralement le texte, le 18 janvier 1962, en supprimant la référence à l'Alliance atlantique et en ajoutant l'économie aux compétences de l'Union, ce qui semble menacer les institutions communautaires des traités de Rome. Les compétences de l'Assemblée européenne sont réduites à une simple coordination de la coopération entre les États membres. Les Néerlandais pressentent la fin des Communautés à travers ce modèle intergouvernemental. L'Union n'est plus indissoluble. Cette dernière version du plan (projet Fouchet II) revient sur les concessions accordées par la délégation française à la commission. Les causes de ce brutal raidissement tiennent peut-être à l'adoption, le 14 janvier 1962, des premières mesures de la politique agricole commune. De Gaulle n'a plus rien à demander aux Communautés européennes, il peut donc imposer ses conceptions intergouvernementales de l'unité et faire « absorber » par l'Union politique les acquis communautaires en vue de créer, enfin, cette force européenne qui s'imposerait aux États-Unis et à l'URSS et qui pourrait, sans doute, contribuer à la réunification allemande.

Ses partenaires sont insensibles à cette vision de l'histoire. Les cinq se mettent d'accord, le 27 février 1962, sur un nouveau texte qui réintroduit la référence à l'Alliance atlantique et les aspects communautaires dans le projet d'Union (secrétaire général indépendant, possibilité de vote majoritaire au Conseil, consultation obligatoire de l'Assemblée parlementaire, extension possible du caractère communautaire). De Gaulle reçoit probablement ces résistances comme un camouflet. La France est seule contre cinq, le Benelux constituant le noyau dur de la coalition. La demande d'adhésion de la Grande-Bretagne fournit évidemment des armes aux belligérants. De Gaulle tente d'amadouer les Italiens (Fanfani) et les Allemands (Adenauer). Il accepte une mention de l'Alliance atlantique et des Communautés dans le préambule. Adenauer déplore l'entêtement de Luns qui a gagné P.-H. Spaak à ses vues. Belges et Hollandais refusent de conclure un traité politique avant l'adhésion de la Grande-Bretagne au marché commun alors que de Gaulle tente d'ignorer les petits pays. Le 17 avril 1962, à Paris, les ministres des Affaires étrangères des Six se séparent sans avoir rien décidé. Le plan Fouchet d'Union d'États indépendants a vécu.

Le 15 mai 1962, dans une conférence de presse célèbre, de Gaulle cingle l'Europe intégrée sous la direction d'un fédérateur étranger. Pflimlin, Buron et Schumann, ministres du général de Gaulle, membres du MRP, quittent le gouvernement. De Gaulle a inquiété les petits États par ses déclarations anti-américaines et ses volte-face après Bad-Godesberg. Il trébuche sur les Pays-Bas, il réveille d'antiques méfiances remontant à la Révolution et à Napoléon. L'intervention unilatérale de de Gaulle, le 18 janvier, a enclenché un processus de méfiance vis-à-vis de la France. « La lutte contre le rôle dirigeant de la France, écrit W. Loth, contribua à faire en sorte qu'ils négligèrent de voir les possibilités offertes par le traité pour garantir l'indépendance »[42].

La notion d'Europe européenne n'est pas à prendre nécessairement comme une clause de style destinée à déguiser l'intérêt national français. On a le droit évidemment d'en soupçonner de Gaulle, mais il y a peut-être autre chose, comme le remarque l'historien W. Loth. L'Europe européenne est « une organisation d'intérêts européens indépendante, dans le cadre de l'Alliance occidentale, afin de créer un centre de décision européen qui, certes, modifierait fondamentalement les structures de l'Alliance occidentale, mais sans la dissoudre dans un premier temps »[43]. Les chefs d'État et de gouvernement des Six cessent de se réunir pendant 7 ans ! Pour la seconde fois après l'échec de la CED l'Union politique de l'Europe échoue (*texte 56*).

---

[42]   *Ibid.* p. 151.
[43]   *Ibid.*, p. 149.

Le laboratoire franco-allemand de l'union politique (janvier 1963)

L'Europe se limite de plus en plus, pour de Gaulle, au dialogue avec Adenauer, malheureusement isolé politiquement en RFA Au cours de l'été 1962, de Gaulle fait appel aux opinions française et allemande pour concrétiser l'union politique franco-allemande à défaut de faire une union politique européenne. Son voyage en RFA est triomphal et le convainc de fonder l'Europe sur l'entente franco-allemande. Le traité franco-allemand d'amitié et de coopération du 22 janvier 1963 est contenu dans ce voyage, à défaut de réaliser le plan Fouchet. C'est à cette occasion qu'il parle de l'Europe de l'Atlantique à l'Oural.

Dans l'esprit du général de Gaulle, le traité de l'Élysée vient compenser l'échec du plan Fouchet d'Union d'États. Le traité est bâti sur les schémas du plan Fouchet : rencontres régulières des Chefs d'État et de gouvernement, des ministres des Affaires étrangères, de la Défense, des responsables de l'éducation et de la jeunesse. Il n'y a pas, cependant, de secrétariat politique permanent. Il exprime la volonté de consultations mutuelles dans le domaine des Affaires étrangères en vue de parvenir à une décision analogue, particulièrement sur les problèmes de la Communauté européenne, les relations Est-Ouest, les affaires traitées au sein de l'OTAN, l'aide au développement. Dans le domaine de la défense, il vise le rapprochement des doctrines stratégiques et tactiques pour aboutir à des conceptions communes, la coopération en matière d'armements. En matière d'éducation et de jeunesse, il prévoit le développement de l'enseignement mutuel des langues, des équivalences de diplômes et de la coopération dans la recherche scientifique (P. Gerbet). Le traité franco-allemand de janvier 1963 est ouvert à d'autres signataires. Il aurait dû ouvrir la voie à une coopération européenne renforcée entre la France, l'Allemagne et l'Italie.

Cependant, cet objectif n'est pas atteint, même pas par les deux signataires. D'une part, à l'instigation des « européens supranationaux » (Monnet), le Bundestag ratifie le traité (16 mai 1963) en y ajoutant un préambule soulignant le caractère atlantique de la politique de la RFA, l'organisation de la défense commune dans le cadre de l'OTAN et le développement de la Communauté européenne comprenant la Grande-Bretagne. Le vote à l'unanimité du préambule, qui va à l'encontre, point par point, des positions du président français, est un échec pour de Gaulle, mais aussi pour Adenauer. Il lui fait perdre son caractère de laboratoire politique de l'unité européenne ne lui laissant que celui de symbole de la réconciliation franco-allemande.

L'Europe indépendante des États-Unis

De Gaulle, qui travaille à la création d'une Union politique européenne, ne peut pas adhérer aux projets de Monnet et de l'équipe du président Kennedy pour l'Europe, dans l'année 1962. Monnet croit que les intérêts des Six du marché commun, des Sept de l'AELE et des États-Unis sont les mêmes. La CEE, l'Euratom et la CECA ont néanmoins renforcé l'amitié avec les États-Unis et pèsent dans les relations avec l'Est. « Nous mettons en mouvement un processus de changements continus qui pourra façonner plus durablement le monde de demain que les principes de révolution en dehors de l'occident », dit Monnet à Kennedy.

De Gaulle, au contraire, a demandé aux Américains, en septembre 1958, la création d'un directoire mondial à trois. On le lui a refusé. Sa méfiance pour l'Alliance atlantique en est renforcée. De son côté, Monnet adresse, le 25 juin 1959, un mémorandum à Douglas Dillon, sous-secrétaire d'État américain, intitulé « A new Era of Atlantic Relations », dans lequel il propose une réorganisation de l'OECE pour faire en sorte que les États-Unis et l'Europe aient une vue commune des affaires du monde. Il parle de « Transatlantic cooperation » et il invite la CEE, la Grande-Bretagne, les États-Unis et le Canada à y participer, à égalité entre les deux pôles atlantiques. On voit combien cette structure ne peut que déplaire à de Gaulle.

Kennedy propose le Partenariat aux Européens dans le discours de l'Independance Day du 4 juillet 1962 à Philadelphie : « Nous ne considérons pas une Europe forte et unie comme une rivale, mais comme une partenaire ». Il insiste sur l'adhésion de la Grande-Bretagne à l'Europe, condition du Partenariat. Mais de Gaulle s'oppose à cette adhésion, en janvier 1963, après l'accord de Nassau de décembre 1962 entre Macmillan et Kennedy qui exclut une défense européenne autonome puisque la Grande-Bretagne dépendra, désormais, des fusées Polaris américaines pour ses sous-marins nucléaires. Macmillan juge que Kennedy est sous l'influence de Monnet par l'intermédiaire de George Ball à qui un sénateur américain a rappelé qu'il est au service des États-Unis et non de Monnet. Monnet et Kennedy veulent des relations atlantiques économiques puis politiques et militaires plus étroites. Un seul homme ne croit pas aux vœux de Kennedy et de Monnet : de Gaulle. Il s'oppose vigoureusement au projet de force multilatérale qui aurait concrétisé le soi-disant Partenariat. Pour Monnet, l'égalité entre l'Europe et les États-Unis n'est possible que si l'Europe s'unit, Grande-Bretagne comprise. Pour de Gaulle, elle n'est possible que si l'Europe unie définit ses propres objectifs et assure sa sécurité avec ses propres moyens, en alliance avec les États-Unis et les autres pays du Pacte atlantique.

De Gaulle et les crises des Communautés (1963-1968)

Les développements précédents conduisent de Gaulle à affronter les institutions communautaires à partir de 1965.

Euratom met en danger l'indépendance française

Des deux Communautés nées en 1957, Euratom est incontestablement privilégiée en France, au départ du moins. On a vu pourquoi. Autant les gouvernements français croient pouvoir exercer une influence sur elle, en raison de l'avance technique de la science atomique française, autant ils redoutent le marché commun. Aussi est-il étonnant, quelques années plus tard, de constater le désintérêt, voire le mépris, dans lequel le gouvernement Debré et le président de la République tiennent Euratom.

Au début de la période gaulliste, Euratom n'attire pas spécialement l'attention du général de Gaulle. Monnet continue d'œuvrer pour elle. Il se présente comme l'intermédiaire entre les Américains et la nouvelle organisation soit pour envisager la création d'une usine de fabrication d'U-235, avec l'aide américaine, c'est-à-dire sous le contrôle des États-Unis, soit pour acheter des produits fissiles américains. Dulles prend position en décembre 1957 pour la création d'une usine de séparation isotopique construite par Euratom, avec l'aide des États-Unis, pour tenter d'empêcher les Français d'en construire une. Puis Monnet, qui a été reçu en privé par Eisenhower, fait savoir que les États-Unis sont disposés à aider Euratom pour financer des réacteurs atomiques (100 millions de dollars) et fournir le combustible à des prix très bas. Monnet joue encore un rôle important *behind-the-scenes*, dans la préparation des décisions concernant la nomination des membres de la Commission de la CEE et celle de l'Euratom. On voit encore Monnet, en juin 1958, insister auprès de Christian Herter, secrétaire d'État adjoint, pour que le gouvernement américain ratifie le plus vite possible les accords de coopération avec Euratom. Le 12 juin 1958, en effet, Dulles recommande au président des États-Unis d'approuver un prêt de 135 millions de dollars pour la construction de six grandes centrales atomiques en Europe[44].

Hervé Alphand, ambassadeur de France à Washington, présente quelques remarques à Herter à propos d'une éventuelle modification des modalités d'inspection des États-Unis concernant l'utilisation de produits fissiles américains par Euratom après l'arrivée au pouvoir du général de Gaulle. Mais, rassuré par le libéralisme de la réponse américaine, le gouvernement de Gaulle ne manifeste pas de critiques particulières. Au contraire, puisqu'en janvier 1959, des représentants français arrivent aux États-Unis pour négocier un accord bilatéral franco-américain concernant le transfert d'U-235 américain au profit d'usages paramilitaires français

---

[44] National Archives, 840.1901/6-1258, Dulles, June 12, 1958, memorandum for the President, US-Euratom nuclear power program.

(le moteur expérimental d'un sous-marin). Le Département d'État se préoccupe, toutefois, de ne pas court-circuiter Euratom et se félicite de l'intérêt des Français pour cette organisation. Il n'y a pas dans les premiers mois qui suivent le retour au pouvoir du général de Gaulle de provocation à l'égard d'Euratom. Toutefois, cette organisation ne répond pas aux espérances françaises : la fabrication d'U-235 européen, utilisable à des fins civiles et militaires, sa vocation étant purement civile. Donc, si la coopération militaire secrète avec d'autres puissances européennes est abandonnée, si Euratom ne fournit pas de l'U-235 européen, Euratom devient gênante. En effet, l'organisation, inspirée directement des projets Monnet, bénie par les États-Unis, ouverte au contrôle américain dans la mesure où ceux-ci lui fournissent de l'U-235, prétend toujours gérer l'ensemble du programme civil nucléaire européen. Toutes ces raisons militent pour dénigrer l'organisation atomique européenne.

Les institutions d'Euratom sont mises en place en janvier 1958. Elles sont identiques à celles de la Communauté économique européenne. La Commission Euratom, formée de cinq personnalités indépendantes (un ressortissant par pays, sauf le Luxembourg), au lieu de neuf pour la CEE, dispose du monopole de l'initiative pour la mise en œuvre du traité et fait des propositions au Conseil des ministres nationaux qui décident, soit à l'unanimité, soit à la majorité pondérée. Le premier président de la Commission Euratom est Louis Armand, mais il démissionne au bout d'un an pour raisons de santé et est remplacé, le 2 février 1959, par Étienne Hirsch, ancien collaborateur de Monnet. Il est donc nommé avec l'aval de de Gaulle. Le marché commun nucléaire est ouvert le 1er janvier 1959. Il permet la libre circulation des matières fissiles, de l'outillage et de la main-d'œuvre indispensables à l'industrie nucléaire européenne. L'Agence d'approvisionnement d'Euratom doit organiser l'approvisionnement de la Communauté en uranium naturel et en matières fissiles et les répartir. Or, contrairement aux prévisions, l'uranium abonde sur le marché. Dès 1960, les pouvoirs de l'Agence sont réduits ; elle se borne à jouer un rôle d'enregistrement et de vérification des contrats sur les matières nucléaires que certains États, dont la France, refusent d'accepter. L'Agence doit aussi exercer un contrôle de sécurité pour éviter que les produits nucléaires soient détournés à des fins non déclarées. Elle doit connaître la destination finale des matériaux fissiles, sans pour autant contrôler leur utilisation précise dans le cas de fabrications militaires (contrôle de conformité). Euratom a aussi pour mission de contribuer à la recherche scientifique sur l'utilisation civile de l'énergie atomique, de diffuser les acquis de la recherche et de faciliter les investissements.

L'objectif concret est de construire des réacteurs pour produire de l'énergie électrique au plus bas prix possible. Or les divergences entre pays membres s'accentuent. Le Commissariat à l'énergie atomique, une puissante agence gouvernementale française, approuvé par de Gaulle et les militaires, ne tient pas à partager ses secrets nucléaires. La France souhaite, tout au plus, compléter son propre programme civil par Euratom. Elle décide en effet de produire de l'énergie électrique à partir de la filière Uranium naturel-graphite-gaz et non par les techniques américaines U-235 – eau légère bouillante et/ou pressurisée, adoptées par les voisins de la France qui bénéficient de l'U-235 « bradé » par les États-Unis (accord du 8 novembre 1958 entre Euratom et les États-Unis). Une seule action concertée de recherche produit des fruits : les travaux sur la fusion thermonucléaire. La France consacre alors vingt fois plus d'argent à ses programmes nationaux qu'à sa participation au budget d'Euratom. Le gouvernement français décide donc de construire ses armes atomiques, sa propre gamme de réacteurs civils pour la production d'électricité et sa propre usine de fabrication d'U-235 à des fins militaires (usine de Pierrelatte). La fabrication des réacteurs appartient *de facto* au domaine industriel national français ou américain et non pas européen. Un autre Français, à côté d'Étienne Hirsch, joue un rôle important dans Euratom, Jules Guéron, directeur de la recherche et de l'enseignement. Il organise des programmes communs de recherche à Ispra en Italie où est installé un réacteur de recherche ORGEL refroidi par un liquide organique, à Mol en Belgique, Petten en Hollande et Karlsruhe en Allemagne. Deux centrales Euratom sont construites, l'une en Belgique, l'autre en Italie. La centrale installée sur la frontière franco-belge, à Chooz en 1962, profite à EDF au titre de démonstrateur de la filière U-235 – eau légère à laquelle la France « se convertit » en 1969. Euratom définit aussi les normes de sécurité applicables dans toute la Communauté. Les budgets de chaque communauté, en 1967, donnent une idée de leur importance respective : les dépenses d'Euratom atteignent 129 millions d'unités de compte, alors que celles de la CECA se maintiennent autour de 40 millions et celles de la CEE atteignent 464 millions. De plus, la pratique du « juste retour » exigé par les pays membres aggrave la crise d'Euratom. Manifestement ce n'est pas Euratom qui aura familiarisé les Européens avec l'unité, mais le marché commun, contrairement à ce qu'espérait Monnet.

La crise entre de Gaulle et Euratom éclate à propos de la gestion de l'organisation européenne, car Hirsch, fédéraliste militant, s'emploie à faire respecter les dispositions du traité, telles que le vote à la majorité qualifiée ou l'esprit du traité, comme l'indépendance de la Commission par rapport aux gouvernements. Or, devant le refus du CEA français d'appliquer les dispositions du traité relatives au contrôle par Euratom de l'utilisation de l'uranium enrichi livré par les États-Unis, Hirsch entre en conflit avec de Gaulle en 1961. Il tente, sans succès, de faire nommer un ambassadeur des Communautés à Washington, puisqu'il existe un ambassadeur américain auprès d'elles. Or de Gaulle ne voit pas d'un œil favorable une telle représentation des Communautés qui les aurait assimilées à un État. De plus, Hirsch fait des démarches auprès des États-Unis pour qu'ils s'interdisent de vendre l'U-235 dont les Français ont besoin pour leurs réacteurs de recherche comme Rhapsodie, hors du cadre de l'accord

Euratom-États-Unis. Cela choque beaucoup en France. S'appuyant aussi sur un article du traité Euratom, Hirsch demande la création d'une université européenne. Hirsch, qui est un scientifique, diplômé de l'École des Mines de Paris, veut développer les sciences juridiques, sociales et humaines dans la mesure où historiens, juristes, politistes, économistes n'ont pas l'habitude de se rencontrer, à la différence des scientifiques. Malheureusement, le gouvernement français refuse cette création. Les cinq autres gouvernements ne veulent pas passer outre. La création d'une université européenne aurait empiété sur les prérogatives des États. Florence est cependant décrétée siège d'une université européenne qui n'est pas créée. Le mandat d'Étienne Hirsch n'est pas renouvelé en janvier 1962. Pierre Chatenet, un gaulliste, ancien ministre, est nommé à sa place. De Gaulle a donc gagné sa tranquillité (*texte 57*).

La Grande-Bretagne interdite d'Europe (janvier 1963)

Jusqu'en 1961, les Britanniques se sont tenus à l'écart de l'intégration européenne. Ils étaient motivés par le souci de préserver leur souveraineté nationale, comme de Gaulle, et de sauvegarder leurs liens privilégiés avec le Commonwealth et les États-Unis. Ils ont refusé la discipline d'une politique agricole commune qui aurait augmenté les prix des produits alimentaires consommés au Royaume-Uni. En effet, la mise en place d'un tarif extérieur commun remet en cause le système de la « préférence impériale », institué en 1932 (Accords d'Ottawa) entre le Royaume-Uni et le Commonwealth. N'étant pas parvenus à mettre en place une vaste zone européenne de libre-échange entre les pays de l'OECE, à la suite du blocage de novembre 1958, les Britanniques créent l'Association européenne de libre-échange (AELE) en 1960, entre sept pays européens, non membres du marché commun. Pourtant, un an après, dans l'été 1961, le gouvernement conservateur d'Harold Macmillan, suivi par ceux d'Irlande, du Danemark et de Norvège, pose sa candidature aux Communautés. On mesure l'étonnement et l'inquiétude de Paris devant ce subit revirement.

Or il apparaît vite que la Grande-Bretagne demande à entrer dans le marché commun, en prétendant assumer ses obligations vis-à-vis du Commonwealth et de l'AELE et conserver ses avantages agricoles. Les Six s'opposent aux privilèges du Commonwealth sur le marché britannique. Ils repoussent l'association des pays du Commonwealth à la CEE. Ils demandent aux postulants d'assumer intégralement les traités de Rome, alors que les Britanniques réclament des droits nuls sur l'importation de 25 produits, une manière de maintenir des préférences impériales. Ils acceptent la PAC tout en réclamant une longue transition de 12 ans.

De Gaulle forme son opinion au cours de l'année 1962 et réagit en politique. L'adhésion au marché commun de l'Angleterre et l'association du Commonwealth changeraient la nature de la Communauté estime-t-il.

À Champs-sur-Marne, le 2 juin 1962, Macmillan, le premier ministre anglais le rassure : « L'Angleterre de Kipling est morte ». Mais de Gaulle rétorque : « Que deviendra le marché commun quand vous en ferez partie ? Ce sera évidemment autre chose ». De Gaulle réclame aussi une Europe indépendante. Certes, le général reconnaît que Macmillan a changé ; il redoute, cependant, que l'adhésion britannique rende impossible l'union politique européenne à sa convenance et mette fin à la prépondérance française en Europe. Le rejet de la candidature britannique s'explique donc par la priorité que donne le général de Gaulle à l'Union politique des Six, à la manière française. Mais les réticences anglaises à propos de l'acquis communautaire rendent les négociations très difficiles avec les Six, avant même le veto du général de Gaulle.

La rencontre de Gaulle – Macmillan de Rambouillet, les 15 et 16 novembre 1962, est le dernier acte. Macmillan prétend construire une force atomique indépendante avec l'aide des Américains. De Gaulle relève la contradiction avec la demande d'adhésion aux Communautés des Britanniques. Macmillan suggère une coopération franco-britannique. L'ambiguïté entre les deux hommes s'installe alors que Macmillan laisse entendre qu'il achètera des fusées pour ses sous-marins atomiques aux Américains. Une conclusion s'impose : la Grande-Bretagne n'a pas sa place en Europe. De Gaulle précise même : « La Grande-Bretagne ne donne pas l'impression d'être vraiment européenne. Elle poursuit une politique particulière et reste liée aux États-Unis ». Kennedy avait prononcé le 4 juillet 1962 un discours invitant les Européens à participer à la création d'une Force nucléaire multilatérale, qui était un défi à l'Europe européenne. L'accord americano-britannique de Nassau, en décembre 1962, confirme que l'Angleterre ne veut pas coopérer politiquement et militairement avec l'Europe unie. Il est le prétexte de la rupture officielle qui ne trompe ni Macmillan, ni les Français (*texte 58*).

Aux yeux de de Gaulle, la clef de l'adhésion britannique au marché commun n'est pas la volonté de la Grande-Bretagne d'appliquer ou non les Traités de Rome, ce qui n'est pas discutable, mais l'expression politique d'un changement qui rompra les liens privilégiés avec les États-Unis. Cet acte politique ne se produit pas, au contraire ! Cette problématique est partagée par des membres éminents de la Commission du marché communs, tels que Hallstein ou Marjolin. Sur la forme, l'annonce brutale de la décision du président français d'opposer un veto à l'adhésion britannique aux Communautés, le 14 janvier 1963, lors d'une conférence de presse à l'Élysée, choque. Les Cinq et la Commission résistent jusqu'au 28 janvier 1963. Monnet les assiste en coulisse. Ils expriment colère, tristesse, doute, peine, déception, inquiétude et désarroi. Sur la forme, il ne peut s'agir juridiquement d'un veto puisque Macmillan n'a pas déposé formellement de demande d'adhésion et qu'il est entré en négociation pour savoir à quelles conditions sa demande d'adhésion était recevable. Sur le fond, il s'agit bien d'une opposition à poursuivre la négociation de « pré-adhésion ». L'échec est dû à l'impossibilité pour de Gaulle d'accepter dans le marché commun un État si atlantiste. Les « faux pas » franco-anglais révèlent le poids de deux visions géostratégiques profondément divergentes, marquées par l'Histoire. L'affaire donne du général de Gaulle une image de brutalité politique qui le dessert, d'autant plus qu'un an auparavant, le 18 janvier 1962, il a modifié unilatéralement le projet de plan Fouchet dans un sens nettement anti-atlantiste et anti-communautaire. Les Cinq ont pris conscience aussi des blocages et des réticences britanniques par rapport aux acquis des traités de Rome. L'adhésion britannique n'est pas mûre. Les Six poursuivent donc le travail commun, mais les partenaires de la France reprochent à de Gaulle d'avoir prononcé son « veto » sans les avoir consultés.

Une autre crise s'ouvre entre les Six, du fait du comportement souverain de de Gaulle, une crise de confiance communautaire. Les Six entrent dans l'ère des concessions réciproques au détriment de solutions globales privilégiant l'intérêt commun. Bino Olivi, porte-parole de la Commission du marché commun, évoque la méthode de la synchronisation, c'est-à-dire celle de la symétrie immédiate des concessions, par opposition à la méthode communautaire qui exige une négociation permanente[45]. La nouvelle méthode est proposée par le ministre des Affaires étrangères allemand, Gerhardt Schröder, le 1er avril 1963. Ainsi, on discutera d'abord des questions du Kennedy Round et des relations avec la Grande-Bretagne qui intéressent les Allemands et le Benelux en échange d'un débat sur la poursuite de la PAC et l'association des pays africains francophones au cœur des préoccupations françaises. La question n'est plus de savoir quelles sont les questions d'intérêt général des Communautés. Bien entendu, le veto du général de Gaulle met un terme aux espoirs d'aboutir au Partenariat atlantique de Kennedy et au renforcement des liens politiques germano-américains (ce dernier point étant verrouillé par le traité de l'Élysée). Le « veto » pousse les représentants des États à faire des Communautés des caisses de résonance des intérêts nationaux. Olivi estime que la synchronisation permet de satisfaire la France sur le plan agricole (mesures prises fin 1963 sur l'organisation des marchés des produits laitiers, de la viande bovine et du riz, et premier FEOGA), en échange du mandat donné à la Commission de négocier au nom des Six au GATT et de régler les procédures de consultation entre les Six et la Grande-Bretagne à l'UEO. Les Communautés fonctionnent sur la base du respect des intérêts mutuels de la France et de l'Allemagne, situation dans laquelle le Benelux et l'Italie ne trouvent pas nécessairement leur compte.

---

[45]   OLIVI B., *L'Europe difficile, Histoire politique de la Communauté européenne*, Folio histoire, Paris, 1998, p. 101 et ss.

L'affrontement direct avec la Commission Hallstein

La crise de la « chaise vide » doit être appréciée de plusieurs points de vue : les institutions communautaires, la PAC, la France.

La Commission passe les limites

La question des institutions communautaires domine la réflexion du général de Gaulle. Dès la fin de la première année d'existence des deux nouvelles Communautés, le représentant permanent français alerte le Quai d'Orsay, après la lecture du premier rapport de la Commission économique européenne, sur les conceptions extensives et « préoccupantes » de son rôle. En effet, la Commission prétend assumer la responsabilité d'élaborer la ligne directrice de l'action de la Communauté économique européenne ; elle tente de mener une politique « susceptible de dépasser les limites de sa compétence » : elle consulte directement les représentants des secteurs économiques sans passer par les gouvernements, elle émet le vœu que l'Assemblée parlementaire soit élue au suffrage universel, contrairement aux dispositions des traités ; elle veut établir des représentations des Communautés à l'étranger ; elle joue un rôle dépassant l'esprit du traité dans la politique agricole qui doit être définie d'abord par les États. Il y a danger quand elle prend des contacts directs avec les autorités des Pays et Territoires d'outre-mer et établit des liens avec les organismes des Nations unies sur les questions de l'outre-mer, contre l'interprétation française de l'article 131 du traité. Elle veut négocier avec le GATT au titre de l'article 229 que l'on peut interpréter d'une façon restrictive[46]. Le ton était donc donné.

Quand il est question de rédiger un traité de fusion des Exécutifs (Haute Autorité de la CECA, Commission économique européenne, Commission Euratom, Conseils des ministres de la CEE et d'Euratom), sur une proposition néerlandaise de janvier 1961, les Français y voient un renforcement de l'exécutif communautaire, plus dangereux qu'une fusion des Communautés à l'occasion de laquelle le gouvernement français espère bien mettre un terme à la supranationalité contenue dans le traité de CECA d'avril 1951 et aligner les règles communautaires sur les traités de Rome. Mais l'opération est risquée. C'est pourquoi les Français sont réticents, en 1961, à la fusion des exécutifs et à celle des Communautés. Toutefois, la France accepte, en 1964, après la crise du premier veto à l'Angleterre, la fusion des exécutifs sous réserve d'aller vers la fusion des traités (ou fusion des Communautés), espérant ainsi aligner la Communauté unique sur le régime des traités de Rome et probablement faire disparaître Euratom. Le traité de fusion des exécutifs est signé à Bruxelles,

---

[46] Archives du ministère des Affaires étrangères, RP-UE 24531 octobre 1958, « Le RP de la France auprès des Communautés européennes à M. le Ministre des Affaires étrangères, a.s. Problèmes posés par le rapport d'activité de la Communauté ».

le 8 avril 1965. Il y aura une Commission unique et un Conseil des ministres unique, chargés d'appliquer les trois traités (CEE, Euratom et CECA). Les ressources resteront distinctes. Le traité entrera en vigueur avec retard, le 1er juillet 1967, en raison de la crise de la chaise vide.

La crise institutionnelle de juin 1965-janvier 1966, trouve une de ses origines dans le comportement de W. Hallstein, président de la Commission CEE, fédéraliste, convaincu que la Commission est l'embryon d'un gouvernement fédéral européen. Il veut sans doute forcer l'histoire, il fait tout pour que la Commission soit traitée comme un gouvernement par les tiers. En décembre 1964, de Gaulle, visant la Commission, fait savoir qu'il s'opposera à tout pouvoir supranational. Il dénonce trois chimères : la supranationalité, l'intégration, l'atlantisme. Or, W. Hallstein, travaille pour faire donner aux institutions communautaires de nouveaux pouvoirs, en vue du passage à la troisième étape du marché commun, le 1er janvier 1966, celle où les décisions doivent être prises à la majorité qualifiée en Conseil des ministres. Il faut aussi conclure les derniers règlements financiers communautaires qui doivent être signés avant le 30 juin 1965. Il s'agit de se mettre d'accord sur un règlement financier définitif qui prendra la suite de celui de 1962, provisoire, et destiné à couvrir les dépenses agricoles (*texte 59*). La Commission du marché commun, rompant avec la méthode de la synchronisation, renouant avec la méthode communautaire et donc définissant les intérêts supérieurs de l'Europe unie, croit-elle, souhaite disposer de ressources propres (TEC et prélèvements agricoles). Le budget sera soumis au vote du Parlement européen. Le Conseil des ministres ne pourra pas le repousser à moins d'émettre un vote de rejet à la majorité des cinq sixièmes ! Les propositions de la Commission se heurtent alors aux réticences de plusieurs États : les Néerlandais ne veulent pas abandonner les droits de douane perçus à Rotterdam, les Italiens estiment qu'ils payent trop de prélèvements agricoles, le gouvernement français ne veut pas payer le règlement financier d'un accroissement des pouvoirs du Parlement et de la Commission. « C'était vraiment aller très loin », déclare plus tard Jean-Marc Boegner, le représentant permanent français à Bruxelles[47]. Les propositions d'Hallstein sont formulées le 23 mars 1965 et soumises immédiatement à l'Assemblée parlementaire européenne au lieu d'être présentées au Conseil des ministres, ce qui indispose fort les Français. Monnet approuvent ces propositions qui renforcent l'indépendance des institutions communautaires. Robert Marjolin, vice-président de la Commission économique européenne, manifeste au contraire son opposition. Hallstein parie que de Gaulle acceptera de nouveaux transferts de souveraineté en échange d'un règlement financier agricole valable cinq ans. En avril 1965, les Six acceptent la fusion des exécutifs et une Assemblée parlementaire commune. Hallstein en profite pour plaider en faveur

---

[47] *De Gaulle en son siècle*, t. 5, *op. cit.* p. 104.

d'une intégration politique européenne complète afin d'achever, dit-il, la création d'un État fédéral. La crise est nouée aussi par les Allemands réticents à conclure le règlement financier qui les gêne car la PAC leur coûte cher. Couve de Murville refuse toute limitation du pouvoir des gouvernements. L'Assemblée parlementaire doit rester consultative. Il demande surtout l'adoption des règlements agricoles en instance que les autres délégations repoussent avec de mauvais arguments, comme le reconnaît Spaak lui-même. « À toutes les propositions françaises, dont certaines étaient ingénieuses, trois délégations opposaient un refus d'autant plus significatif qu'il se traduisait souvent par un silence dédaigneux »[48]. La Commission maintient ses propositions si bien que le système se bloque. Mais de Gaulle veut empêcher la règle de la majorité de s'imposer, alors que le traité prévoit de l'appliquer en 1966 et il veut évidemment obtenir satisfaction sur les questions budgétaires communautaires.

De Gaulle décide de faire grève dans les institutions communes

De Gaulle clarifie le débat, le 30 juin 1965, au terme d'un semestre de présidence française de la Communauté économique européenne. Il accepte l'idée de Couve de Murville de faire « la grève » des institutions de Bruxelles. Le 30 juin, aucune décision n'ayant été prise sur le règlement financier définitif, Couve suspend la réunion. La France se retire des organisations de Bruxelles (*texte 60*). Durant le temps de la « chaise vide », le représentant permanent français s'abstient de siéger dans les réunions qui se tiennent donc à cinq. Les fonctionnaires français ne participent plus aux comités et groupes du Conseil et de la Commission. Les Français insistent pour qu'aucune décision ne soit prise dans les négociations commerciales que la Commission mène à Genève (GATT). Les représentants français dans les organes techniques continuent toutefois de siéger ce qui n'interrompt pas complètement le fonctionnement ordinaire des Communautés.

Hallstein assouplit la position de la Commission, le 26 juillet, sur les conseils de Jean Monnet et de Robert Marjolin. Rien n'y fait. Ne faut-il pas briser Hallstein, coupable d'indépendance. De Gaulle critique, le 9 septembre 1965, l'essence même du traité, le vote à la majorité qualifiée (*texte 61*). Maurice Couve de Murville demande, devant l'Assemblée nationale le 20 octobre, une "révision d'ensemble" des traités quant au rôle de la Commission et au vote majoritaire, explique Pierre Gerbet. Patronat français, agriculteurs et syndicats s'émeuvent d'une disparition possible du marché commun, preuve qu'ils l'ont adopté ! Les Italiens s'entremettent pour la sortie de crise.

---

[48]   SPAAK, P.-H., *Combats inachevés, op. cit.*

Mais de Gaulle et la France sont isolés, en dépit du soutien des unionistes (*texte 62*). De Gaulle n'est pas soutenu aux élections présidentielles de décembre 1965 par les Européens. Jean Lecanuet, candidat du centre, provoque la mise en ballottage du général de Gaulle, le 5 décembre. Monnet vote pour Lecanuet puis, au second tour, pour Mitterrand. Mendès France démontre que de Gaulle a une politique européenne incohérente. Il parle de l'Europe de l'Atlantique à l'Oural, demande une coopération avec les autres Européens et en même temps prend des positions solitaires en politique internationale, fait remarquer Mendès France, qui a la conviction que les conceptions charnelles de la nation du président de la République sont désespérées et qu'elles tuent les tentatives de « construction commune » européenne. Il est clair que l'Europe gaulliste sera l'accomplissement du destin privilégié de la France au sein d'une « confédération » d'États. Mendès, en 1965, ne partage donc plus ce point de vue. Guy Mollet, le leader des socialistes, appelle les cinq partenaires de la France à être européens pour six ! Il voit la grandeur du peuple français dans l'internationalisme librement consenti. En Europe, la crise de la « chaise vide » provoque une dégradation des relations franco-belges. Marjolin, vice-président de la Commission économique européenne s'efforce durant la crise de faire comprendre que la Commission doit s'en tenir à un rôle de médiateur plus que d'exécutif. Il estime aussi que le temps du vote à la majorité n'est pas encore venu.

L'arrangement de Luxembourg

La France reprend sa place aux Communautés en janvier 1966. Il est décidé de tenir une réunion des ministres des Affaires étrangères à Luxembourg, un lieu plus neutre que Bruxelles, sans la Commission européenne, ce qui la déconsidère, les 16 et 17 janvier, sous la présidence de Pierre Werner, président du Conseil des ministres. La France obtient de ses partenaires un rappel à l'ordre de la Commission européenne qui a soumis des propositions exagérées en avril dernier. Sur les institutions et le mode de décision, le procès-verbal des débats – appelé aussi l'arrangement de Luxembourg – des 29-30 janvier 1966, constate le désaccord sur le vote à la majorité qualifiée entre la France et les cinq (déclaration française) ; la France déclare que « lorsqu'il s'agit d'intérêts importants, la discussion devra se poursuivre jusqu'à ce que l'on soit parvenu à un accord unanime »[49]. Il enregistre aussi une autre déclaration des cinq, différente, souhaitant que l'on parvienne à une entente unanime

---

[49]   Le texte de l'arrangement est connu et publié. Voir par exemple dans Archives de l'Union européenne-Florence, fonds Émile Noël, EN 343 30 janvier, secrétariat exécutif de la Commission économique européenne, note pour MM. les membres de la Commission, conseil extraordinaire à Luxembourg, samedi 29 janvier 1966. La séance du conseil s'est terminée le 30 janvier à 0 h 45.

et, si elle se révélait impossible, que l'on vote à la majorité qualifiée (d'après Couve de Murville) (*texte 63*)[50].

Quel est le bilan ? D'un point de vue pratique, les représentants français reprennent leur place dans les Conseils et au Coreper, sans autre forme de procès. Boegner, le représentant français, dit qu'il réserve sa position sur les délibérations qui ont eu lieu entre le 30 juin 1965 et le 30 janvier 1966 mais qu'il prendra connaissance des opinions exprimées. La représentation permanente française veut rattraper le temps perdu et manifeste même du zèle[51]. Le droit de veto, réclamé implicitement par la France contre la lettre du traité de Rome, n'est pas rétabli, ce qui aurait été une hérésie juridique. La décision de poursuivre la discussion jusqu'à une entente complète n'empêche pas de faire fonctionner les Communautés dans d'autres domaines que celui sujet à désaccord. Dans la pratique, le Conseil des ministres prend le dessus sur la Commission. Il ne reçoit plus d'impulsion de la Commission sans en avoir exprimé la volonté. Alors que le traité prévoit les cas où l'unanimité est nécessaire, l'arrangement permet à un État de définir les cas où ses « intérêts importants » sont en cause. Il y a donc abus du recours à l'unanimité, y compris pour des questions sans grande importance, preuve que l'arrangement est bien reçu par tous les États, y compris par ceux qui ont vertement critiqué la France. « Autrement dit, ils ont fait de la surenchère sur la position française », explique Couve de Murville. L'Acte unique de 1986 rétablit la pratique du vote à la majorité qualifiée, précisant toutefois que toutes les décisions mettant en cause des intérêts essentiels des États seront prises à l'unanimité.

L'Europe des États du général de Gaulle prend donc forme, modestement, mais réellement. De Gaulle, bien sûr, refuse de renouveler le mandat d'Hallstein. Les Six mettent en vigueur, le 1er juillet 1967, le traité de fusion des exécutifs, signé le 8 avril 1965. Jean Rey succède à Walter Hallstein. Hendryk Brugmans écrit, encore choqué : « La plaie s'était refermée, mais non cicatrisée. La France avait repris son fauteuil dans le Conseil de la Communauté, mais le cœur n'y était plus ». A-t-il raison ? Les Communautés se développent. Elles facilitent le développement économique, elles accueillent la Grande-Bretagne, mais il est vrai que l'Europe fédérale est freinée, une seconde fois, en janvier 1966.

Le « veto de velours » contre les Britanniques en 1967

Le veto du général de Gaulle, le 14 janvier 1963, a frappé les esprits. Or, à partir de 1966 la Grande-Bretagne du travailliste Harold Wilson croit possible de relancer le processus d'adhésion aux Communautés. Du

---

[50] *De Gaulle en son siècle*, t. 5, p. 111.
[51] Archives de l'Union européenne-Florence, fonds Émile Noël, EN 343 H. Étienne note à l'attention de M. Noël, 22 février 1966.

côté français, de Gaulle sait ce qu'il veut pour l'Europe. Deux conceptions des rapports inter-européens s'affrontent, deux ambitions se jaugent.
Quel est l'enjeu de l'adhésion ? Celui-ci : la France en fait le berceau
d'une Europe européenne (*texte 64*).

La parade de Wilson

Après la grande victoire travailliste aux élections de mars 1966,
Harold Wilson installe George Brown au *Foreign Office*. Ce fils de
camionneur, pur produit des TUC britanniques, est un enthousiaste de
l'Europe. Une relance de la candidature britannique prend sens. De
Gaulle semble avoir changé puisque, prudemment, il exprime le souhait
de voir la Grande-Bretagne rejoindre le continent[52]. Mais tout n'est pas
favorable à une nouvelle candidature britannique. En effet, la Grande-
Bretagne reste alignée sur les États-Unis. Elle a critiqué sans nuance la
France pour son départ de l'OTAN. Le *Foreign Office* compare de Gaulle
à Nasser[53]. L'opinion britannique accuse Paris d'avoir spéculé contre la
livre sterling. Du côté français, on s'étonne de cette accélération du
processus, alors que l'économie britannique n'est toujours pas capable de
supporter la PAC. Les raisons de Wilson sont complexes. Il n'est pas un
farouche européen, mais la nécessité le contraint à avancer vers le Continent. La crise de l'ex-empire britannique s'aggrave, l'économie anglaise
dépend plus du marché commun que de la Zone de libre échange (AELE)
ou du Commonwealth. Wilson ne peut pas laisser le monopole du projet
européen aux mains de l'opposition conduite par Edward Heath, très
engagé aux côtés de Monnet, alors que l'opinion britannique approuve à
68 % l'entrée de la Grande-Bretagne dans les Communautés.

Wilson et Brown préparent une tournée des capitales européennes en
janvier 1967. Ils visitent Paris, les 24 et 25 janvier, après Rome et
Strasbourg (Conseil de l'Europe), pour éviter de mettre officiellement de
Gaulle au cœur de la décision politique. Wilson propose une coopération
économique et technologique. Mais le général de Gaulle parle de la place
de l'Europe (unie) face aux deux grands. Il est ébranlé par la volonté de
Wilson de respecter les traités de Rome. Il ne dit pas non, mais évoque
surtout la solution d'un statut particulier de l'Angleterre. Or Wilson veut
une adhésion pleine et entière. Le 2 mai 1967, il formule devant la
chambre des Communes, sa décision de reprendre les négociations avec
les Six. Les cinq et Monnet exercent une pression sur Paris pour recevoir
immédiatement les Anglais dans les Communautés. Les Français exigent
d'abord un avis de la Commission, suivi d'un vote positif et unanime du

---

[52] VAÏSSE, M., *La Grandeur*, Paris, Fayard, 1998, p. 596-597.

[53] Archives du ministère des Affaires étrangères, Europe/Grande-Bretagne, 1961-1970,
265, Londres 9 septembre 1966, n° 3647/54 « a.s. entretien avec M. George Brown,
Courcel ».

Conseil des ministres, conformément à la lettre du traité[54]. Le 16 mai 1967, à l'Élysée, le général de Gaulle déclare : « De notre part, il ne saurait être, d'ailleurs il n'a jamais été question, de veto. Il s'agit simplement de savoir si l'aboutissement est possible dans le cadre et les conditions de l'actuel marché commun sans y porter de troubles destructeurs ou bien dans quel autre cadre et dans quelles autres conditions il pourrait l'être »[55]. Il privilégie encore la solution de l'association de la Grande-Bretagne à la CEE. C'est un « veto de velours »[56]. Wilson nomme un négociateur britannique, Lord Chalfont. L'agitation des *Five friends* trouble l'ambiance. De Gaulle rappelle la politique française en faveur d'une « Europe européenne ». Des conversations bilatérales franco-britanniques ont lieu au Trianon (Versailles), les 19 et 20 juin 1967. De Gaulle salue « les velléités d'émancipation » de l'Angleterre. « La France est, pour sa part, entièrement dégagée de l'emprise américaine. Pouvait-on en dire autant de la Grande-Bretagne ? », ajoute-t-il[57]. La suspicion est clairement formulée. Wilson déclare qu'il a trouvé « les convictions du chef de l'État plus immuables encore qu'il ne le pensait... »[58].

Le doute maintenu

La crise mûrit donc une seconde fois encore. La Grande-Bretagne tente de tourner la France en bâtissant une coopération européenne sans la France à l'UEO avec les *Five friends*. De Gaulle doute de la capacité britannique à adopter la politique agricole commune ou à rétablir sa balance des paiements[59]. Les Hollandais et Monnet dénoncent le blocage de de Gaulle. La crise éclate avec la conférence de presse du général du 27 novembre 1967. Le président de la République explique tranquillement que négocier l'adhésion britannique « ... serait, pour les Six, donner d'avance leur accord à tous les artifices, délais et faux-semblants qui tendraient à dissimuler la destruction d'un édifice qui a été bâti au prix de

---

[54] OLIVI B., *L'Europe difficile, Histoire politique de la Communauté européenne*, Folio Histoire, Paris, 1998, p. 128.

[55] Conférence de presse tenue à l'Élysée, 16 mai 1967.

[56] JOHNSON, C., *loc. cit, De Gaulle en son siècle, op. cit.*, p. 213, repris par VAÏSSE M., *op. cit.*, p. 600.

[57] Archives du ministère des Affaires étrangères, Europe/Grande-Bretagne, 1961-1970, 265, « Entretiens des 19 et 20 juin 1967, entre de Gaulle et Wilson au Trianon », Alphand, très secret pour Londres 1003-16.

[58] Archives du ministère des Affaires étrangères, Europe/Grande-Bretagne, 1961-1970, 217, Courcel, tel. n° 3504/09, 24 juin 1967 « Entretiens de M. Wilson au Grand Trianon. » Archives Couve de Murville, CM 9, IEP, « Entretiens du général de Gaulle avec Wilson », juin 1967.

[59] Archives du ministère des Affaires étrangères, Europe/Grande-Bretagne, 1961-1970, 263, DAP, s.d. Europe occidentale, 10 octobre 1967, « Note pour le dossier Grande-Bretagne-France, entretien de Sir Patrick Reilly avec le général de Gaulle », entretien du 5 octobre.

tant de peines et au milieu de tant d'espoirs »[60]. De Gaulle propose de passer un « arrangement » avec la Grande-Bretagne. Les réactions de la presse quotidienne britannique vont de la déception à l'amertume, en passant par la surprise et l'indignation, le désenchantement et la lassitude, la colère évidemment, l'humiliation et le ressentiment, enfin, qui génèrent le désir de revanche. Fin décembre, les Six ministres constatent leur désaccord sur l'ouverture des négociations avec la Grande-Bretagne.

L'échec est lié à des causes profondes en rapport avec les représentations de la puissance des acteurs de la décision. La relation avec l'Amérique est la clef de voûte du conflit, comme en 1962. De Gaulle a pris position contre la guerre du Vietnam que la Grande-Bretagne soutient. Il a retiré la France de la structure militaire intégrée de l'OTAN, alors que la Grande-Bretagne prend violemment position contre la France. De Gaulle déclare qu'il craint une « absorption atlantique » s'il accepte l'Angleterre[61]. Malgré les déclarations sincères de Wilson sur l'adhésion aux Communautés, l'Angleterre reste proche des États-Unis. La peur des petits pays aggrave la crise, comme en 1963. Jean Marc Boegner écrit : « Nos cinq partenaires tenaient à l'adhésion de l'Angleterre avec une ferveur d'autant plus remarquable qu'ils savaient très bien que l'Angleterre aurait, sur les problèmes institutionnels, des positions beaucoup plus proches de celles de la France que de celles qu'ils affichaient en faveur de la supranationalité. Mais ils voulaient avoir un contrepoids à la France. Ils s'imaginaient que de Gaulle voulait établir une sorte de prépotence française sur l'Europe… »[62]. Les questions techniques : place de la livre sterling, tarif extérieur, PAC ne sont pas l'essentiel. Cette peur explique la mobilisation des petits pays contre de Gaulle. La dramatisation de la crise est accentuée par l'humiliation de la diplomatie britannique. De Gaulle a dit trois fois non à la Grande-Bretagne : en novembre 1958 (non à l'EFTA), en janvier 1963 et en novembre 1967. Malgré une résolution du Parlement européen, de janvier 1968, incitant les États membres à reprendre les négociations avec les États candidats, le dossier de l'élargissement reste bloqué pendant deux ans.

La perfidie du Foreign Office

Une sortie de crise est tentée par Christopher Soames, gendre de Churchill, ambassadeur britannique en France et de Gaulle, en février 1969. Au cours d'un entretien entre les deux hommes, de Gaulle suggère que s'ouvrent des conversations bilatérales franco-britanniques sur les

---

[60] Voir aussi l'article de DE LA SERRE F., « De Gaulle et la candidature britannique aux Communautés européennes », in *De Gaulle en son siècle*, t. 5, *L'Europe*, Paris, Plon, La Documentation française, 1992, p. 190 et suivantes.

[61] Conférence de presse du 9 septembre 1968.

[62] BOEGNER J.-M., entretien, par Marie-Thérèse Bitsch, Jean Monnet oral project, 13 janvier 1999, p. 20, dactylographié, déposé à l'IUE de Florence.

conditions dans lesquelles une Europe « ouverte à tous les États européens occidentaux, y compris la Grande-Bretagne, serait amenée à s'organiser politiquement et économiquement », défense comprise. Le dialogue franco-anglais ne doit pas porter sur une adhésion de la Grande-Bretagne au marché commun, mais prendre la forme d'une exposition des vues des deux pays sur une entente économique et politique européenne pour le cas « où, dans l'avenir, le marché commun lui-même s'effacerait pour faire place à un autre régime »[63]. Dans cet entretien, de Gaulle envisage la fin des Communautés, mais aussi une vraie concertation franco-britannique au détriment des autres pays européens. La conversation doit rester secrète. Elle est sciemment ébruitée auprès des partenaires de la France dans les Communautés à la suite de manœuvres indignes du *Foreign Office* et présentée comme un projet gaulliste de directoire à quatre (France, Allemagne, Italie et Grande-Bretagne), assorti d'un départ de la Grande-Bretagne de l'OTAN et de la zone de libre-échange. Le scandale est grand et de Gaulle accusé de perfidie ; l'intoxication avait fonctionné.

En dehors de cet épisode polémique, quel est le sens des paroles du général de Gaulle ? Même s'il s'en défend, il n'est pas exclu que De Gaulle veuille un directoire européen à quatre. D'autre part, on doit constater que les certitudes du général de Gaulle font peur. Enfin, jusqu'à maintenant, les témoins et les historiens hésitent encore sur le sens de cet entretien. Ce dont nous sommes sûrs, c'est qu'il ne s'agit pas d'accélérer l'intégration communautaire. De Gaulle désire certainement construire une architecture politique et économique nouvelle visant à remettre entre les mains des grandes puissances européennes la direction des affaires du continent au détriment de l'architecture politique existante, fondée sur l'Alliance atlantique et les Communautés. Contrairement à l'opinion de Michael Paliser sur de Gaulle : « il détruit. Il ne construit rien », Bino Olivi écrit : « dans l'idée de de Gaulle il s'agissait de restructurer la Communauté européenne »[64]. Le fil des événements nous invite à considérer cette affaire comme un appel à une formule originale de coopération politique en Europe sans rapport avec l'inspiration des traités de Rome. La vraie sortie de crise se fait avec Pompidou qui invite les Anglais à entrer dans les Communautés, car il apparaît normal que la Grande-Bretagne entre dans le marché commun quel qu'en soit le prix.

L'affaiblissement de la France dans les Communautés

La crise politique et sociale de mai 1968 n'est pas directement liée aux affaires européennes. Pourtant les Communautés européennes jouent un rôle et le gouvernement français fait appel à elles, conformément aux

[63] Archives du ministère des Affaires étrangères, Couve de Murville, CM 9, IEP, « entretien du général de Gaulle avec l'ambassadeur de Grande-Bretagne », daté du 7 février entretien du 4 février 1969, sans origine, en français, 2 pages dactylographiées.

[64] OLIVI B., *L'Europe difficile, Histoire politique de la Communauté européenne*, p. 141.

traités, pour sortir la France de la crise financière qui suit la crise de mai 1968.

L'ironie de la situation est que la France gaulliste doit reconnaître qu'elle a besoin des Communautés et plus précisément du soutien de l'Allemagne. Or, le crédit de la France a été profondément ébranlé dans les institutions européennes. Le ministre des Affaires étrangères, Michel Debré, ne jouit plus de l'influence de son prédécesseur Maurice Couve de Murville. De plus, la crédibilité des Communautés vis-à-vis des Américains dans les négociations commerciales a diminué du fait de l'affaiblissement de la France. Mais la France pourtant respecte l'échéance du 1er juillet 1968, prévue pour réaliser totalement l'union douanière. Le gouvernement français demande quelques dérogations temporaires sur les produits sidérurgiques, les textiles, les automobiles et l'électroménager. La France est soutenue dans la crise des changes qui suit mai 1968. Elle doit rétablir le contrôle des changes, approuvé par ses partenaires et elle reçoit un « concours mutuel » pour soutenir le franc.

En dépit de cette intervention en faveur de la France, le général de Gaulle et le ministre des Affaires étrangères repoussent toutes les tentatives pour associer les pays candidats aux Communautés à certaines discussions commerciales ou technologiques et même pour passer des accords commerciaux. Les Britanniques s'efforcent de briser les résistances françaises à leur égard en convoquant par l'intermédiaire du Belge Harmel, puis de l'Italien Nenni (3 octobre 1968) une conférence de l'UEO où naturellement le dialogue de politique extérieure, de défense et monétaire entre les Six, la Grande-Bretagne et les États-Unis se fera dans un cadre atlantique. La France cesse alors de participer aux réunions de l'UEO, car une Europe politique, totalement différente de celle imaginée par de Gaulle en 1962, se profile. Le projet est évidemment très dangereux. C'est sans doute aussi pour cela que de Gaulle tente de reprendre l'initiative en faisant des propositions concrètes d'action commune avec l'Angleterre en février 1969 (l'affaire Soames) (voir plus haut). En revanche, sentant bien qu'il ne faut pas déserter le terrain communautaire, de Gaulle et Debré proposent aux Six un approfondissement des politiques communes en novembre 1968. Il s'agit de consolider l'union douanière et la PAC et de lancer une politique industrielle commune. La France fait savoir, par exemple, qu'elle ne voit que des avantages à obtenir la collaboration de la Grande-Bretagne et d'autres pays européens à des programmes européens précis tels que le brevet européen. Les Français sont prêts à « contribuer activement à un renforcement de l'action communautaire dans tous les domaines »[65]. Le blocage sur Euratom disparaît. Le concept d'approfondissement est un

---

[65] Archives de l'Union européenne-Florence, fonds Émile Noël, EN 1159, « Note pour le président Rey », P/781/68, 8 octobre 1968 É. Noël, position française sur les questions intéressant l'adhésion de la Grande-Bretagne.

des thèmes chers à Pompidou en 1969. Il est anticipé dès 1968 par le gouvernement du général de Gaulle.

Monnet et de Gaulle, deux destins entrecroisés et européens, marquent l'Europe d'une façon extraordinaire (*texte 65*). Nora Beloff écrit d'eux : « L'un, de Gaulle voyait l'union européenne comme un groupe de nations-États, serrées autour de la France ; l'autre, Jean Monnet, "Monsieur Europe", croit que toutes les nations-États, France comprise, ont vécu et qu'une société moderne doit envisager un cadre plus vaste à l'échelle supranationale »[66]. Cette perception différente de l'intérêt de l'Europe unie explique l'incapacité de conclure positivement sur l'Union politique européenne et sur l'intégration militaire atlantique : les atlantistes (de Monnet à Luns, Spaak, Fanfani, Erhard) considèrent avec bonheur l'existence d'une Communauté atlantique dirigée par Washington, les souverainistes européens (Adenauer en partie, de Gaulle) croient souhaitable une Europe maîtresse de son destin.

De Gaulle conduit une politique d'unité européenne de 1958 à 1969. Il développe un projet majeur pour les Européens. Mais il ne sait pas rassurer ses partenaires sur la bonne volonté française. C'est donc l'impasse. De plus, le discours gaulliste sur l'Europe de l'Atlantique à l'Oural s'effondre en août 1968, à Prague, quand il est patent que le bloc oriental n'évoluera pas comme de Gaulle le pense. Les temps ne sont pas encore venus de construire une Europe européenne, dégagée des influences américaines, mais en alliance avec les États-Unis. Spaak écrit, au moment de la mort du général : « il savait qu'il était l'avocat d'une cause perdue. Au fond, je ne lui pardonne pas de n'avoir pas eu "une autre idée de la France" et d'avoir travaillé à rebâtir une grandeur passée et à jamais perdue, au lieu de lui donner sa place dans un monde nouveau, et d'avoir été un adversaire alors qu'il eût pu être un allié formidable »[67]. Monnet ajoute : « Le général de Gaulle ne propose pas de tirer des leçons du passé. Il propose de le recommencer »[68]. De Gaulle voit pour l'Europe un grand destin en accord avec son histoire prestigieuse et y dessine une place éminente pour la France. Les Européens n'ont pas été capables d'assumer, non pas le retour au passé, mais un projet de grandeur européenne qu'ils affublent trop facilement d'intentions impérialistes ou de chauvinisme, mais qui définit bien l'intérêt général de l'Europe. Il ne viendrait à l'esprit de quiconque de parler d'une Amérique américaine au sens que l'Amérique dispose de son destin; de Gaulle, lui, dit que l'Europe est européenne, pour qu'elle agisse selon ses intérêts et ses choix. Son message historique continue de frapper les esprits parce que

[66] *Le Général dit non*, Paris, Plon [1re édition, Harmondsworth, Middlesex, Penguin Books, 1963, 180 p.].

[67] DUMOULIN M., *Spaak*, Bruxelles, Racine, 1999, p. 680.

[68] Jean Monnet, « Note » de l'été 1967, cité par ROUSSEL E., *op. cit.*, p. 829-830.

l'Union européenne n'a pas encore su définir son identité dans les relations internationales.

CHAPITRE 4

L'Europe pragmatique
de Georges Pompidou

L'héritage du général de Gaulle, démissionnaire le 28 avril 1969 de son mandat de président de la République, est assumé par Georges Pompidou, ancien premier ministre (14 avril 1962-10 juillet 1968), alors en « réserve de la République ». Élu président, le 15 juin 1969, il manifeste une activité européenne remarquable dès sa prise du pouvoir. Il est vrai que les 11 ans d'exercice du pouvoir par le général de Gaulle ont, comme on l'a vu, suscité des déceptions, voire des haines que la France doit effacer sous peine de perdre définitivement la confiance de ses partenaires. Plusieurs dossiers européens sont ouverts, en particulier celui de l'adhésion des pays candidats, dont la Grande-Bretagne, et celui des institutions européennes. De plus, les événements internationaux se chargeront d'aiguillonner la politique européenne du nouveau président de la République.

Georges Pompidou, un homme réaliste

En tant que premier ministre, Georges Pompidou a été associé à la politique européenne du général de Gaulle et a participé activement à la mise en œuvre du marché commun et de la politique agricole commune. Certes, il partage les conceptions du général sur la nécessité d'affirmer l'identité de l'Europe, de l'organiser à partir des États et dans le respect des souverainetés nationales. À la différence de son prédécesseur, il considère l'Europe autant comme un instrument de la politique française que comme une nécessité et une condition du développement économique de la France. Il veut étendre l'action des Six aux domaines monétaire, industriel, technologique afin d'arriver à une véritable union économique. Sur le plan des institutions, Georges Pompidou rejette l'Europe supra-nationale. Comme le général de Gaulle, il se méfie de la Commission et s'oppose à l'extension de ses pouvoirs et de ceux de l'Assemblée parlementaire européenne ainsi qu'à son élection directe. « Je suis hostile, absolument hostile au renforcement des pouvoirs de la Commission de Bruxelles », dit-il, avant d'aller au sommet de La Haye[1]. Il envisage une Europe confédérale où les gouvernements resteront seuls juges des

---

[1]   ROUSSEL E., *Georges Pompidou*, Paris, Lattès, 1984, p. 372.

intérêts nationaux et se concerteront pour agir ensemble. Mais, il estime que si la « confédération » européenne devient une réalité, il faudra bien que les États s'accordent sur une forme de gouvernement européen.

Pompidou a-t-il le choix ? Sur le plan extérieur, la position de la France est affaiblie depuis les événements de mai 1968 et la dévaluation du franc alors que se développe la puissance économique et financière de l'Allemagne fédérale. L'entrée de la Grande-Bretagne dans l'Europe communautaire est vue comme le moyen de faire pièce à l'Allemagne. Sur le plan intérieur, Pompidou a développé un programme pro-européen pour contrer son adversaire à l'élection présidentielle, Alain Poher, démocrate-chrétien, très européen. Il a promis de poursuivre la construction européenne pour obtenir le concours des républicains indépendants de Valéry Giscard d'Estaing et des centristes de Jacques Duhamel. Élu, il nomme premier ministre, Jacques Chaban-Delmas, et ministre des Affaires étrangères, Maurice Schumann, tous deux gaullistes, mais européens sincères, en compagnie de Valéry Giscard d'Estaing aux Finances, Jacques Duhamel à l'Agriculture et même René Pleven, ancien président du Conseil de la IV⁰ République, à la Justice. Ainsi, la politique française pourra-t-elle procéder à une indispensable « ouverture européenne »[2].

Son souci de l'influence de la France en Europe et dans le monde conduit Georges Pompidou à accepter un renforcement des institutions européennes et un élargissement des Communautés parce que telle est la réalité dont il faut s'accommoder. Son caractère et sa détermination le mènent à négocier l'entrée de la Grande-Bretagne dans les Communautés parce qu'elle accepte les acquis communautaires, qu'elle a repoussés au temps du général de Gaulle. Si Pompidou est très éloigné des idéalistes de l'Europe et tout autant des fédéralistes, comme Spinelli, ou des communautaires, comme Monnet, il veut que l'Europe, réduite alors, et par nécessité, à l'Europe occidentale, soit forte – sur l'initiative de la France, si possible – pour affronter les réalités d'un monde en crise permanente.

Un calendrier européen chargé

Depuis l'échec du plan Fouchet, en avril 1962, il n'y a plus eu de sommets des chefs d'État et de gouvernement de l'Europe communautaire. Leur tenue est souhaitée pour mieux élaborer la politique commune, voire même la coopération politique, comme il a été dit lors de la célébration du 10⁰ anniversaire des traités de Rome, en mars 1967. Les désaccords perdurent car le gouvernement néerlandais (de Jong) rappelle que les consultations politiques n'ont pas de sens sans la participation des Anglais et des Américains. Bref, c'est un constat de désaccord atténué

---

[2]   D'après GERBET P., *Eurodictionnaire*, article « Pompidou », Bruxelles, Complexe, (à paraître).

par la promesse faite de se retrouver en cours d'année sur ces thèmes. Il n'est rien en raison de la crise de mai 1968.

Le chancelier allemand Kiesinger relance le principe d'un sommet en juillet 1968 et au cours de la campagne électorale, Pompidou annonce son intention de relancer l'union politique. En juillet 1969, il souhaite la tenue de conférences au sommet des Six, à intervalles relativement rapprochés, de façon à provoquer une discussion libre entre les plus hauts responsables de l'Europe communautaire pour faire avancer la Communauté et pour provoquer des progrès dans les autres domaines de la coopération inter-européenne. Kiesinger puis Brandt soutiennent finalement ce projet, renouant donc avec la France.

La relance de La Haye (1er-2 décembre 1969)

Pour régler les problèmes de l'élargissement des Communautés à la Grande-Bretagne et aux autres pays candidats et du financement définitif de la politique agricole commune, Georges Pompidou propose une réunion des chefs d'État et de gouvernement à La Haye, puisque les Pays-Bas assument la présidence des Communautés au second semestre 1969. Les Pays-Bas réagissent avec une grande prudence, ne voulant pas que la réunion prélude à une série de conférences du même genre, pour ne pas tuer les institutions communautaires qui auraient été dépossédées de leurs fonctions d'initiative.

En fait, l'affaire a été bien préparée grâce aux discrètes interventions de Jean Monnet auprès de Willy Brandt, nouveau chancelier allemand et membre du Comité d'action pour les États-Unis d'Europe, pour que la conférence soit un succès. Monnet demande à Brandt de proposer la mise en commun des souverainetés monétaires puisque de toute façon des abandons de souveraineté se produisent *de facto*, du fait du « glissement continu de nos pays vers une zone dollar ». Le Comité d'action souhaite la création d'un Fonds européen de réserve qui, outre sa fonction unificatrice, facilitera l'adhésion de la Grande-Bretagne au marché commun. Brandt présente en effet le projet de Fonds Européen que ses partenaires « tuent avec gentillesse ». Brandt, qui lance alors l'*Ostpolitik*, tient à maintenir d'excellentes relations avec l'Ouest et avec la France, très inquiète de ces initiatives allemandes et n'insiste pas. En faisant sa proposition de conférence au sommet, Pompidou ajoute qu'il ne s'agit pas d'une reprise du plan Fouchet. Il accepte d'ailleurs la présence de la Commission européenne que de Gaulle a toujours éconduite. Jean Rey, son président, est présent au sommet de La Haye, à partir du second jour. Pompidou marque donc une rupture politique dans la pratique de la France à l'égard des Communautés. D'ailleurs, les gaullistes les plus traditionnels dénoncent les objectifs politiques des Communautés, énoncés dans le communiqué publié après la conférence et élaborés avec l'approbation du président de la République.

La conférence de La Haye, selon un triptyque désormais célèbre, décide l'achèvement, l'approfondissement et l'élargissement des Communautés. L'achèvement consiste à adopter un règlement définitif du financement de la PAC, avant le 1er janvier 1970 et à passer alors, à la période définitive des Communautés européennes. L'approfondissement signifie l'adoption d'un projet d'union économique et monétaire et une coopération en politique étrangère. En revanche, Pompidou ne peut convaincre ses partenaires de relancer l'Europe de la technologie et Euratom, ni de communautariser les droits de tirage spéciaux dont dispose chaque État-membre au FMI, en cas de crise monétaire internationale grave[3]. Enfin, l'élargissement signifie l'ouverture de négociations avec les pays candidats à partir du 1er juillet 1970, avec l'Angleterre évidemment et avec le Danemark, la Norvège et l'Irlande. Pompidou a obtenu de ses partenaires qu'ils adoptent, préalablement à l'ouverture des négociations, une position commune d'après laquelle les candidats devront accepter les acquis communautaires depuis l'entrée en vigueur des traités et les perspectives d'action, c'est-à-dire l'achèvement et le principe de l'approfondissement, décidées à La Haye. Il faut éviter de consentir à l'Angleterre des dérogations qu'elle ne manquera pas de solliciter, comme les deux précédentes négociations l'ont démontré. La conférence de La Haye inaugure une discrète coopération politique entre les Six. Le forum politique, lancé par Harmel à l'UEO, n'a donc plus de sens ; c'est un gain pour les thèses françaises, mais au prix de l'entrée de la Grande-Bretagne dans les Communautés à laquelle les néo-gaullistes se sont résignés.

La conférence de l'approfondissement (Paris, 19-21 octobre 1972)

Trois ans plus tard, la conférence au sommet de Paris réunit les Six et les trois nouveaux membres (Grande-Bretagne, Irlande et Danemark) pour définir le programme de la Communauté élargie à Neuf, à la demande de Georges Pompidou. Contrairement aux vœux des Belges, la conférence ne décide rien sur les institutions, parce que le président français ne veut toujours pas renforcer leur caractère communautaire. En revanche, un ambitieux programme d'approfondissement est engagé, qui met au point un calendrier sur 8 ans, jusqu'en 1980, pour réaliser les décisions de La Haye : l'Union économique et monétaire et l'Union européenne, aux contours encore obscurs. Le sommet de Paris installe un Fonds de développement régional (FEDER) et énumère les nombreuses actions à entreprendre dans les domaines de l'industrie, de la science et de la technologie, de l'énergie, de l'environnement, de l'action sociale. Il

---

[3]   Les DTS sont des facilités de paiements reconnues aux pays adhérents au FMI leur permettant de financer le déficit de leur balance des paiements.

décide aussi la participation active des Neuf à la solution des problèmes commerciaux mondiaux au GATT.

La conférence de l'identité européenne (Copenhague, 14-15 décembre 1973)

Un an plus tard, les événements monétaires et politiques internationaux – crise du dollar et guerre du Kippour – bouleversent le calendrier arrêté à Paris et nécessitent une nouvelle conférence des Neuf, en décembre 1973. Pompidou demande que l'Europe affirme son identité dans le maelström des événements dramatiques qui se produisent et dont les conséquences sont un embargo pétrolier envers les pays occidentaux par les pays arabes producteurs de pétrole, à l'automne. En fait d'identité et de réaction communes des Neuf, les divergences s'affichent sur la réponse à donner aux États-Unis qui proposent la création d'une organisation occidentale pour l'énergie. Le sommet est un échec.

L'achèvement

Un des thèmes majeurs de l'action de Pompidou est l'achèvement des Communautés, qu'il place avant l'approfondissement et avant l'élargissement. Georges Pompidou et Maurice Schumann, le ministre des Affaires étrangères, acceptent l'entrée de la Grande-Bretagne dans les Communautés, à condition de renforcer préalablement la politique agricole commune que l'Angleterre devra accepter avant son entrée dans l'Europe communautaire. Pompidou défend l'unité des prix agricoles, l'unité de marché, la solidarité financière, la préférence communautaire. On aboutit à l'adoption d'un règlement financier définitif de la PAC. Les accords sont signés le 21 avril pour la PAC et le 22 avril 1970 pour le traité modifiant les pouvoirs budgétaires de contrôle de l'Assemblée parlementaire européenne, en opposition au dogme gaulliste selon lequel il ne faut pas modifier l'équilibre institutionnel au profit de l'Assemblée ou de la Commission. En effet, le traité de Luxembourg, du 22 avril 1970, conclu à la suite de la décision du Conseil des ministres relative aux ressources propres, énonce « que le remplacement des contributions financières des États membres par des ressources propres appelle un accroissement des pouvoirs budgétaires de l'Assemblée ». Toutefois Pompidou veille à ce que l'Assemblée parlementaire ne puisse pas modifier fondamentalement le budget, ni modifier le pourcentage de TVA attribué au budget communautaire. Les ressources propres destinées au budget communautaire doivent augmenter ou se substituer aux contributions budgétaires des États. En effet, pour financer la PAC, les Six se sont mis d'accord sur l'affectation progressive au budget communautaire des prélèvements financiers sur les produits agricoles importés de pays tiers et des droits de douane. On retient aussi le principe d'affecter au budget une fraction de la TVA perçue par les États dans les limites d'un plafond de 1 %. La France reconnaît aussi la nécessité de réformer la PAC. Elle accepte les recommandations de Sicco Mansholt, commissaire européen à l'Agriculture. En effet, entre 1962 et 1968, les dépenses du FEOGA ont explosé. Les dépenses agricoles communautaires ont été multipliées par quatre. Mansholt propose de diminuer le prix de référence du sucre et des céréales, de diminuer le nombre d'exploitations et de les moderniser. Ces projets, longuement débattus en 1969, aboutissent, en 1972, à trois directives approuvées par le Conseil des ministres, sur la modernisation des exploitations, sur l'aide à la cessation d'activités ou à la conversion d'activités, sur la formation et la qualification profession-nelles des agriculteurs. Achèvement, enfin, car la France accepte un rééquilibrage, à son détriment, des charges financières des États dans cette PAC, mesure qu'elle a d'ailleurs déjà proposée en juin 1965 pour accélérer l'adoption du règlement financier.

L'approfondissement

L'objectif de Pompidou est aussi de renforcer la solidarité des Euro-péens après les crises monétaire et pétrolière internationales des an-nées 1970. Le président obtient de ses partenaires une coopération politi-que sur les questions internationales sans pour autant que la Défense soit concernée. Il souhaite la création d'une Union économique et monétaire, sans caractère supranational, qui puisse, entre autres fonctions, soutenir le franc sur les marchés des changes. Il souhaite, enfin, afficher une politi-que européenne de l'énergie, mais sans la participation des États-Unis.

La coopération politique

Le chapitre approfondissement du sommet de La Haye comporte la coopération politique entre les Six, c'est-à-dire un début de politique étrangère commune (dernier paragraphe du communiqué). Les Six se déclarent d'accord pour « permettre à l'Europe de jouer son rôle dans la détente internationale, l'équilibre du monde et la protection de la paix ». La coopération politique doit précéder l'unification politique, selon les thèses de Pompidou ; on retrouve là l'inspiration du plan Fouchet, sinon bien entendu ses principes.

Un rapport est rédigé, le rapport Davignon, du nom du directeur belge des Affaires étrangères qui préside le comité de rédaction. Il est approuvé par le Conseil des ministres, le 27 octobre 1970. Il constate que « c'est dans le domaine de la concertation des politiques étrangères qu'il convient de faire porter concrètement les premiers efforts pour manifester aux yeux de tous que l'Europe a une vocation politique ». Il organise la « coopération politique européenne », c'est-à-dire la coopération en politique étrangère. Les affaires de défense sont exclues en raison des divergences bien connues entre la France et les cinq sur l'OTAN. Les partenaires de la France auraient aimé développer une coopération politique plus large que la seule coopération en politique étrangère, mais Pompidou n'en veut pas du tout[4].

D'après les proches de l'Élysée, et selon les déclarations faites à Émile Noël, secrétaire général de la Commission européenne, les positions de Pompidou sur l'union politique ont changé en février 1971, en dépit de mots traditionnellement critiques sur la place de la Commission dans les Communautés. La Commission souhaite être associée aux projets de coopération politique, ce qui, d'après le témoignage d'Émile Noël, lui est refusé sans appel par Pompidou : « la tactique de la Commission n'a pas été très bonne et elle n'a rencontré qu'un appui dérisoire dans les autres délégations... », remarque-t-il[5]. Le projet vise à développer l'information mutuelle des États membres de la Communauté sur les problèmes de politique étrangère et d'organiser leur concertation. Les mécanismes prévus, très simples, consistent en des réunions trimestrielles des ministres des Affaires étrangères et du Comité politique, constitué des directeurs politiques des ministères des Affaires étrangères, la création de groupes de travail spécialisés réunissant des fonctionnaires des États et l'installation entre eux d'un système de transmission chiffré, le COREU (CORrespondance EUropéenne).

Allemands et Néerlandais demandent un secrétariat politique permanent chargé d'aider la présidence pour la coopération politique. Pompidou l'accepterait à condition qu'il soit localisé à Paris. Il y tient et ne cède pas. La Commission le veut aussi, espérant s'introduire dans les affaires politiques qui ne relèvent pas des traités de Rome, mais elle le veut à Bruxelles[6]. Pourtant les partenaires de la France le lui refusent, sans doute en souvenir du plan Fouchet et parce que la France n'entend pas communautariser la coopération politique[7]. Cet incident, lié au peu de succès rencontré en France par le référendum sur l'adhésion de la Grande-Bretagne au marché commun du 22 avril 1972 (taux d'abstention record), semble avoir ralenti l'action de Pompidou en matière de politique européenne. Il n'est pas impossible aussi que les milieux politiques français aient eu le sentiment d'être dépassés par la mécanique bruxelloise (adhésion britannique, UEM, négociations commerciales menées par la Commission) et qu'ils aient éprouvé le sentiment de ne plus contrôler les Communautés. En installant le secrétariat politique à Paris, ils auraient aimé soustraire les fonctionnaires du secrétariat à l'influence de la Com-

---

[4]   GERBET P., « Le président Georges Pompidou et les institutions européennes », BITSCH M.-T. (dir.), *Le couple France-Allemagne et les institutions européennes*, Bruxelles, Bruylant, 2001, p. 366.

[5]   Archives de l'Union européenne-Florence, fonds Émile Noël, EN 562, R. Foch à Émile Noël, 15 mai 72, et réponse d'Émile Noël à Foch.

[6]   Archives de l'Union européenne-Florence, fonds Émile Noël, EN 387 25 avril 1972, R. Ruggiero, « Note à l'attention du président Mansholt ».

[7]   Cf. entretiens Harmel-Pompidou de juin 1972, in archives Émile Noël, EN 152.

mission, mais aussi aux pressions de l'OTAN installée à Bruxelles, aux diplomates américains, aux sociétés américaines et même aux Anglais.[8].

La coopération politique permet toutefois de réaliser une meilleure concertation des politiques étrangères nationales et la prise en compte, par celles-ci, de la dimension européenne. Une conférence sur le Proche-Orient et sur la Sécurité et la Coopération en Europe est convoquée à Munich, le 19 novembre 1970 ; puis les Neuf affirment le principe de « l'identité européenne », le 23 juillet 1973 ; après la guerre du Kippour, ils adoptent une résolution sur le Proche-Orient qui fait « l'effet d'une bombe »[9] ; ils réussissent à rendre plus acceptable la « nouvelle charte atlantique », demandée par les États-Unis, le 19 juin 1974. Ils jouent ensuite un rôle important dans les négociations de la Conférence d'Helsinki sur la Sécurité et la Coopération en Europe (1er août 1975). Ils adoptent la Déclaration de Venise du 13 juin 1980 sur le Proche-Orient, affirmant le droit à l'existence d'Israël et reconnaissant les droits légitimes du peuple palestinien. Toutefois, l'Europe des Neuf ne peut pas régler les affaires du Proche-Orient. La coopération politique entre dans le système des traités communautaires avec l'Acte unique de 1986. Il est toutefois essentiel de comprendre qu'à partir de 1974 tous les Conseils européens auront à leur ordre du jour des questions politiques de haut niveau qui jusqu'alors étaient traitées devant le Conseil atlantique, au cours des sommets internationaux ou en bilatéral par les États. La politique étrangère fait son entrée dans les instances communautaires grâce à Georges Pompidou.

Les relations des Communautés avec les États-Unis traduisent des tensions entre les Neuf, souvent entretenues par les Américains. La coopération politique échoue totalement sur ce point. Le président Nixon et le secrétaire d'État, Henry Kissinger, veulent réactiver le Pacte atlantique avec l'intention de renforcer le leadership des États-Unis pour fortifier leur position dans les discussions avec l'URSS. Michel Jobert dénonce le « condominium américano-russe » et, le 23 juillet 1973, la France et la Grande-Bretagne obtiennent des Neuf qu'ils adoptent un texte affirmant « l'identité européenne », mais sans conséquence diplomatique réelle.

Il n'y a pas eu d'approfondissement institutionnel. Certes les accords de Luxembourg du 22 avril 1970 donnent plus de pouvoirs à l'Assemblée parlementaire. Les Français les acceptent volontiers parce qu'ils sont le moyen d'empêcher une remise en cause des politiques communes lors des négociations avec les Britanniques. La question des institutions doit pourtant être posée à la demande de certains membres. Faut-il une fédération ou une confédération ? Schumann défend l'idée d'une Confédération européenne au début de l'année 1972. Le rapport Vedel, du 25 mars 1972,

---

[8]   R. Foch, 13 juin 1972 à Noël.
[9]   Cf. DE L'ECOTAIS Y., *op. cit.*, p. 93.

préconise un pouvoir de co-décision législative entre le Parlement européen et le Conseil des ministres. D'après le cabinet de Pompidou, c'est bien la question des institutions qui a empêché la tenue d'un sommet entre les Neuf. Le cabinet de Deniau, à Bruxelles, remarque :

> Pour les Français, a dit Jean-René Bernard, faire l'Europe c'est unir les Gouvernements en vue d'actions concrètes et urgentes, au premier rang desquelles le président Pompidou place l'union monétaire européenne, étant donné l'affaiblissement du dollar. Au contraire, d'après Paris, nos partenaires ont semblé jusqu'ici subordonner toute action immédiate à un accord sur la construction d'une Europe engagée sans retour dans la voie d'un progressisme institutionnel.[10]

Pompidou craint de ne pouvoir construire une Europe européenne. Toutefois c'est l'urgence monétaire qui a déclenché la tenue du sommet de Paris d'octobre 1972. Le dossier des institutions a été abordé au sommet et Pompidou s'est nettement opposé aux projets belges de renforcer, à nouveau, le rôle du Parlement européen.

La France conserve donc ses plus solides réserves sur la Commission européenne, qui est, d'après Schumann, un exécuteur plus qu'un exécutif. Les Français veulent bien d'elle pour préparer les Conseils des ministres, pas pour définir une politique autonome. C'est pourquoi, Pompidou se rétracte quand la Commission ou l'Assemblée parlementaire ou encore des États membres proposent de communautariser les régions frontières de la Communauté ou de mener une politique régionale, une politique de la recherche ou une politique industrielle. Alors que les traités disposent que les institutions communautaires gèrent la politique commerciale, les relations avec les pays tiers, les travaux avec les organisations internationales, Paris veille, avec la plus étroite attention, à ce qu'aucun dépassement de compétences ne se produise. C'est ainsi qu'il a été très difficile de mettre en œuvre l'article 113 permettant à la Commission de négocier pour le compte de la Communauté dans une organisation internationale. Le vote en Conseil n'est plus un *casus belli* tant que l'arrangement de Luxembourg est respecté et que l'unanimité est recherchée pour toutes les questions vitales si un État le demande. Paris accepte en revanche un vote à la majorité pour les affaires courantes. Après le rapport Davignon du 27 octobre 1970, la Commission tente de participer au Comité politique comme conséquence d'une invitation qui lui est faite par les ministres des Affaires étrangères de participer à une partie de leur réunion. Or l'Élysée manifeste une opposition certaine[11]. Pompidou se méfie du grignotage communautaire. Les attaques frontales du temps du général de Gaulle ont cessé, mais quel dynamisme peuvent avoir les institutions dans ces condi-

---

[10] Archives de l'Union européenne-Florence, fonds Émile Noël, EN 1258, « Note à l'attention de M. Deniau, conversations Paris le 1er juillet 1972, Pierre Duchâteau ».

[11] Archives de l'Union européenne-Florence, fonds Émile Noël, EN 204, P/865/70 11 décembre 1970 EN, « Note à l'attention de Monsieur Ruggiero ».

tions ? Aucun. La relance européenne de Pompidou, bien réelle, porte sur l'intergouvernementalité.

Le projet d'Union européenne semble devoir couronner la coopération politique. Sur proposition de la France, les Neuf se donnent comme « objectif majeur de transformer, avant la fin de l'actuelle décennie et dans le respect absolu des traités déjà souscrits, l'ensemble des relations des États membres en une Union européenne » (sommet de Paris d'octobre 1972)[12]. Ce terme est préféré à celui de Confédération, cher à Pompidou, et à celui de Fédération, terme que Willy Brandt aurait volontiers retenu. La Commission, sollicitée de donner un contenu à l'Union européenne, préconise un gouvernement européen formé de personnalités indépendantes et l'exercice du pouvoir législatif par un Parlement, formé d'une chambre des États et d'une chambre des Peuples.

Vers un gouvernement européen ?

L'idée d'un « gouvernement européen », selon les termes utilisés par Jean Monnet, signifie la création d'une communauté politique européenne dont on parle depuis 1948 et qui a sombré avec l'échec de la CED. Déjà, dans les premiers temps de la présidence du général de Gaulle, Monnet et le secrétaire exécutif de la Commission du marché commun, Émile Noël, ont rédigé le projet d'un « conseil suprême » des chefs d'État et de gouvernement, lié organiquement aux Communautés ; Noël et Monnet expliquent même qu'il y a intérêt à qualifier l'ensemble des Communautés et des autres formes de coopération du terme de « Confédération »[13]. Le sommet de La Haye relance incontestablement le projet. On trouve le terme dans les échanges et documents de la Commission dès 1971[14]. À bien y réfléchir, c'est exactement le schéma suivi par les dispositions du traité de Maastricht concernant le Conseil européen des chefs d'État et de gouvernement.

Comme rien n'avance assez vite au goût de Monnet, il appelle, en août 1973, dans les graves circonstances de la crise monétaire mondiale, à former un gouvernement européen provisoire ou un conseil suprême européen. Dans son esprit, ce gouvernement provisoire se limitera aux secteurs d'intégration acceptés par les Neuf, les domaines économiques et monétaires. Ni les Affaires étrangères, ni la Défense ne seront de sa responsabilité. Il s'agit de donner un autre nom aux institutions européennes de façon à frapper l'esprit des peuples, mais aussi à innover. Au cours du mois de septembre 1973, Monnet s'efforce de convaincre Pompidou,

---

[12]   Les nouveaux adhérents avaient été invités au sommet de Paris.

[13]   Archives de l'Union européenne-Florence, fonds Émile Noël, EN 878, 27 octobre 1960, Lettre de Noël à Monnet et note jointe.

[14]   Par exemple en EN 1525 dans les comptes rendus d'entretiens Malfatti-Thant du 5 avril 1971.

Brandt et Heath. Il commence par Heath, puis continue par Brandt, enfin Pompidou. Il souligne qu'aucun transfert de souveraineté n'est prévu. Heath ne veut pas entendre parler de gouvernement provisoire européen et propose le terme de Conseil suprême de la Communauté européenne. Brandt maintient la règle de l'unanimité. Monnet estime dans ses *Mémoires* avoir intéressé Pompidou à qui le projet est présenté par Michel Jobert au-dessus du Tibet, lors du voyage présidentiel en Chine, mais dont le ministre a fait disparaître la phrase où il est question d'Assemblée élue au suffrage universel. Le 13 octobre 1973, le président déclare vouloir instituer des rencontres régulières entre les Neuf pour la coopération politique. Il accepte une coopération européenne renforcée par des rencontres régulières des plus hauts responsables européens. Pompidou ne propose pas l'élection au suffrage universel du Parlement européen, disposition qui intéresse au plus haut point les Italiens et d'autres partenaires de la France. Les mots qu'il emploie, ceux « d'exécutif européen réel » ou de conférences présidentielles, frappent moins que ceux de gouvernement provisoire européen. La question d'une augmentation des pouvoirs de l'Assemblée parlementaire européenne n'est pas enterrée, y compris par Pompidou, puisque Jean-René Bernard, conseiller technique chargé des rapports avec Bruxelles, laisse entendre encore, en janvier 1974, que la France n'exclut pas une relance des discussions pour contenter l'Allemagne et Brandt[15].

Les Neuf ont l'opportunité d'en décider à Copenhague lors du sommet des 14 et 15 décembre 1973. Le sommet aurait pu être la première de ces rencontres régulières souhaitées par Pompidou, idée soutenue par Willy Brandt et Edward Heath. Heath ajoute même que ces réunions devraient traiter des affaires communautaires en présence de la Commission européenne, disposition qui tranche, on le sait, avec les pratiques gaullistes traditionnelles. Mais la Commission européenne s'inquiète de voir diminuer ses pouvoirs si les chefs d'État et de gouvernement se rencontrent plus régulièrement. Les petits pays craignent, comme d'habitude, la constitution d'un directoire des grands États européens, ainsi que l'entretien Soames-de Gaulle l'a fait craindre, en février 1969. Les ministres des Affaires étrangères demandent aussi à participer à ces sommets d'une façon institutionnelle étant donné leur rôle défini par les traités dans le processus de décision communautaire (Conseil des ministres des Communautés). Les événements imposent leur loi. La fin de l'année est terrible : crise monétaire internationale, crise militaire au Moyen-Orient, crise énergétique dans le monde occidental. Le sommet de Copenhague ne peut trancher. Les chefs d'État et de gouvernement annoncent seulement leur intention de se réunir régulièrement. Les orientations décidées alors

---

15 Archives de l'Union européenne-Florence, fonds Émile Noël, EN 229, E. Noël à l'attention de M. de Margerie, chef de cabinet de Monsieur le président, 29 janvier 1974, P. 95/74.

seront mises en œuvre soit dans le cadre des Communautés, soit au titre de la coopération politique. En janvier 1974, pourtant, Pompidou accepte que les rencontres se fassent en deux jours : le premier étant consacré à un libre échange de vue entre chefs d'État et de gouvernement, le second sur des thèmes préparés à l'avance avec les ministres des Affaires étrangères et éventuellement en présence de la Commission.

L'Union économique et monétaire

L'Union économique et monétaire est le second thème de l'approfondissement en raison des troubles que connaît le système monétaire international. La dévaluation de la livre sterling, en 1967, de 14,3 % alerte les milieux financiers. Monnet cherche, depuis 1958, à créer un Fonds européen de réserve pour le marché commun et une Union économique et monétaire. Ce projet a été étudié avec le grand économiste belgo-américain, Robert Triffin. La question de l'unité économique et monétaire est donc d'actualité, bien avant le sommet de La Haye, en raison des risques de dégradation du Système monétaire international (SMI), sensibles depuis 1967. Le projet d'Union économique et monétaire ressort à La Haye à l'initiative de la Commission, de Georges Pompidou et de Willy Brandt. La Commission a présenté, en janvier 1969, un plan de coopération monétaire, le premier plan Barre, qui prévoit un soutien financier mutuel à court terme et un concours mutuel à moyen terme. Le 18 juillet 1969, le Conseil adopte le plan Barre. Mais la France dévalue sa monnaie de 11,2 % en août 1969. Pompidou accepte l'idée d'un petit FMI européen, « un fonds commun de réserve »[16], dit-il à Brandt, en novembre. Mais il veut aussi pouvoir en sortir.

Au sommet de La Haye, Willy Brandt, inspiré très précisément par le Comité d'action pour les États-Unis d'Europe de Jean Monnet, propose la création d'une Union économique et monétaire et d'un fonds européen de réserve que Karl Schiller, ministre allemand des Finances, conteste, désirant conserver les confortables réserves de la Bundesbank sous l'autorité allemande. Le président Pompidou approuve quant à lui le projet d'UEM et les Six décident qu'un plan par étapes sera élaboré en 1970. Ils confient à un comité présidé par Pierre Werner, chef du gouvernement et ministre des Finances du Luxembourg, le soin d'élaborer ce plan qui aboutit au « plan Werner », le 8 octobre 1970, soit presque un an après le sommet de La Haye.

> Il énonçait les mesures techniques nécessaires : convertibilité monétaire totale et irréversible entre les Six, politique monétaire commune, marché des capitaux unique, harmonisation des politiques budgétaires des pays membres, politiques communes structurelles, régionale et de l'environnement. Pour la

---

[16] Archives nationales, fonds Georges Pompidou, 5AG2 1009, 28 novembre 1969, projet de réponse ou réponse de Pompidou à la lettre du chancelier d'Allemagne du 27 novembre 1969, non signée.

mise en œuvre de ces mesures, devraient être institués deux centres de décision indépendants des gouvernements : l'un pour la politique économique avec transfert au Parlement européen d'une partie des pouvoirs exercés dans ce domaine par les parlements nationaux, l'autre pour la politique monétaire, l'intervention sur le marché des changes et la gestion des réserves, à l'image de la Réserve fédérale américaine. (Pierre Gerbet).

Le plan Werner réveille la querelle entre monétaristes et économistes. Les premiers soutiennent que l'Europe se fera par la monnaie, les seconds que l'union monétaire couronnera l'intégration économique européenne. Le plan Werner renforce donc les institutions européennes, ce qui signifie marcher vers plus d'intégration, davantage de fédération et donc rouvrir les vieilles susceptibilités françaises.

En effet, les conceptions de Pompidou sont différentes des conceptions fédéralistes du plan Werner. Le président ne peut imaginer un abandon de la souveraineté monétaire française, même s'il conçoit et accepte une coordination de la monnaie par les banques centrales (*texte 66*). Les Allemands, au contraire, n'imaginent pas d'unité économique européenne sans discipline monétaire commune. Mais ils ne peuvent partager leurs réserves monétaires avec des États laxistes sur le plan économique et budgétaire, incapables de tenir les budgets publics et de lutter contre l'inflation. Pompidou justifie sa prudence vis-à-vis du plan Werner par des considérations internationales. Pour ne pas fâcher Moscou ou Washington, il hésite sur l'intérêt d'une zone monétaire européenne, séparée de la zone dollar, car, dit-il, « quand les Américains se fâcheront, il n'y aura plus personne », signifiant par là le peu de confiance qu'il a en ses partenaires pour défendre l'Europe européenne[17]. Pompidou ne veut pas davantage de monnaie commune européenne. « Cela sera peut-être un jour, mais sûrement ni en 1971, ni en 1972 », dit-il à Brandt, en juillet 1970[18]. Le rapport final du groupe Werner est rejeté par les Français en décembre 1970. Bien que la Commission ait limité la fusion des souverainetés, Pompidou ne peut en accepter le principe. Il perçoit le plan comme l'ébauche d'un projet de gouvernement européen. « C'est à croire qu'on a agité le chiffon rouge devant nous pour savoir si nous étions des veaux ou des taureaux »[19]. Les Français mettent en cause le passage automatique à la seconde étape du plan. Les transferts de compétences seront acceptés au coup par coup. « On verra ! », dit Pompidou. Il accepte seulement une coordination des monnaies européennes par les banques centrales mais repousse les délégations de

---

[17]   Archives nationales, fonds Georges Pompidou, 5AG2 1042, 13 mars 1970, projet cr conseil interministériel sur les questions européennes, jeudi 12 mars 1970, 16 h 30.

[18]   Archives nationales, fonds Georges Pompidou, 5AG2 1010, entretiens W. Brandt et G. Pompidou, 3 juillet 1970, 11 h 15.

[19]   Archives nationales, fonds Georges Pompidou, 5AG2 1043, cr conseil restreint du 18 novembre 1970, affaires européennes, 19 novembre 1971.

souveraineté dans le domaine budgétaire. En privé, le procès contre les Allemands est impressionnant. Les Allemands sont accusés de vouloir contrôler la future Union et d'abroger la règle de l'unanimité, imposée dans les cas où les intérêts nationaux supérieurs sont en jeu par l'arrangement de Luxembourg du 29 janvier 1966[20].

Le 9 février 1971, un accord franco-allemand se fait pour accepter la première phase du plan Werner (1er juillet 1971-31 décembre 1973). Sans doute est-ce pour cette raison que, quelques jours avant, Émile Noël peut annoncer à Malfatti que Schumann, ministre français des Affaires étrangères, est satisfait des conversations intervenues entre Français et Allemands[21]. Le 22 mars 1971, les Six décident de préciser le contenu de cette première étape. Ils formeront « une zone à l'intérieur de laquelle les personnes, les biens, les services et les capitaux circulent librement et sans distorsion de concurrence, un ensemble monétaire individualisé au sein du système monétaire international comportant la fixation irrévocable des rapports de parité et une organisation communautaire des banques centrales »[22]. La première étape aura pour but d'organiser la coopération entre banques centrales, de créer un Fonds européen de coopération monétaire (FECOM), dont la fonction sera de soutenir les parités des monnaies européennes et d'éviter des variations de change trop importantes entre les monnaies des Six[23]. Une clause de prudence, d'origine allemande, permet de se retirer du système. En avril, les Six décident de ramener de ± 0,75 % à ± 0,60 % par rapport au cours pivot, les marges de fluctuation des monnaies des Six, les unes par rapport aux autres et par rapport au dollar. On va donc vers un système de parités fixes entre les Six, au moins pour la première étape, et ensuite vers une monnaie commune. Le flou sur les institutions économiques et monétaires subsiste. On ne saurait mésestimer l'importance de cette coopération monétaire au regard du désert européen antérieur, pourtant cette coordination n'est pas suffisante pour empêcher les États de la Communauté de réagir indivi-

---

[20]　Archives nationales, fonds Georges Pompidou, 5AG2, Archives Jobert, 7, MAE, 13 janvier 1971, DAEF, LBN, n° 15/CE, « Note : réunion au sommet franco-allemand, UEM ». « Ils ont cherché et cherchent peut-être encore par ce biais à nous imposer une conception de l'organisation européenne dans laquelle nous perdrions le poids qui jusqu'ici avait été le nôtre ».

[21]　Archives de l'Union européenne-Florence, fonds Émile Noël, EN 1049, P/72/71, du 3 février 1971 « Note pour M. le président Malfatti, rencontre avec M. le président Schumann (Paris, 4 février) ».

[22]　VAN HELMONT J., *Options européennes, 1945-1985, op. cit.*, p. 146. Les termes de Van Helmont ne sont pas exactement ceux du Conseil. On les trouve dans le livre de BOEGNER J.-M., *op. cit.* p. 206-207.

[23]　Archives nationales, fonds Georges Pompidou, 5AG2, Archives Jobert, 7, SGCI, JR Bernard, 28 février 1971, « Note d'information, mise en œuvre prochaine de certaines mesures de la première étape du plan d'UEM ».

duellement devant la dégradation du système monétaire international et devant la crise du dollar.

En effet des milliards de dollars se déversent sur l'Allemagne où les taux d'intérêt sont attractifs (3 milliards en avril 1971). En mai 1971, l'Allemagne et les pays du Benelux laissent flotter leurs monnaies à la hausse. Schiller ne joue donc pas le jeu de la solidarité communautaire. Pompidou s'en plaint vigoureusement, tandis que la France et l'Italie, à l'abri du contrôle des changes, maintiennent leurs parités. L'Allemagne fait alors la proposition d'un flottement concerté des monnaies européennes, thèse que défend Monnet contre Giscard d'Estaing et Pompidou, attachés aux parités fixes dans le SMI. « La Bundesbank aurait mis de l'argent à la disposition des autres banques centrales et, en contrepartie, les monnaies des États de la Communauté auraient flotté avec le DM vis-à-vis du dollar » explique Monnet, tandis que Balladur, conseiller du président, écrit à Pompidou : « Cela signifie en clair que nous dépendrions désormais étroitement dans notre politique monétaire, par conséquent économique, des rapports entre le mark et le dollar »[24]. La France refuse d'entrer dans une solidarité européenne définie par l'Allemagne. Mais la vie communautaire se dégrade. Il faut, en hâte, instituer les montants compensatoires monétaires positifs dans les pays à monnaie réévaluée et négatifs pour les pays à monnaie dévaluée, afin de conserver l'unité du marché commun agricole.

La situation des Six empire quand Nixon décide, le 15 août 1971, de supprimer la convertibilité en or du dollar et de taxer de 10 % les importations aux États-Unis. Une réunion des Six se tient le 19 août. Les partenaires de la France réclament un flottement concerté des monnaies des Six. Snoy, au nom du Benelux, propose le 19 août, d'établir « des cours de change fixes entre monnaies de la CEE et éventuellement d'autres pays associés et [de] fluctuer ensemble vis-à-vis du dollar »[25]. Mais le ministre des Finances, Valéry Giscard d'Estaing, s'accroche à un système mondial de parités fixes et donc à une remise en ordre du SMI. Il a le soutien de Pompidou. En attendant cette remise en ordre, toutes les monnaies du monde entrent en flottement les unes par rapport aux autres. La réunion des Six est un terrible fiasco. La débandade européenne est patente dans cette très grave crise internationale. La spéculation s'en donne à cœur joie. La solution d'un replâtrage du SMI triomphe puisque Pompidou rencontre Nixon aux Açores (13-14 décembre 1971) pour redéfinir les parités des grandes monnaies internationales entre elles et par rapport au dollar et pour demander une dévaluation du dollar. Le dollar est en effet dévalué de 7,9 %. Mais les États-Unis ont cherché à

---

[24]   Archives nationales, fonds Georges Pompidou, 5AG2, 1048, Balladur, 1er juillet 1971, « Note à l'intention du président de la République ».

[25]   SNOY J.-C., *Rebâtir l'Europe, Mémoires*, Duculot, Fondation Jean Monnet, p. 182.

joindre deux négociations : celle sur les monnaies et celle sur le commerce avec la Communauté ; les partenaires de la France ont accepté ce *junctim*, pas Maurice Schumann qui s'est opposé au ministre allemand, Walter Scheel[26]. C'est donc désunis que les Six abordent la négociation monétaire de Washington. Les accords de Washington du Smithsonian Institute, le 18 décembre 1971, autorisent une fluctuation des monnaies par rapport à leur parité officielle de ± 2,25 %, au lieu de ± 1 % et suppriment la surtaxe américaine de 10 % aux importations.

Pompidou ne semble pas satisfait pour autant. Il revient vers l'UEM, sans doute pour mieux sauvegarder les acquis de la PAC et aussi pour résister aux Américains. « Il s'agit de définir l'Europe face aux États-Unis », dit-il. Le projet d'UEM est devenu l'instrument secret de la guerre non déclarée contre les privilèges monétaires américains. Les 10 et 11 février 1972, Pompidou et Brandt expriment leurs vœux de relancer l'UEM après la tourmente et la pseudo « stabilisation » du Smithsonian Institute. Les accords de Bâle du 21 mars 1972 et du 24 avril 1972 créent le serpent monétaire européen au sein duquel les marges de fluctuation autorisées des monnaies des Six sont de 2,25 %. Le serpent européen fluctue par rapport au dollar dans les limites d'un tunnel de flottement autorisé par l'accord de Washington de décembre 1971, de 4,5 %. Les monnaies des Neuf sont donc mieux corsetées que les autres monnaies du SMI. Le parti gaulliste présente cette UEM aux Français comme un acte d'indépendance européenne lors du référendum du 22 avril 1972 sur l'adhésion aux Communautés des quatre pays candidats[27]. Olivier Wormser, gouverneur de la Banque de France, y voit le moyen « d'engluer nos partenaires de telle sorte qu'ils ne s'envolent pas comme des moineaux devant la première attaque américaine »[28]. En privé, Pompidou est très prudent. La guerre au dollar est impossible (*texte 67*). En dépit des accords de Bâle, les Britanniques laissent filer la livre sterling, le 23 juin, suivis des Italiens et des Irlandais.

Le sommet de Paris (19-21 octobre 1972) décide malgré tout de commencer la seconde étape de l'UEM au 1er janvier 1974 (*texte 68*). Les Neuf s'engagent à maintenir des parités fixes mais ajustables entre eux, à créer le Fonds européen de coopération monétaire (FECOM) avant le 1er avril 1973, à lutter contre l'inflation et à adopter une position commune au FMI (parités fixes, convertibilité des monnaies, régulation

---

[26] Archives de l'Union européenne-Florence, fonds Émile Noël, EN 156, 11 décembre 1971, « Négociations commerciales avec les États-Unis, séances restreintes du samedi après-midi ».

[27] Archives nationales, fonds Georges Pompidou, 5AG2 (provisoire), archives Balladur, 1, schéma de dossier destiné aux parlementaires de la majorité préparé par J.R. Bernard.

[28] Archives nationales, fonds Georges Pompidou, 5AG2, 1062, J.R. Bernard, 12 avril 1972, « Note pour M. Jobert, cr conversations avec M. Wormser ».

des mouvements de capitaux, réduction du rôle des monnaies comme instrument de réserve, égalité des droits et devoirs entre nations)[29]. Mais la méfiance l'emporte encore. Pompidou refuse de soutenir inconditionnellement la parité de la livre sterling en janvier 1973 : « Nous perdrions nos réserves »[30]. La solidarité européenne est inexistante quand la lire connaît une grave crise en janvier 1973. La dévaluation du dollar de 10 % par rapport à l'or, le 13 février 1973, puis son libre flottement (à la baisse), en mars, mettent un terme aux espoirs d'un retour aux parités fixes mondiales. La réunion du Conseil à Bruxelles, les 11 et 12 mars 1973, est dramatique parce qu'elle consacre l'incapacité des Européens à bâtir une vraie UEM et un Fonds de réserve. Toutefois le serpent est maintenu, sans le tunnel qui vient de disparaître avec le libre flottement du dollar. C'est la période du « serpent sans tunnel » puisque la majorité des monnaies européennes flotte ensemble, mais au gré du marché par rapport au dollar[31].

Pourquoi ne pas aller plus loin, comme Monnet le suggère dans le rapport Triffin sur « la solidarité monétaire et économique des pays de la communauté » ? « Tout cela est dangereux ou théorique », commente Pompidou[32]. En juin 1973, il constate avec Brandt que « la crise du dollar, de la livre et de la lire ne permettrait pas de progresser sur la voie de l'union économique et monétaire »[33]. La crise s'accentue puisque le franc doit sortir du serpent, le 19 janvier 1974. Il le réintègre en juillet 1975 et en sort à nouveau en mars 1976 ! L'UEM a échoué devant les résistances des politiques nationales. L'expérience ratée de 1973 a peut-être facilité la création d'une monnaie unique, décidée en 1992, 20 ans plus tard. L'UEM échoue parce que les Neuf ne comprennent pas qu'elle nécessite des transferts de souveraineté. Elle échoue parce que les Fédéralistes en embuscade inquiètent les tenants d'une Europe des États. Elle échoue parce que, dans le fond, Allemands et Français ne s'entendent pas. Elle échoue parce que les Allemands, les premiers, ont rompu la solidarité européenne en mai 1971. L'ère du soupçon s'installe.

---

[29] Archives nationales, fonds Georges Pompidou, 5AG2, Archives J.B. Raymond, 1, Conférences des Chefs d'État et de Gouvernement, Paris les 18-21 octobre 1972, déclaration.

[30] Archives nationales, fonds Georges Pompidou, 5AG2,1012, Tête-à-tête Pompidou-Brandt, 23 janvier 1973, 10h30, p. 5.

[31] Archives nationales, fonds Georges Pompidou, 5AG2 1012, SGCI, 8 juin 1973, aide-mémoire, entretiens franco-allemands, état des travaux de la Communauté après la déclaration finale de la conférence de Paris des 19-20 octobre 1972.

[32] Archives nationales, fonds Georges Pompidou, 5AG2, 1064, J.R. Bernard, 14 août 1973, « Conversations avec le chef de cabinet de M. Monnet, relance européenne, Van Helmont ». Annotation de Pompidou « vu, tout cela est dangereux ou théorique ».

[33] BRANDT W., *Mémoires*, Paris, Albin Michel, 1990, p. 372.

Les dissensions nées de la crise énergétique

Un troisième dossier d'approfondissement aurait pu être ouvert à la faveur de la crise de 1973, celui de l'énergie. Monnet suggère à Schmidt de lancer l'idée d'une régulation des ressources énergétiques disponibles en Europe par les Communautés. Mais Pompidou n'est pas disposé à aider les Néerlandais qui viennent de critiquer les essais nucléaires français. Heath préfère la diplomatie traditionnelle. La conférence de Copenhague échoue sur les questions communautaires. Les Neuf affirment, toutefois, leur volonté de coopérer avec les pays arabes producteurs de pétrole, comme les Français le souhaitent. L'accord est obtenu le 6 novembre, mais on sait que les partenaires de la France n'y croient pas, ayant donné leur accord sous la pression des Français[34]. Sauf sur le Fonds européen de développement régional (FEDER) appelé à un très bel avenir, la conférence manifeste l'impuissance des Neuf à coopérer et à dégager des positions communes face aux dangers immédiats.

L'initiative repasse alors aux États-Unis, en raison des carences européennes. À Washington, du 11 au 14 février 1974, la diplomatie américaine convoque une réunion des pays industrialisés « victimes » de l'embargo pétrolier, ce qui aiguise les tensions inter-européennes, à la grande satisfaction d'Henry Kissinger qui obtient un front uni contre les pays producteurs, sauf la France. Jobert et Schmidt s'affrontent. Helmut Schmidt soutient Kissinger, tandis que Michel Jobert salue ses partenaires de la CEE d'un : « Bonjour les traîtres ! » parce qu'ils ont suivi la politique américaine. Une Agence de l'Énergie est créée au sein de l'OCDE. La France refuse d'y participer. EDF prépare le remarquable programme électronucléaire, réalisé depuis lors et financé uniquement par la France. Michel Jobert plaide en vain pour une Europe européenne. La France est isolée au sein de la Communauté. Néanmoins les Américains ne peuvent empêcher les Neuf de prévoir des consultations politiques entre eux, sans clause de consultation préventive comme Nixon et Kissinger le désirent (juin 1974).

---

[34] Archives de l'Union européenne-Florence, fonds Émile Noël, EN 1240, « Notes sur le déjeuner offert par le président Pompidou (Paris, 6 décembre 1973) » compte rendu d'Émile Noël du 8 décembre 1973.

L'échec de l'approfondissement industriel et scientifique

Le sommet de La Haye a prévu d'approfondir l'activité communautaire dans le domaine industriel et scientifique. Le projet français porte sur la réalisation de prototypes de réacteur nucléaires avancés de type surgénérateurs. De plus, Pompidou, poursuivant les objectifs de ses prédécesseurs de la IVe et de la Ve République, tente de faire accepter par l'Allemagne la construction d'une usine de séparation isotopique pour produire de l'uranium enrichi, projet qui a été adopté par la Commission. Il est d'autant plus urgent de le réaliser que la France vient d'abandonner la filière des centrales nucléaires à uranium naturel et qu'il lui faut de l'U-235 civil, non américain. Mais cette proposition française ne se matérialise pas. Il y aura deux structures : Urenco (Allemagne, Grande-Bretagne, Pays-Bas) qui produira de l'U-235 par ultracentrifugation et Eurodif (Belgique, Italie, France, Espagne, Iran) qui utilisera le procédé de la diffusion gazeuse à l'usine du Tricastin. Certes, les Européens ont réduit leur dépendance, mais hors Communauté. La seconde idée des Français est de promouvoir le développement de l'informatique et de réaliser un grand système de traitement de l'information à vocation européenne. Ils envisagent de créer une société européenne nouvelle. La proposition porte aussi sur la création de réseaux de traitement de l'information, utilisables pour de nombreux secteurs comme la météorologie, les transports, les télécommunications, l'enseignement, la santé. Les Français souhaitent obtenir des garanties des Communautés pour faciliter les investissements européens hors d'Europe. Les risques pris seraient assurés par la BEI. Ces propositions françaises vont dans le droit fil de la première période de l'histoire de l'unité européenne où les Français croient à une organisation concertée des économies des pays de l'OECE. Des projets de bureaux communs d'achat et de préférence communautaire pour les produits de technologie avancée (matériels ferroviaires, de transmission, faisceaux hertziens, etc.) ressortent des tiroirs. La question de la pertinence des investissements étrangers dans les Communautés est donc aussi posée[35].

L'élargissement

Edouard Heath, conservateur, européen convaincu, membre du Comité d'action de Monnet, est décidé à accepter les Communautés avec la PAC et les autres acquis communautaires. Son cabinet est composé de façon à favoriser l'entrée de la Grande-Bretagne dans le marché commun. Heath s'appuie sur Anthony Barber, Con O'Neill et Michael Palliser, ancien conseiller de Wilson. Il évite aussi d'utiliser le terme de relation spéciale à propos des liens avec les États-Unis.

---

[35] Archives Nationales, RP-UE 19.

Les négociations reprennent en juin 1970. Les Français considèrent que les accords du 22 avril 1970 sur le passage aux ressources propres et sur l'augmentation des pouvoirs budgétaires du Parlement européen doivent être ratifiés par les pays membres avant l'ouverture des négociations. Or l'Italie temporise sans raison alors que les Français ont fait reconnaître le principe par les Six qu'aucun des acquis communautaires ne devra être remis en cause. Il est entendu aussi que l'UEM doit être une politique intangible du développement interne des Communautés. Mais de délicates questions attendent des réponses : l'association des dépendances britanniques d'outre-mer et l'importation des produits alimentaires du Commonwealth (bacon, lait et œufs, sucre des Caraïbes). Il faut établir de nouveaux rapports avec l'AELE que la Grande-Bretagne va quitter. La participation financière britannique pose problème pour la période de transition. Les Britanniques ne veulent pas payer, pendant les 5 ans de la transition, plus de 15 % du budget communautaire. Les Français demandent au contraire que les Anglais assument leur pleine contribution dès leur entrée, soit environ 20 % du budget.

Pompidou s'impatiente et le fait savoir à la télévision française, le 21 janvier 1971 : les Anglais, dit-il, ont « entre autres trois qualités : l'humour, la ténacité et le réalisme. Il m'arrive de penser que nous en sommes encore un peu au stade de l'humour »[36]. Mais les ministres sont plus détendus. Les archives confirment que l'ambiance n'est pas au drame. Le 30 janvier, Schumann fait savoir discrètement que les positions prises par la France sur l'adhésion britannique ne sont pas les dernières, tout en dénonçant comme inacceptables les termes du mémorandum britannique du 18 décembre 1970 sur le financement et en mai, le secrétaire général de la Commission, Émile Noël, indique que la proposition française de financement aura un caractère ouvert[37]. La négociation bloque sur les sucres et le beurre importés du Commonwealth par les Britanniques. Or la France veut évidemment placer son sucre de betterave[38].

Pour lever les obstacles, Heath cherche à régler personnellement la difficulté. Il rencontre Pompidou à l'Élysée, les 20 et 21 mai 1971. Leurs conversations portent sur la structure de la Communauté, son rôle dans le monde, sur les questions monétaires, sur la livre sterling. Heath accepte les préférences agricoles communautaires. La contribution britannique atteindra progressivement 19 % du budget communautaire. Il est entendu

---

[36]   D'après citation DE L'ECOTAIS Y., *L'Europe sabotée*, Bruxelles, Rossel, 1976, p. 61.

[37]   Archives de l'Union européenne-Florence, fonds Émile Noël, EN 1049, P/72/71, du 3 février 1971. Note pour M. le président Malfatti, rencontre avec M. le président Schumann (Paris, 4 février) ; EN 205 P/275/71 du 7 mai 1971. Note à l'attention de M. Ruggiero, chef de cabinet de M. le président.

[38]   Archives de l'Union européenne-Florence, fonds Émile Noël, EN 1049, P/143/71 du 15 mars 1971. Émile Noël, « Note pour le Monsieur le président Malfatti, entretiens à Paris – vendredi 12 et samedi 13 mars 1971 (compte rendu sommaire) ».

que la Grande-Bretagne contribuera, au début de la transition, à hauteur de 45 % de sa quote-part normale et à 92 % en fin de période (1977). Heath remarque que l'Angleterre perdra, en adhérant aux Communautés, sur les prix des produits agricoles et sur le commerce avec le Commonwealth. Mais il sait aussi qu'elle gagnera en termes de croissance économique et technologique et en termes politiques, car les Communautés représentent un moyen d'influence mondiale pour l'Angleterre. Sur les institutions, les deux responsables politiques pensent à une Europe des États, mais Pompidou se garde de trop insister sur l'Europe indépendante qui pourrait passer pour une Europe de troisième force. Pompidou parle d'une Europe européenne. Pompidou et Heath constatent « une entière identité de vue sur le fonctionnement et l'évolution de la Communauté », c'est-à-dire sur le rôle primordial des États. Le président français entend ainsi se prémunir contre toute évolution vers la supranationalité. La question de la participation de la livre sterling à une future UEM est résolue. Elle cessera d'être une monnaie de réserve. La France fait des concessions sur les importations de beurre et de fromage néo-zélandais et sur la contribution britannique au budget communautaire. Le sucre des Caraïbes – contingenté certes – accédera au marché commun (*texte 69*).

La chambre des Communes, en octobre 1971, vote en faveur de l'entrée de la Grande-Bretagne dans les Communautés, par 356 voix contre 244, à la suite d'un débat difficile. Le combat politique se développe contre l'extrême droite anglaise, conduite par Enoch Powell. Le travailliste Harold Wilson promet aux Anglais que, dès son retour aux affaires, il renégociera la participation britannique aux Communautés, ce qu'il fera. Le traité d'adhésion est signé le 22 janvier 1972 à Bruxelles, au Palais d'Egmont, par la Grande-Bretagne, le Danemark, l'Irlande et la Norvège. L'Angleterre devient effectivement membre des Communautés le 1er janvier 1973. En France, Pompidou soumet l'élargissement au référendum des Français, le 23 avril 1972. Si le « oui » l'emporte par 68 % des suffrages exprimés, 36 % seulement des électeurs inscrits se sont déplacés (*texte 70*). L'opposition non communiste, favorable à l'entrée de la Grande-Bretagne, trouve la politique de construction européenne de Pompidou incomplète. Les socialistes ont préconisé l'abstention et de nombreux centristes l'ont pratiquée. Jacques Chaban-Delmas est remplacé au poste de premier ministre, en juillet 1972, par Pierre Messmer, plus disposé à coller à la politique du président. Les élections législatives des 4 et 11 mars 1973 permettent aux gaullistes de conserver la majorité, mais le ministre des Affaires étrangères, Maurice Schumann, battu, doit abandonner le Quai d'Orsay à Michel Jobert, collaborateur personnel du président, beaucoup moins conciliant que son prédécesseur dans le domaine de la politique européenne.

Georges Pompidou sort l'Europe de l'immobilisme gaulliste des années 1965-1969. Il recrée la confiance entre la France et ses partenaires. Il accepte le principe du Fonds commun de réserves. Mais ses contradictions limitent son œuvre européenne. Il critique l'impérialisme du dollar sans vouloir donner aux Communautés les moyens de s'affirmer, par crainte d'une domination allemande dans les affaires monétaires. Rassuré par l'arrivée des Britanniques, il leur refuse le soutien des réserves monétaires européennes, sans doute parce que Monnet, Brandt et Mendès France y sont disposés. Ses audaces de 1969 sont insuffisantes pour assumer les conséquences des crises qui surviennent dans le paysage monétaire et énergétique international. Le flottement du franc, en janvier 1974, est un désaveu de l'UEM, un acte de méfiance à l'égard de l'Allemagne. L'UEM ne peut pas réussir sous Pompidou parce qu'elle suppose, qu'on le veuille ou non, une réelle délégation de souveraineté que le président n'est pas disposé à donner. Une défense étroite des intérêts nationaux prend le pas sur l'aventure communautaire. Son initiative en faveur de la coopération politique inter-européenne est probablement un des points forts de son action. Il se situe hors des traités communautaires, mais il agit pour une Europe européenne, une Europe sûre d'elle-même et de son avenir dans le monde. Il défend plus efficacement que de Gaulle, la même idée, que l'Europe ne peut être une dépendance de quelque empire que ce soit et que la France doit remplir cette mission à remplir en Europe. Pompidou mesure, avec réalisme, ce que la France peut faire dans l'Europe des Neuf. La politique de la France dans les Communautés européennes, au temps de Pompidou, peut sembler insatisfaisante. Elle permet pourtant de faire entrer la Grande-Bretagne et trois autres pays ; elle dédramatise les rapports entre les institutions européennes et la France. Le temps imparti pour l'action lui a été mesuré chichement. Pompidou est, en effet, atteint d'une grave maladie qui cause sa disparition au cours du septennat, le 2 avril 1974.

CHAPITRE 5

L'Europe confédérée des gouvernements avec Valéry Giscard d'Estaing

Valéry Giscard d'Estaing est élu président de la République le 19 mai 1974. Il exerce son mandat pendant sept ans jusqu'au 10 mai 1981. De sa jeunesse, on retiendra l'intérêt familial pour les questions monétaires. Comme son père, Edmond, co-fondateur de la Ligue européenne de coopération économique, Valéry Giscard d'Estaing s'intéresse aux questions monétaires internationales. La guerre conduit Valéry Giscard d'Estaing à s'engager, en 1944, dans la Première Armée française du général de Lattre de Tassigny ; il n'éprouve aucun ressentiment à l'égard des Allemands. Après la guerre, Valéry Giscard d'Estaing s'intéresse au rattachement de la Sarre à la France, mais aussi au remplacement de la monnaie française par la monnaie allemande. Il étudie, également, la façon dont les problèmes monétaires sont résolus entre la Belgique et le Luxembourg, au moment de leur union monétaire, après la guerre de 1914[1]. L'énarque polytechnicien Giscard d'Estaing devient directeur adjoint du cabinet d'Edgar Faure, président du Conseil, en 1955. Il suit alors, de près, le dossier européen dont Antoine Pinay, ministre des Affaires étrangères, présent à Messine pour la relance de juin 1955, est responsable[2]. Élu député du Puy-de-Dôme, en janvier 1956, Giscard d'Estaing (Centre national des Indépendants) défend, en juillet 1957, la ratification des traités de Rome à l'Assemblée nationale, expliquant qu'ils sont l'occasion de redéfinir la politique économique de la France pour se préparer à la libération des échanges. « Il est très attaché au marché commun et à ses prolongements atlantiques », écrit Jean Bothorel[3]. Giscard d'Estaing devient secrétaire d'État aux Finances en janvier 1959, dans le gouvernement de Michel Debré, puis ministre de l'Économie et des Finances, en janvier 1962. Il le reste dans le gouvernement de Georges Pompidou, jusqu'en janvier 1966. Il participe à tous les sommets franco-allemands après la signature du traité de l'Élysée de janvier 1963. Il a déjà une réputation de pro-européen, mais n'insiste pas, à l'époque, sur ses divergences avec le général, en la matière. Pourtant, il quitte ce poste en janvier 1966, « démissionné » par Pompidou. Réputé proche des

---

[1]   TODD O., *La marelle de Giscard, 1926-1974*, Paris, Robert Laffont, 1977, p. 82-83.

[2]   Voir BOTHOREL J., *Un si jeune président*, Paris, Grasset, 1995, p. 118.

[3]   *Ibid.*, p. 134.

thèses communautaires, l'ancien président du parti des républicains indépendants, créé en 1966, cultive sa différence sur les affaires européennes.
Il s'affirme « libéral, centriste et européen », bien qu'allié des gaullistes.
Il fait adhérer son parti, le 13 mars 1969, au Comité d'action pour les
États-Unis d'Europe de Jean Monnet, qui cherche à faire entrer la
Grande-Bretagne dans les Communautés. Giscard d'Estaing rendra
encore, en 2001, un hommage réfléchi à Monnet: « la jeune Europe des
années 1950 a pu s'assurer le concours du chancelier Adenauer, de Robert Schuman, d'Alcide de Gasperi, de Paul-Henri Spaak, de Jean Monnet, et de quelques autres », dit-il, ajoutant : « les historiens de l'avenir
établiront sans doute avec certitude que si un seul maillon avait manqué à
cette chaîne, qu'il soit français, allemand, italien ou belge, nous n'aurions
connu ni la réconciliation franco-allemande, ni la signature du traité de
Rome. Mais celui qui assurait, avec une patience inlassable et une imagination à la fois audacieuse et douce, la cohésion de l'action du groupe,
c'était bien Jean Monnet »[4]. En 1969, Valéry Giscard d'Estaing retrouve
la « rue de Rivoli »[5], dans le gouvernement de Jacques Chaban-Delmas et
dans celui de Pierre Messmer, jusqu'à la disparition du président Georges
Pompidou, en avril 1974.

Un président favorable à l'unité européenne

En 1969, Valéry Giscard d'Estaing déclare : « Je souhaite que la
France reprenne la tête de la construction d'une Europe politique, qui est
en réalité la grande tâche historique de notre époque »[6]. Ou encore : « Si
l'on veut que les États continuent d'exister, il faut une approche confédérale des problèmes, c'est-à-dire une philosophie totalement différente de
celle du rapport Werner » (décembre 1970). Giscard d'Estaing travaille
sur les dossiers européens ouverts par le Comité d'action. Il connaît parfaitement les dossiers économiques européens. Mais, confronté aux
événements monétaires internationaux de l'année 1971, il veut d'abord
reconstruire le SMI avant d'accepter la naissance du serpent monétaire
européen, sans doute parce que Pompidou et lui sont conscients qu'une
Europe de la monnaie sera dirigée par les Allemands, selon les principes
de rigueur budgétaire, de lutte contre l'inflation et de monnaie forte.
L'Allemagne a l'économie la plus prospère et la monnaie la plus forte de
toute l'Europe occidentale.

Ayant accédé à la magistrature suprême après le décès imprévu du
président Pompidou, Giscard d'Estaing doit décider avec son premier
ministre, Jacques Chirac (jusqu'au 25 août 1976) puis avec Raymond

---

[4]   Remise de la médaille Jean Monnet à VGE, Fondation Jean Monnet pour l'Europe,
      discours du président Giscard d'Estaing, 9 novembre 2001.
[5]   Le ministère des Finances.
[6]   *Le Figaro*, 14 mars 1969.

Barre, nouveau premier ministre et les ministres des Affaires étrangères, Jean Sauvagnargues (mai 1974-août 1976), Louis de Guiringaud (août 1976-novembre 1978) et Jean-François Poncet (novembre 1978-mai 1981), quelle Europe la France proposera à ses partenaires de la Communauté élargie. De nouveaux dossiers s'ouvrent à côté d'anciens, non réglés.

Les anciens dossiers concernent l'Union économique et monétaire dont le principe a été acquis à La Haye en 1969 mais que la crise monétaire de 1973 a renvoyé à des temps meilleurs et la coopération politique, certes engagée par le rapport Davignon du 27 octobre 1970 (Luxembourg) et les décisions du sommet de Paris d'octobre 1972 instituant une coopération en politique étrangère à Neuf, mais hors des traités communautaires. Les institutions européennes continuent de susciter projets et affrontements. Il faut trancher la question du « gouvernement européen ». Il faut savoir si des sommets seront régulièrement organisés et quel sera leur rôle par rapport aux institutions communautaires. Les Néerlandais veillent, d'ailleurs à ce qu'elles ne soient pas diminuées par les rencontres des chefs d'État et de gouvernement. Ses partenaires ont obtenu de la France qu'elle accepte un renforcement des pouvoirs de contrôle de l'Assemblée parlementaire européenne. Ils aimeraient bien que l'Assemblée soit élue au suffrage universel pour lui donner une plus grande légitimité. Or jamais les Français, de de Gaulle à Pompidou, n'ont accepté cette éventualité. Les dossiers nouveaux intéressent les élargissements. Des pays frappent à la porte, débarrassés de leurs régimes autoritaires, la Grèce, puis le Portugal et l'Espagne. La question de la place de la Grande-Bretagne dans les Communautés est posée à nouveau par Harold Wilson, *challenger* travailliste d'Edouard Heath et vainqueur aux élections du 5 mars 1974. Il a promis de renégocier les conditions de l'adhésion de la Grande-Bretagne. On imagine les craintes à propos de la pérennité de l'Europe des Neuf et surtout des politiques communes.

La France, en 1974, a regagné la confiance de ses partenaires après le septennat interrompu de Georges Pompidou. Mais le paysage politique européen s'est modifié d'une façon étonnante au cours de l'année. De nouvelles possibilités d'action s'offrent. Willy Brandt a démissionné et a été remplacé, le 7 mai, par Helmut Schmidt, social-démocrate comme lui, mais au parcours si différent. Giscard et Schmidt éprouvent sympathie et confiance réciproques. Jean-François Poncet, ministre des Affaires étrangères de 1979 à 1981, estime que « toutes les initiatives, toutes les coopérations, toutes les avancées européennes… sont issues de consultations franco-allemandes ».

Il appartient donc au nouveau président de formuler des projets pour l'unité européenne, tout en conservant à la France une influence sur les affaires européennes, mais sans adopter de positions blessantes pour ses partenaires. « Il faut inventer l'Europe, dit-il en décembre 1966, et ce sera la tâche de notre génération de définir et de proposer progressivement une construction originale : ce sera l'Europe existentielle ». On peut comprendre qu'il s'agit d'une Europe réaliste et entreprenante. Au cours de la campagne présidentielle d'avril 1974, Giscard d'Estaing a proposé de réaliser l'Union européenne pour 1980, selon l'engagement du sommet de La Haye de décembre 1969 et du sommet de Paris d'octobre 1972. Il veut donc dépasser l'Europe de la monnaie et de l'économie pour arriver à une Union politique de l'Europe. Il pose ainsi la question, taboue jusque-là, de l'augmentation des pouvoirs de contrôle de l'Assemblée parlementaire européenne et de son élection au suffrage universel direct. Il n'est pas fédéraliste puisqu'il repousse les délégations de souveraineté à la Commission pour relancer la construction européenne et il évoque la convergence des politiques des gouvernements, mais il ressent que l'interdépendance prime sur l'indépendance des États au sein de l'Europe unie. Il rejette la dépendance de l'Europe par rapport à un autre bloc ou État. Ces positions d'équilibre lui permettent de gagner les voix des centristes et de ne pas perdre celles des gaullistes, tout en esquivant la critique des socialistes. Sa position sur l'Europe est complexe, sans doute difficile à synthétiser par l'opinion publique qui observe simplement que Giscard est plus favorable à l'Europe communautaire que ses prédécesseurs. Il s'est donc ouvert la possibilité d'agir en s'appuyant sur l'Allemagne du chancelier Schmidt, qu'il estime et avec qui il partage les mêmes analyses. Le septennat va donner au président l'occasion de réaliser les ambitions de celui qui s'est affiché durant la campagne électorale « centriste, libéral et européen ».

Les fruits du sommet de Paris de décembre 1974

Galvanisé par le succès de sa campagne présidentielle, Giscard d'Estaing contribue à la solution du dossier des Conseils européens que le sommet de Copenhague de décembre 1973 n'avait pas clos (*texte 71*). L'initiative en faveur de la tenue de Conseils européens réguliers part du ministre français des Affaires étrangères, Jean Sauvagnargues. La nouvelle équipe entend ainsi manifester l'esprit européen qui l'anime. Elle désire envoyer des signaux forts aux partenaires de la France et plus particulièrement à l'Allemagne. L'initiative sera prise dans le domaine politique. En effet, la France pouvait difficilement relancer l'union monétaire, étant donné sa situation de plus grande faiblesse monétaire que l'Allemagne. Le président français réunit pour un dîner de travail à l'Élysée, le 14 septembre 1974, les Chefs de gouvernements de la Communauté ainsi que le président de la Commission européenne, François-Xavier Ortoli, sur ce dossier. Le chancelier Helmut Schmidt pousse les Français à agir. Giscard d'Estaing doit encore une fois, comme Pompidou en 1969 à propos de la coopération politique, rassurer ses partenaires. La tenue régulière des Conseils européens n'affaiblira pas les Communautés.

Elle n'a rien à voir avec le plan Fouchet ! Monnet, une dernière fois, joue son rôle de père de l'Europe. Giscard le reçoit le 19 septembre. Monnet se réjouit des progrès sur le Conseil européen. Il voit Schmidt le 16 octobre et exerce entre eux et Harold Wilson, très critique à propos des Communautés, une mission de bons offices[7].

La création du Conseil européen à Paris (décembre 1974)

Le sommet de Paris des 9-10 décembre 1974 s'ouvre sous le signe du pragmatisme giscardien[8]. Les Neuf décident que les chefs d'État et de gouvernement se réuniront au moins trois fois par an, en Conseil de la Communauté et en Conseil de la coopération politique pour examiner l'ensemble des problèmes posés à la Communauté européenne et aux États membres. La Commission participera aux débats quand les sujets communautaires viendront en discussion. Les conditions d'application de l'arrangement de Luxembourg de janvier 1966 seront précisées de façon à mieux définir les intérêts nationaux très importants. Curieusement, le terme de Conseil européen ne figure pas dans le communiqué du 10 décembre 1974. Pourtant le Conseil européen fonctionnera de façon empirique avant d'être consacré par des traités. Symboliquement, le président français et le chancelier se tiennent souvent côte à côte dans les Conseils européens, signifiant aux observateurs que le couple franco-allemand impulse la politique des Neuf.

Trois ans plus tard, le Conseil européen de Londres des 29-30 juin 1977 précise les missions des Conseils européens. Ils doivent permettre des échanges de vues entre les chefs d'État et de gouvernement qui peuvent adopter des déclarations solennelles destinées à faire entendre « la voix de l'Europe ». Ils trancheront les questions restées sans solution au niveau du Conseil des ministres. Giscard d'Estaing est à l'origine des précisions apportées à l'organisation des Conseils européens dans l'intention de ne pas déposséder le Conseil des ministres de la Communauté ni la Commission de leurs prérogatives institutionnelles. Trop souvent, en effet, les questions techniques de la PAC, par exemple, encombrent l'agenda des Conseils. « Nous avons parlé de fromage et pas un mot n'a été échangé sur le chômage et l'inflation », dit un jour Helmut Schmidt[9]. Par souci de respecter les traités, le Conseil européen doit donner des orientations qui seront mises en œuvre par les instances communautaires. Donc, même s'il n'est pas une des institutions communautaires, il les renforce.. Dans les domaines ne relevant pas des traités communautaires, le Conseil européen ne peut pas non plus se substituer

---

[7]   FONTAINE P., « Le rôle de Jean Monnet dans la genèse du Conseil européen », *Revue du marché commun*, septembre 1979.

[8]   OLIVI B., *op.cit.* p. 220.

[9]   Cité dans MIARD-DELACROIX H., « Helmut Schmidt et les institutions européennes », BITSCH M.-T. (dir.), *Le couple France-Allemagne* ; *op. cit.*, p. 432.

aux ministres des Affaires étrangères de la Communauté. Le Conseil européen fixe donc les grandes orientations communautaires en vue de créer le Système monétaire européen ou concernant le budget communautaire. Il règle la question de la participation britannique. Toutefois il ne sera officiellement introduit dans un traité européen qu'en 1986, dans l'Acte unique européen.

La France accepte l'élection au suffrage universel du Parlement européen

Un second résultat du sommet de Paris concerne les pouvoirs de l'Assemblée parlementaire européenne. La France donne enfin son accord à l'accroissement des pouvoirs budgétaires de l'Assemblée parlementaire européenne et à son élection au suffrage universel. L'opération compense peut-être la création du Conseil européen. En fait, l'entourage de Giscard d'Estaing plaide pour un accroissement limité des pouvoirs de l'Assemblée, par crainte de devoir consentir, sous la pression, davantage : « On a quand même gagné 25 ans », a dit un conseiller du président, Gabriel Robin[10]. Il est difficile de concevoir que Giscard d'Estaing ait eu une position radicalement différente de celle de son entourage. Les milieux gouvernementaux français n'étaient donc pas convertis aux abandons de souveraineté. Les décisions de Paris de décembre 1974 sont mises en forme juridique par le traité de Bruxelles du 22 juillet 1975. Le Parlement obtient le droit de rejeter le budget et de donner décharge à la Commission de son exécution. Ce traité institue également la Cour des Comptes européenne, organisme de contrôle de la gestion financière des Communautés qui entre en fonction, le 25 octobre 1977.

La décision d'augmenter les pouvoirs du Parlement et de l'élire au suffrage universel est l'occasion d'attaquer très durement la politique européenne de Giscard d'Estaing et d'Helmut Schmidt au sein de la majorité présidentielle. Chirac et Debré remuent leurs amis. En juillet 1976, Helmut Schmidt a pourtant rassuré ses partenaires français et européens sur la place de l'Allemagne en Europe. Il a accepté un compromis sur le nombre de députés au Parlement européen qui sera identique pour les grands pays de la Communauté et non pas proportionnel au nombre d'habitants, ce qui aurait avantagé l'Allemagne. Les quatre grands pays européens (France, Angleterre, Allemagne et Italie) auront donc le même nombre de députés, soit 81 chacun. Louis de Guiringaud, ministre des Affaires étrangères, exige de la Commission qu'elle ne prenne aucune position partisane dans la future campagne des élections européennes prévues pour 1979 afin de faire taire les critiques contre le renforcement

---

[10]   Cité par WEINACHTER M., « V. Giscard d'Estaing et les institutions européennes », in BITSCH M.-T. (dir), *Le couple France-Allemagne, op. cit.*, p. 440.

des pouvoirs du Parlement, élu au suffrage universel[11]. La ratification du traité de Bruxelles, précisant les modalités de l'élection au suffrage universel du Parlement européen, est délicate en France. Le centre et les socialistes sont favorables à son élection au suffrage universel ; les gaullistes et les communistes y sont hostiles, car ils estiment que les transferts de souveraineté portent atteinte à l'indépendance de la France. Le gouvernement obtient satisfaction des députés, mais le Conseil constitutionnel l'a aidé en décidant qu'il faudra une modification de la Constitution et un référendum pour faire appliquer des résolutions supranationales qui seront éventuellement adoptées par le Parlement européen. Le gouvernement français fait voter une loi électorale instituant la proportionnelle au niveau national pour les élections européennes de 1979, privant ainsi les Français d'une relation directe avec leurs députés européens.

Cela n'empêche pas Jacques Chirac, ancien premier ministre de Giscard d'Estaing de lancer, le 8 décembre 1978, « l'appel de Cochin » : « Comme toujours, dit-il, quand il s'agit de l'abaissement de la France, le parti de l'étranger est à l'œuvre avec sa voix paisible et rassurante. Français ne l'écoutez pas... ». L'analyse des faits montre au contraire une valorisation de l'intergouvernementalité dans les Conseils européens et un encadrement étroit des pouvoirs de contrôle du Parlement. Il est vrai qu'une direction nouvelle est imprimée aux Communautés et qu'il suffit d'avoir la volonté politique d'aller plus loin encore. 18 ans après, la codécision a été instaurée par le traité de Maastricht entre le Parlement et le Conseil des ministres.

Les élections européennes en France, le 10 juin 1979, donnent 20 % des suffrages au PCF (Georges Marchais) et 23,5 % au PS (François Mitterrand). Le camp du président, conduit par Simone Veil, obtient le meilleur score avec 27,6 % de voix tandis que le RPR de Jacques Chirac et de Michel Debré n'obtient que 16,3 %. La confiance envers l'Europe unie l'emporte tout de même si l'on comptabilise les votes socialistes et giscardiens. Le nouveau Parlement utilise ses nouveaux pouvoirs pour approuver et contrôler le budget, et éventuellement le modifier, en entrant souvent en conflit avec le Conseil des ministres, source suprême du pouvoir communautaire. Il contrôle soigneusement la Commission, sans la censurer pour autant. Il pose de nombreuses questions écrites et orales à la Commission et au Conseil des ministres, manifestant sa frustration de n'être pas encore la vraie source de la loi européenne. Il cherche à dépasser ses prérogatives, en tentant de modifier les ressources budgétaires pour la PAC ou de gonfler le budget supplémentaire. Mais le gouvernement français n'a pas appuyé ces tentatives de débordement[12].

---

[11]   Archives de l'Union européenne-Florence, fonds Émile Noël, EN 1883, lettre de Roy Jenkins à de Guiringaud du 9 octobre 1978.

[12]   COHEN S. et SMOUTS M.-C. (dir.), *La politique extérieure de Valéry Giscard d'Estaing*, Paris, Presse de la FNSP, 1985, p. 92.

Pourquoi ? Jean-François Poncet s'en est expliqué : « Je ne crois pas que le président ait jamais été possédé de la passion de donner de très larges pouvoirs à l'Assemblée européenne »[13].

Une coopération politique sans abandon de souveraineté

Le sommet de Paris de décembre 1974 veut relancer l'Union politique européenne. Face à l'imbroglio institutionnel et juridique et surtout en raison des désaccords entre les Neuf sur cette question, un rapport sur l'Union européenne est demandé au premier ministre belge, Léo Tindemans, qui le produit le 29 décembre 1975. Tindemans donne des pistes pour l'action communautaire et l'action intergouvernementale des Neuf. Il veut protéger les droits des Européens et rendre perceptible aux citoyens la solidarité communautaire. Tindemans prévoit la réalisation d'une Union politique européenne dès la première législature du Parlement européen élu. Le rapport plaide pour renforcer significativement les pouvoirs et la légitimité de l'Assemblée et de la Commission. De nouvelles compétences seront transférées progressivement aux Communautés et le vote majoritaire acquis pour les décisions du Conseil des ministres. Le projet décrit les buts à atteindre. Les étapes seront longues. Le rapport est donc prudent mais d'inspiration fédéraliste. Il est à peine étudié par le Conseil européen de Luxembourg des 1er et 2 avril 1976, comme le regrette Émile Noël dans un compte rendu[14]. Il semble que le secrétaire d'État aux Affaires étrangères, Jean François-Poncet, ait fait partie des personnalités giscardiennes attentives aux propositions de renforcement de l'exécutif communautaire tel qu'Émile Noël les esquisse en février 1976 à partir du rapport[15]. Les propositions de Tindemans sont mal accueillies par la plupart des gouvernements, en particulier en France et en Grande-Bretagne. Giscard a perdu son enthousiasme du départ et devient très prudent face aux gaullistes alors que de nouvelles échéances électorales se profilent (les législatives de 1978). Le rapport est pratiquement « enterré » en 1977, après être resté dans l'agenda des Conseils durant quatre sessions. Toutes ces difficultés incitent l'ancien négociateur des traités de Rome, Maurice Faure, à rappeler le projet politique des traités initiaux (*texte 72*).

La coopération politique se développe donc de façon limitée et souvent déclaratoire, sans prise sur les relations internationales. La Communauté participe à la négociation sur la Sécurité et la Coopération en Europe dont l'Acte final d'Helsinki, le 1er août 1975, apporte de substan-

---

[13]   *Ibid.*, p. 116.

[14]   Archives de l'Union européenne-Florence, fonds Émile Noël, EN 1914, éléments d'information sur le Conseil européen de Luxembourg 1er et 2 avril 1976, secrétariat général, p. 9.

[15]   Archives de l'Union européenne-Florence, fonds Émile Noël, EN 587, Émile Noël, P/135/76 à Jean-François Poncet, 12 février 1976.

tiels avantages aux pays européens et en particulier aux citoyens des pays d'Europe orientale. Les Neuf n'ont pas pu modifier la situation à Chypre où une grave crise a éclaté en 1974 à la suite du coup d'État organisé contre Makarios par les colonels grecs, entraînant le débarquement de 40 000 soldats turcs dans le nord de l'île. Les Neuf déclarent que Chypre doit être indépendante. La coopération politique fonctionne davantage au moment de l'invasion soviétique de l'Afghanistan. Mais on peut se demander s'il ne s'agit pas en fait d'une action franco-allemande de politique étrangère imposée aux autres pays membres de la Communauté. La déclaration du 5 février 1980 sur l'Afghanistan définit une position originale des Neuf qui n'est pas un simple alignement sur les États-Unis. La Communauté décide de prendre des sanctions limitées à l'encontre de l'URSS, alors que le président des États-Unis, Ronald Reagan, impose un embargo sévère. La position des Neuf sur la proclamation de l'état d'urgence en Pologne, le 13 décembre 1981, est moins consensuelle. En revanche, le rapprochement des Français et des Allemands facilite l'adoption par le Conseil européen de Venise (12-13 juin 1980) d'une déclaration définissant les moyens et les méthodes pour établir la paix au Proche-Orient. En 1977, les Neuf ont déjà reconnu le droit des Palestiniens à une patrie. Dans la déclaration de Venise le droit à la sécurité et à l'existence de tous les États de la région est affirmé. La coopération politique a ses ambiguïtés, car elle est aussi une défense des intérêts de politique étrangère de la Grande-Bretagne, de la France et de l'Allemagne.

La crise des euromissiles est l'affaire des Américains et des Soviétiques, pas celle des Communautés. Valéry Giscard d'Estaing reçoit un camouflet quand il tente, le 19 mai 1980, de porter « la voix de l'Europe » à Varsovie où il rencontre Leonid Brejnev. Son action s'inspire des présupposés gaullistes. La voix de l'Europe ne peut être que celle de la France. Il affirme l'indépendance de l'Europe ; il cherche aussi, évidemment, un succès politique personnel à un an des élections présidentielles. Giscard d'Estaing fait un déplacement humiliant puisqu'il n'est pas considéré comme un interlocuteur valable par Brejnev sur les euromissiles. Sa crédibilité internationale en souffre. L'Europe apparaît bien ce qu'elle est : un objet de conflit mais pas un acteur des relations internationales. L'Europe ne peut s'en prendre qu'à elle-même.

Il ne faut pas confondre évidemment l'action de Valéry Giscard d'Estaing relevant des Conseils européens et celle se situant hors du cadre des Neuf, au niveau mondial par exemple. Pourtant tout est lié. Giscard d'Estaing mène une politique plus souple avec les États-Unis ce qui facilite le fonctionnement intercommunautaire. On dit que Schmidt est reconnaissant à Giscard de ne l'avoir jamais mis en difficulté sur la politique atlantique. La « nouvelle charte atlantique », du 19 juin 1974, précise l'engagement des États-Unis dans la défense de l'Europe, y compris avec des armes nucléaires et reconnaît l'importance des forces nucléaires françaises et britanniques pour l'Alliance atlantique. Giscard d'Estaing prend l'initiative, en 1975, de réunir un sommet des dirigeants des grandes démocraties industrielles (France, États-Unis, Japon, Allemagne, Grande-Bretagne, Italie, Canada en 1977), le G7, appelé à un grand succès. En 1978, il s'y adjoint le président de la Commission européenne. La confiance des institutions européennes envers la France en sort renforcée. Le président de la République en profite, puisqu'il peut, lors de Conseils européens, avancer des propositions reprises par ses partenaires : « le projet de trilogue, la proposition de conférence pour le désarmement en Europe (1978) ou le projet de conférence internationale sur l'Afghanistan (1981) », rappellent deux auteurs, qui créditent Giscard d'Estaing du succès de la définition d'une politique commune au Proche-Orient[16].

Le Système monétaire européen, un succès pour Giscard et Schmidt

La relance européenne prend la forme d'un nouveau départ pour l'Union économique et monétaire. Le nouveau président de la Commission européenne, le Britannique Roy Jenkins, relance l'union monétaire par un discours prononcé le 27 octobre 1977 à l'Institut universitaire européen de Florence. Le discours de Jenkins donne l'occasion à Giscard d'Estaing et à Schmidt de faire des propositions précises car l'initiative ne peut venir que des Gouvernements. Les positions prises par le président français pour renforcer les institutions européennes de coopération et d'intégration, par le moyen des Conseils européens permettent sans aucun doute à la présidence française du Conseil européen de faire avancer le dossier de l'union économique et monétaire. La Grande-Bretagne d'Harold Wilson remet en cause son adhésion, le champ est donc libre pour la France, soutenue par l'Allemagne fédérale. L'action concertée des deux pays aboutit à la création en 1979 du Système monétaire européen, qui permet la stabilisation des changes de l'Europe communautaire.

Schmidt passe progressivement de la défense de la prééminence du deutsche mark (DM), symbole du prestige retrouvé de l'Allemagne, à la prise en compte de l'intérêt des pays à monnaie faible. Les Français, comme les Italiens, les Britanniques ou les Grecs y trouvent leur compte. Giscard d'Estaing veut que les pays à monnaies faibles du SME ne soient pas tenus d'intervenir pour maintenir les parités si leur « faiblesse » s'explique par la montée artificielle de la monnaie de tête du SME, le DM. Mais Schmidt réprouve toujours l'inflation et demande des politiques d'austérité budgétaire. Il exige la convergence préalable des politiques économiques comme il le répète au Conseil européen de Luxem-

---

[16] COHEN S. et SMOUTS M.-C., *op. cit.*, p. 96.

bourg des 1er et 2 avril 1976. De son côté Giscard d'Estaing et le premier ministre Raymond Barre prennent des mesures d'austérité saluées par la RFA Pour Jacques Delors, la France s'est convertie, non sans soubresauts, à l'objectif d'un franc fort. « Le président Giscard d'Estaing impulse le mouvement, en 1976, avec le gouvernement de Raymond Barre, lequel, quand il était membre de la Commission européenne, avait beaucoup œuvré pour que les pays membres se rallient à une coopération monétaire disciplinée et efficace ».

Les politiques économiques et monétaires des deux pays se rapprochent. La coopération franco-allemande donne le ton à l'Europe des Neuf. Les raisons de l'évolution vers une convergence d'analyse et plus précisément l'évolution des Français vers la position allemande, non sans contrepartie de la part de la RFA (soutien aux monnaies faibles européennes), sont en rapport avec la persistance de la crise économique après le quadruplement des prix du pétrole en 1973, la lutte contre l'inflation ou les accords de la Jamaïque du 8 janvier 1976, d'après Alain Prate. Ces accords établissent que le dollar deviendra l'étalon des monnaies, à la place de l'or. Ils pérennisent les changes flottants. La santé des monnaies européennes dépend donc du comportement du dollar. Il y a, chez les Français, l'espoir de résister aux Américains par un acte communautaire, objectif exprimé depuis longtemps par la diplomatie française. Schmidt et Giscard désirent créer une zone de stabilité monétaire en Europe. L'Europe de la monnaie, après l'échec de l'année 1973, peut être relancée avec succès.

Il est entendu que le président français travaillera sur le projet avec des experts français et allemands et que le chancelier présentera les propositions communes au Conseil européen quand elles seront prêtes. Jacques Delors décrit ainsi la préparation du SME :

> Le président Giscard d'Estaing et le chancelier Schmidt avaient inauguré une série de rencontres bilatérales, autour d'une table, la première s'étant tenue en Alsace, à Blaesheim. Leurs rapports étaient devenus si confiants que l'un ou l'autre pouvait se permettre une audace. Ce que fit le président de la République en présentant au chancelier de l'Allemagne Fédérale une analyse non seulement des conséquences des changes flottants, mais aussi des pratiques qui faisaient porter tout le poids des réajustements sur les monnaies dites faibles, ce qui était contraire à l'intérêt à long terme de l'Europe.

Un expert est désigné de chaque côté, le Gouverneur de la Banque de France, Bernard Clappier et le docteur Horst Schulmann. Leur rapport est présenté au Conseil européen de Brême (juillet 1978). Leurs propositions communes vont dans le sens d'un système plus contraignant que le serpent et marqué du sceau de la réciprocité, entre monnaies faibles et monnaies fortes. La réaction de la Bundesbank est sans surprise, elle est contre. Il reste donc aux deux hommes d'État à prendre leur bâton de pèlerin pour convaincre leurs partenaires. Helmut Schmidt a la tâche difficile d'obtenir le consentement des autorités monétaires allemandes[17]. Schmidt ne souhaite pas que la Bundesbank accumule des monnaies faibles. Il obtient de Giscard d'Estaing la définition d'une grille des parités et un indicateur de divergence sonnant l'alarme en cas de modification grave des parités inter-européennes sur les marchés des changes. Giscard d'Estaing n'éprouve plus la même crainte qu'au temps de Pompidou d'une Europe qui s'abandonnerait à l'Allemagne et au DM parce que le mécanisme monétaire au sein du SME tient compte des intérêts de la monnaie de tête, le DM, et des monnaies faibles. Un espace de discussion sur l'ajustement des taux est donc ouvert entre les membres. Helmut Schmidt sait convaincre la Bundesbank d'aider les monnaies faibles. D'autres raisons pèsent aussi. La surévaluation du DM gêne les exportations allemandes. Les Allemands se rendent compte de l'intérêt d'un SME qui contrôlerait les réajustements monétaires et éviterait les dévaluations de combat.

Il faut trois Conseils européens, entre avril et décembre 1978 (Copenhague, 7-8 avril, Brême 6-7 juillet, Bruxelles 4-5 décembre), pour mettre au point le SME. Le Conseil européen de Brême approuve l'économie générale du projet de « Système monétaire européen » (SME), adopté définitivement par le Conseil européen de Bruxelles. Giscard d'Estaing convainc l'Italie et l'Irlande de rejoindre le SME, au prix d'une augmentation des crédits communautaires à leur profit. La France entrera dans le SME en échange du démantèlement progressif des montants compensatoires monétaires qui désorganisent le marché commun agricole et avantagent les agriculteurs des pays à monnaies fortes, ce qu'elle obtient.

Le SME établit un système de change dans lequel les fluctuations ne doivent pas dépasser 2,25 % par rapport au cours pivot de chacune des devises définies en ECU (European Currency Unit), une monnaie de compte composée des différentes monnaies des pays de la Communauté. Les États mettent à la disposition du Fonds européen de coopération monétaire (FECOM) 20 % de leurs réserves de devises. Une exception est consentie à la lire qui est autorisée provisoirement à flotter de 6 % par rapport au cours pivot. Un indicateur de divergence sonne l'alarme quand l'écart d'une monnaie par rapport à son cours pivot risque d'atteindre les limites imparties. Une intervention de la banque centrale de l'État dont la monnaie diverge dangereusement est exigée. À la différence du serpent, les pays dont la monnaie diverge à la hausse sont tenus d'intervenir aussi. Une aide spécifique des banques centrales de la Communauté est consentie au pays en crise. Un rapprochement des politiques économiques est encouragé. Au cas où une monnaie diverge durablement en dépit des

---

[17]   *Laudatio*, Lausanne, novembre 2001.

interventions sur les marchés des changes, une modification des parités est négociée au Conseil des ministres.

Le SME, entré en vigueur le 13 mars 1979, se montre efficace (seule la Grande-Bretagne n'y participe pas). Des rectifications des parités sont opérées. En 1979 le DM est réévalué et le franc français dévalué sans drame. Il ne se transforme pas toutefois, au bout de deux ans, en Fonds monétaire européen, comme il était prévu, car au début de 1981 les tensions sur les monnaies sont encore trop fortes. De plus, sur le plan intérieur français, il n'est pas opportun pour le président de la République, qui sollicite un second mandat, d'indisposer les gaullistes de sa majorité qui jugent que la souveraineté de la France sera affectée par le transfert à ce Fonds de toutes les réserves monétaires de la France.

Des politiques communes en danger ?

Il reste à apprécier la contribution de la France giscardienne aux politiques communes européennes entre mai 1974 et mai 1981.

Des désaccords franco-allemands

Les affaires agricoles ou industrielles ne sont pas traitées de la même manière en France et en Allemagne. Schmidt s'est toujours plaint d'une dérive à la hausse des prix des produits agricoles communautaires alors que la France est la principale bénéficiaire nette de la PAC. Schmidt ne veut pas reconnaître que l'Allemagne bénéficie des montants compensatoires monétaires (MCM) créés en 1971 pour neutraliser les modifications des prix résultant des variations monétaires. Pour satisfaire les demandes allemandes en faveur d'une stabilisation des dépenses agricoles, la France accepte l'institution d'une taxe de coresponsabilité payée par les producteurs de lait en 1977 pour limiter les excédents. La PAC demeure un sujet de discorde entre Schmidt et Giscard d'Estaing parce que les deux responsables n'ont pas trouvé d'accord sur le financement du budget communautaire. Le conservatisme français en la matière est étonnant sachant que l'agriculture française exporte alors de plus en plus hors de l'Europe communautaire, mais on peut comprendre aussi la prudence des responsables français, car toucher la PAC ouvrirait une boîte de Pandore[18].

La Communauté connaît une grave crise structurelle dans le domaine industriel (sidérurgie et chimie). La Commission, et plus particulièrement, le commissaire chargé du dossier industriel, Étienne Davignon, prend en charge la défense de la solidarité commune. Après avoir déclaré l'état de crise manifeste, la Commission impose des mesures que les États ne peuvent pas refuser. Une politique sociale est mise en œuvre à partir de

---

[18]   COHEN S. et SMOUTS M.-C., *op. cit.*, p. 122.

1974 dont l'origine vient d'Allemagne : égalisation des rémunérations entre travailleurs hommes et femmes, généralisation de la semaine de 40 heures et des 4 semaines de congés pays, égalité d'accès à l'emploi.

Il est clair qu'il n'y a plus de politique atomique commune en raison des refus antérieurs de la France. La Commission demande en vain que la France présente sa politique à Euratom d'une façon globale et en particulier que le gouvernement tire « les conséquences du programme nucléaire militaire de la France sur sa participation à Euratom »[19]. En revanche un début de nouvelle politique commune de l'énergie est décidé à l'instigation de la France. En 1979 à Strasbourg les Neuf annoncent une limitation des importations de pétrole au niveau de 1978 ce qui crédibilise la CEE vis-à-vis de l'OPEP et lance les efforts d'économie d'énergie.

Défendre les politiques communes contre la Grande-Bretagne

Après la victoire du travailliste Harold Wilson, le 28 février 1974, le ministre britannique des Affaires étrangères, James Callaghan, demande une renégociation du traité d'adhésion. Il cherche à prolonger les avantages acquis par la Grande-Bretagne pendant la période de transition sur le sucre des Antilles et les produits laitiers du Commonwealth. Plus généralement, il veut obtenir une baisse des prix agricoles profitable aux consommateurs britanniques, des aides aux régions défavorisées et un abaissement de la contribution britannique au budget communautaire. Les prétentions britanniques suscitent une opposition très vive des Français et des Allemands. Il est inconcevable de porter atteinte à la PAC, tandis que consacrer 70 % du budget communautaire à produire des excédents agricoles est un non-sens pour les Britanniques et les Allemands, d'autant que les Britanniques n'obtiennent « en retour » que 8 % des dépenses de la PAC. Quant aux Allemands ils craignent de devoir supporter le coût d'une éventuelle réduction de la participation britannique. Le Conseil européen de Dublin des 10 -11 mars 1975 donne des satisfactions d'ordre technique à Harold Wilson. Des remboursements de versements de TVA seront effectués si la balance des paiements britanniques devient déficitaire et si son PNB moyen est inférieur à 85 % du PNB moyen de la Communauté. Ces aménagements aident Wilson à gagner le référendum du 5 juin 1975 avec 67,2 % de votes favorables au maintien de la Grande-Bretagne dans les Communautés européennes.

En novembre 1979, au Conseil de Dublin, le nouveau premier ministre conservateur, Margaret Thatcher, prononce sa célèbre phrase : « I want my money back ». La dame de fer exige la réduction de la contribution britannique – une compensation – au nom d'une théorie non communau-

---

[19]   Archives de l'Union européenne-Florence, fonds Émile Noël, EN 587, 21 décembre 1978, note de dossier, « entretien avec M. Jean-François Poncet, MAE », Bruxelles, 9 décembre 1978.

taire, celle du juste retour. La Commission est chargée de trouver une solution. On est arrivé au terme de la période de transition de sept ans et la Grande-Bretagne aurait dû fournir 20 % des ressources du budget communautaire alors que son PNB équivaut à 16 % du PNB communautaire. Giscard d'Estaing doit réagir, la France étant la principale bénéficiaire de la PAC. Les Français tentent d'abord de ramener la Grande-Bretagne dans l'orthodoxie communautaire. Ils refusent de faire une exception pour elle ou de réviser les bases des règlements de la PAC, parce que le déficit britannique provient essentiellement d'une mauvaise application de la préférence agricole par la Grande-Bretagne. En effet, les Britanniques ne respectent guère la préférence communautaire et payent des restitutions au budget commun en raison de leurs achats hors de la Communauté. Les entrepôts communautaires regorgent de céréales et les frigorifiques de produits laitiers. La France déplore que la Grande-Bretagne n'achète pas assez dans la Communauté, ce qui réduirait les prélèvements sur les importations de produits agricoles des pays tiers. Conscient qu'une rupture et une crise majeure peuvent se produire, le Conseil des ministres des Neuf, le 30 mai 1980, accepte de diminuer la contribution britannique pendant deux ans. La Commission est chargée de trouver une solution définitive dans le cadre d'une solution budgétaire globale, ce qui signifie, à demi mots, la remise en cause de la PAC. Un rapport est remis le 25 juin 1981 par le président de la Commission, Gaston Thorn, qui préconise « une stratégie globale de relance européenne » faite « d'un ensemble intégré et cohérent » de politiques nouvelles avec des profondes réformes[20]. La question de la contribution financière britannique n'est donc pas réglée quand Giscard d'Estaing perd les élections présidentielles en mai 1981.

Les associations et les nouveaux élargissements

La France moteur de l'association avec les pays ACP

Les accords d'association de Lomé I (succédant à Yaoundé) sont signés pour 5 ans, le 28 février 1975, avec 44 pays ACP. La France joue un rôle moteur car elle se fait le défenseur des pays d'Afrique francophone. Pour la première fois, la convention intéresse d'autres pays que les anciennes colonies françaises d'Afrique (*texte 73*). Elle est remplacée par l'accord de Lomé II, le 31 octobre 1979.

Les adhésions redoutées de l'Espagne et du Portugal

La demande d'adhésion de l'Espagne aux Communautés date de 1962 et est renouvelée le 27 juillet 1977, après la mort de Franco. Le Portugal demande son adhésion aux Communautés le 28 mars 1977. Franco dispa-

---

[20] OLIVI, B., *op. cit.*, p. 269.

ru, Caetano écarté, on croit que l'adhésion en sera facilitée puisque l'Espagne et le Portugal entrent en démocratie. Pourtant l'Espagne se heurte aux intérêts politiques et économiques de la France. Giscard d'Estaing estime, comme Pompidou en 1969, qu'avant d'élargir, il faut approfondir les institutions européennes. Toutefois on doit se demander si la défense des intérêts électoraux du président n'est pas en première ligne dans cette affaire. Les agriculteurs du sud-ouest de la France sont vigoureusement opposés à l'adhésion de l'Espagne et du Portugal aux Communautés. Ils sont appuyés par les communistes et les gaullistes. Jacques Chirac, alors président du RPR, propose un statut d'association aux deux pays. En effet, en cas d'adhésion de l'Espagne et du Portugal, la CEE deviendra fortement excédentaire pour le vin, les fruits et les légumes ; l'agriculture française sera fortement concurrencée par les nouveaux venus, au moins sur les segments communs de production : vins ordinaires, fruits et légumes. La France demande la mise en place de programmes méditerranéens intégrés permettant de développer les régions méditerranéennes des pays de la Communauté de façon à les préparer à la concurrence des nouveaux arrivants. Des incidents franco-espagnols liés aux zones de pêche, le problème des réfugiés basques en France obscurcissent les relations franco-espagnoles. Tout ceci explique la prudence de Giscard d'Estaing qui passe d'une politique active d'adhésion en faveur de ces deux pays en 1978 à une attitude dilatoire. Les adhésions ne sont pas faites par Schmidt ni par Giscard.

Le soutien de Giscard à l'adhésion de la Grèce

L'adhésion de la Grèce aux Communautés est voulue par le nouveau régime démocratique et par le premier ministre, Constantin Caramanlis, qui fait le tour des capitales européennes pour convaincre les Dix.. L'adhésion aux Communautés peut renforcer sa politique contre la Turquie et rééquilibrer ses rapports avec les États-Unis. La demande grecque d'adhésion est formulée le 12 juin 1975. La France la soutient, seule de tous les pays membres, parce qu'un rééquilibrage vers le sud est opportun. La France craint, certes, la concurrence des produits agricoles grecs, le dumping social du fait du faible développement économique de la Grèce, l'inflation élevée, mais l'avantage politique est réel. La France songe à un groupe latin et méditerranéen sur lequel elle aurait de l'influence. Les Grecs importeront des produits industriels et des biens alimentaires élaborés. Le traité d'adhésion est signé le 28 mai 1979 à Athènes. La Grèce entre dans les Communautés le 1er janvier 1981.

La présidence de Valéry Giscard d'Estaing est féconde pour l'approfondissement de l'unité européenne (*texte 74*). Valéry Giscard d'Estaing donne même l'impression d'être fédéraliste après son départ de la présidence de la République. En fait, il maintient la ligne confédérale de Pompidou. Il met en avant le rôle des gouvernements, comme de Gaulle ou Pompidou, celui des États, tout en veillant – ce qui le différencie de ses deux prédécesseurs – à faire converger les politiques de coopération des États et les intérêts des institutions communautaires. Il veut réconcilier les deux pôles de l'Europe : les gouvernements et les institutions communautaires. Il tente d'associer les deux méthodes, communautaire et intergouvernementale. Il relie le système communautaire – essentiellement économique – et la coopération intergouvernementale en politique étrangère, par l'institution du Conseil européen des chefs d'État et de gouvernement, siégeant au titre du Conseil des Communautés et de la coopération politique. Mais il n'a pas de tendresse particulière envers les institutions communautaires : Commission, Parlement et Cour de justice. Il écarte les conclusions du rapport Tindemans sur la généralisation du vote à la majorité qui, de plus, aurait concerné la politique étrangère. En 1980, le plan Colombo-Gensher est lui aussi repoussé pour les mêmes raisons. « La confédération européenne aura une structure à trois branches », déclare le président au *Spiegel*, le 1er janvier 1979, « une branche exécutive issue du Conseil européen, une branche administrative pour les matières communautaires issues de la Commission, et une branche à vocation délibérante et législative issue de l'Assemblée : les trois branches seront nécessairement séparées. La séparation des pouvoirs est un trait nécessaire d'une organisation confédérale conservant des structures étatiques ».

Proche de Monnet dans sa démarche, mais éminemment soucieux du rang, du rôle et des intérêts de la France en Europe et dans le monde, Valéry Giscard d'Estaing est un fonctionnaliste et un pseudo-fédéraliste qui ne cesse de répéter que « l'Europe est à inventer ». Ces points positifs aux yeux des tenants d'une Europe unie sont les produits de l'alchimie franco-allemande. Jamais elle n'a aussi bien fonctionné. La proximité de pensée et d'action entre Schmidt et Giscard est impressionnante d'après les témoignages. Même s'il y a eu des ratés, le moteur franco-allemand fait avancer le train européen alors que la Grande-Bretagne se demande publiquement si elle va ou non rester dans les Communautés européennes. Il est sûr aussi que Giscard d'Estaing veut faire de cette entente le moyen de pousser la France à la tête de l'Europe communautaire grâce à une saine émulation entre les deux pays. Les petites puissances doivent supporter avec quelque impatience le couple franco-allemand, mais personne ne se plaint des avancées réelles de la période : les Conseils européens, l'élection au suffrage universel du Parlement européen, le SME.

CHAPITRE 6

François Mitterrand ou l'Europe-modèle

François Mitterrand exerce la magistrature suprême de mai 1981 à mai 1995, pendant 14 ans, soit plus longtemps que le général de Gaulle (11 ans). L'originalité de la situation tient à l'appartenance politique du nouveau chef de l'État, issu d'un courant politique écarté du pouvoir pendant 23 ans, le courant socialiste humaniste. Les socialistes ont officiellement travaillé depuis 1945 à l'unité européenne ; ils ont été déchirés, comme cela a été expliqué, par la CED ; ils ont très vigoureusement combattu la politique européenne du général de Gaulle. Mitterrand a un projet politique pour la société française, résumé dans les *110 propositions* du candidat à la présidence de la République. Personnellement, le président est en accord avec une politique européenne qui trouve ses racines dans le terreau fécond – de ce point de vue – de la IVe République. Mais Mitterrand n'est pas seul. Il doit s'accommoder d'alliés anti-européens (le PCF) ou de courants socialistes hostiles (le CERES de Jean-Pierre Chevènement), ou réticents (le courant des Assises). Le président contribue au succès de Conseils européens décisifs : Fontainebleau en 1984, Milan en 1985, qui sont à l'origine d'une remarquable relance européenne : l'Acte unique européen, le traité de Maastricht, la monnaie unique, l'élargissement. Les vicissitudes de la politique intérieure française et l'échec de la gauche, au regard de son programme, brisent la majorité aux élections législatives de juin 1986. Une première cohabitation se produit alors, entre 1986 et 1988 (gouvernement de Jacques Chirac, RPR), et une seconde, entre mai 1993 et mai 1995 (gouvernement d'Édouard Balladur, RPR). La politique européenne de la France est donc soumise à des coups de vent politiques, bien que le président de la République réussisse à maintenir une ligne claire. La scène internationale est bouleversée, non par une guerre – quoiqu'il y ait des guerres dans lesquelles la France est engagée : le Golfe (17 janvier-3 mars 1991), puis la Bosnie-Herzégovine (avril 1992-14 décembre 1995, accords de Dayton signés à Paris) – mais par l'inattendue chute du mur de Berlin, prélude à la libération des « Européens de l'Est » en novembre 1989. Enfin des phénomènes générationnels sont à l'œuvre dans la définition des objectifs d'unité européenne. La génération des combattants de la paix en Europe, à laquelle Mitterrand appartient, s'amenuise. Or cette génération a surmonté le combat pluriséculaire franco-allemand, en accomplissant l'épopée de la communauté européenne. D'autres motivations doivent être trouvées pour continuer l'œuvre d'unité. La question de l'unité ne se pose plus en termes de réconciliation franco-allemande, mais en termes d'élargissement, d'élaboration d'une identité et d'influence de l'Union européenne dans les affaires internationales. L'Union européenne se bornera-t-elle à satisfaire, le mieux possible, les appétits de bien-être des pays membres ou se donnera-t-elle pour horizon celui d'orienter les relations internationales selon les meilleures valeurs européennes ? La question posée est de savoir si l'action de François Mitterrand réussit à adapter le magnifique idéal de réconciliation européenne de Monnet, Spaak, Adenauer et Schuman à une nouvelle phase de l'histoire des relations internationales.

Un homme de la guerre, un combattant pour la paix

François Mitterrand est un homme politique complexe. L'Histoire, la mémoire, le patrimoine littéraire et culturel français comptent énormément pour lui ; les leçons du passé aussi ! Son intérêt pour l'unité européenne et pour la paix entre Français et Allemands a été nourri par le temps de guerre. Prisonnier puis évadé du stalag IXA, il devient cadre au Commissariat général des prisonniers de guerre du gouvernement de Vichy. Dans cette administration, il est l'un des initiateurs du Rassemblement national des prisonniers de guerre (RNPG) qui se donne comme but d'organiser la résistance dans les milieux des prisonniers. Le RNPG fut d'abord financé, en mars 1943, par l'Organisation de résistance de l'armée (ORA) puis par Combat de Henri Frenay. On sait combien Henri Frenay a été actif en faveur de la Fédération européenne à partir de 1944.

Le parcours européen de François Mitterrand s'inscrit dans la recherche d'une voie nouvelle pour l'Europe d'après-guerre après la faillite des nationalismes. Il participe au Congrès de La Haye de 1948 qui donne naissance au Mouvement européen. François Mitterrand veut une Europe réconciliée. Par qui a-t-il été le plus frappé ? Par Churchill sans doute, le Churchill du discours de Zurich du 19 septembre 1946 et de La Haye, en mai 1948. Ne dit-il pas, le 9 mai 1995, à Berlin : « Rien n'eût été possible sans les premiers appels de Churchill ; j'ai eu le bonheur de les entendre moi-même »[1], « C'était, a-t-il dit, une approche sentimentale, affective, peut-être poétique, une approche espérante, une sorte de dessein qui se traçait dans l'arrière-conscience ».

Il a l'occasion de s'exprimer sur les projets d'unité européenne dans le cadre de l'Union démocratique et socialiste de la Résistance (UDSR), ce petit parti issu de la Résistance, organisé autour de deux thèmes : l'Europe et la communauté franco-africaine. René Pleven et François Mitterrand prennent des positions communes sur la question européenne. Mais Mitterrand est davantage le spécialiste des affaires africaines.

---

[1]   MITTERRAND F., *De l'Allemagne, de la France,* Paris, Éditions Odile Jacob, 1996, p. 243.

Toutefois, il estime que l'Allemagne doit faire partie de la nouvelle Europe pour des raisons de proximité géographique, de bon sens et aussi pour des raisons de guerre froide. Dans la grande querelle est-ouest, François Mitterrand juge que la communauté européenne est un moyen essentiel d'assurer la sécurité de la France et de l'Europe de l'ouest. Il croit que la direction de l'Europe doit revenir à la France. Aussi faut-il, comme il l'écrit en 1953, dans *Aux frontières de l'union française*, s'intéresser d'abord à l'Afrique et à l'Europe, en laissant de côté l'Asie. Il soutient le projet Schuman de Haute Autorité du Charbon et de l'Acier. De même, il accepte le réarmement de l'Allemagne dans le cadre d'une armée européenne. Il occupe, en 1953, le poste de ministre d'État chargé du Conseil de l'Europe (Gouvernement Laniel) durant 4 mois, avant de démissionner. Il approuve les projets de CED et d'Autorité politique européenne. Mais le jour du vote, le 30 août 1954, ministre de l'Intérieur du gouvernement Mendès France, il s'abstient, comme Mendès France l'a demandé aux membres du gouvernement. Cette réserve ne semble pas l'avoir beaucoup troublé. Mitterrand n'est pas un fédéraliste convaincu, ni un européen dogmatique. Il tient à l'Union française, il répugne aux abandons de souveraineté. En conséquence de son abstention, Mitterrand est exclu des organes dirigeants du Mouvement européen !

En 1954, Mitterrand imagine une Europe des Six ou des Quatorze (Conseil de l'Europe) coexistant pacifiquement avec l'Est. L'Europe et l'Afrique associées construiront un troisième bloc eurafricain comme Coudenhove l'imaginait. Son expérience de ministre de la France d'outre-mer fut, dit-il, « l'expérience majeure de ma vie politique ». Il publie, en 1957, un ouvrage intitulé *Présence française et abandon*. Son souhait d'assurer la présence française en Afrique révèle, probablement, davantage un projet pour l'Europe en Afrique dans lequel la France pourrait jouer le premier rôle. L'Europe est une idée sympathique et trop neuve sans doute. Mitterrand répugne à abandonner ce qui a grandi la France, ses territoires africains. « Il ne s'agit pas de soumettre les territoires africains à l'Europe, mais de les consolider intérieurement et de les attacher solidement à l'Europe. Appelez cela une politique eurafricaine si vous voulez », écrit-il en 1950. L'idée, partagée par d'autres acteurs politiques français et belges, fait son chemin en 1957 et une des justifications du marché commun, aux yeux du gouvernement français, est d'attacher les territoires d'outre-mer à l'Europe pour les soustraire à la subversion communiste ou nationaliste et de partager, entre Européens, les indispensables charges du développement, en échange du libre accès au marché africain. La négociation du marché commun fait entrer l'Eurafrique dans le champ du réel. Mitterrand est entendu, non du fait de son charisme en cette affaire, mais parce que l'idée exprime une attente profonde de la classe politique française et sans doute de l'opinion publique. Gaston Defferre comme Guy Mollet suivent la même idée. Ces trois hommes sont dans le même gouvernement de Front Républicain en 1956 et 1957. Mitterrand se démarque toutefois des élites « européistes » et des technocrates. Il se démarque aussi de l'Europe chrétienne-démocrate et appelle de ses vœux une « Europe du libre examen » qu'il oppose à « l'Europe révélée ». Pour ces raisons, François Mitterrand, à la fin de la IVᵉ République, passe pour un tiède dans l'effort de construction européenne – bien qu'il vote en faveur des traités de Rome. Mais Monnet, en 1965, n'hésite pas à appeler à voter au second tour pour Mitterrand, contre de Gaulle, après les déclarations tonitruantes du général contre l'Europe fédérale sous inspiration américaine.

Mai 1981, l'Europe réduite aux acquêts chez les socialistes

Même si les socialistes français (SFIO) ont soutenu l'intégration européenne au cours des années 1950 et 1960 en dépit de leurs divisions profondes sur la CED, le nouveau parti socialiste d'Épinay, en 1971, se montre plus critique. Il est vrai que la gauche du parti, les militants issus du PSU et les communistes veillent à maintenir la pression contre le marché commun capitaliste. Le programme commun de la Gauche est prudent, très prudent, pour ne pas effaroucher les alliés communistes (*texte 75*).

Une relance pour la France

L'arrivée au pouvoir de François Mitterrand n'est pas placée sous le signe de la solidarité européenne, puisque le gouvernement Mauroy décide une relance économique en France, sans concertation – malgré quelques tentatives – avec les partenaires de la Communauté économique européenne. Le gouvernement de Pierre Mauroy s'intéresse d'abord à la mise en place d'un programme qui n'a pas été conçu pour avoir une dimension européenne. La seconde explication est que les Dix sont bloqués par la question du « chèque » britannique. L'Europe est en panne.

Pourtant, François Mitterrand est conscient des insuffisances du programme socialiste par rapport à l'unité européenne et il conçoit sa nécessaire adaptation à la réalité communautaire. Il constate avec réalisme que la France vit et vivra plus encore en Communauté européenne. Il crée un ministère chargé des Affaires européennes confié à André Chandernagor, souvenir du ministère du Conseil de l'Europe existant sous la IVᵉ République[2]. Il propose aux Dix, dès juin 1981 à Luxembourg, une relance sociale européenne et en 1983 un plan industriel européen et même une réduction générale du temps de travail. Mais le grand espace social européen ne reçoit aucun soutien du social-démocrate Schmidt, ce qui semble paradoxal. Il est aussi exaspéré par le comportement britannique. En mai 1982, en pleine crise des Malouines, Mitterrand déclare que se

---

[2]   Le poste fut ensuite occupé par Roland Dumas, Catherine Lalumière, Bernard Bosson, Édith Cresson, Élisabeth Guigou et Alain Lamassoure.

pose « le problème de la présence de la Grande-Bretagne dans la Communauté »[3]. Mitterrand semble donc être convaincu du destin communautaire de l'Europe et de la France. Mais comme pour toutes choses, ne faut-il pas « laisser du temps au temps » ?

La conversion européenne de mars 1983

En mars 1983, l'heure du choix sonne pour des raisons économiques et monétaires. La France doit choisir entre la rigueur à l'ombre de l'Europe ou une nouvelle expérience solitaire. Mitterrand accepte, à la demande du premier ministre, Pierre Mauroy, et du ministre des Finances, Jacques Delors, de maintenir la France dans le SME et d'abandonner certains points du programme commun de la gauche. Le tournant communautaire de mars 1983 doit beaucoup aussi aux convictions européennes de la plupart des conseillers du président, une équipe de soixante personnes, qui définit la politique étrangère et européenne de la France : Hubert Védrine, Henri Nallet (PAC), Pierre Bérégovoy, Jean-Louis Bianco, Pierre Morel, Élisabeth Guigou[4]. Au Conseil européen de Bruxelles (21-22 mars 1983), la France promet de réduire le déficit de sa balance des paiements pour stabiliser le franc. Le choix européen du gouvernement français, après des tensions intergouvernementales éprouvantes, a sauvé le marché commun, mais le président était conscient que disparaissait ainsi une certaine spécificité française devant les exigences de l'étranger, fût-il communautaire. En échange, la France bénéficie de la solidarité communautaire. L'Europe devient alors un objectif majeur du septennat. Entre une politique autarcique impraticable et la solidarité européenne, le président Mitterrand choisit la solidarité communautaire au prix d'une politique de rigueur qui laisse peu de marge de manœuvre pour répondre aux attentes des chômeurs..

Le tournant communautaire est accompagné avec bonheur par de nouveaux liens franco-allemands. Le tandem franco-allemand va donner l'impulsion, en dépit des résistances du gouvernement conservateur de Margaret Thatcher. L'entente entre Mitterrand et Schmidt n'a pas eu la facilité de celle qui existait avec Giscard d'Estaing. Le social-démocrate Schmidt redoute l'arrivée au pouvoir de Mitterrand qui le sait bien. En revanche, heureuse surprise ! la visite du nouveau chancelier démocrate-chrétien à l'Élysée, le 2 octobre 1982, le lendemain même de son élection à la chancellerie, manifeste les sentiments communautaires et la politique pro-européenne d'Helmut Kohl. Une amitié naît de cette rencontre, profitable aux deux pays et à l'Europe. Le chancelier Kohl, bâti en roc, rusé, plaît à Mitterrand qui écrit de lui : « Tout *a priori* devait nous

---

[3]   VÉDRINE H., *Les mondes de François Mitterrand*, Paris, Fayard, 1996, p. 284.

[4]   Voir SAUNIER G., « François Mitterrand, un projet socialiste pour l'Europe ? L'équipe européenne de François Mitterrand, 1981-1984 », in BOSSUAT G. (dir.) et SAUNIER G. (en collaboration avec), *Inventer l'Europe*, Bruxelles, P.I.E.-Peter Lang, 2003.

séparer. Or, j'étais sensible à son rude bon sens, à sa connaissance des ressorts humains, à sa faculté d'encaisser les coups, à sa forme d'intelligence, dont trop d'intellectuels méjugeaient l'acuité ».

Le 20 janvier 1983, devant le Bundestag, pour le vingtième anniversaire du traité de l'Élysée, François Mitterrand défend la décision de l'Alliance atlantique de déployer en Allemagne de nouveaux missiles nucléaires américains contre les SS-20 soviétiques, en opposition au mouvement pacifiste qui remue une partie du SPD et des socialistes français. Il apporte donc au chancelier un soutien politique précieux. Cette solidarité entre les deux responsables européens joue un rôle essentiel dans la relance européenne ultérieure (*texte 76*). Les Allemands aident la France à résoudre ses problèmes monétaires. Une communauté de destin franco-allemande naît, selon les mots du président lui-même[5]. L'image de Kohl et de Mitterrand, réunis fraternellement sur les tombes du cimetière militaire de Verdun, main dans la main, le 22 septembre 1984, signifie que la conscience collective d'une Europe unie ne peut progresser qu'avec la reconnaissance et le dépassement symbolique des conflits. La discorde était jusqu'alors le lieu de mémoire principal des Européens. Des actes politiques ont été posés, le 9 mai 1950, le 6 novembre 1956, le 22 janvier 1963. La rencontre Kohl-Mitterrand à Verdun fait naître un nouveau lieu de mémoire pour l'Europe du XXIᵉ siècle : la paix, définitivement scellée entre les Européens, par la grâce de la France et de l'Allemagne.

Moteur de l'unité, la relation franco-allemande ne fonctionne pas sans tensions. Les Allemands manifestent leur désaccord à l'égard du budget européen et leur perplexité, voire leur critique, à propos de l'emploi des armes pré-stratégiques françaises, les missiles Pluton à courte portée qui risquent d'être employées sur le territoire allemand. La mise en place d'un système de consultation nucléaire franco-allemand dans le cadre du traité de l'Élysée apaise ces tensions. Les Allemands refusent une politique spatiale d'observation et de communication commune. Ils ne veulent pas déplaire aux Américains à propos du projet Reagan de « guerre des étoiles » et abandonnent la France face aux États-Unis. Ils ressentent une grande humiliation d'être écartés des cérémonies du 40ᵉ anniversaire du débarquement en Normandie en 1984.

La Renaissance européenne à Fontainebleau (juin 1984) et à Milan (juin 1985)

D'une certaine façon l'unité européenne renaît à Fontainebleau. On jugera donc de l'œuvre européenne de François Mitterrand à la réalisation des objectifs désignés à Fontainebleau en 1984 et à Milan, un an plus

---

[5]   Phrase de F. Mitterrand dans son introduction à *Réflexions sur la politique extérieure de la France*, 1986.

tard. Cette relance est l'œuvre du président lui-même, conscient que la France seule ne peut plus rien, comme la crise de mars 1983 l'a démontré. En six ans, des avancées considérables se produisent, toutes issues de Fontainebleau et de Milan. Elles ont leur origine dans l'action concertée du couple franco-allemand, de l'action mûrie par la Commission présidée par Jacques Delors, de la politique volontariste menée par le président et d'un petit groupe de décideurs : Roland Dumas, Élisabeth Guigou, Jean-Louis Bianco, Jacques Attali et Hubert Védrine. Cette politique est une forme moderne du despotisme éclairé, n'hésite pas à écrire Hubert Védrine[6]. François Mitterrand peut inscrire dans les faits une relance qui ne souffre d'aucune alternative, sauf le déclin.

Mitterrand facilite le règlement du chèque britannique

La PAC est partiellement réformée. Des quotas sont introduits sur un tiers de la production agricole. Mais le Conseil est placé sous le signe du conflit budgétaire avec la Grande-Bretagne. Une solution a été préparée à Stuttgart en juin 1983. Face à un gouvernement britannique qui demande un retour de 1250 millions d'écus, éventuellement abaissé à 850, Néerlandais, Belges et Danois proposent 820 millions et la France 750 millions, en échange de la fin de l'opposition britannique à l'augmentation des ressources propres des Communautés. M. Thatcher refuse 1 milliard, somme que ses partenaires peuvent lui offrir. L'unité franco-allemande joue totalement et Thatcher accepte finalement d'être remboursée d'un montant égal à 66 % de l'écart (1,6 milliard d'écus) entre sa participation au titre de la TVA et les crédits européens qui lui reviennent sous diverses formes. L'accord permet de financer le budget communautaire en l'asseyant partiellement sur des ressources propres : 1,4 % des recettes de la TVA des États au lieu de 1 %. La France augmente sa contribution satisfaisant ainsi l'Allemagne.

Mitterrand renforce les institutions communes

Ce Conseil permet aussi d'avancer dans l'approfondissement de l'Union politique. En effet, il confie à un comité présidé par l'Irlandais James Dooge le soin de préparer un rapport sur les questions institutionnelles. Il est appelé Comité Spaak II, en référence au premier comité Spaak de 1955-1956. François Mitterrand y délègue Maurice Faure, le principal auteur français des traités de Rome de 1957, qui en devient le rapporteur. Le Conseil décide aussi de confier à Pietro Adonino la présidence d'un groupe de travail en vue de faire des propositions sur l'Europe des citoyens. Le Conseil européen prend d'ailleurs quelques mesures en faveur de l'Europe des citoyens (passeport européen, suppression des contrôles aux frontières). Le renforcement des institutions d'unité est au

---

6   VÉDRINE H., *Les mondes de François Mitterrand*, Paris, Fayard, 1996, p. 298.

centre des préoccupations politiques de Mitterrand : « À Douze, la communauté intègre des intérêts hétérogènes, des traditions contraires, des ambitions rivales (…). D'un grain plus mou, la Communauté actuelle est plus friable que celle d'hier, et il n'est plus qu'une médecine à ces maux : à Communauté plus large, institutions plus fortes. »[7]. L'accord franco-allemand a permis cette relance.

Mitterrand convaincu par les socialistes ibériques

Après Fontainebleau, Mitterrand a pu justifier plus facilement l'adhésion de l'Espagne et du Portugal au marché commun, en dépit des forts arguments négatifs de la droite française, porte-parole populiste des intérêts corporatistes paysans. François Mitterrand freine, comme Giscard d'Estaing, le processus d'adhésion de l'Espagne, mais il assouplit sa politique après les élections du 28 octobre 1982, gagnées par le PSOE de Felipe González. L'adhésion à l'Europe communautaire est le signe d'une rupture radicale avec le franquisme, le doute et l'isolement. Felipe González sait admirablement jouer de cet argument pour obtenir de François Mitterrand son soutien à l'entrée de l'Espagne dans les Communautés européennes. L'entente politique entre González et Mitterrand permet la reprise des négociations, l'habileté de l'ambassadeur Pierre Guidoni fait le reste. Le succès de Fontainebleau aplanit les derniers obstacles. Les Douze acceptent l'élargissement vers le Sud au profit de l'Espagne et du Portugal. En 1986, la Communauté européenne passe de dix à douze membres avec l'arrivée de l'Espagne et du Portugal.

Les Français soutiennent le rapport du comité Dooge

Roland Dumas, nouveau ministre des Affaires étrangères, pense qu'on peut s'appuyer sur le projet Spinelli pour élaborer un projet institutionnel novateur dans le cadre de ce comité. Pierre Morel, Jean-Louis Bianco et Maurice Faure en ont convaincu aussi le président au cours de l'été, pour marquer, dirent-ils, la différence entre ceux qui veulent aller de l'avant et les autres. Les Français travaillent avec les Allemands sur un nouveau traité institutionnel, différent si nécessaire des traités de Rome. Les échanges, au sein du comité Dooge, font apparaître le désir de construire une politique étrangère et de sécurité commune et de réaliser l'Union économique et monétaire, mais aussi de lancer une ambitieuse politique de recherche et de développement et d'arriver au marché unique. S'agissant de la réforme institutionnelle, il est reconnu indispensable d'aménager les règles du vote à la majorité au sein du Conseil des ministres, codifiées par l'arrangement de Luxembourg du 30 janvier 1966. L'accroissement des pouvoirs du Parlement, permettant la co-décision pour l'harmonisation des législations des États membres (art. 100) et pour

---

[7]   MITTERRAND F., *Réflexions sur la politique extérieure de la France, op. cit.*

la procédure budgétaire (art. 203) est aussi à l'ordre du jour ; la notion d'Europe à géométrie variable est évoquée. Le comité Dooge recommande l'ouverture d'une CIG pour créer une « entité politique véritable » par un traité d'Union européenne « s'inspirant de l'esprit et de la méthode du projet voté par le Parlement européen », c'est-à-dire le projet Spinelli. Mais au Conseil européen de Dublin des 3 et 4 décembre 1984, les représentants du Royaume-Uni, du Danemark et de la Grèce émettent des réserves, notamment sur la réforme des institutions et sur la nécessité d'une CIG sur les institutions.

Le rapport définitif du comité Dooge, remis le 29 mars 1985, propose de renforcer les pouvoirs de la Commission et du Parlement, d'étendre le vote à la majorité, de créer un secrétariat politique permanent pour mettre en œuvre une politique extérieure commune. Deux comportements bien connus réapparaissent. D'un côté, les Britanniques, les Danois, les Grecs et dans une moindre mesure les Néerlandais sont hostiles à la mise en place d'un nouvel édifice institutionnel pour l'Europe. De l'autre, les Italiens, les Allemands et les Français veulent construire une Europe politique. Les Britanniques proposent un « plan Howe » destiné à codifier les pratiques de coopération politique, destiné surtout à ruiner les propositions Dooge. Ils acceptent, en revanche, les objectifs d'approfondissement économique du grand marché intérieur qui leur semblent répondre à l'idéal de libéralisme en vogue à l'époque[8]. Bonn souhaite une politique étrangère et de sécurité commune. Helmut Kohl et Hans-Dietrich Genscher tiennent à réaffirmer leur ancrage européen alors qu'ils viennent de soutenir Reagan dans l'affaire de « la guerre des étoiles ». Mitterrand adopte tactiquement une posture de sphinx (J.-M. Palayret). Il est plus proche des Allemands que de Spinelli et du Parlement européen, mais il est soucieux de ne pas provoquer un affrontement destructeur entre les thèses de Bonn et l'attitude très réservée de Londres[9]. Il sait encore que les opinions publiques européennes et françaises attendent beaucoup du nouveau Conseil européen de Milan et de la France.

Les fruits de Fontainebleau récoltés à Milan (juin 1985)

Jacques Delors, socialiste, ancien ministre des Finances, est choisi comme président de la Commission. Thatcher l'a appuyé, s'opposant à la candidature de Claude Cheysson. Il prend ses fonctions le 6 janvier 1985 et reste dix ans à la tête de la Commission, jusqu'au 23 janvier 1995, son mandat ayant été renouvelé à deux reprises. Une fois nommé, Jacques Delors est pleinement soutenu par François Mitterrand. Malgré les ater-

---

[8]   SHARP, *Thatcher's Diplomacy : The Revival of British Foreign Policy*, London, Mc Millan, 1999, p. 162-163 ; Agence Europe, *Bulletin* n° 4078, 26 avril 1985.

[9]   FAVIER P., MARTIN-ROLLAND M., *La décennie Mitterrand. T. II, Les épreuves (1984-1988)*, Paris, Le Seuil, p. 215.

moiements ou la mauvaise volonté de Margaret Thatcher, la Commission expose, dans un *Livre blanc* (14 juin 1985), les 300 mesures à prendre pour réussir le marché intérieur au 1er janvier 1993 et le Conseil européen de Milan (28-29 juin 1985) prend connaissance des travaux du comité Dooge sur les institutions communautaires.

La France, l'Allemagne et les trois États du Benelux signent aussi la convention de Schengen, en juin 1985, portant sur la suppression graduelle des contrôles aux frontières. Mais en France, il faut attendre le débat de ratification devant l'Assemblée nationale, le 3 juin 1991, pour que l'opinion publique prenne la mesure des partages de souveraineté acceptés. L'opinion comprend aussi que les directives européennes sont supérieures aux lois françaises, qui ne peuvent, en aucun cas, contredire les traités de Rome (à l'époque 45 % des textes législatifs adoptés par le Parlement français étaient une transposition des directives européennes ou étaient « sous influence européenne », d'après Alain Lamassoure).

Mitterrand formule pour Milan, en juin 1985, un programme à la fois ambitieux dans ses objectifs et circonspect dans la méthode (*texte 77*). Il se prépare à proposer au Conseil une Union européenne susceptible de prendre en compte trois thématiques : « la technologie, le marché intérieur, la monnaie »[10]. Bino Olivi parle plus précisément de la technologie, de l'Europe des citoyens, de l'Europe économique et sociale, de l'Union européenne[11]. En terme institutionnel, la prudence prévaut car l'unanimité est nécessaire pour modifier les institutions, sauf à ouvrir une crise grave avec le Royaume-Uni. Le Quai d'Orsay et les conseillers techniques conseillent de trouver un accord politique sur les conclusions du rapport Dooge et de frapper l'opinion par une initiative institutionnelle franco-allemande de coopération politique.

Deux semaines avant Milan, la France propose de lancer une initiative franco-allemande en vue de réaliser une Union européenne. Jacques Attali y travaille avec son homologue de la chancellerie, Horst Teltschik[12]. La proposition franco-allemande qui, selon ses auteurs, doit être une nouvelle déclaration Schuman, met l'accent sur la coopération politique et sur l'installation d'un secrétariat général. Mais elle n'est pas prise en compte par le Conseil. Delors convainc Mitterrand que cette proposition ressemble trop au plan Fouchet, et Kohl qu'elle est trop intergouvernementale[13]. Le débat porte sur une relance institutionnelle moins ambitieuse et sur le *Livre blanc* de la Commission (marché

---

[10]   ATTALI J., *Verbatim*, t. I, Paris, Fayard, 1993, p. 800.

[11]   OLIVI B., *L'Europe difficile, op. cit.*, p. 362.

[12]   ATTALI J., *Verbatim*, t. I, Paris, Fayard, 1993, p. 802, 809 et 810. Le négociateur italien, Ruggiero, ne fut mis dans la confidence que quelques jours avant le sommet.

[13]   DELORS J., *1957-1997, Quarante ans des traités de Rome*, Bruxelles, Bruylant, 1999, p. 208.

intérieur). Kohl, le matin du second jour, appuyé immédiatement par Mitterrand, propose de convoquer une CIG pour réformer les traités et le président du Conseil européen, Craxi, fait voter pour la première fois un Conseil ! Par 7 voix contre 3 (Grande-Bretagne, Danemark et Grèce), la décision est prise de convoquer une CIG chargée d'insérer dans les traités européens les propositions du rapport Dooge et les dispositions du *Livre blanc* sur le marché unique de la Commission.

Spinelli juge le résultat de Milan médiocre : « *Ne carne, ne pesce* » ! En effet, les Douze ont ignoré son projet de traité d'Union européenne, approuvé par le Parlement européen. Pourtant, les Douze se sont intéressés, enfin, à l'avenir des Communautés et pas seulement à des problèmes techniques[14].

L'Acte unique européen : la pression de Mitterrand et de Delors

Six mois plus tard, le Conseil européen de Luxembourg (2 et 3 décembre 1985), décide de rédiger une adjonction aux traités de Rome, sous forme d'un Acte unique. L'Acte unique européen couvre le domaine communautaire et le domaine de la coopération politique. « L'unicité ne se traduisait toutefois que par la mention, dans le titre Ier, du Conseil européen et de sa composition, sans que soient précisées ses attributions. Ensuite, les deux domaines étaient traités séparément et restaient régis par des dispositions différentes, un seul texte intégrant des dispositions communautaires »[15]. Il prévoit la réalisation, au 1er janvier 1993 d'un marché intérieur sans barrières, géré selon les règles communautaires et des innovations de politique étrangère, relevant de la coopération. Là encore l'entente entre Mitterrand, Kohl et Delors impose le processus à Thatcher et aux Danois, sous la menace de faire un nouveau traité sans la Grande-Bretagne si nécessaire. La Grande-Bretagne accepte finalement le principe d'une révision des traités de Rome, croyant marcher vers plus de libéralisme et espérant un soutien allemand. Mais Kohl, avec François Mitterrand, veut promouvoir, par l'Acte unique, le renforcement des institutions de la Communauté européenne et l'intégration économique (*texte 78*).

L'Acte unique européen est signé les 17 et 28 février 1986, à Luxembourg. Il prévoit de mettre en œuvre une politique étrangère européenne commune sous forme d'une institutionnalisation des pratiques antérieures depuis 1970. La politique sociale commune est réduite à un accord minimum pour la protection de la santé des travailleurs. Les Douze renforcent

---

[14] VÉDRINE H., *Les mondes de François Mitterrand : à l'Élysée 1981-1995*, Paris, Fayard, 1996, p. 395-396.

[15] D'après GERBET P., article « Acte Unique européen », *Dictionnaire historique de l'unité européenne*, Bruxelles, Complexe (à paraître).

la coopération régionale et développent la recherche et l'innovation technologique ou encore la protection de l'environnement. Les pouvoirs du Parlement sont renforcés (procédure de coopération). Une communication de la Commission, appelée « réussir l'Acte unique », énumère les mesures à prendre par les Douze. Au 31 décembre 1992, la liberté totale de circulation des marchandises, des personnes, des capitaux et des services sera établie dans l'Europe communautaire. La Commission et les États doivent préparer leur législation à cet effet. La Communauté dispose de la « capacité monétaire », mais pas de monnaie commune. En raison de l'opposition de la Grande-Bretagne et des réticences de l'Allemagne, le traité se borne à faire référence, dans son préambule, à la réalisation progressive de l'Union économique et monétaire, et dans l'article 20 à la coopération existant déjà dans le cadre du SME pour évoquer la nécessaire convergence des politiques économiques et monétaires. Très concernés, le gouvernement français de Michel Rocard et le président de la République insistent sur les politiques communes européennes de l'audiovisuel et de l'environnement et sur la charte sociale. L'Acte unique brosse les contours d'une nouvelle unité européenne à vocation politique. Mais la France et l'Allemagne ne peuvent obtenir la création d'un secrétariat général de l'Union européenne. L'Assemblée nationale française ratifie le traité sous le gouvernement Chirac, en novembre 1986 (*texte 79*). L'Acte unique européen entre en vigueur le 1er juillet 1987. Bientôt Margaret Thatcher, premier ministre britannique, dénonce les implications « fédéralistes » de l'Acte unique à Bruges, en 1988, tandis que les « Européens » le trouvent fade.

Un spécialiste étranger, Samuel Welles, directeur du Woodrow Wilson International Center de Washington, met au crédit de Mitterrand la solution du chèque britannique, la décision des Dix d'accueillir enfin l'Espagne et Portugal, la coopération spatiale inter-européenne (projet *Hermès*), un projet d'union politique et des tentatives pour relancer la coopération militaire entre Européens (avion de combat et hélicoptère)[16].

L'Europe de l'excellence

Après l'Acte unique européen, expression tronquée de la pensée européenne de Mitterrand, vrai succès de Jacques Delors et du couple franco-allemand, la thématique communautaire mitterrandienne est placée sous le signe de la construction d'une Europe de l'excellence, qui est aussi une Europe-puissance.

---

[16] WELLS Jr, S.F., « Les politiques étrangères de Mitterrand, bilan d'un premier septennat », *Commentaire*, automne 1988, n° 43, p. 660-661. Remarque : l'Eurofighter se fit sans la France, alors qu'une coopération difficile donna naissance à l'hélicoptère de combat franco-allemand.

Cet objectif politique qu'il assigne aux Français et à lui-même, au moment de la campagne présidentielle d'avril-mai 1988, doit faire de l'Europe unie, première puissance commerciale du monde, la première puissance industrielle et l'un des trois pôles monétaires du monde avec une monnaie commune. Il en appelle enfin à l'unité politique. L'objectif d'Europe-puissance est lisible en filigrane dans sa pensée. « Oui, l'Europe se fera par elle-même ou jamais ». La construction d'une Europe de l'excellence, forme moderne de la puissance, passe par le développement de cinq politiques communes : la monnaie, la haute technologie (Eurêka), l'identité culturelle européenne, l'Europe sociale et une défense commune. Les ébranlements de l'Est européen en 1989 donnent à Mitterrand encore plus de raisons de travailler à cette Europe de l'excellence qui arrimera plus fermement l'Allemagne à l'Europe. Cette politique en faveur d'une Union européenne est partagée par Raymond Barre (*texte 80*).

Mitterrand lance Eurêka

François Mitterrand, appuyé par l'Allemagne, est à l'origine de programmes technologiques de coopération européenne : Eurêka, programme spatial européen, armements. Eurêka est un programme intergouvernemental établi en dehors des cadres communautaires. Il traduit à la fois les avancées de la coopération inter-européenne et les limites de l'action communautaire. Les échanges de vue entre partenaires donnent l'occasion à la France de faire avancer l'action communautaire contre les attaques protectionnistes américaines. Eurêka est lancé à Paris le 17 juin 1985. Le premier programme est adopté à Hanovre, en novembre 1985. 19 pays, tous membres de la CEE ou de l'AELE et la Turquie adhèrent à la charte Eurêka (European Research Coordination Agency). Rapidement, le programme prend de l'ampleur. En 1987 on arrive déjà à plus de 165 projets, d'un coût de 4 milliards d'écus. Le principe du financement consiste à demander une participation de l'État d'origine, de l'entreprise ou du laboratoire. En 1991, 369 projets d'une valeur de 7,6 milliards d'écus ont été acceptés. Les principaux thèmes de recherche appliquée portent sur l'énergie, les technologies médicales et les biotechnologies, les télécommunications et l'information, les transports, la technologie des nouveaux matériaux, la robotique et l'automatisation de la production, les techniques des lasers, les technologies de l'environnement, la conquête du milieu marin.

La France veut l'indépendance culturelle de l'Europe unie

Un Eurêka audiovisuel est proposé au Conseil de Hanovre, en juin 1988 par François Mitterrand. Le Conseil de Rhodes de décembre 1988 l'accepte et convoque les assises de l'Audiovisuel à Paris du 30 septembre 1989. Y participent les pays membres du Conseil de l'Europe ainsi que les représentants de la Hongrie, de la Pologne, de l'URSS et de la Yougoslavie en tant que pays invités. L'initiative vise à définir les moyens qui permettront à l'Europe « d'affirmer sa propre personnalité culturelle », dit à l'ouverture de la conférence, François Mitterrand. L'urgence des mesures à prendre est justifiée par l'évidente suprématie américaine. Durant ce temps, le Conseil des ministres des Communautés approuve à la majorité la directive très discutée de « Télévision sans frontières ». Le ministre français des Affaires étrangères, Roland Dumas, explique qu'il faut corriger le lourd handicap de l'Europe dans le secteur de l'audiovisuel et contribuer à édifier l'espace culturel européen[17]. Le vice-président de la Commission, l'Allemand Martin Bangemann, et le commissaire aux Affaires culturelles, le Luxembourgeois Jean Dondelinger, rassurent encore une fois les États qui voudraient supprimer l'obligation de diffuser une majorité d'œuvres européennes pour les émissions télévisées[18]. Le compromis est trouvé grâce à une déclaration conjointe Commission-Conseil, par laquelle on reconnaît que l'obligation est d'ordre « politique » et qu'elle n'a pas un caractère coercitif du point de vue juridique.

Au terme du semestre de la présidence française, au Conseil européen de Strasbourg des 8-9 décembre 1989, François Mitterrand affirme donner toute sa place à l'Europe des citoyens et à la promotion d'une culture européenne pluraliste. Le président français s'engage personnellement en faveur de ce qui a été fait pour la politique audiovisuelle. Il demande de concrétiser les conclusions des Assises de l'audiovisuel, de poursuivre l'effort européen avec les programmes de la télévision de haute définition, d'encourager la production cinématographique et les médias pour la télévision à travers le programme communautaire Media et le programme Eurêka. La création d'ARTE, chaîne de télévision franco-allemande, le 30 avril 1991, témoigne de la bonne relation franco-allemande et de la volonté de Kohl et de Mitterrand de contribuer à faire vivre l'identité culturelle européenne. Mais deux problèmes doivent être résolus : celui de la propriété intellectuelle et celui des aides nationales au cinéma que la Commission veut réglementer.

Or les réponses européennes ne peuvent être dissociées d'une autre négociation internationale, celle de l'Uruguay Round, commencée en 1986 à Punta del Este et qui sera close par la signature des accords de Marrakech, le 15 avril 1994. La prolongation des négociations est due aux différences de positions entre l'Union européenne et les États-Unis sur l'agriculture, l'acier, l'aéronautique et les produits audiovisuels. Mitterrand et Lang défendent la diversité culturelle européenne face à la puis-

---

[17]   Agence Europe, *Bulletin*, n° 5103, 10 avril 1989, cité par GUALTIERI F.

[18]   Sur l'audiovisuel, voir l'article de GUALTIERI F., dans *Revue d'histoire de l'intégration européenne*, janvier 2003.

sante industrie cinématographique américaine. La France se bat contre l'hégémonie culturelle des États-Unis, situation que d'autres Européens ne jugent pas aussi alarmante, et elle s'efforce de faire insérer dans l'Acte final le principe de l'exception culturelle permettant de déroger aux dispositions générales des accords GATT[19]. À Mons, en octobre 1993, les Douze adoptent une position commune en vue des négociations, définissant, plutôt que l'exception culturelle, la spécificité culturelle de l'audiovisuel qui devra bénéficier d'un « traitement exceptionnel ». Les aides publiques et les subventions communautaires et nationales aux producteurs sont maintenues et il est décidé d'exclure le secteur audiovisuel du système de libération progressive des libérations dans le projet de mandat pour la GATT. Le maintien de l'acquis communautaire, et en particulier la directive « Télévision sans frontières », est réaffirmé[20]. Le président des États-Unis, Bill Clinton, le 15 octobre 1993, repousse toute préférence pour l'audiovisuel, mais au terme des négociations, l'Europe obtient au moins la reconnaissance d'une spécificité culturelle pour l'audiovisuel, l'industrie européenne étant soumise à la seule obligation de la transparence[21]. Le commissaire Pinheiro définit les résultats de l'Uruguay Round comme « un bon match nul ». En 1994, à Athènes (Conseil des ministres), le ministre de la Culture, Alain Carignon, ne peut faire accepter le renforcement des obligations imposées par la directive « Télévision sans frontière » de 1989. Français et Allemands ne peuvent se mettre d'accord. Toutefois, la politique de François Mitterrand et celle du gouvernement de droite installé en mars 1993 (seconde cohabitation) est de faire de l'Union européenne un espace culturel exceptionnel, ce qui ne veut pas dire un espace replié sur lui-même. Le concept d'une identité européenne dans l'audiovisuel et le culturel trouve ici son application.

L'accélération de l'intégration : le travail de Mitterrand et de Kohl

Le projet mitterrandien d'Europe de l'excellence passe par la création d'une Union européenne, apte à rassembler sous un toit commun les activités des Communautés (CECA, Euratom, CEE amendée par l'Acte unique) et les initiatives que les chefs d'État et de gouvernement ont prises en Conseil européen, depuis 1974. L'Acte unique va déjà modestement dans ce sens. Les circonstances internationales, la chute du mur de Berlin, l'explosion de l'ex-Yougoslavie et du monde soviétique plaident, du côté français, pour accélérer la construction européenne. Mitterrand, à

---

[19] Les dérogations sont permises pour la protection de la morale et de la sauvegarde de l'ordre public, la protection de la santé et de la vie des personnes et des animaux, quand les lois et les réglementations sont incompatibles avec les dispositions de l'accord GATT.

[20] Agence Europe, *Bulletin* n° 6087, 16 octobre 1993, cité par GUALTIERI F.

[21] Agence Europe, *Bulletin* n° 6130, 16 décembre 1993, cité par GUALTIERI F.

la différence de Kohl, voulait que les approfondissements communautaires (UEM et Union politique) se fassent avant la réunification allemande.

La monnaie commune

Dans le domaine monétaire, le SME a donné la preuve de son efficacité. Les monnaies fluctuent ensemble dans les rapports fixés en 1979, mais les États aux monnaies faibles souffrent de devoir copier leur politique économique à court terme sur l'austérité allemande, au risque, sinon, de devoir dévaluer. Aussi, la France, appuyée par l'Italie, demande-t-elle de partager le pouvoir monétaire grâce à la création d'une monnaie unique gérée en commun. L'Allemagne n'acceptera de perdre le deutsche mark qu'en échange de l'installation d'une banque centrale européenne, indépendante des gouvernements, ayant la mission première d'assurer la stabilité des prix. Mitterrand accepte sans difficulté que l'Institut monétaire européen soit localisé à Francfort. La mise en place du marché intérieur par l'Acte unique et les mesures d'accompagnement du *Livre blanc* de Jacques Delors plaident pour la création d'une monnaie commune. Même les Allemands acceptent l'idée que les États membres ont intérêt à réduire leur dépendance par rapport au dollar. Genscher l'écrit dans un mémorandum, le 26 février 1988. Préalablement, il aura fallu, sur l'initiative des Français, inciter les Douze à harmoniser les fiscalités sur l'épargne avant de libérer les mouvements de capitaux. L'accord sur l'harmonisation semble être acquis à Hanovre (27-28 juin 1988), quand Kohl, sans doute sous l'influence de Theo Waigel, la Grande-Bretagne et le Luxembourg s'opposent aux propositions de la Commission sur la taxation de l'épargne.

Le Conseil européen de Hanovre décide de faire étudier la question d'une Union économique et monétaire par un comité présidé par Jacques Delors, réunissant les gouverneurs des banques centrales des Douze et plusieurs économistes de renom. Le « rapport Delors », remis le 17 avril 1989, est approuvé par le Conseil européen de Madrid des 26 et 27 juin 1989. Il propose d'établir des parités fixes entre les monnaies, puis d'adopter une monnaie unique gérée par un système européen de banques centrales. Sa mission sera de maintenir un taux d'inflation bas. Delors propose trois étapes pour aller à la monnaie unique, mais seule la première est fixée. Il propose de coordonner d'abord les politiques économiques et monétaires des États membres, ensuite un système institutionnel sera mis en place ; enfin les États transféreront leurs compétences au système institutionnel ; les parités seront gelées et la monnaie unique créée. À Madrid, Kohl tergiverse, refusant de s'engager sur un calendrier précis de construction monétaire européenne, contre les souhaits de Paris qui tente par là de mieux installer l'Allemagne en voie de réunification rapide dans l'Europe communautaire[22]. Mitterrand appelle l'Allemagne à manifester un esprit européen alors que la réunification allemande peut se produire plus vite qu'on ne le souhaite. On est alors en juin 1989. La chute du mur se produit le 9 novembre 1989, la réunification allemande, le 3 octobre 1990. La nouvelle présidence française des Communautés commence en juillet 1989 et l'équipe européenne de l'Élysée entend débloquer les dossiers sur l'UEM et l'Union politique, faire adopter une Charte communautaire des droits sociaux fondamentaux et mettre en place un Eurêka audiovisuel.

Le Conseil européen de Strasbourg des 8 et 9 décembre 1989 qui termine la présidence française est donc crucial. Il faut résoudre d'abord le désaccord franco-allemand qui naît de la chute du mur et de la prévisible réunification allemande. Bonn souhaite lier UEM et réforme institutionnelle, Paris est davantage attaché à la monnaie commune[23]. De plus, d'après François Mitterrand lui-même, la question des frontières de l'Allemagne réunifiée empoisonne l'atmosphère. Le président veut une reconnaissance des frontières allemandes actuelles, donc de la ligne Oder-Neisse ce qui signifie l'abandon des provinces allemandes perdues en 1945[24]. En dépit de l'opposition de Margaret Thatcher, le Conseil décide de fixer les dates de réunions des deux CIG convoquées l'une pour réviser les traités communautaires et l'autre pour établir une union économique et monétaire. Mitterrand fait triompher, comme Pompidou en 1969, l'idée de l'approfondissement comme préalable aux avancées institutionnelles, puisqu'il est décidé de commencer la première étape de l'Union économique et monétaire le 1er juillet 1990. Une CIG, destinée à donner un contenu et une chronologie à la seconde et à la troisième étape de l'UEM, est convoquée pour 1990. Mitterrand fait adopter la Charte communautaire des droits sociaux fondamentaux des travailleurs par onze pays sauf la Grande-Bretagne[25]. Enfin, une aide à la Pologne et à la Hongrie est décidée. Mitterrand et Kohl sont ravis des bons résultats du Conseil en dépit du climat glacial dû aux inquiétudes des partenaires du chancelier concernant l'intégration de l'Allemagne réunifiée dans l'Europe unie. Mitterrand pense que dans la foulée de l'UEM les Douze marcheront vers une Union politique. Mais on doit s'interroger sur l'intérêt de Mitterrand, à ce moment-là de l'histoire, pour une réforme des institutions européennes, car il introduit le doute sur les institutions

---

[22] SCHABERT T., *Wie Weltgeschichte gemacht wird. Frankreich und die Deutsche Einheit*, Stuttgart, ed. Klett-Cotta, 2002.

[23] KÜSTERS H.-J., « La controverse entre le chancelier Helmut Kohl et le président François Mitterrand à propos de la réforme institutionnelle de la Communauté européenne (1989-1990) », in BITSCH M.-Th. (dir.), *Le couple France-Allemagne et les institutions européennes*, Bruxelles, Bruylant, 2001, p. 495.

[24] MITTERRAND F., *De l'Allemagne, de la France, op.cit*, 1996, p. 99.

[25] Voir OLIVI B., *op. cit.*, p. 442.

communautaires en annonçant, le 1er janvier 1990, un projet de confédération européenne, ouverte aux pays de l'Est[26]. Sa visite en RDA, fin décembre, prête aussi à controverse. La question allemande est réglée, hors Communauté, par la réunion d'une conférence 2 + 4 (les deux Allemagnes et les quatre puissances victorieuses de la Seconde Guerre) qui aboutit, le 12 septembre 1990, à un traité reconnaissant définitivement le tracé des frontières orientales de l'Allemagne. « Ainsi s'acheva une controverse qui avait mis à l'épreuve l'amitié franco-allemande », écrit François Mitterrand [27].

L'union politique et la réforme des institutions

Cette grave question résolue, l'horizon franco-allemand plus serein, Kohl et Mitterrand, le 19 avril 1990, proposent aux Douze des objectifs pour l'Union politique dans lesquels la confédération européenne a disparu. Ils en reconnaissent quatre : « renforcer la légitimité démocratique de l'Union », « rendre les institutions plus efficaces » par le vote majoritaire au Conseil des ministres, « assurer l'unité et la cohérence de l'action de l'Union dans les domaines économique, monétaire et politique » pour rendre plus lisibles aux citoyens les multiples formes de coopération et d'intégration, enfin « définir et mettre en œuvre une politique étrangère et de sécurité commune ». En insistant, désormais, sur l'Union politique et la réforme des institutions, Mitterrand rejoint Kohl avec des motivations différentes. Il songe aux risques d'une réunification allemande, aux garanties internationales qu'il veut obtenir pour pérenniser la frontière Oder-Neisse, écrit Védrine[28]. L'Union politique sera donc la « potion » pour faire passer la pilule de la montée en puissance de l'Allemagne réunifiée.

L'ouverture des deux CIG : UEM et Union politique (1990)

Le premier Conseil de Dublin décide, le 27 avril 1990, de construire une Union européenne avant le 31 décembre 1992. Il entérine aussi « l'adhésion » du territoire de l'ex-RDA aux Communautés, sans renégociation. La rencontre sur le Rhin, le 22 juin, de Mitterrand et Kohl provoque un accord sur les réformes institutionnelles. Le second Conseil européen de Dublin des 25 et 26 juin 1990, en dépit de l'opposition de Margaret Thatcher et des réticences danoises et portugaises, décide de fixer les dates d'ouverture des deux CIG. Mitterrand signale ses intentions à la veille de Dublin n° 2 dans un entretien qu'il donne au *Monde* : il faut « rendre l'Europe plus proche », dit-il aux journalistes, « je compte sur l'aboutissement, dans un délai raisonnable, de l'union économique et

---

[26]   *Le Figaro* du 1er janvier 1990.

[27]   MITTERRAND F., *op. cit.*, 1996, p. 154.

[28]   VÉDRINE H., *Les mondes de François Mitterrand : À l'Élysée 1981-1995, op.cit.*, 1996, p. 436.

monétaire et de l'union politique de la Communauté grâce aux deux CIG prévues et à l'entrée en vigueur, je l'espère, mais ce sera difficile, d'un nouveau traité avant le 31 décembre 1992. »[29].

Kohl et Mitterrand viennent de réussir une performance extraordinaire, due à leur commune volonté politique, dans des circonstances où les réactions nationalistes auraient été la règle en d'autres temps : nationalisme allemand et réaction de peur exacerbée des voisins de l'Allemagne. D'ailleurs Margaret Thatcher le démontre précisément en disant appréhender le retour d'une « Grande Allemagne ». Ils donnent ainsi un signal amical aux peuples européens récemment libérés à l'Est. La réunification accélère le processus d'union européenne, alors qu'elle aurait pu, on en conviendra sans peine, le ralentir ou le défaire. En revanche, le projet de Mitterrand de confédération européenne, proposé aux pays d'Europe centrale et orientale, les « PECO », échoue, le couple franco-allemand n'ayant pas fonctionné dans cette affaire. Mais au moins la France est-elle à l'origine de la seule institution regroupant alors l'Europe de l'Ouest et l'ex-Europe de l'Est, la Banque européenne pour la reconstruction et le développement (BERD), créée par le traité de Paris, le 29 mai 1990.

La décision de tenir les deux CIG fait ressortir que Mitterrand a su emporter la décision sur les tergiversations allemandes. Il a obtenu l'intégration du DM dans une monnaie unique européenne qui semble être le prix de l'acceptation sans drame de la réunification allemande par les Français[30]. La réforme des institutions est essentielle pour Kohl, mais il a abandonné l'idée d'une Constitution européenne, se rendant compte de son caractère irréaliste du fait des Français, mais surtout des résistances de la Grande-Bretagne.

Deux Conseils, tenus à Rome, traitent du contenu de l'UEM et de l'Union politique, les 27 et 28 octobre et les 14 et 15 décembre 1990. Le passage à la seconde étape de l'UEM est fixé au 1er janvier 1994. Une position commune franco-allemande sur l'Union politique est élaborée par l'équipe de la Chancellerie allemande et celle de la présidence de la République (Bitterlich, Védrine et Caroline de Margerie). Une lettre commune est rédigée pour les partenaires européens, à la veille du deuxième Conseil de Rome des 14 et 15 décembre. Kohl et Mitterrand proposent un élargissement des compétences de l'Union, le renforcement de la citoyenneté européenne et des pouvoirs du Parlement, l'élargissement du rôle du Conseil européen. Ils recommandent d'élargir le vote à la majorité. La définition d'une PESC est inscrite dans les débats. Mitterrand est d'ailleurs plus intéressé par une augmentation des compétences

---

[29]   *Le Monde* du 20 juin 1990, FONTAINE A., AMALRIC J., COLOMBANI J.-M., p. 2.

[30]   KÜSTERS H.-J., « La controverse entre le chancelier Helmut Kohl et le président François Mitterrand à propos de la réforme institutionnelle de la Communauté européenne (1989-1990) » in BITSCH M.-T (dir.), *Le couple France-Allemagne et les institutions européennes*, Bruxelles, Bruylant, 2001, p. 489.

du Conseil européen que du Parlement, ce qui va contre les intentions de Ruud Lubbers, président néerlandais du Conseil européen ou d'Helmut Kohl.

Roland Dumas représente la France dans la CIG sur l'Union politique et Pierre Bérégovoy dans celle sur l'UEM. Élisabeth Guigou participe aux deux. Elles aboutissent au projet de traité de Maastricht sur l'Union européenne du 7 février 1992. L'accord se fait pour maintenir les acquis communautaires des anciens traités et pour créer un cadre institutionnel unique. Toutefois, des contentieux grossissent, y compris entre Français et Allemands, sur les pouvoirs du Parlement européen, sur le statut de la future banque centrale européenne, sur le nombre de représentants allemands au Parlement européen compte tenu de la réunification.

L'entente franco-allemande sur la défense

Le dossier de la défense commune européenne fait partie des préoccupations de Mitterrand. Mais le dossier est ultra sensible depuis l'échec de la CED en 1954 et depuis la politique gaulliste des années 1958-1969. En effet, il met en jeu les relations de chaque pays de la Communauté avec les États-Unis, il risque de perturber le système d'alliance occidentale. Mitterrand a mis en cause le concept de la riposte graduée, encore en usage à l'OTAN, en juin 1987, quand s'est tenu à Venise un sommet des pays occidentaux. Mais Kohl a rappelé que la défense de l'Europe était l'affaire de l'Alliance. L'entente franco-allemande fonctionne donc mal sur la défense. Pour dépasser le désaccord, Mitterrand propose à Kohl d'intégrer des forces françaises et allemandes. Or il apparaît aux Français que les Allemands, d'après le conseiller du chancelier, Horst Teltschik, désirent contrôler l'emploi des forces nucléaires françaises, au moins l'emploi des missiles à courte portée Pluton qui auraient pu être utilisés sur le territoire de la RFA. Mitterrand, évidemment, refuse[31]. Un conseil de défense franco-allemand est annoncé, auquel Italiens et Espagnols sont invités à s'associer. Il est créé le 22 janvier 1988 et une brigade franco-allemande installée. Elle peut devenir l'embryon d'une force européenne autonome.

François Mitterrand et Helmut Kohl décident enfin d'avancer dans le domaine de la défense européenne. Ils proposent de faire de l'UEO l'instrument de la future défense européenne. Les atlantistes partisans inconditionnels de l'OTAN, Néerlandais et Britanniques, au contraire, demandent qu'elle se borne à représenter les Douze à l'OTAN. Les Britanniques lancent un document signé par De Michaelis et Hurd, les ministres de la Défense italien et anglais, le 4 octobre 1991, dans lequel il est dit que l'originalité de l'Europe unie est d'avoir une relation spéciale

---

[31] VÉDRINE H., *Les mondes de François Mitterrand : à l'Élysée 1981-1995, op.cit.,* p. 414.

avec l'Alliance atlantique ! Il s'agit donc bien de torpiller les projets franco-allemands de défense commune européenne. L'UEO deviendra-t-elle le bras armé de l'Union européenne, en coopération évidemment avec l'Alliance, ou restera-t-elle une coquille vide ? L'intention de Mitterrand et de Kohl, exprimée dans une nouvelle lettre envoyée à leurs partenaires des Communautés européennes, le 11 décembre 1991, est bien de réveiller l'UEO. Or, à la surprise générale, les États-Unis acceptent le texte franco-allemand et reconnaissent lors du sommet atlantique de Rome des 7 et 8 novembre 1991, le rôle des structures de défense européenne. La CIG sur l'Union politique définit même une liste d'actions communes en politique extérieure et de sécurité commune (PESC). Les Britanniques empêchent néanmoins que les décisions relatives à la PESC soient prises à la majorité.

Le traité de Maastricht (février 1992), un succès payé chèrement

Le Conseil européen de Maastricht des 9 et 10 décembre 1991 accepte la création d'une Union européenne, comprenant les Communautés et les différentes politiques intergouvernementales des Douze, et la date du 1er janvier 1999, pour passer à la troisième étape de l'UEM, proposée par Mitterrand. Une attitude commune des Douze sur les critères de reconnaissance des nouveaux États d'Europe orientale et centrale éloigne le spectre d'une action unilatérale allemande en Yougoslavie.

Débats difficiles sur le social

Par ailleurs, le Néerlandais Ruud Lubbers refuse d'organiser sérieusement les débats de fond sur la politique sociale commune. Il joue donc le pourrissement, avec l'appui du nouveau premier ministre britannique, John Major. Mitterrand refuse de signer un texte sans engagement anglais sur la charte sociale européenne. Après une séance très tendue, le 10 décembre, un accord à onze, mis au point par Delors en séance, se fait sur la charte sociale. John Major cède toutefois sur la politique extérieure et de sécurité commune qui entre dans le domaine de la coopération intergouvernementale, alors que Français et Allemands acceptent d'exempter les Anglais des contraintes de l'Union monétaire et de la politique sociale. L'entente franco-allemande a été préservée, mais à un prix élevé. La reconnaissance de l'exception sociale britannique est une invitation à cultiver les tendances « sécessionnistes » en Europe. Où est l'intérêt de l'Europe unie ? Une Europe à deux vitesses s'affiche de plus en plus.

Les dispositions du traité de Maastricht sur l'Union économique et monétaire reprennent les grandes lignes du rapport Delors. Elles sont insérées dans le titre II, modifiant le traité CEE, explique Pierre Gerbet. Mais Mitterrand comme Dumas n'obtiennent pas que le terme *d'Europe fédérale* soit inscrit dans le traité. Un protocole social à onze est annexé au traité. La Grande-Bretagne ne participe pas à cette politique mais elle s'interdit d'exercer son veto dans ce domaine. Le traité crée un Fonds de cohésion pour l'environnement et les grands réseaux de communication. Le vote à la majorité qualifiée sera étendu à de nouveaux domaines. Le Parlement dispose désormais d'un droit de co-décision dans certains dossiers. La politique étrangère et de sécurité commune s'exerce par des actions décidées à l'unanimité, mais ensuite, dans le cadre ainsi défini, la règle de la majorité qualifiée prévaut. Le désarmement et la CSCE relève de la PESC et l'UEO appartiendra à l'Union européenne, son rôle étant complémentaire de celui de l'OTAN ; la défense commune est un objectif à plus long terme. Le traité prévoit que le Conseil des ministres décide à l'unanimité en matière de justice et d'affaires intérieures. On crée Europol, un embryon de police européenne. On inscrit enfin dans le traité la convocation d'une nouvelle CIG, en 1996, pour adapter le traité. Le traité de Maastricht est signé le 7 février 1992.

Mitterrand prend le risque d'un référendum

François Mitterrand annonce à la télévision, le 13 décembre 1991, que le traité sera l'affaire de tous les Français. Il cherche à inscrire la construction européenne dans la durée en la faisant ratifier par les Français. Le temps des « despotes éclairés » est révolu, même si Giscard, Kohl et Major, Delors aussi, dénoncent ou redoutent ce coup de poker politique. Le président décide que la ratification se fera par référendum, ouvrant aux adversaires du traité la possibilité de lancer une campagne très active au nom de la souveraineté nationale menacée et de la crainte des « technocrates » de Bruxelles. Les opposants à Maastricht en appellent à la France éternelle (*texte 81*). Pour faire front à une coalition hétéroclite des « non » allant de Le Pen à Chevènement, en passant par le communiste Marchais, le Vendéen de Villiers et le gaulliste Seguin, le président ne cesse de rappeler la persistance de la nation et de la patrie française. L'objectif de François Mitterrand est de concilier son grand dessein européen avec l'affirmation de la souveraineté française.

Le résultat du référendum est essentiel pour l'Europe. Un vote négatif en France tuerait pour longtemps tout projet d'union politique, comme ce fut le cas avec le rejet de la CED en août 1954. L'entente franco-allemande, encore plus indispensable depuis la réunification, se serait disloquée. La campagne, mal partie du côté des partisans du oui, est réorganisée fin août sur un slogan positif et non défensif : « une Europe plus forte vous protégera mieux ». Les jeunes européens du PS organisent avec Élisabeth Guigou une tournée remarquée des plages de l'été. L'accueil modérément favorable de l'opinion française (51,05 % de votes positifs contre 48,95 %) au référendum du 20 septembre 1992 évite le pire mais il montre que la politique européenne de François Mitterrand souffre de graves limites, à moins qu'il ne s'agisse d'une sanction de politique intérieure. D'un autre côté, Kohl et Mitterrand ont le courage politique de tenter une avancée européenne dans de nouveaux domaines, volontairement négligés par les auteurs des traités de Rome de mars 1957 : la culture et l'identité européennes, la monnaie unique, l'augmentation des pouvoirs du Parlement européen, une esquisse de politique étrangère et de défense communes.

De nouvelles perspectives communes

Le succès du référendum sur Maastricht permet d'ouvrir des négociations en vue de l'adhésion à l'Union européenne des pays de l'ancienne AELE. Les Douze passent à Quinze, le 1er janvier 1995, en accueillant la Suède, la Finlande et l'Autriche.

En raison des taux de chômage inquiétants, Delors et Bérégovoy proposent une initiative européenne de croissance au Conseil d'Edimbourg des 11 et 12 décembre 1992 (*texte 82*). Elle doit assurer le lancement de grands travaux, soutenir les secteurs générateurs d'emplois, renforcer les convergences économiques entre les Douze. Les Conseils de Copenhague des 21 et 22 juin 1993, puis de Corfou le 24 et 25 juin 1994, approuvent cette politique de grands travaux. Toutefois son financement n'est pas assuré (*texte 83*).

La politique étrangère et de sécurité commune incluant « l'ensemble des questions relatives à la sécurité de l'Union européenne, y compris la définition à terme d'une politique de défense commune, qui pourrait conduire, le moment venu, à une défense commune » est devenue une nouvelle politique de coopération entre les Douze, inscrite dans le nouveau traité. Français et Allemands ont déjà organisé une brigade franco-allemande en janvier 1988. À la suite du traité de Maastricht instituant une politique étrangère et de sécurité commune (PESC), Mitterrand et Kohl annoncent au sommet franco-allemand de La Rochelle, le 22 mai 1992, la création de l'Eurocorps à partir de la brigade franco-allemande. Opérationnel depuis le 30 novembre 1995, l'Eurocorps rassemble plus de 50 000 hommes bien équipés. Il peut être mis à la disposition soit de l'UEO, soit de l'OTAN, pour des missions dites de Petersberg[32].

François Mitterrand a finalement défendu une conception fédérale des rapports économiques et monétaires européens, le secteur le plus apte à accueillir ce type d'organisation. Il s'est satisfait, par obligation ou par conviction, d'une coopération intergouvernementale dans les domaines de la politique étrangère et de la défense. En avril 1992, avant le référendum sur Maastricht, Pierre Bérégovoy, premier ministre, s'accroche au slogan : « faire l'Europe sans défaire la France ». Est-il conscient que ce slogan, inventé en mars 1953, vient de Georges Bidault, un démocrate-

---

[32] Missions de protection humanitaire ou d'évacuation des ressortissants de l'Union, maintien de la paix, intervention de forces de combat pour la gestion des crises et de rétablissement de la paix (réunion des ministres de la Défense de l'UEO du 19 juin 1992).

chrétien des années 1950 ? Peu importe, mais il révèle la tension qui existe et existera toujours entre patrie, nation et gouvernement européen. Ainsi prend pleinement sens la formule de François Mitterrand de 1987 (Chatham House) : « La France est notre patrie et l'Europe notre avenir », formule reprise en 1992 par Kohl : « l'Allemagne est notre patrie, l'Europe est notre avenir »[33]. Au-delà de cette déclaration de double allégeance que tout le monde ne partage pas encore à cette époque, François Mitterrand exprime avec réalisme que la France accepte de construire une Europe qui devra compter dans le monde, dans un esprit libéral, corrigé par le développement de politiques communes ou de politiques contractualisées. Le projet socialiste initial de François Mitterrand s'est heurté à la diversité idéologique des autres États européens et à l'inspiration libérale des Communautés européennes. Mitterrand s'en est sorti en réussissant à faire bâtir des politiques européennes exigeantes : une PESC, une Europe sociale, une Europe de l'audiovisuel et une Europe de la haute technologie. Ces quatre dossiers représentent des avancées conformes au programme socialiste.

Le couple franco-allemand a remarquablement fonctionné, mieux encore qu'au temps de Giscard d'Estaing et Schmidt. Il a fonctionné en raison d'une volonté partagée de résoudre les conflits, de passer des compromis. Il est pure expression de la volonté politique des deux hommes, Mitterrand et Kohl. François Mitterrand appartient culturellement à la génération des fondateurs de l'Europe, Schuman, Monnet, Adenauer, Spaak, Mollet, ce qui explique cette volonté. La résignation, écrit Jean Daniel, puis le volontarisme contraint, enfin l'amitié inattendue avec Kohl, le conduisent à bâtir patiemment ce couple qu'il rejetait initialement[34]. Là aussi réside le mystère Mitterrand. Kohl est le seul chef de gouvernement à saluer l'Européen en François Mitterrand, après sa disparition, le 9 janvier 1996[35]. « Je me sentais à l'aise dans la dialectique de ce passé vécu et futur imaginé. J'avais été soldat en 1940 et prisonnier. Évadé, j'avais combattu dans la Résistance. À ces rudes contacts, j'avais appris à connaître les Allemands. Je les respectais. », écrit le président dans son dernier ouvrage[36]. Pour Mitterrand, la politique d'unité européenne et la politique d'entente franco-allemande n'ont qu'un seul lit et ne forment qu'un seul rêve : « C'est le seul message que je voudrais

[33]   KOHL H., « Les développements actuels de la politique européenne » discours au Bundestag du 25 septembre 1992, publié sous le titre « La communauté européenne après le référendum français », in MENUDIER H. (dir.), *Le couple franco-allemand en Europe*, Paris, PIA Sorbonne nouvelle, 1993, p. 263.
[34]   DANIEL J., *Le Nouvel Observateur*, n° 1642, 25 avril-1er mai 1996, p. 50 « Éditorial ».
[35]   *Le Monde*, 10 janvier 1996, p. 5 (d'après Lucas DELATTRE).
[36]   MITTERRAND F., *De l'Allemagne, de la France, op.cit.*

laisser : une victoire de l'Europe sur elle-même », dit-il à Hubert Védrine[37].

Le président Mitterrand a fait une Europe de l'excellence, un modèle dans les relations internationales, – autre manière, plus élégante et rassurante de rechercher la puissance – dans le domaine de la monnaie, du marché intérieur, du social, de la défense, des technologies nouvelles, de la culture, des valeurs de civilisation. Il a défini, avec Kohl, les contours de la spécificité européenne dans les relations internationales. Il a dessiné le visage d'une Europe du possible dans les conditions de son temps. François Mitterrand est un fondateur de l'unité. Il a pleinement réussi à mettre en accord ses convictions, ses sentiments, les intérêts de la France en Europe et sa responsabilité de chef d'État avec le grand mouvement de l'Histoire vers l'unité européenne (*texte 84*).

---

[37] VÉDRINE H., *Les mondes de François Mitterrand : à l'Élysée 1981-1995*, op.cit., p. 579.

CHAPITRE 7

La Fédération européenne des États-nations
de Jacques Chirac (1995-2003)

La période 1995-2002 comporte une originalité politique en France : la cohabitation entre un président de la République conservateur et néo-gaulliste, Jacques Chirac, et un premier ministre socialiste, Lionel Jospin, chef d'une majorité plurielle (PCF, Verts, Radicaux de gauche et Socialistes), entre avril 1997 et mai 2002. Les deux hommes doivent donc accorder leurs projets de politique étrangère, domaine partagé entre les deux responsables de l'exécutif avec le Parlement, d'après la lettre et les pratiques de la Ve République. La politique d'unité européenne de la France est marquée par deux inspirations. Il est vrai que les deux premières années de la présidence de Jacques Chirac sont illustrées par la cohérence de l'exécutif puisque le premier ministre est Alain Juppé (RPR), de mai 1995 à juin 1997. Que veut faire Jacques Chirac, en mai 1995, au moment de sa première élection à la présidence de la République ? La cohabitation bouleverse-t-elle ses projets pour l'unité de l'Europe ? Est-il toujours celui que décrit François Mitterrand dans sa *Lettre à tous les Français* de mars 1988, pour sa seconde campagne présidentielle, quand il observe que durant les deux années d'une précédente cohabitation (1986-1988), Jacques Chirac s'est rallié à tout ce qu'il a contesté dans l'opposition : élargissement à l'Espagne et au Portugal, ratification de l'Acte unique, maîtrise du budget agricole, réduction des quotas laitiers, augmentation des ressources propres des Communautés, financement de la recherche communautaire, doublement des fonds structurels, programme Erasmus, augmentation des ressources communautaires à 1,3 % du PIB des pays de la Communauté. Jacques Chirac a-t-il une politique européenne pour la France et l'Union ?

La période 1995-2003 est riche dans l'histoire de l'Union européenne. Au 1er janvier 1995, l'Union est élargie à 15 membres. Elle s'engage dans une première CIG aboutissant au traité d'Amsterdam, signé en octobre 1997, et entré en vigueur en mai 1999. Puis elle décide de proposer la négociation d'un traité sur la réforme des institutions communautaires en vue de faciliter l'adhésion des nouveaux États candidats d'Europe orientale et centrale. Le Conseil européen de Nice des 7-9 décembre 2000, organisé par la présidence française, aboutit au traité de Nice ratifié en France en juin 2001 à une large majorité. Le traité de Nice est entré en vigueur le 1er février 2003. Déjà de nouveaux dossiers arrivent sur la table de l'Union : défense européenne, sécurité, environnement, immigration, politique étrangère et de sécurité commune et surtout élargissement à 25 en 2004. La politique française, représentée par deux têtes, pouvait-elle répondre à ces enjeux ?

Continuité et variations de Jacques Chirac

Jacques Chirac n'a jamais été à la pointe du combat communautaire européen. Quand Giscard d'Estaing était président de la République (1974-1981), il l'a accusé de fomenter « l'assujettissement de la France » du fait de sa politique européenne. C'est l'appel de Cochin du 6 décembre 1978. Jacques Chirac démissionne du poste de premier ministre et il s'oppose à Giscard d'Estaing. Il vient de créer le Rassemblement pour la République (RPR), parti néo-gaulliste, pour rassembler les héritiers du général de Gaulle. Il dénonce sans ambages « le parti de l'étranger », l'UDF, le parti rival dirigé par V. Giscard d'Estaing, au moment des premières élections au suffrage universel du Parlement européen. Gaulliste populiste en l'occurrence, Chirac s'élève contre le poids croissant de l'Europe dans la conduite des affaires nationales. Jacques Chirac fait donc de cette première élection européenne, en juin 1979, le théâtre des affrontements politiciens de la droite française.

Dans l'opposition ou même premier ministre de la cohabitation (1986-1988), sous la présidence de François Mitterrand, Chirac n'a jamais été un pionnier de l'unité européenne. En 1986, l'Acte unique relance la construction européenne et met en place le marché unique européen. Jacques Chirac s'y oppose, car le projet, inventé par Jacques Delors, est soutenu par Mitterrand, son adversaire. Devenu premier ministre, il le fait pourtant ratifier, les députés chiraquiens, gaullistes ou néo-gaullistes votant la ratification, à l'exception de huit d'entre eux (dont Michel Debré). De même, opposé au nom des intérêts des agriculteurs français à l'entrée de l'Espagne et du Portugal dans les Communautés, Jacques Chirac accepte leur adhésion en 1986. En 1990 encore, il ne croit pas à la monnaie unique que le traité de Maastricht crée en 1992. Cela ne l'empêche pas de dire au Conseil européen de Cardiff des 15-16 juin 1998, à la veille de la dernière étape de la monnaie unique : « Un jour, des historiens qui étudieront cette période rendront hommage au courage – et j'espère à la vision aussi – qui ont été ceux des chefs d'État et de gouvernement qui ont décidé d'adopter la monnaie unique ». Il est difficile de savoir s'il se comprend dans le groupe des visionnaires. Le traité de Maastricht ne le satisfait pas mais il appelle à voter en sa faveur. Des observateurs de la vie politique estiment que Jacques Chirac s'assure ainsi le soutien des centristes pro-européens de l'UDF aux Législatives de 1993 gagnées par la droite. Il réussit ainsi à emporter la direction du RPR, contre les gaullistes eurosceptiques, tels Philippe Séguin ou Charles Pasqua, alors très populaires.

Jacques Chirac, en 1995, a-t-il une vision historique de l'Europe comme Mitterrand en a une ? Michel Barnier, ministre des Affaires européennes du gouvernement Juppé, présente ainsi les deux Chefs d'État :

« *Le Figaro.* – Vous êtes le seul ministre du gouvernement Juppé à avoir rencontré François Mitterrand avant sa mort...

Michel Barnier. – C'est à ma demande qu'il m'avait reçu. Je souhaitais lui parler de l'Europe, et surtout l'écouter. […] Il a toujours eu, il faut le reconnaître, une vraie conviction européenne, appuyée sur une vision historique. Sous son impulsion, beaucoup de grandes étapes ont été franchies : je pense à l'Acte unique et au traité de Maastricht. […] »[1].

Mais Barnier dit aussi de Chirac, élu président de la République : « Je constate une formidable continuité dans la pensée et les idées qu'il défend en matière européenne. […] ». Il le crédite de réussites européennes dans la première année de son mandat, telles que le lancement de l'agence franco-allemande de l'armement et l'accord en matière de satellite militaire avec Bonn ; le rapprochement opéré au sein de l'OTAN ; l'ambition de créer une forte solidarité diplomatique au sein de l'Union ; le 8ᵉ FED (Fonds européen de développement) d'aide à l'Afrique, la conférence euro-méditerranéenne de Barcelone. Pendant la campagne présidentielle de 1995, Jacques Chirac a aussi affirmé qu'il est « de *notre devoir* d'accueillir au sein de l'Union européenne les anciens satellites de l'Union soviétique ». Mais sa vision historique de l'unité européenne est marquée par la méfiance. Il avait écrit dans *La lueur de l'espérance* : « Parmi tous les États, la France est l'un des mieux placés pour prendre la tête d'une résistance (…). Sinon, il n'y aura pas d'Europe, mais, sous couvert d'une société anonyme, un condominium germano-américain. »[2]

Chirac tient le calendrier de la monnaie unique

La monnaie unique doit être installée, au plus tard, le 1ᵉʳ janvier 1999, en trois étapes (1990-1994-1999). Quand Chirac prend le pouvoir, on en est à la seconde phase d'installation. Le calendrier de la troisième phase n'est pas encore fixé, ni les critères d'admission. Or Jacques Chirac a laissé planer l'idée d'une refondation du système monétaire européen de Maastricht. Une fois président, il déclare : « nous avons la volonté que les engagements pris dans le cadre du traité de Maastricht soient tenus ». Il met donc un terme aux idées de refondation. Il se prive ainsi, écrit Bernard Cassen, des marges de manœuvre qui lui auraient permis de tenir

---

[1] Une interview du ministre des Affaires européennes Michel BARNIER : « Il ne faut surtout pas construire deux Europe », *Le Figaro* – Extraits, 11 janvier, 1996.

[2] CHIRAC J., *La lueur de l'espérance*, Paris, La Table ronde, 1978.

les promesses électorales du candidat du « changement »[3]. En conséquence, il appelle le gouvernement Balladur à mettre la France en état de
participer à l'Union économique et monétaire. Il fait campagne pour que
le noyau fondateur soit le plus vaste possible, rapporte la presse
française[4]. Il souhaite donc que l'Espagne et l'Italie participent à l'euro.
Chirac avait cessé de mettre en cause les décisions de Maastricht. Il était
monté dans le train de l'euro.

Jospin y ajoute le gouvernement économique et social européen

L'arrivée au pouvoir, comme premier ministre de la cohabitation, du
socialiste Lionel Jospin, en juin 1997, rouvre le débat sur la politique
européenne de la France. Jospin met en effet des conditions au passage à
la monnaie unique et au Pacte de stabilité et de croissance adopté par les
Quinze, les 28-29 mai 1997. La gauche est très réactive sur les conditions
imposées pour participer à la monnaie unique et pour la faire fonctionner.
Elle juge que la croissance n'est pas suffisamment prise en compte par le
pacte de stabilité et de croissance. Le nouveau ministre des Finances,
Dominique Strauss-Kahn, a souhaité une période d'évaluation des critères
de Maastricht et Lionel Jospin réclame l'adjonction d'un chapitre social
au pacte de stabilité[5]. Il refuse une Europe uniquement monétaire, sans
considération des dix-huit millions de chômeurs de l'Union. L'ancien
président de la Commission européenne, Jacques Delors, le soutient :
« Ayant été le président du comité d'experts qui a fourni des éléments aux
chefs de gouvernement pour élaborer le traité d'Union économique et
monétaire, je n'en suis que plus à l'aise pour juger des propositions de
Lionel Jospin : ce n'est donc pas à la légère que j'ai indiqué que sa position est tout à fait conforme à l'esprit du traité de Maastricht ». Delors
approuve le thème « jospinien », très neuf alors, de gouvernement économique européen : « Si les représentants du gouvernement français
avaient bien lu le traité, ils auraient simplement demandé l'application de
l'article 103, qui prévoit un pendant économique à la Banque centrale
européenne. Le traité stipule que le Conseil européen adopte chaque
année des orientations communes en matière de politique économique. Si
on avait appliqué ce principe depuis quatre ans, nous aurions tous eu une
croissance plus forte et moins de chômage. Il faut donc poser la question
aux Allemands : voulez-vous appliquer le traité ? Il suffirait d'un proto-

---

[3]   « Au nom de Maastricht, la cohésion sociale sacrifiée à la monnaie », *Le Monde
      diplomatique*, juin 1995, p. 22.
[4]   *L'Humanité* du 6 novembre 1996.
[5]   Le pacte de stabilité budgétaire et de croissance a été adopté par les Quinze, en
      décembre 1996, au conseil européen de Dublin, imposé par le ministre allemand des
      Finances, Theo Waigel.

cole comme il y en a eu un pour le pacte de stabilité. C'est aussi simple que cela »[6].

Le Conseil européen d'Amsterdam des 16-17 juin qui adopte le projet de traité complétant Maastricht n'est pas pour autant un triomphe pour les thèses de Jospin. Il doit se résigner au pacte de stabilité, accepté antérieurement par Chirac, au nom de la continuité de la politique extérieure. Jospin obtient tout de même un Conseil européen social à Luxembourg, les 21-22 novembre 1997[7]. La politique européenne de la France n'est donc pas identique dans le couple exécutif, même si le président finit par imposer sa ligne ..

Chirac remet en cause les critères de stabilité de la zone euro

L'euro est installé comme monnaie de compte des Européens au 1er janvier 1999, puis comme instrument matériel de paiement le 1er janvier 2002. La situation économique en Europe se dégradant, le pacte de stabilité est l'objet de nouvelles critiques. Comment soutenir l'activité si les taux d'intérêt de la Banque centrale européenne ne baissent pas et si la barre des 3 % du PIB empêche d'accroître les déficits publics pour une relance ? Or les critères de convergences comme le pacte de stabilité et de croissance sont la condition de la vie en commun de la zone euro. Jacques Chirac n'a pas manqué de remettre en cause le seuil des 3 % du PIB en compagnie du chef du gouvernement italien, Silvio Berlusconi[8]. Les deux hommes allaient dans le même sens que le président de la Commission européenne, Romano Prodi, qui, dans un entretien au quotidien *Le Monde*, du 18 octobre 2002, déclare : « Le pacte de stabilité est imparfait, c'est vrai, parce qu'il faut avoir un outil plus intelligent et plus de flexibilité (…). Je sais bien que le pacte de stabilité est un instrument stupide, comme toutes les décisions qui sont rigides. »

Jacques Chirac s'est donc coulé dans le projet de monnaie unique européenne sans avoir pu influencer les conditions de son fonctionnement. Jospin arrivé plus tardivement dans le débat a imposé seulement un Conseil européen sur la politique sociale.

Le président s'engage dans deux projets de défense européenne

La sécurité de l'Union et de chacun des États membres peut donner lieu à un projet de grande ampleur de la part de Chirac comme de Jospin. L'instrument de l'action existe puisque le traité de Maastricht dispose qu'une politique étrangère et de sécurité commune fait partie des mis-

---

[6]   Interview donnée à *Libération* le 22 mai 1997.

[7]   LIPIETZ A., « L'Europe de Pörtschacht », *Politis*, 19 novembre 1998.

[8]   Rencontre de Rome, 7 novembre 2002.

sions de l'Union, au titre de la coopération intergouvernementale, sans relever des coopérations renforcées prévues par le traité d'Amsterdam. De plus, la PESC peut fonctionner selon la procédure de l'abstention constructive qui permet d'élaborer des politiques communes[9].

Défense européenne : Chirac accepte un dialogue avec l'OTAN

Le gouvernement Balladur propose d'organiser un « système de défense » européen après les expériences de la guerre du Golfe et de l'ex-Yougoslavie où les Européens ont fait appel à l'OTAN. Jacques Chirac, abandonnant le dogme gaulliste de l'indépendance de la France par rapport à l'OTAN, s'est rapproché de l'Organisation atlantique, en décembre 1995, au point de faire représenter de nouveau la France « dans plusieurs des organismes militaires de l'Alliance atlantique ». « En annonçant cette réintégration au sein du Conseil des ministres de la Défense et du comité militaire de l'OTAN, Paris a précisé qu'il n'y aurait toujours aucune participation à des organismes "intégrés" et qu'en particulier aucune force ne ferait retour dans le système militaire "intégré" de l'Alliance »[10]. Il accepte donc de placer le dossier de la défense européenne dans le cadre de l'Alliance atlantique ce qui ne peut que satisfaire ses partenaires et les nouveaux adhérents à l'Union et mécontenter les gaullistes historiques. Cette politique se traduit par un accord avec Berlin sur le principe d'un système de défense européen placé au sein de l'OTAN (accord de Berlin des 3 et 4 juin 1996 et déclaration commune de Nuremberg du 9 décembre 1996). L'emploi par l'UEO de Groupements de forces interarmées multinationales (GFIM), sous commandement européen, dépendra de l'accord de l'Alliance et donc des États-Unis. Mais est-ce bien là une défense « européenne » ? Est-ce pour réagir à cet étonnant revirement que Chirac tente d'investir un des commandements majeurs de l'Alliance, celui de l'Europe du Sud, basé à Naples ? Il demande qu'un Européen en prenne la direction. Sur cette question comme sur l'UEO en tant qu'organisation de défense de l'Union européenne, Chirac et le nouveau gouvernement Jospin ne sont pas soutenus par leurs partenaires européens. Les Allemands et surtout les Anglais ne sont toujours pas mûrs pour construire une défense européenne autonome par rapport à l'OTAN.

---

[9] Introduite par le traité d'Amsterdam, l'abstention constructive ou positive permet à un État membre, dans le cadre de la politique étrangère et de sécurité commune (PESC), de s'abstenir sans que cela fasse obstacle à l'unanimité. L'État membre en question n'est pas tenu d'appliquer la décision mais doit en revanche accepter que celle-ci engage l'Union.

[10] DE LA GORCE P.-M., « Retour honteux de la France dans l'OTAN », *Le Monde diplomatique*, janvier 1996.

La solution bilatérale : Saint-Malo (décembre 1998)

Pourtant, l'avancée majeure à propos de l'organisation de la défense européenne vient du sommet franco-britannique de Saint-Malo du 4 décembre 1998, une initiative bilatérale. Il réunit dans une même approche Chirac, Jospin et Alain Richard, le ministre de la Défense. La déclaration sur la défense européenne indique : « L'Union doit avoir une capacité autonome d'action, appuyée sur des forces militaires crédibles, avec les moyens de les utiliser et en étant prête à le faire, afin de répondre aux crises internationales. Dans cette perspective, les engagements de défense collective auxquels ont souscrit les États membres (article 5 du traité de Washington et article V du traité de Bruxelles) devront être maintenus. » À lire le communiqué de Saint-Malo, la défense européenne reste confinée dans le cadre juridique de l'Alliance atlantique. Avancée réelle, faux-semblant ? Mais, pour la première fois, la référence à l'Alliance n'est pas exclusive : « L'Union européenne devra pouvoir recourir à des moyens militaires adaptés (moyens européens pré-identifiés au sein du pilier européen de l'OTAN, ou moyens nationaux et multinationaux extérieurs au cadre de l'OTAN) », est-il dit[11]. Les deux pays affirment aussi que la défense européenne est l'affaire des grands États de l'Union. À défaut d'être une coopération renforcée, elle peut entrer dans le cadre des coopérations prévues par le second pilier et fonctionner selon la règle de l'abstention positive. Après le sommet, Chirac déclare : « la déclaration que nous avons adoptée (…) affirme quelques principes essentiels : le respect, naturellement, des engagements, de nos Alliances, cela va de soi, mais aussi le rôle du Conseil européen, le caractère purement intergouvernemental de la PESC, la nécessité d'une capacité autonome d'action, le recours à des moyens militaires européens dans l'OTAN ou hors de l'OTAN, en cas de besoin, l'adaptation nécessaire de nos moyens militaires »[12]. Blair a manifesté son accord : « Lorsque j'ai lancé ce débat à Pörtschach, il s'agissait de la première fois où j'expliquais la position britannique, je me suis rendu compte immédiatement qu'il était très important que la France et la Grande-Bretagne se lancent dans ce processus en étroite coopération. Et je pense que c'est un pas important que cet accord et cette déclaration que nous avons faits aujourd'hui ».

Saint-Malo représente une vraie politique, peu communautaire sans doute, mais s'inscrivant dans les traités de l'Union. En termes politiques est-elle la voie vers l'autonomie de défense de l'Union ? Un politologue britannique, Jolion Howorth, répond : « Le "plan d'action" suggéré par le président Chirac en juillet 1999 exigeait toute une série d'améliorations, notamment une chaîne de commandement intégralement européenne, la

---

[11] Cf. la déclaration du 4 décembre 1998 sur la défense européenne.
[12] Compte rendu de la déclaration du président de la République à la fin du sommet.

multinationalisation de l'état-major conjoint permanent français et britannique existant, un service de renseignement *autonome*, la projection de puissance ainsi que des capacités C4I, et l'établissement d'une base technologique et industrielle de l'armement »[13].

Création de la Force de réaction rapide européenne (décembre 1999)

Cette entente permet au Conseil européen d'Helsinki, de décembre 1999, de décider la création d'une Force de réaction rapide européenne et de tenir une conférence d'engagement des capacités, les 20 et 21 novembre 2000, à Bruxelles. La Force de réaction rapide (FRR) permettra de disposer de 60 000 soldats soutenus par 400 avions de combat et 100 navires, aptes à assurer les missions dites de Petersberg. L'articulation avec l'OTAN reste, concrètement, une nécessité pour le renseignement, les armes guidées, les transports. La création parallèle d'une force de réaction rapide de l'OTAN (*NATO Response Force*) de 21 000 personnes environ, apte à se mobiliser dans des délais très brefs (cinq à trente jours), pour remplir des missions de sécurité collective ou de gestion de crise, sans limitation géographique d'intervention, est ambiguë par rapport à celle de l'Union européenne. Il est évident que les deux projets s'interpénètrent *de facto* et que les arrière-pensées ne sont pas absentes. « La force de l'Alliance, c'est pour faire la guerre, et celle de l'Europe, c'est pour maintenir la paix », aurait dit un haut responsable de l'OTAN[14]. Cette division des rôles arrange bien Washington, en maintenant l'Europe de la défense dans un rôle secondaire. En décembre 2001, au Conseil de Laeken, la Force de réaction rapide de l'Union est déclarée opérationnelle, sur le papier, ce qui ne tranche en rien la question de l'autonomie de cette force qui continuera de dépendre de l'OTAN et des États-Unis pour son efficacité tactique. Jacques Chirac a engagé la France dans ces deux forces.

Le sommet franco-allemand de Schwerin, en juillet 2002, une fois Chirac libéré de la cohabitation par la défaite de Jospin aux élections présidentielles, permet de faire les premières propositions communes à

---

[13] C4I signifie la maîtrise du Command (Commandement), Control (Contrôle), Communication (Communication), Computer (Informatique), Intelligence (Renseignements) en termes de communication, d'informatique et de technologie ; « L'intégration européenne et la défense : l'ultime défi ? », Jolyon HOWORTH, novembre 2000 (Traduit de l'anglais ; © Institut d'Études de Sécurité de l'UEO 2000).

Voir également les remarques du ministre de la Défense Alain RICHARD à l'université de Georgetown, 23 février 2000 ; voir l'intervention d'Alain Richard, colloque de Cergy-Pontoise, 1999, publiée dans BOSSUAT G., VAICBOURDT N., *États-Unis, Europe et Union européenne / The United States, Europe and the European Union. Histoire et avenir d'un partenariat difficile (1945-1999) / Uneasy Partnership (1945-1999)*, Bruxelles, P.I.E.-Peter Lang, 2001. 283 p.

[14] DE BAROCHEZ L., « L'Europe de la défense en retrait », *Le Figaro*, 20 novembre 2002.

l'usage de la Convention sur l'Avenir de l'Europe : la défense y tient une bonne place puisque les deux pays ont proposé de créer une Union européenne de sécurité et de défense avec un nombre limité de pays membres et une coopération en matière d'armement[15]. On répète donc Saint-Malo, six ans plus tard, mais sous la rubrique des coopérations renforcées. Rien n'est dit toutefois du contenu de cette nouvelle Union de sécurité et de défense, ni de ses objectifs politiques, ni de ses rapports avec l'Alliance atlantique.

Jacques Chirac et Lionel Jospin pensent que la coopération avec la Grande-Bretagne en matière de défense européenne est la bonne solution. Mais réussissent-ils à faire progresser l'idée d'une défense européenne autonome ? La Force de réaction rapide a, manifestement, des limites opérationnelles. Les pays européens n'offrent pas de moyens financiers et techniques suffisants pour créer un grand instrument militaire européen. Ils n'ont pas la volonté de le créer. Ils soignent le lien ombilical avec les États-Unis, lien renforcé encore par l'adhésion enthousiaste des ex-pays de l'Est européen à l'OTAN, futurs membres de l'Union en 2004. Le président de la République française reconnaît, sans l'expliquer, que la politique d'indépendance nationale est impossible à maintenir. Les déclarations franco-britanniques de Saint-Malo, les déclarations franco-allemandes de Schwerin ouvrent, peut-être, de nouvelles voies pour l'autonomie de l'Union européenne dans le cadre d'un dialogue atlantique, si les Européens ne se comportent pas comme les cités grecques face aux Perses au IVe siècle avant J.-C.

Les États, moteurs des institutions de l'Union européenne

Le dossier des institutions de l'Union est l'un des plus complexes et des plus sensibles car il touche aux relations intra-communautaires et à l'élargissement. Le quadrilatère institutionnel Commission, Parlement, Conseil des ministres et Conseil européen peut-il faire fonctionner valablement une Union élargie ? Répond-il à l'espérance d'Union politique ? Les observateurs et les responsables européens ne le pensent plus en 1995. De nouvelles perspectives doivent être ouvertes (*texte 85*).

Renforcer le Conseil européen : mandat français pour la CIG post-Maastricht (mars 1996)

La CIG, ouverte pour toiletter le traité d'Union européenne de Maastricht, le 29 mars 1996 à Turin est mandatée (point n° 2) pour réviser les institutions de l'Union européenne de façon à accroître leur efficacité, leur cohérence et leur légitimité et aussi « à instaurer une coopération renforcée, ouverte à tous, compatible avec les objectifs de l'Union, tout

---

[15] D'après *Le Monde*, DE BRESSON H. et VERNET D., 26 novembre 2002.

en préservant l'acquis communautaire ». Le gouvernement Juppé et le président de la République ont donc défini les options françaises. Jacques Chirac, au cours de la campagne présidentielle de 1995, a souhaité que l'élargissement de l'Union ne pénalise pas la bonne marche des institutions européennes. C'est le sens du mandat de Turin. Chirac approuve la création de « solidarités renforcées », organisées autour du couple franco-allemand. Le président de la République parle d'allonger la durée du mandat de la présidence de l'Union européenne et d'augmenter ses capacités d'initiative face à la Commission : « Comment ne pas songer aussi à renforcer la capacité de proposition du Conseil, alors que la Commission a aujourd'hui en pratique un rôle exclusif ? Ne faudra-t-il pas également réviser l'actuelle pondération des voix pour mieux tenir compte des réalités politiques ? » Il ajoute aussi : « Je suis favorable à l'institution d'un président du Conseil européen qui serait désigné par celui-ci pour trois ans. La tâche principale du président serait de représenter l'Union à l'extérieur et d'assurer aussi la défense de ses intérêts et la promotion de son identité ». Il veut aussi que la Commission soit responsable devant le Conseil des ministres. Il parle enfin d'associer les Parlements nationaux à l'œuvre communautaire et de soumettre à référendum populaire la révision du traité sur l'Union qui résulterait de la CIG[16]. En 1995-96, Jacques Chirac plaide donc pour que les États aient une plus grande place dans le quadrilatère institutionnel, et même que la Commission réponde de son action devant le Conseil. Il n'attaque pas de front les équilibres institutionnels communautaires mais son inspiration est bien de les modifier au profit du Conseil des ministres et du Conseil des chefs d'État et de gouvernement (*texte 86*).

L'entente entre les États membres n'est donc pas facile à réaliser sur le dossier institutionnel car d'autres gouvernements espèrent, au contraire, renforcer la co-décision ou le caractère communautaire du processus décisionnel. La négociation du traité d'Amsterdam, achevée le 17 juin 1997, est donc un semi-échec, mis à part l'euro. La réforme des institutions n'a pas lieu et la révision du traité de Maastricht est reportée. Jacques Chirac s'en contente. Ne dit-il pas, après la conférence : « Mon expérience m'a convaincu qu'il ne faut pas confondre hâte et précipitation. J'étais pour une révision du traité de Maastricht. Dans certains domaines je suis frustré, dans d'autres satisfait. Mais au total, c'est un pas raisonnable qui nous met en mesure de commencer l'élargissement de la Communauté, c'est-à-dire à partir de 2001-2002, pour recevoir trois à quatre nouveaux membres. Tout cela est raisonnable ». Il ajoute, en réponse à une question : « Raisonnable, oui, c'est bien le mot qui convient pour une affaire comme l'Europe qui doit avancer avec détermi-

---

[16]   Source http://www.europarl.eu.int/igc1996/pos-fr, *Livre blanc* du Parlement européen, volume II.

nation, mais aussi prudence »[17]. Lionel Jospin approuve alors les propos présidentiels, indiquant seulement que « l'attitude de la délégation française [...] allait plutôt dans le sens d'une extension significative de l'utilisation de la majorité qualifiée ». Le traité d'Amsterdam signé, Jospin fait de sa ratification une priorité politique alors que sa majorité est déficiente.

Au nom de quoi ratifier le traité d'Amsterdam ? Peut-être plus pour l'idée de l'unité de l'Europe que pour ses mérites propres. Dans son message à l'Assemblée nationale à la veille du débat de ratification de mars 1999, Jacques Chirac présente un credo européen général : « Le destin de la France n'a jamais été de se replier sur son hexagone. Il est au contraire de se projeter vers l'extérieur et de faire vivre et partager ses idéaux », souligne-t-il. Mais il assure aussi que la Nation n'est pas susceptible de se dissoudre dans l'Union. Jacques Chirac se place dans la lignée de ses prédécesseurs pour rappeler que l'Europe est, en France, une grande aventure collective. Il insiste sur l'emploi devant cette Assemblée majoritairement de gauche : « De même qu'il y a une civilisation européenne, il y a un modèle social européen : une tradition de négociation collective, une protection contre les aléas de l'existence, un État garant de la cohésion sociale. C'est aussi pour nous un modèle de développement ». Il revendique même d'être à l'origine de l'Europe sociale « depuis le mémorandum que j'ai présenté au nom de la France, en mars 1996 »[18].

Renforcer les institutions communautaires pour l'élargissement (Nice, décembre 2000)

La question des institutions doit être posée sous la présidence française, au second semestre 2000. Le Conseil européen d'Helsinki des 10 et 11 décembre 1999 (points 14 à 21 des conclusions de la présidence) a mandaté le président de l'Union européenne pour ouvrir une CIG sur la réforme des institutions, dans la perspective des élargissements. La date butoir est décembre 2000. Chirac et le gouvernement Jospin s'attellent donc à cette tâche. Sur fond manifeste de discrète tension entre les deux têtes de l'exécutif, Chirac expose, le 4 juillet 2000, à Strasbourg, le programme de la présidence française en quatre points : « – D'abord, préparer l'Union à son élargissement.– Ensuite, mettre davantage l'Europe au service de la croissance, de l'emploi et du progrès social. – Rapprocher aussi l'Union des citoyens, pour faire vivre notre projet commun dans les cœurs. – Enfin, affirmer la place de l'Europe dans le monde ». Quelques jours auparavant, devant le Bundestag, il avait envisagé la rédaction

---

[17] Conférence de presse conjointe de monsieur Jacques Chirac et de monsieur Lionel Jospin, Amsterdam, 18 juin 1997. http://www.archives.premier-ministre.gouv.fr/jospin_version2/PM/D180697.HTM.

[18] Message du 3 mars 1999.

d'une Constitution européenne pour clarifier les traités et pour poser les limites des frontières de l'Europe unie (*texte 87*). « A-t-il, pour autant, retrouvé le souffle des pères fondateurs de l'Europe ? », s'interroge *le Télégramme* qui y répond par antiphrase[19]. Ce programme est-il celui du gouvernement de gauche ? Rien n'est moins sûr (*texte 88*).

Chirac satisfait de Nice : des coopérations renforcées sont possibles à 25

Le Conseil européen de Nice des 7-10 décembre 2000 apporte-t-il des solutions pour les institutions européennes ? Du point de vue du président de la République, président de l'Union européenne, Nice est un succès. Peut-il en être autrement ? Jacques Chirac retient cinq points essentiels de ce Conseil européen que l'on peut comparer aux priorités de la présidence française définies le 4 juillet (*texte 89*) : la Commission aura un nombre de commissaires inférieur à 27 et des pouvoirs renforcés, « très renforcés » même, estime le président. Son président sera désigné à la majorité qualifiée par le Conseil des ministres. Deuxièmement, Jacques Chirac trouve normale l'extension des domaines soumis au vote à la majorité qualifiée, pour répondre à l'attente des peuples européens[20]. Prodi, le président de la Commission, explique dans son compte rendu que l'extension de la majorité qualifiée : « est quantitativement importante, puisqu'une trentaine de nouveaux chapitres relèveront de ce mode de décision, qui devient ainsi de plus en plus la règle générale du Conseil. Qualitativement, c'est une autre affaire ; sur les sujets sensibles de la cohésion, de la réglementation fiscale, du droit social, les progrès sont insignifiants voire nuls : la Conférence s'est heurtée dans ces domaines à l'intransigeance de certains États membres. Mon sentiment à cet égard est celui de la déception… »[21]. Troisièmement, Jacques Chirac croit en une

---

[19] *Le Télégramme*, 28 juin 2000, COUDURIER H.
[20] *L'extension de la majorité qualifiée* : en vue d'une Union de 27 membres, il a fallu réduire le recours à l'unanimité pour la prise de décision en Conseil, et améliorer la cohérence d'ensemble du processus législatif. Donc un certain nombre de nouveaux domaines feront l'objet d'une décision à la majorité qualifiée. Mais les États membres ont exclu toute avancée sur les questions fiscales, et, en matière sociale, renvoyé à un éventuel consensus du Conseil toute extension de la majorité qualifiée (et de la co-décision avec le Parlement européen) aux matières qui n'y sont pas déjà. D'autre part, divers « basculements » du processus décisionnel sont prévus à l'horizon 2007 (règlement financier et fonds structurels), et/ou subordonnés à l'adoption préalable de décisions de fond (asile et protection temporaire, Fonds structurels). En matière de politique commerciale, enfin, le consensus reste de mise pour une partie du secteur des services. (D'après MAJERUS J.-M., « Les petits pays, un danger pour l'Union européenne ? Le cas du Luxembourg », in BOSSUAT G. (dir.), *Danger d'Europe, Europe en danger ?*, Université de Cergy-Pontoise, Cahiers du CICC, 2003 .
[21] http://europa.eu.int ; Discours de Romano Prodi, président de la Commission européenne, « Discours devant le Parlement européen sur les conclusions du Conseil européen de Nice », Parlement européen Strasbourg, le 12 décembre 2000.

identité culturelle européenne dont l'effet est de pouvoir conserver, chacun, la plus grande « liberté de manœuvre ». Quatrièmement, il juge que l'adoption des règles de repondération des voix au Conseil est un succès. La nouvelle règle donne un peu plus de place aux pays les plus peuplés, au nom de la démocratie du plus grand nombre, ajoute-t-il. Il faut éviter qu'une majorité de petits États ne s'impose aux grands, d'où le triplement des voix pour l'Allemagne, la France, la Grande-Bretagne, l'Italie, l'Espagne, alors que les voix des autres pays sont seulement un peu plus que doublées. Toutefois, le processus de décision du Conseil sera soumis à une triple majorité : celle du nombre des États membres, celle de la pondération des voix (majorité qualifiée d'environ 73 % du nombre de voix), celle de l'importance démographique[22]. Cinquièmement, Jacques Chirac a obtenu la possibilité de mettre en œuvre des coopérations renforcées « parce qu'avec une Europe à 27 on ne peut pas exclure, naturellement, l'hypothèse dans laquelle les gens ne soient pas toujours aussi motivés qu'on le souhaiterait. Et les coopérations renforcées donneront la possibilité à l'Europe d'avoir une sorte de moteur, d'entraînement, qui montrera la voie et qui convaincra les autres de suivre et de s'associer »[23].

Le traité de Nice est paraphé le 26 février 2001 par les Quinze. Pour soutenir la réflexion dans le public engagée par le traité de Nice, la présidence de la République et le premier ministre décident de lancer un grand débat national sur l'avenir de l'Europe, en avril 2001. Quatre domaines de réflexion sont proposés : « La délimitation des compétences entre les États membres et l'Union européenne, le rôle des Parlements nationaux, la simplification des traités européens et le statut de la Charte européenne des droits fondamentaux ». Jacques Chirac dit qu'il faut « aller vers davantage d'Europe » et propose une Constitution européenne pour « une fédération d'États-nations », à l'heure où les socialistes attendent un message du premier ministre, Lionel Jospin, sur l'avenir de l'Europe. Ces déclarations interviennent alors que le chancelier allemand, Gerhard Schröder, fait des propositions très fédéralistes de réforme de l'Union européenne.

Quelles institutions pour l'Europe Chirac veut-il ? Autant la piste est reconnaissable en 1995 au moment de la campagne présidentielle, autant, après Amsterdam et Nice, elle se perd dans des circuits complexes. Pourtant une permanence apparaît durant ces six années : les institutions communautaires doivent permettre de réussir des coopérations renforcées ; elles doivent permettre aux grands États d'emporter plus

---

[22] GERBET P., article « Traité de Nice », in *Dictionnaire historique de l'unité européenne*, Bruxelles, Complexe (à paraître).

[23] Conférence de presse conjointe de Monsieur Jacques Chirac, président de la Rrépublique, de monsieur Lionel Jospin, premier ministre et de M. Romano Prodi, président de la Commission européenne. Date d'édition : 11 décembre 2000 – *Source :* présidence de la République.

facilement la décision au sein du Conseil. De plus, quand des enjeux paraissent essentiels à Jacques Chirac : social, fiscalité, cohésion, la règle de l'unanimité doit prévaloir (*texte 92*).

Jospin propose un contenu global pour une fédération d'États-nations

Quelles institutions Jospin préconise-t-il après Nice ? Lionel Jospin approuve les interprétations présidentielles, faisant remarquer toutefois que « ce paquet aurait pu être plus ambitieux, nous étions de ceux qui le souhaitions, notamment en matière de majorité qualifiée » et dans d'autres champs, en particulier le social (*texte 90*). La cohabitation, en revanche, n'empêche pas le député vert Alain Lipietz de fustiger les choix de Nice, volant ainsi la vedette aux socialistes, auprès des déçus du libéralisme européen (*texte 91*). Sans doute Jospin paraît-il trop réservé sur l'Union européenne. « Lionel Jospin n'est pas pro, ni anti-européen, il est a-européen », aurait dit un haut fonctionnaire de Bruxelles, propos rapporté par *Le Monde*.

Jospin répond publiquement le 28 mai 2001, dans son discours sur l'Europe : « Parce que je ne suis pas un européen tiède, je ne veux pas d'une Europe fade » (*texte 93*)[24]. Sur le fond, il se distingue du chancelier Gerhard Schröder puisqu'il propose une fédération d'États-nations construite autour du triangle formé de la Commission, du Conseil et du Parlement européen, alors que le chancelier imagine transformer la Commission en un gouvernement européen et le Conseil des ministres en une seconde chambre du Parlement européen. Lionel Jospin ne veut pas d'une Europe où les États auraient le statut des Länder allemands ou celui des États fédérés américains. Jospin dit également non à l'Europe fédéraliste du chef de la diplomatie allemande, Joschka Fischer[25]. Chevènement aussi, pour des motifs différents (*texte 94*). Les thèmes du discours de Jospin portent sur la « fédération d'États-nations » et sur une Constitution européenne, la lutte contre un certain désenchantement à l'égard de l'Europe et sur un modèle économique et social européen capable de résister à la mondialisation. Il veut donc aboutir à « un traité social européen », pour maintenir des services publics forts et efficaces et une politique industrielle ambitieuse.

Quelle différence avec Chirac sur les questions européennes ? Elle semble faible. Jospin et Moscovici, ministre des Affaires européennes, sont d'accord sur les coopérations renforcées, comme Chirac, ce qui évite d'envisager une avant-garde fédérale permanente qui, ultérieurement, pourrait servir de modèle aux institutions définitives de l'Union. Pourtant,

---

[24]   « Lionel Jospin s'engage pour l'Europe ». *Le Monde*, 28 mai 2001,

[25]   D'après PAYEN M., *Radio Deutsche Welle*, Programme français, l'analyse du jour, 28 mai 2002.

Pierre Moscovici, insiste sur les différences : « Lionel Jospin et Jacques Chirac professent une même volonté européenne. Mais, là encore, les différences sont patentes. À droite, l'Europe n'est présente que dans sa seule dimension institutionnelle avec, au surplus, une tentative de « plaquer » les institutions de la Ve République sur l'Union européenne, avec l'élection d'un président de l'Union » (*texte 95*). À gauche, pour la première fois, Lionel Jospin tire la conséquence de ce que l'Europe n'est plus une question de politique étrangère : l'Europe est un contenu, une ambition sociale et politique, elle est partie intégrante de tous les chapitres de son projet, venant ainsi apporter une contribution à la régulation de la mondialisation et à la lutte contre le chômage, contre l'insécurité ou contre les inégalités[26]. À la veille des élections présidentielles de 2002, *l'Expansion* compare les deux programmes : Jacques Chirac est favorable à l'élargissement à 25 pays membres, tout en préservant la souveraineté de chaque pays membre, pour l'élaboration de la Constitution d'une fédération d'États-nations qui serait adoptée par un référendum européen. À la tête de l'Europe, il est pour l'élection d'un président de l'Union par le Conseil européen. Le premier ministre est pour une « Fédération européenne d'États-nations ». Il prône également la mise en place d'un « gouvernement économique européen », via la consécration de l'Euro-groupe et l'élection de son président par ses pairs et réclame enfin un taux européen minimum pour l'impôt sur les sociétés, pour lutter contre le dumping fiscal[27]. L'Europe de Lionel Jospin est une Europe avec un contenu idéologique keynésien et redistributeur, tandis que Chirac croit à une Union européenne des États. Jospin voudrait donner plus de contenu aux institutions européennes, un contenu sur lequel Chirac ne donne guère de précisions. Si le contenu semble mieux affiché chez Jospin, le contenant est très proche : une fédération d'États-nations. Mais Moscovici estime qu'il y a plus de Fédération chez Jospin que chez Chirac[28].

La torpeur franco-allemande

L'histoire a retenu les couples célèbres de l'entente franco-allemande : Schuman et Adenauer, de Gaulle et Adenauer, Giscard d'Estaing et Schmidt, Mitterrand et Kohl. Il est impossible de placer parmi les couples célèbres de l'histoire européenne, Chirac et Kohl, Chirac et Schröder ou Jospin et Schröder, ces deux derniers issus du même courant de pensée pour la période 1995-2002. Le moteur franco-allemand ne fonctionne plus correctement, malgré les apparences.

---

[26] MOSCOVICI P., « Entre l'abîme et le ruisseau », *Le Monde*, 28 mars 2002.

[27] D'après *l'Expansion* 18 mars 2002 (site de lexpansion.com).

[28] Entretien du ministre délégué chargé des Affaires européennes, M. Pierre MOSCOVICI, avec « RTL », Paris, 30 mai 2001.

En 1995, le principe de l'élargissement est acquis par les différents membres de l'Union. Chirac et Kohl écrivent à la présidence du Conseil européen, l'Espagne, le 6 décembre 1995 (sommet de Baden-Baden) pour suggérer un ordre du jour à Felipe Gonzales (*texte 96*)[29]. Cette lettre est ressentie comme une manifestation du couple franco-allemand auquel la Belgique se réfère pour élaborer des propositions pour la CIG qui aboutit au traité d'Amsterdam. Les Belges estiment que Français et Allemands sont d'accord pour aller vers une « différenciation », c'est-à-dire pour permettre à certains membres de l'Union d'aller de l'avant dans la construction européenne[30]. La première année du septennat de Chirac, 1996, témoigne donc d'une bonne entente entre Allemands et Français d'après l'*Humanité* : « le "couple franco-allemand", conscient que la construction européenne telle qu'il la pilote est entrée dans une phase critique, ne se quitte plus. Calendrier chargé avec, ce lundi, une rapide participation à Lisbonne au sommet de l'OSCE ; une réunion ce même jour à Bruxelles des ministres européens des Finances sur le pacte de stabilité ; une rencontre Kohl-Chirac demain à Paris en vue de la préparation du sommet franco-allemand de Nuremberg, le 9 décembre. Tout cela en vue de la préparation du sommet européen de Dublin, les 13 et 14 décembre. Ouf ! »[31]. La rencontre de Nuremberg (68e consultation franco-allemande) provoque l'envoi d'une lettre commune au président de la Commission européenne, Jacques Santer, suggérant un nouveau schéma d'organisation de l'Union européenne. La lettre concerne la sécurité intérieure, la politique étrangère et de sécurité commune, la réforme des institutions. Jacques Chirac et Helmut Kohl proposent que le Conseil européen adopte le vote à la majorité qualifiée et que la pondération des voix permette de garantir une représentation équilibrée des États membres. D'autre part, les Parlements nationaux seront mieux associés aux travaux du Parlement européen. Ils souhaitent la création d'un « espace juridique européen », coordonné par Europol. Pour la PESC, il s'agit de créer une structure permanente chargée d'assister le Conseil dans la prise de décision et de confier à une personnalité désignée la mission de représenter et d'exprimer les choix de politique étrangère et de sécurité commune[32].

Le 69e sommet franco-allemand du 13 juin 1997 au Futuroscope de Poitiers est très attendu. Kohl se demande quel sera le comportement des Français entrés en cohabitation. L'arrivée au pouvoir de Jospin en juin 1997 n'a pas été prévue par les Allemands. La volonté du premier

---

[29]   Lettre commune de Jacques Chirac et Helmut Kohl au président du Conseil de l'Union européenne, Baden-Baden, 6 décembre 1995 (consultable dans GERBET P., DE LA SERRE F. et NAFILYAN G., *L'Union politique de l'Europe. Jalons et Textes*, Paris, La Documentation française, 498 p.).

[30]   *Le Soir*, interview de DERIJCKE E., MAE belge, 28 mars 1996.

[31]   L'*Humanité*, 2 décembre 1996, « Chirac et Kohl resserrent les boulons ».

[32]   http://www.archives.premier-ministre.gouv.fr/juppe_version1/ACTGVT/LXEURO3.htm.

ministre de remettre en question le pacte de stabilité les inquiète. L'année 1997 est donc difficile[33]. Français et Allemands divergent sur la procédure du vote au sein du Conseil après les élargissements ainsi que sur le nombre de commissaires européens que la France souhaite réduire à une douzaine. Jacques Chirac formule le vœu que la future Banque centrale européenne (BCE) soit présidée par un Français et manifeste des réticences à l'égard du Néerlandais Wim Duisenberg, président pressenti. L'éternelle « guerre de la banane », entre bananes ACP et bananes « dollar », aurait dû stimuler la coordination franco-allemande au moment où l'Organisation mondiale du commerce (OMC) remettait en cause la réglementation européenne, très favorable à la banane ACP. Or les prises de positions françaises et allemandes sur la PAC sont antinomiques. Devant les élus et les agriculteurs du département du Cher, en octobre 2000, le chef de l'État réaffirme son refus de voir l'Organisation mondiale du commerce contester la « vocation exportatrice » de l'Union européenne. « Il est important que l'Europe ne perde pas de vue ses racines agricoles », souligne Jacques Chirac. Résumant la position qu'il a défendue en mars 1999, lors du sommet de Berlin, quand les Chefs d'État et de gouvernement européens ont réformé l'agriculture européenne pour la période 2000-2006, le président explique que l'élargissement de l'Union dans les prochaines années « ne doit pas servir de prétexte à un affaiblissement de la PAC »[34]. Or Berlin, le plus gros contributeur net au budget européen, soutient fortement cette réforme. En tant que bénéficiaire net de la PAC, Paris y est, au contraire, farouchement opposé et refuse toute réforme avant 2006[35].

Le sommet franco-anglais de Saint-Malo est ressenti comme un désaveu de l'axe franco-allemand traditionnel et Chirac doit s'expliquer à la fin du sommet : « La relation franco-allemande est une relation essentielle, dans la mesure où elle est nécessaire à la construction de l'Europe. Pour autant elle n'est pas suffisante ou exclusive (…) ; il n'y aura pas de politique étrangère et de sécurité commune européenne si les deux principales puissances diplomatiques et militaires de l'Europe, enfin deux parmi les plus importantes puissances diplomatiques et militaires de l'Europe, ne se mettent pas d'accord… »[36]. Toutefois, c'est au cours du 16ᵉ conseil franco-allemand de sécurité et défense de Nuremberg, le

---

[33] Voir VERNET D., *Le Monde*, « L'Europe et l'inévitable couple Paris-Bonn », 13 juin 1997.

[34] *Le Bulletin des agriculteurs*, octobre 2000, sur le site http://www.lebulletin.com/actualite.

[35] Synthèse n° 62, « L'orientation européenne de l'Allemagne après les élections » par DEMESMAY C., http://www.robert-schuman.org/synth62.htm.

[36] Conférence de presse conjointe du président de la République M.Jacques Chirac, du premier ministre, M. Lionel Jospin et du premier ministre britannique, M. Tony Blair, Saint-Malo, 4 décembre 1998.

9 décembre 1996, que le concept de défense européenne est défini. Affirmant l'existence d'une identité européenne de sécurité et de défense au sein de l'Alliance, exprimant la volonté des deux pays d'insérer l'UEO dans l'Union européenne, le conseil de sécurité et de défense franco-allemand (créé par Mitterrand et Kohl en janvier 1988) définit des objectifs communs pour les politiques de sécurité et de défense ; il décide aussi de faire une analyse commune de l'environnement et du cadre de sécurité des deux pays, d'avoir une approche commune pour la stratégie et les missions des forces armées et de donner des directives communes « pour la coopération militaire y compris la constitution de capacités communes, et pour la politique d'armement »[37].

Le sommet franco-allemand de Mayence, en juin 2000, fonctionne bien : « De fait, le sommet s'est révélé étonnamment fertile, après des années de torpeur franco-allemande. À preuve, les avancées sur la construction d'une Europe de l'armement, comme le choix commun de Berlin et Paris pour l'avion de transport militaire européen, Airbus A 400 M, en dépit des très nettes réticences des militaires allemands ou la relance d'un projet de système d'observation satellitaire européen indépendant », explique un journal[38]. Certes, mais l'avancée ne porte pas sur les affaires communautaires à proprement parler.

L'année 2000 est marquée par une relance franco-allemande au niveau présidentiel, puisque Jacques Chirac prend la parole devant le Bundestag – est-ce la réminiscence du discours de Mitterrand de 1983 ? – pour délivrer un discours sur l'Europe, au moment où la France prend la présidence de l'Union. Il insiste longuement sur ses choix personnels en faveur de l'unité allemande : « Vous l'avez dit, je suis de ceux qui ont toujours espéré et toujours attendu le moment où l'Allemagne retrouverait son unité et sa capitale »[39]. Ensuite, revenant de Berlin, il prononce devant le Parlement européen un discours en tant que président de l'Union européenne, le 4 juillet 2000. Il invite les députés à élargir l'Union, mais aussi à mettre davantage l'Europe au service de la croissance, de l'emploi et du progrès social, à rapprocher aussi l'Union des citoyens et enfin à affirmer la place de l'Europe dans le monde. Il évite toutefois de prendre position sur le siège définitif du Parlement ou sur les institutions européennes, ce qui lui vaut la critique suivante de François Bayrou : « Pour être maçon, il faut avoir un plan d'architecte. Nous avons besoin d'un architecte pour l'Europe ». Chirac n'a donc pas convaincu Bayrou de ses convictions européennes.

---

[37] « Concept commun franco-allemand en matière de sécurité et de défense », 9 décembre 1996, in Deutsch-Französisches Forum franco-allemand, http://www.leforum.de/fr/fr-traite-nuremberg.htm.

[38] *Le Télégramme*, 10 juin 2000.

[39] Discours au Bundestag, 27 juin 2000.

L'entente franco-allemande est conflictuelle au Conseil européen de Nice. Chirac et Jospin bataillent dur pour obtenir l'égalité des voix au Conseil avec l'Allemagne, en dépit de la différence de populations entre les deux pays. Chirac s'appuie sur l'histoire de la CECA. Il y avait déjà en 1950 une différence de 10 millions d'habitants au profit de la RFA, mais l'égalité de voix entre la France et la RFA a été reconnue. Néanmoins les relations franco-allemandes restent le moteur de l'unité pour le président français : « Au lendemain de la guerre, nous avons pu, enfin certains hommes de vision, mesurer combien les affrontements avaient été douloureux, absurdes et combien il fallait faire la paix, vraiment. Et cela a été la réconciliation entre la France et l'Allemagne. Il a été décidé d'effacer tout ce qu'un passé trop lourd avait accumulé entre nos deux pays et, à partir du moment où cette décision a été prise, il est évident que l'on ne pouvait le faire que sur un pied de stricte égalité. Ce n'était plus une question démographique ou de puissance économique ou militaire »[40]. La tension franco-allemande est perceptible, explique Daniel Vernet dans *Le Monde* : « Certains mots en disent parfois plus long que de grands discours. Il en va ainsi "d'irritation". C'est le terme employé à Berlin pour qualifier la dégradation des relations franco-allemandes avant et pendant le Conseil européen de Nice ». Le sentiment d'avoir été abandonné en rase campagne par les Allemands au cours des préparatifs de Nice est très mal vécu dans les cercles dirigeants français. Paris a besoin de temps pour digérer l'avantage reconnu aux Allemands en matière de pondération des voix au sein des instances européennes pour tenir compte de leur poids démographique. Les abandons de souveraineté demandés par les Allemands aux Français en politique étrangère et de sécurité commune ne plaisent pas : « Comme le président Chirac, Hubert Védrine, qui a eu des attitudes souvent très fluctuantes par rapport aux initiatives de son homologue allemand, semble très sceptique à l'idée d'un projet d'intégration européenne où la France perdrait une partie de sa marge de manœuvre en matière de défense et de politique étrangère », écrit encore *Le Monde*[41].

Quel projet européen est-il possible de construire ensemble se demandent les Allemands ? En réponse, Jacques Chirac promet « un grand débat démocratique » sur l'avenir de l'Europe[42] pour dessiner le « nouveau visage » de l'Europe après le traité de Nice et dépasser les « querelles sémantiques » sur les institutions de l'Union. Le dîner franco-allemand du 31 janvier 2001, à Blaesheim (Bas-Rhin), aura remis la coopération franco-allemande sur les rails. La France et l'Allemagne sont d'accord

---

[40] Conférence de presse conjointe de M. Jacques Chirac, président de la République, de M. Lionel Jospin, premier ministre et de M. Romano Prodi, président de la Commission européenne, *idem*.

[41] « Europe, la France et l'Allemagne doutent », *Le Monde*, 31 janvier 2001.

[42] GEORGES-PICOT E., Paris , P Reuters.

pour faire de l'élargissement l'objectif fondamental de l'Union dans les années à venir et pour construire une Europe-puissance. En effet ce terme d'Europe-puissance, associé à celui de nouveau traité de l'Élysée, est utilisé lors de la rencontre Schröder-Chirac à l'Élysée, en juin 2002. De son côté Wolfgang Schäuble, responsable des questions de politique étrangère dans l'équipe du candidat CDU à la Chancellerie, Edmund Stoiber, explique : « Au cours des cinq dernières années, les relations franco-allemandes n'ont pas été aussi intenses qu'elles auraient dû l'être. Si nous gagnons [aux élections de septembre], nous ferons tout pour qu'elles soient non seulement bonnes, mais qu'elles redeviennent un élément central de la politique allemande »[43].

Pourquoi Chirac en arrive-t-il à proposer un nouveau pacte fondateur franco-allemand ? Certains pensent qu'il s'agit d'une réaction à l'élargissement. Le renforcement de l'axe franco-allemand serait une nécessité alors que l'Union va passer de 15 à 25. Selon lui, les grands pays doivent accroître leur influence dans une Europe élargie. Cette raison compte sans aucun doute pour Chirac, comme en témoignent ses tendances de fond sur la construction européenne. La fin de la cohabitation a relancé aussi le moteur franco-allemand. À la question d'un journaliste, intrigué par la « panne » du moteur franco-allemand, le ministre des Affaires étrangères, Dominique de Villepin répond : « Parce que peut-être que l'urgence, la conviction, la détermination ont pu faire défaut, chacun se repliant sur sa sphère intérieure, regardant davantage ses propres problèmes »[44].

La relance du moteur franco-allemand semble être un « rabibochage » aux journalistes du *Monde*[45]. Mais quelques semaines plus tard le ton de la presse française change et témoigne d'une nouvelle confiance dans le tandem franco-allemand. En vue du Conseil européen de Copenhague, fin décembre 2002, Paris et Berlin se mettent d'accord sur le calendrier des négociations avec la Turquie, sur l'agriculture, sur la défense et sur la police. En novembre, Chirac reçoit Recep Erdogan, le vainqueur des élections législatives (parti de la Justice et du Développement, AKP, islamiste modéré) et affirme, avant le Conseil européen de Copenhague, que la Turquie a « toute sa place en Europe ». Au sujet de la PAC, l'Allemagne accepte de repousser à 2006 la diminution des aides aux agriculteurs que Paris refuse *a priori*. Allemands et Français, ainsi que les Anglais, sont d'avis qu'il faut donner un président à l'Union, sans affaiblir les institutions communautaires traditionnelles. Chirac et Schröder font une proposition conjointe de gouvernance européenne pour le Conseil européen. La France et l'Allemagne cherchent à renforcer la

---

[43]   *Le Monde* du 16 juillet 2002.

[44]   Entretien du ministre des Affaires étrangères, M. Dominique DE VILLEPIN, Europe 1 dans le cadre de l'émission « C'est arrivé cette semaine », Paris, 26 octobre 2002.

[45]   26 novembre 2002.

coordination économique à l'intérieur de la zone euro sans bouleverser l'équilibre du triangle institutionnel existant. Ils veulent aussi soumettre la politique fiscale, liée au marché intérieur, au vote à la majorité qualifiée. En ce qui concerne la représentation externe de la zone euro, la France et l'Allemagne estiment que la chaise unique permettrait à l'Europe intégrée d'être représentée de façon adéquate dans les institutions financières internationales[46]. Le sommet franco-allemand de Schwerin, de juillet 2002, a permis de faire les premières propositions communes et le 22 novembre, les deux gouvernements publient un texte destiné à la Convention qui vise à créer une Union européenne de sécurité et de défense dans le cadre des coopérations renforcées[47]. On approfondit donc Nuremberg (1996) et Saint-Malo (1998).

La fin de l'année 2002 a bien été un moment fort et même une période de relance des relations franco-allemandes. Observons que Chirac comme Schröder sont libérés des angoisses des élections et qu'ils sont libres de leurs mouvements. L'action commune franco-allemande peut de nouveau se renforcer. Un durcissement vis-à-vis des Britanniques dans le dossier du budget communautaire est noté. Le 15 octobre 2002, le président français demande « une solution acceptable par tous » pour le financement de l'élargissement de l'Union européenne et remet en cause le système de ristourne accordée à la Grande-Bretagne après le Conseil européen de Fontainebleau de juin 1984. La ristourne représente, en effet, à l'époque, environ 5 milliards d'euros, payés en grande partie par la France (31,58 %). Pour 2002, la Grande-Bretagne fournit 14,3 % du budget de l'Union alors qu'elle représente 18 % de la richesse produite. Par ailleurs, la France finance 16,7 % de ce budget et l'Allemagne 24,4 %. La réponse du gouvernement de Tony Blair a été immédiate : le rabais accordé à la Grande-Bretagne « n'est pas négociable » avant 2006. Une « altercation » se produisit entre Blair et Chirac qui lui dit publiquement, selon le *Financial Times* : « Vous avez été très mal élevé et on ne m'avait jamais parlé comme ça auparavant ».

L'Europe, un terrain d'action pour la France de Jacques Chirac

Jacques Chirac, président de la République, s'est exprimé sur l'Union européenne à de nombreuses occasions au cours de son premier mandat. À partir de ses déclarations et de sa pratique politique européenne une vision de l'Europe unie se dessine-t-elle ?

---

[46] Voir le site du Quai d'Orsay : http://www.diplomatie.fr.
[47] D'après DE BRESSON H. et VERNET D., *Le Monde*, 26 novembre 2002.

L'abondance de la thématique européenne
dans les discours du président

Des thèmes sont récurrents dans ses déclarations : Une Europe des citoyens et des peuples ; une Europe puissance dans les relations internationales[48]. Il semble attaché à une Europe sociale, thème affirmé au début du premier septennat. Il évoque la diversité culturelle de l'Europe unie. Au-delà de ces généralités, observons que Jacques Chirac célèbre les pays fondateurs de l'unité par opposition aux élargissements récents. Les fondateurs seraient-ils détenteurs de la vérité européenne, en particulier le couple franco-allemand ? Une évidence encore : une Europe unie ne peut exister sans que la France ne la marque au cœur. « Mon ambition pour la France est qu'elle soit forte dans l'Europe. Pour qu'elle demeure elle-même. Pour qu'elle y fasse entendre sa voix, sa vision de l'homme, sa conception du monde. Voilà pourquoi elle doit être au premier rang des nations européennes », déclare-t-il devant le Parlement japonais[49].

Derrière les mots quelle est la vision de l'Europe unie de Jacques Chirac ? Il assimile l'identité européenne à « une certaine idée de l'homme, qui a donné au projet européen son horizon de liberté, de dignité, de tolérance, de démocratie »[50]. Il s'inscrit dans la tradition humaniste européenne, voire personnaliste, à laquelle se rattache aussi la mission de solidarité de l'Europe unie avec les pays sous-développés[51]. L'Europe sociale de Chirac place « l'homme au cœur du projet européen »[52] ; il met l'accent sur la dimension « protectrice » de l'Europe au Conseil européen de Turin[53]. Il propose même un « modèle social européen » dans le « mémorandum français pour un modèle social européen » qui fait de la lutte contre le « dumping social » un objectif majeur. La France tient à ce que le droit social communautaire soit appliqué partout, de manière équivalente. L'Europe unie de Jacques Chirac est une Europe élargie ; c'est la grande Europe. Il en accepte les conséquences sur la nature de l'Union, mais veut en tempérer les conséquences néfastes par la création d'un groupe pionnier réuni autour de coopérations renforcées[54].

---

[48] Conférence de presse après Nice, 11 décembre 2000.
[49] Extraits du discours prononcé par M. Jacques Chirac, président de la République, devant le Keidanren (Tokyo, 27 avril 1998).
[50] Discours au Bundestag, 27 juin 2000.
[51] Discours au Bundestag, 27 juin 2000. L'Union européenne est porteuse de « solidarité entre pays riches et pauvres et montre l'exemple par une politique active d'aide au développement. Elle plaide, et elle agit, en faveur de la paix et pour que cesse la barbarie ».
[52] Conseil européen de Madrid 15 et 16 décembre 1995.
[53] 29 mars 1996.
[54] Discours au Bundestag, 27 juin 2000, « Notre Union ne sera plus tout à fait la même demain. Mais elle ne connaîtra ni dilution, ni retour en arrière. Notre responsabilité est d'y veiller. ».

Des esprits critiques se demandent quel sens la construction européenne prend, dans ces discours : « Des discours un peu rapidement qualifiés de "visionnaires", comme celui de M. Joschka Fischer, ministre allemand des Affaires étrangères, à l'université Humboldt en mai 2000, et celui de M. Jacques Chirac, à Berlin, en juin, ne disent strictement rien sur le sens de la construction européenne, sur le projet "civilisationnel" et géopolitique qu'elle est censée incarner... », écrit Bernard Cassen[55]. Le modèle économique et social européen est-il contenu, chez Jospin et Chirac, dans leur relative opposition à la libéralisation du marché de l'énergie en France, ou bien le dossier EDF-GDF n'est-il pas subordonné aux manœuvres électorales d'avril-mai 2002 ? « Jacques Chirac a décidé, quoi qu'il en pense, de coller plus que jamais à Lionel Jospin, pour ne pas risquer de se faire taxer de libéralisme ou de brader les services publics, notamment par les syndicats, très mobilisés sur le sort d'EDF », écrit *Le Monde*, tandis que Jospin est conscient que le monopole d'EDF doit être aménagé et le capital de l'entreprise publique être ouvert au privé.[56]

Chirac l'Européen ? Le président l'affirme : « Je suis profondément européen... non pas un euro-réaliste, mais un euro-enthousiaste sur ces grandes questions de fond »[57]. Mais cette profession de foi européenne est prononcée après le Conseil européen de Nice. Il n'y a que les chevènementistes de récente extraction et les gaullistes déçus par Chirac, pour estimer que Jacques Chirac a épousé en secondes noces le « fédéralisme européen de Jean Monnet et de François Mitterrand, ces deux farouches antigaullistes historiques »[58]. Mais c'est un nationaliste pseudo européen que la députée UMP (Union pour un mouvement populaire), Margie Sudre, décrit : « Je salue l'esprit profondément européen de Jacques Chirac qui l'a convaincu de peser de tout son poids pour imposer M. Giscard d'Estaing à la présidence de la Convention sur l'avenir de l'Europe, afin que la France ait un rôle primordial dans le débat qui engage nos nations et nos peuples » (*texte 97*)[59]. Est-ce bien là la politique européenne de la France ? Est-ce défendre l'intérêt supérieur de l'unité européenne ? Si Chirac est un gaulliste et si le gaullisme est d'abord un nationalisme, comme l'écrit Jean Charlot, Chirac peut-il alors être un Européen ? Selon Jean Charlot, « le gaullisme, pour l'essentiel, est un nationalisme. Les gaullistes sont caractérisés par une "passion de la

---

[55] « Le parent pauvre du "social" s'invite au sommet européen », *Le Monde diplomatique*, décembre 2000, p. 12-13.

[56] BACQUÉ R. et LEPARMENTIER A., « MM. Chirac et Jospin défendent le monopole d'EDF », *Le Monde*, 16 mars 2002.

[57] Conférence de presse de l'après-Nice, 11 décembre 2000.

[58] ABITBOL W., KUNTZ F. et COÛTEAUX P.-M., *Le Monde*, 5 juillet 2000.

[59] 6 mars 2002. Réaction à la visite de Jacques Chirac à Strasbourg : « Le choix de l'Europe au service de l'ambition française », sur le site http://epp-ed.europarl.eu.int/rpr-europe.

France" qui transcende tous les ferments de division et toutes les faibles-ses individuelles »[60].

Les contradictions de la politique européenne de Jacques Chirac

Sans remonter à l'appel de Cochin, la foi européenne de Chirac est toujours apparue tiède. S'est-il « euro-converti » en 2000, au moment de la présidence française de l'Union ? Longtemps anti-européen, il s'est rallié peu à peu à la construction européenne, sans réel enthousiasme. Euro-sceptique dans l'opposition, il devient pro-européen en 1995. Pour-quoi ? « Il est devenu président de la République et tout sera clair », écrit Jacques Julliard[61]. Jacques Delors dit aussi à propos de la « conversion » de Chirac à l'Europe sociale : « Je trouve très légers tous ces gens qui parlent d'Europe sociale. Cela me rappelle la formule du général de Gaulle sur l'Europe des cabris ». Ce pragmatique, soucieux de conquérir et d'exercer le pouvoir, n'a pas de vision patiemment élaborée sur l'Union européenne. Il réagit en nationaliste modéré qui gère la nécessité dans laquelle se trouve la France de subir l'Europe.

Jacques Chirac, renouvelé dans son mandat présidentiel en mai 2002, a pourtant la possibilité de marquer l'Histoire et de contribuer au bien de l'Europe unie. « Il peut échouer en défendant la souveraineté française contre l'Union ou transfigurer la France en faisant de l'Europe un acteur de la scène internationale. C'est sa responsabilité, devant lui-même et devant l'Histoire », explique Bernard Guetta[62]. C'est aussi ce que dit, autrement, André Fontaine : « "Vision" : sans doute ne faut-il pas abuser du mot. Chacun sait que Jacques Chirac est un homme de l'instant, bien plus qu'un visionnaire. Mais auquel de ses prédécesseurs, de Gaulle mis à part, ce qualificatif pourrait-il vraiment s'appliquer ? Plutôt que de se lancer dans une vaine grandiloquence, comme il lui arrive par moment de le faire, sa tâche ne devrait-elle pas consister d'abord à exposer aux Français les enjeux et à leur demander de se prononcer clairement sur le principal d'entre eux : l'Europe ? » Un observateur étranger, Charles Fleming, du *Wall Street Journal Europe*, écrit en mai 2002 : « Chirac s'est fait le champion de politiques si différentes, voire contradictoires, au cours de sa carrière que ni les politologues ni ses partisans ou ses adversaires ne sont d'accord sur ce qui constitue son programme ni sur la manière dont il compte l'appliquer »[63]. Pour beaucoup d'observateurs de la vie politique, il est évident que Chirac n'a pas d'idées opérationnelles sur l'unité européenne, comme l'écrit *L'Express* : « Sur l'élargissement, il avoue son "émotion", mais repousse le problème turc aux calendes

---

[60]   SIRINELLI J.-F., *Histoire des droites en France*, Paris, Gallimard, 1992, t. 1, p. 656.

[61]   JULLIARD J., *Le Nouvel Observateur*, 25 mars-3 avril 1996.

[62]   *L'Express*, 13 juin 2002, « Chirac et l'Histoire ».

[63]   *Courrier international* 601, 10 mai 2002.

grecques. À propos des institutions, il annonce dans ses vœux du 31 décembre une Europe "bientôt réformée", sans dépeindre les évolutions souhaitées… Comme pour les problèmes hexagonaux, le président semble ne pas se préoccuper ici de développer une vision. »[64].

Ainsi, la feuille de route est-elle tracée pour Jacques Chirac. Les vrais problèmes sont devant lui. Mais le pouvoir a ceci de mystérieux qu'il confère à son détenteur la possibilité d'effacer des années d'incertitude, s'il décide de proposer une ligne claire. Quelle pourrait être cette ligne européenne pour le second septennat ? L'innovation l'emportera-t-elle sur l'habitude, sur le caractère et sur le court terme ? Un début de réponse a été apporté dans l'année qui a suivi sa victoire aux élections présidentielles du 21 avril 2002. En effet, le début du nouveau mandat présidentiel est marqué par une relance des initiatives franco-allemandes. Ainsi, les deux pays proposent-ils de donner une « interprétation plus flexible » des critères du Pacte de stabilité parce qu'ils ont refusé, en novembre 2003, de se plier immédiatement aux critères de convergence et de ramener leur déficit public à moins de 3 % du PIB. Chirac doit même accepter les critiques de Jean-Claude Trichet, qu'il a aidé à accéder au poste de gouverneur de la Banque centrale européenne, après la décision des ministres des Finances de suspendre le pacte de stabilité. Alors que le président fait savoir, comme d'autres, que les critères de convergence doivent être réformés. La proposition a été faite d'exclure du calcul du déficit certaines dépenses d'investissement : les dépenses de défense, dit Chirac, la recherche, avance le premier ministre français. Le président de la République, en l'occurrence, a voulu faire fonctionner le couple franco-allemand, déclarant au *Figaro*, le 20 janvier 2003 : « Lorsque l'Allemagne et la France s'entendent, l'Europe progresse ; lorsqu'elles ne s'entendent pas, l'Europe s'arrête. C'est une constatation. Ce n'est pas l'affirmation d'une volonté hégémonique ».

L'affaire irakienne : Chirac ne peut rassembler les Vingt-cinq

La crise irakienne de 2003 suscite chez Jacques Chirac l'envie de tracer la politique extérieure commune de l'Union, d'autant plus que la France, l'Allemagne, la Chine et la Russie s'opposent vigoureusement aux projets américains de guerre préventive pour détruire les armes de destructions massives prétendument installées en Irak. Devant les pressions contradictoires des États-Unis et de la Grande-Bretagne en faveur d'une intervention, unilatérale si besoin est, et de la France, en faveur d'une intervention, si nécessaire, mais sous couvert de l'ONU, huit pays européens, cinq membres de l'Union et trois pays candidats, signent une lettre en faveur d'un front uni contre l'Irak, le 30 janvier 2003, faisant voler en éclat tout espoir de définir une politique étrangère commune. Les

---

[64] BARBIER Ch., « Chirac en mal d'Europe », *L'Express,* 9 janvier 2003.

dirigeants de huit pays d'Europe appellent à l'unité avec les États-Unis : Vaclav Havel, République tchèque ; José Maria Aznar, Espagne ; José-Manuel Duro Barroso, Portugal ; Silvio Berlusconi, Italie ; Tony Blair, Grande-Bretagne ; Peter Medgyessy, Hongrie ; Leszek Miller, Pologne ; Anders Fogh Rasmussen, Danemark. Le 5 février 2003, les ministres des Affaires étrangères d'Albanie, Bulgarie, Croatie, Estonie, Lettonie, Lituanie, Macédoine, Roumanie, Slovaquie et Slovénie, déclarent, à leur tour, qu'ils font confiance à la communauté transatlantique dans la crise. Interloqué par cet alignement sur la politique des États-Unis, le président de la République, à l'issue de la réunion informelle extraordinaire du Conseil européen de Bruxelles, du 17 février 2003, convoquée pour obtenir une position commune des États de l'Union, s'en étonne en des termes forts :

> Concernant en tous les cas les pays candidats, je ne parle pas des pays qui ne sont pas candidats, mais les pays candidats, honnêtement, je trouve qu'ils se sont comportés avec une certaine légèreté. Car entrer dans l'Union européenne, cela suppose tout de même un minimum de considération pour les autres, un minimum de concertation. Si, sur le premier sujet difficile, on se met à donner son point de vue indépendamment de toute concertation avec l'ensemble dans lequel, par ailleurs, on veut entrer, alors, ce n'est pas un comportement bien responsable. En tous les cas, ce n'est pas très bien élevé. Donc, je crois qu'ils ont manqué une bonne occasion de se taire.

Chirac ne réussit pas à faire adopter par les Quinze une ligne commune. S'il est la star du Conseil européen, il ne peut empêcher les États membres de l'Union d'adopter concrètement des attitudes différentes au moment de l'attaque américaine contre l'Irak, le 18 mars[65]. En avril, reprenant l'offensive, il propose avec Schröder (RFA), Junker (Luxembourg) et Verhofstadt (Belgique), la création d'un noyau de capacités collective pour la défense européenne sous la forme d'une Union européenne de Sécurité et de Défense (UESD) ayant vocation de réunir les États membres qui sont prêts à aller plus rapidement et plus loin dans le renforcement de leur coopération en matière de défense. Le concept comprend l'idée d'une Agence européenne de l'armement et celle d'un État-major européen.

Chirac retrouve l'Allemagne

L'affaire irakienne facilite, en tous les cas, l'entente franco-allemande dans les instances de l'Union. Un accord est trouvé entre les deux pays pour défendre le projet de Constitution européenne sur lequel il n'y a pas eu d'entente à 25, en décembre 2003. La France et l'Allemagne souhaitent trouver rapidement un compromis sur une Constitution européenne, mais « pas à n'importe quel prix » et, si possible, avant fin juin 2004. La

---

[65] *Courrier international*, 18 février 2003.

France et l'Allemagne continuent de défendre l'introduction de la double majorité pour l'adoption des décisions au Conseil des ministres, contre l'avis de la Pologne et de l'Espagne. Cela signifie qu'une décision est prise si elle est approuvée par 50 % des gouvernements, représentant au moins 60 % de la population totale de l'Union. Les deux dirigeants sont partisans, aussi, d'une réduction du format de la Commission européenne pour la rendre plus efficace et une extension du vote à la majorité au Conseil. Mais la multiplication des rencontres à deux ou à trois (Chirac, Blair, Schröder, en février 2004) pose la question de la bonne santé de l'Union. Ne signifient-elles pas une atteinte au fonctionnement normal des institutions communes ? Les plus petits pays de l'Union sont inquiets de ces rencontres à deux ou à trois que les participants expliquent par leur volonté de faire avancer l'Union. La création de groupes pionniers est une idée chère au président de la République française : « Nous savons bien qu'au sein de l'Europe à 25, et bientôt à 27 et davantage, dit-il le 8 janvier 2004, tous ne pourront pas marcher du même pas. L'Allemagne et la France seront naturellement au cœur de ces groupes pionniers ».

Le candidat Chirac a fait figurer dans son programme l'élection d'un président de l'Europe sans dire par qui, pour combien de temps ni quels seraient ses pouvoirs[66]. La déclaration commune Schröder-Chirac du 15 janvier 2003 a levé partiellement le voile : il pourrait y avoir deux présidents, un président de la Commission élu par le Parlement européen et un président du Conseil, choisi par ses pairs, pour deux ans et demi, ainsi qu'un responsable de la politique étrangère commune, rattaché au Conseil européen, mais siégeant à la Commission européenne[67].

Des avancées de l'Union, auxquelles la France participe ou qu'elle initie, sont visibles en 2004. La crise irakienne a sans doute accéléré la prise de conscience, au sein de l'Union, qu'il faut « construire une vraie politique européenne de sécurité de façon à agir sur l'ensemble de l'environnement international, comme un acteur global mobilisant toutes les ressources y compris militaires, de l'action extérieure »[68]. Il est vrai que depuis le Conseil européen de Thessalonique, en juin 2003, des mouvements se développent en faveur de l'organisation d'une politique extérieure et de sécurité, soit communautaire (coopération structurée dans le domaine de la défense et clause de défense mutuelle) soit intergouvernementale (Agence européenne de l'armement et État-major européen). Ces initiatives doivent beaucoup à l'action de la France et de la Grande-Bretagne depuis le sommet franco-britannique de Saint-Malo de 1998, pays auxquels se sont ajoutés l'Allemagne, la Belgique et le Luxembourg.

---

[66] « Chirac la chance et l'Europe », *Le Monde,* 30 mai 2002.
[67] Dépêche AP, 16 janvier 2003, « L'UMP salue la proposition franco-allemande sur les institutions européennes ».
[68] Nicole Gnesotto, directrice à l'Institut d'Études de Sécurité de l'Union européenne ISS, n° 9, janvier 2004, « Leçon de stratégie européenne ».

Le projet d'Agence européenne de l'armement reste à définir plus précisément, la France cherchant à en faire l'instrument d'une politique industrielle de recherche et d'armement, l'Allemagne plutôt un instrument de coordination des programmes et de recensement des productions. Un Anglais, Nick Witney a été nommé à la direction de l'Agence, tandis que le général français Jean-Paul Perruche prenait la direction de l'État-major de l'Union.

Alors que l'Union passe de 15 à 25 membres en mai 2004, le président de la République, Jacques Chirac, marque la place de la France dans l'Union en provoquant des initiatives conjointes avec l'Allemagne, sans entraîner l'adhésion massive de ses partenaires européens. Les réserves françaises initiales sur les élargissements, les rappels à l'ordre des nouveaux candidats en politique extérieure commune, la distance prise à propos des critères de convergences, les projets d'avenir pour la défense européenne fondés sur trois des pays de l'Union, la recherche d'économie budgétaire au détriment des nouveaux adhérents traduisent une gestion tendue de la politique européenne de la France.

Les événements majeurs de l'année 2004 tels que le projet de Constitution européenne et la décision d'ouvrir des négociations d'adhésion avec la Turquie supposent que le président de la République trace la route des Français. Jacques Chirac soutient le projet de Constitution qu'il soumet aux suffrages des Français en 2005, prenant un risque du même ordre que François Mitterrand, en 1992. Il défend aussi, contre le sentiment majoritaire des Français, l'entrée de la Turquie dans l'Union. Le président de la République a fait des choix courageux en 2004 qui, pourtant, ne disent rien sur l'identité de l'Union européenne, ni sur l'action de la France dans l'Union.

CONCLUSION

Les Communautés européennes
ont besoin de la France

Quel bilan tirer de l'action des plus hauts responsables politiques français par rapport à l'intégration européenne, de 1943 à 2003 ? L'intérêt de ce bilan est d'autant plus évident que l'unité européenne est devenue une réalité vivante puisque des institutions communes fonctionnent et que 25 États européens, en 2004, sont membres de l'Union, d'autres, dont la Turquie, cherchant à y entrer. Cette unité n'est donc pas terminée, peut-être même connaîtra-t-elle des reculs, car l'Union européenne n'a pas remplacé les États ni les nations. Mais l'unité est un succès historique de la vieille Europe en un siècle qui n'en compte pas tellement à son initiative. La violence a reculé en Europe du fait de l'unité, la paix a été solidement installée dans la pratique quotidienne et dans les esprits entre les peuples et les gouvernants des grandes nations européennes, naguère ennemies ou rivales. Les petites nations ont trouvé avantage à participer, à égalité de responsabilité, au système économique et politique européen. Le nationalisme exclusif a diminué d'intensité dans l'espace communautaire, permettant d'envisager l'avenir de l'ensemble européen avec plus de sérénité. Ces succès s'expliquent d'abord par les nécessités historiques. Les Européens d'Occident avaient-ils le choix ? Ils ont aussi pour origine la clairvoyance de hauts responsables politiques européens, profondément convaincus de faire le bon choix pour leur pays, après les expériences passées des guerres inter-européennes. La volonté politique et l'idéologie ont compté dans cette histoire plus que l'expression populaire.

La France au double visage

Un premier point est de dire ce que l'unité européenne doit aux gouvernements français depuis 1942. Le GPRF n'a rien inspiré en termes d'institutions en raison des résistances ou du désintérêt des grands alliés. En revanche, les gouvernements des années d'après-guerre ont été plus efficaces, soutenant la création du Conseil de l'Europe et de l'OECE. Georges Bidault (MRP) a déclenché le processus intergouvernemental de création du Conseil de l'Europe en juillet 1948. Les gouvernements français, présidés par Robert Schuman (MRP) et Henri Queuille (Radical) ont tenté, sans y parvenir, de bâtir, avec l'OECE, une organisation écono-mique européenne plus planificatrice qu'elle ne le fut[1]. La haute adminis-tration française s'en accommoda parfaitement et participa à la construc-tion d'une économie de marché sous protectionnisme provisoire.

Le gouvernement de Georges Bidault (MRP) est celui de la déclara-tion du 9 mai 1950[2]. Mais les hommes de la supranationalité sont Robert Schuman, ministre des Affaires étrangères et, en dehors du gouverne-ment, Jean Monnet, Commissaire général du Plan de modernisation et d'équipement. Dans quelle mesure le gouvernement français a-t-il réelle-ment trempé dans le projet ? L'histoire montre qu'il s'agit d'une action de francs-tireurs, appuyés par des euro-atlantistes autour de Monnet. En revanche, le projet d'armée européenne, présenté à l'Assemblée nationale le 24 octobre 1950 par René Pleven, chef du gouvernement (UDSR) et repoussé le 30 août 1954 par l'Assemblée nationale, est le résultat d'une action gouvernementale préméditée, même si Monnet en est encore une fois l'inventeur. La création de l'UEO, en octobre 1954, est une idée d'Eden et de Mendès France pour résoudre l'épineuse question de la participation de la RFA à la défense occidentale. Elle n'a pas le caractère extraordinaire de la déclaration Schuman. Elle possédait pourtant une potentialité d'unité avec l'Agence commune d'armement qui ne fonction-na pas, mais à laquelle Mendès France était attaché et qui a été réinventée en 2003.

La relance de Messine ne doit rien au gouvernement français d'Edgar Faure (février 1955-janvier 1956). En revanche, le succès de la confé-rence de Venise de mai 1956, qui ouvre la négociation des traités de marché commun et d'Euratom, s'explique par la volonté politique de Guy Mollet (SFIO), chef du gouvernement, de Christian Pineau (SFIO), ministre des Affaires étrangères et de Maurice Faure (Radical), secrétaire d'État chargé des Affaires européennes. Pour la première fois, un gouver-nement français adoptait une politique cohérente de relance européenne, en tenant compte des insuffisances de l'OECE et de l'impasse de la CED. La IVe République est donc à l'origine d'un premier partage de souverai-neté entre États avec la déclaration du 9 mai 1950 et les traités de Rome.

La Ve République, qu'elle soit gaulliste jusqu'en 1974, libérale jusqu'en 1981, socialiste jusqu'en 1995 ou néo-gaulliste ensuite, est da-vantage marquée par les choix politiques des présidents de la République que par ceux des gouvernements. De Gaulle et ses gouvernements freinent le développement communautaire des institutions des traités de Rome, mais le président de la République française fait des propositions d'Europe européenne, repoussées par ses partenaires. Les gouvernements de la Ve République gaulliste travaillent au succès du marché commun et

[1] Novembre 1947-juillet 1948 et septembre 1948-octobre 1949.
[2] Octobre 1949-juin 1950.

à l'échec d'Euratom. Le gaulliste Georges Pompidou est l'homme de la relance de La Haye, avec Willy Brandt, et de l'élargissement à la Grande-Bretagne. Valéry Giscard d'Estaing (Républicain indépendant) donne un nouveau souffle à l'Europe unie en faisant tenir régulièrement les Conseils européens des chefs d'État et de gouvernement, devenus le point principal d'impulsion des politiques d'intégration et de coopération des Communautés. Les Communautés s'élargissent à la coopération politique. Jamais avant lui le couple franco-allemand n'a aussi bien fonctionné. Valéry Giscard d'Estaing et Helmut Schmidt font progresser la démocratie communautaire par l'élection du Parlement européen au suffrage universel et renforcent la solidarité monétaire des Communautés avec le SME. Le choc de l'arrivée de la gauche au pouvoir, en mai 1981, ébranle la construction européenne, mais après une période de deux ans, François Mitterrand (PS) devient l'un des meilleurs architectes de l'unité européenne. Assumant le couple franco-allemand avec Helmut Kohl (CDU), Mitterrand relance la mécanique communautaire et de coopération au Conseil de Fontainebleau de juin 1984. Grâce à eux, l'Acte unique européen, l'Union européenne, la monnaie commune, Eurêka, l'Europe de l'audiovisuel et l'Eurocorps voient le jour.

Les élections présidentielles donnent le pouvoir, en 1995, à Jacques Chirac (RPR), dont les convictions européennes sont moins assurées que celles de ses deux prédécesseurs. Mais la construction d'une défense européenne progresse, sous son impulsion et celle de Tony Blair (Labour Party). L'élargissement, préparé par la présidence française de l'Union, provoque une réforme des institutions européennes que tout le monde trouve insuffisante. Comparées aux deux septennats de Mitterrand, les actions de Jacques Chirac n'ont pas, jusqu'en 2002, un impact historique sur l'Union européenne. Toutefois, délivré de la cohabitation, le président peut trouver l'occasion d'affirmer une politique pour l'Europe, élaborée avec le chancelier Schröder. Il ne peut toutefois faire parler d'une seule voix l'Europe des Quinze et les dix nouveaux adhérents face à la guerre préventive américaine en Irak, ni créer un consensus en faveur de la Constitution européenne.

Les trois clefs de la politique européenne de la France : la sécurité, le rang, l'idéal

Un second point concerne les permanences de la politique européenne de la France, les invariants, aurait dit Jean-Baptiste Duroselle. En effet, de ces soixante années se dégage un enseignement. Les politiques de construction européenne des gouvernements français sont peu ou prou marquées par trois facteurs : la sécurité, le rang, l'idéal. Selon l'époque, les gouvernements et les présidents de la République, l'un des trois facteurs est mis en avant. La fin des années 1940 et le début des années 1950 montrent que les gouvernements Bidault et Schuman ont voulu assurer la modernisation économique du pays dans la sécurité. La recherche de sécurité est prépondérante dans la construction de l'OECE : ils veulent harmoniser ou planifier le développement économique en Europe pour donner à l'économie française toutes ses chances sous un protectionnisme transitoire. Ils veulent assurer la sécurité économique de la France en lui facilitant, par le plan Schuman, l'accès au charbon allemand. Dans la déclaration Schuman qui met un terme à la rivalité séculaire franco-allemande, l'idéal de paix entre les vieilles nations européennes apparaît aussi. Cette part d'idéal est exprimée par le couple franco-allemand (Adenauer-Schuman, Adenauer-Mollet, Adenauer-de Gaulle) qui devient un lieu de mémoire de la réconciliation entre Européens. Cette référence symbolique à un état de paix et de bonheur en Europe, par opposition à une réalité historique très sombre, mérite le soin qui est apporté par tous les gouvernements et par les deux peuples à l'entente franco-allemande. Tant qu'elle fonctionnera, la paix sera assurée.

La France recherche aussi un rang de grande puissance à travers son adhésion aux Communautés. Le terme est gaullien mais convient pour qualifier les motivations des élites politiques françaises dans la cons-truction d'une Europe atomique, organisation utile pour le développement du programme nucléaire français civil et militaire. Il apparaît donc que l'idéal d'unité européenne tel qu'il peut motiver des individus qui adhé-rent à des idéologies communautaires ou fédéralistes n'est pas au centre des préoccupations des dirigeants de l'État. Schuman, Mollet partagent des convictions fédéralistes, mais elles ne peuvent expliquer des décisions gouvernementales qui répondent à des raisons multiples. En revanche, Jean Monnet, hors du champ de la responsabilité politique directe, a agi pour unir les hommes d'Europe et des deux rives de l'Atlantique au nom d'un idéal politique (*texte 98*). La période gaulliste est marquée par la recherche du rang et de la grandeur. Le général de Gaulle a donc voulu moderniser l'économie de la France, son industrie, sa monnaie et son agriculture, ce qu'il a réussi. Ses préoccupations se rattachent à des problématiques de sécurité indispensables pour assurer le rang de la France et de l'Europe. Son objectif est de créer une Europe autonome, fière de son histoire et de son éminente culture, consciente de ses an-ciennes querelles, et capable d'assurer sa défense et une politique exté-rieure propres, mais sans admettre, *in fine*, qu'il doit faire passer la France après l'Europe, pour pouvoir parler au nom de l'Europe.

Georges Pompidou, Valéry Giscard d'Estaing et François Mitterrand sentent, parce qu'ils sont de grands politiques, que le rang de la France ne peut être défendu à la manière du général de Gaulle. Ils n'ont pas renoncé pour autant à cet objectif. D'abord, ils proposent des innovations bénéfi-ques à tous les pays membres et à l'unité. Le premier, par réalisme, propose le premier élargissement, le second, pour donner une image plus positive de la France, l'élection au suffrage universel du Parlement européen et le troisième, pour des raisons de prestige, de sécurité et par idéal communautaire, fait la relance de Fontainebleau et l'euro. Ils comprennent que la France ne peut prétendre au leadership en Europe qu'en agissant pour le bien commun et en repoussant les tentatives d'instrumentalisation de l'Union au seul profit de la France. Mitterrand est le seul à construire le mythe européen en faisant entrer Jean Monnet au Panthéon des hommes illustres de la Patrie, et donc en élevant au rang de héros celui qui est le père fondateur de l'Europe. Le paradoxe du message politique a plu aux Français (*texte 99*). Les présidents français comprennent, les deux derniers cités au moins, que cet objectif peut être atteint en travaillant avec l'Allemagne. Le partage de la souveraineté monétaire est accepté par Mitterrand et n'est pas remis en cause par Chirac, signe que les deux chefs d'État ont compris que ce partage assure la sécurité de la France plus qu'il ne diminue son rang.

La sécurité économique et la paix sociale, plus que le rang ou l'idéal, sont toujours recherchées à travers les discussions interminables sur les projets de réformes de la PAC ou sur le mandat de l'Union dans les négociations commerciales internationales. Les gouvernements français restent sensibles à l'idée que la France a besoin de sécurité, comme le montrent les projets d'Europe sociale de Mitterrand et de Jospin, le programme Eurêka d'Europe de la haute technologie et les positions constamment réaffirmées d'Europe-puissance et d'Europe de l'excellence. Depuis de Gaulle, l'objectif s'est déplacé. Le but n'est plus de rendre à la France son rang de grande puissance dont l'arrière-cour serait l'Europe, mais de transférer cet idéal sur l'Union européenne pour en faire une grande puissance mondiale ou un acteur global des relations internationales. Le néo-gaulliste Jacques Chirac n'a pas encore tiré toutes les conclusions de cette tendance lourde, seule capable de redonner du sens aux rêves d'influence de la France dans les affaires mondiales.

Il est clair que les gouvernements et chefs d'État français n'ont pas agi sous l'empire de l'idéologie kantienne de la Paix perpétuelle ; pourtant, certains d'entre eux, appartenant aux gouvernements de la IVe République, puis des présidents de la République, Giscard d'Estaing et Mitterrand ont tiré les enseignements de l'histoire, admettant que les Communautés européennes sont les produits de la loi internationale, supérieure à l'appétit de puissance nationale et au vieil impérialisme. Il apparaît enfin que le débat sur le fédéralisme, le confédéralisme ou l'intergouvernementalité est un faux débat et qu'il occulte l'essentiel des motivations des gouvernements français. Mais on aura remarqué que les gouvernements et les présidents de la République ont rarement pris la décision de soumettre au peuple leur politique européenne. Les débats parlementaires sont le moyen de favoriser l'émergence d'un consensus en faveur de certaines formes d'unité au moment des ratifications des traités créant l'OECE, en juin 1948, la CECA en avril 1951, Euratom et la CEE en juillet 1957 et, plus récemment, l'Acte unique européen, Amsterdam et Nice. Les débats parlementaires ont abouti aussi à des prises de position contre l'unité, le

30 août 1954. Le peuple français a eu à se prononcer, en 1972, sur l'adhésion de la Grande-Bretagne, du Danemark, de l'Irlande et de la Norvège aux Communautés. Mais le grand moment fut le référendum du 20 septembre 1992 sur le traité de Maastricht qui se termina par la victoire de la relance européenne par 51,05 % des votes contre 48,95 %. Un autre grand moment est celui du référendum sur le projet de « constitution » européenne, en 2005, soumis au peuple français.

L'unité de la nation française, condition de l'unité européenne

Les hésitations des Français au début du XXIe siècle sur l'intégration européenne trahissent des résistances fondamentales et récurrentes. Sont-elles des combats nationalistes d'arrière-garde ? Il faut peut-être comprendre qu'elles expriment une résistance à la disparition de la France comme source d'un projet universaliste de société politique. La Révolution française, les idées de République universelle et laïque, la démocratie représentative à la française, l'apport intellectuel des grands penseurs français, ne sont plus au cœur des aspirations des élites européennes. Comment, de ce fait, contribuer à ce nouveau monde européen sans y perdre son âme et sans être réduit à n'être qu'une culture régionale d'Europe ? L'échec du projet européen du général de Gaulle montre que le retour en arrière est impossible. La nostalgie ne remplace pas un projet politique pour le XXIe siècle. Les Français oscillent entre la peur du vide suscitée par les pertes de souveraineté monétaire, commerciale, militaire éventuellement ; par la perte d'influence culturelle et linguistique ; par l'impérialisme atlantique et la peur de l'innovation politique engendrée par le vote à la majorité qualifiée et l'avancée vers la fédération européenne.

Les élites françaises doivent donc se donner pour but de traduire au niveau européen ce qui a été le meilleur de la nation française et de faire l'inventaire de ce qui est généralisable. Les Français n'ont pas d'autre choix que de s'européaniser pour être les héritiers d'un grand passé. Il est demandé aux citoyens français et à leurs élites de situer leurs ambitions politiques au niveau européen et de faire des propositions hardies, sans arrogance mais sans complexe, pour le bien de l'Union européenne. Plus les gouvernements français tiendront compte de leurs partenaires européens, davantage ils compteront pour eux, davantage l'unité sera une construction acceptable par les Français.

Les gouvernements et présidents de la République les plus conscients des nouveaux intérêts de la France et des nouveaux rapports de force internationaux ont donné un avenir à l'unité européenne dès 1948. Ils ont travaillé à la grandeur de l'Europe unie pour qu'elle compte dans les relations internationales. Ils ont voulu qu'elle y développe un programme de paix pour contribuer à la sécurité économique et sociale des Français et de l'ensemble européen. Cette politique, visant à faire de l'Union un acteur global dans les relations internationales, pour employer des termes contemporains, est-elle celle du peuple français, est-elle partagée par les autres États membres de l'Union européenne ? Il est urgent de vérifier que cet objectif est bien celui de tous, sauf à entretenir des illusions et nourrir des tensions qui feront éclater le grand dessein des fondateurs de l'Europe unie : Jean Monnet, Robert Schuman, Konrad Adenauer, Paul-Henri Spaak, Jan Willem Beyen, Joseph Bech, Alcide de Gasperi, Guy Mollet, Maurice Faure, et qui trahiront le serment de la jeunesse européenne de faire la paix entre Européens. Toutefois, il est heureux de constater que les Européens se sont montrés dignes des espoirs que Victor Hugo plaçait en eux, même s'ils ne sont pas encore réunis dans les États-Unis d'Europe (*texte 100*).

Faire l'Europe sans défaire la France ? En soixante ans de construction lente de l'unité, l'Europe n'a pas défait la France. La nation vit, la République fonctionne, l'économie française profite du grand marché et de la monnaie commune. Un doute subsiste encore : la société française a-t-elle compris que l'identité française du XXIe siècle s'épanouira dans les propositions hardies que la France fera pour construire l'Union européenne en s'appuyant sur son expérience nationale et sans esprit de supériorité. L'Union a besoin d'une France généreuse et enthousiaste pour devenir un acteur global de notre monde.

PARTIE II

TEXTES :
LA PAROLE DES ACTEURS ET DES TÉMOINS

Table des textes

1 – Entretien Spaak-Dejean (6 mars 1942)

Source : Archives du ministère des Affaires étrangères, fonds Guerre 1939-45, Alger, CFLN-GPRF, 172, microfilm, p. 25-28, auteur non identifié. Reproduit avec l'autorisation de la Direction des archives du ministère des Affaires étrangères.

Dès mars 1942, le commissaire national aux Affaires étrangères du CFLN, Maurice Dejean (26 septembre 1941-24 octobre 1942) parle d'une union économique entre la France, la Belgique, la Hollande et le Luxembourg. Le projet est intimement lié au sort de l'Allemagne après la guerre. Il s'agit de renforcer l'Europe occidentale contre l'Allemagne sans procéder d'ailleurs à des abandons de souveraineté. Paul-Henri Spaak est ministre des Affaires étrangères du Gouvernement belge en exil à Londres. Il a certainement eu connaissance des projets d'unité régionale européenne de Sikorski, premier ministre polonais en exil[1].

*

Entretien entre M. SPAAK et M. DEJEAN
du 6 mars 1942

M. Spaak demande où en est, chez nous, l'étude des problèmes d'après-guerre, et si nous avons déjà, quelques idées concernant l'organisation de l'Europe Occidentale.

Il faut espérer, répond M. Dejean, que l'on tiendra compte des cruels enseignements de cette guerre. La France, la Belgique et la Hollande ont, chacune séparément, attendu l'attaque allemande, sans se concerter sur les mesures de dépense. Il n'y avait, entre les trois pays, aucun accord d'état-major, jusqu'à la veille de l'offensive allemande. On ne savait pas sur quelle ligne les trois armées chercheraient à arrêter l'ennemi. C'est à la toute dernière minute qu'il avait été plus ou moins convenu, entre Bruxelles et Paris, qu'en Belgique on résisterait sur la bretelle Anvers-Namur, après avoir essayé de retarder l'avance allemande sur le Canal Albert et sur la Meuse. Ce manque de coordination dans la conception, la préparation et l'exécution est certainement une des causes du désastre.

Une pareille expérience devrait suffire. La sécurité de la France, de la Belgique et de la Hollande exige une politique militaire commune, un contact étroit et permanent entre les états-majors, l'harmonisation des programmes militaires, une adaptation de la structure et de l'armement (les armées respectives des trois pays, la fixation en commun du plan de mobilisation).

Mais une politique militaire commune n'est elle-même possible que si les trois pays orientent également en commun leur politique extérieure. On aboutit ainsi à l'idée d'une sorte de confédération politique. Une telle confédération, est elle-

---

[1] DUMOULIN M., *Spaak*, Bruxelles, Racine, 1999 ; SMETS P.-F. (dir.), *La pensée européenne et atlantique de P.-H. Spaak*, 1942-1972, t. 1, Bruxelles, J.Goemare, 1980, 2 vol.

même inconcevable si elle n'est pas basée sur une solide entente économique entre les trois pays.

Jusqu'ici, les projets d'union économique entre la France et la Belgique – notamment celui de M. Clémentel – n'ont pas réussi. La cause de cet échec est sans doute que ces projets étaient trop modestes. Ils étaient limités aux territoires métropolitains.

Pourtant, la France, la Belgique et la Hollande sont en même temps de grands empires coloniaux. Si la collaboration était étendue à ces empires, des solutions plus vastes et plus hardies seraient sans doute possibles. À elles trois, la France, la Belgique et la Hollande, avec leurs empires, représentent en effet, au point de vue des matières premières (pétrole, caoutchouc, fer, houille), de la capacité industrielle, de la production agricole et des débouchés, notamment pour la mise en valeur de leurs territoires d'Outre-Mer, de très grandes possibilités.

Il va sans dire que, dans notre esprit, le Luxembourg et son industrie métallurgique, doivent être compris dans ce bloc économique.

D'autre part, il nous paraît indispensable d'agréger au groupement industriel, qui serait formé par la France, la Belgique, la Hollande et le Luxembourg, l'industrie allemande du bassin Rhéno-westphalien. Il est clair, en effet, que si la paix laisse subsister dans son unité actuelle le potentiel industriel allemand, elle contiendra encore un germe de guerre certaine et proche. En ce qui concerne l'industrie allemande, le problème est double.

Il s'agit, d'un côté, de laisser au peuple allemand, des possibilités d'existence et de ne point priver l'Europe de la contribution très efficace que le travail allemand peut apporter à la prospérité générale.

D'autre part, il est indispensable d'empêcher que la puissance industrielle allemande ne permette au Reich de reconstruire à bref délai sa puissance militaire, ce qui signifierait, a n'en pas douter, une nouvelle guerre.

La solution semble être d'écarteler l'industrie allemande en l'attirant par régions vers les divers groupements industriels ou industries nationales de la périphérie. Dans ce projet, la France, la Belgique, la Hollande et le Luxembourg devraient s'assurer la majorité des actions et le contrôle de l'industrie de la Rhénanie et de la Ruhr, une mission analogue pouvant être impartie à la Tchécoslovaquie en ce qui concerne l'industrie de la Saxe et à la Pologne en ce qui concerne l'industrie de la Haute-Silésie.

La solution du problème de la sécurité pourrait être ainsi intimement liée, a celle du problème des réparations. On éviterait les errements et les déceptions qui ont suivi la guerre de 1914-18.

M. Spaak paraît manifester un vif intérêt pour ces idées. Il formule le désir que les personnalités compétentes de la France Libre entrent en contact à ce sujet avec les fonctionnaires belges correspondants.

M. Dejean indique que, de son côté, il demandera à M. Alphand, spécialement chargé de l'étude des problèmes économiques d'après-guerre, d'examiner les conditions dans lesquelles pourrait être réalisée une fédération économique entre la France, la Belgique, la Hollande et Luxembourg.

Au cours de la conversation, M. Dejean n'a pas manqué de souligner que le respect de la liberté individuelle et nationale commun aux peuples français, hollandais, belge et luxembourgeois excluait *a priori* tout danger qu'une atteinte quelconque soit portée à la souveraineté des pays qui feraient partie du groupement envisagé.

Il a tenu à marquer également que, dans notre esprit, la réalisation d'un tel groupement n'excluait nullement la collaboration avec d'autres puissances, notamment avec les pays anglo-saxons, d'une part, la Russie soviétique, de l'autre. Elle devrait, au contraire, faciliter une pareille collaboration./.

2 – Monnet et l'entité européenne (août 1943)

Extrait d'une note de réflexion de Jean Monnet du 5 août 1943, à Alger. Source : L'Europe une longue marche, *Fondation Jean Monnet pour l'Europe, Centre de recherches européennes, Lausanne, 1985, p. 12-16. Reproduit avec l'autorisation de la Fondation Jean Monnet pour l'Europe (Lausanne).*

L'intérêt de cette note réside dans la conviction de Monnet qu'il ne peut y avoir de paix durable en Europe sans le partage des souverainetés économiques des États européens. On a beaucoup glosé sur ce texte. Est-ce déjà la supranationalité ? Qu'entend Monnet par « entité » européenne ? Essentiellement une entente entre les Européens, sous la forme d'une fédération économique, pour éviter les erreurs de la crise de 1929. Cette note répond à une demande du chef du CFLN, le général de Gaulle, à ses services pour l'aider à définir une politique française pour l'organisation de l'Europe de l'après-guerre. Jean Monnet est commissaire – ce qui signifie ministre – chargé de l'armement et du ravitaillement au sein du CFLN.

*

Le développement de la guerre est tel que l'on peut imaginer sa fin prochaine. L'Italie est à la veille d'abandonner la lutte, l'Allemagne donne des signes évidents de faiblesse…

Même sans défaite militaire l'édifice allemand s'effondrera. En effet, il est possible d'étendre un système totalitaire ; il est extrêmement difficile, sinon impossible, d'en contracter le mécanisme…

Si l'on considère également les difficultés de retirer une armée du territoire qu'elle occupe, comme les Balkans, de rétablir des lignes de communications, de faire face dans les pays qu'elle continuera à occuper aux révoltes des peuples exaltés par la certitude de la libération prochaine, on ne peut que conclure que la fin de l'Allemagne est proche...

Dans ces conditions, il est indispensable de prévoir les mesures essentielles qui empêcheront le Continent d'Europe d'entrer dans un chaos et poseront les bases qui en permettront la reconstruction...

Sans participation effective de la France au rétablissement de la Paix en Europe, il n'y aura qu'anarchie. La préoccupation de maintenir l'ordre fera que les Puissances seront plus préoccupées de voir cet ordre maintenu que les institutions qui le maintiendront ; les conséquences seront l'occupation et l'acceptation obligatoire des Gouvernements de force et d'arbitraire qui s'installeront dans les différents pays, les institutions démocratiques seront considérées comme des luxes ne permettant pas l'action rapide essentielle. Avant même que l'on puisse s'en rendre compte, nous aurons une Europe en partie occupée par les troupes alliées, en partie contrôlée nationalement par des gouvernements arbitraires. Les institutions démocratiques auront disparu...

Les gouvernements ou autorités établis dans chaque pays n'auront d'autre issue que l'arbitraire intérieur et les solutions nationalistes...

Une fois de plus, comme en 1918, la paix sera une paix négative, inspirée par la peur ; les mesures seront des mesures de protection nationale, de protection de l'Amérique, de l'Angleterre, de la Russie, contre cette Europe qui a constamment troublé le Monde ; de protection de chaque pays contre chaque autre pays cherchant à profiter de l'effondrement de l'adversaire d'hier pour élargir une protection nationale...

La France seule des alliés est européenne, et c'est de la solution du problème européen qu'il s'agit : les autres, Anglais, Américains, Russes, ont des mondes à eux dans lesquels temporairement ils peuvent se retirer. La France est liée à l'Europe. Elle ne peut s'évader. De la solution du problème européen dépend la vie de la France. Or nous avons vu que nécessairement le développement de la situation européenne suivant une libération prochaine entraînera nécessairement les trois grands pays à se protéger contre l'Europe, par conséquent contre la France – Car aucun accord auquel la France pourrait se trouver entraînée avec l'Angleterre, l'Amérique ou la Russie ne pourra la dissocier de l'Europe avec laquelle, intellectuellement, matériellement, militairement, elle est liée...

C'est donc de la France que peut seule, venir la conception de l'ordre nouveau européen et l'impulsion qui peut permettre sinon d'espérer la réalisation complète, tout au moins de l'entreprendre et de réussir en partie.

Il faut agir maintenant. Les buts à atteindre sont le rétablissement ou l'établissement en Europe du régime démocratique, et l'organisation économique et politique d'une « entité européenne »...

Il n'y aura pas de paix en Europe si les États se reconstituent sur une base de souveraineté nationale avec ce que cela entraîne de politique de prestige et de protection économique. Si les pays d'Europe se protègent à nouveau les uns contre les autres, la constitution de vastes armées sera à nouveau nécessaire...

Les pays d'Europe sont trop étroits pour assurer à leurs peuples la prospérité que les conditions modernes rendent possible et par conséquent nécessaire. Il leur faut des marchés plus larges...

Leur prospérité et les développements sociaux indispensables sont impossibles, à moins que les États d'Europe se forment en une Fédération ou une « entité européenne » qui en fasse une unité économique commune...

Au point de vue économique il est essentiel que soit empêchée dès l'origine la reconstitution des souverainetés économiques ; par conséquent, déjà des engagements devraient être demandés de tous les gouvernements en exil ou autorités tels que le Comité français de ne pas établir de droits de douane ou de contingents jusqu'à la conclusion du traité de paix.

Outre les raisons générales indiquées ci-dessus, il est évident que l'Europe manquant de ressources aura besoin de tout ce qu'elle pourra échanger, et que la vie des peuples, au cours de cette période, serait rendue plus difficile si les produits essentiels qu'elle aura tant de difficultés à se procurer étaient encore alourdis par des droits de douane.

Il est aussi évident que si cette mesure n'est pas prise, les intérêts particuliers feront pression sur les gouvernements pour la restauration des droits de douane, et que les pays les exigeront pour avoir une arme pour ce qu'il est convenu d'appeler les « négociations économiques ». En un clin d'œil le protectionnisme intereuropéen sera reconstitué et, pour une nouvelle période d'années, ne pourra être aboli. Avec ce protectionnisme et ce « nationalisme économique », nous revenons aux conditions de l'Europe qui ont précédé 1939…

Le plan envisagé pour cette période provisoire n'aura de chances de succès que s'il est réaliste. Il devra tenir compte des expériences historiques propres à chaque pays. Il ne devra pas séparer artificiellement l'élément politique et l'élément économique car cette distinction est contraire à l'enseignement de l'histoire et aux nécessités de la vie gouvernementale. Il ne pourra se développer que dans le cadre de législations mises en sommeil depuis longtemps, ou plus récemment abandonnées, mais qui auront le mérite d'avoir existé, d'avoir été conçues et mises en œuvre dans chacun des États à restaurer. Enfin le mécanisme des élections et plus généralement des institutions démocratiques suppose un agencement administratif dont il serait peu recommandable d'improviser la structure sans se référer aux précédents de l'époque libérale…

Dans ces conditions il apparaît que la première étape doit consister à créer immédiatement des pouvoirs politiques provisoires à base démocratique dans chaque État ; à maintenir l'économie européenne dans cette période transitoire, sans que des droits de douane, etc., soient établis ; à ne tenir le Congrès de la Paix que lorsque pourront s'y réunir les Gouvernements Provisoires dûment mandatés des différents pays européens…

La deuxième étape est essentiellement le Congrès de la Paix.

– Plan de reconstruction politique et économique de l'Europe.
– Situation de l'Europe par rapport aux États-Unis, UK, URSS.
– Programme du règlement de la question allemande – mouvements de population.
– Constitution d'un état européen de la grosse métallurgie.
– Contrôle de l'autorité européenne des fabrications et des lignes d'avions.
– Association de l'URSS, UK, USA à ces systèmes et contrôles.
– Organisation politique et financière de l'Europe.
– Organisation d'un Conseil mondial avec participation européenne…

3 – Un ensemble fédéral occidental :
note de René Mayer (septembre 1943)

Note de René Mayer, Alger, 30 septembre 1943. Source : Archives du ministère des Affaires étrangères, fonds Guerre 1939-45, Alger, CFLN-GPRF, 728, p. 87-91 du carton. Reproduit avec l'autorisation de la Direction des archives du ministère des Affaires étrangères.

Depuis le 7 juin 1943, René Mayer est commissaire chargé des Communications et de la Marine Marchande du Comité français de la Libération nationale (CFLN), installé à Alger. On connaît ses liens avec Jean Monnet. Il est sensible, comme lui, au risque d'un retour au nationalisme économique d'avant-guerre. Le texte de Mayer est très riche. Présenté sous forme de questions, il ne laisse guère percer les préférences personnelles de l'auteur. La suite de la carrière politique de René Mayer (prise de position en faveur de la CED et présidence de la Haute Autorité de la CECA de 1955 à 1957) est la preuve que ses soucis européens de 1943 traduisaient déjà une conviction profonde. Dans un article du *Monde* du 17 septembre 1965, René Mayer se référait encore à ces notes d'Alger pour illustrer l'intérêt du CFLN pour l'unité européenne.

*

Parmi les études que le Comité français de la Libération nationale[2] se doit d'entreprendre en vue de préparer les conditions générales de la paix et la constitution d'une Europe nouvelle, il en est une qui semble devoir être immédiatement abordée.

On ne peut imaginer que l'après-guerre laissera subsister le cloisonnement douanier, générateur de désordres. Mais le mouvement général d'union comportera, selon les continents et les pays, des degrés, des modalités d'application. Dès maintenant, on peut admettre que le bloc anglo-saxon continuera à être économiquement et politiquement solidaire. Il est de l'intérêt de la France de se rapprocher de ce bloc, mais tout en admettant ce rapprochement, il est probable qu'il y aura lieu d'envisager en Europe même des groupements plus étroits entre les pays les plus proches.

On est amené ainsi à l'examen d'un cadre fédératif comprenant la France. Les gouvernements belges et hollandais paraissent avoir dans les derniers mois, mis à l'étude un projet de fédération occidentale et indiqué à nos représentants à Londres qu'ils se prêteraient volontiers à des conversations à ce sujet.

Mais on peut se demander si une fédération de l'Europe de l'ouest, qui doit comporter une base suffisamment élargie, ne devrait pas comprendre, outre la

---

[2]   Le CFLN, créé le 3 juin 1943, est sous la co-présidence des généraux de Gaulle et Giraud ; il prend la suite du Comité national français du général de Gaulle. Fort du soutien de la Résistance intérieure, ce dernier élimine politiquement Giraud. Le CFLN est remplacé en août 1944 par le Gouvernenement provisoire de la République française présidé par le général de Gaulle.

France, les Pays-Bas, la Belgique et le Luxembourg, un État rhénan comprenant le Bassin de la Ruhr. C'est cette hypothèse de départ que nous envisagerons, quitte au cours du raisonnement, à étudier une solution encore plus large comprenant l'incorporation de l'Italie et de l'Espagne dans la Fédération. Une telle entité économique constituerait une pierre solide pour une reconstruction économique, à la condition qu'il puisse être répondu affirmativement à certaines questions.

1 – Cette fédération correspondrait-elle à une réalité économique véritable permettant de prouver que la création d'un État rhénan doté du potentiel industriel du Bassin de la Ruhr ne procède pas seulement de préoccupations d'ordre politique ? Est-il possible de montrer que les différentes productions industrielles agricoles et coloniales d'un tel ensemble permettront d'équilibrer les besoins et les ressources des divers États composant la Fédération et procureront aux habitants de cette Fédération des conditions de vie plus stables et meilleures que celles dont ils ont pu jouir dans l'état antérieur d'inorganisation économique de l'Europe ?

Dès maintenant, ne peut-on souligner que cet ensemble hautement industrialisé (d'une puissance économique égale au triple environ de la puissance industrielle de la France) serait équilibré par la production agricole de la France et des Colonies de la Fédération et trouverait des débouchés considérables dans l'économie belge et hollandaise ? Par voie de conséquence, une telle formation n'apporterait-elle pas en même temps une solution aux problèmes posés par l'insuffisance de l'équipement des Colonies françaises ?

Enfin cet ensemble ne détiendrait-il pas la plus grande partie des matières premières qui lui seraient nécessaires ?

La substructure économique d'une monnaie fédérale que cet ensemble économique constituerait pourrait-elle être regardée comme de nature à procurer à cette devise des chances sérieuses de stabilité ?

2 – En admettant que l'étude donne à la question qui précède des réponses affirmatives et en se plaçant du point de vue strictement national français n'est-il pas à craindre que l'inclusion de la France dans une Fédération de ce genre n'ait pour elle des conséquences qui doivent en faire rejeter le projet en principe ?

En effet :

– D'une part, une union douanière aussi vaste entraînerait des modifications dans la structure industrielle de la France qui ne pourraient se faire jour sans heurts ni sans ruines. Qu'adviendrait-il, par exemple, de la métallurgie des régions du Centre ?

– D'autre part, les migrations de populations, peut-être désirables à l'intérieur des limites de la Fédération, ne présentent-elles pas trop de risques pour une France appauvrie en hommes et qui ne pourrait se défendre contre des migrations justifiées par des considérations économiques ? Notons toutefois […] dans la Fédération n'ont pas, contrairement aux affirmations, si souvent prodiguées, une natalité très supérieure à la natalité française[3].

– Ne pourrait-on craindre que la constitution d'une puissante « Lotharingie industrielle » assise sur le bassin minier qui s'étend de Lens à Essen ne provoque, à la longue, une tendance irrésistible vers le germanisme de groupements ainsi

---

[3]   Cette phrase est transcrite telle quelle avec une faute de syntaxe.

économiquement soudés ? Mais ne peut-on, d'autre part, penser que les pays rhénans de longue tradition culturelle occidentale pourraient être au contraire, assez aisément disjoints du reste de l'Allemagne, les éléments suspects étant éliminés au préalable ?

3 – On pourrait songer pour diminuer l'influence relative des éléments germaniques, à englober dans la Fédération l'Espagne et l'Italie.

Du point de vue économique, cette adjonction serait-elle de nature à troubler le système ? Il semble que non, sauf cas particuliers puisque l'Italie et l'Espagne constitueraient des nations agricoles complémentaires de l'ensemble industriel qui s'instaurerait.

Mais n'y aurait-il pas des objections valables à cette proposition, et d'ordre politique ? Y aurait-il vraiment intérêt à un contact plus étroit entre la France et l'Espagne à une époque où tout donne à penser que ce pays risque d'être encore la proie de convulsions politiques violentes ? L'Espagne n'a-t-elle pas d'ailleurs un sentiment individualiste tellement profond qu'un tel projet se heurterait à une désapprobation quasi unanime de la population espagnole ? Quant à une union entre l'Italie et la France, la question est différente. Mais, si une collaboration franco-italienne est désirable dans l'avenir après la liquidation sans équivoque d'un lourd passé, il n'est pas certain qu'elle doive prendre la forme de la symbiose dans une même Fédération économique. On pourrait en effet contester que notre pays ait intérêt à se rapprocher de cette façon d'une nation dont la puissance ethnographique est en fait très supérieure à celle de tous les pays d'Europe occidentale.

Sans doute l'exclusion de ces deux nations posera des problèmes quant à la place et au développement légitime qui devront leur être assurée.

Mais la même question se pose pour l'Europe centrale et les États danubiens.

4 – Quelles seraient, pour l'Europe centrale et orientale, les conséquences de la création de la Fédération occidentale ? L'Allemagne amputée à l'Ouest et les États danubiens pourraient-ils trouver en commun des conditions de leur vie économique admissibles qui, tout en faisant de leurs habitants des clients du groupe industriel et agricole occidental, ne les placeraient pas dans une position subordonnée qui aboutirait irrémédiablement à des revendications conduisant à un nouveau conflit ?

Quelle serait, dans ce groupement, la puissance relative des industries de la Saxe, de la Silésie, de l'Autriche et de la Tchécoslovaquie ? Et par ailleurs, l'apport italien ne lui permettrait-il pas de trouver plus aisément un équilibre grâce aux produits méditerranéens que l'Italie pourrait vendre à l'Europe danubienne ?

5 – Reste la question posée par la création d'un état rhénan qui, semble-t-il, serait nécessaire pour que les pays axés sur le Rhin participent à la Fédération dont il s'agit. Comment obtenir pour sa création un consentement général des Alliés au jour de la Conférence de la Paix ? Quels sont les problèmes, dont certains ont déjà été étudiés par le Comité Consultatif d'Alsace et de Lorraine, que cette création poserait pour l'économie de la France de l'Est ?

6 – Vers quels buts tendre ? Super-État Fédéral ou organisation analogue au Zollverein ?

Quel serait d'autre part, le processus de création de la future organisation ? Et comment serait-elle progressivement réalisée ? Si l'on exclut l'idée d'une suppression brutale des barrières douanières traditionnelles, ne pourrait-on admettre une réduction progressive des droits de douane à l'intérieur des pays composant la Fédération afin de permettre à chacun des membres de s'adapter à la situation nouvelle ?

7 – Que peut-on enfin savoir des réactions probables du Gouvernement ou des milieux d'affaires britanniques en présence de cette solution ?

L'opinion britannique accepterait-elle la constitution d'un bloc d'environ 75 000 000 d'habitants contrôlant l'Europe occidentale et d'un Empire dont les positions en Afrique et en Asie pourraient devenir un jour presque aussi fortes que les positions britanniques ?

Il semble qu'il ne pourrait être répondu à cette question d'une manière favorable que dans la mesure où le bloc anglo-saxon constitué par les États-Unis et l'Empire britannique, serait assez étroitement uni pour qu'il conserve vis-à-vis de la nouvelle fédération un certain sentiment de prédominance. L'accroissement de force que le bloc anglo-saxon tirerait de cette union lui permettrait peut-être de ne pas redouter une rivalité du bloc de l'Europe occidentale. Dans ce cas, l'Angleterre pour compenser et équilibrer les forces russes et empêcher également un éventuel retour de la puissance d'expansion germanique[4].

À cet égard, l'extrait ci-dessous de l'article paru dans *The Economist* du 4 septembre 1943 est significatif : « La Grande-Bretagne a un intérêt évident et urgent à ce que s'établisse une Europe où règnent l'ordre et la prospérité. Le sort des trois seules tentatives de fédération politique – les négociations polono-tchèques et gréco-yougoslaves, et l'offre d'union faite à la France par M. Churchill – montrent qu'une attaque de front contre le nationalisme européen est encore au-dessus des forces de la diplomatie. Mais comme dans les autres groupes régionaux, il y a beaucoup à faire pour créer les accessoires économiques, techniques et sociaux de l'unité ».

Les milieux d'affaires britanniques accepteraient-ils d'autre part, la construction de ce bloc ? Dans le domaine du charbon spécialement, la Fédération occidentale jouirait d'une puissance considérable. Néanmoins, en raison de la position géographique de la France, l'Angleterre continuerait sans doute à conserver en France la plus grande part de ses marchés de l'Ouest et en même temps pourrait s'efforcer de conquérir des débouchés plus importants en Europe orientale et en Italie.

Cette question se lie d'ailleurs dans une certaine mesure à celle que soulève le « pool » du charbon dont le gouvernement tchécoslovaque a déjà suggéré l'institution.

La présente note n'a point la prétention d'épuiser la série des questions que ce problème soulève. Il n'en demeure pas moins que le moment semble venu pour le Comité français de la Libération nationale de faire procéder aux études nécessaires à la constitution du dossier de ce projet d'organisation fédérale de l'Europe de l'Ouest.

Une telle étude n'est véritablement possible qu'à Londres.

---

4   Phrase incomplète.

Il est suggéré en conséquence que le Comité français de la Libération nationale invite MM. Vienot et Dejean[5] à constituer auprès d'eux une commission d'études groupant notamment les spécialistes des questions extérieures et des questions économiques dont les délégations disposent. Ceux-ci devraient, après avoir pris contact avec les gouvernements belge et hollandais, et sans doute aussi avec les milieux britanniques, établir un rapport d'ensemble sur ce point précis.

Y a-t-il pour la France, intérêt à orienter sa politique vers l'institution à l'Ouest de l'Europe d'un ensemble fédéral dont elle ferait partie, au moins dans l'ordre économique ?

---

[5] Maurice Dejean, diplomate, résistant ; délégué du CELN auprès des gouvernements alliés à Londres ; Pierre Viénot, ancien sous-secrétaire d'État aux Affaires étrangères de Léon Blum, représentant du CFLN à Londres. Décédé en juin 1944.

4 – Le CFLN prépare une réponse (octobre 1943)

Note d'Hervé Alphand, directeur des Affaires économiques du CFLN, Alger à M. René Massigli, commissaire aux Affaires étrangères ; signature autographe d'Alphand ; 5 octobre 1943. Le document comporte des annotations manuscrites illisibles. Source : Archives du ministère des Affaires étrangères, Guerre 1939-1945, Alger, CFLN-GPRF, volume 728, p. 92-94 du carton. Reproduit avec l'autorisation de la Direction des archives du ministère des Affaires étrangères.

La note d'Alphand à Massigli est l'un des textes qui contribuent à éclairer la décision du général de Gaulle : quelle unité européenne faut-il construire à la Libération ? Conseiller financier auprès de l'ambassade de France à Washington, Hervé Alphand démissionne en 1941 et rejoint Londres. Il est nommé, par le chef de la France libre, directeur des Affaires économiques du CFLN, et, en 1944, directeur général au ministère des Affaires étrangères, chargé des affaires économiques et financières. À partir de 1950, il représente la France à l'ONU, puis il devient ambassadeur à Washington et secrétaire général du Quai d'Orsay de 1965 à 1972. En janvier 1943, René Massigli, un diplomate de grande renommée du Quai d'Orsay, rejoint de Gaulle. Il est nommé commissaire pour les Affaires étrangères du Comité national puis du CFLN (juin 1943-août 1944). Il devient ambassadeur à Londres en 1944 puis secrétaire général du Quai d'Orsay de 1955 à 1956.

*

République Française   Alger le 5 octobre 1943

Comité français de la Libération nationale
Commissariat aux Affaires étrangères
Direction des Affaires économiques
n... /AE,

Note pour Monsieur Massigli

Dans une note en date du 30 septembre 1943, M. René Mayer suggère que le Comité français de la Libération nationale invite MM. Viénot et Dejean à constituer auprès d'eux une commission d'Études groupant notamment les spécialistes des questions extérieures et des questions économiques dont disposent nos Délégations à Londres et qui, après avoir pris contact avec les gouvernements belge et hollandais, et sans doute aussi avec les milieux britanniques, établirait un rapport d'ensemble sur le sujet suivant : « Y a-t-il pour la France intérêt à orienter sa politique vers l'institution à l'ouest de l'Europe d'un ensemble fédéral dont elle ferait partie, au moins dans l'ordre économique ? »

En présentant cette suggestion M. Mayer a pris soin d'exposer les nombreux aspects du problème et de poser un grand nombre de questions auxquelles le Comité d'Études, dont la création est proposée, devrait répondre.

J'avais moi-même, dans une note datée du 17 septembre 1943, montré la nécessité urgente pour le Comité de la Libération, de définir l'orientation de sa politique économique internationale, non pas surtout pour prendre des engagements que seul un Gouvernement français serait à même de souscrire, mais pour réserver l'avenir, c'est-à-dire conserver la liberté de choix du peuple français libéré.

L'étude de M. Mayer et la mienne ne se contredisent sur aucun point. Elles se complètent plutôt. M. Mayer présente les questions auxquelles il devrait être répondu pour fixer le but d'une politique française en Europe. Mes propositions ont un caractère plus précis et limité : il s'agit simplement de définir les mesures techniques relatives notamment au tarif douanier, à la répartition des matières premières, à la gestion des contingents, aux accords entre industries qu'il faut préparer dès maintenant afin de rendre possible, après la remise en place des Gouvernements, une politique économique analogue à celle que semble préconiser M. René Mayer.

Si le Comité français de la Libération nationale veut bien donner son accord aux suggestions contenues dans ces deux rapports, la procédure suivante pourrait être adoptée :

1 – En ce qui concerne les mesures conservatoires immédiates proposées dans la note du 17 septembre, MM. Jean Monnet et Hervé Alphand seraient chargés d'explorer le terrain dans le sens indiqué, au cours de leur prochaine mission à Washington et à Londres, tant auprès des Gouvernements américain et britannique, qu'auprès de nos Alliés européens intéressés. Ces conversations préalables et qui n'engagent pas l'avenir ne doivent pas, à mon sens, être précédées de nouvelle étude technique.

2 – En ce qui concerne les propositions du 30 septembre de M. René Mayer, je crois avec lui, qu'une étude utile ne peut être entreprise à Alger même. Nous ne disposons, en effet ici, d'aucune statistique ou document nous permettant de faire un rapport sérieux sur les conséquences économiques des Unions régionales que suggère M. René Mayer. C'est, à mon avis, à Londres comme il l'indique, que le problème peut être examiné le plus facilement.

Je pourrai, au cours d'un prochain voyage, organiser avec MM. Viénot et Dejean, la commission d'Études à laquelle M. Mayer pense. Ce Comité pourrait être, à mon avis, composé de M. Blum-Picard, ancien directeur général des Mines qui connaît particulièrement le problème des échanges métallurgiques et miniers de l'ouest européen et a suivi au cours des dernières années toutes les négociations économiques relatives aux échanges entre la France et ses voisins ; M. Jacques Kayser qui serait chargé de suivre le problème du point de vue politique – le professeur André Gros, du point de vue juridique international[6].

Il serait indispensable d'adjoindre à ce Comité un expert des problèmes agricoles.

Les rapports entre la commission d'Études et Alger se feraient par l'intermédiaire de la direction des Affaires économiques au Commissariat aux Affaires étran-

---

[6]   Laurent Blum-Picard remettra son rapport le 1er décembre 1943 dans lequel il affirme que l'Europe est une fausse bonne solution pour la France, sans exclure cependant la possibilité de conclure des accords étroits avec les petites nations.

gères qui devrait se tenir ici en contact avec les Commissariats techniques et avec certains experts de ces questions, en particulier M. Graf, président du Comité consultatif aux Affaires d'Alsace et de Lorraine.

Hervé Alphand

5 – Projets d'organisation économique européenne
(mars 1944)

Extrait d'une note d'Hervé Alphand, 31 mars 1944, « Note sur les projets d'organisation économique européenne », 2 pages sur 9. Source : Archives du ministère des Affaires étrangères, Guerre 1939-1945, Alger, CFLN-GPRF, vol. 718, microfilm p. 65-66. Reproduit avec l'autorisation de la Direction des archives du ministère des Affaires étrangères.

Cette note évoque les projets étudiés par le CFLN depuis l'été 1943. Elle contient un extrait du discours du général de Gaulle à l'Assemblée consultative d'Alger, que l'on peut trouver *dans Discours et messages du Général de Gaulle*, tome 1. Le CFLN tente l'impossible : regrouper l'Europe occidentale sans nuire à la souveraineté de la France tout en se prémunissant contre le danger allemand.

*

HA/MG   31.3.1944

Note sur les projets d'organisation économique européenne

Le problème de la future organisation économique de l'Europe qui est lié à celui du sort que les Alliés entendent réserver à l'Allemagne, a donné lieu, au cours des derniers mois à de nombreuses déclarations, discours ou études de la part des Alliés. Aucun accord n'est encore intervenu en dehors d'une convention monétaire belgo-hollandaise actuellement suivie de négociations en vue d'une union douanière.

Il importe, aujourd'hui, suivant le désir du CFLN de faire le point et de définir l'action qui, très rapidement, doit être entreprise par nous pour aboutir à des solutions pratiques.

Le Comité de la Libération s'est montré favorable à l'idée d'un rapprochement étroit et d'une collaboration financière, économique et politique entre les pays de l'Europe Occidentale actuellement occupée. Dans un discours du 15 mars 1944, le Général de Gaulle a fait allusion de la façon suivante à ces préoccupations :
« Pour que le vieux continent renouvelé puisse trouver un équilibre correspondant aux conditions de notre époque, il nous semble que certains groupements devront s'y réaliser, sans que doive être, bien entendu, entamée la souveraineté de chacun. Pour ce qui concerne la France, nous pensons qu'une sorte de groupement Occidental, réalisé avec nous, principalement sur la base économique, et aussi large que possible pourrait offrir de grands avantages. Un tel groupement, prolongé par l'Afrique, en relation étroite avec l'Orient et notamment les États arabes qui cherchent légitimement à unir leurs intérêts, et dont la Manche, le Rhin et la Méditerranée seraient comme les artères, paraît pouvoir constituer un centre

capital dans une organisation mondiale de production des échanges et de la sécurité. Comme toutes les œuvres de proche avenir, celle-ci doit être préparée. Le Gouvernement français est dès à présent, disposé à entreprendre en commun avec les autres États intéressés toutes études et négociations nécessaires. »

Ces formules visent évidemment la France, la Belgique et la Hollande. Elles n'excluent pas la Grande-Bretagne. Elles permettent éventuellement d'ouvrir l'accord à l'Italie, à l'Espagne et à la Scandinavie. Enfin elles posent le problème de l'inclusion dans les groupes, sous une forme à déterminer d'une partie de l'Allemagne de l'Ouest, question liée à celle de la sécurité politique. Telle est bien en effet, la pensée du Président du Comité de la Libération qui demandait au Commissaire aux Affaires étrangères, par une lettre du 24 février dernier, d'étudier « les conditions stratégiques économiques dans lesquelles la "séparation" de la Rhénanie et de l'Allemagne placerait la France, la Belgique, les Pays-Bas et l'Angleterre ; les conditions économiques dans lesquelles pourrait vivre une Rhénanie séparée du Reich et fédérée avec l'Ouest ; le terme Rhénanie comprenant non seulement la rive gauche du Rhin mais aussi les territoires qui, sur la rive droite en sont le complément stratégique ou économique ».

Le problème se trouve ainsi posé de la façon la plus claire. Le Comité conçoit en même temps les rapports étroits qui existent entre une union économique de l'Ouest et la solution du problème de la sécurité, autrement dit la détermination du statut de l'Allemagne. Il faut remarquer cependant que ce sont surtout des points d'interrogation qui ont été posés jusqu'à présent (voir notamment la note de M. René Mayer en date du […] et la note de M. Alphand en date du 25 octobre 1943). De même dans un mémoire de la Délégation française au Comité interallié pour l'étude de l'Armistice sur le désarmement économique du Reich en date du 3 janvier 1944, M. Dejean, liant la question du contrôle de l'industrie allemande à celle de l'organisation de l'Europe future, exposa trois solutions possibles du problème de la sécurité :

– soit la restriction de certaines productions allemandes, l'interdiction de certaines fabrications, le contrôle de l'importation de certaines matières premières indispensables ainsi que les transports et les mouvements de capitaux ;

– soit l'expropriation de certaines industries clef allemandes au profit des nations libres et pacifiques par l'étatisation de ces industries et leur administration par un consortium composé des représentants des Gouvernements intéressés, y compris le Reich ;

– soit, enfin, par l'écartèlement de l'industrie allemande en transférant ses principaux centres de production vers la périphérie, cet écartèlement pouvant être réalisé par l'amputation territoriale (exemple : Bassin industriel de la Haute Silésie) ou par l'intégration de certaines régions industrielles allemandes dans une fédération économique formée à la périphérie (exemple : Intégration de l'industrie rhéno-westphalienne dans un bloc anglo-franco-luxembourgeois-belgo-hollandais contrôlé par les Gouvernements).

[…]

6 – Entretien du général de Gaulle au *Times* (septembre 1945)

Titre de l'entretien : « Le général de Gaulle définit les conditions d'une coopération franco-britannique, La Ruhr et le Rhin devraient être internationalisés », publié par Le Monde, *10 septembre 1945. Reproduit avec l'autorisation du journal* Le Monde.

Ce texte intéresse à la fois les relations franco-britanniques et la construction européenne ; de Gaulle refuse de signer un traité franco-britannique désiré par les Anglais. La conception gaulliste des rapports inter-européens d'après-guerre, la place de l'Allemagne au service des pays anéantis par la guerre, dont la France et les États du Benelux, sont au cœur de ce document. Ce texte est important, d'une part parce que de Gaulle y fait référence dans ses *Mémoires de Guerre*, III, *le Salut 1944-1946*, d'autre part parce que René Massigli en a montré l'impact sur les Anglais à la veille de la Conférence de Londres des quatre ministres des Affaires étrangères, du 11 septembre au 2 octobre 1945, dans son livre *Une Comédie des erreurs, 1943-1956*, p. 76-77.

*

« … La France et l'Angleterre étaient alliées dans cette guerre comme dans la précédente, et ceci a été en quelque sorte automatique. Il n'y a pas de doute que si, à l'avenir, les ambitions allemandes se déchaînaient une fois de plus, ces deux puissances se retrouveraient côte à côte. En vue de cette possibilité, chacune d'elles a conclu un accord avec l'URSS. Chacune d'elle maintient des relations de profonde amitié avec les États-Unis d'Amérique. Enfin chacune d'elle prend une part primordiale à l'organisation des Nations unies qui est en train de naître.

Quand on parle d'un accord entre la Grande-Bretagne et la France, poursuit le Général de Gaulle, je crois qu'on ne devrait pas penser à une "alliance" à la manière d'autrefois mais plutôt au rajustement de leur coopération mutuelle.

Ce qui justifie ce rajustement, c'est que la France et l'Angleterre ont en commun certains caractères qui rendent utile et même nécessaire pour toutes deux de concerter leur action sur diverses questions et, à cet effet, de définir les bases d'une politique conjuguée. C'est là ce qui a manqué jusqu'à présent, et cette lacune aurait fait de la signature du traité un geste inutile et malsain, car ce traité aurait été mis en échec à chaque vicissitude diplomatique.

Les caractères communs aux deux pays qui fournissent une base propice à l'accord des deux politiques sont au nombre de trois. La France et l'Angleterre sont toutes deux des puissances de l'Europe occidentale. Toutes deux sont, disons à défaut d'une meilleure formule, "impériales". Enfin ces deux puissances sont démocratiques dans le sens que leur civilisation, et leurs institutions sont fondées sur le respect de la personne humaine.

En dépit du développement de l'aviation et de la découverte de la bombe atomique, l'Europe occidentale constitue un complexe naturel, je veux dire un fait à la fois géographique, économique, politique et culturel, bordé au Nord, à l'Ouest et au Sud par la mer, et à l'Est par le bassin du Rhin. Économiquement, chacune des zones nationales qui y participent présente un excédent de production en ce qui concerne certaines denrées essentielles et un déficit de production en ce qui concerne certaines autres. Mais ceci s'équilibre de telle manière que la totalité de l'Europe occidentale possède des moyens essentiels d'existence en quantité suffisante pour former un ensemble économique. Cet ensemble ne serait pas en mesure de se satisfaire entièrement lui-même ; mais il n'aurait pas moins de possibilités que les autres masses économiques ; du monde, en face desquelles il ne se trouverait pas en position d'infériorité.

La Hollande, la Belgique, l'Italie, l'Allemagne occidentale, normalement la Péninsule ibérique, d'autres pays encore, tendent naturellement à une coopération économique et culturelle avec la France et l'Angleterre. Si ce facteur historique traditionnel était négligé, ce serait une source d'inquiétude en Europe.

Au contraire, sa réalisation contribuerait à une organisation constructive de l'ensemble du continent, et en cela devrait être considéré par tous avec faveur.

Dans le monde, l'Angleterre et la France sont les deux principales puissances dont la tâche est de guider les autres nations vers un plus grand développement matériel, une plus grande maturité politique et un niveau plus élevé de civilisation. Si l'une de ces puissances perdait ses possessions, l'autre deviendrait un jouet, une anomalie, et se trouverait éventuellement délogée à son tour.

La France et l'Angleterre ont aussi des traditions culturelles qui sont en partie communes et en partie complémentaires et dont l'interpénétration est nécessaire pour le bien-être spirituel de chacune.

Enfin, en tant que puissances démocratiques, la France et l'Angleterre, ainsi que leurs proches voisins, ont à affirmer parmi les autres nations les traditions qui leur donnent un caractère propre et d'ailleurs sensiblement analogue.

Ces caractères communs et les intérêts communs qu'ils impliquent auraient dû se traduire depuis longtemps d'une façon plus précise sur le terrain politique. Il faut avouer que cela n'a pas été le cas, et que sur beaucoup de problèmes de guerre et d'après-guerre, les politiques britannique et française ont divergé. Il y a de cela deux exemples récents : la Syrie et l'Allemagne.

Le Proche-Orient est une zone où, en tant que puissances occidentales, et aussi en tant que puissances mondiales, la France et l'Angleterre auraient dû avoir une politique commune. Un règlement doit être mis sur pied, en aucun cas sur la base du fait accompli, mais en fonction de ce que devrait être le Proche-Orient.

La France et l'Angleterre ont un intérêt commun au progrès des pays arabes. Aucune d'elles n'a intérêt à éliminer l'autre dans le Proche-Orient, car le vide ainsi produit se révélerait précaire pour la puissance qui resterait seule. Elles devraient donc aider toutes deux les pays du Proche-Orient à définir leurs relations mutuelles, et toutes deux devraient régler leurs relations avec chacun de ces pays séparément.

Si ceci avait été fait, la solution de plusieurs problèmes, tels que l'immigration juive en Palestine ou la mise en valeur et la distribution des ressources pétrolières se révélerait beaucoup plus simple qu'aujourd'hui.

En outre, une solution de cette sorte contribuerait à effacer les graves torts faits à la France dans ses intérêts comme dans ses sentiments par l'acte de force commis récemment contre elle par la Grande-Bretagne.

Le problème allemand est plus grave encore. Que l'Angleterre ait consenti à un règlement de la question allemande en l'absence de la France n'est pas seulement irritant pour celle-ci. C'est aussi un acte absurde vis-à-vis de l'Europe. Déclarer que l'Angleterre désire un traité avec la France et en même temps laisser la France en dehors de ces discussions, c'est associer des propositions contradictoires.

D'après les décisions de Potsdam, l'Allemagne a été amputée à l'Est, mais ne l'a pas été à l'Ouest. Le flot de la vitalité allemande se tourne donc vers l'Ouest. Un jour, la volonté d'agression allemande pourrait se porter du même côté. Il doit donc y avoir à l'Ouest un règlement de nature à équilibrer celui de l'Est. Les zones-clés sont la Rhénanie et la Ruhr ; pour chacune d'elles un règlement spécial devrait être élaboré.

La Rhénanie, c'est-à-dire la rive gauche du Rhin, constitue une marche. C'est la route par laquelle l'invasion s'est toujours produite. C'est en même temps une frontière naturelle. Pour la France, cette marche comprend Cologne et s'étend jusqu'à la frontière suisse. Si la France se retirait de cette région après l'avoir occupée, elle perdrait son sentiment de sécurité et, à vrai dire, cette sécurité elle-même. L'abandon de la Rhénanie par la France a été le prélude de cette guerre. Au nord de Cologne, que la géographie, les ponts, les routes et les chemins de fer situent dans la zone française, il y a une autre région qui forme le glacis naturel de la Belgique, de la Hollande et, par delà ces pays, de l'Angleterre.

La sécurité militaire et politique de ces quatre nations exige que ces territoires soient placés sous leur contrôle stratégique et politique, chacune pour ce qui la concerne, et qu'ils soient, une fois pour toutes, séparés du reste de l'Allemagne, de telle manière que leurs habitants sachent que leur avenir n'est pas en Allemagne.

La sécurité économique de toute l'Europe occidentale dépend de l'avenir de la Ruhr. Si l'Allemagne avait le contrôle de la production charbonnière annuelle des 140 millions de tonnes ainsi que des industries de la Ruhr, elle retrouverait sa puissance économique et en même temps les moyens de redevenir une menace. L'Allemagne doit avoir du charbon pour subsister, mais elle n'a pas besoin de toute la production de la Ruhr, surtout dans l'état actuel de ses industries.

Par contre, ce charbon est d'importance vitale pour d'autres pays européens : l'Italie, la Suisse, la Hollande, la France, le Luxembourg et, à un moindre degré, la Belgique. Ceci depuis longtemps. L'Allemagne doit avoir sa part du charbon, mais elle ne doit pas en être la distributrice.

Si les nations dont le bien-être dépend du charbon de la Ruhr et de l'industrie de la Ruhr avaient le bon esprit d'imposer un régime international à ce territoire, elles auraient un enjeu commun de nature à favoriser une coopération européenne.

L'internationalisation du Rhin serait un autre facteur propice à la coopération en Europe occidentale. Le Rhin devrait jouer le même rôle en ce qui concerne les communications que la Ruhr en ce qui concerne la production.

La Hollande, la Belgique, le Luxembourg, la France, la Suisse, la Rhénanie elle-même et la Ruhr sont tous tributaires économiquement de ce moyen de communication. L'Angleterre l'est aussi pour beaucoup de denrées qui viennent d'Europe centrale. L'Italie dépend du Rhin pour le transport du charbon de la

Ruhr jusqu'à Bâle. Ainsi, si la Ruhr et le Rhin étaient internationalisés, ils deviendraient le foyer de la coopération européenne.

Entre les mains d'une seule puissance ce serait un instrument de domination. Si l'Allemagne contrôlait la Ruhr et le Rhin, elle pourrait brimer les Anglais, faire chanter les Suisses et faire des largesses à l'Italie. De plus elle interviendrait dans les affaires françaises, parce que la France a le fer dont la Ruhr a besoin. L'activité d'avant-guerre du comité France-Allemagne dont Abetz[7] était un membre si notoire montre l'action de désagrégation qui découle de cette interdépendance.

On peut se demander quel serait l'avenir de la Rhénanie et celui du reste de l'Allemagne. La Rhénanie, qui a été divisée pendant tant de siècles en territoires différents, conserverait son indépendance culturelle, et chacun des territoires qui la constituent pourrait retrouver graduellement son autonomie.

Si leurs habitants se rendaient compte qu'il n'y a plus à regarder vers l'Est, les territoires rhénans viendraient progressivement à se tourner vers l'Ouest, comme cela a d'ailleurs été le cas pendant une grande partie de leur histoire. Quant au reste de l'Allemagne, il ne serait certainement pas aussi puissant et aussi riche qu'auparavant, mais s'il recevait la moitié de la production du charbon de la Ruhr il aurait, avec les autres charbonnages qui lui sont laissés, une plus forte production de charbon que celle de la France avant la guerre, production qui avait suffi pour alimenter une économie normale. Un courant d'émigration pourrait d'ailleurs se développer en Allemagne. La France n'y serait certainement pas hostile.

Quoi qu'il arrive, si la Ruhr reste internationalisée, l'Allemagne ne redeviendra jamais un danger, car contrôler la Ruhr signifie contrôler l'industrie allemande. »

Revenant, pour conclure, à la question d'un accord franco-britannique, le général de Gaulle a parlé du sentiment national du peuple français.

« Le peuple britannique n'a jamais été, dit-il, aussi près du cœur des Français que depuis la bataille d'Angleterre, mais si un règlement n'est pas trouvé qui mette fin aux difficultés qui ont tendu si fréquemment à se produire entre la Grande-Bretagne et la France sur des sujets que les Français savent vitaux pour la France, l'Angleterre ne pourra pas gagner ou retenir ce sentiment national des Français, et traités ou alliances ne seront alors que châteaux construits sur le sable. »

---

[7]   Otto Abetz fut ambassadeur du Reich à Paris après l'armistice de juin 1940 ; il obtint de Laval la collaboration franco-allemande.

7 – Churchill à Zurich (septembre 1946)

Source : discours de Winston Churchill à Zurich, 19 septembre 1946.

Le prestige de Churchill était si grand que son discours eut de l'influence sur les hommes politiques et les peuples du continent. Ce discours, célèbre, a incité les mouvements européens à répondre à l'appel pour un Conseil de l'Europe en organisant un Congrès à La Haye en mai 1948. À sa suite les gouvernements français, anglais et ceux du Benelux entrèrent en négociation pour créer en mai 1949 une Assemblée consultative et un Comité des ministres du Conseil de l'Europe dans lequel les décisions se prennent à l'unanimité. Aux cinq pays initiaux auxquels se sont joints l'Irlande, l'Italie, le Danemark, la Norvège et la Suède.

*

Je voudrais vous parler aujourd'hui du drame de l'Europe. Ce noble continent, qui comprend dans son ensemble les régions les plus riches et les plus favorisées de la terre, jouit d'un climat tempéré et égal. Il est le berceau de toutes les grandes races du monde occidental. Il est la source de la foi chrétienne et de la morale chrétienne. Ici ont eu leur origine les principales réalisations de la culture, des arts, de la philosophie et des sciences, dans l'antiquité aussi bien que de notre temps.

Si l'Europe s'unissait un jour pour partager cet héritage commun, il n'y aurait pas de limite au bonheur, à la prospérité et à la gloire dont pourrait jouir sa population de trois ou quatre cent millions d'âmes.

C'est cependant en Europe qu'est née cette série de terribles guerres nationalistes, déclenchées par les nations teutoniques au cours de leur ascension à la puissance, que nous avons vu en ce XXe siècle, et même dans notre propre génération, ruiner la paix et les espérances de toute l'humanité, et à quel état lamentable a été réduit l'Europe. Il est vrai que certains des petits pays se sont relevés rapidement, mais dans la plus grande partie de l'Europe, une masse frissonnante d'êtres humains, tourmentés, usés par les soucis, affamés et hébétés, regardent, atterrés, les ruines de leurs villes et de leurs foyers, et surveillent le sombre horizon dans la crainte de voir surgir une nouvelle forme de tyrannie ou de terreur.

Parmi les vainqueurs, on entend une Babel de voix. Parmi les vaincus, on ne trouve que le morne silence du désespoir, et c'est tout ce à quoi sont arrivés les Européens, groupés en tant de nations et d'État. C'est tout ce à quoi sont arrivées les races germaniques en s'entre-déchirant et en semant la ruine. Si cette grande République de l'autre côté de l'océan Atlantique ne s'était enfin rendu compte que la ruine ou la réduction en esclavage de l'Europe entraînerait sa propre destruction et ne nous avait tendu des mains secourables et directrices, les âges sombres seraient revenus dans toute leur cruauté. Et, Messieurs, ils peuvent encore revenir.

Et pourtant, il existe un remède qui, s'il était généralement et spontanément adopté par la grande majorité des peuples dans de nombreux pays, pourrait comme par un miracle, transformer entièrement la situation et rendre toute l'Europe, ou au moins la majeure partie de l'Europe, aussi libre et aussi heureuse que la Suisse de nos jours.

Quel est ce remède souverain ? Il consiste à reconstituer la famille européenne, ou du moins, autant que nous en pouvons reconstituer, et à lui fournir une structure qui lui permette de vivre et de croître en paix, en sécurité et en liberté.

Nous devons créer un genre « d'États-Unis d'Europe ». De cette façon seulement, des centaines de milliers de travailleurs pourront recouvrer les simples joies et espoirs qui rendent la vie digne d'être vécue. La marche à suivre est simple. Tout ce qu'il faut, c'est que des centaines de millions d'hommes et de femmes décident de faire le bien au lieu de faire le mal et méritent comme récompense, qu'on les bénisse au lieu de les maudire.

Beaucoup de travail a déjà été fait dans ce sens par l'effort de l'Union paneuropéenne, qui doit tant à Aristide Briand, patriote et homme d'État français célèbre, qui s'est dévoué à sa cause. Il y a aussi cette immense organisation qui a vu le jour parmi tant de beaux espoirs après la Première Guerre mondiale, je veux parler de la Société des Nations.

La Société des Nations n'a pas échoué à cause de ses principes, ou de ses conceptions. Elle a échoué par ce que ces principes ont été abandonnés par les États qui l'ont fait naître, et parce que les gouvernements de ces États ont craint de regarder la vérité en face et d'agir pendant qu'il en était encore temps. Il ne faut pas que ce désastre se reproduise. Nous avons donc beaucoup d'expérience pour nous aider à rebâtir et aussi beaucoup d'épreuves douloureuses que nous avons payées cher.

J'ai été très content de lire dans les journaux, il y a quelques jours, que mon ami le Président Truman avait exprimé son intérêt et sa sympathie pour ce grand projet. Il n'y a aucune raison pour que l'organisation régionale de l'Europe se heurte, en quelque sorte, à l'organisation mondiale des Nations unies. Au contraire, je crois que cette synthèse plus grande des nations ne peut survivre que si elle est fondée sur de larges groupements naturels.

Il existe déjà un groupement naturel dans l'hémisphère occidental. Nous autres Britanniques, nous avons notre propre Commonwealth des nations. Ces groupements n'affaiblissent pas, mais au contraire renforcent l'organisation du monde. En fait ils constituent son principal soutien. Et pourquoi n'existerait-il pas un groupement européen qui donnerait un sens de patriotisme plus large et de citoyenneté commune aux peuples éperdus de ce puissant continent ? Et pourquoi ce groupement ne prendrait-il pas la place qui lui revient parmi les autres grands groupements, et n'aiderait-il pas à modeler un avenir glorieux pour l'humanité ?

Pour que cela puisse être accompli, il faut un acte de foi, auquel devraient s'associer en toute conscience des millions de familles de langues diverses.

Nous savons tous que les deux guerres mondiales par lesquelles nous sommes passés ont été causées par le vain désir d'une Allemagne nouvellement unifiée de jouer un rôle prépondérant dans le monde. Dans ces luttes homériques, des crimes et des massacres ont été commis, qui sont sans parallèle depuis l'invasion des Mongols au XIVe siècle, et n'ont d'égal à aucune époque de l'histoire humaine.

Il faut que les coupables soient punis. Il faut que l'Allemagne soit privée de la possibilité de réarmer et de faire à nouveau une guerre d'agression. Mais quand tout cela aura été fait, comme ce sera fait, comme on est en train de le faire, il faut en finir avec la loi du talion. Il faut qu'il y ait ce que M. Gladstone a appelé, il y a de nombreuses années, un acte d'oubli salutaire. Nous devons tous tourner le dos aux horreurs du passé et regarder vers l'avenir. Nous ne pouvons pas nous permettre de traîner, au cours des années à venir, les haines et les vengeances nées des blessures du passé.

Si l'Europe doit être sauvée d'une misère infinie et, en fait de la destruction définitive, il faut qu'il y ait cet acte de foi dans la famille européenne, et cet acte d'oubli envers tous les crimes et les actes de folie du passé.

Les peuples de l'Europe peuvent-ils s'élever à cette hauteur d'âme, d'instinct et d'esprit humain ? S'ils le pouvaient, les torts et les blessures qui ont été infligés seraient effacés de tous côtés par les souffrances qui ont été endurées. Est-il encore besoin d'autres flots d'agonie ? La seule leçon de l'Histoire doit-elle être que l'humanité ne peut rien apprendre ? Que règnent la justice, la pitié, la liberté. Les peuples n'ont qu'à le vouloir, et tous atteindront leur désir le plus cher.

Je vais maintenant vous dire quelque chose qui vous surprendra : le premier pas vers la reconstitution de la famille européenne doit être une association entre la France et l'Allemagne. C'est ainsi seulement que la France pourra reprendre sa direction culturelle générale de l'Europe. Il ne peut y avoir de renaissance de l'Europe sans une France spirituellement grande et sans une Allemagne spirituellement grande aussi.

La structure des États-Unis d'Europe sera telle qu'elle rendra moins importante la force matérielle d'un État quelconque. Les petits États compteront autant que les grands, et seront considérés d'après leur contribution à la cause commune. Les anciens États et principautés de l'Allemagne, réunis librement pour leur intérêt commun dans un système fédéral pourront prendre leurs places individuelles parmi les États-Unis de l'Europe.

Je n'essaierai pas d'exposer un programme détaillé. Il y a des centaines de millions de personnes qui désirent vivre heureuses et libres, prospères et tranquille et qui voudraient jouir des quatre libertés dont le grand Président Roosevelt a parlé, et vivre selon les principes incarnés par la Charte de l'Atlantique. Si tel est leur désir, si tel est le désir d'Européens de nombreux pays, ils n'ont qu'à le dire, on trouvera certainement le moyen et le mécanisme pour amener ce désir à son plein épanouissement.

Mais je dois vous donner un avertissement. Le temps presse. Nous jouissons actuellement d'un moment de répit. Les canons ont cessé de tirer, les combats ont cessé mais non pas les dangers. Si nous devons constituer les États-Unis d'Europe, sous quelque nom que ce soit, il faut commencer maintenant.

À l'époque actuelle, nous nous trouvons assez étrangement, et de façon précaire, sous le bouclier, et je peux dire même, sous la protection de la bombe atomique. La bombe atomique se trouve encore entre les mains d'un État, d'une nation qui, nous le savons, ne s'en servira jamais que pour défendre le droit et la liberté. Mais il se peut bien que, dans quelques années, cet horrible engin de destruction soit largement diffusé et la catastrophe qui suivrait son emploi par plusieurs pays en guerre ne mettrait pas seulement fin à tout ce que nous appelons civilisation, mais pourrait même désintégrer le globe lui-même.

Il faut maintenant que je vous résume les propositions qui vous sont soumises. Notre but constant doit être de créer et d'accroître la force de l'Organisation des Nations unies. Sous la direction et dans le cadre de cette organisation mondiale, nous devons recréer la famille européenne dans un cadre régional qui s'appellera

– peut-être– les États-Unis d'Europe, et le premier pas pratique sera de constituer un Conseil de l'Europe. Si, tout d'abord, tous les États de l'Europe n'acceptent pas ou ne sont pas à même de faire partie de celle Union, nous devons néanmoins continuer à rassembler et à organiser ceux qui y consentent et qui le peuvent.

Le moyen d'épargner aux hommes de toutes les races et de tous les pays la guerre et l'esclavage devra être fondé sur des bases solides, et il devra être créé par une volonté de tous les hommes et de toutes les femmes de mourir plutôt que de se soumettre à la tyrannie. Et de ce travail urgent la France et l'Allemagne doivent prendre la direction ensemble. La Grande-Bretagne, l'Empire britannique, la puissante Amérique, et j'en suis sûr, la Russie soviétique – car alors tout irait bien – doivent être amis et garants de la nouvelle Europe, et doivent défendre son droit à la vie.

Je vous dis donc : – Debout, Europe ! »

8 – Un dictateur du charbon de la Ruhr en 1945

Résumé d'une conversation entre M. Monnet et M. Clayton, le 24 septembre 1945, Charbon de la Ruhr, notice datée du 25 septembre 1945. Source : Archives de Jean Monnet, fonds AMF 4/3/6, reproduit avec l'autorisation de la Fondation Jean Monnet pour l'Europe (Lausanne)[8].

En septembre 1945, Monnet est chargé par le GPRF de négocier les importations en provenance des États-Unis. William Clayton est sous-secrétaire d'État pour les Affaires économiques. Le texte est intéressant par son caractère innovant et réaliste à la fois, parce que Monnet présente une solution internationale au problème de la pénurie d'énergie en Europe occidentale. Il propose en effet de faire nommer par les trois alliés occidentaux (Grande-Bretagne, États-Unis et France) un « dictateur du charbon ». Ce type de solution évoque celle mise en œuvre pour la direction de la Tennessee Valley Authority. Mais le général Eisenhower repousse cette solution qui aurait pu conduire à la mutualisation des ressources charbonnières en Europe.

*

Charbon de la Ruhr :

J'ai remis à Mr Clayton ma lettre et mon mémorandum soulignant que le charbon était vital pour l'Europe Occidentale et que pour la France une différence de plusieurs centaines de millions de dollars se trouvait en jeu pour 1946, si la production n'était pas augmentée. Dans cette hypothèse, les effets seraient incalculables, y compris la répercussion sur les négociations mêmes que nous aurions avec les Américains et le fardeau supplémentaire qui incomberait aux États-Unis si la production de charbon dans la Ruhr n'était pas augmentée.

Mr Clayton m'a indiqué que Clay[9] avait adressé une lettre à Mr McCloy[10], déclarant que la nomination d'un dictateur du charbon ne constituerait pas une aide à la production, parce que la nomination d'un dictateur ayant autorité sur les Anglais n'arrangerait pas les choses. J'ai répondu à Mr Clayton qu'il connaissait certainement par expérience la lourdeur de la machine administrative, laquelle, si on la laisse faire, finira par donner des résultats mais toujours trop tard. Nous avons examiné très soigneusement tous les plans établis pour assurer et faire respecter la responsabilité fondamentale des zones respectives, mais nous estimons nécessaire d'introduire un nouveau facteur dans la situation, lequel aurait simultanément, d'une part, une vue générale essentielle en raison des tendances existantes dans

---

[8] Remarque : le texte du document ne comporte aucune accentuation ce qui suppose une dactylographie sur une machine à écrire d'origine américaine ou anglaise, Monnet était alors aux États-Unis pour négocier une aide américaine à la France après la suspension du prêt-bail. Le texte reproduit ici restitue l'accentuation.

[9] L.D. Clay : général américain, commandant en chef de la zone américaine d'occupation en Allemagne.

[10] John McCloy est un proche de Monnet ; il devient Président de la BIRD.

les différentes zones de rester souveraines et indépendantes les unes des autres et d'autre part aurait connaissance des mesures prises effectivement dans chaque zone pour activer la production de charbon, ce qui lui permettrait ainsi d'avoir les éléments voulus pour recommander les mesures qui, autrement, ne verraient jamais le jour dans l'ordre administratif.

Mr Clayton m'a déclaré qu'il avait également le désir de voir quelque chose se réaliser dans cet ordre d'idées et qu'il en parlerait avec Mr McCloy afin de voir ce qui était possible. /.

9 – Coordonner la production de charbon allemand

Mémorandum de Jean Monnet adressé à William Clayton : Proposi-
tions destinées à assurer la coordination de la production de charbon
allemand. Source : Archives du ministère de l'Économie, des Finances et
de l'Industrie, Collection du service des archives économiques et finan-
cières, B 8853, télégramme reçu vraisemblablement de Washington,
diffusé à René Pleven, ministre de l'Économie et des Finances, Robert
Lacoste, ministre de la Production industrielle, date : octobre 1945
d'après un timbre sec, 2 pages. Reproduit avec l'autorisation du minis-
tère de l'Économie, des Finances et de l'Industrie, collections du Service
des archives économiques et financières.

William Clayton, un cotonnier d'origine texane, grand exportateur, a
été directeur et vice-président de l'Export-import Bank, instrument financier au service du gouvernement américain. Il est secrétaire d'État adjoint
chargé des affaires économiques de 1944 à 1947. Jean Monnet, fin 1945,
exerce la fonction de Commissaire général du plan de modernisation et
d'équipement, une administration nouvelle créée à sa demande, par le
général de Gaulle, chef du gouvernement provisoire.

*

Ministère des Affaires étrangères
Affaires économiques
télégramme à l'arrivée, n° 1679/DET.
Je me réfère au télégramme 1664/DET
Voici le texte exact du mémorandum adressé par Monsieur Monnet à Monsieur
Clayton.
Propositions destinées à assurer la coordination de la production de charbon
allemand.
En juillet 1945 des directives avaient été envoyées aux Commandants des zones
d'occupation américaine, britannique et française, fixant les buts à atteindre pour
la production de charbon en Allemagne occidentale. Ces directives prévoyaient
que toutes mesures nécessaires devaient être prises pour assurer l'exportation de
10 000 000 de tonnes de charbon en 1945 et d'une nouvelle tranche de
15 000 000 pendant les 4 premiers mois de 1946.
Il apparaît maintenant que les buts fixés par ces directives ne seront pas atteints, à
moins que de nouvelles mesures soient immédiatement prises afin d'assurer la
mobilisation la plus efficace des ressources des trois zones d'occupation. La
meilleure façon d'y parvenir est de confier à une seule autorité la responsabilité
de mettre sur pied un plan coordonné pour accroître la production de charbon
allemand et pour s'assurer que les mesures nécessaires à l'exécution de ce plan
seront bien effectivement prises dans les trois zones.
À cet effet, les dispositions suivantes devraient être mises à exécution :

I – Formation d'un comité composé d'un Président et de trois membres. Le Président devrait être nommé conjointement par le Président des États-Unis, le Premier ministre de Grande-Bretagne et le Chef du Gouvernement Provisoire de la République française. Chaque membre devrait représenter une des trois zones d'occupation et devrait être nommé par le Commandant de la zone correspondante.

2 – Ce comité devrait aussitôt établir un plan pour l'utilisation efficace des ressources des trois zones d'occupation, ceci de façon à accomplir les objectifs et atteindre les chiffres de production établis par les directives formulées en juillet 1945, et par toutes autres directives qui pourraient intervenir ultérieurement.

3 – Le Président du Comité devrait avoir l'autorisation de demander au Commandant de chacune des trois zones d'occupation d'émettre toutes directives ou de prendre toutes mesures qui, dans l'opinion du dit Président, seraient jugées par lui nécessaires pour mener à bien le plan établi par le Comité. Le Président devrait avoir le droit d'en appeler directement aux chefs des trois gouvernements, dans l'hypothèse où le commandement de l'une quelconque des trois zones ne donnerait pas suite à la requête formulée par le président du Comité.

4 – Chaque membre du Comité devrait être responsable de la surveillance et de la direction de la production de charbon dans sa propre zone, et de toute mesure jugée nécessaire, le cas échéant, pour assurer la mise en œuvre des directives formulées par le Président. /.

10 – Production du charbon de la Sarre et de la Ruhr

Ce document, sans en-tête, du 11 octobre 1945, secret, n'est pas identifié précisément mais il émane certainement de Monnet. Source : Archives de Jean Monnet, fonds AMF 4/3/17. Reproduit avec l'autorisation de la Fondation Jean Monnet pour l'Europe (Lausanne).

Ce document, complémentaire du précédent, décrit les tentatives de Monnet pour faciliter concrètement le ravitaillement de la France en énergie (charbon de la Ruhr). À cette occasion, Monnet s'efforce d'inventer un poste de « dictateur de la Ruhr » pour surmonter les obstacles empêchant concrètement le charbon allemand de circuler en Europe. Ce texte donne les raisons de l'échec de la proposition Monnet.

*

1) J'avais proposé à Clayton, d'accord avec le Général de Gaulle, la constitution d'un Comité franco-anglais-américain chargé de la production et de l'expédition du charbon en Allemagne de l'Ouest. À la tête de ce comité, j'avais proposé que fut désignée une personne nommée par le Président Truman, le Général de Gaulle et le Président Attlee, cette personne ayant pouvoir d'émettre des directives que les Commandants de zone devaient suivre.

2) M. Mac Loy (MCloyd)[11] a vu le Général Eisenhower avec lequel il a discuté de la question et m'a informé que d'accord avec Eisenhower il a fait à Washington une proposition différente de celle que j'avais faite à Clayton.

3) Je viens de téléphoner au Général Biddle Smith (Bedell-Smith) à Francfort qui m'informe que M. Mac Loy leur a soumis la proposition que j'avais faite à Clayton. Le général Eisenhower n'est pas d'accord sur la constitution d'une commission telle que je l'avais proposée, car il déclare que :

1. Le président de la commission ayant pouvoir de directive sur les généraux commandants de zones, se trouverait, en réalité le véritable chef des trois zones,

2. que la question de la production, des transports, de la répartition du charbon contrôle tellement toute l'économie allemande que ce serait en réalité remettre au Directeur du charbon la direction même de toute la zone occupée de l'Ouest.

Toutefois, le Général Eisenhower comprend parfaitement toute l'importance pour la France et l'Europe de l'Ouest de la question du charbon, et est désireux d'obtenir une coopération aussi complète que possible, afin d'obtenir une production maximale ; il a proposé à Washington, d'accord avec M. Mac Loy, l'organisation suivante :

Un Comité du Charbon de l'Allemagne de l'Ouest serait constitué par des représentants anglais, américains et français ; ces représentants seraient désignés par les Gouvernements, sous l'autorité des commandants de zone, mais le Comité fonctionnerait comme un corps et aurait la responsabilité des programmes, des plans de production et de toute mesure qui devrait faciliter les transports, etc.

---

[11] Pour John McCloy.

tendant à augmenter la production du charbon. En outre, il aurait la charge de la répartition.

Si les Commandants de zone n'étaient pas d'accord avec les recommandations du Comité, alors les membres du Comité auraient le droit d'appel auprès de leurs gouvernements. La question de la Présidence de ce comité n'est pas fixée.

Cette information n'a pas été jusqu'à présent communiquée aux Anglais. Le Général Eisenhower attend pour cela d'avoir reçu la communication de Washington, du War Department et du State [Department] qui examinent actuellement cette proposition.

11 – Une autre politique allemande de la France en 1946 ?

Avant-projet concernant les négociations à engager par la France au sujet de l'Allemagne, 15 février 1946. Source : Archives de Jean Monnet, fonds AMF 4/3/93. Le document est signé mais d'une façon illisible. Jean Monnet probablement. Reproduit avec l'autorisation de la Fondation Jean Monnet pour l'Europe (Lausanne).

L'intérêt du document réside dans l'appel au réalisme que son auteur lance au nouveau gouvernement français après la démission du général de Gaulle, en janvier 1946. Le gouvernement Gouin modifiera-t-il la politique de la France en Allemagne ? N'est-il pas temps de le faire puisque la France cherche des crédits auprès des États-Unis ? De plus, le texte évoque instamment la création d'autorités supra-régionales du type de la Tennessee Valley Authority en Allemagne ou sur les bassins des fleuves européens.

*

1 – La France s'est opposée depuis le 1er octobre 1945 à la constitution des organismes centraux allemands, prévus aux accords de Potsdam et qui doivent, dans l'esprit de ces accords, servir d'agent d'exécution des décisions prises par le Conseil de Contrôle et ses organes quadripartites.

Cette opposition a été considérée par le gouvernement des États-Unis, en particulier, comme de nature à retarder la réorganisation de l'Allemagne et de l'Europe. En particulier les défaillances des transports de charbon ont été, à tort ou à raison, attribuées à l'absence d'un organisme central permettant leur coordination.

En outre, du point de vue politique, la délégation des États-Unis a signalé à maintes reprises que l'opposition française favoriserait la division de l'Allemagne en plusieurs zones dont certaines échappent en fait, dès maintenant au contrôle effectif du conseil quadripartite.

La France a subordonné son accord éventuel à l'acceptation de ses propositions concernant le statut des territoires occidentaux de l'Allemagne comportant notamment : l'internationalisation de la Ruhr et un statut spécial pour les territoires rhénans de la rive gauche du Rhin les soustrayant en fait à la direction des organismes de Berlin.

Ces propositions discutées longuement en octobre à Londres, en novembre à Washington, et en décembre à Moscou et reprises récemment à Londres n'ont pas, en fait, reçu d'accord favorable des trois signataires de Potsdam.

Tout récemment M. Byrnes, Secrétaire d'État du Gouvernement des États-Unis a dans une note remise le 6 février au gouvernement français, soulevé à nouveau la question des organismes centraux allemands en demandant que la question soit reconsidérée par la France. Cette note a un caractère impératif, quoiqu'aimable et nécessite une réponse.

Il apparaîtrait maladroit cependant de répondre à cette note avant que le Gouvernement français n'ait arrêté sa politique générale concernant l'Allemagne.

Par ailleurs, la question de la négociation d'un emprunt important aux États-Unis sera certainement liée par le Département d'État à celle d'une modification par le gouvernement français de sa politique allemande. Il apparaîtrait donc opportun de profiter de l'arrivée de la mission du Président Blum à Washington pour remettre au moment précis de ces négociations les propositions françaises.

2 – Les propositions françaises doivent tenir compte dans une certaine mesure tout au moins des réalités qui se sont fait jour au cours des six premiers mois du fonctionnement des organismes de contrôles.

a) Absence de tout gouvernement central allemand

En l'absence de tout gouvernement central allemand le Conseil de Contrôle, et ses organismes subsidiaires, tend à fonctionner de plus en plus comme un gouvernement quadripartite de l'Allemagne.

Cette tendance amènera le Gouvernement français à suivre la thèse du gouvernement américain qui a peu à peu transféré ses services de Francfort à Berlin, et ce renforcement des délégations alliées à Berlin tend donc à diminuer l'importance de tous les organismes allemands qui pouvaient être constitués, en application des accords de Potsdam en en faisant des auxiliaires du Conseil de Contrôle.

Cette tendance doit diminuer par ailleurs l'importance des états-majors des Commandants alliés des zones et doit les amener peu à peu à limiter leur action au commandement des troupes d'occupation et au contrôle de l'exécution des décisions de Conseil par les Gouverneurs des Länder.

b) Accentuation de la décentralisation allemande

En exécution des accords de Potsdam la décentralisation politique des Länder a été poussée énergiquement principalement par la délégation américaine. Celle-ci a constitué fortement trois États : la Bavière, la Grande Hesse, et l'État composite Bade-Wurtemberg dont d'autres portions appartiennent à la zone française.

Il a apparu important au gouvernement français de suivre une politique parallèle ; ne disposant que de sections de Länder, la France a demandé le 20 janvier à l'occasion de la discussion sur la constitution d'un organisme consultatif des finances que les frontières des zones américaine et française soient rectifiées de manière à reconstituer les États de Bade et de Wurtemberg dans leurs anciennes limites. Une pareille négociation devrait semble-t-il être entreprise avec le Gouvernement britannique de manière à reconstituer les États Rhénans également coupés en deux par les zones d'occupation actuelles.

Il y aurait lieu de vérifier au moment de ces regroupements si des modifications de frontières des anciens Länder ne s'imposent pas pour tenir compte des *desiderata* des populations et des études déjà faites à ce sujet par le gouvernement allemand. Par exemple les études devraient porter sur les frontières nord de l'État de Bade et sur celles de la Grande-Hesse dans le Reichsbezirke de Mayence. De même la tête de pont actuelle de Coblence semble devoir être conservée afin de laisser à cette ville sa zone d'influence sur la rive droite. Enfin, dans la zone britannique les études du Docteur Mende tendraient à diviser la Westphalie en deux zones, l'une au Nord-Est à rattacher au Hanovre, l'autre au Sud-Ouest comprenant la Ruhr à lier peut-être à la Rhénanie.

Ces études devraient être entreprises sans délai de manière à constituer le plus vite possible des Länder homogènes dont on doit favoriser au maximum la forte indépendance politique.

c) Renforcement du sentiment régional allemand

La conception américaine tend à donner à la structure allemande un caractère fédéral, calqué sur l'organisation américaine, c'est-à-dire une forte centralisation technique au siège même de la fédération venant corriger ce que la décentralisation poussée des Länder pourrait amener de défauts de liaison entre ceux-ci en ce qui concerne les transports, les services publics, les finances, etc.

Entre les Länder disposant du pouvoir administratif et l'État fédéral il apparaîtrait utile d'apposer sur les grandes régions naturelles une trame économique venant lier les Länder régionaux entre eux et permettant le développement de certaines organisations communes concernant les transports, l'énergie, l'industrie et certains échanges commerciaux.

De pareilles organisations ont paru nécessaires aux États-Unis au cours des dernières années – en particulier l'Autorité de la vallée du Tennessee (TVA), celle du Bassin du fleuve Columbia (Columbia Bassin Autority), etc.

Ces organisations qui se rapprochent sensiblement dans leur structure de celle des sociétés d'Économie Mixte française ou étrangères peuvent apporter en Allemagne une solution aux problèmes de la Ruhr et de la Rhénanie – Ainsi qu'à ceux d'autres parties du territoire allemand dont le sectionnement effectué trop rapidement n'a peut-être pas un caractère définitif.

C'est ainsi que pourrait être envisagée immédiatement la constitution « d'Autorités » internationales de caractère régional concernant la vallée du Rhin, la Ruhr et certains bassins tributaires, d'autre concernant le bassin du Danube, celui de l'Elbe, de l'Oder, etc.

Les conseils d'administration de ces autorités comporteraient la représentation des États voisins, en particulier pour le Rhin, la France, la Belgique, la Hollande, le Luxembourg, la Suisse et naturellement l'Allemagne dont les sièges se verraient confiés, durant la période d'occupation, au Conseil Interallié de Contrôle.

Les autres autorités recevraient de la même manière la représentation de leurs États riverains.

L'autorité rhénane verrait ses attributions étendues au développement des communications de toute nature entre les pays riverains, nouveaux autoroutes, canaux, ports fluviaux, ainsi qu'à l'énergie hydroélectrique et thermique – (utilisation des lignites de Cologne, etc.) – Elle recevrait en outre le contrôle de la répartition des produits des bassins industriels tels que la Ruhr et peut-être même la propriété de certaines des usines saisies par les Alliés. Elle assumerait le contrôle et le développement de la navigation sur le Rhin. Enfin, comme la TVA aux États-Unis, la nouvelle autorité pourrait recevoir toutes attributions concernant l'aménagement des villes, le développement de l'habitat ouvrier, etc.

d) Constitution d'un organisme d'études et de planning à Berlin

Les six mois de fonctionnement des organismes de contrôle à Berlin ont fait ressortir un manque de plan directeur pour les travaux du Conseil de Contrôle.

Alors que les travaux de liquidation de l'Allemagne ancienne se poursuivent avec activité, sinon avec méthode en ce qui concerne en particulier la dénazification, la saisie des biens nazis, etc., etc., par contre les travaux concernant l'avenir de l'Allemagne apparaissent arrêtés, non seulement par l'opposition française, mais également par le manque de plan.

Il apparaîtrait donc utile d'adjoindre au Conseil de Contrôle un organisme parallèle à celui du Comité de Coordination ou auxiliaire à celui-ci, qui prendrait le nom de Comité du Plan et qui procéderait aux études générales concernant l'avenir de l'Allemagne.

12 – Les États-Unis encouragent l'union de l'Europe occidentale

Télégramme n° 26 de Pierre Baraduc, membre de la délégation française à Genève, 23 juillet 1947, de la part de la délégation française à la Commission préparatoire de la Conférence du commerce et de l'emploi. Source : B 33284, 2 pages. Archives du ministère des Finances. Reproduit avec l'autorisation du ministère de l'Économie, des Finances et de l'Industrie, collection du service des archives économiques et financières.

Ce document s'insère dans un ensemble de télégrammes ou de notes portant sur les négociations qui ont donné naissance au GATT et à la Charte de La Havane sur une Organisation internationale du commerce (non ratifiée). On y constate que les Américains sont prêts à appuyer la naissance d'une Europe unie économiquement, en amendant si nécessaire le principe de non-discrimination retenu pour les échanges commerciaux. C'est donc un témoignage sur la nouvelle politique américaine d'unification européenne en relation avec l'annonce d'un plan d'aide économique. Le télégramme est signé par Pierre Baraduc, diplomate, chef du service de la Coopération économique européenne, à la direction des Affaires économiques, financières et techniques du Quai d'Orsay, de 1945 à 1950.

*

Affaires étrangères   télégramme à l'arrivée
triplicata bis
en clair. M. L.
Genève, le 23 juillet 1947
Réservé
reçu par courrier
le 25 juillet à 12h.

De la part de la Délégation française à la commission Préparatoire de la Conférence du Commerce et de l'Emploi, n° 26.

Au cours des négociations relatives aux exceptions à la règle de la non-discrimination qui devraient permettre notamment à l'Europe de s'organiser, la délégation américaine, à maintes reprises, a invoqué la possibilité pour les États européens décidés à coopérer à s'engager dans la voie d'une union douanière. Je sais que, comme il le fait dans cesse à Genève, M. Clayton a entretenu d'une telle suggestion les membres du Gouvernement ainsi que M. Jean Monnet.

La Délégation américaine vient de traduire cette proposition par un amendement au projet de Charte. Le texte proposé prévoit que les dispositions du chapitre concernant la politique commerciale (clause de la nation la plus favorisée, gestion des restrictions quantitatives, principe de la non-discrimination) *« ne devront pas être interprétées comme faisant obstacle à la formation d'une union douanière ou à la conclusion d'un accord provisoire nécessaire à la réalisation d'une telle union, sous réserve que les droits et autres réglementations des échanges commerciaux ou les marges de préférence imposés par une telle un don ou un tel accord, en ce qui concerne ses relations avec les Membres de l'organisation, ne soient pas, dans l'ensemble, plus élevés ou plus rigoureux que ne l'étaient en moyenne les droits et les réglementations en vigueur avant la formation de l'union, dans les territoires qui la constituent ou l'adoption d'un tel accord, et sous réserve que tout accord provisoire comporte un plan précis et un programme permettant la formation dans un délai raisonnable d'une telle union douanière ».*

Ainsi que le sait le Département, la délégation française s'était efforcée de faire prévaloir un texte qui permettrait des exceptions en vue de faciliter la coopération entre États appartenant à une même région économique sans qu'il soit spécifiquement précisé que ceux-ci avaient décidé d'entrer en union douanière. Nous aurons les plus grandes difficultés à faire accepter ce texte par la délégation américaine et je serais reconnaissant au Département de bien vouloir m'indiquer s'il estime que nous devons maintenir notre position ou de reconnaître que la proposition américaine est suffisante. Indépendamment de ces dispositions d'ordre très général et qui permettraient entre États décidés à former une union douanière de discriminer en faveur les uns des autres, les dispositions concernant les exceptions à la règle de non-discrimination sont traitées d'autre part (art. 28). Aucun accord n'est en vue sur ce point. Les propositions britanniques dont j'ai entretenu verbalement le Département sont jugées nettement excessives par la délégation américaine et chacun reste pour le moment sur ses positions. /.

BARADUC

13 – L'union de l'Europe : une des conditions de l'aide américaine

Note d'Alphand pour le président, 2 août 1947. Source : Archives nationales, Archives de Georges Bidault, 457 AP 20. Reproduit avec l'autorisation des Archives de France (section des archives privées).
La note est adressée à Georges Bidault, ancien président du gouvernement provisoire (juin-novembre 1946), ministre des Affaires étrangères dans le gouvernement de Paul Ramadier (janvier-novembre 1947). La note est signée d'Hervé Alphand, directeur des Affaires économiques, financières et techniques du Quai d'Orsay. Dans le même esprit que le document précédent, cette note, très synthétique, établit que pour bénéficier de l'aide américaine les États devront se préparer à l'union douanière, assainir leurs finances publiques (lutte contre l'inflation, équilibre budgétaire) et accepter l'Allemagne à part entière dans la nouvelle Europe. La politique française doit donc être profondément modifiée.

*

Ministère des Affaires étrangères Le 2 août 1947
Affaires économiques,
financières et techniques
le Directeur Général (Alphand)
très secret.

Note pour le Président
Trois problèmes très vastes et importants vont se poser dans les semaines qui viennent et nécessitent sans doute une décision du Gouvernement.
C'est à propos des travaux de la Conférence de Coopération européenne[12] que la France devra prendre position et s'engager sur des voies qui fixeront son sort pendant plusieurs années.
1 – De l'adhésion réelle de la France aux idées émises par M. Marshall dépend dans une grande mesure la suite qui sera donnée aux travaux du Comité de Coopération européenne. Or, ainsi que l'a noté avec force M. Bidault, la France ne pourra persévérer sur la route où elle s'est engagée si les États-Unis ne donnent pas au peuple français les satisfactions qu'il exige en ce qui concerne l'Allemagne. Cela pose le problème de l'accord franco-anglo-américain, d'une part sur le futur niveau de l'industrie allemande, d'autre part, sur une gestion internationale des mines de la Ruhr.
Sur ces deux questions, conformément aux instructions du Président, les études ont été poussées par les services techniques. Un rapport sera remis à M. Bidault

---

[12] Conférence des seize pays d'Europe occidentale participant au plan Marshall, réunis à Paris dans l'été 1947 pour répondre à l'offre américaine et, si possible, créer une organisation européenne.

au début de la semaine prochaine. S'il est approuvé par le Gouvernement il formera la base des instructions de la Délégation française à la future réunion tripartite.

2 – Il résulte des entretiens que nous avons eus au cours de ces jours derniers avec M. Clayton qu'une aide substantielle ne pourra pas être obtenue si l'administration n'arrive pas à persuader le Congrès qu'il s'agit bien d'une opération destinée à assurer une fois pour toutes le relèvement de l'Europe.

Des assurances de cette nature avaient déjà été données au Sénat Américain lorsqu'il s'était agi d'obtenir de lui les attributions nécessaires à l'octroi de crédits à la France, à la Grande-Bretagne, et à l'UNRRA[13]. Le gouvernement américain devra reconnaître qu'il s'est trompé, que l'action entreprise jusqu'à présent n'a pas été suffisante et qu'il faut de nouveaux dollars pour assurer le rétablissement de l'Europe.

D'après M. Clayton, le Congrès ne sera convaincu que si, en même temps, chacun des pays bénéficiaires présente un programme d'assainissement et de stabilisation intérieure. Il n'appartient certes pas au ministre des Affaires étrangères ni à ses services, d'établir eux-mêmes un tel programme, mais il faut bien insister sur ce fait que l'existence et l'exécution de ce programme sont indispensables au succès de la négociation entreprise à la suite du discours de M. Marshall.

Les crédits américains doivent permettre à la France de libérer son économie des contrôles des prix, de la monnaie et du ravitaillement qui contribuent dans une large mesure, d'ailleurs, à ralentir le développement de la production nationale. C'est certainement dans un sens libéral et par une économie donnant plus de place à l'initiative privée que la France peut retrouver sa prospérité. L'affirmation de cette tendance est également nécessaire pour créer en Amérique le climat indispensable au succès des suggestions de M. Marshall.

3 – M. Clayton a insisté sur un autre fait très important : il est nécessaire que des changements fondamentaux soient apportés dans les relations d'échanges entre pays européens. Cette modification, d'après lui, doit provenir d'un élargissement des frontières économiques par l'établissement d'unions douanières. Le sous-secrétaire d'État américain sait parfaitement bien que de telles modifications des rapports entre États ne peuvent être mises à exécution sans délai. Le gouvernement des États-Unis est prêt à considérer que plusieurs États voisins ayant annoncé leur intention de réaliser en un délai déterminé une union douanière pourraient, dans l'intervalle, prendre toutes mesures discriminatoires ayant pour objet une réalisation progressive de cette union. Ces propos ont été tenus devant les représentants de la Belgique, de la Hollande, du Luxembourg, de la France, du Royaume-Uni, de l'Italie, de la Norvège. Ils ont exercé certainement une influence profonde sur les esprits de ces Délégués. Un chapitre relatif aux Unions douanières sera introduit dans le Rapport Général. Il ne faudra pas sans doute se contenter de prévoir ces études préparatoires, mais annoncer des décisions plus précises. J'ignore quelle est sur ce point l'instruction du Gouvernement, mais dès maintenant, je crois nécessaire, à titre officieux, de prendre contact avec les représentants de « Benelux » d'une part, de l'Italie d'autre part. Mon collègue anglais ne m'a pas caché le grand embarras où se trouve actuellement plongé son pays devant ces suggestions très positives des États-Unis d'Amérique.

---

[13]   United Nations Relief and Rehabilitation Agency.

Ainsi sur ces trois sujets qui paraissent si différents les uns des autres, mais qui tous se rattachent au succès de l'entreprise à laquelle la France s'est résolue – problème allemand, assainissement intérieur français, unions douanières en Europe – des décisions très prochaines doivent être prises. Je pense que M. Bidault jugera utile d'en entretenir le Président du Conseil et je me tiens à sa disposition pour tous les renseignements complémentaires qu'il désirerait des Services sur ces divers sujets. /.

14 – Lettre d'Henri Bonnet à Vincent Auriol président de la République française (mai 1948)

Lettre d'Henri Bonnet, ambassadeur de France à Washington, 7 mai 1948, personnel. Source : Archives nationales, Fonds de Vincent Auriol, 552 AP 71, 5 pages, dactylographiées ; formule de politesse manuscrite, signature autographe. Reproduit avec l'autorisation des Archives de France.

Le ton de cette lettre est intéressant par l'expression de confiance qui en ressort. Henri Bonnet, ambassadeur de France à Washington, est préoccupé des grandes questions géostratégiques du moment, en particulier celle de la sécurité de l'Europe par une extension du Pacte de Bruxelles aux Américains. L'union européenne semble être le moyen obligé de bénéficier du plan Marshall et de renforcer la sécurité de l'Occident, tandis que les États-Unis entreront en régime de paix armée. Henri Bonnet a été chargé par de Gaulle de l'information au CFLN, puis nommé ambassadeur à Washington de 1944 à 1954.

*

Ambassade de France aux États-Unis
Washington DC
Personnel,   le 7 mai 1948

Mon cher Président

Les relations soviéto-américaines ont, au cours des derniers mois, connu un paroxysme de tension, provoqué surtout par les événements de Tchécoslovaquie. À la faveur de l'émotion, l'idée du réarmement des États-Unis a été facilement admise. Le Congrès, avant de se séparer, votera la plus grosse partie des mesures militaires qui lui seront demandées, malgré les controverses que provoque la rivalité des trois armes. Les États-Unis entrent en régime de paix armée et c'est avant tout par la préparation militaire et l'équilibre des forces que, pour le moment du moins, ils se proposent de maintenir la paix.

Le résultat des élections italiennes a fait, il est vrai, tomber un peu la fièvre. Le Secrétaire d'État a prononcé avant-hier des paroles mesurées. Il a confirmé que la politique américaine devait être exempte de provocations, ce qui a toujours été son point de vue. Vous savez quelle importance il attache à la restauration économique de l'Europe. Elle représente l'aspect positif de ses conceptions et ne peut réussir que dans la paix.

De graves dangers n'en subsistent pas moins. Je ne peux imaginer que les Soviets songent à déclencher la guerre, ni même qu'ils en courent délibérément le risque en prenant des initiatives qui dans l'état actuel de l'opinion américaine, pourraient avoir les pires conséquences. Mais voilà plus de deux ans que se prolonge un antagonisme aigu entre les deux plus grandes Puissances du monde. Rien n'en laisse présager la fin. Il y a là une situation lourde de périls. Aussi longtemps qu'aucun signe de détente profonde n'apparaîtra à l'horizon, les répits seront passagers et feront périodiquement place à de nouvelles crises.

Vous savez certainement, d'autre part, par mes télégrammes, quelle serait la stratégie américaine si la guerre éclatait dans un avenir proche. Sans doute les milieux gouvernementaux partagent-ils le sentiment ci-dessus exprimé que cette catastrophe ne se produira pas. Avant même que le réarmement n'ait montré ses effets, ils estiment que la force de l'Amérique et sa puissance industrielle constituent une garantie sérieuse de paix. Il y a néanmoins dans l'État-Major, qui doit se préoccuper de faire face à toute hypothèse, une certaine inquiétude, dont on m'a fait part. On n'écarte pas complètement la possibilité d'une réaction violente des Soviets si les mesures de précaution déjà prises ou les projets en cours leur font concevoir de fortes craintes pour l'avenir. Mais le Gouvernement des États-Unis, si décidé soit-il, à ne donner à Moscou aucun prétexte plausible, n'en accepte pas moins les risques inhérents à sa politique de « fermeté », quelles que puissent en être, en particulier dans la période actuelle, les conséquences pour ses Alliés.

Nos légitimes soucis devant cette situation ne sont pas ignorés ici. Le Gouvernement américain a été pleinement informé du désir des signataires du pacte de Bruxelles d'obtenir des garanties nouvelles et la promesse d'une assistance militaire rapide en cas de besoin. Il rencontre, comme vous le savez, des difficultés à la fois du côté du Congrès et de son état-major. Je ne sais encore quand il sera en mesure de dominer ses propres incertitudes et quand il estimera pouvoir nous soumettre des propositions. Cela ne peut pas tarder maintenant. Mais il me paraît que, de notre côté, nous devons affirmer notre volonté de ne voir prendre que des dispositions susceptibles, tout en étant efficaces et précises, de maintenir la paix et d'en préparer l'affermissement.

Les dernières nouvelles confidentielles que j'aie reçues du Quai d'Orsay indiquent une excellente orientation en ce qui concerne la question de la garantie. Il s'agirait en somme d'affirmer la détermination commune de l'Occident européen et des États-Unis de préserver contre toute menace le plan de restauration établi en avril dernier. L'accent serait mis sur l'aspect constructif de cette décision et sur la contribution ainsi apportée à la sécurité internationale. Cette mesure pourrait apparaître, et surtout être présentée, comme un premier effort vers la recherche d'une détente, les arrangements éventuels d'ordre militaire n'étant plus que des précautions légitimes et le but demeurant d'atteindre la paix.

En même temps, il me paraît de plus en plus nécessaire de nous orienter vers des unions réelles économiques tout au moins, en Europe. À défaut de progrès décisifs dans cette direction, je ne suis pas certain que le plan Marshall puisse être poussé jusqu'au bout de ses quatre années d'application. Il y a dans le Congrès et dans l'opinion publique des États-Unis, un désir, parfois puérilement exprimé, mais très profond, de voir de larges unités économiques et politiques s'organiser sur le Vieux Continent. En même temps donc qu'en poursuivant cet objectif, nous accroîtrions nos propres forces de production, nous pourrions compter sur un appui de plus en plus complet du Nouveau Monde. Les résistances sont certainement plus fortes à Londres qu'à Paris. Il ne semble même pas que nous ayons des chances de convaincre le Benelux, aussi longtemps que la Grande-Bretagne ne se sera pas elle-même convertie à ces idées nouvelles. Une entente franco-anglaise pour l'union de plus en plus étroite des deux pays devrait donc s'établir pour que le pacte de Bruxelles et ses prolongements éventuels acquièrent leur pleine valeur.

Il est bien évident aussi que de pareils développements, de même que la restauration des économies européennes, œuvre de paix, même si elle doit s'accompagner d'armements, seraient difficilement menés à bien sous la menace constante d'un conflit qui persisterait si ces entreprises apparaissaient à des nations aussi méfiantes que l'URSS comme une préparation à la guerre. Cela ne dépend malheureusement pas, pour le moment, que de nous et de nos voisins. Il n'en est pas moins désirable que l'Europe occidentale se préoccupe de faciliter une détente de la situation actuelle avant même qu'elle ne puisse, par sa cohésion, sa force de production, sa renaissance en un mot, jouer un rôle décisif dans le rétablissement de la paix. Devant prendre des mesures vitales pour s'assurer une existence normale et la sécurité, elle devrait non seulement affirmer avec netteté sa volonté de contribuer ainsi à un meilleur équilibre mondial, mais ne laisser aussi aucun doute sur son opposition à toute initiative provocante (comme le serait tout projet de réarmer un état-tampon allemand) et s'efforcer de susciter un échange d'assurances susceptibles de calmer les appréhensions réciproques et de conduire à l'adoption d'un « *modus vivendi* » entre l'Est et l'Ouest.

J'espère que je pourrai bientôt faire un bref séjour à Paris – après la fin des négociations préliminaires qui vont se poursuivre ici sur les suites à donner au Pacte de Bruxelles. Il me tarde de pouvoir m'entretenir avec vous de tous ces problèmes.

Veuillez agréer, mon cher Président, l'assurance de mes sentiments les plus fidèles et les plus dévoués.

H. Bonnet

15 – La France n'inspire pas confiance à l'Angleterre

Lettre de Stafford Cripps à Maurice Petsche, ministre des Finances dans le gouvernement Henri Queuille, du 27 novembre 1948, 2 pages, traduction.

Dans cette lettre, très critique sous des dehors patelins et réalistes, Stafford Cripps, chancelier de l'Échiquier de 1947 à 1950 dans le gouvernement travailliste de Clement Attlee, émet des doutes sur la capacité de la France à assumer ses engagements de développement économique ; comment faire l'Europe franco-britannique dans ces conditions ? Il est vrai que les travaillistes étaient réputés pour mener une politique d'austérité. Mais n'était-ce pas plutôt un prétexte britannique pour refuser l'aventure européenne ? La suite des événements, c'est-à-dire l'échec du Programme à long terme européen (PLT) de l'OECE prouvera la volonté britannique de privilégier le Commonwealth et les Américains plus que l'Europe continentale. Maurice Petsche (indépendant) est ministre des Finances de septembre 1948 à août 1951. Les gouvernements de troisième force arrivent à stabiliser le budget, cadrer le crédit, réguler les salaires et piloter les prix. Nul doute que la pression américaine et celle de l'OECE y furent pour beaucoup.

*

Mon cher Ministre,

Je vous écris cette lettre en votre qualité de Ministre des Finances.

Nous sommes capables maintenant de faire une étude préliminaire du plan à long terme qui a été présenté par votre Gouvernement à l'OECE avec l'intention de voir jusqu'à quel point nous pourrions ajuster notre plan au vôtre.

Comme je vous l'ai expliqué à ma dernière visite à Paris, nous sommes très désireux de faire tout ce qui est possible pour coopérer avec votre Gouvernement au développement et à la mise en application de ces plans pour le redressement de nos deux pays.

Comme vous le comprendrez facilement, il sera nécessaire pour nous de faire certaines adaptations à notre programme au cours des quatre années prochaines si nous voulons l'ajuster au vôtre et à ceux des autres pays européens. Si de telles adaptations doivent être réalisées dans notre programme, cela doit être effectué en partant du fait que nous pouvons, avec confiance, escompter la réalisation de surplus de production prévus comme disponibles en France et dans les autres pays participants.

Je serai moins que franc avec vous si je ne vous laissais pas entendre que, dans les circonstances actuelles, nous sommes forcés d'avoir quelque hésitation à compter sur l'accomplissement du programme que vous avez prévu pour la France. Cette hésitation résulte entièrement de notre crainte que les conditions financières et fiscales actuelles ne soient pas de nature à rendre possible la réalisation de ce programme.

Comme vous le savez, nous étions nous-mêmes aux prises avec des difficultés identiques l'année dernière pour autant qu'elles concernaient notre propre économie et c'est seulement en prenant les mesures les plus énergiques que nous avons été capables de contrôler la situation.

Mes collègues et moi, nous sommes très désireux de discuter avec vous et votre Gouvernement des mesures pratiques qui peuvent être prises pour harmoniser nos deux programmes à long terme, mais nous avons le sentiment que les résultats souhaités ne seraient pas obtenus si nous entreprenions de telles discussions avant d'avoir quelque assurance que les conditions soient telles qu'elles nous permettent de compter sur la réalisation de votre programme. J'ai particulièrement à l'esprit le problème de l'inflation et celui de savoir jusqu'à quel point les objectifs à long terme seront inutiles, à moins d'entreprendre les mesures profondes de réforme fiscale nécessaires, grâce auxquelles le problème pourra être résolu en temps voulu.

Vous comprendrez, j'en suis sûr, que nous n'avons aucun désir, quoi qu'il en soit, d'intervenir d'aucune manière en cette affaire mais qu'il est de notre devoir, avant d'envisager des changements importants dans notre programme, d'avoir la propre conviction que ces changements seront fondés sur un degré raisonnable de certitude, que les espoirs auxquels nous sommes attachés fermement se réaliseront.

Puis-je cependant exprimer fermement le souhait que les mesures que vous avez en vue et qui seront présentées bientôt à votre Parlement soient suffisamment radicales et profondes pour rendre pleinement confiance en la possibilité de réalisation de vos programmes. Il y aurait alors une base adéquate pour nous permettre de procéder à des discussions concernant les mesures pratiques nécessaires pour assurer une coopération étroite dans l'exécution des programmes de nos deux pays.

Je vous ai écrit avec d'autant plus de franchise que je suis désireux que rien ne s'oppose à la coopération la plus fructueuse de nos deux pays dans le domaine économique. Si cela peut être de quelques secours pour vous ou pour vos collègues de discuter des questions avec moi, vous savez, bien entendu, que je serais heureux de venir à Paris pour vous rencontrer.

Très sincèrement à vous

Stafford Cripps

16 – M. Petsche à l'OECE :
libération et harmonisation des économies, 29 octobre 1949

Déclaration de Maurice Petsche, ministre des Finances et des Affaires économiques, devant le Groupe consultatif des ministres de l'OECE, 29 octobre 1949, CGM (49)17, original français. Source : Archives de l'OECE, OCDE Copyright.

Dans ce long discours, on peut trouver l'expression de la politique européenne des néo-libéraux français : une libération des échanges, une fluidité commerciale et monétaire européenne, mais aussi la recherche d'un équilibre social et économique par l'harmonisation contractuelle des productions.

*

OECE, confidentiel,   Paris le 29 octobre 1949
Problèmes du relèvement européen.

Je tiens à remercier notre collègue irlandais M. Mac Bride[14] de sa déclaration qui a été extrêmement utile car elle a souligné un certain nombre de problèmes qui se posent actuellement devant nous. Il faut en effet reconnaître qu'à l'heure actuelle il existe un trouble en ce qui concerne l'avenir de la coopération économique européenne. Notre organisation a fait l'objet de critiques lors de la réunion de l'Assemblée Consultative du Conseil de l'Europe à Strasbourg[15]. D'autre part, les mesures monétaires unilatérales prises au mois de septembre sont apparues à l'opinion comme difficilement compatibles avec l'esprit de coopération qui est le moteur de l'OECE.

La Délégation française estime qu'il n'est pas trop tard pour agir en commun, pour étudier en particulier les incidences de ces dévaluations anarchiques et tenter d'assurer les équilibres nécessaires.

Certes, nous ne devons pas sous estimer le travail qui a été accompli jusqu'à ce jour : l'aide américaine a été répartie, la production de l'Europe occidentale se développe dans des conditions telles qu'elle dépasse dans bien des domaines les niveaux les plus élevés d'avant-guerre, un système de paiements intra européens a permis de faciliter les échanges, enfin un pas a été accompli vers la libération du commerce malgré les difficultés que celle-ci soulève.

Mais bien que ces progrès réalisés collectivement ou individuellement soient loin d'être négligeables, il est clair qu'un effort immense doit être rapidement accompli pour que les pays participants puissent réduire dans des proportions raisonnables leur déficit en dollars et que, grâce à nos efforts communs, s'affirme une unification progressive des économies européennes.

---

[14] Sean Mac Bride était alors ministre des Affaires étrangères d'Irlande.

[15] Le Conseil de l'Europe regroupe dix pays d'Europe occidentale en mai 1949 ; il a pour but de défendre les valeurs de la Démocratie et les Droits de l'Homme. L'Assemblée Consultative du Conseil de l'Europe s'est réunie en août 1949 dans le plus grand enthousiasme.

La délégation française souhaite donc, d'une part, que la politique de coopération ne puisse plus désormais subir des à-coups semblables à ceux dont elle a été récemment la victime, d'autre part, que les directives précises soient données à l'organisation pour accentuer certaines actions qu'elle a déjà entreprises et pour mettre en œuvre certaines méthodes nouvelles.

I – Division de l'aide

Au cours des deux dernières années, l'OECE a dû consacrer une partie importante de son temps au problème de la division de l'aide américaine. Ce travail n'a certes pas été inutile puisqu'il a permis d'acquérir une meilleure connaissance des besoins des différents pays et d'échanger des informations étendues sur les problèmes économiques auxquels ils ont à faire face. La tâche ainsi accomplie doit permettre pour l'avenir d'utiliser une procédure simplifiée de division de l'aide.

Des propositions ont été faites à cet égard, leur principe reçoit le plein agrément de la Délégation française.

L'application d'un système forfaitaire, basé sur un pourcentage, à la répartition de l'aide américaine devrait en outre permettre aux pays bénéficiaires une utilisation plus libre de leurs dollars. Ceux d'entre eux qui, grâce à une bonne gestion, pourraient en cours d'année réduire leur déficit devraient en recueillir le bénéfice en ayant la faculté d'augmenter leurs réserves des dollars économisés.

C'est pourquoi la délégation française estime que le système forfaitaire applicable pour la répartition de l'aide en 1950-51 devrait également être étendu dans les mêmes conditions à la division de l'aide qui sera éventuellement à notre disposition en 1951-52.

II – Libération des échanges

L'un des buts de notre organisation est la libération aussi large que possible des échanges entre les pays participants. Sans un vaste marché intérieur, débordant les frontières nationales et où tendront à l'emporter les productions les plus aptes par l'effet d'une rationalisation et d'une spécialisation progressive, il est vain de penser que l'Europe pourrait abaisser ses coûts de revient et affronter ainsi la concurrence mondiale. La formation d'une unité économique européenne ne correspond donc pas seulement à une conception politique bien souvent affirmée, à Strasbourg ou ailleurs, mais à une nécessité vitale si nous désirons établir l'équilibre européen à un niveau suffisamment élevé.

Un effort pour libérer nos échanges a été amorcé au cours de l'été. Il doit être rapidement développé. Sinon le processus de « désintégration » qui tend à isoler les unes des autres les économies européennes, ne pourrait pas être arrêté.

Je serai bref sur cette question car elle a déjà fait l'objet de nos délibérations, et nos experts sont actuellement au travail pour étudier les difficultés qui doivent être surmontées pour réaliser des progrès nouveaux.

J'indiquerai simplement que dans une phase transitoire, certaines différenciations devraient être admises dans l'établissement des listes de produits libérés. Si en effet, une concession accordée à un pays devait s'étendre automatiquement aux autres, il pourrait en résulter que la suppression des contingents se trouve découragée. Un pays peut, au cours des négociations, être conduit à offrir à certains de ses débiteurs des concessions allant au-delà de ses propositions primitives s'il est assuré que de telles concessions ne seront pas obligatoirement appliquées à ceux de ses partenaires vis-à-vis desquels l'état de sa balance des paiements l'aura contraint à se montrer plus réservé.

Je rappelle d'autre part que l'objectif à atteindre, avant la fin de l'aide américaine, est la suppression progressive de la totalité des contingents sous réserve des dérogations qui pourraient être acceptées par le Conseil de l'OECE.

III – Convertibilité des monnaies européennes entre elles

L'effort de libération des échanges par la suppression des restrictions quantitatives risque d'être entravé si, en même temps, une solution n'est pas trouvée au problème des paiements intra-européens. Cette libération ne se heurte pas seulement en effet aux contingents mais aux obstacles d'ordre monétaire.

Conformément à notre Convention, le but est d'établir un système d'échanges et de paiements multilatéraux comportant la convertibilité générale des monnaies. Mais il est clair qu'il faut dans ce domaine procéder par étapes avec toute la prudence nécessaire.

Une première étape consiste à établir un régime de convertibilité entre le plus grand nombre possible de monnaies européennes, étant observé que la convertibilité de deux monnaies européennes entre elles signifie la suppression du contrôle des changes entre les deux pays intéressés.

La Délégation française souhaite que des accords de cette nature assurant une plus large libération des marchandises, des capitaux et des personnes puissent intervenir entre les pays intéressés qui le désireraient.

Cette méthode présente entre autres l'avantage de constituer un élément automatique de coordination des investissements et d'ajustement des politiques financières.

Je n'ai pas cru, à ce stade de nos discussions, faire des propositions plus précises. Je suis toutefois enclin à penser que pour la mise en application de ce principe, nous serons amenés à étudier l'opportunité d'utiliser un organisme intra-européen spécial qui pourrait être, par exemple, un Fonds européen de caractère monétaire.

IV – Coordination des politiques économiques et financières de pays participants

La délégation française estime toutefois que la libération des échanges et la constitution d'un vaste marché européen ne pourront être rapidement et totalement réalisés que si les politiques économiques et financières des pays participants ne s'opposent pas de façon trop radicale. Il va de soi que les pays participants sont libres de déterminer la direction générale de leur politique intérieure, les unes sont orientées davantage vers le libéralisme, les autres font une place plus large à l'intervention de l'État. Ces différences s'imposent à nous et il ne saurait être question de fondre toutes ces politiques dans un moule commun.

Mais en fait nous ne parviendrons à unifier rapidement l'Europe sans risquer de provoquer de graves désordres sociaux si certains éléments de base sont par trop divergents.

C'est ainsi notamment que :

1 – Les prix des matières premières essentielles doivent être approximativement identiques chez les principaux concurrents européens et les discriminations constatées à cet égard doivent dans toute la mesure du possible, être supprimées. Une étude est actuellement en cours à ce sujet ; elle devrait rapidement aboutir.

2 – Les travailleurs des pays participants devraient être assurés d'un niveau de bien-être et d'avantages sociaux comparables.

3 – Les charges fiscales des pays participants, sans être égales, devraient être d'un ordre de grandeur comparable.

4 – Les politiques budgétaires et les politiques de crédit doivent suivre des lignes parallèles.

La délégation française désire insister particulièrement sur ce dernier point. La politique financière intérieure des pays participants doit être telle que, d'une part, elle écarte l'inflation, que, d'autre part, elle contribue à maintenir un emploi suffisant de la main-d'œuvre nationale. S'il n'en était pas ainsi, l'équilibre de la balance des comptes serait compromis, les obstacles à la libération souhaitée des échanges et des paiements seraient multipliés.

C'est dire qu'une coordination meilleure devrait exister entre les Politiques économiques, monétaire, financière et budgétaire des différents Pays participants. Cette coordination Pourrait être organisée par l'OECE et soumise régulièrement à son contrôle. Elle exige des contacts réguliers au sein de Comités « *ad hoc* » entre les Ministres des Finances, les Ministres de l'Économie nationale et les Gouverneurs des Instituts d'émission des Pays Participants.

V – Productivité

Pour permettre à l'économie européenne d'affronter la concurrence, il est en même temps nécessaire que les méthodes de production de l'Europe soient modernisées.

C'est là un des problèmes capitaux auxquels l'Europe doit faire face si elle veut équilibrer ses paiements extérieurs dans des conditions équitables du point de vue social. Dans ces conditions, la délégation française Propose que les Pays participants s'entendent pour exploiter au maximum les facilités techniques lui ont été récemment offertes par l'ECA.

Si chaque pays participant doit assurer dans ce domaine ses responsabilités, l'OECE a certainement un rôle important à jouer pour éviter une dispersion inutile des efforts.

La délégation française propose donc que ce rôle de l'OECE en ce oui concerne la Productivité soit défini sans plus tarder en s'inspirant notamment des conclusions du groupe de travail n° 3 du Conseil.

VI – Coordination des investissements

La nécessité de coordonner les investissements en Europe a déjà été admise par l'OECE lorsque le Conseil a adopté les principes de notre programme d'action pour 1949. La mise en œuvre de la politique de Libération des échanges pourra, dans une large mesure, rétablir entre pays européens la concurrence, et par conséquent conduire à la coordination des investissements privés.

Mais les effets du rétablissement de la concurrence seront sans doute longs à se faire sentir. Les tarifs douaniers en réduiront la porté. Des mesures de précaution devront être prises pour éviter les inconvénients graves que pourrait avoir localement sur le niveau de l'emploi la suppression des contingents. Des reconsidérations militaires ou psychologiques peuvent avoir pour effet d'empêcher ce jeu normal de la concurrence. En outre, les investissements dans certains secteurs sont effectués par la puissance publique à laquelle la notion de « rentabilité des entreprises » ne s'impose pas nécessairement.

C'est pourquoi la Délégation française estime que malgré les sérieuses difficultés rencontrées par l'OECE pour coordonner les investissements dans le domaine du raffinage du pétrole, dans celui de la sidérurgie, les pays participants devraient reprendre l'étude du problème, en vue d'arriver à des accords de spécialisation soit entre Gouvernements, soit entre producteurs privés. Les ententes industrielles qui seraient réalisées sous le contrôle des Gouvernements ne devraient en aucune manière avoir le caractère de cartels tendant à réserver le marché intérieur aux producteurs nationaux, à maintenir artificiellement un niveau élevé de productions. Elles devraient au contraire avoir pour conséquence de laisser subsister les entreprises les plus aptes à produire dans les meilleures conditions une marchandise déterminée pour la consommation d'un marché européen élargi.

Afin d'empêcher que ces ententes industrielles de spécialisation n'aient un caractère tel qu'il viendrait contrecarrer tout l'effort fait pour libérer les échanges, il conviendrait que fussent prises dans chaque pays participant des mesures parallèles ayant pour but d'empêcher les cartels restrictifs de se reconstituer.

L'OECE pourrait donc être chargée de mettre en œuvre une pareille politique. La Délégation française demande que le comité exécutif de l'OECE qui a manifesté l'intention de reprendre entièrement ce problème reçoive instruction de proposer des solutions nouvelles, en s'inspirant des considérations précédentes.

J'ajoute, toujours sans estimer être en mesure de faire dès maintenant des propositions précises, qu'une banque européenne d'investissements est peut-être la manière la plus sûre de réaliser la coordination industrielle.

Il est un autre aspect de ce problème dont il convient de tenir compte. C'est le phénomène de « désinvestissement » qui résulte de la disparition de certaines industries du fait de la libération des échanges et de la spécialisation des productions. Il y a là un problème d'adaptation industrielle et économique, qui peut comporter des répercussions sociales profondes. Peut-être là aussi une banque européenne serait-elle l'organisme le plus adéquat pour résoudre ces difficultés.

Conclusion

La délégation française estime que c'est en s'attachant à l'ensemble des problèmes ainsi énumérés – libération des échanges, coordination des politiques économique et financière, productivité, coordination des investissements et des désinvestissements, établissement d'un régime assurant progressivement la convertibilité des monnaies européennes – et en utilisant les méthodes nouvelles suggérées que l'OECE pourra surmonter les obstacles actuellement dressés devant elle.

Elle ne pourra vaincre ces difficultés que grâce à la coopération entière de tous ses membres. Sans doute certains d'entre eux ont-ils, comme la France, en dehors de leurs intérêts européens, des liens de caractère politique ou monétaire avec des territoires qui sont situés en dehors de notre continent. Mais ces liens particuliers ne peuvent servir à aucun de nous de prétexte pour nous évader de nos obligations et de la solidarité européenne. Cet état de fait ne doit pas nous empêcher de dégager des solutions qui tiennent compte à la fois des intérêts européens et des intérêts d'Outre-Mer de tous les pays participants.

Peut-être certains d'entre nous pourront-ils aller plus vite et plus loin que d'autres dans la voie de « l'intégration européenne ». Cette action ne devrait être considérée que comme une étape, peut-être nécessaire, vers le but commun.

Enfin il est clair que nos gouvernements échoueront s'ils ne bénéficient pas du concours de l'opinion publique. Or, depuis qu'a été élaboré le programme d'action pour 1949, a été créé par certains membres de l'OECE un « Conseil de l'Europe » dont un des buts, aux termes de l'article 1 de la Convention signée à Londres le 5 mai 1949 est de « réaliser une union plus étroite entre ses membres afin… de favoriser leur progrès économique et social ».

Le Comité des Ministres ainsi que l'Assemblée du conseil de l'Europe sont en mesure de provoquer le vaste mouvement d'opinion en faveur de la coopération économique sans lequel nos efforts risquent de ne pas aboutir.

Le Comité des Ministres du Conseil de l'Europe se réunit prochainement et va être appelé à examiner les diverses recommandations d'ordre économique et financier faites par l'Assemblée Consultative. Toutes ces recommandations posent la question des rapports entre le Conseil de l'Europe et notre Organisation. Nous espérons que le Comité des Ministres pourra se mettre d'accord sur les modalités d'une collaboration entre le Conseil de l'Europe et notre organisation dont nous attendons des résultats féconds.

Il est bien entendu qu'à cet égard le Gouvernement français souhaite que l'on évite tout double emploi entre l'organisme de Strasbourg et celui de Paris. L'OECE étant essentiellement l'organisme dans le cadre duquel nos Gouvernements doivent dégager des solutions aux problèmes économiques et financiers de l'Europe. /.

17 – Paul Hoffman et les lenteurs des constructions européennes (octobre 1949)

Déclaration de Paul Hoffman, administrateur de l'ECA devant le Conseil des ministres de l'OECE, le 31 octobre 1949. Source : Archives de l'OECE, C(49)176, or. angl. OCDE Copyright.

Ce document a eu un certain retentissement dans les chancelleries, voire même dans la presse occidentale. En effet, 18 mois après le début de l'aide Marshall, les Américains s'aperçoivent que l'Europe résiste à l'unité, pour des raisons variées. À un moment où les États-Unis réarment l'Occident, Hoffman fait comprendre aux Européens de l'OECE qu'il serait temps qu'ils contribuent à la sécurité occidentale en s'unifiant, au moins économiquement. L'aide américaine est à ce prix. Paul Gray Hoffman administre l'ECA à partir de 1948. Il prend ensuite, en 1950, la présidence de la Ford Foundation, avant de rejoindre la firme Studebaker.

*

Quinze mois se sont écoulés depuis que j'ai eu le privilège de participer à une séance du Conseil de l'OECE. Au cours de cette période, l'Europe occidentale a réalisé des progrès vraiment remarquables dans le rétablissement de sa production industrielle et agricole. Ces progrès sont le résultat du labeur opiniâtre de millions d'Européens. Telle est la réalité humaine que dissimule l'aridité des chiffres d'accroissement de la production.

Nous applaudissons au succès de vos efforts. Nous, de l'Administration de coopération économique et vous, de l'organisation européenne de coopération économique, nous nous connaissons bien désormais. En travaillant avec vous à la recherche de nos objectifs communs, nous en avons appris à estimer vraiment l'OECE et les sentiments que nous éprouvons à l'égard de ses membres sont ceux d'une amitié profonde. J'éprouve un grand plaisir à me trouver ici et je suis heureux d'y voir les représentants de la République allemande en qualité de membres de plein droit de votre organisation. C'est un ami et un admirateur de l'OECE qui vous parle aujourd'hui.

Depuis 1947, nous avons confondu aussi bien les communistes que les autres détracteurs en leur prouvant tout d'abord qu'ensemble nous pouvions entreprendre avec succès le relèvement économique de l'Europe occidentale et, ensuite, que nous pouvions nous unir pour jeter les fondements d'un système mettant notre communauté atlantique à l'abri de toute attaque dirigée contre elle. Nous avons vu l'inquiétude faire place à l'espoir. Aujourd'hui je viens vous demander de transformer cet espoir en conviction.

Le programme de relèvement européen approche maintenant de la moitié de son terme. L'heure est venue d'examiner avec soin ce qu'il reste encore à faire pour conserver le terrain déjà conquis et pour assurer les progrès qui restent à accomplir et qui sont une nécessité vitale. Nous devons maintenant consacrer toute notre énergie à deux grandes tâches.

Faire l'Europe sans défaire la France

La première consiste à équilibrer les comptes dollar de l'Europe pour qu'elle puisse acheter les matières premières et autres articles qui créent du travail et une vie meilleure.

La seconde consiste – et c'est pour vous le dire que je suis ici – à poursuivre la réalisation d'un vaste programme destiné à doter l'Europe occidentale d'une économie plus vigoureuse, en plein essor, gage de l'amélioration constante des conditions de vie de toute sa population. Ceci, j'en suis convaincu, n'implique rien de moins que l'intégration de l'économie de l'Europe occidentale.

La première de ces tâches ne peut être accomplie que par une action énergique et efficace de votre organisation et de chacun des Gouvernements participants. À moins que d'ici juin 1952 les recettes en dollars n'augmentent d'une manière radicale, il faudra que les échanges entre l'Europe et l'Amérique s'équilibrent à un niveau tellement bas qu'ils se traduiront pour vous par un désastre et pour nous par des difficultés. Le rajustement des taux de change opéré en septembre ouvre la voie à un accroissement plus sensible des recettes en dollars ; toutefois, il est évident qu'en soi la dévaluation ne saurait suffire.

Je désirerais indiquer brièvement deux domaines d'action précis qui me paraissent particulièrement appropriés à la recherche de cet objectif.

L'un est celui de la politique financière intérieure. Comme l'avaient bien prévu vos gouvernements, la dévaluation, pour indispensable qu'elle ait été, a donné à l'inflation une impulsion nouvelle. S'il en résulte que l'effort de stabilisation accompli l'an dernier l'a été en pure perte, si vos coûts et vos prix se trouvent ainsi libres de monter, les avantages que vous auriez pu retirer sous forme de gains en dollars vous échapperont à jamais. C'est ce qu'il faut éviter. Quelques désagréables qu'elles puissent être, des mesures, notamment des mesures budgétaires, s'imposent pour empêcher l'inflation.

L'autre domaine auquel je pense est celui des encouragements directs à fournir aux exportateurs privés. Presque tous les produits européens exportés sont fournis par des producteurs privés. Les Gouvernements peuvent fixer des objectifs ; ils peuvent prodiguer les exhortations ; mais si les ventes sur les marchés dollars ne rapportent pas aux vendeurs des gains suffisants, le grand effort qui est nécessaire pour pénétrer sur ces marchés et pour les conserver ne sera jamais fait.

Aussi urgente que me paraisse la première de ces grandes tâches, équilibrer les échanges de l'Europe avec la zone dollar – son accomplissement n'aura toute sa portée que si nous nous sommes attaqués énergiquement à notre seconde tâche, l'édification en Europe occidentale d'une économie en plein essor par le moyen d'une intégration économique.

Cette intégration consisterait essentiellement à créer un vaste marché unique à l'intérieur duquel seraient définitivement abolis les restrictions quantitatives aux mouvements des marchandises, les barrières monétaires qui s'opposent au courant des paiements et en fin de compte tous les tarifs douaniers.

Le fait que les États-Unis disposent d'un marché unique de 150 millions de consommateurs a été la condition indispensable à la force et à l'efficience de notre économie. La création à titre permanent en Europe occidentale d'une zone de libre-échange comprenant 270 millions de consommateurs aurait toutes sortes d'effets bienfaisants. Elle accélérerait le développement de grandes industries produisant à faibles prix de revient. Par elle l'utilisation judicieuse de toutes les ressources serait facilitée et il deviendrait plus difficile de paralyser le libre jeu d'une saine concurrence.

Évidemment, la structure matérielle de l'industrie européenne n'en serait pas modifiée pour autant du jour au lendemain ni la productivité considérablement accrue, mais la transformation radicale du milieu économique déclencherait, j'en suis convaincu, un accroissement rapide de la productivité ; l'Europe pourrait ainsi améliorer sa position sur le marché mondial de la concurrence et par conséquent mieux répondre aux espoirs et aux besoins de sa population.

C'est là un objectif essentiel. C'est celui qu'a fixé le Secrétaire d'État Marshall dans ce discours qui a ranimé en Europe la flamme de l'espoir et l'esprit d'entreprise. C'est sur ces prémisses que le Congrès des États-Unis a voté la loi d'aide à l'étranger. Cet objectif est inscrit dans la Convention de l'OECE.

Il n'est que trop facile de rappeler les obstacles qui se dressent sur cette voie mais, avant d'écarter l'intégration comme une éventualité chimérique, trop lointaine pour avoir une incidence quelconque sur des décisions pratiques et immédiates, laissez-moi vous inviter à poser l'autre solution.

À supposer même que des succès éclatants viennent couronner l'effort entrepris pour supprimer le déficit en dollars au cours des deux prochaines années, et dans la meilleure hypothèse, l'Europe ne se retrouvera en 1952, à la fin de l'ERP[16], que dans une position d'équilibre précaire à l'égard de la zone dollar. Les réserves monétaires seront insuffisantes et il est clair que dés que l'économie européenne sera soumise à une forte pression, les pénuries de dollars réapparaîtront dans un pays ou dans un autre. S'il n'y a pas intégration, chacun des pays s'efforcera de protéger individuellement ses réserves de dollars. Ils essaieront d'obtenir des dollars les uns des autres en réduisant les importations. On se retrouverait alors en présence du cercle vicieux du nationalisme économique.

Les conséquences en seraient un rétrécissement toujours plus accusé des marchés, une nouvelle expansion des industries protégées à coût de production élevé, une prolifération des contrats restrictifs et enfin une rétraction des échanges qui retrouveraient la structure primitive du troc bilatéral.

Cette évolution signifierait un désastre pour les nations et la misère pour les populations. C'est pourquoi l'intégration n'est pas seulement un idéal, c'est aussi une nécessité pratique. Puisqu'il en est ainsi, il vous appartient, pour atteindre cet objectif d'élaborer et d'appliquer votre propre programme tout comme il vous appartînt, reprenant la suggestion initiale de M. Marshall, de lui donner une forme vivante, responsabilité que vous avez si bien assumée.

Pour l'établissement d'un programme destiné à réaliser une intégration réelle et durable, certaines conditions fondamentales s'imposent. Tout d'abord, il faut trouver le moyen de coordonner assez étroitement les politiques financières et monétaires des pays. Les échanges et les paiements ne peuvent demeurer longtemps libres entre des pays dans lesquels s'exerce une pression inflationniste ou déflationniste dont l'intensité ou la tendance diffèrent considérablement. L'apparition de ces divergences dans la pression auxquelles sont soumises les

---

16 European Recovery Program ou Programme de Reconstruction européenne (PRE) ; il s'agit du plan établi par l'OECE pour le rétablissement de l'Europe financé par l'aide Marshall ; ce « plan européen » est en fait la somme de plans nationaux à la suite de l'échec d'un accord franco-britannique en avril 1949 sur un vrai PRE.

finances des différents pays imposera inévitablement le rétablissement de mesures de contrôle restrictif. À moins que les différents pays ne reconnaissent la nécessité d'une certaine coordination de leurs politiques financières intérieures, les perspectives d'élimination des contrôles, même de ceux qui restreignent le plus les échanges internationaux, seront assurément bien vagues. Il n'est pas nécessaire que la coordination de ces politiques nationales de caractère vital aboutisse à une politique unique. Il suffit que la coordination assure que les politiques nationales ne divergent pas au point de provoquer l'effondrement de tout l'édifice de l'unité européenne ; mais elle doit aller au moins jusque-là.

Un autre principe essentiel de votre plan est, à mon avis, qu'il doit fournir les moyens de procéder aux ajustements nécessaires des taux de change, sous réserve, bien entendu, du contrôle général du Fonds Monétaire International, lorsqu'il n'y a d'alternative que d'imposer des mesures directes de contrôle des changes en Europe. Ce principe est indispensable car il se présentera des cas où, soit pour des raisons de politique, soit par suite de circonstances indépendantes de la volonté des gouvernements, les prix et les coûts de production différeront trop de pays à pays pour pouvoir être alignés uniquement par des mesures financières d'ordre intérieur.

Même quand auront été trouvés des moyens efficaces permettant de coordonner les politiques financières et de favoriser les modifications nécessaires des taux de change, il est inévitable qu'il se produise des perturbations temporaires dans le courant des échanges et des paiements entre les pays. Il ne faudrait pas les laisser peser de tout leur poids sur les réserves en or et en dollar des différents pays. Je crois donc que tout projet élaboré par vous devrait comporter un troisième point capital : le moyen d'amortir les effets de ces perturbations passagères mais inévitables.

En quatrième lieu, il faudra trouver le moyen d'éviter que la stabilité de cette intégration se trouve menacée sérieusement par le jeu de politique et de pratiques commerciales opposées. Ces menaces pourraient provenir de l'existence dans une zone donnée de barrières commerciales déguisées ou de l'adoption de politiques commerciales complètement opposées en ce qui concerne les échanges extérieurs.

Ceci nous conduit à notre proposition finale qui a trait aux méthodes qui permettront d'atteindre cet objectif de l'intégration. J'ai parlé à plusieurs reprises de la création d'un marché européen unique. Plusieurs des mesures à prendre immédiatement pour atteindre cet objectif peuvent intéresser – et intéresseront en fait l'ensemble des pays participants. Mais il y a d'autres arrangements dont certains sont déjà en perspectives, intéressant des groupes de pays plus restreints et qui, j'en ai la conviction, constitueront autant d'étapes vers la réalisation du même objectif[17]. Je crois qu'il ne faut négliger aucune possibilité de réaliser l'intégration. Il me semble absolument indispensable que les arguments conclus entre des groupes de deux, trois ou plusieurs pays soient compatibles avec les possibilités plus larges que peut offrir l'unité européenne et que, dans aucun cas, ils n'en-

---

[17] Allusion au projet français de Finebel (France, Italie, Benelux) ; une sorte de grand Benelux qui semble plaire aux Américains en octobre 1949, en l'absence d'autres projets d'unité, mais il sera torpillé par les Britanniques en février 1950 avec un projet de dimension beaucoup plus large et de nature à satisfaire les Américains, l'Union européenne des paiements.

traînent la création en Europe de barrières commerciales nouvelles ou plus élevées que celles qui existent déjà.

J'estime donc que, tout en recherchant l'objectif plus large de l'intégration économique de tous les pays participants, nous ne devons pas relâcher nos efforts en vue de la conclusion d'arrangements économiques liant étroitement certains pays à l'intérieur d'un ou de plusieurs petits groupes et ne jamais oublier que ces efforts devront contribuer, et non s'opposer, à l'intégration des économies de l'ensemble des pays d'Europe occidentale et de leurs territoires d'Outre-Mer.

J'ai parlé à plusieurs reprises de l'urgence d'entreprendre immédiatement l'exécution de ce programme d'intégration. Sur ce point ma conviction se fonde en premier lieu sur le sentiment aigu des délais très courts pendant lesquels l'aide américaine viendra encore amortir les secousses inévitables, mais brèves, qu'entraînera l'application d'un programme d'intégration. Il y a encore une autre raison déterminante de faire vite. Le peuple et le Congrès des États-Unis et, j'en suis certain, la grande majorité de la population européenne, sentent instinctivement que l'intégration des économies est indispensable pour mettre fin aux crises économiques qui frappent périodiquement l'Europe. Un programme européen tendant à ce but – un programme qui offrirait des chances réelles de franchir heureusement cette grande étape – inciterait encore, j'en ai la ferme conviction l'Amérique à nous soutenir pour que nous poursuivions jusqu'en 1952 notre effort commun en vue d'assurer le relèvement durable de l'Europe.

Pour toutes ces raisons, et surtout parce que la nécessité s'en fait sentir impérieusement, je vous fais cette demande mûrement considérée : préparez pour le début de 1950 un état des réalisations acquises et un programme, qui à eux deux donneront la mesure du chemin que pourra parcourir l'Europe dans la voie de l'intégration économique.

Par réalisations acquises, j'entends ces dispositions réellement efficaces tendant à supprimer les restrictions quantitatives aux échanges que vous avez récemment commencés à mettre en œuvre. J'entends également l'abolition en Europe de la pratique irrationnelle du double prix, qui consiste à maintenir le prix à l'exportation des combustibles et des matières premières à un niveau plus élevé que celui des prix intérieurs. Cette pratique augmente dans toute l'Europe les coûts de production. Elle est incompatible avec l'engagement que vous avez pris de vous aider mutuellement.

Par programme, j'entends un plan réaliste qui réponde aux conditions fondamentales que j'ai définies. Il se peut que vous y arriviez par une adaptation des institutions actuelles. Il se peut que vous constatiez la nécessité de nouvelles institutions centrales.

Ce programme représente pour nous tous un gros enjeu. Le but immédiat est la prospérité, fondée sur des bases solides, d'une Europe occidentale économiquement unifiée, ainsi que le Président Truman me l'a encore affirmé comme j'allais quitter Washington. Au-delà, demeure ce qui a été l'espoir de tous les hommes de bonne volonté de notre commune génération, une paix durable fondée sur la justice et la liberté. Cette grande espérance ne sera pas déçue si nous autres, peuples du monde libre, continuons à travailler ensemble et demeurons solidaires.

18 – Vers le rapprochement franco-allemand

Note sur le rapprochement économique franco-allemand, 11 janvier 1950, Simon Meyer, Bad-Godesberg. Source : Archives du ministère de l'Économie, des Finances et de l'Industrie, B 33887, 3 pages dactylographiées. Reproduit avec l'autorisation du ministère de l'Économie, des Finances et de l'Industrie, Collection du service des Archives économiques et financières.

Simon Meyer est chef de division pour l'économie générale et les finances auprès du Commandant français en Allemagne. Ce document d'un fonctionnaire de la zone française en Allemagne prouve que le gouvernement français sait bien que sa politique allemande doit être modifiée. Il prouve aussi que l'appareil administratif français en Allemagne, au moins dans une certaine partie, est conscient de l'urgence d'un rapprochement franco-allemand. Aussi, la célèbre déclaration Schuman du 9 mai 1950 s'inscrit-elle dans une logique nouvelle qui se dessine bien avant. Les partisans du changement imposent leur problématique à partir de 1948. On peut en déceler les prodromes au Quai d'Orsay, mais il faudra deux années pourtant avant que le rapprochement franco-allemand ne se réalise, après une action souterraine très osée de Monnet auprès des décideurs politiques.

*

Bad-Godesberg,   Le 11 janvier 1950,

D'un point de vue politique le rapprochement économique franco-allemand apparaît comme une nécessité. Si l'Allemagne ne peut s'insérer dans un système occidental, elle aura en effet à rechercher à plus ou moins bref délai le concours des pays d'obédience soviétique et à en payer le prix.

Sur le plan technique, les avantages de ce rapprochement sont moins évidents pour la France.

L'Allemagne serait certaine d'y gagner : elle disposerait d'un débouché très élargi pour ses produits manufacturés.

Elle aurait la possibilité d'abaisser ses prix de revient en raison même de ce débouché élargi et de ce fait, elle pourrait accroître ses ventes sur les marchés dollars au détriment de ses concurrents plus favorisés. Ses dépenses en dollars pourraient être réduites dans la mesure où la France prendrait à son compte l'approvisionnement en denrées agricoles jusqu'à présent assuré pour une très grande part par la zone dollar. Dans la conception germanique, la France aurait à prendre la place tenue autrefois par l'Est européen dans les échanges commerciaux de l'Allemagne avec l'étranger.

Pour la France, la situation se présenterait vraisemblablement comme suit :

Concurrence très accrue dans le domaine industriel non seulement sur le marché intérieur, mais aussi sur les marchés extérieurs pour les raisons indiquées plus haut ; cette concurrence serait d'ailleurs susceptible d'avoir un effet bienfaisant sur la rentabilité de l'industrie française.

Certitude de trouver un marché nouveau et permanent pour la production agricole. Encore serait-il nécessaire que la France fournisse à des prix comparables les produits importés jusqu'à présent de la zone dollar. Ces conditions sont loin d'être réalisées et vraisemblablement faudrait-il modifier profondément la structure et les méthodes de l'agriculture française. L'on peut d'ailleurs se demander si pareille orientation est vraiment à souhaiter, le potentiel économique et financier d'une nation à prédominance agricole étant toujours inférieur à celui d'un pays industriel d'un niveau d'activité comparable.

Un accroissement des échanges avec l'Allemagne ne diminuerait pas les dépenses en dollars de la France à moins que l'Allemagne ne soit autorisée à fabriquer et à fournir des produits de synthèse (carburants et gomme synthétique, matières plastiques, etc.). Or pour des raisons de sécurité, la France s'oppose à la reprise d'activités de cette nature.

Le marché allemand n'est pas absolument indispensable à l'économie française, celle-ci ayant la possibilité d'augmenter encore son commerce avec les pays d'Outre-Mer, l'Orient et l'Amérique du Sud.

C'est donc l'Allemagne qui serait la grande bénéficiaire d'un rapprochement économique franco-allemand et en définitive, il s'agit de savoir si les avantages d'ordre politique à en attendre sont suffisants pour justifier les pertes matérielles que la France aurait éventuellement à supporter.

De toutes façons des précautions seraient à prendre en vue de limiter les risques :

1 – Les conditions d'accès aux matières premières essentielles, notamment au charbon et à l'acier devraient être les mêmes pour tous.

2 – La libération quasi totale des échanges et l'abaissement des droits de douane devraient être précédés d'ententes entre les producteurs ayant pour but la rationalisation en commun de la production et la répartition des marchés, chacun des pays se spécialisant sur les activités pour lesquelles il est le mieux qualifié.

Des difficultés se présenteront à cet égard du côté des Américains, ceux-ci étant absolument hostiles aux ententes et aux cartels sans se rendre compte que la situation en Europe occidentale ne saurait se comparer en rien à celle existant aux États-Unis. En effet, un cartel dans une branche déterminée en Europe sera dans la plupart des cas d'importance moindre qu'une seule société de la même branche aux États-Unis. À titre d'exemple, la production d'acier des États-Unis est deux fois et demie plus importante que celle de la Grande-Bretagne, de la France et de l'Allemagne réunies. D'autre part, en raison précisément de la dispersion des entreprises, l'entente entre producteurs paraît le seul moyen d'aboutir rapidement à une rationalisation de la production et par voie de conséquence, à un abaissement des prix de revient. Certes ces ententes devraient être officielles et soumises à certains contrôles de manière à éviter le retour aux pratiques malthusianistes et au maintien artificiel des prix.

Pour toutes ces raisons, il conviendrait d'entreprendre une campagne afin d'éclairer l'opinion publique américaine sur cet aspect particulier des ententes industrielles et des cartels européens.

Le maintien de l'opposition américaine ne manquerait pas de porter un coup très sérieux à l'unification de l'Europe occidentale. Dans ce cas, la seule solution encore possible consisterait à « internationaliser » les industries clefs européennes sous l'égide du Conseil de l'Europe ; on créerait ainsi des cartels sans leur donner leur véritable nom. L'organisation politique de l'Europe occidentale devrait alors prendre vie avant que le rapprochement économique franco-allemand puisse devenir une réalité.

Quelle que soit la solution à laquelle on s'arrêterait en définitive, il y aurait de toutes manières le plus grand intérêt à développer les échanges économiques franco-allemands dans les cadres actuellement existants, la France occupant pour le moment dans le commerce avec l'Allemagne une place relativement modeste si l'on estime que les échanges de la Sarre avec l'Allemagne ne doivent pas être pris en considération.

Signé : S. MEYER

19 – Résoudre définitivement le problème allemand

Note de Jean Forgeot, secrétaire général de la présidence de la République, pour le président de la République, 17 mars 1950, 3 pages dactylographiées. La lettre est signée de Forgeot. Source : Archives nationales, fonds Vincent Auriol, 552 AP 91. Reproduit avec l'autorisation des Archives de France.

Ce texte de Jean Forgeot, secrétaire séneral de la présidence de la République, du 17 mars 1950, traduit pleinement la réflexion des milieux politiques français au pouvoir sur la solution du problème allemand et de la sécurité économique de la France. On voit combien les Français tiennent à l'internationalisation des ressources de la Ruhr et combien la proposition Schuman du 9 mai 1950 s'insère habilement dans « l'air du temps ».

*

J'ai eu une conversation avec Alphand qui a été frappé par votre discours de Londres qui marque pleinement la volonté européenne de la France[18].

Je crois que dans les jours qui vont venir des décisions extrêmement importantes vont être prises qui, malheureusement, semblent échapper à l'action gouvernementale[19].

En Allemagne, en effet, le problème de la propriété des mines et de l'équipement sidérurgique, notamment de la Ruhr va être réglé incessamment. Il est certain que si l'Allemagne reprend possession de son potentiel industriel, elle aura acquis à nouveau une puissance d'expansion considérable.

Le problème européen devra être, je pense, traduit non dans les principes généraux – car les Anglo-Saxons n'ont jamais compris les principes généraux mais dans les faits. Or, les faits sont que l'équilibre démographique de l'Europe occidentale est totalement bouleversé puisque la France a une densité de population qui est à peine le tiers de celle de l'Allemagne et que la natalité italienne continue à se développer dans des proportions plus qu'inquiétantes. Cette faible population française, jointe à l'augmentation considérable des charges sociales, à l'aggravation des charges militaires qui vont peser sur elle plus lourdement que sur les autres pays d'Europe, va poser le problème de la concurrence des prix de revient français avec les autres pays européens.

L'Allemagne ne consacre que 20 % de ses dépenses aux frais d'occupation et n'a pas de budget militaire, et la réforme monétaire a supprimé sa dette publique ou privée.

---

[18]   Il s'agit d'un discours prononcé par Vincent Auriol lors de son voyage officiel à Londres les 7, 8 et 9 mars 1950, voir Vincent AURIOL, *Mon Septennat*, Paris, Gallimard, 1970, p. 258.

[19]   Allusion à la réorganisation de l'industrie lourde de la RFA par la Haute Commission alliée malgré l'opposition française. La décision sera prise le 14 avril 1950.

L'intervention des capitaux américains en Italie et en Allemagne fait que les hommes d'affaires américains insistent auprès de certains de leurs acheteurs pour les inciter à s'adresser plus particulièrement à l'Allemagne et à l'Italie.

Il me paraîtrait donc opportun d'envisager une mise en commun minima des ressources européennes : cela devrait se traduire par l'élaboration d'un budget militaire commun répartissant entre chacun des pays l'effort à accomplir pour la défense commune de l'Europe occidentale : déjà l'on parle de l'augmentation de 200 milliards du budget de l'aviation et l'on envisage une augmentation de 300 milliards l'an prochain sur le budget des armées de terre. Cette augmentation des dépenses, en concomitance avec la diminution du Plan Marshall risque de nous amener directement à la catastrophe.

Il y aurait lieu d'autre part, d'envisager une solution générale du problème démographique c'est-à-dire soit la constitution de sociétés de peuplement en Afrique sociétés dans lesquelles les Français seraient majoritaires soit des accords d'émigration très vastes avec les pays du Commonwealth et l'Amérique du Nord et l'Amérique du Sud. En effet, le libéralisme ne doit pas se limiter aux choses mais s'étendre également aux hommes.

Si ces deux problèmes fondamentaux ne sont pas résolus, la France croulera à très brève échéance sous le poids des charges militaires trop considérables et d'une densité relative de population trop faible devant celle de ses voisins immédiats.

En troisième lieu, et ceci paraît beaucoup plus difficile mais essentiel : il serait indispensable d'axer l'économie européenne sur ses bases naturelles qui sont le charbon et le fer, par l'exploitation internationale du grand bassin Ruhr-Moselle. Il serait peut-être possible alors d'envisager des échanges de participation française et allemande de chacun des bassins et d'autre part de donner aux autres pays européens, à l'Allemagne notamment des participations dans les sociétés d'exploitation africaines en contrepartie de participations françaises dans l'exploitation de la métallurgie rhénane. Sans cette organisation économique solide, la notion européenne demeurera ce qu'elle est : une philosophie vague et parfaitement inefficace.

En tous cas le problème demeure et s'aggrave de jour en jour car sur un territoire de 222 000 km^2, l'Allemagne a une population de 48 millions d'habitants, en constant accroissement, avec un chômage de plus de 2 millions et demi de personnes, alors que la France n'a pas de chômage et 42 millions d'habitants pour 550 000 km^2.

Devant un tel phénomène physique, aucune barrière juridique ne saurait tenir longtemps.

Jean Forgeot

20 – Réflexion de Jean Monnet, 3 mai 1950

Note. Source : Archives de Jean Monnet, fonds AMG 1/1/6, reproduit avec l'autorisation de la Fondation Jean Monnet pour l'Europe (Lausanne).
Cette note est certainement l'une des plus brillantes de Monnet. Elle analyse les dangers que court l'Europe. Elle invite la France à innover et à prendre la direction du changement en Europe pour établir enfin les conditions d'une paix durable avec l'Allemagne et contribuer ainsi à la sécurité générale des pays libres d'Europe occidentale et à son propre salut. Elle précède la déclaration du 9 mai et lui donne son sens.

*

De quelque côté qu'on se tourne, dans la situation du monde actuel, on ne rencontre que des impasses, qu'il s'agisse de l'acceptation grandissante d'une guerre jugée inévitable, du problème de l'Allemagne, de la continuation du relèvement français, de l'organisation de l'Europe, de la place même de la France dans l'Europe et dans le Monde. D'une pareille situation, il n'est qu'un moyen de sortir : une action concrète et résolue, portant sur un point limité mais décisif, qui entraîne sur ce point un changement fondamental et, de proche en proche, modifie les termes mêmes de l'ensemble des problèmes. C'est dans cet esprit qu'a été formulée la proposition présentée en annexe. Les réflexions ci-dessous résument les constatations qui y ont conduit.

I

Les esprits se cristallisent sur un objet simple et dangereux : la guerre froide. Toutes les propositions, toutes les actions sont interprétées par l'opinion publique comme une contribution à la guerre froide. La guerre froide, dont l'objectif essentiel est de faire céder l'adversaire, est la première phase de la guerre véritable. Cette perspective crée chez les dirigeants une rigidité de pensée caractéristique de la poursuite d'un objet unique. La recherche des solutions des problèmes disparaît. Cette rigidité de pensée, d'objectif de part et d'autre amène inévitablement un choc qui est dans la logique inéluctable de cette perspective. De ce choc naîtra la guerre.

En fait, déjà nous sommes en guerre.

Il faut changer le cours des événements ; pour cela, il faut changer l'esprit des hommes. Des paroles n'y suffisent pas. Seule une action immédiate portant sur un point essentiel peut changer l'état statique actuel. Il faut une action profonde, réelle, immédiate et dramatique qui change les choses et fasse entrer dans la réalité les espoirs auxquels les peuples sont sur le point de ne plus croire. Et ainsi donner aux peuples des pays « libres » de l'espoir dans les objectifs plus lointains qui leur seront assignés, et créera chez eux la détermination active de les poursuivre.

II

La situation allemande devient rapidement un cancer dangereux pour la paix, dans un avenir prochain, et pour la France immédiatement, si son développement n'est pas dirigé pour les Allemands vers l'espoir et la collaboration avec les peuples libres.

Cette situation ne peut pas être réglée par l'unification de l'Allemagne, car il faudrait un accord USA-URSS, impossible à concevoir pour le moment.

Elle ne peut pas être réglée par l'intégration de l'Ouest allemand avec l'Occident – car les Allemands de l'Ouest se mettraient de ce fait, vis-à-vis de l'Est, en situation d'avoir accepté la séparation, tandis que l'unité doit nécessairement être leur objectif constant ;
– car l'intégration pose la question de l'armement de l'Allemagne, et entraînera la guerre, provocation vis-à-vis des Russes ;
– pour des questions politiques insolubles.

Et cependant, les Américains vont insister pour que l'intégration de l'Ouest se fasse :
– parce qu'ils veulent que quelque chose se fasse et qu'ils n'ont pas d'autre idée prochaine ;
– parce qu'ils doutent de la solidité et du dynamisme français. Certains pensent qu'il faut commencer l'établissement d'un remplaçant pour la France.

Il ne faut pas chercher à régler le problème allemand qui ne peut être réglé avec les données actuelles. Il faut en changer les données en les transformant.

Il faut entreprendre une action dynamique qui transforme la situation allemande et oriente l'esprit des Allemands, et non pas rechercher un règlement statique sur les données actuelles.

III

La continuation du relèvement de la France sera arrêtée si la question de la production industrielle allemande et de sa capacité de concurrence n'est pas réglée rapidement.

La base de la supériorité que les industriels français reconnaissent traditionnellement à l'Allemagne est sa production d'acier à un prix que ne peut concurrencer la France. D'où ils concluent que toute la production française en est handicapée.

Déjà l'Allemagne demande d'augmenter sa production de 11 à 14 millions de tonnes. Nous refuserons, mais les Américains insisteront. Finalement nous ferons des réserves, mais nous céderons. En même temps la production française plafonne ou même baisse.

Il suffit d'énoncer ces faits pour n'avoir pas besoin d'en décrire en grands détails les conséquences : Allemagne en expansion, dumping allemand à l'exportation – demande de protection pour les industries françaises – arrêt ou camouflage de la libération des échanges – recréation des cartels d'avant-guerre – orientation éventuelle de l'expansion allemande vers l'Est. prélude aux accords politiques – France retombée dans l'ornière d'une production limitée protégée. Les décisions qui vont amener cette situation vont être amorcées sinon prises à la Conférence de Londres sous pression américaine.

Or les USA ne souhaitent pas que les choses se développent ainsi. Ils accepteront une autre solution si elle est dynamique et constructive, surtout si elle est proposée par la France.

Avec la solution proposée disparaît la question de la domination de l'industrie allemande, dont l'existence créerait en Europe une crainte, cause de troubles constants, finalement empêcherait l'Union de l'Europe et causerait à nouveau la perte de l'Allemagne elle-même. Cette solution crée au contraire pour l'industrie tant allemande que française et européenne des conditions d'expansion commune dans la concurrence mais sans domination.

Au point de vue français, une telle solution met l'industrie française sur la même base de départ que l'industrie allemande élimine le dumping à l'exportation qu'autrement poursuivrait l'industrie allemande de l'acier, fait participer l'industrie de l'acier française à l'expansion européenne, sans crainte de dumping, sans la tentation du cartel. La crainte chez les industriels qui entraînerait le malthusianisme, l'arrêt des « libéralisations » et finalement le retour aux ornières du passé, sera éliminée. Le plus grand obstacle à la continuation du progrès industriel français aura été écarté.

IV

Nous avons été jusqu'à ce jour engagés dans un effort de l'organisation de l'Ouest à la fois économique, militaire et politique : OECE, Pacte de Bruxelles, Strasbourg.

L'expérience de deux années, les discussions de l'OECE sur les accords de paiement, la libération des échanges, etc., le programme d'armement soumis à la dernière réunion de Bruxelles, les discussions de Strasbourg, les efforts, qui restent sans résultats concrets, pour aboutir à une union douanière franco-italienne, montrent que nous ne faisons aucun progrès réel vers le but que nous nous sommes assigné et qui est l'organisation de l'Europe, son développement économique, et sa sécurité collective.

L'Angleterre, toute désireuse qu'elle soit de collaborer avec l'Europe, ne consentira rien qui puisse avoir pour conséquence de détendre ses liens avec les Dominions ou de l'engager avec l'Europe au-delà des engagements pris par l'Amérique elle-même.

L'Allemagne, élément essentiel de l'Europe, ne peut être engagée dans l'organisation européenne dans l'état actuel des choses pour les raisons exposées ci-dessus.

Il est certain que la continuation de l'action entreprise dans les voies dans lesquelles nous nous sommes engagés, conduit à une impasse et, en outre, risque de laisser passer le temps pendant lequel cette organisation de l'Europe aurait été possible.

En effet, les peuples d'Europe n'entendent que des paroles. Ils ne croiront bientôt plus à l'idéal que les gouvernements persistent à leur offrir, mais qui n'en reste qu'à de vains discours et a des réunions futiles.

L'opinion publique américaine ne soutiendra pas l'action commune et la participation américaine, si l'Europe ne se montre pas dynamique.

Pour la paix future, la création d'une Europe dynamique est indispensable. Une association des peuples « libres » à laquelle participeront les USA n'exclut pas la création d'une Europe ; au contraire parce que cette association sera fondée sur la liberté, donc sur la diversité, l'Europe, si elle est adaptée aux nouvelles conditions du monde, développera ses facultés créatrices, et ainsi, graduellement, apparaîtra une force d'équilibre.

Il faut donc abandonner les formes passées et entrer dans une voie de transformation, à la fois par la création de conditions économiques de base communes et par l'instauration d'autorités nouvelles acceptées par les souverainetés nationales.
L'Europe n'a jamais existé. Ce n'est pas l'addition de souverainetés réunies dans des conseils qui crée une entité. Il faut véritablement créer l'Europe, qu'elle se manifeste à elle-même et à l'opinion américaine et qu'elle ait confiance en son propre avenir.

Cette création, au moment où se pose la question d'une association avec une Amérique si forte, est indispensable, pour marquer que les pays d'Europe ne s'abandonnent pas à la facilité, qu'ils ne cèdent pas à la crainte, qu'ils croient en eux-mêmes, et qu'ils créent sans délai le premier instrument de la réalisation d'une Europe, au sein de la communauté nouvelle des peuples libres et pacifiques à laquelle elle apportera l'équilibre et la continuation de sa pensée créatrice.

V

Dans le moment présent, l'Europe ne peut naître que de la France. Seule la France peut parler et agir.

Mais si la France ne parle pas et n'agit pas maintenant, que se passera-t-il ?

Un rassemblement s'opérera autour des États-Unis, mais pour mener avec plus de force la guerre froide. La raison évidente en est que les pays d'Europe ont peur et cherchent de l'aide. L'Angleterre se rapprochera de plus en plus des États-Unis ; l'Allemagne se développera rapidement, nous ne pourrons pas éviter son armement ; la France sera reprise par son malthusianisme d'antan, et cette évolution aboutira inévitablement à son effacement.

VI

Depuis la Libération, les Français, loin d'être abattus par les épreuves, ont fait preuve de vitalité et de foi dans l'avenir, développement de la production, modernisation, transformation de l'agriculture, mise en valeur de l'Union française, etc.

Or, au cours de ces années, les Français ont oublié l'Allemagne et sa concurrence. Ils croyaient à la Paix. Ils retrouvent soudain l'Allemagne et la guerre.

L'augmentation de la production de l'Allemagne, l'organisation de la guerre froide, ressusciteraient chez eux les sentiments de crainte du passé, et feraient renaître les réflexes malthusiens. Ils retomberaient dans leur psychologie craintive au moment même où l'audace leur permettrait d'éliminer ces deux dangers, et ferait faire à l'esprit français les progrès pour lesquels il est prêt.

Dans cette conjoncture, la France est désignée par le destin. Si elle prend l'initiative qui éliminera la crainte, fera renaître l'espoir dans l'avenir, rendra possible la création d'une force de paix, elle aura libéré l'Europe. Et dans une Europe libérée, l'esprit des hommes nés sur le sol de France, vivant dans la liberté, dans des conditions matérielles et sociales constamment en progrès, continuera à apporter sa contribution essentielle.

21 – La déclaration Schuman du 9 mai 1950

La déclaration Schuman du 9 mai 1950 a été publiée très souvent[20].

La déclaration du 9 mai est un acte fondateur par excellence dans la mesure où, pour la première fois, un État accepte de déléguer une part de sa souveraineté à une instance supérieure et pas seulement de la limiter ou la partager avec d'autres États. Cette proposition a été préparée par l'équipe de Jean Monnet qui l'a soumise à Georges Bidault, président du Conseil, et à Robert Schuman, ministre des Affaires étrangères. Les mots de la déclaration sont de Monnet. Schuman l'a présentée au Conseil des ministres du 9 qui a autorisé le ministre des Affaires étrangères à la proposer publiquement aux partenaires intéressés. Konrad Adenauer, chancelier de la RFA, l'a approuvée préalablement. Elle est le début de l'Europe communautaire.

*

Messieurs,

Il n'est plus question de vaines paroles, mais d'un acte, d'un acte hardi, d'un acte constructif. La France a agi et les conséquences de son action peuvent être immenses. Nous espérons qu'elles le seront. Elle a agi essentiellement pour la Paix. Pour que la Paix puisse vraiment courir sa chance il faut, d'abord, qu'il y ait une Europe. Cinq ans, presque jour pour jour, après la capitulation sans conditions de l'Allemagne, la France accomplit le premier acte décisif de la construction européenne et y associe l'Allemagne. Les conditions européennes doivent s'en trouver entièrement transformées. Cette transformation rendra possibles d'autres actions communes impossibles jusqu'à ce jour. L'Europe naîtra de tout cela, une Europe solidement unie et fortement charpentée. Une Europe où le niveau de vie s'élèvera grâce au groupement des productions et à l'extension des marchés qui provoqueront l'abaissement des prix. Une Europe où la Ruhr, la Sarre et les bassins français travailleront de concert et feront profiter de leur travail pacifique, suivi par des observateurs des Nations unies, tous les Européens, sans distinction, qu'ils soient de l'Est ou de l'Ouest, et tous les territoires, notamment l'Afrique, qui attendent du vieux continent leur développement et leur prospérité. Voici cette décision, avec les considérations qui l'ont inspirée :

La paix mondiale ne saurait être sauvegardée sans des efforts créateurs à la mesure des dangers qui la menacent.

La contribution qu'une Europe organisée et vivante peut apporter à la civilisation est indispensable au maintien des relations pacifiques. En se faisant depuis plus de vingt ans le champion d'une Europe unie, la France a toujours eu pour objet essentiel de servir la paix. L'Europe n'a pas été faite, nous avons eu la guerre.

---

[20] On peut voir le fac-similé de la déclaration dans *Un changement d'espérance, la déclaration du 9 mai 1950, Jean Monnet, Robert Schuman*, Fondation Jean Monnet pour l'Europe, Centre de recherches européennes, Lausanne 9 mai 2000.

L'Europe ne se fera pas d'un coup, ni dans une construction d'ensemble : elle se fera par des réalisations concrètes créant d'abord une solidarité de fait. Le rassemblement des nations européennes exige que l'opposition séculaire de la France et de l'Allemagne soit éliminée : l'action entreprise doit toucher au premier chef la France et l'Allemagne.

Dans ce but, le gouvernement français propose de porter immédiatement l'action sur un point limité mais décisif :

Le gouvernement français propose de placer l'ensemble de la production franco-allemande de charbon et d'acier sous une Haute Autorité commune, dans une organisation ouverte à la participation des autres pays d'Europe.

La mise en commun des productions de charbon et d'acier assurera immédiatement l'établissement de bases communes de développement économique, première étape de la Fédération européenne, et changera le destin de ces régions longtemps vouées à la fabrication des armes de guerre dont elles ont été les plus constantes victimes.

La solidarité de production qui sera ainsi nouée manifestera que toute guerre entre la France et l'Allemagne devient non seulement impensable, mais matériellement impossible. L'établissement de cette unité puissante de production ouverte à tous les pays qui voudront y participer, aboutissant à fournir à tous les pays qu'elle rassemblera les éléments fondamentaux de la production industrielle aux mêmes conditions, jettera les fondements réels de leur unification économique.

Cette production sera offerte à l'ensemble du monde sans distinction ni exclusion, pour participer au relèvement du niveau de vie et au développement des œuvres de paix.

Ainsi sera réalisée simplement et rapidement la fusion d'intérêts indispensable à l'établissement d'une communauté économique et introduit le ferment d'une communauté plus large et plus profonde entre des pays longtemps opposés par des divisions sanglantes.

Par la mise en commun de productions de base et l'institution d'une Haute Autorité nouvelle, dont les décisions lieront la France, l'Allemagne et les pays qui y adhéreront, cette proposition réalisera les premières assises concrètes d'une Fédération européenne indispensable à la préservation de la paix.

Pour poursuivre la réalisation des objectifs ainsi définis, le gouvernement français est prêt à ouvrir des négociations sur les bases suivantes.

La mission impartie à la Haute Autorité commune sera d'assurer dans les délais les plus rapides : la modernisation de la production et l'amélioration de sa qualité ; la fourniture à des conditions identiques du charbon et de l'acier sur le marché français et sur le marché allemand, ainsi que sur ceux des pays adhérents ; le développement de l'exportation commune vers les autres pays ; l'égalisation dans le progrès des conditions de vie de la main-d'œuvre de ces industries.

Pour atteindre ces objectifs à partir des conditions très disparates dans lesquelles sont placées actuellement les productions des pays adhérents, à titre transitoire, certaines dispositions devront être mises en œuvre, comportant l'application d'un plan de production et d'investissements, l'institution de mécanismes de péréquation des prix, la création d'un fonds de reconversion facilitant la rationalisation de la production. La circulation du charbon et de l'acier entre les pays adhérents sera immédiatement affranchie de tout droit de douane et ne pourra être affectée par des tarifs de transport différentiels. Progressivement se dégageront les conditions assurant spontanément la répartition la plus rationnelle de la production au niveau de productivité le plus élevé.

À l'opposé d'un cartel international tendant à la répartition et à l'exploitation des marchés nationaux par des pratiques restrictives et le maintien de profits élevés, l'organisation projetée assurera la fusion des marchés et l'expansion de la production.

Les principes et les engagements essentiels ci-dessus définis feront l'objet d'un traité signé entre les États. Les négociations indispensables pour préciser les mesures d'application seront poursuivies avec l'assistance d'un arbitre désigné d'un commun accord ; celui-ci aura charge de veiller à ce que les accords soient conformes aux principes et, en cas d'opposition irréductible, fixera la solution qui sera adoptée. La Haute Autorité commune chargée du fonctionnement de tout le régime sera composée de personnalités indépendantes désignées sur une base paritaire par les gouvernements ; un président sera choisi d'un commun accord par les gouvernements ; ses décisions seront exécutoires en France, en Allemagne et dans les autres pays adhérents. Des dispositions appropriées assureront les voies de recours nécessaires contre les décisions de la Haute Autorité. Un représentant des Nations unies auprès de cette autorité sera chargé de faire deux fois par an un rapport public à l'ONU rendant compte du fonctionnement de l'organisme nouveau, notamment en ce qui concerne la sauvegarde de ses fins pacifiques.

L'institution de la Haute Autorité ne préjuge en rien du régime de propriété des entreprises. Dans l'exercice de sa mission, la Haute Autorité commune tiendra compte des pouvoirs conférés à l'autorité internationale de la Ruhr et des obligations de toute nature imposées à l'Allemagne, tant que celles-ci subsisteront.

22 – Pflimlin lance le pool vert

Télégramme de Pflimlin à Monnet, copie du télégramme de Monnet à Pflimlin, samedi 19 août 1950, Saint-Martin de Ré, réponse de Pflimlin à Monnet sous forme d'une lettre de Pierre Pflimlin à Jean Monnet, Commissaire général au Plan, 18 rue de Martignac, Paris, ref : DO. 77812, Personnelle, Paris le 23 août 1950. Source : Archives de Jean Monnet, fonds AMG 26/2/44 et AMG 26/2/45, reproduit avec l'autorisation de la Fondation Jean Monnet pour l'Europe (Lausanne).

Pierre Pflimlin (MRP) est ministre de l'Agriculture dans le gouvernement Pleven (juillet 1950-février 1951). Un élargissement de la Communauté charbon-acier au secteur agricole serait une aubaine pour les agriculteurs français, d'après le ministre. La réaction de Monnet est intéressante car il tempère très fortement Pflimlin, sentant que l'Europe agricole n'est pas encore mûre. Monnet est toujours commissaire général du Plan ; il négocie, sur mandat de Schuman, ministre des Affaires étrangères, la création de la CECA avec les cinq partenaires de la France. Il ne veut pas lancer une autre négociation tant que les principes de la première ne seront pas fermement établis.

*

Copie télég. JM à M. Pflimlin, samedi 19 août , de Saint Martin de Ré
Pflimlin Ministre Agriculture Rue Varenne Paris

Premier paragraphe.
Je n'ai pas répondu plutôt à votre communication du 11 août sur l'organisation européenne des produits agricoles car j'étais absent de Paris STOP dés que j'en ai eu connaissance j'ai chargé Rabier[21] de vous suggérer que la communication que vous vous proposez de faire au Conseil des Ministres du 22 aurait grand intérêt à être éclaircie au préalable par une discussion entre vous-même M. Schuman et moi-même je serai à Paris le 28 août M Schuman absent actuellement est attendu quelques jours après STOP il ne s'agit pas là de retarder la mise en train de cette importante question mais bien au contraire de la faire bénéficier de l'expérience que M. Schuman moi-même et mes collaborateurs avons maintenant acquise du fait des négociations qui se poursuivent depuis maintenant 3 mois pour la mise en œuvre de la Proposition française du 9 mai.

Deuxième paragraphe
Je ne doute pas en outre que vous-même et le Gouvernement voudrez insérer l'étude technique et complexe de l'affaire agricole dans le cadre plus général dans lequel se situe le pool du charbon et de l'acier et qui est l'organisation de l'Europe. J'ai depuis longuement réfléchi à cette importante question et vous

---

[21]　Jacques-René Rabier, collaborateur au Plan de Monnet, fonctionnaire européen ensuite à la CECA et aux Communautés européennes.

soumets les observations suivantes que je communique également à Monsieur Robert Schuman. La note que vous m'avez soumise, si elle énumère les problèmes techniques à résoudre, laisse cet aspect de la question pour une discussion ultérieure, après les études techniques Je crois que ce serait une grande erreur d'engager les Français dans cette voie : au point de vue de la question agricole cela en rendrait la préparation beaucoup plus difficile et le succès beaucoup plus aléatoire STOP Au point de vue de l'effort d'organisation européenne actuellement poursuivi par le Gouvernement français, une initiative sur le plan agricole qui ne serait pas, sur les points essentiels l'expression des positions générales prises par le gouvernement à l'occasion du charbon et de l'acier créerait dans tous les pays européens une grande confusion et affaiblirait certainement cet effort et en compromettrait certainement les dispositions pour le succès. Au contraire une harmonisation préalable des études techniques nécessitées par la question agricole avec les dispositions générales européennes dont le gouvernement français poursuit la réalisation facilitera le succès des propositions qui vous tiennent à cœur et viendra renforcer, au lieu de les affaiblir, les chances de succès de la grande entreprise européenne dont la France a pris l'initiative STOP Tout ceci est facile et peut être arrêté lors d'une conférence entre vous M. Robert Schuman et moi-même STOP Je communique avec M. Schuman pour m'assurer de la date prochaine à laquelle nous pourrions nous rencontrer Avec mon amitié fidèle.
Monnet

Copie –YD –3 ex   Paris, le 23 août 1950
ref. à rappeler DO. 77 S. P. 812
Personnelle

Cher ami,

J'ai bien reçu votre télégramme et j'ai consenti très volontiers à ajourner ma communication au gouvernement sur le problème de l'organisation européenne des marchés agricoles. La lecture de votre télégramme me donne d'ailleurs la conviction qu'il n'y a entre nous aucun désaccord.

Si dans ma communication j'insiste surtout sur les aspects techniques, c'est parce que ces aspects relèvent seuls de ma compétence de Ministre de l'Agriculture et que je dois laisser au gouvernement le soin de définir les positions politiques. Mais en ce qui concerne ces positions mon sentiment personnel que je ne manquerai pas d'exprimer concorde avec le vôtre. J'estime, en particulier, que la meilleure solution serait de raccorder la négociation nouvelle à celle qui est engagée sur le charbon et sur l'acier.

M. Robert Schuman, avec qui je me suis entretenu hier de cette question, a manifesté l'intention de nous réunir à déjeuner mardi prochain 29 août. J'espère que cette réunion pourra avoir lieu à cette date, ou en tout cas, dans le courant de la semaine prochaine. Mon intention est, en effet, de faire ma communication au Conseil des Ministres qui doit avoir lieu le lundi 4 septembre. Un nouvel ajournement présenterait les plus graves inconvénients car M. Schuman doit partir pour les États-Unis aux environs du 9 septembre.

En attendant le plaisir de vous revoir, je vous prie d'agréer, cher ami, l'assurance de mon fidèle et cordial dévouement.

signé : Pierre Pflimlin

Monsieur Jean Monnet

Commissaire général du Plan

18 rue de Martignac, Paris

23 – Financement des investissements européens par une Banque européenne d'investissement

Note sommaire de Philippe Huet sur les projets de financement d'investissements européens, 9 juillet 1950. Document de 3 pages manuscrites, signé : Philippe Huet. Source : fonds de Paul Ramadier, 52 J 120. Reproduit avec l'autorisation des Archives départementales de l'Aveyron (Rodez).

Philippe Huet, inspecteur des Finances, est alors conseiller technique au cabinet du ministre des Finances et des Affaires économiques, Maurice Petsche. Il a été membre du cabinet de Paul Ramadier, ministre de la Défense en 1948 et 1949. Il assumera les fonctions de chef de division des Finances au Secrétariat général de l'OTAN de 1951 à 1955, puis deviendra directeur du cabinet de Paul Ramadier, en 1956-1957. Il occupera aussi le poste d'attaché financier à Londres de 1958 à 1962. La note est technique, mais elle a l'avantage de faire le point sur les plans d'origine hollandaise et française à l'OECE pour améliorer la coopération inter-européenne, voire pour marcher vers un marché commun, en tous cas pour coordonner – maître-mot des Français – les investissements par une Banque européenne d'investissements (BEI). L'OECE a joué un rôle essentiel dans la reconstruction et la coopération économique en Europe occidentale.

*

1 – Le financement de grands travaux européens pose deux problèmes distincts :
– un problème d'économie financière : la recherche et le rassemblement des ressources nécessaires ;
– un problème de techniques financières : l'application de ces ressources aux travaux à effectuer, c'est-à-dire essentiellement leur transformation en unités monétaires assimilables par un système de monnaies non immédiatement convertibles.

2 – Le premier problème peut se compliquer dans la mesure où la charge des investissements serait répartie systématiquement entre les pays, indépendamment des fournitures de ressources servant à la trésorerie de l'entreprise.

Ce sont alors des difficultés d'autorité internationale et d'arbitrage qui sont soulevés, comme l'illustration en est donnée par l'application du Pacte de Bruxelles.

3 – Aucun de ces problèmes n'a jusqu'alors été pleinement résolu par les plans projetés ou préparés. À vrai dire jusqu'à ce jour les investissements européens consistent en la juxtaposition avec établissement d'un ordre de priorité de plans nationaux à peine coordonnés. Les plans approuvés ou non par l'entremise du Conseil de l'OECE sont alors financés dans chaque pays à l'aide de la contre valeur des crédits Marshall.

Au point de vue de l'économie financière ce procédé se ramène à une capitalisation ou épargne intérieure forcée, avec compensation sur le marché de consommation par l'importation de marchandises américaines. Il y a donc investissement en Europe et inflation aux États-Unis.

Plans et projets

4 – Le premier projet de grands travaux européens ayant reçu forme est le plan d'électricité. C'est la méthode de financement qui en fait actuellement ajourner l'approbation, les Américains s'y montrant jusqu'à présent hostiles. Il est en effet prévu un financement, au moins partiel par l'utilisation du fonds de réserve en \$ de l'aide Marshall, fonds effectivement constitué pour permettre des investissements de ce genre. Cependant ces \$ dans l'esprit des Américains doivent être utilisés en achats dans la zone dollar, c'est-à-dire essentiellement aux USA. Or la réalisation de ce projet n'est possible que si les \$ en question sont rendus libres, c'est-à-dire utilisables en achats hors de la zone dollar ; il y a là une importante position de principe que les autorités américaines se refusent à prendre.

5 – Le premier plan général proposé est le plan d'intégration hollandais (présenté par M. Stikker).

Examinant les conditions de libération des échanges, le plan hollandais ne la déclare possible que si l'organisation économique européenne est poussée plus avant, dans la voie d'une intégration des économies nationales.

Il définit alors des secteurs d'intégration à l'intérieur desquels une coordination des entreprises et activités, et une péréquation de leurs niveaux d'échanges devraient être réalisées. Afin de pallier les premières difficultés d'adaptation, et de financer les travaux ou transformations indispensables, un fonds d'intégration serait créé, alimenté par les cotisations des États membres. Ce fonds pourrait aider les entreprises qui devraient se transformer pour s'adapter au nouveau marché créé, ou même qui auraient trop à souffrir de la concurrence ouverte.

Ce projet, assez peu explicite, est resté mal compris. Il ne ressort pas clairement de son étude, s'il s'agit simplement d'un organisme financier de péréquation internationale des prix, ou plus loin d'un véritable système de financement de travaux d'organisation économique.

6 – Le nouveau plan français de banque européenne des investissements part du même souci de libération des échanges et de coordination économique. Il parle cependant nettement de financer des travaux de reconversion ou de transformation, sinon des investissements proprement dits.

Le mécanisme proposé est étroitement lié à celui de l'Union des paiements récemment approuvé pour l'équilibre des échanges intra-européens proprement dits.

L'Union des paiements est le troisième système adopté pour équilibrer puis développer et enfin libérer les échanges intra-européens. Il succède au système des droits de tirage, pratiquement crédits ouverts par un pays à un autre en vue de couvrir le déficit des échanges entre les deux pays, ces crédits devant en fin d'exercice être remboursés en \$ au prêteur dans le cadre des attributions de \$ par l'OECE. Ce procédé a fait dire au directeur de la BRI, qui gérait les droits de tirage, comme elle doit gérer le fonds projeté, que l'accord multilatéral de paiements était la somme d'accords bilatéraux de non-paiements.

L'union, dont la convention vient d'être approuvée, libère théoriquement les échanges, et prévoit un règlement périodique des déficits en or ou \$, pour une part croissant avec la persistance de ces déficits.

Le projet précis du gouvernement français doit faire l'objet d'une communication précise dans le cours de la semaine.

9 juillet 1950, Ph. Huet

24 – Plan Schuman : tenir compte des Britanniques

Note pour le ministre, signée par René Massigli, ambassadeur de France à Londres, 17 juin 1950, 7 pages dactylographiées, signature autographe de Massigli. Source : Archives nationales, fonds de Vincent Auriol, 552 AP 91. Reproduit avec l'autorisation des Archives de France.

La note est adressée au ministre des Affaires étrangères, Robert Schuman. Massigli expose les réticences britanniques au plan Monnet-Schuman du 9 mai 1950. Ce document complète pour l'histoire, ceux qui ont été publiés par le gouvernement français après l'échec des conversations sur la participation des Britanniques au plan Schuman.

*

L'Ambassadeur de France 17 juin 1950 à Londres,

Secret

Note pour le Ministre

La mise en commun des productions de charbon et d'acier et l'institution d'une Haute Autorité dont les décisions lieront les pays adhérents, sont présentées dans la déclaration du 9 mai dernier comme constituant une première étape dans l'organisation de la Fédération européenne.

Le Ministre a, d'autre part, à diverses reprises, déclaré et il m'a formellement répété hier encore que la politique française doit chercher à s'assurer le plus tôt possible la coopération britannique pour l'œuvre entreprise. À cet égard ma correspondance n'a pas cessé d'insister sur le caractère essentiel que revêt, aux yeux du gouvernement anglais et de l'opinion d'outre-Manche, la question de la responsabilité de l'autorité.

C'est en ayant ces diverses préoccupations présentes à l'esprit que j'ai réfléchi aux dispositions de l'avant-projet dont le ministre a bien voulu me donner lecture hier.

La présente note résume les conclusions auxquelles je suis parvenu ; ces conclusions sont nécessairement provisoires et certainement incomplètes, puisque ne disposant pas des textes, c'est à ma mémoire que j'ai dû me fier pour reconstituer l'économie de l'avant-projet.

I – Le mode de désignation des membres de l'Autorité ne détermine pas en soi le caractère, supranational ou non de celle-ci. Ce caractère résulte des pouvoirs qui sont conférés à l'Autorité. C'est ainsi, par exemple, que la Cour de justice de La Haye possède éminemment un caractère supranational bien que ses membres soient élus par des délégués des gouvernements.

On peut donc concevoir plusieurs systèmes ; mais il est certain que, du côté britannique, on admettrait difficilement que les gouvernements n'aient pas à intervenir dans le choix des délégués ; on écarterait sans doute comme injuste un système dans lequel le Luxembourg, par exemple (2 millions de tonnes d'acier, pas de charbon) aurait pour le choix des droits aussi étendus que la Grande-Bretagne. Plusieurs types de systèmes « pondérés » sont d'ailleurs possible ; il n'est pas interdit de s'inspirer de celui qui a été adopté pour la composition de l'Assemblée de Strasbourg.

L'Autorité une fois constituée, on aperçoit mal les raisons pour lesquelles on devrait dénier aux Gouvernements ou aux Parlements tout rôle dans le renouvellement de ses membres. Il est en tous cas certain que le système de cooptation conçu par les auteurs de l'avant-projet sera dénoncé comme tendant à créer une « synarchie » et à ériger quelques grands « directeurs » en maîtres quasi absolus de l'économie européenne. On fera valoir que déléguer une part de souveraineté à un groupe d'hommes dans le choix desquels les Gouvernements ou les Parlements interviennent n'est pas du tout la même chose que de renoncer à cette même part de souveraineté au profit de personnalités qui ne seraient pas même nécessairement des « européens » – dont la seule qualification résultera du fait qu'elles auront été désignées par quelques-unes des personnes ayant initialement appartenu à l'Autorité.

Un tel système sera dénoncé comme heurtant tous les principes démocratiques et comme favorisant par personne interposées la collusion d'intérêts privés. Les travaillistes parleront de « comité des Forges » et des « magnats de la Ruhr ». Je ne crois pas trop m'avancer en affirmant qu'aucun gouvernement britannique ne pourra se rallier à une telle conception.

Je ne peux pas ne pas noter enfin que l'institution, dans de telles conditions, de la Haute Autorité ne marquerait aucun progrès vers la constitution de la Fédération européenne, au contraire.

II – La question de la responsabilité de la Haute Autorité et des voies de recours est encore plus importante.

J'étais persuadé qu'une instance de caractère judiciaire était prévue pour le règlement des contestations dans lesquelles un gouvernement soutiendrait que telle ou telle décision de l'Autorité constituait un excès de pouvoir… À la réflexion, je n'en suis plus aussi certain. En tous cas, il me semble indispensable qu'une telle instance soit prévue.

Dans le cas contraire, la compétence reconnue aux « médiateurs » serait encore plus étendue ; les objections auxquelles donnent lieu la disposition de l'avant-projet n'en prendraient donc que plus d'importance ; or elles sont sérieuses.

a) Les « médiateurs » seraient désignés par trois personnalités internationales dont il n'est pas impossible d'imaginer qu'au moment où il serait procédé à cette désignation aucune ne serait ressortissante d'un État européen. Pas davantage les conciliateurs ne devraient-ils être nécessairement choisis parmi des Européens. Aucun lien, par conséquent, entre cette nouvelle institution et l'idée européenne.

b) La brièveté extrême des délais dans lesquels les Gouvernements devraient faire appel sera considérée comme tendant à rendre pratiquement impossible l'exercice même du droit d'appel. L'impression que, pour les auteurs du projet, les mots « Autorité supranationale » sont synonymes « d'Autorité dictatoriale » s'en trouvera confirmée.

c) Les médiateurs n'ont que des pouvoirs de « recommandation ». Il est évident que cela n'est pas admissible si leur compétence doit s'étendre aux appels pour excès de pouvoir. Ce ne l'est pas davantage pour les appels ayant un autre caractère. Si un Gouvernement proteste contre une décision qui affecte les intérêts économiques du pays et si les médiateurs déclarent sa protestation justifiée, il n'est pas concevable que l'Autorité ne s'incline pas. C'est pourtant le droit que lui reconnaissent les auteurs du projet. Dira-t-on que moralement, l'Autorité sera tenue de se conformer à la recommandation du médiateur ? Alors pourquoi ne pas l'écrire ? A-t-on craint de nuire au prestige de l'Autorité ? Dans ce cas, il serait difficile d'échapper à l'impression qu'une fois de plus les auteurs du projet confondent « supranational » et « dictatorial ». Nous devons, au contraire, à mon sens, ne laisser échapper aucune occasion d'affirmer qu'une Autorité supranationale n'est pas au-dessus des lois, si ces lois sont, elles-mêmes, supranationales ou, au moins, internationales.

Si mon analyse est exacte – et je crois qu'elle l'est – est-il nécessaire d'ajouter qu'aucun gouvernement britannique n'acceptera le plan dans son état actuel ?

III – Les dispositions relatives aux responsabilités de l'Autorité devant une sorte d'Assemblée européenne sont trop complexes pour que je me hasarde à en faire, de mémoire, la critique. Au surplus, elles offrent à la critique une prise moins large.

Je signalerai donc seulement quelques points.

Il semble que le droit de critiquer pourrait être plus largement reconnu. Pratiquement, le seul droit reconnu à l'Assemblée est, lors de la présentation du rapport de l'Autorité, de refuser sa confiance à celle ci par un vote qui comporte révocation de l'Autorité tout entière, et de créer ainsi une crise très grave. Compte-t-on sur cette gravité même pour détourner l'Assemblée d'émettre jamais un vote de ce genre ? Suffit-il au surplus de reconnaître à l'Assemblée un droit de révocation et, alors qu'aucun gouvernement démocratique n'est exempt de la critique d'un Parlement, l'Autorité devrait-elle bénéficier d'une sorte d'immunité ?

Ne peut-on prévoir que certaines décisions d'une importance particulière devraient être soumises par l'Autorité à l'approbation de l'Assemblée ? Dans des cas déterminés, ne pourrait-on pas stipuler la nécessité, pour l'approbation, d'une majorité qualifiée (2/3 par exemple) ? Toutes dispositions de ce genre seraient propres à rassurer les hésitants.

Reste la question de la désignation des membres de l'Assemblée. Par qui sera-t-elle faite ? Les gouvernements, ou les Parlements ?

Nous avons rencontré la même difficulté à propos de l'Assemblée de Strasbourg : elle a été alors résolue en laissant les divers États membres adopter la règle qui leur convenait le mieux : pour la France, c'est le Parlement qui nomme les délégués ; pour la Grande-Bretagne, c'est le Gouvernement. Il me semble que l'adoption d'une disposition analogue faciliterait beaucoup les choses du côté de Londres. Le Gouvernement britannique répugnera certainement, pour des raisons constitutionnelles, à se dessaisir, au profit de la Chambre des Communes, d'un droit de nomination qu'il considère comme une prérogative gouvernementale essentielle.

Je me permets, en conclusion, de rappeler qu'après la fausse manœuvre de M. Dalton[22] et l'émotion qu'elle a soulevée aux États-Unis comme en France, les circonstances sont plus favorables que jamais pour obliger le Gouvernement britannique à se rallier à un projet « raisonnable ». /.

---

[22]   Hugh Dalton, ministre travailliste d'Attlee publie le 13 juin un document intitulé *European Unity* qui rejette catégoriquement toute forme d'autorité supranationale ; en conséquence la marge de manœuvre d'Attlee dans ces négociations avec les Six est considérablement réduite.

25 – Massigli inquiet du retrait britannique

Télégramme de Massigli, Londres, 27 juin 1950, 20 h30 n° 2335 36, réservé, ref. votre télégramme n° 5384-5403, 2 pages. Source : Archives nationales, fonds de Vincent Auriol 552 AP 92. *Reproduit avec l'autorisation des Archives de France.*

L'ambassadeur de France à Londres, René Massigli, manifeste une profonde inquiétude en raison du projet de Haute Autorité qui indispose totalement les travaillistes britanniques. Pour la première fois, en effet, depuis la création de l'OECE, la France adopte une ligne politique opposée à celle de la Grande-Bretagne dans les affaires européennes. Elle prendra donc la direction de l'Europe occidentale si cette initiative réussit. Le ton de Massigli est très déterminé dans sa réponse au ministre des Affaires étrangères, Robert Schuman. La réponse du ministre (document 26) ne l'est pas moins.

*

Affaires étrangères. Télégramme à l'arrivée GB, déchiffrement Londres le 27 juin 1950, 20 heures 30 reçu, d°, 21 heures 00, n° 2335 à 36 Réservé

Je me réfère à votre télégramme n° 5384-5403

Mon télégramme n° 2325/2329 était rédigé lorsque j'ai pris connaissance du communiqué qui vient d'être publié. Loin d'atténuer les difficultés sur lesquelles j'attirais l'attention, ce document les souligne dans des conditions qui ne laissent plus de possibilités de rallier les Britanniques à nos conceptions.

Aucun Homme politique responsable n'acceptera ici d'envisager l'éventualité de l'entrée du Royaume-Uni dans une Fédération européenne, avant de savoir comment la participation à cette Fédération serait conciliable avec le maintien du Commonwealth.

Il avait été dit le 9 mai que notre Plan constituait une première étape vers la fédération européenne par une réalisation concrète, créant une solidarité de fait. Le texte du communiqué tend à prouver qu'il s'agit de faire dés maintenant le pas décisif alors que sur la conception de la fédération elle-même, son étendue géographique, sa sphère d'activité, n'existe même pas un commencement d'accord.

Je suis inquiet, je dois le dire, de tant de précipitation, et je suis effrayé des développements à en attendre sur le plan des rapports franco-britanniques. Le fossé qui commence à se creuser ne pourra qu'aller s'élargissant ; nous allons au tête-à-tête franco-allemand, avec arbitrage américain sans doute, mais cela suffit-il, alors que la Grande-Bretagne est puissance occupante et que notre attitude l'entraînera de plus en plus à jouer désormais sur le terrain allemand uniquement son propre jeu ?. /.

Massigli

Diffusion[23] : Présidence de la République, Présidence du Conseil M. Parodi M. Clappier M. de Bourbon-Busset 7 5 Duplicata.

---

[23] Le président du Conseil est encore Georges Bidault (MRP), bientôt remplacé, le 1er juillet par René Pleven (UDSR), Alexandre Parodi est secrétaire général du Quai d'Orsay ; Jacques de Bourbon-Busset, directeur-adjoint du cabinet du ministre, et Bernard Clappier, directeur de cabinet.

26 – Schuman défend la Haute Autorité auprès de Massigli

Télégramme du ministre des Affaires étrangères à Massigli, 5 juillet 1950, Affaires étrangères, Diplomatie, Paris, 5 juillet 1950, 19h15, à Ambafrance Londres n° 5795-99. Le document est signé pour ordre par Clappier. Source : Archives nationales, fonds de Vincent Auriol 552 AP 92, Reproduit avec l'autorisation des Archives de France.

On sent combien Massigli compte dans la diplomatie française. Ses réticences ont du poids auprès du gouvernement. Pour lui, l'Europe des Six est une erreur comme il apparaît dans cette correspondance avec le Quai d'Orsay et dans son ouvrage : *Une comédie des erreurs*, Paris, Plon, 1978. L'intérêt de ce document réside dans le plaidoyer de Bernard Clappier, directeur de cabinet de Robert Schuman et du ministre lui-même, en faveur de la Haute Autorité du charbon et de l'acier.

*

Affaires étrangères Télégramme au départ   Paris, le 5 juillet 1950,
chiffrement, 19h 15,
Ambafrance Londres n° 5795/99

J'ai lu attentivement vos dépêches relatives à l'évolution des esprits en Grande-Bretagne. Il n'est plus permis à personne de se méprendre sur les divergences de fond qui existent, et qui ont existé depuis le début entre nos conceptions et celles des dirigeants anglais. Il fallait opter pour l'une ou pour l'autre ; on ne peut persister à vouloir concilier ce qui est contradictoire.

On ne saurait faire grief à la France de cet état de chose qu'elle n'a ni désiré ni provoqué, mais qu'elle a dû enregistrer. Plus les idées se précisent de part et d'autre, plus le désaccord se confirme. Devions-nous renoncer à notre propre idée et abandonner le projet ? Nous n'avons pas cru pouvoir nous incliner devant le *non possumus* britannique quels que soient les regrets que nous éprouvions de ce désaccord. L'échec des pourparlers engagés pourrait seul nous convaincre que nous nous sommes trompés.[24]

Il est à la fois vain et injuste d'imputer la déception britannique et l'impossibilité de rapprocher les points de vue soit à la controverse franco-britannique relative au communiqué, soit à une erreur commise dans la présentation du projet, soit à la lenteur avec laquelle nous aurions précisé nos idées. Les difficultés ne proviennent pas de circonstances purement formelles ; elles sont inhérentes à une opposition doctrinale.

Nous admettons toute critique, toute contradiction au sujet des solutions que nous préconisons dans le concret. Nous en discuterons avec qui voudra en discuter. Nous nous efforcerons d'en tenir compte dans le choix des modalités d'applica-

---

[24] Négociations ouvertes entre six pays continentaux : France, Italie, RFA, Belgique, Pays-Bas et Luxembourg.

tion, à condition de ne pas laisser dénaturer l'essence de l'Autorité indépendante sans laquelle notre projet perdrait sa raison d'être.

Il n'est pas impossible de parvenir à des solutions pratiques qui permettent d'atteindre nos objectifs en même temps qu'elles apaisent les appréhensions que les Anglais ne sont pas seuls à concevoir et qui seront prises en considération. Ce que nous écartons comme impraticable, c'est de chercher une solution dans la voie des errements traditionnels, c'est-à-dire d'admettre comme un principe intangible de faire dépendre la coopération économique supranationale d'un accord préalable et permanent des Gouvernements, condition de toute décision engageant les États et les entreprises associées.

L'expérience décevante de l'OECE nous avertit, jusque dans les tous derniers jours, de l'impuissance d'un tel système. Encore s'agit-il là uniquement d'établir quelques règles générales : limitation du régime des contingents d'exportation, mode de paiements intra-européens, etc.

Une gestion commune des industries minières est impensable sur une base pareille. Cette gestion, si elle doit réussir, ne peut être organisée qu'en dehors des méthodes politiques et des préoccupations nationales ou idéologiques.

Une telle gestion doit se concevoir comme une institution supranationale, ayant ses buts propres, et non comme une sorte de conférence où s'affrontent et s'arrangent tant bien que mal des conflits d'intérêts.

Autre chose est le légitime souci que nous avons tous d'éviter une autorité dicta-toriale et arbitraire. En matière politique, le régime constitutionnel se situe entre l'absolutisme et l'individualisme anarchique. Pourquoi déclarer par principe, qu'une autorité indépendante est nécessairement abusive et contraire aux intérêts nationaux ? Pourquoi se refuser, par principe, à une discipline commune, si elle est nettement définie et délimitée, si les précautions sont prises contre les erreurs et les défaillances, dont personne ne songe à nier le risque ?

Nous gardons l'espoir de convaincre les incrédules, mais pour cela, il faut que de part et d'autre on renonce aux récriminations stériles et aux positions doctrinales rigides. Pour nous, il n'y a pas, il ne doit y avoir d'autre principe que celui d'ouvrir, par une voie nouvelle, une issue aux impasses anciennes.

Je sais que je puis compter sur tout votre concours pour continuer à exposer autour de vous et à défendre nos véritables intentions. Je saisis cette occasion de vous répéter combien je souhaite rester en liaison constante avec vous et, par conséquent, vous voir venir le plus fréquemment possible à Paris pour y échanger avec vous des vues sur l'évolution des pourparlers.

Diffusion : Prés. Rép., « Conseil, MM. Parodi, de la Tournelle[25], Clappier, de Bourbon-Busset »
Duplicata et 3

---

[25] Guy Le Roy de la Tournelle, directeur des Affaires politiques et économiques au ministère des Affaires étrangères, 1950-1954.

27 – Les États-Unis soutiendront-ils le pool vert ?

Lettre d'Armand Bérard à Robert Schuman du 1ᵉʳ août 1951, Haut Commissariat de la République Française en Allemagne, direction générale des Affaires économiques et financières, Armand Bérard, RM/LD, 1ᵉʳ août 1951 à son Excellence Monsieur Robert Schuman, ministre des Affaires étrangères, exemplaire communiqué à G. Guindey, directeur des Finances extérieures, 1 page. Source : Archives du ministère de l'Économie, des Finances et de l'Industrie, fonds B 33887. Reproduit avec l'autorisation du ministère de l'Économie, des Finances et de l'Industrie, Collection du service des archives économiques et financières.

Armand Bérard est l'adjoint d'André François-Poncet, haut commissaire de la République en RFA. Ce document montre qu'après une période d'euphorie liée au succès politique du Plan Schuman, l'Administration américaine manifeste quelques contrariétés à l'égard de ce nouveau projet de pool vert ou de Communauté agricole européenne. La critique s'articule sur la notion de cartel, un argument qu'elle avait déjà soulevé à propos de la Haute Autorité du charbon et de l'acier. En substance, elle approuve l'unité de l'Europe et réprouve toute préférence européenne. En effet grâce au plan Marshall, l'Europe s'est développée, mais elle constitue potentiellement, si elle s'unit, un danger pour la suprématie économique américaine.

*

Haut Commissariat de la République française en Allemagne
Direction Générale des Affaires économiques et financières 1ᵉʳ août 1951 PM/LD

L'Ambassadeur de France, Haut Commissaire de la République en Allemagne à Son Excellence Monsieur Robert Schuman, ministre des Affaires étrangères.

Par mon télégramme n° 4793 du 26 juillet, j'ai tenu Votre Excellence informée des déclarations faites par le ministre de l'Agriculture des États-Unis, Charles F. Brannan, lors de son voyage en Allemagne, au sujet du projet français d'organisation des marchés agricoles européens. Mes collaborateurs se sont efforcés, depuis, d'obtenir, des services américains, confirmation des informations publiées par la Presse à ce sujet. La réticence dont ont fait preuve leurs interlocuteurs, avec qui ils entretiennent en général des rapports très amicaux, me conduit à penser que l'interprétation donnée par les journaux des propos tenus par M. Brannan était, dans l'ensemble, exacte.

Le Ministre américain estimerait que la création d'une union agricole européenne n'est pas, pour le moment, souhaitable. Elle risquerait, à son avis, d'étendre à l'ensemble de l'Europe une protection douanière dont bénéficient déjà les pays gros producteurs comme la France. M. Brannan aurait préconisé, en revanche la suppression des barrières douanières entre les pays européens et les territoires de l'Hémisphère occidental. Les perspectives d'une récolte abondante aux États-

Unis ne sont peut-être pas étrangères à l'état d'esprit dont a fait preuve le Ministre.

Quoi qu'il en soit, il est à craindre que la France ne trouve pas, en ce qui concerne le « pool vert » de la part du Gouvernement des USA le même encouragement que pour le Plan Schuman.

Bérard

Communiqué à :

Ministère des Affaires étrangères Direction des Af. économ. et financ.

Ministère des Finances et Af. économ. Cabinet

Ministère de l'Agriculture Cabinet

28 – Proposer de nouvelles actions pour sauver le monde libre, Monnet (3 septembre 1950)

Lettre de Monnet à René Pleven, président du Conseil, 3 septembre 1950. Source : Archives de Jean Monnet, fonds AMI/4/3/3. Reproduit avec l'autorisation de la Fondation Jean Monnet pour l'Europe (Lausanne).

Cette brillante analyse de la situation politique internationale, de la place de la France en Asie et en Europe, de la relation avec les États-Unis, pousse René Pleven, alors président du Conseil, à préparer une nouvelle initiative de la France en Europe pour répondre aux menaces de la guerre froide. Il s'agit d'accepter le réarmement allemand à travers une armée européenne. Seraient ainsi résolues la question du danger allemand (un problème français et belge) et la question de la mobilisation de toutes les forces de l'Europe occidentale contre les Soviétiques (une exigence américaine).

*

Mon cher René,

Je vous écris d'un coin de landes charmant, tranquille, paisible, où tout va lentement, comme tout en Charente. Je crains bien qu'il n'en soit pas de même de nos affaires. Je trouve qu'elles vont vite, trop vite, et que les situations se nouent, et que, sans l'avoir décidé expressément, nous allons être enchaînés à un destin fatal.

Et cependant, à aucun moment, aucune décision d'ensemble n'aura été prise depuis qu'ont été arrêtées, voici trois ans, les notions de « containment » et de « guerre froide » sur lesquelles nous vivons.

Lorsque ces notions ont été arrêtées, elles avaient en vue le maintien de la paix. Mais leur application a entraîné une série de décisions imposées par le déroulement des faits, chacune prise pour elle-même Nous sommes aujourd'hui face à face, avec la nécessité de nous assurer une victoire froide sur l'adversaire et de préparer la guerre. Il suffit de regarder notre propre situation pour nous rendre compte que chaque décision nouvelle s'ajoute aux décisions antérieures sans que jamais une vue nouvelle d'ensemble ne soit prise.

Nous continuons en Indochine un effort ruineux et voué à l'échec. Pourquoi ? Au début, il s'agissait de maintenir l'Union française. Maintenant, raccordés à la politique de « containment universel », nous prétendons contenir le communisme dans le Sud asiatique. Dans les deux cas, c'est absurde.

Pour ce qui est de maintenir l'Union française, nous la maintiendrons en faisant quelque chose pour elle et non pas en faisant un acte d'autorité et de force contre une partie de ses habitants. Imaginez ce que nous pourrions faire pour l'Indochine et le reste de l'Union française si nous y investissions les sommes que nous dépensons pour la guerre Vous avez là les moyens d'y établir un accord de paix et de nous « sauver la face » et de consolider le reste de l'Union française, en y faisant des progrès matériels considérables.

Pour ce qui est de « contenir le communisme », les méthodes atlantiques actuelles en Asie sont les meilleures pour l'y implanter définitivement : le mouvement actuel en Asie est asiatique, il est contre les étrangers quels qu'ils soient, Américains, Européens ou Russes. Les Russes l'ont compris et, habilement, encouragent toutes les occasions qui opposeront militairement les Asiatiques et les « Atlantiques ». En même temps, seuls à aider ce mouvement « asiatique » de libération ils en profitent pour lui donner forme et direction communistes. En face d'une telle réalité, de l'expérience de Corée, des ressources humaines inépuisables de l'Asie, comment pouvons-nous espérer faire aboutir notre effort militaire en Indochine ? Et cependant nous continuons et pendant que nos cadres utiles de l'armée sont en Indochine nous prétendons supporter le poids de nos dépenses militaires et navales actuelles, dont une grande partie n'est que la continuation de dépenses passées sans lien avec les nécessités des dépenses européennes et en outre, lever et entraîner quinze divisions en Europe.

Et notre « empereur d'Indochine » est sur la Riviera française et l'Amérique veut aider en « matériel » l'Indochine parce qu'elle aide Bao Dai mais ne veut pas nous « aider », car, si nous disons, et elle parfois avec nous, que nous « contenons le communisme », elle pense que les raisons réelles de notre effort sont d'origine « impérialiste ». Par conséquent, le Congrès et l'opinion américaine ne laisseront pas partir des soldats américains pour nous aider dans notre entreprise. Et en même temps, nous devons poursuivre notre développement économique indispensable au progrès social. En fait, nous allons combattre en Asie, sous le nom de communisme un mouvement asiatique, et nous nous interdisons de faire l'effort rapide de défense en Europe, où se trouve le vrai danger, et en voulant malgré tout le faire, ce qui dépasse nos ressources, nous allons ouvrir plus grande la porte au communisme chez nous. À mon avis tout ceci est à contresens... et périlleux. Je n'ai pas lu les dépêches officielles de Washington sur notre deuxième mémorandum. Je n'ai lu que les journaux, mais cela me suffit. Nous sommes dans une voie, nous devons continuer, car nous ne voulons ni du totalitarisme ni des formes monolithiques d'existence.

Dans le contexte politique actuel, l'action américaine en Corée nous a probablement sauvés d'entreprises semi-russes plus graves. Devant le mystère russe, nous devons poursuivre notre action d'armement.

Mais, dans cette voie, nous sommes avec des associés. Il se trouve que ces associés sont les plus puissants et qu'ils nous ont aidés et que sans eux nous ne serions pas sortis des difficultés « matérielles » d'après-guerre. Mais leur aide, si importante, a fait prendre de mauvaises habitudes à tout le monde, à eux-mêmes et à nous. Leur aide a été matérielle. Ils continuent à penser en termes matériels. Ce dont ils ont besoin, et nous avec eux, c'est d'une politique positive, c'est-à-dire spirituelle et morale. Je ne sais pas si vous avez lu les débats de Lake Success. Lisez-les, vous en aurez comme moi la nausée. Invectives, insultes des deux côtés. Et nous, où sommes-nous pendant ce temps-là ? À la suite. Mais à la suite de quoi ? Personne ne sait. Mais bientôt tout le monde saura que le monde entier est « à la suite de la guerre ». La psychologie créée, le rythme établi, les économies ajustées, l'Allemagne de l'Ouest intégrée, non pas, comme nous l'aurions voulu et comme c'est encore possible, par la paix et sous la conduite de la France, mais intégrée par l'armement, rapidement, sous la conduite des militaires. Les ponts coupés avec des Asiatiques, désespérés que de nos propres mains nous les ayons définitivement mis aux mains des Russes. Alors, l'inévitable se produira, la

France sera détruite, ce que nous voulons préserver, la liberté, la diversité, seront détruites dans la réglementation universelle du vainqueur. Et tout cela, parce que la pensée constructive de paix manque.

Je ne vous propose ni abandon de nous-mêmes dans une neutralité illusoire et absurde, ni un Munich fatal auquel d'ailleurs, peut-être allons-nous par nos méthodes actuelles. Je vous propose d'apporter à nos associés la contribution d'une pensée forte, constructive, déterminée à créer en même temps notre défense extérieure en Europe, notre développement social intérieur, la paix en Orient, la constitution organisée de notre monde libre, atlantique, sous les formes diversi-fiées qui correspondent aux trois mondes qui le composent : les États-Unis, l'Empire britannique, l'Europe continentale de l'Ouest, fédérée autour d'un plan Schuman développé. Un état de paix ainsi créé devrait nous permettre en quel-ques années, de développer et de consolider nos forces et nos ressources, en même temps que nous transformerions nos conditions sociales archaïques de telle sorte que nous ririons alors de la crainte qu'aujourd'hui nous inspire la Russie.

Pour cela, il faut, pendant qu'il en est encore temps, remplacer la politique de « containment » qui met l'initiative entre les mains de Moscou, par une politique d'ensemble positive et dynamique, arrêtée en commun par les États-Unis, la France et la Grande-Bretagne.

L'objectif général, qui doit être de transformer l'esprit des hommes, de les tour-ner vers la destination vers laquelle ils vont, vers la construction et l'espoir, doit s'exprimer en une série d'actions concrètes tendant toutes au même but.

L'espoir de pouvoir changer ce contexte politique universel est dans le fait que les « chefs de file » sont les USA. Or, de tous les pays de l'Occident, c'est celui le plus apte à accepter un changement, à accepter qu'on lui parle directement et fortement, à condition que dans ces discussions, on apporte une contribution « constructive ». Les USA ne sont pas impérialistes. Ils sont « efficients ». Ils trouvent les solutions techniques ; seuls, ils ne savent pas aujourd'hui, apporter la pensée politique dont le monde a besoin. Je crois que nous pouvons apporter une contribution importante. Nous l'avons déjà fait, lorsque, le 9 mai le gouverne-ment français a soumis le plan Schuman à l'opinion publique. Mais il nous faut aller plus loin, prendre une initiative qui touche directement la conduite de la politique universelle.

29 – Pierre Mendès France s'explique sur la CED

Lettre de Pierre Mendès France à Jean-Louis Rizzo, 18 décembre 1975. Source : Archives de Pierre Mendès France. Reproduit avec l'autorisation de l'Institut Pierre Mendès France (Paris).

Pierre Mendès France n'est pas hostile à l'unité européenne. Les circonstances et l'attitude du MRP l'ont fait passer pour l'auteur du « crime du 30 août ». Il a plaidé d'ailleurs pour l'entrée de la Grande-Bretagne dans le marché commun. Mais s'il est partisan d'un « regroupement des pays de l'Europe », il faut comprendre aussi sa très grande prudence, comparable à celle du général de Gaulle, envers l'Europe communautaire ou supranationale.

*

Lettre de Pierre Mendès France à Jean-Louis Rizzo   18 décembre 1975

Cher Monsieur,

J'ai bien reçu votre lettre du 12 décembre et je vous répondrai rapidement sur les différentes questions que vous avez bien voulu soulever.

A. J'ai toujours été partisan d'un regroupement des pays de l'Europe. J'avais consacré aux idées fédératives européennes un livre publié en 1929 et beaucoup plus tard, j'ai eu l'occasion d'en discuter avec de Gaulle pendant le gouvernement d'Alger, en 1944. Mais j'avais de la construction européenne une conception politique et surtout économique. J'ai trouvé regrettable qu'on lui donne un aspect militaire (inévitablement agressif aux yeux de certains), ce qui était de nature à provoquer des réactions et dans certains secteurs de l'opinion française une sorte d'objection de conscience qui est encore vivace aujourd'hui.

J'ajoute que je trouvais fâcheux de mettre en avant un projet qui soulevait des sentiments d'hostilité très vive dans une partie de l'opinion française. Dix ans après l'occupation allemande, la reconstruction d'un militarisme allemand ne pouvait pas ne pas entraîner des manifestations de sensibilité et d'amertume auxquelles il fallait prendre garde.

Pour cette raison, j'ai défendu à plusieurs reprises des projets de Constitution européenne fondée sur les besoins de la reconstruction, du développement économique, de l'agriculture, de la monnaie, etc., plutôt que la CED dont certains aspects m'inquiétaient beaucoup.

En sens contraire, je ne pouvais pas ignorer que l'idée de la CED était née en France et qu'elle avait été « vendue » par les gouvernements français successifs à des gouvernements étrangers d'abord hostiles, puis que nos retards, notre exigence de préalable, de protocole, de conditions suspensives, etc., entraînaient de sérieuses protestations en Europe et aux États-Unis. Je redoutais que nos atermoiements entraînent finalement un accord militaire direct entre les Allemands et les Américains, que nous nous trouvions alors en présence d'un fait accompli qui aurait eu des suites politiques graves. Il fallait éviter ce risque, ce qui n'était pas si facile.

Les considérations qui précèdent les différentes démarches qui ont été celles du gouvernement de l'été 1954.

B. Contrairement à ce que vous supposez, lors de l'élection présidentielle de 1953, je ne crois pas que la question de la CED a joué un rôle important. Personnellement, elle n'a pas modifié mon comportement.

C. Il est exact que les gouvernements occidentaux, ceux d'Europe et également celui des États-Unis ont été déçus des différentes discussions qui ont eu lieu au mois d'août 1954, avant le vote du Parlement français J'ai eu l'occasion de rappeler un certain nombre de démarches et de prises de position de l'époque dans un livre publie, l'année dernière, chez Stock sous le titre *Choisir* auquel je me permets de vous renvoyer. J'appelle particulièrement votre attention a ce sujet sur les indications que j'ai eu l'occasion de donner à ce moment au sujet de l'attitude britannique.

D. Il est exact que le parti Radical a souffert de l'affaire de la CED puisqu'il a été profondément divisé. Cela a d'ailleurs été le cas de la plupart des grands partis français.

E. J'avoue que je suis un peu surpris des étapes que vous discernez dans l'attitude du gouvernement de 1954-1955 Je ne croîs pas que cette attitude puisse se caractériser comme vous le faites par une recherche systématique du compromis au moins au cours des premiers mois. Il me semble qu'en Indochine, en Tunisie dans mes rapports avec les jeunes, dans la lutte anti-alcoolique, dans les premiers textes de décentralisation et de régionalisation qui ont été pris, etc., ce ne sont pas des démarches de compromis mais, au contraire, des attitudes positives qui ont été prises et qui ont souvent entraîné de très vives et de très violentes réactions mais aussi des suites très utiles.

Par contre, il est exact que, pour certains et notamment pour les dirigeants du parti MRP, le vote du 30 août 1954 a fait de moi « l'homme du crime » comme vous le dites. Mais il me semble que, dans cette circonstance, le MRP a concentré sur l'affaire européenne à laquelle il était attaché, une hostilité très vive qui existait déjà auparavant et qui s'est manifestée par exemple dans le vote d'investiture du 17 juin 1954. L'Europe a fourni un bon prétexte pour donner un alibi respectable à une antipathie qui existait déjà antérieurement.

Vous employez, par ailleurs, le mot de liquidateur. Il est peut-être exact en ce sens que dans un certain nombre de problèmes, j'ai été appelé à tirer les conclusions de politiques fâcheuses faites antérieurement. Cela a été le cas en Indochine où j'ai tiré les conclusions cruelles d'une situation pratiquement désespérée. Cela a été vrai aussi dans beaucoup d'autres domaines Entre autres, cela a été vrai dans l'affaire de la CED qui vous intéresse particulièrement puisque les gouvernements qui avaient précédé le mien savaient tous sur la base de pointages auxquels ils avaient procède qu'il y avait à l'Assemblée nationale une majorité contre ; ils avaient préféré ajourner purement et simplement le débat et, comme a dit l'un d'eux « laisser le cadavre dans le placard » ; j'ai préféré en finir avec une affaire pénible et à tous égards paralysante. C'est peut-être ce que vous pouvez caractériser par ce mot de liquidateur.

Je suis heureux d'avoir pu vous donner quelques indications qui peuvent compléter votre information. Je dois toutefois préciser que la présente est destinée à votre usage personnel pour vous permettre de former définitivement vos appréciations et vos jugements. Mais elle n'est pas destinée à être citée, car j'ai comme principe, comme vous avez pu vous en rendre compte déjà, d'éviter d'intervenir dans certains débats périmés qui peuvent donner lieu à des polémiques tout à faire inutiles.

Veuillez croire, Cher Monsieur, à mes sentiments les meilleurs et les plus dévoués.

30 – Le vote de la question préalable, 30 août 1954

Débats à l'Assemblée nationale sur le projet de Communauté euro-péenne de défense (CED), 30 août 1954.

En août 1954, l'Assemblée nationale est enfin saisie du texte du traité de Paris, signé le 27 mai 1952. Le 26 mai 1952 ont été signés, à Bonn, les accords contractuels qui mettent fin à l'occupation de l'Allemagne occidentale. La RFA pouvait donc accepter en toute souveraineté la CED. Le traité de CED est accompagné de quatorze textes annexes et de six protocoles additionnels, paraphés en mars 1953. La Grande-Bretagne garantissait la CED (avril 1954) et la sécurité de la France était contre-assurée par un accord tripartite entre la France, les États-Unis et la Grande-Bretagne. L'échec de la ratification – une blessure pour les cédistes, une grande victoire pour les anticédistes – gèle toute organisation communautaire des Six puis des Douze en matière de politique étrangère et de défense jusqu'au traité de Maastricht, en 1992.

*

M. le président. Je vais donc appeler l'Assemblée à se prononcer sur la question préalable de M. Aumeran. J'avais été informé que M. Aumeran me demanderait de permettre à un autre orateur de défendre à sa place sa motion. J'ai répondu qu'en vertu de l'article 46 du règlement cela ne me paraissait pas possible. Mais j'ai reçu depuis la note suivante : « Je contresigne la question préalable de M. Aumeran. (Signé) Édouard Herriot ».

(À l'extrême gauche, sur de nombreux bancs à l'extrême droite et à gauche, et sur quelques bancs à droite, des députés se lèvent et applaudissent longuement. (*Exclamations au centre et à droite. — Bruit prolongé.*)

La parole est à M. Édouard Herriot, coauteur, avec M. Aumeran, de la question préalable.

M. Édouard Herriot. Mes chers collègues, je crois que je n'aurai pas de peine à vous démontrer que le traité de Communauté européenne de défense fait faire à l'Allemagne un bond vers sa souveraineté... (*Interruptions au centre.*)

M. Gaston Defferre. Elle le fait de toute façon !

M. Édouard Herriot... et, en même temps, il fait faire à la France un saut en arrière, en ce qui concerne sa propre indépendance, sa propre souveraineté. (*Mouvements divers.*)

Qu'il reste dans l'Europe même un grand nombre de pays souverains, comme ils l'étaient hier, qui le sont encore aujourd'hui, cela n'est pas douteux. C'est le cas de l'Angleterre – je n'y reviens pas – c'est le cas de pays comme les États-Unis, qui n'ont pas voulu s'engager, comme l'URSS, comme la Chine, la Suisse, la Norvège, l'Espagne, la Turquie, la Grèce, d'autres encore.

Je comprends très bien que, pour réaliser un progrès européen, c'est-à-dire un progrès humain, on demande à l'ensemble des nations de consentir un sacrifice. Ceux qui ont quelque habitude de l'histoire du droit savent que ce droit a évolué suivant les siècles.

Pour ma part je concevrais très bien. Je comprendrais très volontiers qu'à l'heure actuelle il soit jugé nécessaire de faire un nouvel effort. Mais. Attention ! à la condition que cet effort soit fait par l'ensemble des nations d'Europe et qu'il ne soit pas fait seulement par deux ou trois nations, dont la nôtre. (*Très bien ! très bien ! sur divers bancs à louche et à l'extrême droite.*)

En effet, si je relis le traité de communauté et le discours si noble, si sérieux qu'a prononcé hier M. le Président du Conseil, voici les conclusions auxquelles j'arrive.

Quelles sont pour la France les diminutions je souveraineté ? Pour ne citer que les principales. Les voici, je crois :

Premièrement, son armée est coupée en deux. Cela, personne ne peut le nier.

Deuxièmement, la durée du service militaire n'est pas fixée par le parlement national... (*Exclamations au centre.*)

Sur divers bancs au centre. C'est inexact !

M. Édouard Herriot. Troisièmement, le budget général des armées est arrêté par le conseil unanime puis réparti. Un quart des dépenses françaises est soustrait au contrôle du Parlement. (*Nouvelles interruptions au centre.*) Je crois que ce que je dis est exact ?

M. Maurice-René Simonnet. Cela n'est pas exact ! (*Exclamations à l'extrême gauche et sur les bancs à gauche et à l'extrême droite.*)

M. Édouard Herriot. Quatrièmement, les soldes seront fixées par la commission.

Cinquièmement, les généraux ne seront plus nommés par le Président de la République. (*Mouvements divers.*)

D'autre part, la mobilisation nous échappe en partie.

Je pose enfin une question : quand un peuple n'a plus la direction de son armée, a-t-il encore la direction de sa diplomatie ? Je réponds : Non, il ne l'a plus. Et – je vous livre cette réflexion – ceci est spécialement grave dans une époque comme la nôtre, où les questions diplomatiques ont un caractère si aigu. Car, si idéaliste qu'on soit, on ne peut pas ignorer que la force d'un pays est un élément d'action, sinon de solution dans tous les pays où la diplomatie est en jeu.

Voilà donc les restrictions de la France.

Et si l'on doutait de ces restrictions, si l'on voulait nier ce qu'elles ont pour notre pays d'humiliant d'abord, et de grave ensuite, je vous prie de vous reporter à l'article 20 du traité de Paris qui consacre tous ces renoncements, toutes ces restrictions puisqu'il dispose :

« Dans l'accomplissement de leurs devoirs, les membres du commissariat ne sollicitent ni n'acceptent d'instructions d'aucun gouvernement. Ils s'abstiennent de tout acte incompatible avec le caractère supranational de leurs fonctions. »

Voilà donc, des commissaires complètement coupés – le texte est très net – de toutes relations avec leur pays.

M. Fernand Bouxom. C'est ce qu'on appelle l'Europe.

M. Édouard Herriot. Eh bien ! Je dis que c'est un texte à la fois monstrueux et ridicule. (*Applaudissements à l'extrême gauche, à l'extrême droite, sur de nombreux bancs à gauche et sur quelques bancs à droite.*)

Quel Français de cœur accepterait ainsi de représenter son pays ? (*Applaudissements sur les mêmes bancs.*)

Cela est monstrueux et ridicule, parce que c'est accorder une prime à ceux qui ne seront pas loyaux. Nous pensons bien qu'au sein de la communauté atlantique, il se trouvera certains représentants qui, malgré tous les textes, comme ils l'ont dit dans le passé, placeront avant tout la défense de leur pays, la défense de leur patrie, peut-être même aux dépens du droit. (*Applaudissements sur divers bancs à gauche.*)

Voilà ce que je pense. Voilà ce que je soumets à votre réflexion.

S'il n'en était pas ainsi, si vraiment on ne pouvait pas espérer obtenir des hommes qu'ils renoncent à leur origine nationale – pour ma part, cela m'apparaît tellement monstrueux que je ne peux pas en accepter l'idée – alors que seraient ces commissaires ? Des êtres abstraits, des êtres surhumains ou des espèces de robots par lesquels nous serions commandés, gouvernés, dirigés. (*Mouvements divers au centre.*)

Je dis que cet article 20 est encore la consécration d'un abaissement de la France et, pour ma part, je ne l'accepte pas. […]

M. Christian Pineau. J'estime que M. le Président du Conseil, fort du vote de la motion qui a été déposée peut affronter une conférence internationale dans des conditions qui soient à la fois dignes de lui et dignes de notre pays.

Si j'insiste particulièrement pour que nous tentions encore une fois cette expérience, c'est parce que j'ai le sentiment profond qu'il y a eu, à Bruxelles, un certain nombre d'incompréhensions psychologiques sur lesquelles nous pouvons revenir. (*Interruptions à l'extrême gauche.*)

Comme M. le Président du Conseil l'a rappelé, le débat s'est engagé rapidement, dans une atmosphère mauvaise. Peut-être certains de nos partenaires, à la suite de nos débats comprendront-ils la nécessité de faire un nouvel effort de rapprochement. Eux aussi ont à sauver des valeurs qui sont identiques aux nôtres.

Nous insistons donc, monsieur le Président du Conseil, pour que vous repartiez là-bas. Nous insistons d'autant plus que nous ignorons encore aujourd'hui quelle pourrait être la nouvelle solution internationale envisagée si une rupture définitive avec nos engagements antérieurs était consommée.

Je vous avoue très franchement que je serais beaucoup plus libre, à cette tribune, si je savais déjà quelle politique de rechange vous pourrez nous proposer et surtout si je savais qu'il existe, dans ce Parlement, une majorité pour la voter (*Applaudissements sur plusieurs bancs à gauche et à droite et sur de nombreux bancs au centre.*) Mais je n'en sais rien et personne ne le sait. Cette incertitude, monsieur le président Herriot, constitue à elle seule aussi une aventure.

C'est la raison pour laquelle nous devons essayer de faire un ultime effort de conciliation en mandatant l'homme, qui à Bruxelles, a certainement mis tout son cœur et toute son intelligence à défendre les intérêts de la France.

Il serait plus fort qu'il ne l'était quand il est parti (*Applaudissements sur de nombreux bancs à gauche et au centre. – Exclamations à l'extrême gauche et à l'extrême droite*), car il aurait pour lui ce qu'il n'avait pas lorsqu'il s'est présenté devant nos partenaires : un vote du Parlement français. Je suis sûr que ce vote serait une indication précieuse pour nos alliés, ceux-ci se rendraient compte de ce qu'est vraiment la volonté de ta France.

Mes chers collègues, je vous en prie, ne créez pas l'irréparable.

M. Christian Pineau. [...] Je fais appel au cœur et à la raison de tous ici, je m'adresse aussi bien à ceux qui ne pensent pas comme moi qu'à ceux qui partagent mon opinion sur le tond. (*Applaudissements.*)

J'ai l'impression très nette que nous sommes arrivés à un si grave tournant de notre Histoire que notre devoir est de tenter un dernier effort pour sauver ce qui est pour nous essentiel, bien au-delà de la Communauté européenne de défense : l'amitié avec nos alliés, la solidarité atlantique et l'indépendance de la France. (*Vifs applaudissements prolongés sur plusieurs bancs à gauche et à droite et sur de nombreux bancs au centre.*)

M. le Président. Je consulte l'Assemblée sur la question préalable posée par MM. Aumeran et Herriot.

[...]

Voici, après vérification, le résultat du dépouillement du scrutin : Nombre de votants : 583, majorité absolue : 292.

Pour l'adoption : 319 ; contre : 264

En conséquence, le projet de loi est rejeté (*Vifs applaudissements à l'extrême droite, à l'extrême gauche et sur divers bancs à gauche et à droite. – Sur ces bancs, les députés se lèvent et chantent La Marseillaise. – MM. les membres du Gouvernement se lèvent.*)

Voix nombreuses au centre : À Moscou ! à Moscou !

Au centre, de nombreux députés quittent la salle des séances. – Mouvements divers. – Bruit ! À l'extrême gauche. À bas la Wehrmacht !

31 – « La bête est morte »

Michel Debré, Trois républiques pour une France, *tome 2, 1946-1958, Paris, Albin Michel, 1988, p. 216-221, extrait. Reproduit avec l'aimable autorisation des Éditions Albin Michel.*

Cet extrait des *Mémoires* de Michel Debré est particulièrement intéressant pour illustrer la bataille de la CED et la mobilisation des élites pour ou contre l'Armée européenne. La CED a été repoussée dans des conditions qui n'ont pas permis le débat sur le projet de traité à l'Assemblée le 30 août 1954. Sous le nom de Jacquier-Bruère, Michel Debré et Emmanuel Monick avaient pourtant rédigé en 1945 un ouvrage, *Demain la Paix. Esquisse d'un Ordre International*, Paris, Plon, dénonçant les nationalismes et acceptant la création de grands ensembles maritimes (en particulier le bassin atlantique !). Michel Debré, sous son nom, avait publié un autre ouvrage : *Projet de pacte pour une Union d'États européens*, Paris, Nagel, en 1947.

*

[…] juillet-août 1954 : parce qu'il entend ne pas faire ratifier le traité tel quel, le nouveau Président du Conseil Mendès France est accusé de tous les péchés du monde. Il est vrai qu'il n'est pas enthousiaste de la supranationalité et ne le sont pas davantage ses collaborateurs, Georges Boris, et son neveu, mon ami Olivier Wormser, Jean-Marie Soutou, son directeur de cabinet. Mais de là à les traiter comme des stipendiés de l'Union soviétique, quelle infamie !

Mendès France cherche à faire accepter par les formations politiques et par nos partenaires européens une solution médiane avant d'inviter l'Assemblée nationale à trancher le débat.

Dans le cours du mois de juillet, j'avais longuement rencontré le général Koenig, ministre de la Défense. Il était chargé par son Président du Conseil d'une mission de conciliation avec cet autre ami, également ministre mais lui partisan de la CED., Maurice Bourgès-Maunoury. Il apparaît vite que toute conciliation est impossible.

L'été, le pays en vacances ne ralentit pas la vigueur du combat. Alors que Pierre Brisson, dans *Le Figaro*, d'une plume ardente fustige sans arguments sérieux les adversaires du traité et se répand en propos hostiles au Général de Gaulle et à moi-même, d'autres voix se font entendre : les éditorialistes du *Monde* et de *Combat* grâce à la vigueur de leurs articles ou de certaines tribunes libres compensent l'appétit d'abaissement qui, à mon sens, saisit une part trop importante des milieux de la politique et de l'information. La tribune que j'écris sous le titre « La pluie des mensonges » provoque un éclat de fureur des partisans du traité. Fleurissent alors les propositions les plus diverses, par exemple : nouvelles négociations, appel à un référendum pour qu'on en finisse avec le débat, tables rondes pour obtenir un consentement de toutes les formations politiques.

Cependant, la date du débat approche. Les « cédistes » veulent paraître assurés du succès. Ils mésestiment le courant populaire qui ne leur est plus favorable.

L'évolution de l'opinion est accentuée par la prise de position de députés et de militants socialistes qui, tout au long de l'année 1954, font campagne contre la CED et contre l'accord que Guy Mollet entend apporter à la ratification. Je ne suis au courant que partiellement de la campagne menée par Robert Lacoste, Alain Savary, Pierre-Olivier Lapie et quelques autres. C'est un travail intérieur qui est mené discrètement, mais avec une efficacité qui sera finalement décisive.

Mon action est désormais de m'assurer du soutien de quelques personnalités dont on peut concevoir que l'influence peut être déterminante.

Je revois le Maréchal Juin. Lorsqu'il a fait un éclat au dîner des anciens de Saumur et qu'ayant déclaré « je ne redis pas la messe deux fois pour les sourds », il a été sanctionné par le gouvernement Laniel, je suis monté à la tribune du Conseil de la République prendre sa défense. Désormais, le Maréchal ne mâche pas ses mots. Il a l'assurance d'être soutenu par un corps d'officiers et de sous-officiers dont le refus de la CED est à la fois le refus de la dénationalisation de l'armée et la manifestation de l'hostilité à un régime suspect de laisser en Indochine nos divisions se battre sans soutien.

Avec Chaban-Delmas qui est alors ministre, nous décidons d'aller rendre visite à Édouard Herriot dont il me dit que l'intervention peut être décisive. Je traverse pour la première fois les salons de l'étage de l'hôtel de Lassay. Herriot est dans une petite pièce, ou les livres empilés, un mobilier disparate et un modeste éclairage donnent une impression de désordre familier. Herriot aime Chaban comme Herriot sait, dit-on, aimer. Pour ce qui me concerne, il a gardé, me semble-t-il, la mémoire de ce discours que j'avais prononcé devant le Congrès radical de 1951 lorsque à son instigation, les radicaux avaient décidé d'exclure les gaullistes de leurs rangs : un discours qu'il n'était pas facile de prononcer et dont il avait cassé la péroraison en m'offrant ostensiblement un verre d'eau sous le prétexte de soulager la fatigue de ma voix.

Ce soir-là, il est en robe de chambre, assis dans un large fauteuil. Chaban l'aborde le premier et tout à l'heure conclura. Sur le fond du débat, c'est moi qui parlerai, qui répondrai aux questions. Herriot écoute d'abord, puis parle. Son jugement est tout subjectif : « Je ne peux pas ; je ne veux pas, je n'accepte pas. » Il paraît non seulement convaincu, mais révolté, indigné « Toute ma vie j'ai tenu à l'indépendance de mon pays. » La voix est belle et profonde. L'entretien dure près d'une heure. Nous nous levons. « Embrassez-moi, Chaban, et vous aussi, Debré » Je suis surpris, non remué. Nous repartons, Chaban et moi, par les salons déserts, puis dans la nuit chaude de Paris. « Il ne s'est pas engagé formellement à intervenir », fis-je observer. « C'est pourquoi je le reverrai » me répondit Chaban. Il le revit, en effet, la veille du débat, alors qu'Édouard Herriot, repris par l'hésitation, se demandait s'il allait assister à la séance. C'est à Chaban-Delmas que l'on doit principalement l'intervention d'Édouard Herriot qui fut un élément du succès.

Fin juillet, un « Comité » pour la solution pacifique du problème allemand où abondent les personnalités de la politique et des lettres demande le rejet du traité. Une réunion, au début du mois se tient à l'abbaye de Royaumont, où les parlementaires hostiles au traité sont en majorité. Un appel est lancé pour une nouvelle négociation. Les supranationaux répliquent par un appel prétendument angoissé signé de quatorze grands noms, académiciens, universitaires. J'y lis deux noms qui me font peine – Georges Duhamel et le cardinal Saliège. Je regrette de ne pas leur avoir rendu visite. Paul Claudel se joint à eux et son adhésion aggrave mes remords. Cependant, sans perdre une minute, je rédige un appel en sens inverse. Avec l'aide d'Edmond Michelet et de Louis Terrenoire, nous réunissons en quelques jours autant de signatures et de personnalités de même qualité, sinon supérieures. Naturellement, mon père et mon beau-père – Robert Debré, Charles Lemaresquier, tous deux académiciens et hauts dignitaires de la Légion d'Honneur. Ce fut une joie d'obtenir en quelques heures, l'accord d'hommes comme Jacques Bardoux, Paul Bastid, Fancisque Gay, François Perroux, Louis Salleron. Le maître de forges Jean Raty met son nom à côté de Paul Rivet, directeur du musée de l'Homme, et deux vétérans républicains, Édouard Herriot et Louis Marin à côté du duc de Choiseul-Praslin, un bon résistant, et du marquis d'Argenson, contempteur de Vichy. Je rends visite au général Weygand que sert toujours avec dévouement le commandant Gasser. Le général Weygand n'hésite pas. N'hésite pas davantage Léon Noël qui, en signant, me dit : « Associer sur le même document la signature du général Weygand et celle du marquis d'Argenson, c'est un tour de force ! » Le noyau dur des supranationaux manifesta sa colère. Pensaient-ils vraiment que l'« élite » était unanime derrière eux ? Le même jour où *Le Monde* publie cette prise de position, le Général de Gaulle saisit l'occasion des fêtes de la Libération de Paris pour lancer une dernière fois un appel solennel : « Un sursaut venu des profondeurs va sauvegarder notre indépendance. »

Les adversaires du projet, désormais, parlent haut et fort et les partisans, malgré leur assurance, sont sur la défensive. « Il s'agit d'une idée française. » « Nos partenaires ont ratifié, nous ne pouvons infliger un désaveu à des gouvernements amis. » « Attention à la politique américaine : les États-Unis, si nous rejetons le traité, vont se détourner de l'Europe. » Et parfois : « Il n'y a pas de solution de rechange. » Pour terminer cette phrase dangereuse car elle permet toutes les abdications : « Vous verrez, à l'application, que la France peut défendre ses intérêts et maintenir sa personnalité. » Je m'efforce de répondre à toutes ces affirmations. Je suis aidé par l'entêtement des supranationaux et par leur absurde plaidoirie qui débouche sur la phrase de Poster Dulles, suggérée, dit-on, par Jean Monnet « sur les révisions déchirantes de la politique »... Pour qui, à Washington, prend-on les Français ? Dans le même temps, Mendès France s'oriente vers une modification préalable à tout débat et demande une réunion des signataires pour exposer la nécessité de nouveaux protocoles sérieux, c'est-à-dire répondant à toutes les angoisses que le projet a soulevées. [...]

L'inspiration des protocoles était bonne. Elle ne pouvait suffire à enlever la nocivité du traité. C'est bien ce que sentent le général Koenig, Jacques Chaban-Delmas et Maurice Lemaire, qui démissionnent. Je leur téléphone à tous trois pour les féliciter et les remercier. Chaban est particulièrement satisfait de la décision qu'il a prise.

Brièvement renseigné par Alexandre Parodi qui croit à la valeur des protocoles demandés par Mendès France et tente de m'en convaincre, j'en sais suffisamment pour craindre une solution de compromis. C'est donc avec une profonde appréhension que je vois s'ouvrir la conférence de Bruxelles.

Deux articles m'attristent : celui d'André Siegfried et celui que signe Pierre Brisson. Un autre me scandalise : celui de Robert Schuman. À propos du plan Charbon-Acier, André Siegfried avait déjà écrit : « Son rejet, il ne faut pas s'y tromper, eût signifié le retrait d'une Amérique désormais découragée et sans illusion sur la possibilité de faire une Europe pour les Européens. » À l'occasion d'une rencontre, qui devait être la dernière, je lui avais alors fait observer qu'il confondait le fond – l'augmentation de la production allemande du charbon et de l'acier – avec la forme ; la mise en place d'une institution supranationale ! que les Américains étaient intéressés par le fond – et quant à la forme, qui pouvait en être séparée, elle était une des hypothèses, et à mon sens, ni la plus sûre pour l'Europe, ni la meilleure pour la France... ! Je ne me souviens plus de sa réponse, mais je l'avais trouvée sommaire. Et voilà que ce grand nom récidivait à propos d'un texte détestable ! Siegfried avait-il lu le traité ? Je ne le pense pas. Une fois de plus, Pierre Brisson prend parti. Une fois de plus, je le regrette. Quant à Robert Schuman, ancien Président du Conseil, sa confiance est usurpée et il met sa signature au bas d'un article qui fait ouvertement appel aux gouvernements étrangers pour les inciter à ne pas donner satisfaction au gouvernement de son pays.

Je ne connaîtrai les péripéties de la conférence de Bruxelles que lorsqu'elle sera terminée. Le doux Parodi était ulcéré. Tel qu'il m'en fit un bref récit quelques jours plus tard, le comportement des Belges et des Hollandais, notamment de Spaak et de son homologue Beyen, la froideur du Chancelier allemand et d'une manière générale, la violence des propos tenus à l'égard de la France par tous ces personnages que notre accès d'indépendance rendait furieux étaient une éclatante justification de mes pensées et de mes propos. C'est la France qui était accusée : à partir du moment où la France ne s'abandonne pas complètement, elle est piétinée. Quand j'appris l'indécent comportement de l'ambassadeur américain, présent dans la salle à côté, faisant passer au nom de son Secrétaire d'État des notes comminatoires, ma colère ne connut plus de bornes. Voilà où nous en étions arrivés par la faute de gouvernements impuissants et de fonctionnaires dévoyés !

Mendès France revient les mains vides et ulcéré lui aussi.

Interférence des angoisses nationales et des préoccupations locales !

C'est à Amboise que le lendemain, je reçois l'annonce de l'échec.

32 – Investiture du président Guy Mollet
(31 janvier 1956)

Extrait de la déclaration d'investiture. Sources : Guy Mollet, textes choisis, Le socialiste et le républicain, *Paris, Bruno Leprince éditeur, 1995, notes établies par Denis Lefebvre, p. 107-110. Reproduit avec l'autorisation du Centre Guy Mollet, Paris.*

Dans sa déclaration d'investiture, Guy Mollet (SFIO), président du Conseil désigné par le président de la République, René Coty, expose à l'Assemblée nationale son programme. Il obtient l'investiture par 420 voix contre 71, le 5 février 1956. Les affaires européennes apparaissent dans la partie consacrée à la politique internationale. Même si le problème algérien domine l'actualité du gouvernement, l'appel à l'unité européenne occupe 3 pages sur 21, ce qui n'est pas rien. Plus que le marché commun, c'est l'Europe atomique à des fins civiles qui mobilise l'attention. Guy Mollet réalisera une partie du programme annoncé en matière d'Europe atomique. Surtout, il est l'auteur, pour la France, du succès de la signature des traités de Rome du 25 mars 1957. Mais on perçoit dans ce texte les échos de la querelle de la CED dont le souvenir hante encore l'Assemblée. Cette déclaration a été préparée par Émile Noël, chef de cabinet de Guy Mollet.

*

[...]
La construction européenne
Troisième objectif, la construction européenne. C'est avec sérénité et sans préjugé que le gouvernement abordera ce problème soucieux seulement de rechercher chaque fois les solutions pratiques les plus efficaces.

Le gouvernement donnera son plein appui aux travaux entrepris par le comité intergouvernemental de Bruxelles pour mettre en œuvre la résolution de la conférence de Messine.

Deux plans, vous le savez, dominent les études de ce comité. Ils concernent l'énergie atomique et le marché commun général.

Établir le marché commun général en Europe est une œuvre de longue haleine. Le gouvernement est décidé à la faire aboutir dans des conditions qui assurent les transitions et les adaptations nécessaires et qui évitent que la concurrence soit faussée par les disparités dans les régimes d'impôts et de sécurité sociale. Bien entendu, les mesures devront être prises pour mettre les travailleurs à l'abri de tout risque qui résulterait de l'ouverture des frontières.

Pour l'énergie atomique, l'action peut et doit être plus rapide. Le gouvernement entend obtenir avant l'été la conclusion d'un traité instituant Euratom.

Ensemble, les pays d'Europe peuvent développer eux-mêmes leur industrie atomique et se mettre au niveau des deux grandes puissances. Séparément, ils ne rattraperont jamais leur retard.

Une option préalable est à faire. Faut-il créer une industrie nucléaire européenne pour permettre la fabrication de bombes atomiques, fabrication qui serait pratiquement irréalisable sur le plan national dans chacun des pays en cause ? Ma réponse sera claire : non !

Ce que nous voulons, entreprise déjà considérable, c'est doter l'Europe d'un potentiel énergétique équivalent à celui des grandes puissances du monde, et cela à des fins exclusivement civiles.

L'organisation européenne de l'énergie atomique aura donc un double objectif.

D'une part, faciliter le développement de l'industrie nucléaire par la mise en commun des connaissances, l'établissement d'un marché commun des matières et des équipements spéciaux et la création de services et établissements communs.

D'autre part, établir le système de contrôle qui garantira rigoureusement le caractère pacifique des activités nucléaires européennes. Quiconque possède le combustible nucléaire est à même de fabriquer la bombe atomique. En conséquence, le gouvernement demandera qu'Euratom ait la propriété exclusive de tous les combustibles nucléaires et la conserve à travers leurs transformations.

Une question se pose : quels pays se joindront à nous dans cette organisation ? Tous ceux qui se déclareront d'accord sur les principes que je viens d'exposer, sans qu'il soit question d'une quelconque limitation géographique.

Le gouvernement ne ménagera pas ses efforts pour que ces pays soient le plus nombreux possible. Nul, sans doute, n'est plus attaché que moi à l'élargissement des organismes européens. Un tel souci ne doit pas vous surprendre de la part du président de l'Assemblée consultative du Conseil de l'Europe.

Je souhaite tout spécialement la présence de la Grande-Bretagne, dont l'apport serait d'une exceptionnelle importance. Mais si celle-ci, en raison d'autres préoccupations, ne pouvait accepter de devenir membre plein, nous rechercherions des formes d'associations qui devraient être beaucoup plus étroites que celles qui ont été réalisées jusqu'à présent dans d'autres domaines.

Je voudrais, maintenant, faire justice d'insinuations qui ont un peu trop circulé ces derniers jours.

Pour certains, l'organisation atomique ne serait qu'une tentative de reprendre des projets qui furent repoussés par la précédente Assemblée ou, mieux encore, une occasion de revanche de ceux qui furent alors battus. Mon cabinet serait européen, vice inexpiable, comme chacun sait. Qu'est-ce à dire ?

Veut-on, aujourd'hui, ressusciter d'anciennes querelles ? C'est un appel grave que je voudrais lancer au début de cette législature, avec toute ma sincérité, avec toute la force de conviction dont je suis capable.

Je sais que l'immense majorité de cette Assemblée est sincèrement attachée à l'idée européenne, fût-ce sous des formes différentes.

Je dis qu'elle est factice la division qu'on veut perpétuer entre ceux qui, un jour, se prononcèrent pour et ceux qui votèrent contre un certain projet de Communauté européenne de défense, en appelant « européens » les uns et « anti-européens » les autres. C'est trop facile.

Il en est qui ont voté la communauté européenne de défense sans que l'Europe fût leur préoccupation. Il en est d'autres qui ont voté contre parce qu'ils étaient sincèrement convaincus, et je suis à l'aise pour le dire, n'étant pas de ceux-là, qu'elle nuirait à la construction européenne.

Allons-nous les uns et les autres nous comporter comme si l'action internationale de la France s'était arrêtée ce jour-là ? Serions-nous vraiment incapables de faire ce qu'on a fait dans d'autres pays – je pense à mes amis sociaux-démocrates allemands – c'est-à-dire de surmonter les divergences passées pour nous consacrer à l'avenir ?

Au-delà du débat d'aujourd'hui, je conjure solennellement l'Assemblée de ne plus faire de l'idée européenne un sujet de mésentente, mais d'en faire au contraire un grand trait d'union.

[...]

33 – Préserver la capacité atomique militaire française

Lettre de Claude Cheysson à Pierre Mendès France, 13 avril 1956.
Source : Archives de Pierre Mendès France. Reproduite avec l'autorisation de l'Institut Pierre Mendès France, Paris.

La lettre de Claude Cheysson, alors en poste à l'Administration centrale du Quai d'Orsay, ancien chef-adjoint du cabinet du ministre des Affaires étrangères en 1954 (Pierre Mendès France lui-même) est adressée à l'ancien président du Conseil, d'où l'intitulé « Monsieur le Président ». L'intérêt de cette lettre réside dans la révélation qu'il existait un groupe de fonctionnaires décidés à faire pression sur Guy Mollet par l'intermédiaire de P. Mendès France, ministre d'État dans le gouvernement de Front républicain jusqu'en mai 1956, pour préserver la possibilité de bâtir une force nucléaire indépendante et donc pour limiter les ambitions d'Euratom. La date indiquée sur la lettre manuscrite, signée par Claude Cheysson, est le 13 avril. Il s'agit de l'année 1956, puisque Mendès France est encore membre du comité interministériel en charge des dossiers européens.

*

Ministère des Affaires étrangères   le 13 avril
Secrétariat d'État Affaires marocaines et tunisiennes
Cabinet

Monsieur le Président,
Chauvel m'a fait parvenir la note que vous trouverez ci-joint, en me priant de vous la communiquer[26]. Depuis que les premières informations sur l'Euratom ont paru, nous nous sommes préoccupés à Londres de mettre en garde contre le danger de l'interdiction absolue des travaux et recherches dans le domaine militaire ; je vous en avais entretenu dans une lettre.
M. Massigli et quelques autres personnes avaient alors eu l'idée de réserver la possibilité de revenir sur cette interdiction, au bout de 3 ans par exemple, si les conversations générales relatives au désarmement n'avaient pas progressé. L'objet de la note de Tiné[27] que je vous transmets est de démontrer que, même si les négociations progressaient dans le domaine du désarmement, elles ne sauraient limiter, avant de nombreuses années, la liberté d'action des Trois Grands. Il convient donc que nous ne limitions pas la nôtre dans le cadre d'une quelconque organisation européenne.

---

[26] Jean Chauvel est ambassadeur de la République française à Londres depuis février 1956.
[27] Jacques Tiné est conseiller des affaires étrangères de 1ère classe, conseiller de 1950 à 1965 auprès de la mission permanente de la France à l'ONU, puis Premier Conseiller à Londres en mars 1956, ce qui explique que sa note vienne de Londres avec la bénédiction de Jean Chauvel, Ambassadeur de France à Londres.

Si vous le désirez, Tiné serait heureux de vous exposer plus longuement le problème, à l'occasion d'un passage à Paris. Je sais d'ailleurs qu'il souhaite depuis longtemps avoir l'occasion de reprendre contact avec vous. Vous l'aviez convoqué de New York à Washington l'an dernier pour parler de l'arme atomique. Je le tiens pour un des garçons les plus doués et les plus énergiques de la maison. En fait, et comme tant d'autres, il souhaiterait vous voir pour recevoir de vous des conseils, des directives.

Sur ce dernier point, vous savez combien je partage son sentiment. Nous sommes nombreux à souffrir de l'évolution actuelle et à souhaiter qu'un homme comme vous nous guide.

Veuillez recevoir, Monsieur le Président, les assurances de mes sentiments respectueux et dévoués.

C. Cheysson

PS. Chauvel n'attend pas de réponse ; il sait que vous appartenez au comité interministériel qui étudie le projet Euratom et a voulu apporter cette note à votre documentation. En revanche, à son prochain séjour, il demandera à nouveau si vous pouvez le recevoir quelques instants.

34 – Projet de marché commun européen (avril 1956)

Note de Jean Sadrin, directeur des Finances extérieures, pour le président, 28 avril 1956, ministère des Affaires économiques et financières, direction des Finances extérieures, 1ᵉʳ bureau, n° 187 cd, 28 avril 1956, objet : projet de marché commun européen. 6 pages dactylographiées, signature autographe de Sadrin et post-scriptum de sa main. Le tableau de la balance des paiements n'était pas joint au document. Source : fonds Paul Ramadier, 52 J 114. Reproduit avec l'autorisation des Archives départementales de l'Aveyron (Rodez).

Le document est destiné à Paul Ramadier (SFIO), ancien président du Conseil en 1947 et nouveau ministre des Affaires financières et économiques du Gouvernement de Guy Mollet. Jean Sadrin est directeur des Finances extérieures au ministère des Finances de 1954 à 1961. Ramadier est nommé par son titre protocolaire de président puisqu'il est ancien président du Conseil. Le document fait apparaître les difficultés concrètes que rencontre l'économie française à s'insérer dans un marché commun, mais aussi l'intérêt du nouveau gouvernement Mollet pour le rapport Spaak, élaboré sur mandat des six pays de la CECA à Messine en juin 1955. Il manifeste le désir d'y répondre dans des délais tellement brefs que les services protestent. Il s'agit, en effet, de préparer la conférence de Venise (fin mai 1956) des six pays de la CECA, conférence qui ouvrira des négociations sur les traités de marché commun et d'Euratom.

*

JML/AC

Ministère des Affaires économiques et financières

Direction des Finances extérieures

Paris le 28 AVR 1956

1ᵉʳ bureau

n° 187 cd

Note pour le Président

Objet : Projet de marché commun européen

Comme me l'a demandé le Président, j'ai l'honneur de lui soumettre les premières réflexions suivantes sur la partie du rapport du Comité Intergouvernemental créé par la Conférence de Messine, consacrée à la création d'un marché commun européen. Ces réflexions concernent le problème dans son ensemble : toutefois, je précise que ce dernier intéresse également d'autres services du département et, au premier chef la Direction des Relations économiques extérieures. Le rapport plus détaillé que je soumettrai prochainement au Président traitera plus spécialement de son aspect monétaire et financier, étant entendu que la Direction des Relations économiques extérieures établira de son côté, un rapport complet au sujet de son aspect économique et commercial.

Remarque préliminaire :

Il serait vain de dissimuler l'ampleur et le caractère révolutionnaire du projet :

1) Le plan proposé consiste à fusionner intégralement l'économie des six pays : grâce à l'abolition de tout droit de douane entre les six pays, et à l'abolition de tout obstacle à la libre circulation, entre les six pays, des biens, des services, de la main-d'œuvre et des capitaux.

2) L'intégration économique des six pays ne serait réalisée que par étapes, mais le mouvement serait irréversible, et les six pays prendraient l'engagement de le réaliser dans un délai de 12 ans au minimum, et de 15 ans au maximum. La formule qui consisterait à tenter, à titre d'expérience, une première réduction des droits de douane et des autres obstacles aux échanges échelonnés sur quelques années et à reconsidérer, à l'issue de cette première étape, l'opportunité d'une ou de plusieurs étapes ultérieures, est formellement exclue.

3) Le projet se borne, volontairement, à énumérer les mesures et les institutions qu'il est, au minimum, indispensable de prendre ou d'établir pour aboutir à l'intégration économique désirée. Mais il est clair et, sur certains points au moins, le rapport ne le dissimule pas que cette intégration devra s'étendre en cours de réalisation (ou à l'issue de la réalisation) du marché commun à la plupart des domaines économiques et sociaux de l'activité gouvernementale : politique fiscale, politique monétaire, politique du crédit, politique commerciale à l'égard des pays tiers, politique sociale. Il est très probable, par conséquent, que sa réalisation soulèvera, à plus ou moins brève échéance, le problème de la création d'une organisation politique commune aux six pays (Parlement et Gouvernement fédéraux européens).

4) Du point de vue économique, les bienfaits qui résulteraient, pour la communauté des populations des six pays, de la réalisation du projet sont incontestables. L'ampleur des reconversions et des adaptations, auxquelles devraient se plier les Gouvernements et les Administrations de chaque pays, les entreprises (industrielles et agricoles), la main-d'œuvre, les régions ne l'est pas moins.

Données chiffrées

Le commerce de la France avec les cinq autres pays a été le suivant en 1954[28] : en millions de $

	Importations	Exportations	Solde
Allemagne :	359	395	+ 36
Italie :	96	186	+ 90
Pays-Bas :	129	165	+ 36
UEB :	255	277	+ 22
Total :	839	1023	+184
Monde :	3264	3028	-236

---

[28] France + Sarre.

Réflexions diverses

1°) Répercussions de l'établissement du marché commun sur la balance commerciale et la balance des Paiements françaises.

Il est évidemment très difficile d'apprécier les répercussions que la réalisation du marché commun aurait sur l'économie française. Certains thèmes de réflexion viennent néanmoins à l'esprit.

a) Commerce avec les pays membres

Les données chiffrées qui précédent semblent indiquer que nous ne sommes pas mal placés. Mais elles doivent être corrigées par deux considérations :

– Ce sont les résultats d'une année où notre économie était beaucoup plus protégée que celle de nos cinq partenaires (libération des échanges très réduite, droits de douanes plus élevés).

– Ils englobent les surcroîts de recettes et les diminutions de dépenses que nous procurait la Sarre et qui avaient une incidence particulièrement forte en ce qui concerne notre balance avec l'Allemagne.

b) Commerce avec le reste du monde

Notre commerce avec le reste du monde serait sans doute affecté de façon défavorable par l'établissement du marché commun. Le plan suggère en effet que les six pays constituent, vis-à-vis du monde extérieur une union douanière, c'est-à-dire adoptent à l'égard du monde extérieur un tarif douanier unique, qui ne serait pas supérieur à la moyenne des tarifs douaniers actuels des six pays membres. Comme notre tarif actuel est le plus élevé de ceux des six pays, l'établissement du marché commun se traduirait non seulement par une abolition de notre protection douanière à l'égard des pays de la communauté, mais par une réduction de notre protection douanière à l'égard du monde extérieur à la communauté.

2°) Problèmes de l'Union française

L'établissement du marché commun soulèverait deux séries de problèmes :

a) L'union douanière que nous nous efforçons d'étendre ou de maintenir avec les pays de l'Union française devrait s'élargir pour se fusionner avec le marché commun. Nos partenaires sont-ils disposés à en accepter toutes les conséquences (protection étendue à toutes les frontières du marché commun des produits coloniaux : ex. café, cacao, coton, bois…) ? Sommes-nous disposés à donner entièrement l'accès de l'Union française à la production de nos cinq partenaires ?

b) Les charges que nous assumons pour le développement économique de l'Union française constitueraient pour l'économie métropolitaine française un lourd handicap par rapport à l'économie de nos cinq partenaires. Ceux-ci accepteraient-ils que nous les compensions par un moyen ou par un autre ou accepteraient-ils de les partager ?

Ces problèmes sont évidemment d'ordre politique autant qu'économique.

3°) Problèmes monétaires

a) Monnaie unique

Le plan ne prévoit pas l'établissement d'une monnaie et d'une politique de crédits uniques. Mais il est permis de penser qu'il y conduirait à plus ou moins longue échéance :

– Une très grande liberté devrait être donnée aux mouvements de capitaux à l'intérieur du marché commun, afin que le financement des investissements puisse intervenir dans des conditions comparables pour toutes les entreprises ; ceci suppose que les monnaies des six pays soient très largement interchangeables ; si ces monnaies continuaient à être gérées de façon indépendante des mouvements spéculatifs d'une très grande ampleur pourraient se produire.

– Les mouvements de capitaux ne devraient pas être faussés non plus par l'existence de politiques de crédit divergentes.

– Les entreprises des six pays devraient pouvoir se procurer leurs moyens de financement dans des conditions identiques (mêmes taux, mêmes conditions d'octroi).

– En outre, les pays membres devraient être en mesure, au cas où ils éprouveraient de graves difficultés de balance des paiements, de recevoir une aide extérieure en devises suffisante ; il est permis de se demander si les mécanismes d'aide existants seraient suffisants (aide américaine, Fonds Monétaire International, Union européenne des Paiements) : une aide des autres pays de la communauté devrait être prévue, qui supposerait, en quelque sorte, une mise en commun des réserves nationales en or et en devises.

b) Problème du taux de change

En attendant la création d'une monnaie unique, les taux de change des six monnaies devraient être rendus cohérents. Le rapport aborde ce problème à la p. 63. Il distingue les distorsions de prix générales et les distorsions spécifiques : les premières sont celles qui se traduisent, quelles que soient leurs causes (charges budgétaires ou sociale globales plus importantes dans un pays que dans un autre, taux de change artificiels...), par des prix nationaux supérieurs ou inférieurs aux prix étrangers pour tous les produits ; les secondes sont celles qui se traduisent, pour certaines industries seulement, par des prix nationaux supérieurs ou inférieurs aux prix étrangers. Les distorsions générales doivent, selon le rapport, être corrigées par une modification des taux de changes. Les distorsions spécifiques doivent être corrigées par des mesures compensatoires ou éliminées grâce à l'unification des législations fiscales, salariales ou sociales qui en sont la cause. Si le marché commun devait être entrepris dans un avenir assez proche, il est certain que la France aurait une « distorsion générale » à corriger et qu'elle devrait procéder à une dévaluation de sa monnaie.

4°) Problème agricole

Le rapport reconnaît le caractère particulier de l'action à entreprendre en vue de réaliser le marché commun pour les produits agricoles. Cette action ne consiste pas seulement dans une abolition des obstacles aux échanges à l'intérieur de la communauté, mais dans l'exercice d'une politique unique de soutien des prix agricoles (monopole d'importation unique pour les produits venant du monde extérieur, organismes de stockage et mécanismes de garantie de prix uniques). L'exercice de cette politique unique de soutien des prix agricoles pose, d'une façon particulièrement aiguë, le problème des institutions politiques de la Communauté européenne.

Est-il besoin, par exemple, de souligner l'importance du problème politique institutionnel que soulèverait la fixation par une autorité européenne, du prix du blé ?

5°) Le problème des institutions politiques

Les responsabilités des organes chargés de gérer le marché commun sont évidemment considérables. Le rapport s'en tient, en ce qui concerne les organes institutionnels, à des conceptions assez peu différentes de celles prévues par le traité de la CECA : les pouvoirs de l'Assemblée commune seraient, semble-t-il, toutefois quelque peu renforcés. À première vue, il semble que les critiques faites au sujet du caractère exagérément « technocratique » des institutions de la CECA prendraient, si ces institutions étaient adoptées pour le marché commun, une portée considérable.

Ainsi que je l'ai expliqué au début de la présente note, je me réserve de fournir d'ici peu au Président un rapport détaillé sur les différents problèmes monétaires et financiers soulevés par l'établissement du marché commun. Parmi ces problèmes, figureront en particulier ceux qui sont liés à l'établissement d'un Fonds d'Investissement et d'un Fonds de Réadaptation et qu'il ne m'a pas été possible, faute de temps, d'aborder dès maintenant.

J'estime qu'il y a lieu de préciser dès à présent au Président que, tant en ce qui concerne la question du Fonds de Réadaptation qu'en ce qui concerne d'autres problèmes, le rapport de Bruxelles fait preuve d'un désir évident de donner certaines satisfactions aux thèses défendues par les experts français qui ont contribué aux travaux consécutifs à la Conférence de messine. Je citerai à cet égard les exemples suivants :

– durée de la période transitoire : le rapport a choisi une période longue (12 à 15 ans) et non la période plus courte demandée par les experts des cinq autres pays (10 ans),

– harmonisation des charges sociales : les experts français ont toujours demandé que l'harmonisation de certaines législations sociales aille de pair (en particulier : égalité des salaires masculins et féminins, durée légale du travail, congés payés) avec l'établissement du marché commun ; ce principe paraît être admis par le rapport,

– existence d'un Fonds de réadaptation destiné à apporter une aide aux entreprises et à la main-d'œuvre atteintes par l'établissement du marché commun : les experts allemands étaient très opposés à la création de ce Fonds dont ils entendaient réduire considérablement la portée ; les experts français s'étaient au contraire efforcés de plaider en faveur d'un Fonds doté de moyens d'intervention étendus ; le rapport paraît sur ce point, être beaucoup plus proche des thèses françaises que des thèses allemandes.

Cette remarque finale me paraît avoir une assez grande importance. Au cours des travaux de Bruxelles, les experts belges, hollandais, allemands, et italiens paraissaient avoir reçu de leurs Gouvernements instruction de se montrer très favorables à l'établissement d'un marché commun. Les experts français avaient reçu du Gouvernement français des instructions qui ne leur permettaient pas de faire de semblables déclarations et ils faisaient, en comparaison avec leurs collègues, figure d'opposants ou de réticents. Le rapport final de Bruxelles, qui est l'œuvre d'une équipe restreinte composée par M. Spaak et ne comprenant à ma connaissance, d'autre Français qu'un fonctionnaire de la CECA (M. Uri), a visiblement été rédigé avec l'intention de donner, sur les points où les experts français avaient pris le plus nettement position, la plus large satisfaction possible à ces derniers.

Le Directeur des Finances extérieures

Je joins à la présente note un tableau de la balance des paiements avec nos partenaires du marché commun. J'insiste sur le fait que nos règlements commerciaux avec ces pays représentent par rapport à notre commerce avec l'Europe (UEP) 50 % à l'exportation, 40 % à l'importation ; par rapport à notre commerce avec le monde : 33 % à l'exportation, 25 % à l'importation c'est dire que toute perturbation grave dans nos relations commerciales avec ces cinq pays a une importance capitale sur l'équilibre général de notre balance, d'autant que nous sommes traditionnellement débiteurs sur la zone sterling et sur la zone dollar.

35 – La négociation du traité de Rome, les obstacles présentés par l'administration française

Extrait de l'ouvrage de Robert Marjolin, Le travail d'une vie, Mémoires 1911-1986, *Paris, Robert Laffont, 1986, p. 283-286. Reproduit avec l'autorisation des éditions Robert Laffont, Nil, Julliard et Seghers.*

Robert Marjolin pointe les obstacles opposés par les administrations françaises aux traités de marché commun et d'Euratom. Ces administrations reflétaient les pressions qu'elles subissaient des groupes de pression. La France se développait sous protectionnisme transitoire, ce que la négociation remettait en cause. Néanmoins, il ne faut pas oublier que le gouvernement de Guy Mollet a eu le courage de signer les traités de Rome. Sans doute avait-il compris, dans ce dossier, l'intérêt de l'unité européenne dans un monde particulièrement instable (décolonisation et rapport Est-Ouest délicats). Robert Marjolin a participé directement à la négociation de Bruxelles, recevant ses directives de Maurice Faure, secrétaire d'État aux Affaires étrangères, chargé des questions européennes. Marjolin devient, en 1958, vice-président de la première Commission économique européenne (Commission Hallstein).

*

[…] C'est d'abord contre l'administration française que la bataille devait être gagnée. Son point de vue était entièrement négatif. Le lendemain du dépôt du rapport Spaak, le 24 avril 1956, se tint à Paris une réunion qui rassemblait, autour d'Alexandre Verret, chargé de mission auprès du président du Conseil, les représentants de toute la haute administration économique française (Affaires économiques et financières, Industrie et Commerce, Agriculture, Transports, Affaires sociales, Travail, France d'Outre-Mer, etc.). C'est à cette réunion que j'eus pour la première fois dans ce milieu administratif, l'occasion d'exprimer mon attitude à l'égard du projet de Communauté économique européenne. Cet avis était positif, quoique prudent. Je soulignai que le rapport Spaak pourrait être pris comme base de discussion, mais qu'il faudrait ici ou là lui apporter quelques modifications. L'accueil fut glacial. À la demande de Verret, tous les fonctionnaires présents s'exprimèrent successivement. Tous étaient contre à l'exception de Bernard Clappier, ancien directeur de cabinet de Robert Schuman, présentement directeur des Relations économiques extérieures, qui prit la même position que moi.

Le procès-verbal de la réunion, qui en résumait les conclusions, reflète admirablement l'attitude négative de la quasi-totalité des participants. La réunion, dit-il, a abouti aux constatations suivantes : du côté français, aucun des ministères techniques intéressés n'a été associé à la phase d'étude préparatoire ; le texte diffusé a soulevé des critiques importantes de la part de tous les départements ministériels ; des études préalables nouvelles, probablement longues, seraient souhaitables avant d'aborder la négociation.[29]

La réunion décida qu'un mémorandum serait rédigé à l'intention de nos partenaires, qui définirait des principes nouveaux. « Il se dégage déjà, dit le procèsverbal, l'idée que ces principes devraient être, sur de nombreux points, différents de ceux qui sont à la base du rapport Spaak, et même qu'ils lui seraient opposés. »

Une conclusion importante se dégageait cependant, de cette longue discussion en apparence stérile : l'administration était obligée de reconnaître que l'objectif final de la politique gouvernementale était la création du marché commun, comme Guy Mollet l'avait déclaré quelques mois plus tôt dans sa déclaration d'investiture. Il était indiqué prudemment que le rapport Spaak pourrait être utilisé comme document de travail.

Dans le courant du mois de mai, un « Mémorandum du Gouvernement français » sur l'établissement d'un marché commun fut rédigé et remis à nos partenaires. L'idée centrale de ce texte était que la France ne pouvait pas aborder la concurrence à armes égales. Les charges sociales que supportait son industrie étaient plus lourdes que dans les autres pays européens. Avant d'abaisser, et éventuellement de faire disparaître, les barrières douanières, il était donc nécessaire d'égaliser les conditions de concurrence. Cette égalisation évidemment ne pouvait avoir lieu que par le haut ; il appartenait ainsi à nos partenaires de prendre des mesures qui alourdiraient leurs prix de revient. À quoi il faut ajouter que, dans l'esprit de beaucoup de fonctionnaires, l'égalisation des charges sociales n'était qu'un début ; suivrait l'égalisation des salaires et des autres coûts de production.

Après avoir chanté les bienfaits de la concurrence, le mémorandum français ajoutait :

« Il est essentiel toutefois que cette concurrence ne soit pas faussée par l'ensemble des disparités qui affectent l'égalité des conditions de production. Ainsi l'harmonisation des législations nationales doit-elle être poursuivie concurremment avec la réduction des protections douanières. À cet égard... l'harmonisation des législations sociales revêt une importance particulière. En effet, non seulement les charges salariales et sociales ont une incidence déterminante sur les prix de revient, mais l'extension à tous les pays participants des mesures de progrès social introduites par certains d'entre eux rendra également plus apparent, aux yeux des travailleurs, le lien qui doit exister entre l'instauration du marché commun et le relèvement des niveaux de vie. »

Puis apparaît l'idée d'une planification européenne :

« Une politique d'expansion... implique des investissements qui, dans les industries de base, dans l'industrie chimique, dans de nombreuses branches des industries de transformation, reposent sur une conception précise des objectifs qui doivent être assignés à la production sur une période de plusieurs années. La convergence des diverses politiques économiques nationales ne peut donc être assurée qu'en rapprochant et harmonisant les objectifs nationaux de production. »

---

[29] Le texte intitulé « Les hauts fonctionnaires du Secrétariat d'État aux Affaires économiques et le projet de marché commun » donne une idée de la position restrictive ou hostile des services.

La création d'un marché commun ne peut se concevoir sans l'agriculture ; les conditions particulières dans lesquelles celle-ci opère exigent une intervention publique dans ce domaine.

« La réduction des obstacles aux échanges de produits agricoles doit s'accompagner d'un rapprochement progressif des réglementations établies dans chacun des pays, par la mise en place d'une organisation commune plus efficace et moins onéreuse. »

Les responsabilités de la France dans les pays ou territoires d'Outre-Mer entraînent pour elle des charges particulières.

« Des accords particuliers devraient donc intervenir afin d'assurer la participation des pays constituant le marché commun au financement de ces charges, moyennant l'élargissement, à leur profit, des débouchés d'Outre-Mer, compte tenu de la nature des liens politiques qui unissent les pays d'Outre-Mer à la France métropolitaine. »

La France prenait position dans ce mémorandum en faveur d'une période expérimentale de quatre ans, après laquelle on déciderait si le jeu en valait la chandelle. Au cours de cette période, l'on procéderait à une première réduction des droits de douane et des restrictions quantitatives, en même temps que l'on adopterait une série de mesures tendant à l'harmonisation des conditions de production et en particulier des législations sociales, ainsi qu'à l'amorce d'une politique économique commune. Au terme de la phase expérimentale, de nouveaux accords intergouvernementaux détermineraient les modalités des étapes ultérieures.

L'élimination des disparités générales de prix par l'ajustement des taux de change était rejetée, car :

« l'abaissement du taux de change signifie une réduction du niveau de vie de la population... L'atténuation des disparités, qu'elles soient générales ou spécifiques, doit, au contraire, être recherchée dans l'harmonisation de plus en plus poussée des charges qui interviennent dans la formation des prix de revient. »

Dans le domaine social, la France demandait qu'au cours de la première étape les mesures suivantes fussent prises : égalisation des salaires masculins et féminins ; fixation uniforme du nombre d'heures de travail hebdomadaires rémunérées au salaire de base et unification du taux de majoration pour heures supplémentaires ; uniformisation de la durée des congés payés ; mise en vigueur de la norme européenne de sécurité sociale au niveau le plus élevé. Ces dispositions ne constituant qu'une partie des mesures nécessaires pour parvenir à l'élimination des disparités, il conviendrait de prévoir pour le reste des mécanismes temporaires de compensation.

Dans le rapprochement des tarifs extérieurs, on devrait tenir compte des pays membres qui n'avaient pas institué de droits à l'importation pour certains produits et où les marchandises en provenance des pays tiers pouvaient pénétrer librement. Les réductions de droits intra-communautaires devraient dans ce cas être plus faibles. Dans le cas de déséquilibres graves, les gouvernements intéressés devraient pouvoir faire automatiquement usage de clauses de sauvegarde appropriées.

Dès la première étape, l'instauration d'une étroite coordination entre les politiques économiques suivies par les différents gouvernements serait nécessaire. Il serait également nécessaire d'accélérer le processus d'harmonisation des législations et réglementations fiscales et sociales. Cette harmonisation serait-elle elle-même conçue de manière à accroître progressivement la part du revenu national affectée à la rémunération du travail.

Une libération progressive de la circulation des travailleurs ne pouvait être obtenue au moyen de règles rigides et de procédés automatiques. Les mesures prises en vue d'accroître la liberté de la circulation des travailleurs ne devraient pas contrarier les efforts entrepris par chaque gouvernement en vue de réduire ou d'éliminer le chômage structurel qui pourrait subsister.

Quant aux mouvements de capitaux, c'est à chaque gouvernement qu'il appartiendrait de prévoir les mesures permettant d'accroître graduellement la liberté de circulation à l'intérieur du marché commun.

La liste des revendications et réserves françaises était interminable. La négociation du traité de Rome consistera à en faire tomber le plus grand nombre possible, en n'acceptant que les demandes conformes à l'esprit du marché commun, telles que l'extension de l'union douanière aux produits agricoles et l'association des pays et territoires d'Outre-Mer. Par contre, l'égalisation ou l'harmonisation (terme que personne n'a jamais été capable de définir) des conditions de concurrence, comme préalable à l'élimination des barrières douanières, m'apparut, dès le début des discussions, comme une exigence absurde. Des pays qui ont des législations sociales, des charges salariales, en général des coûts de production différents, peuvent fort bien entrer en union douanière. Si globalement, un de ces pays a des prix de revient plus élevés que les autres, l'équilibre doit être établi par un ajustement des taux de change, accompagné, pour un temps, d'une politique économique rigoureuse. C'est ce que le général de Gaulle fit en 1958 et qui permit à la France d'entrer dans le marché commun sans problème [...]

36 – Les hauts fonctionnaires du Secrétariat d'État aux Affaires économiques et le projet de marché commun

Résumé des premières observations de quelques chefs de services du secrétariat d'État aux Affaires économiques en ce qui concerne le rapport de M. Spaak sur le marché commun, 3 mai 1956. Source : fonds de Paul Ramadier, 52 J 114. Reproduit avec l'autorisation des Archives départementales de l'Aveyron (Rodez).

L'intérêt de ce document est de nous fournir une synthèse des critiques des hauts fonctionnaires du secrétariat d'État aux Affaires économiques dirigé par Jean Masson (radical). Il est naturel que les services dissèquent un texte et en montrent ses limites. Mais c'est aussi un témoignage sur l'état d'esprit de chefs de services hostiles aux projets de marché commun.

*

HM[30]/   Paris le 3 mai 1956
Secrétariat d'État aux Affaires économiques
Cabinet

Objet *marché commun : résumé des premières observations de quelques chefs de service du secrétariat d'État aux Affaires économiques, en ce qui concerne le rapport de M. Spaak sur le marché commun.*

I. Précipitation de la procédure

Tous les chefs de service intéressés par le projet du marché commun font des réserves quant au délai restreint qui leur est donné pour l'examen d'une affaire aussi importante. Ils souhaitent disposer de plusieurs semaines pour une étude plus approfondie.

II. Incompatibilité entre marché commun et Union française

Il semble exister un lien entre les projets d'Euratom et du marché commun et la conception d'Eurafrique développée déjà avant la guerre (cf. la doctrine géopolitique à ce sujet).

Pour les chefs de services intéressés, il y a incompatibilité entre le marché commun et notre communauté économique avec les territoires extra-métropolitains. Ils signalent en particulier les graves problèmes qui se posent pour le Maroc et la Tunisie qui doivent faire partie de l'Union française mais qui n'accepteront peut-être pas d'être intégrés dans la communauté européenne.

Certains même, considèrent que le projet envisagé ignore les territoires de l'Union française, alors qu'il exercera sur leur évolution une influence décisive, aboutirait à rompre totalement la solidarité existante, et y substituerait celle des membres de la communauté.

---

[30]   Henri Menahem probablement.

III. Réserves d'ordre politique

Nombreux sont les chefs de service qui émettent des doutes sur le bien fondé économique d'un marché commun limité aux six États de la CECA.

D'autres sont encore plus sévères et disent que les institutions prévues sont insuffisantes car elles sont à la fois trop fortes puisqu'elles freineront les pouvoirs de réglementation nationale des États et trop faibles car elles ne disposent pas d'un organisme coordinateur pour réaliser la synthèse nécessaire des politiques économiques.

IV. Difficultés de la fusion des marchés agricoles

Le précédent des longues et stériles négociations du pool vert est invoqué pour démontrer la difficulté qu'il y a à créer un marché commun agricole.

D'autres critiques proviennent de l'absence, dans le rapport de toute définition de la politique agricole et, enfin, de ce que le Gouvernement soit, après la fusion, dessaisi de tout moyen d'intervention dans le domaine agricole, alors que la procédure nouvelle paraît inadaptée aux nécessités d'une intervention mouvante, urgente et dispersée.

V. Problèmes de distorsion et difficultés d'harmonisation

Les solutions proposées pour réduire les distorsions économiques sont critiquées :

– Le rapport ne fait pas de la disparition des distorsions un préalable à l'ouverture du marché commun.

– On ne saurait admettre son affirmation, selon laquelle les distorsions sont compensées par des variations de change : celles-ci ne se produisent pas librement et dépendent en effet de décisions gouvernementales ;

– la réglementation commune des services suppose la suppression du contrôle des changes ; la refonte des ordres et statuts de toutes les professions libérales ainsi que du statut des fonctionnaires, etc. Dans les transports, cette harmonisation bouleverserait l'équilibre actuel.

VI. Dangers de la libre circulation de la main-d'œuvre et des capitaux.

Les chefs de service signalent l'insuffisance du rapport, qui énonce les graves problèmes que soulèverait la libre circulation de capitaux sans y apporter aucune solution ;

– mouvements spéculatifs, de fuite devant la monnaie ;

– différence des systèmes de contrôle des changes et des systèmes fiscaux ;

– risque d'orientation fâcheuse des investissements vers les secteurs déjà favorisés ; la libre concurrence rendra en outre de plus en plus difficile la planification des investissements ;

– enfin, la liberté de circulation de la main-d'œuvre provoquerait une immigration non contrôlée et aurait des répercussions sur le niveau de vie des ouvriers français, plus élevé que celui des Italiens.

VII. Insuffisance du fonds européen d'investissements pour la réadaptation

L'absence de protection douanière conduira, dans certaines branches, à des perturbations telles qu'un grand nombre d'intéressés serait condamné à disparaître définitivement. D'autres ne pourront survivre, qu'à condition d'améliorer sensiblement leur productivité. Nos programmes actuels d'amélioration de la productivité devront donc être considérablement amplifiés, ce qui suppose un gros effort financier.

Il y a lieu de prévoir, en outre, que certaines régions sous-développées risquent, par la création du marché commun, de voir définitivement compromises leurs possibilités de développement. Le fonds européen d'investissements ne suffira pas à assurer les adaptations nécessaires. Les États, et notamment la France, devront alors faire des efforts supplémentaires, sur le plan national.

VIII. Absence de politique visant au plein emploi

Les pays qui doivent participer au marché commun se divisent en deux catégories : ceux qui cherchent à pratiquer une politique Keynésienne de plein emploi (Pays-Bas et France, dans une certaine mesure) et les partisans de la doctrine libérale classique. Entre ces deux conceptions de politique économique le compromis est difficile. Le Comité de Bruxelles ne l'a pas tenté.

Cette lacune n'a pas échappé aux Chefs de services qui reprochent au rapport Spaak son silence sur la question du plein emploi. Ils soulignent les graves inconvénients qui pourraient résulter pour la France d'une union avec des pays qui ne pratiquent pas le plein emploi et ont eu (ou ont encore), comme l'Allemagne et l'Italie, plus de 2 millions de chômeurs, ou connaissent encore un chômage important, comme la Belgique.

37 – L'Eurafrique selon Gaston Defferre

Lettre de Gaston Defferre, ministre de la France d'Outre-Mer de Guy Mollet du 17 mai 1956, copie. Source : fonds de Paul Ramadier, 52 J 114. Reproduit avec l'autorisation des Archives départementales de l'Aveyron (Rodez).

Gaston Defferre est membre de la SFIO. Il élabore la loi-cadre sur l'autonomie des territoires d'Outre-Mer de juin 1956 qui rend possible l'émancipation politique des territoires français d'Outre-Mer. Cette note est fondamentale pour comprendre l'enjeu que représente le marché commun par rapport à la politique française dans l'Union française. Pour Defferre et le gouvernement, il s'agit d'impliquer l'Europe en Afrique, à la fois pour qu'elle prenne une part du fardeau du développement des territoires d'Outre-Mer français mais aussi pour les arrimer à l'Europe dans la perspective de leur prochaine autonomie, voire de leur indépendance.

*

Direction des Affaires économiques et du Plan   17 mai 1956
Le Ministre de la France d'Outre-Mer
À Monsieur le Président du Conseil des Ministres
Hôtel Matignon
Rue de Varenne Paris

Objet : problèmes posés pour la France d'Outre-Mer par le projet de marché commun européen

Le Ministre des Affaires étrangères a bien voulu me faire tenir un exemplaire du projet de rapport qui a été adressé aux Ministres des Affaires étrangères des six pays de la CECA par le Comité Intergouvernemental, créé par la Conférence de Messine en juin 1955, et qui préconise l'institution d'un marché commun européen. Vous avez bien voulu, d'autre part, organiser au cours de la semaine dernière des réunions de travail sur cette importante question.

J'ai l'honneur de vous faire connaître la position que je souhaite voir adopter par le gouvernement en ce qui concerne le problème de la situation des territoires d'Outre-Mer par rapport à cet éventuel marché commun européen. Je fais connaître également cette position à M. Le Secrétaire d'État aux Affaires étrangères[31], par une lettre de ce jour.

J'estime nécessaire en premier lieu que les territoires d'Outre-Mer soient intégrés dans le marché commun eurafricain ; en second lieu, que les TOM entrent dans ce marché commun en bénéficiant de clauses spéciales justifiées par leur état de sous-développement.

---

[31]   Maurice Faure.

D'abord il est indispensable que les TOM soient intégrés dans le marché commun. À cet égard, il convient de ne pas perdre de vue que les rapports économiques actuels de la métropole et des TOM sont précisément fondés sur la notion de marché commun ; on trouve, en effet, dans les rapports entre la Métropole et les territoires les deux traits fondamentaux que le projet de rapport envisage pour le futur marché commun européen, à savoir, d'une part l'existence d'une zone de libre-échange permettant la libre circulation des marchandises, des services, des capitaux et des hommes, d'autre part, l'existence d'une franchise douanière entre les partenaires, traduisant un système de préférence réciproque. On peut même dire que le marché commun actuel de la Métropole et des TOM est plus complet que celui que le projet de rapport envisage pour les pays européens en ceci que Métropole et territoires forment une zone monétaire unique.

Quoi qu'il en soit, un marché commun unit actuellement Métropole et territoires. Dire que les TOM seraient exclus du marché commun Européen reviendrait donc :

– ou bien à envisager qu'en contractant de nouveaux liens économiques avec les pays européens, la Métropole distende les liens qui l'unissent avec les TOM, le marché commun européen venant supplanter le marché commun franco-africain ;

– ou bien à prévoir que la France métropolitaine, tout en entrant dans le marché commun européen et sans y faire entrer les TOM, conserve cependant avec ceux-ci l'essentiel de ses liens économiques actuels, le marché commun européen venant non plus supplanter le marché commun Franco-Africain, mais se superposer à lui.

La première hypothèse a à peine besoin d'être examinée : les TOM seraient considérés comme des pays étrangers à l'égard du marché commun européen et, par conséquent vis-à-vis de la Métropole elle-même, incorporée au marché commun.

Une telle situation ne pourrait qu'aboutir très rapidement à la rupture des liens économiques avec la Métropole, puis à la sécession politique.

Dans ces conditions cette hypothèse ne peut être sérieusement envisagée par la France, qui ne peut sacrifier sa vocation africaine à sa vocation européenne.

La seconde solution, celle de la double appartenance de la France à un marché commun européen d'une part, à un ensemble Franco-Africain, d'autre part, doit retenir un peu plus longtemps l'attention. Elle peut paraître séduisante pour tous ceux qui refusent à la fois de renoncer à la Communauté Franco-Africaine et aux avantages du marché commun européen.

Elle présente néanmoins de sérieux inconvénients, qui sont de deux ordres :

– Tout d'abord, elle exige des dérogations aux principes du marché commun Européen dont la mise en œuvre ne manquera pas de poser de délicats problèmes juridiques et diplomatiques.

En effet, la barrière protectrice du marché commun au regard de l'extérieur devrait connaître une exception lorsqu'il s'agit de produits venant de territoires français et entrant en France. Le maintien d'un contrôle à l'intérieur du marché commun pour les seuls produits d'Outre-Mer se concilie difficilement avec la suppression de toutes les barrières internes, but essentiel du marché commun.

– D'autre part, l'existence des TOM constitue pour la Métropole une charge qui se traduit par des subventions aux budgets locaux et surtout par des dépenses d'investissements publics et des achats préférentiels à des prix supérieurs aux cours mondiaux de leurs principaux produits agricoles.

En ce qui concerne la charge représentée par les achats préférentiels, il est exclu que l'industrie française lorsqu'elle sera soumise au plein fouet de la concurrence européenne, continue à l'admettre. Il n'est que de voir la véhémence et l'efficience avec lesquelles les sidérurgistes depuis qu'existe la CECA, demandent et obtiennent qu'aucune charge anormale ne pèse sur eux : l'exemple du nickel néo-calédonien est significatif à cet égard ; la sidérurgie française se refusant à le surpayer pour éviter d'être handicapée de ce fait vis-à-vis de ses concurrents allemands, belges ou italiens, c'est le budget qui en a fait les frais. Mais une telle solution n'est possible que lorsqu'une seule branche se trouve dans une telle situation, la subvention budgétaire consistant en dernière analyse à faire supporter à l'ensemble de l'économie française, sous forme d'impôt, une charge que refuse le secteur d'activité soumis à la concurrence européenne. Dés l'instant où c'est toute l'économie française qui se trouve dépourvue de protection vis-à-vis de la concurrence au sein du marché commun, une telle solution devient impraticable.

De même en ce qui concerne les investissements réalisés jusqu'à présent sur fonds publics, leur maintien constituerait, par l'intermédiaire du budget, une charge pour l'ensemble de l'économie française, charge qui n'aurait pas d'équivalent dans les autres pays européens, d'autant plus que le retard actuel de l'économie française imposera des investissements massifs en Métropole pour le mettre à même de supporter la confrontation étrangère au sein du marché commun.

Dans ces conditions, il faut considérer l'hypothèse d'une double appartenance qui amènerait la France d'une part à entrer dans un marché commun européen, d'autre part, à continuer à supporter seule les charges économiques et financières que représentent les TOM, comme une solution non viable.

Si donc la France Métropolitaine ne peut envisager ni de rompre ses liens économiques avec les TOM pour entrer dans le marché commun européen, ni d'entrer dans ce marché commun tout en gardant des liens en quelque sorte privés avec ses TOM, il est clair que la seule solution admissible consiste dans une entrée simultanée dans le marché commun de la France et de ses Territoires d'Outre-Mer.

Cette entrée des territoires dans le marché commun ne va d'ailleurs pas sans difficultés juridiques, étant donné le statut international des territoires sous tutelle d'une part, d'une grande partie de l'AEF, incluse dans le Bassin Conventionnel du Congo, d'autre part. L'intégration de ces territoires dans le marché commun Eurafricain implique donc d'importantes négociations internationales. Mais en tout état de cause, il est certain que nous ne pouvons accepter de dissocier ces territoires des autres territoires français et de la Métropole elle-même. Aussi bien a-t-on trouvé dans le cadre du marché commun français le moyen de faire bénéficier ces territoires des mêmes avantages que les autres, malgré leur statut international. Une solution du même genre devrait à tout le moins être étudiée avec nos partenaires européens.

Cependant, si les TOM, dans leur ensemble, sont admis à l'intérieur du marché commun Eurafricain, mais le sont sans clauses spéciales, cette situation comporte pour eux certains avantages, mais de très graves inconvénients.

Il est certain que l'intégration dans un marché commun européen se traduirait par un approvisionnement des TOM dans des conditions plus favorables puisque la production (notamment industrielle) de la France et des autres pays européens serait en concurrence en vue de la fourniture des produits nécessaires aux territoires.

En revanche de graves inconvénients menacent les territoires dans cette hypothèse :

a) C'est un fait d'expérience que les capitaux privés ne manifestent que peu d'empressement pour s'investir dans les TOM dans l'état actuel des choses. Il y a des raisons de craindre que dans l'hypothèse envisagée, cette situation se maintienne, c'est-à-dire que les capitaux européens parfaitement libres de s'investir en Afrique ne profitent pas très largement de cette possibilité. Ce qui préserve le développement des TOM à l'heure actuelle, c'est l'effort public français qui porte le nom de FIDES. Il faudrait qu'une institution européenne du même genre pût être mise en œuvre.

b) Il est reconnu que l'industrialisation est un phénomène qui croît en général selon un processus cumulatif, c'est-à-dire que l'industrie attire l'industrie à cause de l'avantage que représente la proximité des fournisseurs, des acheteurs, des réparateurs, d'une réserve de main-d'œuvre, d'une infrastructure de services publics, etc. Ce phénomène joue comme un handicap pour l'industrialisation des TOM. On s'efforce de compenser ce handicap par diverses mesures, notamment par des protections accordées aux industries locales sous toutes sortes de formes. La France Métropolitaine les tolère dans le cadre du marché commun franco-africain. Il faudrait, bien entendu, que l'Europe les tolère et officiellement dans l'hypothèse d'un marché commun Eurafricain.

c) l'égalisation des charges sociales entre l'Europe et l'Afrique ne peut être envisagée que comme une perspective lointaine si l'on ne veut pas compromettre le développement économique des territoires africains qui connaissent déjà un certain nombre de handicaps.

d) La production agricole elle-même ne connaît dans les TOM une certaine expansion qu'à cause des garanties d'écoulement et des préférences (soit tarifaires, soit reposant sur des contingents à l'importation de l'étranger) dont les denrées d'Outre-Mer jouissent en France. Peut-on espérer que le marché commun Eurafricain comporterait un avantage du même genre pour les TOM ? Théoriquement oui, parce que le projet de marché commun comporte une certaine protection contre l'extérieur mais pratiquement, la plupart des pays européens en dehors de la France ont aujourd'hui un régime très libéral à l'importation des matières premières, et particulièrement des barrières douanières très faibles ou nulles. Dans les discussions entre les partenaires européens, il est clair qu'on se mettra plus facilement d'accord pour une protection correcte des produits industriels, qui intéressent tous les pays européens, que pour celle des denrées tropicales qui n'intéressera guère que la France. Si l'on ne prend pas de précautions spéciales, il est donc à craindre que l'écoulement des productions africaines ne soit pas assez garanti sur les marchés européens.

e) Enfin, l'un des principes du marché commun est la libre circulation des hommes. Étant donné la surpopulation et le sous-emploi dans certains pays européens tels que l'Italie, il est vraisemblable que cette libre circulation risquerait d'entraîner des mouvements assez importants de populations vers les TOM. Pour des raisons qui sont moins économiques qu'humaines, il est nécessaire de se prémunir contre un flux excessif qui pourrait entraîner les réactions psychologiques défavorables, qui nuirait à l'évolution des structures sociales autochtones et qui conduirait à des heurts entre africains et européens, heurts dont nous n'avons que trop d'exemples en Afrique du Nord. Il n'est donc pas possible de laisser poser sans précautions le principe de la libre circulation des hommes entre l'Europe et l'Afrique Je pense d'ailleurs qu'il est vraisemblable que pour des raisons analogues nos partenaires européens soulèveront eux-mêmes cette question, animés par le désir de se prémunir contre un afflux excessif sur leur propre territoire, de populations algériennes.

Pour les cinq raisons qui viennent d'être analysées, il paraît impossible d'envisager l'entrée des TOM dans la future communauté économique, sans clauses spéciales.

Par contre, l'incorporation des TOM au marché commun pourrait être une opération extrêmement avantageuse pour eux si l'on obtient les cinq clauses spéciales suivantes en leur faveur :

1° Engagement des pays européens d'assumer un effort financier d'investissements privés si possible ou en tous cas publics, ce serait l'européisation du FIDES[32], il serait souhaitable que la France maintienne son apport actuel mais demande aux pays européens des apports annuels du même ordre de grandeur.

2° Autorisation formelle de protéger les industries naissantes des territoires en dépit des principes mêmes du marché commun.

3° Autorisation de n'appliquer qu'à terme, en Afrique, le principe d'égalisation des charges sociales avec l'Europe.

4° Dispositions particulières pour la protection des grandes matières premières, principalement agricoles, des TOM en particulier par la révision du niveau des prix douaniers européens en matière de produits tropicaux.

5° Dispositions particulières concernant les mouvements de populations entre l'Europe et l'Afrique.

Outre l'intérêt considérable qu'elles présenteraient pour les territoires, ces mesures auraient l'avantage de supprimer le handicap que la charge des TOM constitue pour la France dans une conjoncture de concurrence serrée ; de même qu'il est prévu une harmonisation des charges sociales (c'est-à-dire des charges afférentes aux responsabilités prises vis-à-vis des classes les plus déshéritées) on introduirait ainsi un principe d'harmonisation des charges relatives au « Point IV »[33] (c'est-à-dire des charges afférentes aux responsabilités prises vis-à-vis des pays les plus déshérités).

En contrepartie, il va de soi que le marché des TOM cesserait d'être complètement réservé à l'industrie française et serait partagé entre les industries européennes.

---

[32] Fonds d'intervention et de développement économique et social par lequel le gouvernement français réalise des investissements de souveraineté dans les TOM.

[33] Le point IV du discours d'investiture de Truman de janvier 1949 prévoit un effort américain (et européen) de développement économique et social des pays pauvres.

Je souhaite donc l'admission des TOM dans le marché commun, assortie de clauses spéciales liées à leur état de sous-développement. Je crois cette position favorable à la fois aux Territoires et à la France sur le plan économique. Je ne dissimule pas qu'elle présente des risques sur le plan politique, parce que le développement de l'influence économique de nos partenaires européens dans nos territoires d'Outre-Mer peut tendre à mettre en cause la souveraineté politique française. Tout bien pesé, je crois cependant que l'opération est au total avantageuse, surtout si l'on considère que l'évolution politique en tout état de cause ne peut manquer de conduire les territoires par paliers successifs vers une autonomie grandissante.

J'aurais souhaité, avant de vous exprimer mon point de vue, pouvoir m'entretenir avec un certain nombre de personnalités africaines et tout particulièrement avec les deux parlementaires africains membres du Gouvernement[34]. Leur absence actuelle m'en empêche et l'urgence m'amène à vous exprimer dés aujourd'hui cette position, tout en me réservant de vous écrire de nouveau lorsque j'aurai pu avoir les entretiens en question.

Il ne fait pas de doute, en effet, que les populations et les élus des Territoires d'Outre-Mer marqueront leur intérêt pour les différents problèmes soulevés par la situation de leurs pays d'origine vis-à-vis du marché commun.

En dehors du fait que les voix des parlementaires d'Outre-Mer peuvent, selon la conjoncture politique, déterminer l'issue du débat qui précédera la ratification du Traité, il est inutile d'insister sur le danger que présenterait la mise en application de celui-ci si elle était acquise malgré leur opposition.

Il appartiendra à nos négociateurs de ne pas perdre de vue cet important aspect de la question quand, sortant des généralités, la rédaction du Traité sera enfin abordée. Celle-ci devra répondre sans ambiguïté aux préoccupations évoquées ci-dessus et que les parlementaires d'Outre-Mer ne manqueront pas ultérieurement de manifester.

J'insiste sur le fait que ces considérations d'ordre politique et psychologique auront la même importance dans l'hypothèse de l'inclusion des territoires d'Outre-Mer dans le marché commun que dans l'hypothèse de leur exclusion ; il ne peut, en effet, échapper aux représentants de ces territoires que les répercussions économiques et politiques du marché commun seront dans l'un et l'autre cas, tout à fait essentielles pour l'avenir de leur pays.

Sous ces importantes réserves, je souhaite vivement que le Gouvernement approuve la position qui est définie par la présente lettre (en étudiant pour les pays et territoires de l'ensemble français qui ne sont pas du ressort de mon Département, de quelle manière une solution analogue pourrait, *mutatis mutandis*, être mise au point), et je souhaite qu'il accepte de faire, de l'agrément de nos partenaires européens à cette position, une condition préalable de notre entrée dans l'éventuel marché commun Européen. J'estime en effet, que nous avons en la matière intérêt à parler franc pour éviter tout malentendu ultérieur tels que ceux qui ont surgi antérieurement à propos des relations entre les TOM et les autres institutions européennes.

---

[34] Félix Houphouët-Boigny (RDA) ministre délégué à la présidence du Conseil, Hammadou Dicko (SFIO), sous-secrétaire d'État à l'industrie et au commerce.

Il ne m'échappe pas que l'on a abusé depuis quelque temps des préalables et que la France doit se garder de paraître en la matière, vouloir gagner du temps et retarder la réalisation du marché commun. Il appartiendra, me semble-t-il, à nos négociateurs de faire apparaître en contre partie que l'offre faite de cette manière par la France est extrêmement constructive et que l'accomplissement d'une œuvre commune en Afrique est sans doute la tâche la plus grandiose qui puisse aujourd'hui être proposée à l'Europe rassemblée.

Signé : Gaston Defferre

38 – Ramadier pour le protectionnisme ?

Note sur le marché commun du 24 mai 1956, ministère des Affaires économiques et financières, 4 pages. Cette note n'est pas signée, mais outre qu'elle est sur papier à en-tête du ministre, les idées sont exprimées à la première personne, avec autorité. Elle correspond probablement aux positions du ministre, Paul Ramadier. Source : fonds de Paul Ramadier, 52 J 114. Reproduit avec l'autorisation des Archives départementales de l'Aveyron (Rodez).

On notera avec intérêt l'attachement de l'auteur aux formes du développement économique français sous protection et la profonde méfiance pour la libre concurrence inter-européenne prévue par le marché commun. Il y a donc débat au sein même du gouvernement entre les « anciens » et les « modernes », tranché par Guy Mollet en faveur du marché commun et de l'ouverture économique.

*

Ministère des Affaires économiques et financières   Paris le 24 mai 1956
Le Ministre

Note sur le marché commun

1. Le principe du marché commun réside dans une concurrence loyale entre les producteurs et les vendeurs des pays adhérents. Ce principe est directement contraire au développement de l'économie collective, qui suppose une organisation systématique de l'économie d'un ou de plusieurs pays, sous une direction démocratique.

La différence se marque notamment sur trois points essentiels : la propriété des entreprises, leur formation, la planification.

L'économie collective développe des entreprises dont la propriété appartient non à des individus, mais à des ensembles collectifs. Le ressort de l'activité cesse, pour eux, d'être le profit ; les collectivités tournent l'économie à leur service, c'est-à-dire au service des consommateurs et des usagers. La concurrence, qui entraîne nécessairement une lutte, une déperdition de forces, est donc contraire au principe de l'économie collective. Dans une société où se mêlent économie collective et économie privée, la concurrence a certainement sa place. Mais dans la mesure où l'économie privée limite le développement de l'économie collective. Poser en principe la concurrence loyale, c'est rejeter le principe de l'économie collective.

Sans doute, les six États européens ont admis lors de la constitution de la CECA que les engagements pris par elle se conciliaient avec l'existence d'entreprises nationales. Peu importe le propriétaire des entreprises, pourvu que le principe de la concurrence régisse aussi bien les entreprises publiques que les entreprises privées. Mais les unes et les autres doivent être soumises aux lois de la concurrence. La conséquence semble donc être que la nationalisation ne pourrait avoir pour conséquence de réunir entre les mains de l'État la plus grande partie des usines d'une industrie déterminée ; elle créerait alors une de ces situations de monopole que le traité de la CECA condamne. En tous cas il serait toujours possible à l'initiative privée de rétablir des industries privées à côté et en marge des établissements nationaux.

Il est contraire à l'esprit du marché commun de soumettre l'industrie à un plan, si souple soit-il, de même qu'il est interdit à l'organisation qui préside aux destinées du marché commun de dresser un plan commun pour l'ensemble du marché, même si les dispositions de ce plan ne sont pas obligatoires, mais que des distributions de crédit, des avantages fiscaux ou autres en facilitent seulement l'exécution.

Le principe de concurrence commande l'économie privée, la libre entreprise, le développement indépendant de toutes les activités économiques. Il est incompatible avec les tendances de l'économie collective.

2. L'ouverture d'un véritable marché commun conforme aux règles prévues par le rapport de Bruxelles condamne de la manière la plus sévère les pratiques protectionnistes grâce auxquelles la reconstitution industrielle de la France a été possible et qui sont manifestement indispensables à notre agriculture.

C'est la position traditionnelle de la France. On compterait aisément les années qui depuis le XVIIe siècle se sont écoulées sous un régime de libre-échange ; l'expérience tentée sous Louis XVI, renouvelée sous Napoléon III a toujours donné de médiocres résultats. On peut affirmer que sans le protectionnisme intensif des années qui ont suivi la libération, le relèvement français n'eut pas été possible.

Je reconnais que l'on est arrivé à une exagération extrême. Les moyens se sont multipliés : droits de douane, taxes temporaires à l'importation, contingentements, aide à l'exportation. Cet appareil, toujours très lourd, a cependant permis à la production industrielle de se développer ; elle a pu non seulement pourvoir aux besoins intérieurs en expansion, mais exporter et permettre à la France de reconstituer, au cours de ces dernières années une provision de devises assez importante.

Grâce au système protecteur, la France a pu conserver, et même accroître, sa place sur le marché international, malgré une disparité dangereuse entre ses prix et ceux des autres pays. Elle aurait dû dévaluer pour maintenir sa position et il n'est pas sûr que les causes sans doute multiples de la disparité n'aient pas agi de nouveau et que la différence ne se soit peu à peu rétablie.

Cette protection, au degré qu'elle a atteint, est cependant devenue si extrême qu'elle offre autant de dangers que d'avantages. C'est pourquoi le Gouvernement français s'est engagé à libérer les échanges à concurrence de 90 %. L'OECE a accepté que ce résultat ne soit obtenu que par étapes, pourvu que l'on atteigne le but final avant le 30 décembre 1956. Des efforts considérables et souvent douloureux ont été accomplis. Mais, en avril 1956, on est seulement parvenu à libérer 83 % des échanges internationaux. Les efforts accomplis pour atténuer les taxes temporaires à l'importation et l'aide à l'exportation ont obtenu des résultats encore plus modestes. Il sera nécessaire de demander à l'OECE de nouveaux délais et si on ne les obtient pas, de rompre avec elle.

Que dire des dispositions prévues par le rapport sur le marché commun ? Les barrières douanières doivent être progressivement abaissées ; les contingents doivent aussi disparaître par étapes. L'abaissement est mécanique et doit se poursuivre automatiquement de manière qu'en quatre ans les tarifs douaniers soient réduits de 30 % et les contingents abolis au moins dans la proportion fixée par l'OECE et, peut-être, dans une proportion plus forte.

Si l'on constate qu'en quatre ans, les contingents n'ont pu disparaître et les tarifs protecteurs ont été plutôt exhaussés, il est permis de supposer que le jeu mécanique du marché commun portera un tort considérable à notre industrie et en éliminera une partie notable. Le marché commun se traduira nécessairement par une diminution de la production industrielle française et par une crise comparable à celle qui a suivi le traité franco-anglais de 1860.

Il est possible qu'après dix ou quinze ans un relèvement se produise, après disparition des activités marginales et, en particulier, de la moyenne industrie. Mais nous paierons ce retour à une activité plus concentrée et plus puissante d'une crise sociale qui atteindra particulièrement les entreprises individuelles et les ouvriers des petits centres provinciaux. Il faut mesurer les réactions politiques qui accompagneront cette véritable révolution et se demander si elle est possible sous l'égide du capitalisme. Car le succès du marché commun suppose la libre entreprise et, par conséquent le progrès d'un capitalisme plus concentré. Le jour où ce capitalisme plus concentré serait rendu responsable de la crise, le marché commun apparaîtra comme créé à son profit. Résisterait-il à la réaction de la moyenne bourgeoisie et de la classe ouvrière ?

3. Les troubles profonds que l'établissement du marché commun entraînera dans la production et le commerce international de la France auront un profond retentissement sur la monnaie, d'autant plus que le rapport de Bruxelles ne prévoit d'autre remède que la réévaluation de la monnaie.

On a bien souvent constaté l'infériorité des prix internationaux par rapport aux prix français. L'OECE elle-même a constaté cette disparité en autorisant l'établissement d'aides à l'exportation. Cette disparité a été interprétée comme une évaluation trop forte de la monnaie française. Il ne faudrait pas en conclure que la dévaluation de la monnaie porterait remède à la situation actuelle. Le nivellement qui résulterait de la mesure serait remis en question par l'action des causes qui avaient provoqué la situation antérieure. Cette action devrait donc être jugulée.

Bien que ces causes soient controversées, il faut certainement noter que notre régime fiscal, notre régime de sécurité sociale exercent une influence fâcheuse. Leur réforme devrait donc précéder toute dévaluation. Et la dévaluation elle-même précéder l'acceptation d'une réduction mécanique des droits de douane et des contingents.

Le marché commun établi, la dévaluation faite, les organismes exécutifs seront cependant déchargés de toute préoccupation monétaire ? Cette séparation entre la responsabilité du marché et la responsabilité de la monnaie pouvait peut-être correspondre aux conceptions les plus périmées de l'économie libérale ; elle est en contradiction avec la pratique de tous les pays modernes, y compris les États-Unis où le Federal Reserve Board possède dans tous les domaines de puissants moyens et où l'autorité présidentielle est acceptée par tous.

Il serait pour le moins nécessaire qu'il existât au sein du marché commun un organe de coordination des autorités monétaires.

4. Si nous obtenions sur ces différents points des assurances et les rectifications de texte nécessaires, l'expérience d'un marché commun pourrait être tentée. Mais

je crois imprudent de s'engager définitivement sans connaître les résultats de cette expérience. Nous devons réserver la possibilité de nous retirer ou de demander la révision du traité à la fin de la première étape.

À défaut de cette réserve, le marché commun risque de nous jeter dans l'aventure.

39 – Le patronat français et le marché commun

Lettre de Georges Villiers, président du CNPF à Guy Mollet, président du Conseil, du 7 mai 1956, fonds Paul Ramadier, 52 J 114, copie, 2 pages dactylographiées. Reproduit avec l'autorisation des Archives départementales de l'Aveyron (Rodez).

La lettre écrite à chaud, par le CNPF, fait ressortir une question et une certitude. L'économie française sera-t-elle capable de supporter l'ouverture des marchés ? Les territoires d'Outre-Mer français doivent faire partie de la négociation.

*

Conseil national du Patronat français   Paris le 7 mai 1956
31 avenue Pierre 1ᵉʳ de Serbie
Paris 16 annexe D
Copie
Monsieur Guy Mollet
Président du Conseil
Hôtel Matignon
57 rue de Varenne
Paris VII

Monsieur le Président

Le Comité Intergouvernemental, constitué à Bruxelles en application de la résolution prise à Messine, le 2 juin 1955, par les Ministres des Affaires étrangères des pays membres de la CECA vient de transmettre aux chefs de gouvernements intéressés le rapport sur la relance européenne qu'il avait été chargé d'établir.

N'en ayant eu officiellement connaissance que le samedi 5 mai, il ne m'est pas possible de vous faire part des observations qu'un examen approfondi de ce document appellera sans doute de la part de nos organisations. Mais il me paraît dès maintenant indispensable d'attirer votre attention sur certains éléments de première importance que le rapport semble laisser sans solution pratique ou avoir omis de traiter. Je voudrais, en particulier, évoquer le problème de l'harmonisation des charges et celui des territoires d'Outre-Mer.

1) Les experts recommandent d'abaisser les droits de douane selon des pourcentages prédéterminés ; mais ils paraissent laisser, dans le même temps, à un comité le soin de proposer les mesures qui seraient jugées nécessaires pour la correction des disparités fiscales et sociales et pour l'instauration progressive de la liberté de mouvement de la main-d'œuvre et des capitaux.

Cette méthode est dangereuse et au surplus inefficace : compenser une réduction obligatoire des droits de douane par de simples recommandations aux gouvernements intéressés d'avoir à harmoniser leurs législations dans les délais et selon des procédés non précisés apparaît fallacieux et ne manquerait pas de causer des déséquilibres dont la réalisation du marché commun ne pourrait que souffrir.

Les experts du Comité Intergouvernemental ont, il est vrai, prévu que, dans le cas où certains des partenaires ne prendraient pas les mesures d'harmonisation ou d'adaptation législative et réglementaire appropriées, l'application de clauses de sauvegarde serait décidées ; il est à craindre, alors, que l'ensemble de l'entreprise soit voué à l'échec : en effet, rendu trop difficile, le déclenchement des clauses de sauvegarde n'empêcherait pas la survenance de troubles économiques graves ; en revanche, s'il intervenait fréquemment, le jeu de ces clauses bloquerait la réalisation du marché commun.

La concordance et la concomitance indispensables entre le désarmement douanier et les mesures d'harmonisation législatives et réglementaires, qui semblaient d'ailleurs avoir été au moins partiellement reconnues à un stade antérieur des travaux de Bruxelles, ne peuvent en aucun cas apparaître comme une concession faite par certains pays en vue de faciliter l'entrée d'un autre dans le marché commun ; elles doivent, au contraire, exprimer un état d'équilibre auquel les pays désireux d'instituer un marché commun auront abouti en considérant l'abaissement de droit de douane comme la conséquence logique des mesures d'harmonisation.

2) Le rapport final de Bruxelles paraît avoir éludé la question des pays et territoires d'Outre-Mer. Or, la France métropolitaine et les pays de l'Union française d'Outre-Mer sont associés par des liens dont la caractéristique essentielle est de garantir à peu près totalement la libre circulation des personnes, des marchandises et des capitaux dans l'ensemble de la zone franc.

Pour cette raison, à laquelle s'ajouteraient au reste, s'il était nécessaire, des raisons politiques évidentes, il ne serait pas concevable de tenir les pays et territoires d'Outre-Mer en dehors d'une opération d'unification européenne, à la réalisation de laquelle la France entendrait participer.

Leur exclusion détruirait la communauté de marché existant entre la France et les pays et territoires d'Outre-Mer. Elle constituerait, en particulier, une violation des conventions franco-tunisiennes d'union douanière récemment conclues. À un moment où se posent pour eux des problèmes d'une importance vitale, elle ne manquerait pas d'aller à l'encontre des intérêts des territoires d'Outre-Mer.

Je suis convaincu que l'importance de ces deux questions ne vous a pas échappé et que leur règlement figure au nombre de vos préoccupations. J'ai, cependant, jugé de mon devoir de vous faire part des réflexions qu'appelle l'état actuel du rapport du Comité Intergouvernemental de Bruxelles, dans des domaines aussi importants pour l'avenir de la France et de l'Union française.

Je vous prie d'agréer, Monsieur le Président, les assurances de ma haute considération.

Georges Villiers

40 – Georges Boris contre l'Eurafrique

Article de presse dans L'Express, *28 décembre 1956, « Mirages de l'Eurafrique » par Georges Boris. Reproduit avec l'autorisation de* L'Express.

Cet article est une charge contre un marché commun élargi à l'Afrique : la France y perdrait sa souveraineté. D'autre part, Georges Boris, ami intime de Mendès France depuis 1938, l'influence efficacement de ses conseils et analyses. Dans quelle mesure n'est-il pas à l'origine de l'opposition de Pierre Mendès France au marché commun, manifestée par son vote d'opposition au traité en juillet 1957, opposition vite oubliée ensuite ?[35]

*

« Mirages de l'Eurafrique »,
par Georges Boris

[...] Les problèmes difficiles que pose pour la France le projet de marché commun européen se compliquent singulièrement si ce marché doit être étendu aux pays d'Outre-Mer. Il est douteux que ceux qui, dans l'opinion, au Parlement et même au Gouvernement, sont séduits par le mot et par l'idée d'Eurafrique, se rendent compte de leur signification réelle.

Pour la dégager, il convient tout d'abord de rappeler que dans un marché commun (constitué en l'espèce par l'Allemagne de l'Ouest, la Belgique, la France, l'Italie, le Luxembourg et les Pays-Bas) les marchandises circuleront sans aucune restriction, c'est-à-dire sans droits de douane ni contingentement. En conséquence, les produits allemands, belges etc. seront tout naturellement achetés par les consommateurs français s'ils sont meilleur marché que les produits français de même nature ; et réciproquement nous-mêmes vendrons dans les cinq autres pays les marchandises françaises si leurs prix sont inférieurs à ceux des marchandises nationales (ce qui, comme on le sait n'est pas, d'une façon générale, le cas actuellement).[36]

À l'heure présente, les régions d'Outre-Mer dont la France a la charge constituent pour elle un marché privilégié : un système de droits de douane préférentiels, de contingents, de licences pour l'octroi de devises, y avantage notre industrie ainsi que notre agriculture, si bien que, malgré nos prix plus élevés, 70 % environ des importations des territoires d'Outre-Mer sont constitués par des marchandises

---

[35]   GIRAULT R. (dir.) en collaboration avec BOULBINA S. et BOSSUAT G., *Pierre Mendès France et le rôle de la France dans le monde*, Colloque organisé par l'Institut Pierre Mendès France à l'Assemblée nationale les 10 et 11 janvier 1991, Grenoble, PUG, 1991, 487 p.

[36]   L'explication qui précède ne vaut que pour les produits industriels, les produits agricoles étant exclus du régime de concurrence libre et égale et devant faire l'objet de règles spéciales.

d'origine française (500 milliards de francs sur 700). L'importance de ce facteur dans l'équilibre de notre économie et pour la prospérité de notre industrie a parfois été exagérée ; il n'en est pas moins d'un grand poids. C'est pour la Métropole, du point de vue purement matériel, l'élément positif du bilan de l'Union française.

À cet avantage matériel il y a naturellement des contreparties matérielles. Au regard du débouché offert à notre activité économique (500 milliards de francs de ventes pour nos producteurs et nos commerçants) il faut placer les dépenses faites par la France pour les POM[37]. Ce sont :

1. Les dépenses de souveraineté (administration, défense, etc.) soit environ 160 milliards par an en temps normal (les dépenses de guerre comme celles d'Algérie s'ajoutent naturellement à ce chiffre).

2. Les investissements publics faits par la Métropole et qui ne sont en général pas rentables (routes, écoles, hôpitaux, etc.) soit environ 200 milliards par an.

3. Le surprix que les consommateurs français payent en achetant des produits des territoires d'Outre-Mer qui sont plus chers que les produits de même nature qu'ils pourraient se procurer ailleurs. Ce surprix se chiffre par plusieurs dizaines de milliards par an (sans parler de produits achetés sans nécessité, comme des vins et des spiritueux). Au total, la charge assumée par la Métropole dépasse 400 milliards.

L'extension du marché commun aux POM ferait naturellement perdre à la France l'avantage du marché préférentiel ; la concurrence qui s'établirait retirerait à certaines de nos industries les débouchés qui leur étaient assurés, cependant que nos partenaires européens verraient s'ouvrir à leur commerce d'exportation des possibilités nouvelles.

Une concession aussi importante doit normalement avoir une contrepartie. Nos négociateurs ont donc demandé que les autres Européens nous soulagent d'une part de nos charges.

Or, on imagine difficilement que ceux-ci participent aux dépenses de souveraineté sans que cela implique de notre part un abandon de souveraineté. D'autre part, s'ils sont prêts à admettre les produits des POM en franchise de douane, ils ne songent pas à payer, comme nous, un surprix. Voilà donc une bonne moitié de nos charges exclue du partage. Reste l'autre moitié qui correspond aux investissements que nous finançons dans les POM.

Nos négociateurs ont tout d'abord vainement tenté de faire admettre une répartition de cette charge au prorata du revenu national, puis un partage par moitié entre la France d'une part et ses associés de l'autre. Une solution a alors été envisagée aux termes de laquelle la contribution française de 200 milliards serait complétée par un versement global de 70 milliards, ce qui reviendrait à répartir la charge à raison de 75 % pour la France, 25 % pour les cinq pays.

Dans le cas de l'Allemagne, pour être admise à égalité avec nous sur le marché des POM – lequel constitue à l'heure actuelle notre actif essentiel – verserait une contribution annuelle d'une trentaine de milliards soit à peu près 0,3 % de son revenu national ; cependant que notre propre contribution ne serait pas inférieure à 3 % de notre revenu national.

---

[37] Pays d'Outre-Mer.

Ces chiffres se passent de commentaires.

Mais nous ne sommes pas au bout de nos surprises. Aux dernières nouvelles, nos associés, persuadés que notre gouvernement tient à faire l'Eurafrique coûte que coûte, ne consentiraient même plus la maigre contribution de 25 %. D'ultimes marchandages conduiront peut-être à nous restituer tout ou partie du plat de lentilles. Sinon on laissera les choses en suspens et l'on écrira sur le papier que le marché commun sera étendu aux POM à des conditions à préciser ultérieurement. Le Parlement, espérera-t-on, tout à son enthousiasme pour l'Europe, s'engagera sur la voie du marché commun sans se soucier de l'avenir de la France d'Outre-Mer.

On dira : ce n'est pas croyable et les partisans du marché commun étendu aux POM doivent bien avoir quelques arguments. Écoutons les :

Ils disent en premier lieu qu'il n'y aura pas renonciation immédiate au marché privilégié des POM, car le marché commun sera établi progressivement ; dans l'intervalle, ajoutent-ils, l'industrie française adaptera ses prix de revient et finalement se trouvera aussi bien sur le marché d'Outre-Mer que sur le marché métropolitain, en position compétitive. L'argument est sans valeur, car l'apport du marché d'Outre-Mer n'a jamais été une condition posée par nos partenaires comme nécessaire à l'établissement du marché commun européen ; en d'autres termes, le marché d'Outre-Mer est de la part de la France un apport supplémentaire dont aucun des autres ne fournit l'équivalent.[38]

En second lieu, les partisans du traité déclarent compter sur une autre forme de coopération des pays européens, à savoir les investissements de capitaux privés pour le développement des POM et pour une expansion de leurs marchés dont nous bénéficierions à terme. Cette coopération est certainement désirable, mais elle n'exige aucunement l'inclusion des POM dans un marché commun. Il s'agit ici d'un concours volontaire qui n'ira, cela va de soi, qu'à des entreprises suffisamment rentables pour attirer ces capitaux : gisements miniers ou pétroliers à exploiter, industries exportatrices à créer (sidérurgie, industrie de l'aluminium, papier, etc.). Si par hypothèse, l'affaire est bonne, le capital privé étranger s'y investira, avec ou sans marché commun. Et si elle n'est pas bonne, le marché commun ne la rendre pas plus attrayante.

C'est d'ailleurs pour des raisons analogues que nos partenaires sont si peu disposés à payer un prix pour l'extension du marché commun aux POM. Ce que nous leur offrons, à savoir des pays sous-développés pour les mettre en valeur ou y commercer, est à leurs yeux une marchandise très courante dans le monde et qu'ils prétendent pouvoir trouver ailleurs. Ce qui ne signifie pas qu'il en soit de même pour nous. Mais nos raisons ne sont pas celles de nos partenaires européens : du capital non point seulement financier mais humain, moral, et culturel, voire sentimental que nous avons investi, nous sommes en droit d'espérer des rendements qui ne peuvent revenir à d'autres.

Ainsi la négociation d'un marché commun étendu aux POM aboutit au renoncement et à l'abandon. Est-ce la faute de nos négociateurs, qui auraient été insuffisants, malhabiles ?

---

[38]   Le Congo étant en vertu de Conventions internationales soumis au régime de la porte ouverte, la Belgique n'ouvre pas un marché nouveau à ses associés.

Il serait injuste de les accabler car c'est dans son principe même que le marché commun étendu aux POM constitue un abandon.

Dans l'évolution inéluctable et irréversible des rapports entre pays colonisateurs et colonisés, les liens qui tiennent à l'implantation militaire et administrative tendent à se relâcher, à se dénouer. Ce qui attache ces pays les uns aux autres ce sont les liens économiques et culturels (encore que la solidité des seconds dépende de l'étroitesse des premiers).

Or le lien économique fondamental est constitué par l'unité de monnaie. Celle-ci conduit à consommer les mêmes produits, à prendre des habitudes de vie semblables, à se tourner vers le même centre pour y rechercher les crédits, l'enseignement, les soins médicaux, les distractions culturelles, touristiques etc. Elle est à la base d'une réciprocité d'intérêts qui est la condition nécessaire du maintien d'une communauté réelle. La cohésion du Commonwealth britannique repose essentiellement sur l'existence de la zone sterling : les Anglais le savent bien qui ne songent pas à faire entrer leur Empire dans un marché commun. Nous-mêmes, en créant une zone franc, nous nous sommes donnés l'arme la plus efficace contre les forces centrifuges qui sollicitent les pays sous-développés dont était constitué notre Empire. L'inclusion des POM dans le marché commun européen abolirait pratiquement la zone franc et désagrégerait le ciment qui joint les éléments de l'édifice Union française.

Les rêveurs naïfs de l'Eurafrique peuvent l'ignorer, mais il y a peut-être des esprits machiavéliques pour qui le marché commun étendu est une étape vers la liquidation souhaitée : ils calculent qu'après l'abandon du marché privilégié, les Français pourront se demander pourquoi ils continuent d'assumer une si lourde charge dans les pays d'Outre-Mer, après la rupture du lien monétaire, les pays d'Outre-Mer se demanderont pourquoi ils demeurent unis à la France.

Certains peuvent nourrir un tel dessein. Mais est-ce celui du gouvernement ? Du Parlement ? De l'opinion ? Est-il concevable que le pays aille les yeux bandés vers un destin dont il s'écarterait s'il le connaissait ?

41 – Les négociations du marché commun
dans la phase décisive

Note du ministre des Affaires économiques et financières (Paul Ra-madier) à Christian Pineau, ministre des Affaires étrangères, datée de janvier 1957. Source : fonds de Paul Ramadier, 52 J 116. Reproduit avec l'autorisation des Archives départementales de l'Aveyron (Rodez).

On remarque les points essentiels auxquels Ramadier et son ministère sont sensibles à la veille de la conclusion de la négociation des traités européens. Toutes les difficultés soulevées dans cette note ont été résolues après la signature des traités.

*

Le Ministre des Affaires économiques et financières
à
Monsieur le Ministre des Affaires étrangères.

Objet : négociations sur le marché commun.

Au moment où les négociations sur l'établissement d'un marché commun en Europe occidentale vont entrer dans leur phase décisive, je crois devoir vous faire part des positions au succès desquelles j'attache une importance essentielle.

1) Association des pays d'Outre-Mer

Vous n'ignorez pas la lourdeur des charges que le développement des pays d'Outre-Mer et les dépenses de souveraineté que nous y supportons font peser sur notre économie. C'est un peu plus de trois fois de notre revenu national que nous consacrons chaque année à ces tâches. Dans ces conditions, il me paraîtrait imprudent d'envisager que la Métropole adhère au marché commun sans ses territoires d'Outre-Mer tout en conservant intégralement la charge qui les concerne.

Toutefois, pour des raisons analogues, il serait non moins dommageable pour notre économie que les pays d'Outre-Mer soient associés au marché commun sans que des contre-parties très sérieuses à l'ouverture des marchés coloniaux soient obtenues de nos partenaires, tant sur le plan de la prise en charge d'investissements non rentables, que sur celui de l'octroi de garanties de débouchés aux produits de l'Union française. J'estime à cet égard qu'il ne peut être question d'accepter une méthode d'association qui pourrait nous enlever la liberté de décider si les contre-parties obtenues sont suffisantes pour que l'association puisse être acceptée : aucun arbitrage international, ni aucune intervention des institutions européennes ne peuvent être tolérées en la matière.

Il va de soi que les mêmes considérations valent en ce qui concerne l'Algérie et que si le Gouvernement s'orientait, pour des motifs politiques, vers son association immédiate au marché commun, les contre-parties en matière d'investissements et de débouchés devraient être inscrites dans le traité lui-même.

Je ne me dissimule pas la portée des considérations qui précédent. C'est pourquoi j'estime que nos négociateurs devraient être munis sur ce point capital d'instructions arrêtées à l'échelon gouvernemental et destinées à remplacer celles qu'avait définies au mois d'octobre un Conseil Interministériel et sur lesquelles nos partenaires ont fait de nombreuses réserves.

2) Politique monétaire

Les États-membres demeurent autonomes en matière monétaire. Or les Allemands s'efforcent, sous une forme d'ailleurs très vague, de faire proclamer dans le traité que les pays signataires s'engagent à parvenir à la convertibilité de leur monnaie en cas de disparition de l'Union européenne des paiements. Il me paraîtrait dangereux et inopportun d'accepter une telle déclaration d'intention. Outre qu'elle n'aurait pas sa place dans un traité qui exclut précisément la monnaie de son champ d'application, il est tout à fait impossible que nous prenions un engagement même très vague pour des circonstances dont personne ne peut dès maintenant prévoir si elles se produiront, ni quand elles surviendront ni de quelle manière elles se présenteront.

3) Réglementation du crédit et des banques

Dans le même ordre d'idée, il importe que chaque état conserve les moyens d'assumer ses responsabilités en matière monétaire, et notamment que la réglementation du crédit et de la profession bancaire ne soit pas sujette à des interventions des futures institutions européennes, sous couleur d'harmoniser les législations nationales.

4) Mouvements de capitaux

Dans le même esprit, je ne saurais accepter une libération totale des mouvements de capitaux, même dans la période définitive. Une telle libération impliquerait en fait l'abandon du contrôle des changes : or, je ne puis envisager une telle éventualité dès lors que les réserves en devises de chaque pays doivent demeurer distinctes. Tout au plus pourrais-je accepter que le Conseil des Ministres de la Communauté, à la majorité qualifiée, définisse dans la période définitive les mesures de libération entre États membres des mouvements de capitaux liés à des investissements productifs. L'unanimité demeurerait la règle pour les autres mouvements de capitaux.

D'autre part, aucune mesure efficace n'est prévue dans le traité en vue de parvenir à l'harmonisation des politiques suivies par les différents états membres en ce qui concerne les mouvements de capitaux entre chacun d'eux et les pays tiers. Dans ces conditions, la réglementation des États les plus restrictifs pourrait se trouver tournée par le jeu des facilités de transfert à l'intérieur de la Communauté. Il est donc essentiel que chaque État conserve la faculté, sans contrôle des institutions européennes, de se protéger contre d'éventuels détournements de mouvements de capitaux.

5) Banque européenne d'Investissements

J'insiste très vivement pour que l'Italie n'ait le même nombre d'administrateurs de la Banque que la France et l'Allemagne que si ses apports financiers sont équivalents à ceux de ces pays ou s'ils en sont très voisins. À cet égard, une participation de l'Italie de 225 à 250 millions de dollars devrait être exigée.

6) Fonds de réadaptation de la main-d'œuvre

Je vous ai déjà prié de défendre vis-à-vis de nos partenaires la règle selon laquelle le budget de cet organisme devrait être arrêté à l'unanimité par le Conseil des Ministres de la Communauté. J'attache une très grande importance à ce point.

Au cas cependant où l'évolution de la négociation ne vous permettrait pas d'obtenir satisfaction, il serait possible d'envisager le système suivant :

Il serait prévu que le Fonds peut couvrir 50 % des dépenses que chaque État consacre aux tâches d'ores et déjà définies dans le projet de traité, alors que le texte actuel stipule qu'il doit couvrir cette fraction des dépenses en cause.

Chaque année le Conseil des Ministres statuant à la majorité qualifiée, fixerait le montant de sa contribution, dans la limite du maximum visé ci-dessus ;

Il conviendrait de rétablir le lien de causalité entre l'établissement du marché commun et le trouble social justifiant l'intervention du Fonds.

Enfin, la clef de répartition entre les États membres des ressources du Fonds devrait être fixée dans le traité.

7) Budget d'Euratom

Je vous rappelle que je demande également l'application de la règle de l'unanimité pour l'établissement du budget d'Euratom.

42 – L'intérêt français pour Euratom (janvier 1957)

Note pour le président, c'est-à-dire pour P. Ramadier, 16 janvier 1957. Source : fonds de Paul Ramadier, 52 J 104. Reproduit avec l'autorisation des Archives départementales de l'Aveyron (Rodez).
Le document présente l'état de la négociation sur l'Euratom au début de l'année 1957. La note est de Jean Sadrin, directeur des Finances extérieures ; elle comporte une signature autographe. Les Français ont un objectif : financer collectivement une usine de séparation isotopique, destinée à fabriquer de l'uranium 235 (enrichi) utilisable pour les piles atomiques et éventuellement pour l'armement nucléaire – aspect qui n'est pas abordé évidemment dans cette note. Ils n'obtiendront pas satisfaction de leurs partenaires dans Euratom.

*

Ministère   16 janvier 1957
des Affaires économiques et financières
1er bureau n° 18 cd
Note pour le Président

Objet : négociations sur l'Euratom

Le président sait que parallèlement aux négociations sur le marché commun, la France, l'Allemagne, les Pays-Bas, la Belgique, le Luxembourg et l'Italie, préparent la signature d'un traité dit de l'« Euratom ». Pour son information, je lui donne ci-après quelques indications sur l'état des pourparlers en cours.
1) Caractéristiques générales du Traité
Les institutions européennes seront du même type que celles que j'ai eues l'occasion de décrire au Président au sujet du marché commun : Commission européenne, de caractère supranational ; Conseil des Ministres nationaux qui sera la véritable autorité suprême. Leur activité s'exercera dans quatre domaines.
a) Elles seront tout d'abord chargées de mettre en place les contrôles de sécurité et de promouvoir la protection sanitaire, que les dangers considérables inhérents à la production et à l'utilisation de l'énergie nucléaire rendent impérieux.
b) Ensuite, elles développeront la recherche soit dans des centres créés et gérés par elles, soit en apportant leurs concours financiers aux organismes nationaux déjà créés dans le même but (tel que le Commissariat à l'Énergie atomique), aux universités ou aux entreprises privées.
c) Elles exerceront, par l'intermédiaire d'une Agence d'Approvisionnement, un monopole d'achat de tous les minerais radioactifs et des matières fissiles élaborées produites à l'intérieur de la Communauté et importées de l'extérieur. Elles les répartiront entre les utilisateurs des six pays. Toutefois, il est prévu que pendant 10 ans, chaque État disposera d'une priorité d'achat sur sa production

nationale dans la mesure nécessaire pour assurer l'exécution de ses programmes de développement de l'énergie atomique. L'ensemble de ces dispositions fait encore l'objet de très vives controverses.

d) Enfin, les institutions européennes pourront participer à des réalisations industrielles en créant des entreprises communes. La principale de celles-ci est une usine de séparation isotopique de l'Uranium naturel qui est très pauvre à cet égard, et ainsi d'améliorer le rendement des piles, ou même d'ouvrir la voie à certaines réalisations. De vives discussions se poursuivent également sur ce point, nos partenaires étant en général partisans d'éviter les dépenses considérables qu'entraînerait une telle entreprise et préférant acheter directement aux États-Unis à des prix qu'ils espèrent modérés le combustible enrichi dont ils peuvent avoir besoin.

2) Aspects financiers de l'Euratom

Ils sont d'ordre budgétaire et cambiaire

a) L'Euratom aura un budget important, de l'ordre de 80 à 100 millions de dollars par an (30 à 35 milliards de francs), se décomposant à peu près ainsi :

– Recherche	40 millions
– Participation dans les entreprises communes	30 millions
– Dotation de l'Agence d'Approvisionnement	5 millions
– Frais de contrôle et de fonctionnement	5 millions

La répartition de cette charge entre les six pays n'est pas encore fixée, mais il est raisonnable d'escompter que la France en supportera environ le tiers, soit une moyenne annuelle supérieure à 10 milliards de francs.

Ces différents chiffres n'ont évidemment qu'une valeur approximative. J'indiquerai brièvement à quoi correspondent les deux postes les plus importants.

Afin d'obtenir des assurances satisfaisantes quant à l'importance du rôle de l'Euratom, la délégation française s'efforce d'obtenir la consécration dans le Traité d'un premier programme quinquennal de recherche portant sur un montant total de 215 millions de dollars. Un groupe d'experts a d'ores et déjà arrêté les détails de ce plan. Le tiers de ce budget serait consacré au centre commun de la recherche. La délégation allemande marque de grandes réticences à s'engager dans cette voie.

En ce qui concerne les entreprises communes, la majeure partie de la somme prévue (30 millions de dollars par an) serait consacrée à l'usine de séparation isotopique si sa création était décidée. Sur cinq ans, c'est donc d'une somme de 150 millions de dollars qu'il s'agit, soit 60 milliards de francs. Or le coût de l'usine en question et de la centrale électrique destinée à lui fournir l'énergie nécessaire est environ trois fois plus élevé : les experts prévoient que le solde sera financé par les futurs utilisateurs de combustibles nucléaires, c'est-à-dire les producteurs d'énergie électrique.

Les problèmes posés par la gestion de ces différents budgets seront discutés cette semaine entre les six délégations, avec de notre côté la participation de représentants de la direction du Budget.

b) Euratom pour l'accomplissement de ces diverses tâches, sera amené à effectuer des transferts monétaires à l'intérieur de la Communauté, mais aussi à effectuer aux États-Unis d'importants achats de matériel ou de matériaux nucléaires.

Je compte défendre l'adoption d'un régime de change proche de celui de la Communauté du Charbon et de l'Acier : à l'intérieur de la Communauté, les transferts devraient être automatiquement autorisés par les États Membres lorsqu'ils seraient destinés à permettre l'accomplissement des tâches d'Euratom. Par contre les transferts pourraient être refusés quand il s'agirait seulement d'effectuer des placements temporaires de trésorerie.

Quant aux devises des pays tiers nécessaires aux achats de matériaux atomiques et de matériels, elles seront fournies par les États Membres, selon les cas, au prorata de leur contribution au budget commun, ou au prorata de leurs commandes à l'Agence de combustibles nucléaires.

M. Maurice Faure[39] quittera Paris pour rejoindre à Bruxelles ses Collègues, dès la fin du débat qui aura lieu à l'Assemblée nationale mardi et mercredi sur l'Euratom et le marché commun.

Les chefs des délégations se réunissent en effet à partir de jeudi pour préparer la Conférence des six ministres des Affaires étrangères qui se tiendra à Bruxelles les 26 et 27 janvier afin de régler les derniers problèmes en suspens (Algérie, Pays d'Outre-Mer, Agriculture).

Le Directeur des Finances extérieures

---

[39]   Maurice Faure est alors un jeune ministre radical, il est secrétaire d'État aux Affaires étrangères, il a la charge d'une négociation délicate, il y réussit, et à ce titre attache son nom aux traités de Rome du 25 mars 1957 que Guy Mollet lui laisse signer avec Christian Pineau, ministre des Affaires étrangères.

43 – Guy Mollet, un Européen convaincu

*Extrait d'un témoignage d'Émile Noël sur « Guy Mollet l'Européen ».
Source : publication de la Fondation Guy Mollet en 1977 intitulée « Témoignages, Guy Mollet : 1905-1975 » (p. 3-76) ; Reproduit avec
l'autorisation du Centre Guy Mollet (Paris).*

Ce témoignage d'Émile Noël, secrétaire général de la Commission des
Communautés européennes, un homme très proche de Guy Mollet est
largement vérifié par les travaux historiques récents fondés sur les fonds
des Archives européennes de Florence. Si Guy Mollet n'a pas réussi dans
tous les domaines, loin de là (Algérie, Suez, inflation), il faut lui rendre ce
qui lui revient dans le domaine européen : il a choisi, avec Maurice Faure
et Christian Pineau, en toute connaissance de cause, de faire entrer la
France dans l'Europe unie, ce qui supposait beaucoup de force de caractère et d'acuité politique en raison des diverses oppositions au projet.

*

[…] Dans sa déclaration d'investiture (31 janvier 1956)[40], Guy Mollet, Président
du Conseil désigné, annonce sa politique en phrases concises et ne laissant place
à aucune équivoque : « Le gouvernement entend obtenir avant l'été la conclusion
d'un Traité instituant Euratom ». « Le gouvernement est décidé à faire aboutir le
marché commun général dans des conditions qui assurent les transitions et les
adaptations nécessaires… Les mesures devront être prises, qui mettent les travailleurs à l'abri de tout risque qui résulterait de l'ouverture des frontières ». « Je
souhaite tout spécialement la présence de la Grande-Bretagne. Si celle-ci, en
raison d'autres préoccupations, ne pouvait accepter de devenir membre plein,
nous rechercherions des formes d'association qui devraient être beaucoup plus
étroites que celles qui ont été réalisées jusqu'à présent dans d'autres domaines ».
« Je conjure solennellement l'Assemblée de ne plus faire de l'idée européenne un
sujet de mésentente, mais d'en faire, au contraire un grand trait d'union ».

Ce programme sera réalisé de point en point. La délégation française dirigée par
Maurice Faure (Secrétaire d'État aux Affaires étrangères), sous l'autorité de
Christian Pineau (Ministre des Affaires étrangères), bénéficie de l'attention
constante du Président du Conseil qui suit très régulièrement le déroulement de la
négociation.

Il apparut très vite qu'il importait pour le succès de celle-ci, et plus généralement
pour conforter la relance européenne, d'assurer solidement les rapports franco-
allemands en apurant le contentieux laissé par l'échec de la CED. Le problème de
la Sarre était le reste d'une politique gaulliste qui, au lendemain de la guerre,
avait visé à la détacher de l'Allemagne. En liaison avec le Traité CED, la France
et l'Allemagne s'étaient mises d'accord pour que la Sarre reçût un « statut
européen ». L'échec de la CED vidait ce projet de sens et, à l'automne 1955, la
population sarroise, consultée par référendum, l'écartait et se prononçait massi-

---

[40] Voir le texte n° 32.

vement pour le rattachement à l'Allemagne. Depuis, les négociations entre les deux pays s'étaient embourbées dans les détails techniques.

En juin 1956, Guy Mollet et le Chancelier fédéral Konrad Adenauer, se rencontraient « au sommet » à Luxembourg. En une journée, les deux hommes, animés d'une identique volonté politique, débloquent les difficultés de la négociation sarroise ainsi que de certaines autres affaires pendantes (la canalisation de la Moselle, par exemple) et constatent l'étendue de leur entente sur le dossier européen. Cette entente sera décisive pour le progrès de la négociation communautaire.

Guy Mollet ressent également la nécessité d'ouvrir au Parlement un large débat pour en finir avec les réticences et les arrière-pensées qui pèsent sur la réalisation de sa politique européenne. Son appel, au cours du débat d'investiture, a certes été entendu, mais un appel ne suffit pas pour dissiper malaises et rancœurs laissés par le vote sur la CED. Et nos partenaires dans la négociation s'interrogent avec quelque raison sur la crédibilité des intentions françaises dans les négociations.

C'est en juillet 1956 que s'engage à l'Assemblée nationale le débat sur l'Euratom, le projet le plus politique et le plus délicat. Guy Mollet en dirige personnellement l'organisation. À son initiative, l'Assemblée entendra, procédure exceptionnelle, les deux meilleurs experts français, Francis Perrin, Haut commissaire à l'énergie atomique, et Louis Armand (alors Président de la SNCF) qui avait été un des promoteurs de la Communauté atomique. Ils s'expriment en complète indépendance et font la pleine lumière sur le dossier technique. Les Ministres exposent l'orientation de la négociation et les intentions du Gouvernement. À la fin d'une très ample discussion, Guy Mollet intervient. Il va conclure : chacun s'attend à ce qu'indirectement, au moins, il engage la responsabilité du Gouvernement, tant on le sait personnellement attaché à l'Euratom. Mais non. Que déclare-t-il ? Je ne peux admettre que certains votent pour ou s'abstiennent aujourd'hui, pour des motifs de politique générale, tout en étant fermement décidés à voter contre demain. Notre débat perdrait alors toute sa signification.

« C'est pourquoi… je demande à chacun de vous de prendre sa responsabilité entière, de se prononcer sur la politique européenne du Gouvernement, sur Euratom, en toute liberté, en conscience, en fonction de sa conception de l'intérêt national. Pour moi, quelle que soit la décision de l'Assemblée, je l'accepterai et je la ferai appliquer ».

Sensation dans l'Assemblée. La motion favorable à Euratom est votée à une large majorité. De ce jour-là, la présence du fantôme de la CED ne pèsera plus sur les débats européens de l'Assemblée nationale.

Les négociations Euratom-marché commun (que nos partenaires avaient préféré joindre, plutôt que de régler d'abord l'Euratom) touchent à leur fin. Elles trébuchent sur l'association des pays et territoires d'Outre-Mer (français, belges et néerlandais) à la Communauté économique. Guy Mollet et Gaston Defferre y attachent une extrême importance. Au-delà de la situation présente, ils y voient la possibilité de nouveaux rapports, d'une nouvelle solidarité entre ces pays, appelés à devenir indépendants (la loi-cadre, première étape, vient d'être votée) et l'Europe unie. Pour arracher leur accord, Guy Mollet n'hésite pas à réunir à Paris les cinq autres chefs de Gouvernement et leurs ministres des Affaires étrangères : c'est le premier « sommet » des Six (février 1957). Le mois suivant les Traités européens sont signés à Rome. Ils entraient en vigueur dès le 1er janvier 1958.

Il faut souligner ici, tant l'application de ces Traités a été faussée par la suite, que, dans la droite ligne du Traité CECA, les Traités de Rome (Euratom et CEE) établissaient des Institutions indépendantes et notamment une Commission (Exécutif) de caractère nettement politique, et dotée de pouvoirs étendus, ainsi qu'une assemblée au rôle renforcé, et fondaient le fonctionnement du Conseil des Ministres sur des décisions majoritaires, qui devaient devenir la règle avant même la fin de la période de transition prévue pour la mise en place du marché commun.

Dans le débat d'orientation à l'Assemblée nationale sur le marché commun général (janvier 1957), Guy Mollet n'avait pas caché sa position. À des députés qui demandaient que l'unanimité soit la règle au Conseil des Ministres pour ce qui est de l'agriculture, il répond : « L'abus de l'unanimité, c'est-à-dire le veto, c'est l'immobilisme, c'est la paralysie. Ce serait rendre le pire service à l'agriculture française et européenne que vouloir la plier de manière systématique et permanente aux exigences de l'unanimité. Si l'unanimité peut être justifiée pour les questions essentielles, particulièrement dans les premières années de la Communauté, c'est à l'élimination de ce veto paralysant qu'au contraire nous devons tendre ».

Comme l'avait voulu Guy Mollet, la porte était également laissée ouverte à la Grande-Bretagne. Une possibilité d'association est prévue. En proposant de combiner le marché commun à une zone de libre-échange plus large, l'Angleterre fait alors les premiers pas (avec beaucoup de réticence encore) sur la voie qui la conduira quatre ans plus tard (juillet 1961) à demander, pour la première fois, son adhésion aux Communautés…

44 – La prudence mendésiste sur l'unité européenne

*Lettre de Pierre Mendès France à André Istel, inspecteur des fi-
nances, installé aux Etats-Unis, 27 février 1957. Le nom du destinataire
est barré. A-t-elle été envoyée ? Source : Archives de Pierre Mendès
France. Ce document est une copie. Reproduit avec l'autorisation de
l'Institut Pierre Mendès France (Paris).*

*

27 février 1957

Mon cher Ami,

... Je sais combien il est difficile de parler avec les Américains du problème
européen et de l'intégration des différents pays européens. Ils sont enclins par
attachement traditionnel à la constitution de larges unités politiques et économiques, à soutenir n'importe quelle solution, n'importe quelle formule, avec la
conviction que les inconvénients à la longue disparaîtront. Ils ne tiennent pas
assez compte de ce que certaines formules maladroites sont susceptibles de
provoquer, à court terme, des réactions sociales extrêmement vives et d'apporter
ainsi de l'eau au moulin communiste. Si nous entrons dans le marché commun,
avec les modalités actuellement proposées et si, à la suite de certaines évolutions
économiques toujours possibles, il en résulte dans les prochaines années un demi-
million ou un million de chômeurs en France, il est facile de prévoir aujourd'hui
quelles seront leurs réactions psychologiques et quelles seront les conséquences
s'ils donnent finalement leur adhésion et surtout leur bulletin de vote au Parti
Communiste lors des élections. Il sera un peu tard, à ce moment, pour
s'émouvoir.

J'ai toujours soutenu, pour ma part, que l'intégration européenne correspondait à
une utilité profonde mais qu'elle devait être entreprise selon certaines modalités
et avec des précautions que je crois indispensables. Sinon nous risquons les plus
graves inconvénients, ceux que j'ai fait ressortir dans mon dernier discours[41]. Je
vous en adresse, d'ailleurs sous ce pli, un exemplaire. Vous verrez que je ne suis
pas animé, dans cet exposé, par un esprit borné ou rétrograde, mais par le désir
d'éviter, coûte que coûte, des inconvénients tellement graves qu'ils dépassent de
beaucoup les avantages que l'on peut attendre de la création du marché commun
lui-même.

En tous cas, je vous suis reconnaissant de m'avoir mis en garde à ce sujet. Je
m'efforcerai, dans l'avenir, de me faire comprendre de mon mieux, malgré les
difficultés auxquelles on se heurte dès qu'on parle de ce problème. La Presse
française, en tous cas, est actuellement orientée d'une manière quasiment monoli-
thique à ce sujet et elle déforme, avec une extraordinaire mauvaise foi, toutes les
prises de position qui ne sont pas celles de M. Monnet et de ceux qui travaillent
pour son compte ou sous sa direction occulte.

Bien amicalement à vous

P. Mendès France

---

[41] Discours à l'Assemblée nationale du 18 janvier 1957.

45 – Le débat Mendès France-Uri,
sur les traités de Rome (juillet 1957)

Correspondance entre Pierre Uri et Pierre Mendès France, été 1957.
Source : Archives de Pierre Mendès France. Reproduit avec l'autorisa-
tion de l'Institut Pierre Mendès France (Paris).

Il s'agit ici d'une correspondance exceptionnelle entre Pierre Mendès France et Pierre Uri, un proche de Jean Monnet, directeur à la CECA et co-auteur du rapport Spaak présenté aux Six à Venise, fin mai 1956. Mendès France s'efforce de préciser ses critiques contre le marché commun qu'Uri tente, avec brio, de réfuter. Il ne faut pas se laisser abuser par l'aspect technique des lettres, mais apprécier les arguments de l'un et de l'autre. Le marché commun est une aventure pour la France dans laquelle on ne s'engage qu'avec les moyens de vaincre les difficultés. Trop libéral, il écrasera les économies faibles au profit de l'Allemagne. Uri conteste cette position, le traité offrant aux Européens les moyens de coordonner leurs économies. Cet échange de correspondance se place après le vote à l'Assemblée nationale pour les traités en juillet 1957.

*

Lettre 1
Paris le 9 juillet 1957

Monsieur le Président
J'ai écouté avec une attention passionnée votre discours à l'Assemblée sur le marché commun.
J'ai eu l'occasion d'en discuter avec Georges Boris. J'ai consigné mes principales remarques et objections par écrit. Je me fais un devoir de vous les transmettre.
Quoique le traité n'ait pas repris sur tous les points le rapport Spaak, dont j'étais le principal auteur (sur la Banque d'Investissements il n'y a pas, en réalité de grandes différences), je crois qu'il répond essentiellement à la même inspiration. Et je me disais que cette acceptation d'une contrainte extérieure, pour mettre à nu certaines absurdités ou certaines impossibilités économiques, et la reconnaissance qu'on ne peut s'en remettre simplement aux automatismes d'assurer l'équilibre ou le développement, constituait une synthèse politico-économique qui méritait de rencontrer votre approbation.
Je vous prie d'agréer, Monsieur le Président, l'expression de mon respectueux dévouement.
Pierre Uri
Monsieur Pierre Mendès France
23 rue du Conseiller Colignon
Paris XVIe

*

Lettre 2

JF

13 juillet 1957

Cher Monsieur et Ami

J'ai bien reçu votre lettre du 9 juillet et la note qui y était jointe[42]. Je m'excuse de ne pas pouvoir revenir sur les diverses indications qui y figurent et qui ne m'ont pas complètement convaincu.

Lorsque j'ai opposé la situation de la France et de l'Italie à la situation de l'Allemagne et des pays du Benelux, je me suis naturellement (et je l'ai dit) exprimé d'une manière sommaire et schématique. Il est donc possible comme vous l'écrivez, que dans tel domaine, par exemple en matière agricole, on ait pu constater, de la part de tel de ces pays, des attitudes qui ne correspondent pas dans le détail à ce que j'ai indiqué. Mais d'une manière générale et spécialement pour les problèmes industriels et sociaux, le résumé que j'ai proposé au début de mon discours me semble correspondre à l'état d'esprit dominant chez les divers participants au marché commun.

De même, je ne crois pas m'être beaucoup trompé quand j'ai indiqué, après la Commission Économique Européenne[43] que le développement auquel nous allons assister, favorisera la vallée du Rhin. J'ai bien vu les raisons que vous avez mentionnées dans votre note et qui vous semblent aller à l'encontre de ce pronostic. Je connais l'argument de la « saturation » de la Ruhr. Je ne crois pas que cet argument soit valable pour l'ensemble de la Vallée du Rhin où subsistent encore de larges zones qui sont loin d'être saturées. Au surplus, si la densité devient trop forte dans certains secteurs, l'expansion prendra la forme d'une tache d'huile plutôt que d'un essaimage. C'est ce que l'on a constaté aux États-Unis où toute la région de l'Est tend à s'industrialiser de plus en plus jusqu'à constituer bientôt une sorte d'immense cité, la Mégalopolis de Jean Gottmann[44]. Le même phénomène se reproduira dans la région du Rhin et la tache d'huile s'étendra vers l'Est allemand, vers le Nord Hollandais et allemand et naturellement aussi vers la Lorraine française et au-delà. M. Apse[45] avec son large plan de construction de logements sait certainement très bien à quoi s'en tenir.

Les renseignements parcellaires vont bien dans le même sens. Vous écrivez par exemple que l'industrie atomique pourra s'installer n'importe où et pas forcément dans la Région du Rhin. Or, cette question a été posée aux experts devant les Commissions Parlementaires notamment par des Députés qui songeaient au développement du Sud-Ouest et à l'utilisation du gaz. On leur a donné toute une

---

[42] Cette note n'est pas publiée. La réponse de Pierre Mendès France suffit à en faire comprendre les principaux éléments.

[43] Il s'agit de la CEE-ONU, une organisation régionale des Nations unies dont le siège est à Genève. Fondée en 1947, elle regroupe tous les pays européens membres de l'ONU mais elle n'a pas de pouvoirs réels par rapport aux puissantes organisations européennes nées de la guerre froide.

[44] Auteur célèbre pour avoir analysé le phénomène d'urbanisation du Nord-Est américain, il écrit en 1961 un ouvrage de synthèse intitulé *Megalopolis, or the Urbanization of the Northeastern Seaboard*, New York, The Twentieth Century Fund, 1961.

[45] Ne s'agit-il pas plutôt de Hermann-Joseph Abs, président de la Deutsche Bank ?

série de raisons techniques pour justifier l'installation de l'industrie de l'énergie atomique à proximité immédiate du Rhin.

Dans le domaine agricole, mes préoccupations restent vives bien que j'ai, je l'ai appris après mon discours, fait une petite erreur lorsque j'ai mentionné l'organisation des marchés. Je croyais que l'on faisait ainsi référence aux Pays exportateurs ; j'ai appris et votre note me le confirme que ce sont les Pays importateurs qu'il faut considérer. Mais pas n'importe quels pays importateurs. Ce sont ceux qui comportent une organisation du marché assurant aux producteurs des débouchés pour leurs marchandises d'origine nationale. Dans ces conditions, seul un petit nombre de produits agricoles pourront bénéficier du système, à supposer d'ailleurs que les contrats soient finalement signés, ce qui n'est pas certain.

De toute manière les quantités seront faibles et je maintiens que la référence basée sur les années 1955, 1956 et 1957 nous est très défavorable. Vous me dites que si 1957 n'est favorable que dans la deuxième moitié, il doit en être de même en sens contraire pour 1956. Cet argument n'est pas valable. Dès que les sinistrés agricoles de 1956 ont été connus, c'est-à-dire dès le mois de février, il est certain que nous avons limité systématiquement nos exportations. C'est toute l'année 1956 et non pas la moitié de l'année qui a été catastrophique, les statistiques mensuelles le prouvent. Par contre, on peut dire sans risque d'erreur que le deuxième semestre 1957 ne sera pas extrêmement favorable même si des marchandises sont disponibles. Les producteurs, les intermédiaires vont avoir à reconstituer les stocks ordinaires qui ont été réduits anormalement en 1957. Les quantités disponibles pour l'exportation ne seront donc pas aussi considérables qu'on peut le croire.

Au surplus, lorsque vous dites que cette référence est non seulement une base de départ et qu'il y aura par la suite un accroissement des quantités, vous négligez la mention expresse qui figure dans le traité et en vertu de laquelle on devra tenir compte des courants commerciaux traditionnels. Ainsi donc, lorsqu'un pays importateur développera ses achats, il le fera sur la base des courants habituels. Nos exportations pourront donc progresser lentement, mais ni plus ni moins que celles en provenance des Pays Étrangers à la Communauté.

J'ai été très intéressé par ce que vous avez écrit de ce que vous appelez ma solution de remplacement. Je n'avais pas l'ambition en quelques minutes, à une heure du matin, de développer vraiment une solution de remplacement. Mais, j'étais agacé de m'entendre toujours dire : « On ne peut pas ne rien faire ; que proposez-vous ? » J'ai donc voulu marquer très rapidement dans quelle direction on aurait pu à mon sens travailler.

Je continue à croire qu'il aurait fallu utiliser une première période pour créer des bases saines en vue du futur marché commun. L'égalisation des conditions de la production et du commerce était à mon sens un élément fondamental. Je ne parle pas seulement de l'harmonisation des charges sociales, je pense d'une manière générale à tout ce qui crée une très grande disparité entre les Pays qui vont entrer en compétition ; cette disparité étant hélas ! presque toujours dirigée contre nous. Les charges de la guerre d'Algérie sont incompatibles avec une concurrence saine entre les Pays Participants ; il fallait donc attendre qu'elles aient disparu. Le surcroît de nos charges militaires, l'insuffisance de nos investissements, etc. tout cela méritait d'être remis en place de telle sorte que la compétition au moment où elle aurait commencé, se serait développée dans ces conditions saines.

Mais surtout, j'attachais une importance toute particulière au développement d'une politique coordonnée des investissements. Je crois que si pendant un certain nombre d'années les investissements fondamentaux avaient été étudiés en commun et réalisés en commun, si l'on avait évité des doubles emplois et des gaspillages, si l'on s'était employé ensemble à pallier les pénuries communes, on aurait eu rapidement une base telle que l'intégration pouvait se faire sans inconvénient et sans souffrance.

On préfère employer une autre procédure, de nature orthodoxe et libérale. On démantèlera progressivement les barrières douanières et on compte sur la sélection naturelle pour que les productions les plus saines se poursuivent et se développent tandis que les entreprises les plus faibles devront s'arrêter. C'est justement cette méthode qui valait peut-être au 19ᵉ siècle qui me semble comporter des risques extrêmes au point de vue politique et je pense qu'il aurait mieux valu les éviter.

À vrai dire, ce débat a un caractère assez théorique. En fait, je suppose que le marché commun ne verra jamais le jour. Je veux dire que la suppression des barrières douanières et des contingents ne se fera pas. Lorsque l'on s'apercevra que la France, en raison de certaines circonstances structurelles et surtout en raison des erreurs qu'elle a accumulées, ne peut pas faire face au marché commun, on lui donnera, je n'en doute pas toutes les autorisations nécessaires. Et les barrières douanières et les contingents subsisteront. Mais, ces autorisations ne seront pas données gratuitement. Nos partenaires se feront chaque fois payer. Et c'est ainsi que le traité n'aurait peut-être servi qu'à leur donner barre sur nous, à leur donner le moyen de peser sur nos décisions, sur notre politique économique nationale. Je ne suis pas sûr que le moment venu nous serons très heureux de la situation dans laquelle nous nous serons placés.

Veuillez croire, Cher Monsieur et Ami, à l'expression de mes sentiments les meilleurs et les plus dévoués.

Monsieur Pierre Ury

CECA

Luxembourg

PS : En ce qui concerne la mise en route de la nouvelle réglementation du marché commun, je n'ai pas très bien compris votre argumentation et je vous adresse sous ce pli une petite note sur l'article 31 du Traité. Je pense que sa conclusion y est difficilement contestable.

*

Lettre 3
Communauté Européenne   Luxembourg le 26 juillet 1957
Haute Autorité du Charbon et de l'Acier

Division de l'Économie
ref N° PU : cr P. J.

Monsieur le Président

Je vous suis infiniment reconnaissant de la peine que vous avez prise de faire à ma note cette réponse approfondie et détaillée.

Je ne voudrais que relever le jugement final qui ne me paraît pas rendre justice à la véritable orientation du traité : on peut dire qu'il est libéral en ce sens... qu'il tend à élargir la zone de concurrence. Il l'est aussi, si l'on veut, en un sens qui me paraît heureux car l'adaptation au marché commun est difficilement compatible avec un système complètement rigide où, entre les garanties de prix et les blocages, disparaissent tous les critères valables pour déterminer les activités les plus compétitives ou celles qui doivent être développées : en d'autres termes, il s'agit d'écarter un certain type de dirigisme, qui, au lieu d'utiliser les mécanismes économiques, se croit obligé de les nier ou de les enrayer.

En revanche, est-ce une solution purement libérale que celle qui institue une banque d'investissements pour éviter certains phénomènes cumulatifs de divergence dans le développement des entreprises ou des régions ; qui crée un fonds social pour veiller au réemploi productif des travailleurs, qui établit non seulement des règles de concurrence mais des procédures de correction des distorsions ; qui distingue entre les déséquilibres de balance des paiements relevant du taux de change et ceux qui exigent une action complexe au bénéfice de crédits internationaux ? qui, enfin, exige une politique agricole positive et une politique de conjoncture active ?

Une coordination préalable, en quelque sorte *a priori*, des investissements me paraît au contraire difficilement concevable sans savoir par expérience comment évolueront les structures de la production dans les différents pays sous l'effet même d'un établissement progressif du marché commun. Il y a un domaine où une politique coordonnée doit être prévue, comme une des conditions du développement de ce marché commun : c'est celui de l'énergie ; une décision des ministres des Affaires étrangères a demandé à la Haute Autorité de faire des propositions pour aboutir à une politique coordonnée dans ce domaine.

La solution purement libérale, c'est la proposition britannique pour la zone de libre-échange, et le signe le plus net que le traité du marché commun s'en écarte pour tenter une synthèse neuve, c'est la difficulté de concilier cet ensemble complexe et le libéralisme rudimentaire des propositions britanniques.

Je vous prie d'agréer, Monsieur le Président, avec mes remerciements, l'expression de mes sentiments les plus respectueusement dévoués.

signé : Pierre Uri
Monsieur Pierre Mendès France

23 rue du Conseiller Collignon
Paris 17

*

Lettre 4
5 août 1957

Cher Monsieur,

Je vous remercie de la peine que vous avez prise de m'envoyer votre lettre du 26 juillet. En fait, je vois que nous ne sommes pas aussi éloignés qu'on pourrait le croire puisque vous ne contestez guère la réalité des faits et des affirmations que j'avais rappelées dans ma précédente correspondance. Mais il reste une sorte d'optimisme *a priori* dont vous me donnez de nouveaux exemples. Vous écrivez par exemple que la Banque d'investissements évitera certains phénomènes cumulatifs de divergence dans le développement des entreprises et des régions ; j'en doute fort comme je l'ai dit à la tribune de l'Assemblée nationale. Vous mentionnez également le développement d'une politique agricole positive commune ; là encore, je suis moins rassuré que vous. Les événements nous départageront. Je souhaite de tout cœur constater à ce moment que je me suis trompé.

À vrai dire, si j'avais à formuler un pronostic, je dirai qu'à mon avis il n'y aura probablement pas de vrai marché commun, je veux dire que les barrières douanières, les contingents, etc. ne seront pas abolis. Les traités comportent d'ailleurs des dispositions que vous connaissez mieux que moi et qui permettent de solliciter toutes les autorisations, exemptions, dérogations qui seront nécessaires. Le changement résultant du traité sera probablement celui-ci. Pour obtenir ces autorisations, nous devrons chaque fois comparaître devant l'autorité supranationale et elle ne nous donnera pas satisfaction gratuitement. Car je ne crois pas à la philanthropie sur le plan international. Chaque fois nous aurons à souscrire à telle ou telle exigence ou à telle ou telle condition sous prétexte d'assurer notre bonheur, malgré nous-mêmes ! Comme je suis persuadé, pour ma part, que l'on recherchera beaucoup plus le progrès et le bonheur de tel de nos partenaires plus puissants que le nôtre, je ne cesse pas d'être inquiet.

Veuillez croire, Cher Monsieur, à l'expression de mes sentiments les meilleurs et les plus dévoués.

Monsieur Pierre Ury[46]
Communauté Européenne
du Charbon et de l'Acier
Division de l'Économie
Luxembourg

---

[46] Mendès France s'obstine à écrire ainsi le nom de Pierre Uri.

46 – Pierre Uri et les opposants aux traités de Rome

*Extrait d'un entretien entre Pierre Uri et Gérard Bossuat, le
20 décembre 1985. Sources : bande son déposée aux Archives nationales,
section contemporaine par l'Institut Pierre Renouvin, Paris-I-Panthéon-
Sorbonne ; transcription p. 55-57.*

Pierre Uri est l'auteur avec Von der Groeben du rapport Spaak, présenté à la Conférence de Venise des Six de mai 1956. Uri vient de
l'équipe Monnet du Plan de modernisation puis exerce des fonctions de
directeur à la Haute Autorité de la CECA. En 1956, il est le conseiller de
P.-H. Spaak, président du CIG créé après la conférence de Messine de
juin 1955. Interviewé en 1985, mi-ironique, mi-hâbleur, soucieux de bien
paraître pour l'histoire, Pierre Uri se plaît à évoquer les opposants aux
traités de Rome, Mendès France, de Gaulle et Debré.

*

Q. *Alors, à l'époque, entre 1956 et 1957, c'est-à-dire au moment où le Traité de
Rome a été signé, quels sont les hommes politiques qui, en France, se sont
manifesté soit par leur volonté de soutenir cette création, soit au contraire par
leur opposition systématique ? Tout à l'heure, vous m'avez parlé un peu de
Debré. Je ne sais pas si vous avez envie d'en reparler ?*
U. Ah, les positions de de Gaulle et de Debré ! De Gaulle a failli s'exprimer. La
confidence, je la tiens de Pinay, Antoine Pinay.
[...]
U. Oui, oui. Avant la ratification du Traité de Rome, Pinay avait vu de Gaulle qui
lui a dit de son ton altier : « Le marché commun ne sera pas ratifié, parce que de
Gaulle est contre ». Et je tiens, discrètement, de Pompidou et de Couve que de
Gaulle voulait retirer la signature de la France. Je ne pense pas que Lacouture le
dise. Autant que je sache, c'est Pompidou qui lui a dit que ce n'était pas possible,
alors voilà la vraie position de de Gaulle. De même qu'on a découvert après ça
que c'est lui qui avait réconcilié la France et l'Allemagne en faisant l'accord avec
Adenauer. Je veux dire qu'ayant vécu la déclaration Schuman et pour cause, et
ayant vu ce qui s'était passé en 8 jours, l'idée que c'est de Gaulle qui a réconcilié
la France et l'Allemagne, ça me rend un tout petit peu enragé. Monnet a vu de
Gaulle, l'a vu une fois, et de Gaulle lui a dit (c'est étonnant) : « J'avais sous-
estimé la portée politique de ce qui avait été fait ».
Q. *À propos du marché commun ou à propos du Plan Schuman ?*
U. À propos du Plan Schuman et du Traité. De Gaulle venu au pouvoir, Monnet a
été le voir une fois (je ne crois pas qu'il l'ait vu une autre fois) et il m'a raconté
que de Gaulle après avoir eu cette réaction, de même il était pour l'Algérie
française et il a changé de position. Il était contre le marché commun, et je sais
maintenant qui a empêché de Gaulle de faire cette folie. Ensuite je trouve qu'il a
démoli l'Europe avec son histoire de Luxembourg, la chaise vide ! On en a vu les
conséquences, mais il s'est aperçu que ce qu'on avait fait, ce n'était pas ce méli-
mélo de charbon et d'acier dont il avait parlé. Vous vous rappelez cette citation ?

Et il a avoué (il ne l'a pas écrit) mais il a dit à Monnet : « J'avais sous-estimé la portée politique ».

En ce qui concerne Michel Debré, c'est quand il était au Parlement européen. Il était absolument déchaîné. En particulier il y avait eu un débat au moment où nous étions en train de faire le Traité de Rome. Et c'est Spaak qui l'a largement remis à sa place en disant : « Est-ce que vous êtes sûr d'avoir raison tout seul ? ». Et j'ai rencontré Debré... je le connais depuis l'âge de 18 ans. Nous avions un ami commun. Oui, j'avais un ami intime, mon camarade de classe, qui a été très jeune agrégé de Droit Civil. Et comme il était très jeune on l'avait mis plus ou moins en queue de liste, et on l'avait envoyé à Hanoi. Et il a été tué dans les combats contre les Japonais, à 26 ans. Et il avait connu à la faculté de Droit Debré et Jeanneney, si bien que par lui je connaissais Debré et Jeanneney depuis l'âge de 18 ans. Donc je connaissais Debré... j'ai dû aller à son mariage... En revanche, en ce temps-là on ne se tutoyait pas si facilement. Je ne tutoie ni Debré, ni Jeanneney, on ne s'appelait même pas par nos prénoms. Je crois que je l'appelle Michel maintenant. Je le rencontre une fois, nous avions le même éditeur. Je crois que c'était chez Plon. Il venait voir quels étaient les comptes rendus de presse de son bouquin pendant que moi j'étais en train de faire le service de presse du mien. Alors je lui dis : « nous nous opposons complètement sur l'Europe ». Alors il me dit : « Moi je crois au marché commun ». Je lui dis : « C'est drôle, vous avez parfaitement pris position contre ». « En revanche, je vous signale, je considère la supranationalité comme une farce ». Je lui dis « Écoutez, Debré, c'est vous qui l'avez inventée, vous ne vous rappelez pas un livre qui s'appelait *Projet d'union d'États, Michel Debré – 1948* ? Vous voulez que je vous le cite ? ». Je dois dire que Debré je l'estime.

Q. *Ne signait-il pas sous un autre nom ?*

U. Ah, il avait signé un premier bouquin « Jacquier Bruère » dans un livre qu'il avait fait en commun avec Emmanuel Monick. Mais en revanche, le Projet d'union d'États est parfaitement signé par Michel Debré. Et on y lit des phrases comme celle-ci : « L'élection d'un parlement au suffrage universel, pas demain, tout de suite ». On y lit « Ce parlement élira un arbitre ». Vous savez la portée de ce mot dans la Constitution dont il est largement l'auteur, pas le seul, parce qu'il a fallu le modifier, il y avait des tas de folies dedans – et qui formera un gouvernement ? Et puis cette phrase superbe : « Il est temps de sortir de nos Provinces, je veux dire de nos Nations ». Alors, il se trouve que j'avais le bouquin – vous savez qui me l'a donné ? Denis de Rougemont, et j'en ai fait, comme vous le voyez, bon usage, puisque je peux vous en faire des citations particulièrement percutantes, qui justifient ce que [dit] Poniatowski, qui quelque fois a de bons mots, des « sincérités successives ».

Q. *Est-ce qu'il y a d'autres ténors de l'anti-européanisme à l'époque en 1956-1957 ? Les ministres ? Vous n'en parlez pas ? Il n'y a pas de bons mots qui traînent ?*

U. On a eu très peu d'opposition. Parce que ce que nous avions eu surtout comme opposition ça avait été la sidérurgie pour le Plan Schuman, et des députés payés par elle. Il y en avait qui avaient réellement fait des discours scandaleux à l'Assemblée. Et le Sénat, ça c'était passé beaucoup mieux, enfin en particulier on avait fait jouer un vieux Monsieur qui s'appelait Pernot, qui était un extraordinaire orateur et qui avait emporté l'adhésion du Sénat. Ça se passait vers deux heures du matin. J'avais des raisons d'avoir sommeil parce que j'avais passé deux nuits.

Q. *Là vous parlez de la discussion sur la CECA ?*

U. La CECA ! Pour le marché commun, la difficulté était Mendès. Et il a vraiment fallu que je fasse le mémorandum qui a permis que réparti entre plusieurs autres députés on y réponde, et pour préparer la réponse du gouvernement.

Q. *Simplement vous n'avez peut-être pas suffisamment rendu compte de la rencontre que vous avez eue avec lui à Louviers. Vous m'avez dit tout à l'heure que vous étiez arrivé à 8 heures du matin et que vous étiez reparti le soir à 8 heures aussi.*

U. 10 heures, à 10 heures… Là alors on a dû refaire le monde !

47 – L'Europe et le Commonwealth

Note de G. Paul-Boncour au président Ramadier du 28 juin 1956.
3 pages, signature manuscrite. Source : Fonds de Paul Ramadier, 52
J 113. Reproduit avec l'autorisation des Archives départementales de
l'Aveyron (Rodez).

Cette note de Guillaume Paul-Boncour, conseiller technique au cabinet de Paul Ramadier, laisse percevoir la permanence en France d'un courant qui croit fermement à la possibilité d'un accord entre la Grande-Bretagne et le continent, de type Troisième Force. Mais les occasions n'avaient-elles pas été manquées déjà en 1949 ? Il y a du rêve dans cette note, appuyée sur des articles de journaux, que le projet britannique de zone de libre-échange à l'OECE viendra ruiner puisqu'il exclurait les territoires britanniques d'Outre-Mer et le commerce des produits agricoles.

*

Ministère	Paris, le 28 juin 1956

des Affaires économiques et financières
Cabinet
N 230 G. P. B/jml

Note au sujet des liens politiques et économiques à établir éventuellement entre le Commonwealth et l'Europe

Monsieur le Président

Encore qu'il ne s'agisse pour l'instant, que d'un dessein qui s'ébauche à peine, il me paraît pourtant souhaitable que vous en ayez connaissance, compte tenu de l'importance de ses implications s'il venait à se préciser, à se réaliser.

En effet comme vous l'indiqueront les articles joints l'un paru dans le *Figaro* du 20 juin 1956, et l'autre dans le *New York Times* du 8 février 1956, et dont depuis longtemps j'avais eu l'intention de vous parler, mais sans en trouver l'occasion propice, le plan, qui serait à l'étude à un niveau administratif élevé en Grande-Bretagne, envisagerait suivant des formes et par des moyens encore à déterminer, une union politico-économique entre le Commonwealth et l'Europe.

Il est évidemment inutile m'adressant à vous, Monsieur le Président, de développer les conséquences que pourrait avoir une telle union sur les plans politiques et économiques, puisqu'elle aurait pour effet de créer en notre actuel monde bipolaire, sur les plans en question, une troisième force d'une qualité et d'une puissance égales aux deux existantes.

Traitant de cette question sur un plan restreint, mais qu'il se trouve connaître, l'ex-conseiller commercial près la Légation de France en Nouvelle-Zélande, se permettra d'ajouter qu'une forme d'union ou d'entente économique entre la France et les pays du Commonwealth, qui impliquerait la disparition ou à tout le moins une réduction très accentuée de la préférence impériale, aurait pour effet de faciliter singulièrement le développement des exportations françaises sur certains de ceux-ci, donc d'atténuer le si lourd déficit que présentent les échanges de la France avec la zone sterling.

À titre d'illustration de ce qui précède, j'indiquerai que par exemple en Nouvelle-Zélande, une voiture automobile de provenance anglaise paye 15 % de droits de douane, une voiture de provenance européenne ou américaine 50 % soit à la base une différence de 35 % qu'augmentent progressivement par la suite les taxes et les marges bénéficiaires officiellement fixées.

Il n'est point besoin d'ajouter que l'adoption d'un tel plan représenterait un véritable renversement d'une politique anglaise traditionnelle, et suivant laquelle la Grande-Bretagne se considère comme la tête et le cœur du Commonwealth, dont elle assurait la guidance sur les plans politiques et culturels sinon en fait humains et moraux, qu'elle irriguait par ses apports sur les plans financiers, économiques et techniques.

C'est au reste cette attitude, cette action traditionnelle, qui peuvent rendre sceptique quant à l'adoption d'une politique aussi révolutionnaire.

Mais il est possible, comme l'indiquent les articles joints, que la Grande-Bretagne se rendant compte de faiblesses, dans le passé inexistantes, souhaite créer une troisième force, dont elle escompterait devenir un des, sinon l'élément dirigeant.

Un incident récent a fait apparaître une de ses faiblesses, celle concernant les possibilités de financement aujourd'hui limitées de la Grande-Bretagne, dont de ce fait le Gouvernement n'a pas cru devoir s'opposer à la prise de contrôle par une société pétrolière américaine, d'une importante société anglaise de l'Île de la Trinité[47], faute d'être à même, de pourvoir en lieu et place de la première société, aux investissements massifs, que celle-ci offrait et qui s'avéraient nécessaires.

De plus comme l'indique l'article du *Figaro* et comme j'avais pu le constater en ma résidence antérieure le quasi-unilatéralisme sur lequel, dans une large mesure, reposent souvent les accords d'Ottawa, qui ont créé la préférence impériale, n'est point sans soulever de plus en plus de protestations des partenaires de la Grande-Bretagne. Tel est du moins dès aujourd'hui le cas en Australie, tel il pourra l'être demain en Nouvelle-Zélande, que la cessation des contrats d'achats à long terme par la Grande-Bretagne, de ses viandes et produits laitiers, amène à sortir de sa dévotion filiale à l'égard de la « mère patrie » et à réexaminer les nature et structure des liens économiques qu'elle entretient avec celle-ci.

Revenant sur le plan financier, à propos de l'Australie, il peut être utile d'indiquer que durant ces dernières années ce pays a été amené à s'adresser aux États-Unis pour se procurer les capitaux dont il avait besoin, pour le rapide développement économique auquel il procède depuis la guerre et qu'appuie une immigration massive, marquant elle aussi, un renversement complet de l'attitude antérieure.

Il semble donc, encore qu'il ne faille point en exagérer l'ampleur, que des forces centrifuges se développent à l'intérieur d'un Commonwealth dont la cohésion, tend à être maintenue, depuis que la Grande-Bretagne ne gouverne plus les « vagues », sur le fonctionnement de la zone sterling qui représente aujourd'hui

---

[47]   Antilles britanniques.

l'avantage le plus immédiatement valable et concret de cette organisation, non organisée, qui repose sur un processus de consultation, entre gens qui ont eu jusqu'ici, des approches sensiblement du même ordre quant aux questions à traiter, aux décisions à prendre, sur la bonne foi des partenaires et la confiance qu'ils peuvent donc, se faire réciproquement.

Encore uns fois, cette note n'a pour but que d'attirer l'attention sur des éventualités encore des plus incertaines, mais qui méritaient d'être connues, du fait de l'ampleur des implications, qu'elles seraient susceptibles d'avoir, si elles venaient à se réaliser.

G. Paul-Boncour

48 – Ramadier et la zone de libre-échange

Réponse du 16 décembre 1956, de Paul Ramadier à Harold Macmillan, chancelier de l'Échiquier, sur une zone de libre-échange. La note signée de Philippe Huet, chef de cabinet de Ramadier, est transmise au Quai d'Orsay, chargé d'en informer les Britanniques. Les documents sont des copies. Source : fonds de Paul Ramadier, 52 J 115. Reproduit avec l'autorisation des Archives départementales de l'Aveyron (Rodez).

Paul Ramadier reste un très chaud partisan d'une zone de libre-échange avec les Britanniques et les pays européens hors du marché commun, alors que le projet de marché commun à six, qu'il n'aime pas, est en train d'aboutir.

*

16 décembre 1956
Le Ministre des Affaires économiques à
Monsieur le Ministre des Affaires étrangères

J'ai l'honneur de vous adresser ci-joint le texte de la réponse à la communication de M. Macmillan, relative à l'établissement d'une zone de libre-échange en Europe.
Je vous serais obligé de bien vouloir la faire remettre au Chancelier de l'Échiquier par l'Ambassade de France en Grande-Bretagne, de la même manière que nous a été transmise la communication de M. Macmillan.
Signé : Huet

Ministère des Affaires économiques et financières   Paris le 16 décembre 1956

Monsieur le Ministre

J'ai l'honneur d'accuser réception de votre communication relative à l'établissement d'une zone de libre-échange partielle en Europe entre les pays membres de l'OECE en liaison avec l'Union douanière qui fait actuellement l'objet des négociations de la conférence de Bruxelles.
Votre communication a retenu toute mon attention. Elle a été examinée par le Comité des Chefs de délégations à la Conférence de Bruxelles au cours de la séance que ce dernier a tenue le 6 décembre 1956.
En ce qui concerne l'association éventuelle des territoires d'Outre-Mer au marché commun, le Comité des Chefs de délégations de la Conférence de Bruxelles vient d'instituer un groupe d'experts chargé de procéder à une étude préliminaire des questions que soulèverait cette association. Le rapport de ce groupe doit être remis à bref délai au Comité des Chefs de délégation, qui en saisira les Ministres des Affaires étrangères. Il me paraît donc que les conversations entre fonctionnaires du Gouvernement britannique et des Gouvernements participants aux

négociations de Bruxelles, que votre communication suggère, pourraient utilement intervenir lorsque les Chefs de délégation auront pu examiner ce rapport. Il me paraît certain que l'entrevue proposée pourra avoir lieu avant la mi-janvier. Quant aux autres questions soulevées par votre communication, la réunion officieuse, qui a eu lieu le 7 décembre 1956 entre les Chefs de délégation et certains délégués du Groupe n° 17 de l'OECE aura sans doute permis de les clarifier. Je me félicite des progrès accomplis dans les études au Groupe n° 17 de l'OECE. J'espère qu'en ce qui concerne les questions qui n'y ont pas encore été étudiées, des solutions satisfaisantes, dans l'esprit de celles qui se dessinent à Bruxelles, pourront être trouvées, afin de permettre l'extension du marché commun en une zone de libre-échange. Nous réaliserions ainsi, entre les pays représentés à la Conférence de Bruxelles, la Grande-Bretagne et les autres pays membres de l'OECE, l'étroite association qui est un des objectifs du Gouvernement français et que je considère personnellement comme essentielle.

49 – L'échec de la zone de libre-échange

Télégramme de Chauvel du 17 janvier 1957, 5 pages. Sources : Fonds de Paul Ramadier, 52 J 115. Reproduit avec l'autorisation des Archives départementales de l'Aveyron (Rodez).

Jean Chauvel est ambassadeur à Londres depuis février 1955, après avoir assumé la charge de secrétaire général du Quai d'Orsay jusqu'en 1952, date à laquelle il devint ambassadeur à Berne (1952-1954), puis haut commissaire de la République française en Autriche (1954-1955). Ce document synthétique fait bien apparaître les points de frictions entre les Six et la Grande-Bretagne. Il révèle clairement les illusions entretenues à Paris sur une possible collaboration de la Grande-Bretagne avec les Six du marché commun et la détermination britannique de les faire plier. Aucune entente n'était plus possible. Pourtant les Six négocièrent jusqu'en novembre 1958.

*

Affaires étrangères
Télégramme à l'arrivée
Déchiffrement réservé très urgent
Londres le 17 janvier 1957

Les indications contenues dans mon télégramme du 16 janvier sur les conversations qui se sont déroulées à Londres le 15 janvier entre M. Spaak[48] et M. Thorneycroft, nouveau Chancelier de l'Échiquier, assisté de son successeur au Board of Trade Sir David Eccles, ont été confirmées et précisées à l'Attaché financier de cette ambassade et à un autre de mes collaborateurs par la Trésorerie et le Foreign Office. Ces indications visent la négociation de la zone de libre-échange avec les pays du marché commun, les produits agricoles, les territoires d'Outre-Mer, les institutions de la zone de libre-échange, les pays qui pourraient être soumis à un régime spécial, et le calendrier des prochaines réunions.

1) En ce qui concerne la négociation de la Zone de libre-échange
Une note a été remise à M. Spaak par les Britanniques dès le début de la conversation. Elle souligne, entre autres, la nécessité d'inclure dans le traité de marché commun une clause permettant d'en modifier certaines dispositions afin de faciliter la négociation ultérieure avec les pays qui feraient partie de la zone de libre-échange. En effet, il fallait éviter que les industriels britanniques aussi bien que les membres du Commonwealth puissent avoir l'impression que les Six voulaient les placer, en présentant un système rigide qui ne serait pas susceptible de modification, devant un fait accompli.

---

[48] En janvier 1957, Paul-Henri Spaak est ministre des Affaires étrangères de Belgique.

Le Ministre belge des Affaires étrangères a marqué qu'il comprenait cette préoccupation et qu'il ne manquerait pas d'en faire part à ses collègues des pays participants aux négociations de Bruxelles.

2) En ce oui concerne l'agriculture

M. Thorneycroft a exposé avec beaucoup de force les raisons du refus britannique d'inclure les produits agricoles dans la zone de libre-échange. La Trésorerie a insisté auprès de notre Attaché financier sur le fait qu'il s'agissait là d'un *non possumus* absolu auquel, aussi bien pour des raisons de politique intérieure qu'à cause de leurs liens avec le Commonwealth, il serait impossible aux Britanniques de renoncer. Le Ministre belge des Affaires étrangères a enregistré la position britannique et évoqué la possibilité de tourner la difficulté par des accords bilatéraux entre la Grande-Bretagne et ceux des pays du marché commun qui sont exportateurs de produits de l'agriculture.

Les Services ne dissimulent pas, aussi bien à la trésorerie qu'au Foreign Office, qu'une telle solution soulèverait, en raison de la brèche qu'elle risquerait de créer dans le système de la préférence impériale, de graves difficultés, notamment avec les pays du Commonwealth.

3) En ce qui concerne les territoires d'Outre-Mer

Il a tout d'abord été indiqué par M. Spaak que la question n'était pas encore réglée dans le cadre de Bruxelles. Il lui était donc difficile de faire un exposé qui préjugerait de la négociation. Sous cette réserve, il a défini les principes d'un rattachement des territoires d'Outre-Mer au marché commun, principes qui, même si l'application en devait être retardée, pourraient figurer dans le traité de façon générale.

Les interlocuteurs de M. Spaak ont souligné qu'ils estimaient préférable que cette question fût renvoyée à plus tard. M. Thorneycroft et Sir David Ecles n'ont pas caché leur réticence à inclure les colonies britanniques dans la zone de libre-échange et ont fait valoir que celles-ci, à l'exception de Hongkong, désireraient vraisemblablement continuer à bénéficier de la préférence impériale sur le marché britannique. Ils ont ajouté que, d'après les indications qu'ils possédaient, le système envisagé pour les territoires d'Outre-Mer dans le cadre des Six ne présentait pas le caractère d'un véritable marché commun mais plutôt celui d'accords préférentiels contraire à l'accord général sur les tarifs douaniers et le Commerce.

4) En ce qui concerne les institutions de la zone de libre-échange

On s'attache, au Foreign Office, à limiter la portée de l'entretien qui a eu lieu à ce sujet et qui aurait été très court. Le Royaume-Uni demeure sur la position qui est retracée dans le rapport du Groupe de travail n° 17 de l'OECE, à savoir que la zone de libre-échange devrait être centrée sur cette Organisation. Les questions qui se poseront à la zone de libre-échange devraient être réglées au sein de l'OECE ; il n'était pas besoin de superposer de nouvelles institutions à celle-ci.

Les interlocuteurs de M. Spaak ont rappelé que, au sein du Groupe de Travail de l'OECE, le Royaume-Uni avait accepté le principe de certaines dérogations à la règle de l'unanimité. En vue de limiter le nombre de cas où la question du vote se poserait, ils paraissaient souhaiter que l'on précisât à l'avance les solutions fermes qui devront être appliquées automatiquement.

5) Problèmes concernant les pays soumis à un régime spécial

Un échange de vues a eu lieu sur le cas de la Grèce, de la Turquie, du Portugal, de l'Irlande et de l'Islande. M. Sergent[49] qui participait à la discussion, a insisté sur l'intérêt de ne pas écarter ces pays de la négociation au sein de l'OECE, malgré le régime spécial qu'ils réclament. Les Anglais partagent ce sentiment. Ils ont toutefois insisté sur le critère fondamental de la réciprocité entre avantages donnés et accordés qui doit être à la base de l'institution de la zone de libre-échange.

6) Programme des réunions

M. Spaak et ses interlocuteurs britanniques ont convenu que les rapports entre le marché commun et la zone de libre-échange seraient examinés le 12 février au Conseil de l'OECE. M. Spaak se fera auprès de ses cinq partenaires de Bruxelles l'interprète des Anglais, qui lui ont dit tout l'intérêt qu'ils auraient à connaître le texte du Traité de marché commun un peu avant sa signature. /.

Chauvel

---

[49]   René Sergent est secrétaire général de l'OECE en 1955 après avoir été, depuis 1955, secrétaire général adjoint de l'OTAN, il remplace Marjolin.

50 – Maurice Faure et la zone de libre-échange

Lettre de Paul Leroy-Beaulieu sur les entretiens de Maurice Faure à Londres avec le Chancelier de l'Échiquier du 7 mai 1957. Sources : fonds de Paul Ramadier, 52 J 115. Reproduit avec l'autorisation des Archives départementales de l'Aveyron (Rodez).

Le document est signé de l'attaché financier français à Londres, Paul Leroy-Beaulieu. Il montre que les obstacles au rapprochement entre les Six et la Grande-Bretagne dans une zone de libre-échange n'ont pas été surmontés.

*

Ambassade de France   Londres le 7 mai 1957
58, Knightsbridge à Londres,
L'Attaché Financier
N° 413
PLB/SH à
Monsieur le Ministre des Affaires économiques et financières.
Cabinet
Paris

Objet : *Zone de Libre-échange.*

Entretiens de M. Maurice Faure avec le Chancelier de l'Échiquier

Le voyage de Monsieur Maurice Faure à Londres, organisé à l'initiative de l'Ambassade d'Angleterre à Paris, avait pour objet essentiel dans l'esprit des Britanniques de dissiper les doutes et les rumeurs relatifs aux intentions des deux gouvernements en ce qui concerne le marché commun et la zone de libre-échange. On craignait en effet ici, sur la foi d'informations venues, semble-t-il de Paris, que le gouvernement français, une fois acquise la ratification des traités de Rome, ne se désintéressât de la zone de libre-échange, cependant que des rumeurs en provenance de Luxembourg mettaient en cause l'activité déployée par certaines personnalités britanniques contre la ratification du traité de marché commun.

En ouvrant les débats, le Chancelier de l'Échiquier, qui était assisté du Président du Board of Trade et de hauts fonctionnaires de la trésorerie et du Foreign Office, a très nettement affirmé que le souci de dissiper ces inquiétudes et de couper court à ces rumeurs était à l'origine de l'invitation qu'il avait adressée à M. Maurice Faure. Il a réaffirmé avec la plus grande netteté que le Gouvernement britannique était très désireux de voir les traités de Rome ratifiés rapidement et a rappelé la position qu'il avait prise personnellement à cet égard aussi bien à Paris, qu'à Bonn ou à Washington. Il a fait allusion ensuite aux intentions prêtées de divers côtés au Gouvernement français de se désintéresser de la zone de libre-échange, une fois obtenue la ratification du marché commun, et a souligné qu'une telle solution aurait pour effet de couper l'Europe en deux, et qu'une Europe divisée du point de vue commercial serait ensuite divisée également dans d'autres domaines. Le Gouvernement britannique regretterait, pour cette raison, que les discussions relatives à la zone de libre-échange ne soient pas poursuivies parallèlement aux débats de ratification du Traité de marché commun ; il se rendait très bien compte des difficultés de la négociation, mais désirait insister pour qu'elle soit poursuivie avec le maximum de rapidité et le désir d'aboutir.

M. Maurice FAURE a affirmé à son tour que le Gouvernement français était très désireux que la Grande-Bretagne s'associât au marché commun par l'intermédiaire d'une zone de libre-échange ; mais il ne pourrait accepter « n'importe quelle zone de libre-échange » sous peine de compromettre la ratification du traité qui l'instituerait. Le Gouvernement français avait toujours l'intention de faire ratifier au mois de juin les accords de Rome par l'Assemblée nationale et, au mois de juillet, par le Conseil de la République ; les négociations sur la zone de libre-échange devaient se poursuivre d'ici là de telle façon que, au mois de juillet, elles aient abouti à la rédaction d'un document semblable à celui des Six en septembre dernier, c'est-à-dire à un catalogue des difficultés et des problèmes à résoudre.

M. Thorneycroft a répondu qu'il aurait espéré qu'il fût possible d'aboutir d'ici le mois de juillet à des résultats plus substantiels qu'une simple liste des difficultés à régler ; si tel est bien le cas, il vaudrait peut-être mieux retarder « la réunion de juillet » à l'OECE ; il n'y était pas, pour sa part, absolument opposé.

La discussion a alors porté sur un certain nombre de problèmes concrets ; le compte rendu, établi par l'Ambassade, vous en sera envoyé incessamment : je me bornerai à retracer brièvement les points de vue exprimés sur les questions suivantes :

Territoires d'Outre-Mer ;

Rythme du désarmement douanier ;

Protocole concernant la France ;

Produits agricoles.

I – Territoires d'Outre-Mer

M. Thorneycroft a annoncé que le Gouvernement britannique, après consultation des pays du Commonwealth et des territoires coloniaux, *ne proposerait pas l'inclusion de ces territoires dans la zone de libre-échange* : quant aux territoires d'Outre-Mer appartenant aux Six, ils pourraient, dans la conception anglaise, continuer à faire partie du marché commun, sans être inclus dans la zone de Libre-échange. Il a ajouté qu'il s'agissait là d'une position initiale qui pourrait être modifiée à l'expérience. Il restait cependant à résoudre le problème des « dommages » que l'institution d'un système préférentiel pour les territoires coloniaux des six pourrait entraîner pour les Colonies britanniques.

M. Maurice Faure a rappelé que l'inclusion des TOM dans le marché commun avait été faite dans l'intérêt de ces territoires beaucoup plus que de la Métropole. Les sacrifices financiers acceptés par nos partenaires pour leurs TOM avaient pour contrepartie l'entrée de leurs marchandises dans ces territoires sur un pied d'égalité avec les nôtres. Il n'était pas certain que les territoires coloniaux britanniques éprouveraient un dommage du fait de leur exclusion du marché commun, étant donné l'intensification probable des échanges. Il a souligné enfin que le Gouvernement français devrait demander que l'Algérie fît Partie de la zone de libre-échange pour des raisons politiques évidentes.

II – Rythme du désarmement douanier

M. M. Faure a rappelé que des problèmes complexes relatifs en particulier à l'origine des produits se poseraient dans la zone de libre-échange du fait de l'absence d'un tarif extérieur commun ; ces problèmes seraient simplifiés si la Grande-Bretagne pouvait envisager d'harmoniser son tarif douanier avec celui du marché commun. Il a proposé que le rythme du désarmement douanier dans la zone de libre-échange suivît celui du marché commun, ce qui permettrait d'éviter toute discrimination à l'encontre du Royaume-Uni. Une formule pourrait être trouvée pour associer le Gouvernement britannique aux décisions qui seraient prises pour le passage de la première à la deuxième étape. M. Thorneycroft a répondu que, du côté britannique, on était avant tout soucieux de ne pas faire les choses à moitié et que l'on désirait, une fois les premiers pas faits vers l'institution d'une zone de libre-échange, aller jusqu'au bout.

III – Protocole concernant la France

M. M. Faure a souligné que le Gouvernement français devrait insister pour que les dispositions sur l'aide à l'exportation et les taxes à l'importation figurant dans le marché commun soient également incluses dans le traité de zone de libre-échange. Il a reconnu que les demandes françaises dans ce domaine étaient provoquées par la surévaluation du franc à laquelle il ne pourrait être remédié d'ici quelque temps. Dans le domaine social, l'harmonisation pourrait être limitée à l'égalisation des salaires féminins et masculins et à la rémunération des heures supplémentaires.

Le Président du Board of Trade a fait remarquer qu'il serait difficile de convaincre les industriels britanniques du bien-fondé de nos demandes mais a tenu à rappeler qu'il s'y employait déjà.

IV – Produits agricoles

M. M. Faure a insisté sur le fait qu'il s'agissait là d'un problème essentiellement politique, les voix des députés ruraux étaient nécessaires pour obtenir la ratification de la zone de libre-échange et elles feraient défaut si les Anglais maintenaient leur position initiale tendant à exclure complètement les produits agricoles, car le traité serait alors déséquilibré en ce qui nous concerne. Il fallait donc trouver des formules de compromis ; nous nous y emploierions mais on devait y réfléchir également du côté britannique et envisager par exemple la possibilité de nous donner des garanties d'exportation.

MM. Thorneycroft et Eccles n'ont pas caché que le problème leur semblait extrêmement difficile étant donné les engagements pris envers les pays du Commonwealth qui s'inquiétaient déjà de voir leurs exportations diminuer dans le marché commun et demandaient en conséquence, à la Grande-Bretagne d'accroître ses achats en provenance de leurs territoires ; peut-être cette question épineuse pourrait-elle être étudiée plus utilement dans un autre cadre que celui de la négociation du traité ; il ne s'agissait pas ici en effet de libre-échange mais plutôt d'un système préférentiel, de garanties à donner à l'agriculture européenne.

En conclusion, les deux délégations se sont mises d'accord sur le texte du procès-verbal qui a été publié hier, et elles ont décidé que les conversations se poursuivraient au sein du Comité Mixte Franco-Britannique.

Paul LEROY-BEAULIEU

51 – La politique économique extérieure de la France après l'échec de la zone de libre-échange (novembre 1958)

Télégramme au départ, 21 novembre 1958, DAEF, griffe de Couve de Murville, a.s. Problème de l'Association économique européenne. Source : fonds SGCI, Fontainebleau, 1189, dr. 712.5, relations OECE/ CEE, février 1958-janvier 1959. Reproduit avec l'autorisation des Archives de France.

Ce télégramme, complexe dans sa technicité, indique néanmoins que le ministère des Affaires étrangères croit plus au marché commun à Six qu'à une zone de libre-échange à Dix-Sept dont il lui paraît difficile d'obtenir qu'elle discrimine par rapport au marché américain et en raison aussi de l'absence de projet politique d'unité européenne. Le télégramme a l'avantage de faire un bilan des questions que les Européens doivent résoudre en 1958 pour leur coopération économique. Il indique les raisons pour lesquelles les négociations sur la zone de libre-échange ont échoué.

*

Direction des Affaires économiques et financières   Paris, le 21 novembre 1958

Télégramme au départ

expédié à 21h

urgent

Washington

New York (pour M. Joxe)

Communiqué à Londres (par fil)

Attributions 2 DE 3 bis EU 3 bis EU, 3 CE 3 bis LA 3 bis AM, 3 bis AL 3 bis AS, Bruxelles, Bruxelles (Délégafrance),

Bonn, Rome, La Haye, Luxembourg, Berne, Vienne, Dublin, Stockholm, Athènes, Oslo, Ankara, Copenhague, Lisbonne, Reykjavik, Ottawa, Rio de Janeiro, Buenos Aires, New Delhi, Tokyo, Tel Aviv

A/S Problème de l'Association Économique Européenne

1 – La suspension des travaux du Comité Maudling et les mesures que les six gouvernements signataires du Traité de Rome prendront pour ménager les intérêts des autres puissances et plus particulièrement des pays de l'OECE vont permettre aux Gouvernements de réfléchir tant sur les procédures que sur les solutions de fond à apporter aux problèmes nés de la mise en œuvre du marché commun et de l'échec de la zone.

2 – En effet aucun Gouvernement ne conteste qu'il existe de sérieux problèmes et qu'il convient de leur trouver une solution.

3 – En ce qui concerne les procédures, il semble qu'une proposition ait des chances d'être retenue, à savoir celle consistant à confier à la Commission Européenne présidée par M. Hallstein une mission d'études et d'exploration.

4 – En ce qui concerne les solutions de fond, aucune proposition n'a jusqu'à présent été avancée. Cependant les données du problème peuvent être dès aujourd'hui esquissées.

5 – La zone de libre-échange telle que les Britanniques la proposaient devait juridiquement s'inscrire dans le cadre du GATT. L'Accord Général sur les Tarifs Douaniers et le Commerce admet en effet la légalité d'arrangements aux termes desquels les droits de douane et autres obstacles au commerce sont dans un délai fixé entièrement éliminés entre les partenaires d'une zone ou d'une union douanière. Les Britanniques ne dérogeaient à l'Accord Général que dans la mesure où l'agriculture était exclue.

6 – Si les négociations entre les Six et les Onze, menées au sein du Comité Maudling sur la double base de la proposition anglaise et du mémorandum des Six avaient abouti à un compromis tenant compte de nos idées, ce compromis aurait eu pour traits caractéristiques de maintenir d'une part la fiction d'un désarmement douanier et contingentaire intégral à exécuter dans un délai fixé et, d'autre part, de prévoir des mécanismes institutionnels et des règlements par secteurs dont l'effet aurait été, dans la pratique, d'arriver à un désarmement partiel dans des délais incertains. Mais les Britanniques ont fait prouve d'intransigeance.

7 – Les négociations présidées par M. Maudling ayant échoué, il n'a pas été possible d'apprécier si un pareil arrangement, aboutissant à créer *de facto* une zone de préférence entre les Dix-Sept, aurait été durablement accepté par les Américains. Il n'est pas interdit de penser qu'une réaction aurait été tôt ou tard été enregistrée à Washington, lorsqu'on aurait vu plus clairement que cet arrangement à Dix-Sept avait peu de chances de fonctionner correctement, comportait en soi des germes de dissociation de l'Europe à Six et surtout ne contribuait pas à renforcer effectivement la solidarité européenne.

8 – La politique économique américaine depuis 1934, date à laquelle a pris naissance la politique de M. Cordell Hull, et surtout depuis 1941, date au premier accord prêt bail, s'est placée résolument sur le plan mondial et a lutté contre les systèmes préférentiels existants et contre la création de tout nouveau système préférentiel, néanmoins dans la Charte de La Havane et dans l'Accord Général sur les Tarifs Douaniers et le Commerce, les États-Unis ont admis, comme il est rappelé à l'alinéa 6 ci-dessus, les unions douanières et les zones de libre échangée.

9 – Depuis 1947, la politique américaine, en Europe du moins, a consisté non seulement à admettre, mais à favoriser par des crédits et un appui politique certain des arrangements régionaux à Dix-Sept (libération des échanges dans le cadre de l'OECE, Union Européenne) ou des arrangements à Six (CECA, Euratom, Communauté Économique Européenne) plus ou moins conformes à la doctrine officielle, dès l'instant où ces organismes régionaux européens apportaient une contribution majeure au renforcement de la solidarité européenne. Les intérêts économiques immédiats des États-Unis ont été sacrifiés, au moins temporairement, à un impératif politise dicté par le souci de voir fortifiée la cohésion des Dix-Sept ou éliminée la rivalité séculaire franco-allemande.

10 – Si cette analyse est exacte, la zone de libre-échange conçue à Londres devait tôt ou tard apparaître à Washington comme dépourvue de la portée politique nécessaire pour que l'éponge puisse être passée sur les discriminations qu'elle entraînait à l'égard de l'économie américaine et de celles des pays sous-

développés. Nous en étions venus à la veille de la rupture des négociations à nous demander si la zone de libre-échange dans le contexte de plus en plus flou que Londres tendait à lui donner justifiait les discriminations à l'encontre des États-Unis et des pays sous développés.

11 – À l'heure actuelle, pour résoudre les problèmes posés par la création du marché commun deux formules sont possibles. Ou bien les Six prendront les Britanniques au mot et, puisque Londres a refusé de construire un véritable système préférentiel européen en revendiquant l'autonomie tarifaire absolue, ils proposeront que soient réglés au GATT, c'est-à-dire dans un cadre universel et non discriminatoire les problèmes tarifaires et l'on aboutira à ce que les grands problèmes économiques seront réglés dans le cadre des Six d'une part et dans un cadre mondial de l'autre. Ou bien, au contraire, les Six et les Onze parviendront à la conclusion que pour des raisons économiques et politiques évidentes (la plupart des pays membres de l'OECE sont membres du NATO), le cadre des Dix-Sept doit être préservé. Dans ce cas les grands problèmes économiques seront réglés dans trois enceintes les Six, les Dix-Sept et le GATT. Mais pour ce faire, la bonne volonté américaine est nécessaire, ainsi que dans une certaine mesure, celle des pays sous-développés.

12 – La question qui se pose est donc de savoir s'il est possible en donnant aux arrangements entre les Onze et les Six un contenu politique suffisant d'amener Washington à fermer les yeux sur le caractère nécessairement préférentiel des arrangements à intervenir. Il est désormais clair, compte tenu as la situation en France, qu'il sera impossible, entre les Dix-Sept de stipuler que le désarmement douanier sera complet et qu'il se fera inconditionnellement dans un laps de temps déterminé. Tout dépendra de la mesure dans laquelle les Onze consentiront peu à peu à une harmonisation des conditions de concurrence au sens le plus large du terme pour permettre qu'un certain degré d'ouverture des frontières s'effectue.

13 – À première vue, la partie est difficile à jouer car c'est aller tout à fait à l'encontre de certaines tendances profondes du Gouvernement américain que de lui demander de favoriser un système qui aboutirait, selon toutes probabilités, à ce que, dans 15 ans, l'automobile allemande pénètre en franchise sur le marché français, l'automobile anglaise payant un droit de douane réduit et l'automobile américaine le tarif extérieur de la CEE, quel que soit son niveau à l'époque. Cependant, si l'on veut bien se rappeler que l'OECE a été aidée de façon massive et sur tous les plans par Washington, que l'OECE est le cadre économique du NATO et que sa disparition créerait un grand trouble politique en Europe Occidentale, il n'est peut-être pas impossible qu'un arrangement à Dix-Sept, convenablement structuré sur le plan politique, présenté et expliqué habilement à l'opinion américaine, puisse finalement emporter leur adhésion.

14 – Bien entendu, il ne convient pas de trop demander. Vouloir obtenir l'adhésion de Washington à un système européen préférentiel à Dix-Sept, où la discrimination porterait à la fois sur les tarifs et les contingents, serait impossible. Il conviendrait de bien préciser que l'accord sur le FMI., le GATT et les règlements de l'OECE forment la légalité internationale en matière de restrictions quantitatives, que celles-ci doivent être éliminées *erga omnes* dès l'instant ou les difficultés de balance des paiements auront durablement disparu et que la préférence de caractère discriminatoire, pour laquelle le consentement ou la neutralité bienveillante de Washington est nécessaire, se limite aux tarifs douaniers et qu'elle n'est pas formulée comme un principe, mais comme une éventualité. Les

Dix-Sept entre eux ne désarmeraient pas intégralement dans l'hypothèse où l'effort d'harmonisation serait incomplet. Si cet effort d'harmonisation était complet, le désarmement douanier le serait aussi et l'on retomberait ainsi dans la légalité Internationale telle qu'elle est définie par le GATT.

15 – Dans un ordre d'idées voisin une des difficultés rencontrées au cours des négociations sur la Zone a consisté à vouloir élaborer à Dix-Sept un Traité destiné à fonctionner parallèlement au Traité de Rome qui est un accord posant quelques principes généraux et formulant pour le reste des règles de procédure. Le Traité de Rome laisse à la Commission Européenne et au Conseil des Ministres le soin de régler une multitude de problèmes connus ou encore inconnus au fur et à mesure que s'ouvriront les frontières des Six et pour que s'ouvrent ces frontières. Aussi le Traité de Zone avec des institutions différentes ne pouvait-il s'en remettre à des procédures et devait-il lui, tout prévoir. Cette difficulté est apparue constamment au cours de la négociation.

16 – On peut donc se demander s'il ne conviendrait pas de chercher à conclure entre les Dix-Sept un accord de procédure en confiant par exemple à l'OECE une compétence tarifaire régionale et en espérant que par des décisions successives, prises souvent au vu de ce que les Six seront appelés à faire entre eux, cette organisation parviendra à débarrasser les Dix-Sept de leurs tarifs ou d'une forte proportion de ceux-ci en 15 ans, tout comme l'OECE est parvenue, en 10 ans à éliminer les restrictions quantitatives.

17 – Il me serait très utile de connaître votre réaction personnelle à l'égard des idées énoncées ci-dessus qui, encore une fois, ne sont pas et ne seront pas nécessairement celles auxquelles le Gouvernement français s'arrêtera en définitive. Au demeurant s'il devait les faire siennes, il n'y aurait probablement pas intérêt à ce qu'un plan français soit mis en avant.

Comme il me semble que le Royaume-Uni et certains des Onze, notamment les pays Scandinaves, s'efforcent en ce moment de convaincre le Gouvernement américain que la zone de libre-échange telle que la voulait le Gouvernement anglais est la seule ou la meilleure des solutions, je serais enclin, dans l'hypothèse où vous estimeriez que la chose peut être tentée, à envoyer à New York un haut fonctionnaire, qui pourrait être M. Wormser, et qui pourrait exposer sous une forme à déterminer, et au premier stade sans doute purement dubitative, les idées résumées plus haut. Dans ce cas, il conviendrait de préparer avec soin son voyage afin qu'il pût rencontrer les personnalités compétentes.

COUVE de MURVILLE

52 – Après l'échec de la zone de libre-échange, la France rassure ses partenaires des Communautés (novembre 1958)

Note pour M. Couve de Murville, 18 novembre 1958, Direction des Affaires économiques et financières du ministère des Affaires étrangères. Source : Archives du ministère des Affaires étrangères, Guerre 1939-1945, Alger, CFLN-GPRF, fonds DE-CE 754, p. 189-190 du tome. Reproduit avec l'autorisation de la Direction des archives du ministère des Affaires étrangères.

Cette note montre que le général de Gaulle avait décidé de pratiquer le marché commun et qu'il le ressentait déjà comme l'occasion de faire une grande politique franco-allemande. L'auteur, Olivier Wormser, inspecteur des finances, directeur des Affaires économiques et financières au ministère des Affaires étrangères n'est pas un partisan de l'Europe communautaire.

*

OW/JR
Direction des Affaires économiques et financières   18 novembre 1958

Note pour Monsieur COUVE de MURVILLE
a.s. *Zone de libre-échange*

1. Le Ministre trouvera ci-joint un compte rendu des décisions du Comité Interministériel, tenu sous la présidence du général de Gaulle, ce matin 18 novembre.
2. Il apparaît, à la réflexion, nécessaire en vue des prochains entretiens franco-allemands, de replacer dans un contexte politique les décisions de caractère avant tout technique prises ce matin, afin d'éviter que la crise de la zone ne dégénère en crise entre les Six.
À cet égard, le 12 novembre, le Général de Gaulle avait indiqué que le traité de Rome étant en vigueur et nos industriels paraissant s'en accommoder, il convenait de le pratiquer en vue d'arriver au rapprochement fondamental qu'il doit entraîner sur de nombreux plans entre la France et l'Allemagne, ainsi qu'avec l'Italie et le Benelux.
Il y aurait un intérêt majeur à ce que cette approche du problème soit réaffirmée au cours des entretiens franco-allemands.
3. En effet il n'est pas douteux que les Allemands vont nous demander d'entrée de jeu, pourquoi M. Soustelle[50] a fait les déclarations que l'on connaît, et si nous restons ou non fidèles au rapport Ockrent.[51]

---

[50]   Ministre de l'Information dans le gouvernement de Gaulle (1958).
[51]   Roger Ockrent est, en 1948, le secrétaire général du Service belge de la coopération économique. Il deviendra le Représentant permanent de la Belgique auprès de l'OECE en 1953, puis de l'OCDE à partir de 1961. Il sera nommé Président du Comité exécutif

Il paraît nécessaire, à cet égard, de prévenir du côté allemand des tentatives très probables de considérer aussi bien la déclaration de M. Soustelle que la riposte du Gouvernement anglais, comme relevant d'un double malentendu et d'obtenir, à ce titre, la convocation du Comité Maudling.[52]

Le Gouvernement français devrait s'en tenir à la thèse selon laquelle le Gouvernement anglais a créé une situation nouvelle et qu'une convocation du Comité Maudling est impensable dans les circonstances actuelles ; d'abord, parce que ce Comité, par sa composition et ses méthodes, ne peut aboutir, ensuite parce que la négociation menée sur la double base de la conception anglaise de la Zone et du Rapport Ockrent n'a pas permis de dégager le moindre terrain d'entente. La question n'est plus de savoir si le Gouvernement français reste fidèle au rapport Ockrent, mais de constater que le Gouvernement britannique en a rejeté tous les points de substance./.

(1957), à ce titre il est l'auteur d'un rapport sur une zone de libre-échange entre les six pays du marché commun et l'OECE.

[52] Un comité ministériel intergouvernemental a été mis en place en octobre 1957 par le Conseil de l'Organisation européenne de coopération économique, présidé par Reginald Maudling, pour poursuivre les négociations entre l'OECE et les Six des Traités de Rome en vue de parvenir à la création d'une grande zone de libre-échange en Europe occidentale.

53 – « Où en est l'Europe ? » par V. Giscard d'Estaing

Extraits d'un exposé de M. V. Giscard d'Estaing, secrétaire d'État aux Finances, aux Journées d'études de l'École supérieure des Sciences économiques et commerciales (ESSEC) (janvier 1961). Source : Bulletin du ministère des Finances, *1961, p. 120 à 129. Reproduit avec l'autorisation du ministère de l'Économie, des Finances et de l'Industrie, Collection du service des archives économiques et financières.*

Lors de cette conférence, Valéry Giscard d'Estaing expose avec précision le bilan très favorable de la politique douanière au sein des Six. Il insiste aussi sur l'importance de mener une vraie politique économique commune. Il y a donc quelques distorsions avec l'état d'esprit de Michel Debré ou du général de Gaulle.

*

[...] La question à laquelle je dois répondre par un exposé qu'on qualifie de magistral, plus en raison de l'heure a laquelle il intervient qu'en raison de son contenu, est celle de savoir ou en est l'Europe ?

On peut qualifier, je crois, la situation européenne par deux adjectifs, l'adjectif définitif et l'adjectif incomplet.

Pourquoi définitif ? Parce qu'on peut dire que le 1er janvier 1961, l'Europe a lâché la bouée et qu'elle nage toute seule. En effet, jusqu'à cette date, il y avait bien eu des opérations de réduction de droits de douane ou d'élargissement de contingents, mais qui ressemblaient d'une certaine manière à ce que des pays peuvent se proposer entre eux comme concessions, dans le cadre de négociations commerciales classiques.

Nous avons l'habitude de connaître des négociations qui aboutissent à certaines réductions de droits de douane ; là où apparaît la différence fondamentale depuis le 1er janvier 1961, c'est qu'à vrai dire, nos pays n'ont plus de tarifs extérieurs qui leur soient propres. Nous avons décroché de notre tarif douanier national et nous sommes actuellement dans un état hybride qui nous situe dans une zone intermédiaire entre nos anciens tarifs et le tarif extérieur commun qui sera progressivement mis en application.

Ce résultat est très important et son mérite revient, vous m'excuserez de le dire aussi pesamment, au Gouvernement français.

En effet, le calendrier initial du traité était assez différent ; un programme établi, année par année, en colonnes, indiquait ce qui devait être fait au cours de la période transitoire, et notamment pendant la première étape qui s'étalait sur 4 ans, et dont la quatrième année se terminait le 1er janvier 1962. Or vous savez qu'à l'initiative du Gouvernement français, il y a de cela 15 mois, il a été proposé d'accélérer cette évolution, c'est-à-dire d'avancer la date du 1er janvier 1962 au 1er janvier 1961.

Ceci supposait, en réalité, un certain nombre de préalables. Le premier était que les pays se soient mis d'accord sur les postes non fixés dans le traité du nouveau tarif extérieur commun. Dans le calendrier il était prévu que cette négociation commencerait en 1960 et se terminerait en 1961. Nous avons pu achever cette négociation l'année dernière, avec une avance très appréciable puisque nous l'avons terminée à Rome au mois de mars 1960. C'est peut-être la rencontre de l'esprit européen, éclos à Rome, et de l'esprit méditerranéen, porté à la conciliation, qui nous ont permis d'aboutir avec une avance de 18 mois.

Ayant signé cet accord au mois de mars, nous avions jusqu'au 31 décembre 1961 pour réaliser le premier rapprochement vers le tarif extérieur commun ; mais il a été décidé de procéder à ce rapprochement le 1er janvier.

[L'orateur expose les difficultés techniques]

Mais peut-on dire que la politique économique commune qui est en réalité la singularité du marché commun, singularité que nous sommes amenés à mettre en lumière très souvent dans les conversations internationales et dans les conversations avec les membres de l'Association européenne de libre-échange, peut-on dire que *cette politique commune progressera à la même vitesse ?*

C'est vraiment là une question fondamentale et c'est la réponse à cette question qui, sans doute, permettra de juger véritablement le succès du marché commun. Si le marché commun se réduit à une action essentiellement en matière tarifaire et contingentaire, il n'est pas douteux qu'un jour ou l'autre, le marché commun se dissoudra à l'intérieur d'une organisation douanière ou contingentaire plus vaste. S'il doit garder, comme nous le souhaitons et comme nous le voulons, sa personnalité, cette personnalité apparaîtra dans l'élaboration d'une politique économique, sociale, agricole, financière, commune. Et c'est d'ailleurs beaucoup plus difficile... [...]

Par contre, les politiques économiques allemande, belge, italienne, française, hollandaise et luxembourgeoise ont toujours été conduites par des administrations nationales qui n'ont pas l'habitude de déterminer cette politique en fonction de considérations qui leur soient extérieures. Si bien que c'est sur le succès de ce nouveau style, dans la gestion de politiques économiques, que nous aurons à juger, vraisemblablement d'ici quelques années, le succès véritable du marché commun. Quel jugement, quel pressentiment peut-on avoir de ce que sera cet avenir de la Communauté économique européenne ?

*
* *

Il est d'abord important de *faire le point des succès* qui ont été obtenus jusqu'ici.

*

Le premier succès, c'est que les premières années du marché commun se soient déroulées sans difficultés économiques majeures.

Ceux qui ont suivi les négociations et la phase parlementaire d'approbation du Traité de Rome se souviennent de la description apocalyptique qui était faite de ses conséquences : un vaste désert ou quasi-désert dans lequel quelques maigres bandes de chômeurs circuleraient, de ci de là, à la recherche d'un travail qui leur serait refusé, voilà quelle devait être la situation française quelque temps après la mise en vigueur du marché commun.

Or c'est une situation différente que nous observons et l'on peut constater que, depuis l'entrée en vigueur du marché commun, le taux moyen d'expansion des pays qui y participent a été le plus élevé de ceux qu'ils ont connu pour les années pour lesquelles nous pouvons effectuer un tel recensement, depuis le début du siècle.

On peut ne pas attribuer tout le mérite de cette situation au marché commun, mais il faut au moins admettre qu'il n'a pas entravé le développement d'une telle expansion.

Une seconde réussite du marché commun, c'est que le marché commun n'est pas devenu, comme certains le pressentaient, *une oligarchie de technocrates.*

Au contraire, le marché commun s'est, à divers degrés, manifesté comme une réalité vivante, c'est-à-dire comparable, dans ses structures et dans les hommes qui l'animent, à ce que peuvent être nos économies ou nos vies publiques nationales. Ce résultat a pu être obtenu parce que les éléments dirigeants des Communautés de Bruxelles ont su, par *des consultations de toute nature* avec les chefs d'entreprises et les organisations syndicales, organiser autour d'eux-mêmes une circulation des hommes et des idées qui a eu pour effet de donner un caractère très ouvert à la vie du marché commun.

Il y a aussi une seconde raison : c'est, à mon avis, *la fréquence des réunions des Conseils des ministres.* Il va de soi qu'il y a toujours, quand il existe une organisation groupant à sa tête deux exécutifs, certaines difficultés d'accommodement. Mais quelles qu'elles soient, je suis persuadé que l'obligation où sont les membres du Conseil de tenir compte de la très grande précision, de la grande qualité des travaux accomplis par la Commission, et que le fait que les membres de la Commission sont confrontés chaque mois aux différentes interprétations, aux différents États d'esprit, aux différentes origines politiques des membres du Conseil des Ministres, permettent de donner à l'action du marché commun une teinte qui reflète assez fidèlement ce qu'est effectivement le caractère économique, politique ou social de l'Europe.

Enfin, *troisième résultat favorable,* les *échanges,* à l'intérieur de la Communauté, *ont progressé très fermement* et vous savez qu'ils sont passés, en moyenne, du niveau annuel de 500 millions de dollars, je parie du chiffre des importations, à un niveau qui sera pour cette année de 800 millions de dollars environ.

C'est donc une progression très forte. Il est important de rapprocher ce résultat de la première observation : car le Marche commun aurait pu instaurer un régime neutre où les échanges ne se seraient pas développés ou devenir une zone où les échanges se seraient développés au détriment des équilibres internes.

On a observé l'inverse : le taux de progression des échanges inter-européens est le plus élevé parmi ceux qui se constatent dans le monde, et le taux de croissance, dans les six pays est sensiblement plus élevé que la moyenne mondiale. Il y a donc vraiment une tendance à l'intégration économique puisqu'on observe une orientation privilégiée des échanges à l'intérieur du marché commun.

[L'orateur indique ensuite qu'il existe des obstacles au développement du marché commun : un renversement de conjoncture, l'hostilité de certains milieux à la construction économique européenne, l'opposition des pays tiers de l'AELE, les difficultés de balance des paiements américaine]

54 – La confédération européenne proposée par Monnet en 1960

Lettre de Jean Monnet à Guy Mollet, 22 novembre 1960. Source : Archives Guy Mollet AGM 113, correspondance Monnet-Mollet. Reproduit avec l'autorisation du Centre Guy Mollet, Paris.

La lettre que Monnet envoie à Guy Mollet, secrétaire général du PS-SFIO, alors dans l'opposition, dénote le grand intérêt qu'il accorde au projet de relance politique du général de Gaulle (le plan Fouchet). Mais Monnet, toujours optimiste, croit y déceler les fondements d'une Confédération. Jamais Monnet et de Gaulle n'auront été si proches. Elle est en rapport avec la correspondance précédente.

*

Comité d'action pour les Etats-Unis d'Europe   Le 22 novembre 1960
83 av^e Foch, Paris XVIe
Passy 62-36
Kléber 24-54

Mon cher ami,
Je me promettais d'aller vous rendre visite, ainsi que je vous l'avais dit. Mais je viens de subir une légère opération au genou qui m'empêchera de me déplacer pendant quelques semaines.

Aussi, en attendant que je puisse aller vous voir, je vous écris dans cette lettre ce que je vous aurais dit au sujet des discussions qui se poursuivent entre les Gouvernements de nos six pays à propos de l'organisation européenne, et vous demander votre avis. Il me semble nécessaire que nous éclaircissions nos idées à leur sujet. Nous pourrons alors décider si notre Comité peut apporter une contribution utile a. leur solution.

I

1 – Les six Gouvernements, depuis plusieurs mois, discutent, ainsi que vous le savez, de la manière dont, en poursuivant l'œuvre économique entreprise, ils pourraient en même temps conduire en commun d'une manière démocratique leurs affaires politiques et aussi leurs affaires de défense et d'éducation. Les chefs des six Gouvernements doivent se réunir à ce propos le 5 décembre à Paris. En même temps des discussions publiques se déroulent entre autres, à l'Assemblée Parlementaire.

La conception politique d'une Europe unie qui jusqu'ici s'est exprimée par des communautés économiques, s'étend, et est en voie de devenir proprement politique. De ce fait même, l'Europe devient de plus en plus un élément capital dans l'organisation du monde libre.

2 – Cela pose le problème des positions que l'Europe est amenée à prendre dans l'organisation de l'Occident : c'est ainsi que la question de la défense commune, et par conséquent de l'OTAN, influence nécessairement, dès aujourd'hui, les

opinions que les pays de la Communauté Européenne expriment et les décisions qu'ils sont prêts à prendre pour poursuivre l'unification de l'Europe.

Il s'agit d'une manière générale de renforcer concrètement la solidarité agissante qui existe déjà entre l'Europe et les États-Unis.

Les États-Unis, ainsi que le Comité l'observait dans sa déclaration de novembre 1959, considèrent aujourd'hui l'Europe renaissante, en particulier les pays du marché commun, comme un associé nécessaire pour régler les problèmes mondiaux de l'aide aux pays sous-développés, la stabilité monétaire, les questions tarifaires, afin de valoriser les immenses capacités qui existent des deux côtés de l'Atlantique.

C'est ainsi que les Gouvernements ont décidé de créer une Organisation de Coopération Économique et de Développement, à laquelle participent les Six, la Grande-Bretagne, les autres pays européens, les États-Unis et le Canada, sur un pied d'égalité. C'est au sein de cette organisation qu'un accord doit être recherché entre les Six et les Sept sans qu'il en résulte de discrimination contre les États-Unis et le reste du monde.

3 – L'attitude des pays de la Communauté européenne sera aussi influencée à plus long terme par la perspective d'une participation éventuelle de l'Angleterre à l'Europe.

L'accélération du marché commun et les tentatives de développement politique ont eu pour effet de persuader certains milieux dirigeants anglais que l'Europe devient une réalité.

Dans les discussions politiques entre pays européens, l'Angleterre devra nécessairement tôt ou tard, être présente. Mais les arrangements éventuels devront être tels que cette présence ne ralentisse pas le mouvement général vers l'unité économique et politique de l'Europe. Par exemple : la participation de l'Angleterre ne devra pas être limitée à des consultations politiques qui tirent leur force essentielle d'un marché commun dans lequel elle n'est pas.

Toute l'expérience des dix dernières années démontre que ce sont seulement les progrès que nos pays font vers l'unité qui convainquent les Anglais des avantages pour tous de se joindre à l'Europe en voie de formation.

II

4 – C'est parce que l'unité de l'Europe est en progrès et devient une réalité que l'Angleterre se demande comment elle peut y participer, et que les États-Unis, après en avoir appuyé les débuts, s'y associent aujourd'hui.

L'unité de l'Europe est ainsi le ferment essentiel du changement qui s'étend au monde libre.

Il est donc important, voire essentiel, que dans l'ensemble de ce développement, l'effort d'unité européenne ne se perde pas : à vouloir d'un coup régler tous les problèmes nous ne réglerions rien du tout.

5 – À mon avis, un des plus grands dangers de la phase où nous sommes encore, c'est l'incertitude dans laquelle nous nous trouvons quant aux mesures d'avenir qui seront prises. Si, de conversations en réunions, d'ajournement en ajournement, on ne fait rien, et si l'on se borne à maintenir ce qui existe, reportant à un avenir indéterminé toute mesure nouvelle, alors les doutes sur l'objectif final renaîtront et les développements du marché commun lui-même en seront affectés.

III

6 – La base de toute action des « Six » doit être l'union économique européenne déjà entreprise. Pour cela, il est essentiel que soient maintenues les Communautés existantes avec leurs règles, leurs institutions et leurs responsabilités fixées par les traités.

C'est ainsi que pourront être poursuivies les perspectives des progrès déjà réalisés. Depuis les discussions entre nos six Gouvernements nous pouvons tenir ceci comme acquis.

Bien entendu, le maintien des traités veut dire le renforcement, non de quelque chose de statique, mais du dynamisme économique et social de l'évolution ouverte par l'unification économique de nos pays.

C'est là que l'accélération du marché commun a joué et jouera un rôle essentiel. Il faut donc que le 1er janvier prochain, les décisions prises par le Conseil des Ministres au mois de mai dernier, soient appliquées intégralement. Cela veut dire, en particulier, qu'il faut régler les difficultés agricoles soulevées surtout en Allemagne.

Il ne faut pas revenir sur les engagements pris, sinon les questions que nos pays se posent sur la forme que prendra l'Europe, deviendront des questions sur l'existence même de cette Europe.

7 – Dans le même temps où le marché commun continue, par son évolution, à unifier les économies de nos six pays, il est important que l'on aborde leur organisation politique.

Il me semble qu'au départ, cette organisation doit passer par la forme d'une certaine coopération. Tant qu'une véritable fédération n'est pas réalisée, il est difficile pour nos pays de traiter ensemble les questions politiques, comme sont traitées dans les Communautés économiques les questions matérielles.

À propos de cette coopération politique, il m'apparaît qu'une partie des suggestions faites par le Général de Gaulle pourraient utilement être reprises : les six pays pourraient envisager des réunions assez régulières d'un Conseil comprenant les chefs d'État ou de Gouvernement selon les règles constitutionnelles de chaque pays.

Je crois que la proposition d'ajouter au Conseil des Ministres des Affaires étrangères un Conseil des Ministres de la Défense (pour développer la coopération sur les aspects techniques et logistiques de la défense) et un Conseil des Ministres de l'Éducation avec, pour préparer leur travail, des organisations permanentes, représenterait un progrès réel de l'organisation européenne.

Sur le fonctionnement du Conseil des chefs de Gouvernement, nous devons nous poser une question importante :

La réunion des chefs de Gouvernement rassemblerait les plus hautes autorités de nos pays ayant chez eux les pouvoirs de décision et d'exécution. Un accord entre eux nous donnerait l'assurance qu'il serait exécuté. Mais la question qui se pose est de savoir comment arriver à cet accord ?

La règle d'unanimité créerait-elle les conditions d'un accord ?

L'expérience nous a montré dans le passé que pour résoudre un problème commun, une procédure commune guidant la discussion et pouvant éventuellement la départager est nécessaire, tandis que sans une telle procédure de discussion, l'unanimité ne se fait que sur le dénominateur commun le plus faible.

Nous avons résolu cette importante question pour ce qui concerne les Communautés européennes : marché commun, Euratom, CECA. La solution en est plus difficile et délicate pour la politique et la défense. Seule une étude approfondie peut indiquer la voie à suivre. Je pense que le Conseil des chefs de Gouvernement devra, lors de sa réunion, mettre cette question à l'étude afin de dégager « un processus évolutif » vers une solution adéquate.

8 – Si l'on entrait dans cette voie l'on se trouverait bientôt en face de deux méthodes :

Il est clair qu'à première vue la méthode d'intégration déjà fixée par les traités pour les trois Communautés existantes et celle qui sera probablement adoptée pour les affaires politiques, de défense et d'éducation, seront différentes.

Est-ce là une raison pour ne pas chercher une certaine unité ? Je ne le pense pas.

Dans ces circonstances, nous devons encore une fois faire preuve d'empirisme.

Je pense, et c'est ce que je vous soumets, qu'il y aurait grand intérêt à faire évoluer ensemble, dans un même système européen, ces organisations de formes différentes : Conseil des six chefs de Gouvernement, Conseil des Ministres des Affaires étrangères de la Défense et de l'Education, Communautés européennes avec leurs règles, leurs institutions et leurs responsabilités.

Je pense qu'une sorte de « Confédération Européenne » pourrait très utilement remplir ce rôle.

9 – Une telle « Confédération » représente, à mon avis, au point où nous en sommes et dans les circonstances actuelles, le meilleur moyen de faire évoluer l'unité européenne vers des formes plus complètes. Je ne doute pas, pour ma part, qu'une « Confédération » mènera un jour à une « Fédération ». Mais pour le moment est-il possible d'aller plus loin ? Je ne le crois pas.

D'ici là, la « Confédération » aurait le grand avantage d'assurer l'opinion publique de nos pays qu'ils sont entrés dans une entité non plus seulement économique, mais politique et feront ainsi partie d'une unité plus grande qu'eux-mêmes.

Quelle forme prendrait cette « Confédération ? » Et quel en sera l'appui public – référendum ou vote parlementaire ? Il me semble que là encore, ces questions pourront utilement être mises à l'étude par le Conseil des chefs de Gouvernement.

L'étude des importantes questions de la fusion des Exécutifs des Communautés existantes et des élections de l'Assemblée parlementaire au suffrage universel devrait également être poursuivie.

10 – Enfin, la « Confédération » devrait nous permettre, dans les prochaines années, de trouver plus facilement une solution à la participation de la Grande-Bretagne à l'Europe.

Il me semble important que les six chefs de Gouvernement recherchent comment faire progresser la discussion avec la Grande-Bretagne.

La seule méthode, pour les raisons déjà expliquées, est que l'Angleterre fasse d'abord partie des Communautés économiques qui sont le fondement de l'union européenne. Pour cela, je pense que les chefs de Gouvernement devraient demander aux Institutions de la Communauté Européenne de poursuivre avec la Grande-Bretagne l'examen des problèmes que pose, en matière économique et sociale, son adhésion à l'Europe en voie de formation.

La participation anglaise aux Communautés économiques rendrait alors possible sa participation à la « Confédération ». Les discussions, ici encore, devraient être directes entre l'Angleterre et les Six.

En effet, il ne faut pas oublier que les affaires politiques qui seront discutées entre les « Six » comprendront nécessairement les affaires de défense commune et par conséquent de l'OTAN. Or trois des « Sept », l'Autriche, la Suède et la Suisse, n'ont pas de politique commune de défense et sont en dehors de l'OTAN.

Il s'agit là évidemment de questions d'une autre nature que celles essentiellement tarifaires qui se posent aujourd'hui entre les « Six » et les « Sept », et qui doivent être traitées dans le cadre de l'OCED.[53]

11 – Je pense que si, dans les semaines qui viennent, on ouvrait de telles perspectives d'action, on maintiendrait le mouvement vers l'unité de l'Europe en même temps qu'on se donnerait plus de temps pour régler les autres problèmes qui se posent à nous.

C'est du moins mon sentiment et j'apprécierais très vivement de connaître le vôtre.

Votre bien amicalement

Jean Monnet

à M. Guy Mollet

---

[53] Pour OCDE.

Faire l'Europe sans défaire la France

55 – Le « Conseil suprême » : l'approbation d'Émile Noël, secrétaire exécutif de la Commission du marché commun

Lettre d'Émile Noël à Jean Monnet, 27 octobre 1960. Source : Archives historiques de l'Union européenne-Florence, fonds Émile Noël, EN 878. © Archives historiques de l'Union européenne-Florence.

Jean Monnet, président du comité d'action pour les États-Unis d'Europe et Émile Noël, secrétaire exécutif de la Commission économique européenne, approuvent les projets de coopération politique du général de Gaulle, tout en sachant bien qu'ils représentent une certaine menace contre l'Europe communautaire. Néanmoins, deux ans après le début du fonctionnement des nouvelles Communautés, ils ressentent déjà les risques d'un enlisement et préfèrent avancer en s'appuyant sur les ambiguïtés françaises. La confédération est préférable à l'inaction. Les termes utilisés évoquent le Conseil européen mis en place seulement en 1974. La « confédération » est bien proche des dispositions du traité de Maastricht mettant sous un toit commun ce qui relève des règles communautaires et des règles de la coopération intergouvernementales.

*

Bruxelles 27 octobre 1960

Monsieur le Président et cher Monsieur,

Comme je vous l'ai exposé au téléphone, je crois avec vous qu'il faut essayer de tirer un résultat concret des dernières initiatives françaises. Par contre, la présentation d'une telle conclusion revêt une extrême importance, surtout après les méfiances de toutes aortes qui ont été semées par les dirigeants français au cours des dernières semaines.

Voulez-vous trouver ci-joint un schéma possible de présentation que j'ai établi à la suite de notre conversation. Vous en excuserez la rédaction trop rapide.

Voulez-vous agréer, Monsieur le Président et cher Monsieur, l'expression de mes sentiments fidèlement dévoués.

É. NOËL

P.J.

Monsieur Jean MONNET
Président du Comité d'action
pour les États-Unis d'Europe
83, avenue Foch
Paris XVIᵉ

1 – Les initiatives diplomatiques françaises des derniers mois, puis les déclarations publiques du Général de Gaulle, en remettant en cause des politiques acquises, ont agi comme une sorte de révélateur. La brutalité de leur présentation, comme la violence des réactions, ont rendu plus apparentes certaines exigences de la situation.

2 – La première constatation a été l'étroitesse du lien entre la construction européenne et l'organisation de la défense commune avec les États-Unis. La solidarité qu'implique l'existence des Communautés européennes et, *a fortiori* d'un prolongement politique n'est possible que s'il y a un accord profond sur la conception et la réalisation de cette politique de défense commune.

Seuls des développements nouveaux pourront dissiper le malaise qui paralyse en ce moment l'action tant européenne qu'atlantique.

3 – Une autre constatation a été le réveil du nationalisme allemand. Au moment où le nationalisme est exalté en France, l'armée allemande, la plus puissante des armées continentales, commence à peser sur la vie politique allemande. Dans un climat de défaitisme européen ou atlantique, l'amarrage encore précaire de l'Allemagne à l'Occident pourrait se relâcher.

4 – Une troisième constatation a été l'attachement de l'opinion européenne aux communautés existantes – la vivacité des attaques leur a suscité des défenseurs dans tous les milieux politiques et professionnels – mais en même temps la fragilité politique de ces communautés, condamnée à une attitude passive, simples témoins d'événements qui leur restaient extérieurs.

5 – La conclusion à tirer est qu'un nouveau progrès de la construction européenne est nécessaire et urgent. Tout arrêt de la construction européenne équivaut à un recul. Un mérite des déclarations françaises a été de mettre l'accent sur la nécessité d'une unification politique de l'Europe, c'est-à-dire d'un dépassement de l'Europe économique. Sous réserve que l'unité de vue atlantique ne sera pas remise en cause au cours des prochains mois, cette occasion doit être saisie.

6 – Un développement de la politique d'intégration européenne, fondé sur les Communautés, pourrait permettre ce résultat. L'unité politique était expressément le but des signataires du Traité de Paris. Comme l'a montré le débat dans le Parlement européen, il serait possible d'organiser un développement politique à partir des Communautés existantes.

7 – Une analyse des positions des divers gouvernements conduit à penser qu'un accord unanime est exclu actuellement sur de telles formules. Par contre, le Général de Gaulle a proposé d'organiser une coopération à haut niveau entre les gouvernements sur les questions politiques. Le Gouvernement français a précisé par la suite qu'il ne devait en résulter aucune atteinte aux Communautés existantes.

Une telle procédure est imparfaite et ne permettra d'aboutir qu'à des résultats limités. Elle est cependant préférable à l'inaction. Aussi devons-nous essayer d'obtenir un résultat positif sur la base de la coopération politique proposée en sachant que celle-ci se transformera sans doute ultérieurement en intégration politique.

8 – Dans ces conditions, nous pouvons appuyer la proposition d'un « Conseil suprême » des Chefs d'État ou de gouvernement. La réunion des ministres des Affaires étrangères serait maintenue. Une réunion des Ministres de l'Éducation,

pour organiser une coopération culturelle, pourrait également présenter une certaine utilité.

En ce qui concerne une réunion des Ministres de la Défense, elle pourrait servir à suivre et à développer des mesures pratiques de coopération militaire en Europe continentale (comme par exemple celles qui viennent d'être mises au point entre la France et l'Allemagne).

9 – Un lien organique devra être établi entre les Communautés et le « Conseil suprême » pour associer celles-ci aux travaux du « Conseil suprême » dans les questions de leur compétence. Ce lien établi, il pourrait y avoir un avantage psychologique à appeler « confédération » l'ensemble des Communautés et des formes complémentaires de coopération.

Le retentissement dans l'opinion de la création d'une confédération politique pourrait être sanctionné par une consultation populaire, soit un vote des Parlements, soit un référendum, soit l'élection au suffrage universel de l'Assemblée européenne elle-même dotée d'attributions élargies.

56 – Les négociations du projet d'Union politique (1961-1962)

Note a.s. de l'Union politique, 21 novembre 1963. L'auteur est probablement un membre de la Représentation permanente française à Bruxelles (GR). Source : Archives du ministère des Affaires étrangères, fonds CADN, RP-UE 21. Reproduit avec l'autorisation de la Direction des archives du ministère des Affaires étrangères.

Ce document a l'avantage de résumer la courte histoire du projet d'Union politique, connu sous le nom de Plan Fouchet. Il rappelle que le projet a été initié avec la déclaration de Bad Godesberg du 19 juillet 1961 (en fait de Gaulle avait déjà pris des initiatives en faveur de l'Union politique dès octobre 1960)[54] jusqu'à la constatation des désaccords d'avril 1962. Il met en avant les tentatives de compromis menées ensuite par les ministres italien et belge des Affaires étrangères, Cattani et Spaak en 1963.

*

GR/va   Bruxelles, le 21 novembre 1963
– NOTE –
a.s. UNION POLITIQUE

L'éventualité de plus en plus fréquemment agitée d'une relance de l'Union politique de l'Europe justifie un rappel des travaux de la commission Fouchet et de la façon dont ils se sont terminés.

Par la déclaration de Bonn du 19 juillet 1961, la commission Fouchet avait reçu mandat de mettre au point un projet permettant de donner un caractère statutaire à l'Union politique des Six pays.

1. Le débat s'engageait le 19 octobre sur un projet présenté par la délégation française. Accepté comme base de travail par nos partenaires, il faisait cependant l'objet de leur part d'un certain nombre de demandes d'amendements touchant trois points essentiels : le maintien des Institutions Communautaires, une référence explicite à l'Alliance Atlantique, une procédure de révision ouvrant la voie à l'intégration politique.

2. Alors que nos partenaires s'attendaient à voir la délégation française leur soumettre un projet de compromis ; c'est un texte plus dur que le précédent, qui leur était présenté le 18 janvier 1962, après une interruption relativement longue des travaux. Trois points heurtèrent particulièrement : la mention de « l'économie » parmi les domaines de la compétence de l'Union politique ; la réduction des compétences de l'Assemblée ; l'article 16 concernant la révision qui donnait à celle-ci comme objectif de « simplifier, rationaliser ou coordonner les diverses modalités de la coopération entre les États membres ». Les modifications ainsi

---

[54]   Voir les deux textes de Noël (n° 55) et de Monnet (n° 54).

apportées au projet français furent aussitôt interprétées comme marquant la volonté de Paris de refondre les Communautés sur un modèle intergouvernemental où les décisions ne seraient prises qu'à l'unanimité. Ce fut l'échec, aussitôt utilisé par les Néerlandais qui révélèrent à la presse le contenu du document français et l'accueil négatif que lui avaient réservé les cinq autres délégations.

De nouvelles réunions, les 26 janvier et 1er février, n'aboutissaient qu'à l'élaboration d'un contre-projet de nos cinq partenaires. Au mois de mars, cependant et au début d'avril, une tentative de compromis était faite du coté italien, par M. Cattani qui, à la suite de la nomination à Alger de M. Fouchet était devenu Président de la commission d'études. La rencontre à Turin, au début d'avril, du Général de Gaulle et de M. Fanfani, permettait de constater un accord sur la question de la référence à l'Alliance Atlantique et sur celle des compétences de l'Union en matière économique.

La réunion des six Ministres des Affaires étrangères à Paris le 17 avril 1962 devait cependant marquer l'échec de cette tentative et provoquer l'ajournement *sine die* des discussions sur l'Union Politique. M. Spaak et M. Luns, indiquèrent, en effet, qu'ils ne pouvaient accepter la clause de révision du Traité proposée par la France et admise par l'Allemagne et l'Italie et que de toutes façons ils ne pourraient souscrire au Traité d'Union Politique avant de savoir si la Grande-Bretagne entrerait ou non dans les Communautés et dans l'Union Politique.

Dans les mois qui suivirent, M. Cattani essaya par des contacts bilatéraux de renouer le fil de la négociation. Il remit au début de juillet un rapport dans lequel il suggérait des formules susceptibles de résoudre les deux difficultés majeures sur lesquelles avait achoppé la réunion des Ministres du 17 avril. Il s'agissait d'une part d'une nouvelle rédaction de la clause de révision, évoquant en termes vagues un renforcement des pouvoirs de l'Assemblée, et d'autre part d'une procédure réglant l'association du Royaume-Uni à l'élaboration du Traité d'Union Politique. Ce rapport ne fut jamais officiellement discuté.

Toujours au mois de juillet de la même année, M. Spaak adressait une lettre personnelle au Général de Gaulle pour lui proposer une Union Politique fondée sur la création d'une commission politique dotée, au moins au départ, d'un simple pouvoir de proposition, mais indépendante des gouvernements. La réponse française fut négative. Les idées exposées alors par M. Spaak sont exactement celles que lui prête la dépêche de l'AFP au 20 novembre 1963.

Depuis, le silence s'est fait sur l'Union politique ; chacun savait, en effet, que les Pays-Bas se refuseraient de toutes manières à en discuter tant que l'adhésion britannique au marché commun ne serait pas acquise.

Il convient d'ajouter qu'au cours d'une conversation entre le Ministre et M. Cattani, le 14 octobre 1963, le Secrétaire Général du ministère des Affaires étrangères italien a fait allusion à la commission politique qu'il préside et qui ne s'est pas réunie depuis le 17 avril 1962. M. Couve de Murville a répondu qu'il ne voyait pas d'inconvénient à ce que cette commission soit convoquée de nouveau si M. Cattani le jugeait utile et a ajouté qu'une telle convocation ne pouvait venir que d'une initiative italienne. Cette conversation a montré également que l'affaire de l'Université européenne est à nouveau agitée. /.

57 – Entretien d'Étienne Hirsch, président de la Commission de l'Euratom avec le général de Gaulle (juin 1961)

Extrait de Mémoires. Source : Étienne Hirsch, Ainsi va la vie, *Lausanne, Fondation Jean Monnet pour l'Europe, 1988, p. 168-172, reproduit avec l'autorisation de la Fondation Jean Monnet pour l'Europe (Lausanne).*

Ce dialogue savoureux et intense se tient, en juin 1961, à l'Élysée entre le président de la République française, Charles de Gaulle et Étienne Hirsch, président de la Commission Euratom, un membre éminent de la société des « européens », résistant de la première heure de surcroît. Il fait éclater au grand jour l'attachement du président de la République à la préservation des intérêts vitaux de la France dans le domaine atomique, tandis que son interlocuteur s'évertue, en vain, à prôner le respect du traité par la France et à plaider la confiance dans le processus d'unité. De Gaulle fait sentir combien compte uniquement la coopération entre les grands États européens. Il ne manifeste donc aucun esprit communautaire à cette occasion, mais déclare accepter les traités de Rome.

*

H. Je vous remercie d'avoir accepté de me recevoir et de me consacrer un peu de votre temps.

G. *C'est moi qui tenais à avoir un entretien avec vous. Je voudrais vous parler de votre correspondance avec le CEA et des questions que vous leur avez posées.*

H. Nous entretenons des relations fort diverses avec le CEA, mais je pense que votre question a trait au contrôle de sécurité.

G. *C'est bien cela. La France n'est pas disposée à donner des informations sur les questions intéressant la Défense nationale à qui que ce soit, et notamment pas à l'Euratom.*

H. Les informations demandées sont expressément prévues par le Traité, et la commission a la responsabilité de veiller à l'exécution du Traité.

G. *Ce Traité n'a pas été fait par moi...*

H. Par moi non plus.

G. *J'ai accepté ce Traité, ces Traités, et je ne reviens pas là dessus. Mais il faut se rendre compte que, depuis, les circonstances ont changé. La France maintenant s'est engagée dans un grand programme de fabrication d'armes atomiques et doit conserver pour elle les secrets intéressant sa défense.*

H. Je pense qu'il serait facile de s'entendre sur les dispositions à prendre pour que le secret soit sauvegardé. Au surplus, les informations que vous devez communiquer peuvent être établies avec une précision suffisante par tout bon expert.

G. *Sachez que vous ne recevrez pas les informations que vous avez demandées.*

H. La commission appliquera les dispositions prévues par le Traité dans un tel cas.

G. *Un État ne peut pas exécuter un Traité lorsque c'est contraire à ses intérêts vitaux.*

H. Estimez-vous qu'un magistrat peut se dispenser de sanctionner une infraction si le délinquant estime que la loi est contraire à ses intérêts vitaux ?

G. *Il est plus facile de changer un Traité que la loi.*

H. Je crains que ce ne soit le contraire. Permettez-moi de rappeler l'entretien que ma commission a eu avec Monsieur le Premier ministre il y a près de deux ans[55]. M. Debré nous a dit que dans Traité d'Euratom, il y avait des dispositions qui, empiétant sur les souverainetés nationales, étaient inacceptables pour lui. La commission lui ayant fait remarquer qu'elle devait appliquer toutes les dispositions du Traité, sans exception, M. Debré nous a dit qu'il ferait étudier les révisons à apporter au Traité. En l'absence de toute révision, dont le mécanisme est d'ailleurs expressément prévu par le Traité, la commission ne peut que l'exécuter tel qu'il est. Quoi qu'il en soit, même si votre position ne nous satisfait pas, elle me paraît plus conforme à la dignité de la France que celle qui consiste à laisser nos démarches et nos lettres sans réponse.

G. *La France est seule juge de la dignité de la France.*

Je voudrais maintenant avoir votre opinion sur ce que l'on appelle la fusion des exécutifs. Je n'aime d'ailleurs pas ce terme d'Exécutifs. Les Exécutifs sont les gouvernements.

H. Disons la substitution d'une commission unique aux deux commissions et à la Haute Autorité. J'en suis un partisan convaincu.

(Exposé des raisons d'efficacité et de rationalisation), il était naturel et nécessaire d'avoir trois organes distincts pour le démarrage, il est temps maintenant de n'en avoir plus qu'un.

G. *Je comprends que l'on fasse reprendre maintenant par le marché commun les fonctions relatives au Charbon et à l'acier. Lorsque Monnet et Schuman ont fait l'affaire de la CECA, c'était purement et simplement pour reprendre à l'Allemagne son charbon et son acier. Il fallait le faire, c'est fait et maintenant, la soi-disant Haute Autorité n'a plus rien à faire. Seuls les gouvernements peuvent régler les problèmes. N'est-ce pas le Gouvernement belge qui règle les problèmes du charbon belge ?*

H. J'aurais beaucoup à dire pour contester cette thèse. On a quand même réussi à établir une libre circulation du charbon et de l'acier, et cela a permis, sur la base de ce précédent, de faire ensuite le marché commun général.

G. *Mais en ce qui concerne l'Euratom, il me semble que cela doit rester séparé. Votre tache est d'une nature toute différente de celle du marché commun.*

H. Certes, mais les développements essentiels sont dans le domaine de l'énergie où il est indispensable d'avoir une unité de politique. Nous avons aussi des problèmes de relations extérieures, de finances, qui doivent relever d'une politique commune.

G. *Êtes-vous satisfaits d'être installés à Bruxelles ?*

H. Bruxelles est la seule capitale où il n'y ait pas de problème de logement. Nous sommes bien installés. Les communications sont rapides et faciles avec tous les

---

[55]   Michel Debré est le premier ministre de la Ve République depuis janvier 1958 ; il le restera jusqu'en avril 1962.

pays membres, sauf avec l'Italie. Ce qui nous gène le plus est le fait que l'Assemblée siège à Strasbourg.

G. *Quelle est l'activité de l'Euratom et quelle est son utilité ?*

H. (exposé de notre activité. Indication de son importance en raison des perspectives sur 20 ans et de la nécessité de familiariser les industries de la Communauté avec les exigences des techniques nucléaires, exigences qui conduisent à des progrès dans tous les domaines d'activité.)

G. *Qu'est-ce que l'action propre d'Euratom apporte comme avantage ?*

H. Nous permettons des développements qui sans nous seraient difficiles. Le CEA reconnaît par exemple que, indépendamment de notre contribution financière le fait de mettre à sa disposition, dans le cadre de notre association pour la fusion thermonucléaire, une équipe européenne de chercheurs et d'ingénieurs permet des développements qui autrement seraient irréalisables. La mise en commun de résultats obtenus dans les divers centres et contrats bénéficie à tout le monde. Nous instituons et développons des contacts et des collaborations entre les industries de la Communauté (exemple des contrats Essor).

G. *L'Allemagne fait-elle des efforts substantiels dans le domaine atomique ?*

H. L'Allemagne a un retard important, mais elle possède des firmes industrielles disposant d'un potentiel de recherches puissant. Pour le moment, l'effort atomique français, dans le domaine pacifique, représente certainement encore plus que le total de celui des autres pays. Toutefois les pays apportent une contribution équilibrée à notre action, par le concours de leurs centres de recherches, de leurs industries et des savants et ingénieurs que nous recrutons.

G. *Les États-Unis n'exercent-ils pas une influence prépondérante sur Euratom ?*

H. Avant la mise en place d'Euratom, ceux que l'on a appelé les trois sages dont Armand était le participant français, avaient conclu, compte tenu de la situation de l'époque, qu'il était urgent pour l'Europe de réaliser un grand programme de centrales nucléaires. C'est dans ces conditions qu'un accord a été conclu avec les États-Unis, car seul leur concours permettait de réaliser un tel programme. Entre-temps les conditions ont changé ; nous avons intérêt à réaliser un nombre limité de centrales pour familiariser les industriels avec ce qu'il y a de particulier dans les techniques américaines. Actuellement cet accord ne correspond qu'à une très faible partie de notre activité, mais nous considérons qu'il est de l'intérêt de la Communauté de maintenir sur pied d'égalité des relations étroites et des échanges mutuels non seulement avec les États-Unis, mais aussi avec le Canada et la Grande-Bretagne.

G. *Je reste favorable à une coopération intergouvernementale pour les recherches et les développements industriels par l'entremise d'Euratom.*

J'approuve aussi le marché commun. Il est conforme aux intérêts de la France C'est un traité de commerce et rien de plus, n'en déplaise à ceux qui prétendent autre chose. Seuls les gouvernements peuvent décider de ce qui touche les intérêts vitaux de leurs pays. Ce n'est par exemple pas à Bruxelles que l'on peut décider la politique agricole.

H. Les Traités prévoient que certaines décisions sont prises à l'unanimité Mais même dans ce cas, il y a un mécanisme d'étude et de préparation des décisions. N'est-il pas utile de disposer d'un organe, la commission, dont personne ne conteste l'objectivité ?

G. *C'est à voir.*

H. Je n'ai jamais entendu mettre en doute cette objectivité, et suis convaincu que des discussions entre gouvernements, sans qu'il y ait à la base des propositions concrètes inspirées par le seul intérêt commun, sont vouées à l'insuccès.

G. *Je répète que je suis partisan de la coopération entre les gouvernements. Nous ne sommes plus à l'époque où M. Monnet commandait.*

H. Vous savez bien que M. Monnet n'a jamais disposé d'un pouvoir autre que celui de la persuasion.

G. *Je ne critique pas. C'était dans la nature des choses car, à l'époque les États étaient faibles. La situation est changée. L'amélioration de la situation économique, puisque aujourd'hui c'est la source de la puissance, a fait que nous avons maintenant des États forts. Je souhaite une coopération entre les trois grands États.*

H. (Signe de surprise.)

G. *Vous n'allez pas me parler de la Belgique et des autres ? Je dis donc que je souhaite cette coopération dans le domaine culturel, dans les affaires militaires. Mais il s'agit de coopération entre gouvernements qui restent souverains pour décider librement des questions vitales.*

H. Ce qui est vital, n'est-ce pas, dans le monde actuel, une véritable union ? Nous avons actuellement l'Allemagne d'Adenauer. Nous pouvons avoir demain une Allemagne toute différente, disons par exemple, celle de M. Strauss[56]. N'est-il pas vital pour nous tous, y compris pour l'Allemagne, de sceller définitivement son destin au nôtre et de l'intégrer dans cette Europe de l'Ouest, ce qui était, et pas autre chose, le but final des Traités européens ?

G. *Nous ne pouvons pas aller contre la nature des choses.*

H. Votre fatalisme m'effraie et me consterne.

G. *Jamais un gouvernement ne laissera à d'autres le soin de décider lorsqu'il s'agit de décisions vitales.*

J'ai appris par Pierre Guillaumat[57] que, lors du Conseil des Ministres qui a suivi cet entretien, le général s'est enquis de la date d'expiration de mon mandat et a demandé que l'on prenne note de ce qu'il ne devait pas être renouvelé[58].

---

[56] Franz-Josef Strauss a été président de la CSU alliée de la CDU de 1961 à 1988. Il a été ministre de la Défense en 1956 dans le gouvernement du Chancelier Adenauer, jusqu'en 1962.

[57] Ministre des Armées puis de la Recherche (1958-1962) dans le gouvernement Debré. Mais il est aussi le modernisateur de l'industrie pétrolière d'après-guerre (1944-1951), l'homme de l'atome (1951-1958) en tant qu'administrateur général du CEA.

[58] Pierre Chatenet a été ministre de l'Intérieur du 28 mai 1959 au 6 mai 1961, puis a été nommé président d'Euratom à la place d'Etienne Hirsch le 1er janvier 1962.

58 – « Ne pleurez pas, milord », décembre 1962

Extraits de l'ouvrage d'Alain Peyrefitte, C'était de Gaulle, *Paris, Gallimard Quarto, 2002, p. 340-341,* © *Librairie Arthème Fayard.*

La présentation très vivante que donne Alain Peyrefitte, ancien ministre du général de Gaulle, des décisions prises par le chef de l'État confirme l'ambiguïté des positions de Macmillan vis-à-vis de l'Europe communautaire. D'après ce compte rendu d'un Conseil des ministres français, le premier ministre anglais craignait le blocus continental mais semblait rencontrer les vues du général sur une certaine autonomie européenne par rapport aux États-Unis. Peyrefitte explique ailleurs que de Gaulle n'a pas attendu la conférence des Bermudes entre Kennedy et Macmillan (accords de Nassau sur les fusées *Polaris*) pour repousser la candidature britannique aux Communautés européennes.

*

Conseil des Ministres, 19 décembre 1962. Maintenant que, contrairement à la prédiction de Maurice Faure, le Général s'est débarrassé à la fois de la guerre d'Algérie et de l'opposition, il démarre sur les chapeaux de roues pour lancer la grande politique étrangère qu'il enrageait de ne pouvoir mener. Les conversations de Rambouillet entre Macmillan et le général de Gaulle, samedi et dimanche, ont beaucoup excité la curiosité et l'imagination des journalistes, donc de l'opinion. Comment le Général se comportera-t-il face à la demande anglaise d'admission dans le marché commun ?

Cette rencontre théâtrale, Couve en rend compte sans faire le moindre théâtre : Sur sa demande, Macmillan est venu voir le général de Gaulle, juste avant de rencontrer Kennedy aux Bahamas. Pour le marché commun, Macmillan a renouvelé ce qu'il avait dit à Champs[59] : « C'est un tournant dans la vie politique des Britanniques. Ils ont renoncé à l'Empire. Ils ont reconnu la nécessité de jouer un rôle à l'intérieur de l'Europe ». Il a fait allusion aux problèmes atomiques. Les Américains veulent supprimer la production des fusées Skybolt, mais rien n'est prévu de précis pour leur remplacement. Ça s'est passé dans l'atmosphère intime qui est habituelle, mais on avait l'impression d'un malaise, celui de la contradiction entre ces relations amicales et très étroites, et les difficultés résultant de l'interminable négociation sur le marché commun.

« Les Anglais préfèrent-ils l'Europe ou le grand large ? »

GdG. – L'éternel problème est de savoir si les Anglais veulent donner la préférence à l'Europe ou au grand large. En 1958, Macmillan est venu me faire une scène : « Comment ? Est-ce que vous prenez le marché commun au sérieux ? C'est la guerre des tarifs entre nous ! C'est le Blocus continental ! Toutes nos relations seraient compromises, etc. » Ils ont inventé la zone de libre-échange pour empêcher les Six de mettre en route le marché commun. La négociation n'a pas abouti (Et pour cause, Couve l'a rompue sur instruction du Général !).

---

[59] Allusion à une précédente rencontre de Gaulle/Macmillan à Champs-sur-Marne, 5 juin 1962.

Voyant le marché commun démarrer, ils posent leur candidature pour y entrer. Pour qu'ils entrent dans le marché commun, ce n'est pas si simple. Ça ne peut pas être à leurs conditions, mais aux nôtres, puisqu'ils sont demandeurs. Si la Grande-Bretagne, plus le Danemark, plus la Norvège, plus l'Irlande, plus le Commonwealth (il prononce ouilz) entraient dans le marché commun, il faudrait qu'en réalité, ce soit le marché commun qui entre dans une immense zone de libre-échange et s'y dissolve. C'est toujours la même question qui est posée, mais les Anglais n'y répondent pas. Alors, ils disent que « c'est la France qui ne veut pas ». Nous sommes d'autant plus portés à être prudents, que la Grande-Bretagne demande une série de dispositions particulières qui modifieraient tout, et en particulier l'agriculture : précisément tout ce qui est en cours de règlement. Allons-nous, pour faire plaisir à l'Angleterre, remettre en question le marché commun et la signature des règlements agricoles, faute desquels nous refusons qu'il y ait un marché commun ? Tout cela est difficile à accepter. Pour l'agriculture, si on entre dans les vues des Anglais, la Grande-Bretagne continue-rait à s'approvisionner à bon marché au Canada, en Nouvelle-Zélande, en Austra-lie, etc. Les Allemands meurent d'envie d'en faire autant avec l'Argentine. Les autres suivraient. Que faire alors de la surproduction européenne, et notamment française ? Si nous devons donner 500 milliards par an de subventions à l'agriculture, que se passerait-il dans le cas où le marché commun ne nous aiderait pas ? Ces questions, bien pratiques, ne peuvent pas être tranchées sur la base des sentiments. Il en était mélancolique et moi aussi. Nous préférons la Grande-Bretagne de Macmillan à celle des travaillistes, et nous aimerions bien l'aider à rester au pouvoir. Mais que pouvais-je faire ? Sinon lui chanter la chanson d'Édith Piaf : *Ne pleurez pas, milord.*

Il m'a dit d'autre part que la Grande-Bretagne est décidée à conserver sa force nucléaire nationale. Il est désappointé par l'attitude des États-Unis. Il n'est pas opposé du tout à ce que nous fassions notre propre force nucléaire, mais il souhaiterait que nous coordonnions nos efforts et nos stratégies. Nous ne pouvons qu'être d'accord pour coordonner, dès lors que nous sommes indépendants.

59 – La politique agricole commune et la chaise vide
(décembre 1964, juillet 1965)

Extraits de l'ouvrage d'Alain Peyrefitte, C'était de Gaulle, *Paris, Gallimard Quarto, 2002, p. 870-871 et p. 884-886.* © *Libraire Arthème Fayard.*

Ces extraits de l'ouvrage d'Alain Peyrefitte témoignent de la satisfaction du général de Gaulle d'avoir réussi la Politique agricole commune. La conversation du 16 décembre 1964 se situe avant la crise de la chaise vide dont le prétexte a été l'absence de règlement financier agricole avant le 30 juin 1965. Le compte rendu que donne Peyrefitte du Conseil des ministres du 1er juillet 1965 explique les conditions dans lesquelles Couve de Murville a rompu avec les partenaires de la France dans les Communautés.

*

16 décembre 1964

Après le Conseil[60], il me précise le sens à donner à mes commentaires.

CdG. « C'est bien, mais l'essentiel reste à faire. Il reste à fixer les prix les plus importants, la viande, les produits laitiers, le sucre, les oléagineux, et, par-dessus tout, à adopter le règlement financier, qui est la clef de voûte de tout l'ensemble. Soulignez ça, pour tenir en haleine nos partenaires. Dites que le chef de l'État et le gouvernement ont constaté que c'est l'effort conjugué des six États qui a permis l'aboutissement. La commission de Bruxelles y a contribué de la manière la plus brillante par son travail technique. Couvrez-la de fleurs, mais marquez bien que les responsabilités sont seulement du côté des États. Enfin, vous pourrez dire que j'ai exprimé le souhait que le même état d'esprit se manifeste pour construire l'Europe politique, qui ne peut pas se faire d'une autre façon, c'est-à-dire par les États.

AP. – Peut-être qu'il ne faudrait pas trop donner l'impression que nous voulons remettre la Commission à sa place.

CdG. – Et pourquoi non ? Il faut souligner que ce sont les États qui détiennent le pouvoir de décider ; que les intérêts, ce sont les intérêts des États ; que les responsabilités, ce sont les responsabilités des États. Ça n'a pu aboutir que grâce aux États. N'oubliez pas de finir par un couplet sur l'Europe politique.

AP. – Je dis en passant ce qu'a souligné Giscard, à savoir qu'il ne faut pas croire que ça va alléger le budget français ?

CdG. – Mais non ! Ce sont des histoires de ministres des Finances ! Les charges de l'État français vont être diminuées quand même. On va augmenter tant soit

---

[60] Le Conseil des ministres du 16 décembre 1964 vient d'entendre un exposé de Couve de Murville sur l'accord entre les Six concernant les prix des céréales qui termine la négociation sur la Politique agricole commune. Toutefois il reste encore à préciser le règlement financier fixant l'emploi des sommes perçues sur les importations agricoles dans la Communauté.

peu le prix du blé et même le prix de l'orge en France. Pas tant que ça d'ailleurs, d'après mes calculs, ça va faire 7 ou 8 %. Les canards prétendent que ça va faire 15 %, mais ce n'est pas vrai. Seulement, les avantages énormes que l'État payait à l'agriculture, et qui s'appelaient le quantum, la subvention par le FORMA, la vente à fonds perdus de ses excédents, l'État ne les supportera plus, ce sera supporté par les six États ! Donc, la France n'en aura que sa part. Voilà la vérité. (Comment peut-il dire d'après mes calculs ? Il n'a tout de même pas calculé lui-même ? Intrigué, je téléphone à Burin. Il m'apprend que le Général, préoccupé par les 15 % d'augmentation des prix des céréales qu'annonçait la presse, a demandé qu'on refasse les comptes, estimant à vue de nez que ça ne devait pas dépasser 8 %. Ses conseillers techniques se sont mis au travail, ont contrôlé les chiffrages des Finances et de l'Agriculture, et conclu qu'il fallait prévoir une hausse de 8 %. Le Général, d'instinct, tombait juste...)

« Les mille milliards que nous filions tous les ans à l'agriculture, nous ne les lui filerons plus »

« Ça va nous soulager, quoi qu'en dise Giscard. Dans l'ensemble, ce n'est pas une mauvaise opération financière, surtout à échéance, parce qu'on peut espérer que les mille milliards que nous filions tous les ans à l'agriculture, eh bien, nous ne les lui filerons plus. « La politique agricole commune, ce sera avantageux pour l'État. Mais aussi pour les agriculteurs. À cause de l'augmentation du prix des céréales. Et surtout à cause des débouchés pour exporter. « Mais si notre agriculture ne fait rien pour s'organiser, les autres se mettront à produire et elle sera couillonnée. Pour le moment, elle a un grand avantage de quantité sur les autres pays du marché commun. Mais si elle n'améliore pas la qualité, elle le perdra, car rien n'empêchera les Allemands de faire des poulets ou de la viande, rien n'empêchera les Italiens de faire tout ce qu'ils voudront. Il faut qu'elle se modernise sans perdre de temps. Et il faut qu'elle en finisse avec cette psychologie selon laquelle c'est toujours l'État qui paie. Ça, c'est fini. »

1er juillet 1965

Couve – « Il n'y a eu qu'à prendre acte de l'échec »

Conseil du 1er juillet 1965. Le 30 juin est venu, a passé : sur l'Europe du Général, le soleil n'a pas brillé. Couve, en compagnie de Giscard et de Pisani, a bataillé à Bruxelles toute la nuit ; ils arrivent tous trois, les traits tirés, sans avoir fermé l'œil. Couve : « Nos propositions ont été mises en pièces. Elles n'ont été acceptées par personne. « Le grand problème posé était de savoir si le règlement financier pour la politique agricole commune serait adopté, c'est-à-dire comment on affecterait les droits de douane prélevés sur les importations agricoles. « Nous nous sommes mis d'accord pour que l'ensemble de la politique agricole commune soit définitivement achevé dans les deux ans. Mais le désaccord a éclaté sur les conséquences financières.

« Allait-on prendre une décision pour une courte période (un ou deux ans) ou sur une période plus longue ? C'est sur ce point particulier qu'on a rompu. L'Italie ne voulait que deux ans.

« Il valait mieux une rupture sur un point où la position française est largement justifiée. Il n'y a eu qu'à prendre acte de l'échec.

« Une discussion confuse s'est alors engagée pour la suite des opérations. Tous nos partenaires ont parlé de la nécessité de poursuivre. Ils voulaient donner l'impression que les choses continuaient, qu'il n'y avait pas de drame, mais une simple difficulté de procédure. « J'ai arrêté les frais très vite : la délégation française ne peut pas continuer cette discussion. Des engagements formels ont été pris. Ils ne sont pas tenus. Nous ne pouvons qu'en prendre acte. « La Belgique a eu une conduite parfaite. Avec les Allemands, il n'y a pas eu de discussion fondamentale. Les Pays-Bas ont les mains liées par leur Parlement. Le Luxembourg est plein de bonne volonté. L'Italie a été le grand obstacle. Les représentants italiens parlent à tout propos, hors de propos Leurs discours sont remis à la presse aussitôt après avoir été prononcés ou même avant. Ils étaient décidés à ne pas aboutir. Fanfani, qui me succède aujourd'hui comme président semestriel, tenait évidemment à ce qu'on n'aboutisse pas sous ma présidence, pour que la sienne arrange tout « La commission est la grande perdante. Elle a fait des propositions absurdes, qui n'ont été acceptées par personne. Elle est restée absente dans la suite de la discussion, en s'entêtant dans des positions qui n'avaient pas été retenues. Les « européens » professionnels ont été, par entêtement idéologique, l'obstacle majeur au progrès de l'Europe. « Nous entrons dans une crise grave. Nous avons décidé de ne pas tenir la réunion des ministres de l'Agriculture prévue pour le 12 juillet.

Pisani (sombre, comme écrasé). – Je n'ai rien à dire.

Giscard (certainement affecté, mais très maître de lui). – Les questions financières n'ont pas fait l'objet d'une discussion sérieuse. Personne n'a critiqué les positions françaises.

« Nous arrêtons les frais, puisque frais il y a ».

GdG. – La délégation française a fait ce qu'elle devait faire « La situation est éclaircie. (Il avait employé la même expression, lors du départ fracassant des cinq ministres MRP, le 15 mai 1962, sur le thème de la supranationalité.) « C'est une affaire sérieuse et même grave. Ce que nous avons accepté, l'abaissement des droits de douane, le prix du blé, nous l'aurons fait sans aucune contrepartie. Eh bien, nous arrêtons les frais, puisque frais il y a. Et nous verrons bien. Si les autres viennent à résipiscence, nous aviserons.

« La situation politique est incertaine pour l'Allemagne, l'Italie, la Belgique et même la Hollande. (Il ne lui vient pas à l'idée de dire, à six mois de l'élection présidentielle : « et pour la France ».)

« Enfin, ne nous occupons pas des autres. « Sans aucun doute, il y a là derrière une opération politique, imputable à divers éléments très engagés dans la chimère fédéraliste. Notamment, en ce qui concerne la politique française, une large fraction de l'opposition, autant dire la totalité sauf les communistes, est en liaison étroite avec ces milieux de la commission et fomente les complots que l'on sait. (Dans son esprit, cette constatation confirme l'illégitimité de l'opposition, mais sans faire naître aucune incertitude électorale.)

« Nous procéderons par éclaircissements bilatéraux. Nous nous en tenons là. »

« La première conséquence, c'est qu'il n'y a plus de session, de réunion, de négociations à Bruxelles. Tout ça, c'est fini »

Après le Conseil.

AP. – On va me demander quelles vont être les conséquences, surtout les conséquences politiques.

GdG. – La première de ces conséquences, c'est qu'il n'y aura plus de session du marché commun.

AP. – Jusqu'à nouvel ordre ?

GdG. – Aucune ne saurait être envisagée. C'est tout.

AP. – Aucune réunion du Conseil ?

GdG. – Aucune réunion, aucune négociation ne peut se tenir à Bruxelles.

AP. – Et si les cinq autres en tiennent une sans nous ?

GdG. – S'ils en tiennent sans nous, alors ils violent le traité de Rome, mais ça n'a aucune signification pour nous. Ça ne nous engage pas. Ce sera une réunion pour rien. Ils n'ont qu'à la faire à Londres, s'ils veulent, au siège de l'UEO, ils y seront bien accueillis. (Rire.) Notre chaise restera vide, toute réunion sera sans valeur. »

Il sait bien que ces réunions se tiendront : mais il est résolu à ce que, derrière le petit carton « France », la chaise France soit vide.

60 – La crise de la chaise vide vue par le représentant permanent de la France à Bruxelles, l'ambassadeur Jean-Marc Boegner

Extraits du témoignage de Jean-Marc Boegner, ambassadeur de France, recueilli par Marie-Thérèse Bitsch, professeur à l'Université Robert Schuman (Strasbourg III), le 13 janvier 1999, Jean Monnet oral project, programme des professeurs d'histoire, chaire Jean Monnet, matériel déposé aux Archives européennes de Florence. © Archives historiques de l'Union européenne-Florence.

Le témoignage de l'ambassadeur Boegner indique l'état d'esprit dans lequel les dirigeants français se trouvaient face à la Commission économique européenne. Ils croyaient qu'elle outrepassait ses droits. Ils craignaient en fait le vote à la majorité qualifiée, à partir du 1er janvier 1966, dernière étape du processus communautaire, prévue par les traités de Rome. Le blocage des institutions communautaires a abouti à l'arrangement de Luxembourg qui permet de suspendre le vote sur un dossier s'il n'y a pas d'unanimité entre les pays membres, le temps de trouver un consensus.

*

[...]

M.T.B. : Alors chose plus sérieuse, une crise à propos des institutions, en 1965, que nous connaissons sous l'image de la crise de la chaise vide. Au départ de cette crise, il y a le projet de la Commission qui cherche à lier les ressources propres à des réformes institutionnelles qui évidemment ne sont pas susceptibles de séduire le général de Gaulle. Quand vous avez été informé de ce projet de la Commission au printemps 1965, est-ce que vous avez tout de suite eu le sentiment que de graves tensions se préparaient ?

J.M.B. : J'ai eu le sentiment d'abord que, dans la forme, la Commission avait commis l'inconvenance de saisir de ses propositions le Parlement européen – terme que nous refusions à l'époque – avant d'informer les gouvernements. Tout de suite, il est apparu que ces propositions avaient pour objet de conférer à la Commission des pouvoirs en matière économique et financière, et notamment budgétaire, considérables, et par conséquent nous allions à une impasse. Comment expliquer cette attitude de la Commission ? Il y avait, ce que j'appelle la mégalomanie de Monsieur Hallstein qui était par ailleurs un bon Président de la Commission et qui voulait faire de la Commission un véritable exécutif pour reprendre ce terme qui, il me paraît, vous est cher. Alors on s'est trouvé devant des éléments de crise qui étaient évidents et il est clair que, ce que j'appellerais les activistes de la Commission dans cette affaire, au nombre desquels n'appartenait pas Robert Marjolin, qui dans tout ça avait fait preuve de lucidité et de modération, non pas parce qu'il était français, mais parce qu'il sentait très bien que ça allait beaucoup trop loin mais la Commission et nos partenaires d'ailleurs qui ont refusé un nouveau règlement financier, spéculaient sur la proximité de l'élection présidentielle de décembre 1965. Ils disaient : le général ne va pas se mettre sur les bras une crise européenne qui lui coûtera beaucoup de voix à l'élection. Maurice Couve de Murville en a parlé d'ailleurs au général qui a dit : ça n'a aucune importance, il ne faut pas mélanger les choses. Alors ils ont été très surpris de voir que le général avait gardé toutes ses capacités de manœuvre et de fermeté, et cette affaire lui a servi à mettre sur la table le problème des décisions à la majorité. Je l'avais entendu dire quelque temps avant, il faudra faire quelque chose en prévision de cette échéance du 1er janvier 1966, à partir de laquelle la plupart des décisions seraient prises à la majorité. Alors l'ouverture de cette crise lui a permis – et il l'a dramatisée – de mettre carrément sur la table le problème des décisions du Conseil, plus un certain comportement de la Commission qui d'ailleurs n'était pas non plus approuvé par nos partenaires, par exemple la cérémonie de présentation des lettres de créance au Président de la Commission, calquée sur le protocole en vigueur à l'Élysée ou à Buckingham Palace ; c'était parfaitement ridicule. Alors tout ça a été négocié entre les ministres à Luxembourg, et au niveau des Représentants permanents. Nous sommes arrivés facilement à un accord pour rappeler à l'ordre la Commission.

M.T.B. : Donc ça, c'est en janvier 1966.

J.M.B. : Oui, cet accord, ça fait partie de ce qu'on appelle le compromis de Luxembourg.

M.T.B. : Qui a eu l'idée de la politique de la chaise vide, côté français ?

J.M.B. : C'est le Général.

M.T.B. : C'est le Général de Gaulle, oui ?

J.M.B. : Oui, tout à fait, il a pris la décision d'interdire à ses ministres de participer aux réunions du Conseil et, l'ayant fait, je sais que deux ou trois jours après, il a dit à mon collègue Burin des Roziers, qui était à l'époque Secrétaire général de l'Élysée : « Et alors Boegner, il est toujours là-bas, il faut qu'il rentre ».

M.T.B. : J'allais vous demander, quelle a été votre réaction, Monsieur l'Ambassadeur, quand on vous a demandé de rentrer ?

J.M.B. : Je vais avoir quelques vacances comme cela.

M.T.B. : Avez-vous gardé quelques relations avec Bruxelles, pendant ces sept mois de vacances ?

J.M.B. : Oh, je suis resté chez moi très tranquillement. Il y avait là-bas, ce qu'on appelle un chargé d'affaires qui était mon adjoint, Maurice Ulrich, maintenant sénateur et proche conseiller de Jacques Chirac, comme vous le savez, et je suis resté chez moi, très à l'écart des choses, parce que je savais que Maurice Couve de Murville aimait bien que les choses soient en bon ordre. J'ai été rappelé et bien j'étais déchargé.

M.T.B. : Très bien. Et donc personnellement vous n'avez pas participé à l'élaboration du compromis de Luxembourg ?

J.M.B. : Ah ! si, il y a eu au moins une, peut-être même deux réunions chez le général où on a discuté de la situation et envisagé diverses possibilités pour en sortir. Et puis, j'étais à Luxembourg moi-même.

M.T.B. : Vous étiez à Luxembourg pour les deux réunions du mois de janvier ?

J.M.B. : Oui, naturellement. À toutes ces réunions la Commission ne participait pas, ce qui était un événement considérable.

M.T.B. : Et une garantie d'un accord équilibré entre les gouvernements ? Donc, côté français, autour du général de Gaulle, tout le monde est satisfait de ces deux textes qui sont finalement adoptés ?

J.M.B. : Finalement, on s'est mis d'accord sur un compromis. Je sais que Monsieur Couve de Murville n'aime pas qu'on parle du compromis de Luxembourg. Il est tout de même de fait qu'on a juxtaposé les deux textes, dans le communiqué final.

M.T.B. : Un accord dans le désaccord, comme disent certains juristes.

J.M.B. : Oui, mais en réalité, nos partenaires étaient d'accord et dans les années qui ont suivi, on n'a jamais pris de décisions à la majorité qualifiée sauf pour les problèmes purement techniques ou administratifs, etc. Mais, la pratique de nos partenaires a été de ne jamais essayer d'appliquer la majorité dans le cas où l'un des pays invoquait ses intérêts vitaux.

[...]

61 – Conférence de presse du général de Gaulle, 9 septembre 1965

Extrait de la conférence de presse du général de Gaulle à l'Élysée, le 9 septembre 1965.

Le général de Gaulle explique pourquoi la France a quitté provisoirement les institutions européennes : le non-respect des engagements financiers pour les règlements agricoles par les partenaires de la France dans le marché commun. Il dénonce encore, alors que les traités de Rome l'ont prévu, le passage au vote à la majorité qualifiée au Conseil des ministres des Six.

*

Q. – *Quelles sont, selon vous, les causes de la crise du marché commun et comment pensez-vous qu'on puisse en sortie ?*
R. – Ce qui s'est passé à Bruxelles, le 30 juin, au sujet du règlement financier agricole a mis en lumière, non seulement les persistantes réticences de la plupart de nos partenaires en ce qui concerne l'entrée de l'agriculture dans le marché commun mais aussi certaines erreurs ou équivoques de principe qui figurent dans les traités relatifs à l'union économique des Six C est pourquoi la crise était, tôt ou tard, inévitable.

Les trois traités, créant respectivement la CECA, l'Euratom et le marché commun, avaient été conclus avant le redressement français de 1958. Aussi, tenaient-ils compte surtout de ce que demandaient les autres. C'est ainsi que la CECA indépendamment du rapprochement franco-allemand qu'elle entendait manifester, consistait essentiellement à rendre à l'Allemagne la disposition de son charbon et de son acier et à donner à l'Italie naturellement dépourvue de houille et de fer, la possibilité de s'en procurer à bon compte pour se doter, à son tour, d'une grande industrie métallurgique. Pour l'Euratom, l'institution tendait à mettre en commun tout ce qui était fait ou à faire dans le domaine de l'énergie atomique – et dont la France, en raison de l'avance qu'elle avait prise, fournirait la plus large part, ensuite à contrôler la production des matières fissiles en vue d'en empêcher l'utilisation militaire, alors que, parmi les Six, seul notre pays était en mesure de fabriquer un armement nucléaire. Quant au Traité de Rome, enfin, il réglait très complètement les conditions de la Communauté industrielle dont se souciaient surtout nos voisins, mais pas du tout celles du marché commun agricole auquel nous étions les plus intéressés.

D'autre part, les trois traités instituaient chacun une figuration d'exécutif sous la forme d'une Commission indépendante des États, bien que ses membres fussent nommés et rétribués par eux, et une figuration de législatif sous les espèces d'une Assemblée réunissant des membres venus des divers Parlements sans toutefois que leurs électeurs leur eussent donné aucun mandat qui ne fût pas national. Cette hypothèque d'une technocratie, en majeure partie étrangère, destinée à empiéter sur la démocratie française dans le règlement de problèmes qui commandent l'existence même de notre pays, ne pouvait évidement faire notre affaire dès lors que nous avions résolu de prendre notre destin entre nos mains.

Qui peut ignorer que l'idée de grouper, au point de vue économique et, j'ajoute, politique, les États de l'Europe occidentale est la nôtre depuis longtemps ? Il n'est, pour le constater que de se reporter aux déclarations que j'ai faites à ce sujet au cours et au lendemain de la Guerre mondiale, alors que personne n'en parlait, ensuite en de multiples et solennelles occasions mais aussi à tous les actes effectivement accomplis dans ce but par mon gouvernement. Pour ce qui est de l'économie, nous tenons en effet pour vrai que l'ajustement organisé des activités respectives des pays situés de part et d'autre du Rhin et des Alpes répond au fait qu'ils sont étroitement des voisins, qu'au point de vue de la production ils se trouvent à la fois analogues et complémentaires et qu'il est conforme aux conditions de notre époque de constituer des ensembles plus vastes que chacun des États européens. En outre, la France, qui est en plein essor et dont la monnaie est devenue l'une des plus fortes du monde, a toutes raisons de renoncer à son ancien protectionnisme et de s'ouvrir progressivement à la concurrence. C'est pourquoi depuis sept ans, nous avons très activement aidé à bâtir la Communauté économique, créée théoriquement en 1957 mais qui jusqu'en 1959, n'existait que sur le papier parce que le déficit chronique de la balance française des paiements empêchait l'organisation de prendre le départ autrement que dans des discours. Mais, ce que nous avons voulu hier et ce que nous voulons aujourd'hui, c'est une Communauté qui soit équitable et raisonnable.

Équitable : cela veut dire que les produits agricoles, compte tenu des conditions qui leur sont propres, doivent entrer dans le marché commun en même temps que les produits industriels. Raisonnable : cela signifie que rien de ce qui est important, à présent dans l'organisation, plus tard dans le fonctionnement, du marché commun des Six ne doit être décidé et, *a fortiori*, appliqué que par les pouvoirs publics responsables dans les Six États, c'est-à-dire les Gouvernements contrôlés par les Parlements.

Or, on sait, Dieu sait si on le sait ! qu'il y a une conception différente au sujet d'une fédération européenne dans laquelle, suivant les rêves de ceux qui l'ont conçue, les pays perdraient leur personnalité nationale, et où, faute d'un fédérateur, tel qu'à l'Ouest tentèrent de l'être – chacun d'ailleurs à sa façon – César et ses successeurs, Charlemagne, Othon, Charles Quint, Napoléon, Hitler, et tel qu'à l'Est s'y essaya Staline, ils seraient régis par quelque aréopage technocratique, apatride et irresponsable. On sait aussi que la France oppose à ce projet contraire à toute réalité le plan d'une coopération organisée des États évoluant, sans doute, vers une confédération. Seul, ce plan lui paraît conforme à ce que sont effectivement les nations de notre continent. Seul, il pourrait permettre un jour l'adhésion de pays tels que l'Angleterre ou l'Espagne qui, comme le nôtre, ne sauraient accepter de perdre leur souveraineté. Seul, il rendrait concevable dans l'avenir l'entente de l'Europe tout entière.

Cependant et quelles que pussent être les arrière-pensées en fait de théories politiques, il avait pu sembler que les très longues et minutieuses négociations de Bruxelles étaient sur le point d'aboutir. Certes, nous avions eu les plus grandes difficultés à faire admettre en pratique par nos partenaires que les produits agricoles fassent partie intégrante de la Communauté. Or, nul ne l'ignore, c'est là pour nous une condition « *sine qua non* », car, faute qu'elle soit remplie, nous resterions chargés du poids très lourd que représente pour nous, plus que pour nos voisins, le soutien de notre agriculture et nous serions, par-là, handicapés dans la concurrence industrielle. Aussi, avions-nous dû, en janvier 1962, ne consentir à ce qu'on passât à la deuxième phase du traité, c'est-à-dire à un abaissement considérable des barrières douanières, que moyennant l'engagement formellement pris par les Six de régler le problème agricole, notamment au point de vue financier, au plus tard le 30 juin de cette année, dans des conditions et suivant un calendrier précisés explicitement. Bien qu'il y ait eu alors quelques pleurs et grincements de dents, nous avions pu, sur le moment, obtenir l'adhésion de nos partenaires et nous étions en droit de croire qu'à l'échéance ils rempliraient leurs engagements.

D'autre part, tout en observant que le très lourd appareil international construit à grands frais autour de la Commission faisait souvent double emploi avec les Services qualifiés des six Gouvernements, nous avions, à mesure des travaux, pris acte de la compétence des fonctionnaires de la Communauté et constaté qu'ils s'abstenaient d'empiétements excessifs sur les seules responsabilités qui fussent valables, à savoir celles des États.

C'était trop beau pour aller jusqu'au terme ! En effet, à Bruxelles, le 30 juin, notre délégation se heurta à une fin de non-recevoir pour ce qui concernait la mise au point définitive d'un règlement financier conforme à ce à quoi on s'était engagé. Peu auparavant, d'ailleurs, la Commission, sortant soudain de sa réserve politique, avait formulé au sujet de ce règlement des conditions tendant à la doter elle-même d'un budget propre dont le montant aurait atteint jusqu'à 20 milliards de nouveaux francs, les États versant entre ses mains les prélèvements et recettes douanières qui eussent fait de cet organisme littéralement une grande puissance financière indépendante. Il est vrai que, suivant les auteurs du projet, ce budget énorme, que les États alimenteraient aux frais de leurs contribuables mais qu'ils ne contrôleraient pas, serait soumis à l'examen de l'Assemblée européenne. Mais l'intervention de celle-ci, qui est essentiellement consultative et dont les membres n'ont jamais, nulle part, été élus pour cela, ne ferait qu'aggraver le caractère d'usurpation de ce qui était réclamé. Quoi qu'il en soit, la conjonction, préméditée ou non, des exigences supranationales de la Commission de Bruxelles, de l'appui que plusieurs délégations s'affirmaient prêtes à leur accorder, enfin du fait que certains de nos partenaires revenaient au dernier moment sur ce qu'ils avaient antérieurement accepté, nous imposait de mettre un terme à ces négociations.

Je dois ajouter, qu'à la lumière de l'événement, nous avons plus clairement mesuré dans quelle situation notre pays risquerait de se trouver demain si telles et telles dispositions, initialement prévues par le Traité de Rome, étaient réellement appliquées. C'est ainsi, qu'en vertu du texte, les décisions du Conseil des Ministres des Six seraient, dès le 1er janvier prochain, prises à la majorité, autrement dit que la France serait exposée à se voir forcer la main dans n'importe quelle matière économique, par conséquent sociale et souvent même politique, et qu'en particulier ce qui aurait paru acquis dans le domaine agricole pourrait être, malgré elle, remis en cause à tout instant. En outre, à partir de la même date, les propositions que ferait la Commission de Bruxelles devraient être adoptées, ou non, telles quelles par le Conseil des Ministres, sans que les États puissent y changer rien à moins que, par extraordinaire, les Six États fussent unanimes à formuler un amendement. Or, on sait que les membres de la Commission, naguère nommés par accord entre les Gouvernements, ne sont désormais aucunement responsables devant eux et que, même au terme de leur mandat, il faudrait pour les remplacer l'unanimité des Six, ce qui en fait les rend inamovibles. On voit à quoi pourrait nous conduire une telle subordination si nous nous laissions entraîner à renier, à la fois, la libre disposition de nous-mêmes et notre Constitution, laquelle fixe que « la souveraineté française appartient au peuple français, qui l'exerce par ses représentants et par la voie du référendum », sans qu'il y soit prévu aucune espèce d'exception.

[…]

Quoi qu'il en soit, la France, pour sa part, est prête à participer à tous échanges de vues qui lui seraient proposés sur ce sujet par les autres Gouvernements. Le cas échéant, elle envisage de renouer la négociation de Bruxelles, dès lors que l'entrée de l'agriculture dans le marché commun serait véritablement adoptée et qu'on voudrait en finir avec les prétentions que des mythes abusifs et chimériques opposent au bon sens et à la réalité […]

62 – Richard Coudenhove-Kalergi, un renfort
pour le général de Gaulle (octobre 1965)

Lettre de Richard Coudenhove-Kalergi à Maurice Faure, 11 octobre 1965, copie, pas de signature autographe. Source : Archives du ministère des Affaires étrangères, fonds CADN, RP-UE 21. Reproduit avec l'autorisation de la Direction des archives du ministère des Affaires étrangères.

Le général de Gaulle a toujours obtenu le soutien de Coudenhove-Kalergi dont les projets de confédération d'État s'harmonisaient bien avec les siens. En pleine crise de la chaise vide, Coudenhove et Pan-Europe rompent avec le Mouvement européen qui avait dénonce la politique française à Bruxelles.

*

Bruxelles, le 11 octobre 1965.

Monsieur le Ministre Maurice Faure
Président du Mouvement Européen Paris

Mon cher Président et Ami,

C'est avec un profond regret que je dois vous prier de supprimer mon nom de la liste des Présidents d'honneur du Mouvement européen.

Il y a dix ans, j'étais fier d'accepter ce titre à côté de mes amis, les grands Européens, Adenauer, Churchill, de Gasperi, Robert Schumann et Spaak, d'autant plus que le Mouvement européen s'inspirait des idées du Mouvement Paneuropéen, son aîné d'un quart de siècle.

Depuis, le Mouvement européen a changé de caractère. Il s'est transformé en un mouvement antigaulliste international, son récent Congrès de Cannes en a donné une nouvelle preuve éclatante.

Il est évident que l'Union de l'Europe ne peut se faire ni sans, ni contre la Cinquième République aussi chacun de nous doit-il décider s'il veut constituer l'Europe avec elle ou après elle.

Le Mouvement européen a choisi la deuxième voie ; l'Union Pan-européenne la première, d'autant plus que la Cinquième République a toujours été favorable à l'union de l'Europe et que nous n'avons plus de temps à perdre.

L'Union Paneuropéenne est donc aussi loyale envers la Cinquième République qu'elle le fut envers la Troisième et la Quatrième, de même qu'elle l'est envers les Républiques allemande et italienne et envers les monarchies de la Grande-Bretagne et du Benelux. Elle n'est ni gaulliste ni anti-gaulliste, de même qu'elle n'est ni socialiste ni anti-socialiste, ni républicaine ni monarchiste.

Nos idées politiques diffèrent évidemment de celles des divers gouvernements et des divers partis, mais nous ne songeons pas à nous mêler de la politique intérieure des nations amies.

Je considère tout mouvement anti-gaulliste – en dehors de la France – incompatible avec notre but suprême qui est de développer l'esprit d'amitié et de compréhension mutuelle entre les diverses nations de l'Europe libre.

Il m'est donc impossible de prêter mon appui moral à un Mouvement qui divise l'Europe au lieu de l'unir.

Croyez, mon cher Président et Ami, à mes sentiments sincèrement dévoués.

Richard de Coudenhove-Kalergi
Président de l'Union Paneuropéenne

63 – L'arrangement de Luxembourg (30 janvier 1966), l'analyse de Robert Marjolin

Extrait de l'ouvrage de Robert Marjolin, Le travail d'une vie, Mémoires 1911-1986, *Paris, Robert Laffont, 1986, p. 349-250. Reproduit avec l'autorisation des éditions Robert Laffont, Nil, Julliard, Seghers.*

Robert Marjolin était alors vice-président de la Commission économique européenne (Commission Hallstein). Il avait été l'un des négociateurs français des traités de Rome. Son appréciation de la crise provoquée par la France est beaucoup plus nuancée que celle portée par les autres membres de la Commission ou par les fédéralistes. Sans doute son expérience de l'intergouvernementalité, comme secrétaire général de l'organisation européenne de coopération économique et celle des rapports entre la Commission et les États l'ont aidé à adopter cette perspective.

*

[…] La France ne se contentait plus du règlement financier qu'elle avait demandé, elle voulait aussi que toute disposition à caractère supranational, telle que la possibilité de votes majoritaires, fût sinon éliminée du traité de Rome, du moins annulée dans ses effets pratiques. Les propos que tint le général de Gaulle à l'époque sont parfaitement clairs. Dans une conférence de presse du 9 septembre 1965, il déclarait notamment :

« Ce qui s'est passé à Bruxelles, le 30 juin, au sujet du règlement financier agricole, a mis en lumière non seulement les persistantes réticences de la plupart de nos partenaires en ce qui concerne l'entrée de l'agriculture dans le marché commun, mais aussi certaines erreurs et équivoques de principe qui figurent dans les traités relatifs à l'union économique des Six. C'est pourquoi la crise était, tôt ou tard, inévitable... Je dois ajouter qu'à la lumière de l'événement nous avons plus clairement mesure dans quelle situation notre pays risquerait de se trouver demain si telles et telles dispositions initialement prévues par le traité de Rome étaient réellement appliquées. C'est ainsi qu'en vertu du texte les décisions du Conseil des Ministres des Six seraient, dès le 1ᵉʳ janvier prochain, prises à la majorité, autrement dit que la France serait exposée à se voir forcer la main dans n'importe quelle matière économique, par conséquent sociale et souvent même politique, et qu'en particulier ce qui aurait paru acquis dans le domaine agricole pourrait être, malgré elle, remis en cause à tout instant. »

La France demandait donc explicitement que ne fussent pas appliquées des dispositions du traité de Rome auxquelles elle avait cependant formellement souscrit. Elle mettait en question le traité lui-même. Que pouvaient faire les cinq autres pays ? Prendre après le 1ᵉʳ janvier 1966 des décisions à la majorité, constater que la France refusait de les appliquer, la traduire ensuite devant la Cour de Justice de Luxembourg pour violation du traité ? C'était concevable, mais absurde. La Communauté eût volé en éclats.

L'affaire se termina à Luxembourg le 29 janvier 1965, la Commission absente. Les questions relatives au comportement de la Commission se réglèrent très facilement ; les Français modérèrent leurs exigences et les cinq furent d'accord pour demander à la Commission de se conduire avec plus de modération et notamment de respecter certaines règles dans ses rapports avec les gouvernements et le Conseil. Mais la question du vote à la majorité était à peu près insoluble. Les Français n'en voulaient à aucun prix, les Cinq se refusaient absolument à en abandonner la possibilité, au moins en paroles et dans un texte ayant valeur juridique. L'affaire se termina par un constat de désaccord. Un grand effort de conciliation devrait être fait, bien entendu, dans toute discussion importante, pour essayer d'aboutir à un accord unanime. Mais que se passerait-il dans le cas où cet effort n'aboutirait pas ? Pour les Cinq, il faudrait alors voter. Mais la France « estime », dit-on dans le document qui enregistre les positions des uns et des autres, « que lorsqu'il s'agit d'intérêts très importants, la discussion devra se poursuivre jusqu'à ce que l'on soit parvenu à un accord unanime ».

Étant donné cette divergence sur un point qui apparaissait à beaucoup fondamental, les Six avaient le choix entre se séparer ou faire comme si rien ne s'était passé. Sagement, ils prirent la deuxième attitude. Les gouvernements convinrent que cette divergence « n'empêche pas la reprise, selon une procédure normale, des travaux de la Communauté ». Ce fut là toute la subtilité de ce que l'on a appelé, d'une façon impropre, le « compromis de Luxembourg ». Il n'y eut pas de compromis, au moins sur la question la plus sérieuse, celle du vote majoritaire. On constata simplement le désaccord et l'on continua de vivre ensemble. Le résultat fut que pendant les quinze ou vingt années qui suivirent, il n'y eut pas dans la Communauté de décisions prises à la majorité sur des questions importantes, et très peu sur des questions relativement secondaires, même lorsque les intérêts d'aucun pays n'étaient sérieusement engagés.

Personnellement, j'avais essayé d'empêcher, pendant toute cette longue affaire, que la Communauté ne se disloquât. Le prix qui fut payé à Luxembourg ne m'apparaissait en aucune façon exorbitant. Je ne croyais pas, notamment, que la Commission fût déjà un gouvernement fédéral ou confédéral ou eût vocation à le devenir. Le titre d'« exécutif », dont elle s'était affublée au début des années 1960, m'apparaissait un peu ridicule. Je ne voyais pas comment elle pourrait devenir un gouvernement européen, ses membres dépendant entièrement, de par leur nomination, des gouvernements nationaux. Chaque commissaire est, en effet, nommé par le gouvernement du pays dont il est citoyen. La ratification des nominations par le Conseil des Ministres n'est, sauf cas exceptionnel, qu'une formalité.

64 – L'Europe européenne, de Gaulle, 23 juillet 1964

Extraits de la conférence de presse du général de Gaulle, président de la République française, Palais de l'Élysée, 23 janvier 1964.

Les conférences de presse du général de Gaulle sont célèbres parce que ce genre de communication politique dramatise à souhait le sujet qu'il y développait, l'objectif étant de se faire entendre du monde entier. C'est au cours de cette conférence que de Gaulle évoque une Europe européenne, thème qu'il n'a pas pu faire avaliser par ses partenaires du marché commun, ni par la Grande-Bretagne, à la suite de l'échec du plan Fouchet (17 avril 1962), de l'échec de la rencontre avec Macmillan à Rambouillet en décembre 1962 – d'où son opposition à la candidature britannique aux Communautés – et enfin des déceptions du traité franco-allemand de l'Élysée du 22 janvier 1963, défiguré par le préambule atlantique voté par le Bundestag, alors qu'un nouveau chancelier, Ludwig Erhard remplace Konrad Adenauer.

*

Mais quelle Europe ? C'est là le débat. En effet, les commodités établies, les renoncements consentis, les arrière-pensées tenaces, ne s'effacent pas aisément. Suivant nous, Français, il s'agit que l'Europe se fasse pour être européenne. Une Europe européenne signifie qu'elle existe par elle-même et pour elle-même, autrement dit qu'au milieu du monde elle ait sa propre politique. Or, justement, c'est cela que rejettent, consciemment ou inconsciemment, certains qui prétendent cependant vouloir qu'elle se réalise. Au fond, le fait que l'Europe n'ayant pas de politique, resterait soumise à celle qui lui viendrait de l'autre bord de l'Atlantique leur paraît, aujourd'hui encore, normal et satisfaisant.

On a donc vu nombre d'esprits, souvent d'ailleurs valables et sincères préconiser pour l'Europe, non point une politique indépendante qu'en vérité ils n'imaginent pas, mais une organisation inapte à en avoir une, rattachée dans ce domaine, comme dans celui de la défense et celui de l'économie, à un système atlantique, c'est-à-dire américain, et subordonnée, par conséquent, à ce que les États-Unis appellent leur « leadership ». Cette organisation, qualifiée de fédérale, aurait eu comme fondements, d'une part un aréopage de compétences soustraites à l'appartenance des États et qu'on eût baptisé « exécutif », d'autre part un Parlement sans qualifications nationales et qu'on eût dit « législatif ». Sans doute, chacun de ces deux éléments aurait-il fourni ce à quoi il eût été approprié, savoir : des études pour l'aréopage et des débats pour le Parlement. Mais, à coup sûr, aucun des deux n'aurait fait ce qu'en somme on ne voulait pas qu'il fasse, c'est-à-dire une politique. Car, si la politique doit évidemment tenir compte des débats et des études, elle est tout autre chose que des études et des débats.

La politique est une action, c'est-à-dire un ensemble de décisions que l'on prend, de choses que l'on fait, de risques que l'on assume, le tout avec l'appui d'un peuple. Seuls peuvent en être capables et responsables les gouvernements des nations. Il n'est certes pas interdit d'imaginer qu'un jour tous les peuples de notre continent n'en feront qu'un et qu'alors il pourrait y avoir un gouvernement de l'Europe, mais il serait dérisoire de faire comme si ce jour était venu.

C'est pourquoi, la France, se refusant à laisser l'Europe s'enliser et à s'enliser elle-même dans une artificieuse entreprise qui eût dépouillé les États, égaré les peuples et empêché l'indépendance de notre continent, prit l'initiative de proposer à ses cinq partenaires du traité de Rome un début d'organisation de leur coopération. Ainsi, commencerait-on à vivre en commun, en attendant, qu'à partir de là, l'habitude et l'évolution resserrent peu à peu les liens. On sait que le gouvernement allemand donna son adhésion de principe à ce projet. On sait qu'une réunion des six États à Paris, puis une autre à Bonn, parurent d'abord, en voie d'aboutir, mais que Rome se refusa à convoquer l'entretien décisif ; ses objections, jointes à celles de La Haye et de Bruxelles, étant assez fortes pour tout arrêter. On sait enfin que les opposants invoquaient deux arguments, au demeurant contradictoires. Premier argument : le plan français, qui maintient la souveraineté des États, ne répond pas à notre conception d'une Europe ayant pour exécutif une commission d'experts et pour législatif un parlement coupé des réalités nationales. Deuxième argument : bien que l'Angleterre n'accepte pas de perdre sa souveraineté, nous n'entrerons dans aucune organisation politique européenne dont elle ne ferait pas partie.

Le plan français d'organisation européenne n'étant pas adopté par l'Italie et par le Benelux ; d'autre part l'intégration ne pouvant pas aboutir à autre chose qu'au protectorat américain ; enfin la Grande-Bretagne ayant montré au cours des interminables négociations de Bruxelles, qu'elle n'était pas en mesure d'accepter les règles économiques communes et, par l'accord de Nassau, que sa force de défense, notamment en matière nucléaire, ne serait pas européenne faute d'être autonome par rapport aux États-Unis, il apparut au gouvernement de la République fédérale d'Allemagne et au gouvernement de la République française que leur coopération bilatérale pourrait avoir quelque valeur. C'est alors que, sur la proposition du gouvernement allemand, fut conclu le traité du 22 janvier 1963 que j'eus l'honneur de signer, ici même, avec le Chancelier Adenauer.

Cependant, il faut bien constater que, si le traité franco-allemand a permis dans quelques domaines des résultats de détail, s'il a amené les deux gouvernements et leurs administrations à pratiquer de contacts, dont, de notre côté, et à tout prendre, nous jugeons qu'ils peuvent être utiles et sont, en tout ça ; fort agréables, il n'en est pas sorti, jusqu'à présent une ligne de conduite commune.

65 – Jean Monnet, l'inspirateur, et de Gaulle (1964)

Extraits de l'ouvrage d'Alain Peyrefitte, C'était de Gaulle, *Paris, Gallimard Quarto, 2002, p. 810 et p. 813.* © *Libraire Arthème Fayard.*

Les mots sont durs envers Jean Monnet. Les relations n'ont pas été toujours aussi difficiles. Les attaques des supranationalistes sont vives, depuis janvier 1963, quand de Gaulle rejette la candidature de la Grande-Bretagne et depuis que Monnet a été capable d'inspirer aux parlementaires allemands le vote d'un préambule au traité de l'Élysée dans lequel le Bundestag rappelle la fidélité de la RFA à l'Alliance atlantique et aux États-Unis (8 mai 1963). Le souvenir du soutien que Monnet a accordé à de Gaulle, à Alger, contre Giraud est oublié, tout comme l'œuvre de la planification française conduite par Monnet à la demande du général de Gaulle. De Gaulle a certainement été atteint par les attaques des « européens atlantistes » en France (le MRP, Monnet, la gauche socialiste, Mendès France) et en Europe (Spaak, Luns, Erhard).

*

4 décembre 1963

« Une poignée de phraseurs qui font la roue »

GdG. – Prenez le problème de plus haut, Peyrefitte ! En quoi consistent les projets européens depuis 50 ? À rendre à l'Allemagne son charbon, son armée, sa place en Europe. Mais, parce qu'on n'osait pas le faire directement, de peur de braver l'opinion publique, on le faisait derrière un paravent, d'une manière cauteleuse. De même pour l'Italie, qu'on lavait de tout ce qu'elle a fait pendant la guerre. C'était le moyen, sans trop en avoir l'air, d'en refaire des pays qui puissent regarder les autres en face. Je ne suis pas contre, c'est même ce que je fais ; mais il ne faut pas être dupe ; et il est bon qu'ils n'oublient pas tout à fait que nous aurions pu faire autrement. « Et puis, l'Europe, c'était un moyen de faire des petits pays, Belgique, Hollande, ne parlons pas du Luxembourg, les égaux des grandes puissances. Dans un Conseil européen, Spaak vaut le général de Gaulle, et même davantage : dans une réunion de ces gens qui font partie du même club, il aura toujours raison. Il connaît les mots de passe. Il sait ce qui fait plaisir à tous ces petits messieurs. « L'Europe intégrée, ça ne pouvait pas convenir à la France, ni aux Français... Sauf à quelques malades comme Jean Monnet, qui sont avant tout soucieux de servir les États-Unis. Ou alors à tous ces personnages lamentables de la IVe République. Ils trouvaient ainsi un moyen de se décharger de leurs responsabilités ! Ils n'étaient pas capables de les saisir ; alors, il fallait les repasser à d'autres. Tenir leur rang dans le monde ? Pas question ! Mettons-nous sous le parapluie. Avoir une armée et la faire obéir ? Pas question ! La donner à d'autres ! Remettre le pays debout et servir d'exemple au monde ? Pas pour eux ! « L'alibi tout trouvé, c'était l'Europe. L'excuse à toutes les dérobades, à toutes les lâchetés : l'Europe intégrée !

AP. – Alors, vous prenez votre parti de voir cette Europe-là se disloquer, cesser d'exister ?

GdG. – Cette Europe-là, ça ne représente pas grand-chose ! C'est une poignée de phraseurs qui font la roue dans des conférences interminables, qui ne savent pas ce qu'ils veulent. Ils font des propositions avec l'espoir qu'elles n'aboutiront pas. Ils comptent sur d'autres pour les torpiller. Mais entre-temps, ils se seront donnés des airs avantageux.

Salon doré, 9 septembre 1964. Derrière l'immense hourvari que soulève le Général dans les milieux « européens », il y a un homme qui, à son gré, peut calmer les flots ou les agiter : Jean Monnet.

A.P. – « On dit que vous allez recevoir Jean Monnet.

GdG. – Pourquoi ne le recevrais-je pas ? Je l'ai toujours reçu quand il me l'a demandé. Il a été mon ministre. Ce n'est pas parce qu'il est devenu l'inspirateur des supranationalistes, c'est-à-dire des antinationaux, que je dois lui fermer ma porte.

AP. – Pensez-vous qu'il va aider à relancer le plan Fouchet ?

GdG. – Il y a des arrière-pensées derrière tout ça. Les Italiens, les Belges, les Hollandais, sont en train de déclarer qu'après tout ils ne sont pas contre le plan Fouchet. Ils n'avaient qu'à le dire il y a deux ans, et on aurait abouti. Mais aujourd'hui, ils ne peuvent pas le dire comme ça, sans perdre la face Alors, ils vont sûrement demander en contrepartie quelque chose qu'ils savent que nous ne voulons pas, par exemple, qu'on élise au suffrage universel l'Assemblée européenne. Ensuite, ils rejetteraient sur nous l'odieux du refus. »

Salon doré, 12 novembre 1964. Le Général revient de lui-même sur Jean Monnet : « Le dénommé Monnet avait demandé à me voir il y a des mois. Je lui ai fixé son rendez-vous hier. Naturellement, on a parlé de l'Europe. Ça n'a aucune portée pratique. Il y a des gens qui jouent les utilités dans le monde. Le père Adenauer en est un, grandiose, mais enfin, il joue les utilités, il n'est plus au gouvernement. Et Monnet fait également partie des utilités à un échelon très inférieur. Alors, ce n'est pas la peine de perdre beaucoup de temps avec eux. »

66 – Michel Debré contre la monnaie européenne (1970)

Lettre de Michel Debré à Robert Triffin, la lettre est dactylographiée et signée par Michel Debré, 18 août 1970, 3 pages. Source : Archives Triffin, Université catholique de Louvain-la-Neuve. Reproduit avec l'autorisation de la Fondation internationale Robert Triffin.

Michel Debré, ancien premier ministre, ancien Garde des Sceaux, ancien ministre des Affaires étrangères est ministre de la Défense nationale entre 1969 et 1973. Dans cette lettre, il manifeste son opposition à la création d'une monnaie commune européenne, parce que l'Europe n'est pas décidée à être indépendante des États-Unis. La correspondance de Debré avec Triffin s'explique par le fait que les Dix ont décidé, au sommet de La Haye des 1er et 2 décembre 1969, de lancer une union économique et monétaire. Robert Triffin professeur à Berkeley est la cheville ouvrière des projets d'UEM proposés par Monnet et le Comité d'action pour les États-Unis d'Europe.

*

Le ministre d'État   le 18 août 1970
Chargé de la défense nationale

Mon cher Professeur,

J'ai lu avec intérêt l'article que vous avez publié en juillet dernier en compagnie du Professeur Beinecke.

Malgré mes occupations actuelles, je continue à suivre les questions monétaires avec le plus grand intérêt et c'est compte tenu de nos anciennes conversations que je me permets de vous faire part de mon désaccord total.

Sans doute une monnaie européenne présente un pouvoir attirant, au moins pour les économistes et pour les financiers. Mais on oublie les arguments politiques.

La monnaie est un instrument politique. Nous le voyons bien aujourd'hui. Sans doute le dollar est-il l'expression de l'économie mondiale la plus forte ; cependant il ne tiendrait pas sa parité actuelle si la puissance politique des États-Unis n'imposait pas à d'autres pays une attitude à l'égard du dollar qui n'est en aucune façon une attitude économiquement naturelle, à partir du moment où l'économie américaine souffre du déficit croissant de sa balance extérieure.

Dans ces conditions, parler de monnaie européenne c'est en vérité poser le postulat d'une intégration politique. Qui dit en effet monnaie, dit système unique, au moins dans ses principes, de financement et de crédit. Qui dit financement, qui dit crédit, dit politique, et qui dit politique ne dit pas seulement politique budgétaire ou politique économique commune, mais aussi politique extérieure commue et, au-delà, volonté commune d'une certaine puissance et d'une certaine grandeur. En sommes-nous là en Europe ?

À cette première réflexion je dois ajouter une seconde qui pour être d'un ordre moins général n'en est pas moins grave.

Vous prévoyez que cette monnaie européenne unique pourra plus facilement que des monnaies européennes connaître une surévaluation pour éviter la croissance du déficit américain.

En d'autres termes, vous partez du principe que le dollar reste l'étalon international. En d'autres termes, vous prévoyez que la politique qui inspirera cette monnaie européenne devra s'aligner sur la politique financière des États-Unis.

J'ose vous dire que c'est, au départ, économiquement et politiquement tuer l'idée d'Europe. L'Europe n'a de chance de se constituer que si elle est animée du désir de grandeur et d'indépendance. Or c'est au départ tuer toute idée d'indépendance et de grandeur que d'assigner à la monnaie européenne le rôle d'être un correcteur facile d'une déplorable politique financière américaine.

Si l'Europe doit exister un jour et, par conséquent, avoir une monnaie il est clair que l'égalité avec le dollar sera la première des perspectives et, dès lors, que c'est la dévaluation du dollar par rapport à l'or qui sera l'objectif du gouvernement européen s'il ne veut pas être traité de satellite.

Ma longue expérience me permet de vous mettre en garde. Nous avons connu, il y aura bientôt vingt ans, une erreur qui aurait pu être tragique : celle qui a consisté à vouloir l'intégration militaire. Ce fut, si vous vous en souvenez, le drame de la communauté européenne de défense. Au nom de l'Europe il était entendu qu'on satellisait les dépenses européennes. On s'apprête aujourd'hui à commettre une erreur analogue : au nom d'une intégration monétaire, satelliser définitivement les monnaies européennes. Si cette seconde offensive réussit la où la première a échoué on aura donné aux partis communistes l'arme qu'ils attendent, celle de l'indépendance nationale.

Entendez-moi bien en effet : l'intégration monétaire, comme hier l'intégration militaire, n'est que l'application à l'Occident de la théorie de la souveraineté limitée que les Russes imposent à leurs satellites. On ne bâtit pas la paix sur la souveraineté limitée. On ne bâtit pas la paix sur l'intégration monétaire envisagée comme une forme de satellisation.

En d'autres termes, il arrivera un jour où des pays européens s'uniront au point d'avoir une monnaie européenne. Mais celle-ci n'existera que dans la mesure où elle sera non le moyen d'une plus grande dépendance, mais l'expression d'une indépendance.

Pardonnez à la franchise de mes propos. Je voulais mettre en garde un esprit comme le vôtre contre une orientation qui ne peut conduire qu'à des difficultés politiques accrues.

Recevez, Monsieur le Professeur, l'expression de mes sentiments les meilleurs et l'assurance de l'excellent et chaleureux souvenir que je conserve de nos entretiens passés.

[Signature manuscrite de Michel Debré]

67 – Crise monétaire internationale et relance
européenne de 1972 par Pompidou

Compte-rendu de conversations entre Pierre Duchateau, chef de cabinet de Jean-François Deniau, commissaire européen, avec le conseiller technique à l'Élysée, chargé des questions européennes, Jean-René Bernard, 3 juillet 1972. Source : Archives historiques de l'Union européenne-Florence, fonds Émile Noël, EN 1258, © Archives historiques de l'Union européenne-Florence.

L'intérêt de ce compte rendu est d'attirer l'attention, d'une part, sur la politique européenne du président Georges Pompidou, dans la ligne de celle du général de Gaulle, mais plus attentive aux partenaires de la France, et d'autre part sur le rôle des événements internationaux – ici la crise du dollar avec ses répercussions sur le sterling – dans la construction européenne. Le projet de Pompidou de réunir les Dix aboutira au sommet de Paris des 19-21 octobre 1972 qui décide de transformer, avant 1980, les relations des États membres en une Union européenne, dans le respect absolu des traités déjà souscrits. Le calendrier a pris du retard mais la formule de Maastricht de février 1992 en est très proche.

*

Bruxelles, le 3 juillet 1972
Note à l'attention de Monsieur Deniau
Conversation Paris le 1ᵉʳ juillet 1972

Le Président Pompidou a bon espoir, au cours de son voyage à Bonn, lundi et mardi, de relancer le projet de conférence au sommet des Dix, un espoir qui semblait chimérique il y a une semaine mais qui est aujourd'hui fondé.

Paradoxalement m'a dit J.R. Bernard, c'est à la crise monétaire de ces derniers jours, à la spéculation contre la livre et le dollar que l'Europe doit ce regain d'optimisme.

La principale divergence sur le sommet avec nos partenaires. m'a-t-il dit, porte sur la conception de l'Europe : pour les Français, faire l'Europe, c'est unir les Gouvernements en vue d'actions concrètes et urgentes, au premier rang desquelles le Président Pompidou place, étant donné l'affaiblissement du dollar, l'union monétaire européenne.

Au contraire, d'après Paris, nos partenaires ont semblé jusqu'ici subordonner toute action immédiate à un accord sur la construction d'une Europe engagée sans retour dans la voie d'un « progressisme institutionnel ». Dans cette attitude, M. Pompidou voit une échappatoire, un moyen de ne pas faire « l'Europe européenne » dans la crainte que celle-ci ne se heurte aux intérêts américains.

On en était là quand s'est déclenchée la semaine dernière la tempête monétaire dont le sterling fait actuellement les frais.

L'Angleterre, le Danemark ont demandé à être dégagé de leurs engagements avec la Communauté et il a fallu faire des concessions à l'Italie pour qu'elle reste fidèle à la discipline commune. Pourtant, sur l'essentiel, la Communauté a tenu. Bien plus, ceci a démontré – estime-t-on à Paris – le bien-fondé de la thèse française. À tel point que les Allemands, qui dans des circonstances comparables l'an dernier avaient eux aussi rompu leurs engagements, ont cette fois-ci serré les rangs et adoptent même des mesures de défense monétaire malgré l'opposition de M. Schiller.[61]

Aussi le Président Pompidou ne doute plus guère de convaincre nos partenaires, et pour commencer, M. Brandt, que la priorité des priorités doit être le renforcement de l'UEM[62], sans préjuger de la future organisation institutionnelle et sans se quereller sur l'installation d'un secrétariat politique qui déchaîne les passions.

Un accord sur cette priorité ne résoudrait certes pas tout. Les Allemands resteront plus soucieux que les Français de préserver l'Europe monétaire d'une orientation anti-américaine. Il faudra aussi qu'un accord franco-allemand entraînera le reste de la Communauté. De toute façon, désormais, le sommet a, semble-t-il, retrouvé sa raison d'être.

M. Pompidou a d'autant meilleur espoir de réussir que M. Brandt, pour des raisons intérieures, est très désireux que le sommet des Dix ait lieu. À la veille des élections il apporterait un démenti à ses adversaires qui lui reprochent de négliger les relations avec l'Ouest au bénéfice de sa politique d'ouverture à l'Est.

J'ai vu aussi Ulrich qui m'a dit deux choses :

– La première, c'est qu'il pensait que si Guichard est un jour Premier ministre, il se comporterait en « honnête homme » européen et adopterait une position médiane et prudente. « Mais nous n'en sommes pas là encore » a-t-il aussitôt ajouté.

– La seconde c'est qu'il croyait que, dès l'entrée des Anglais, Paris adopterait une position défensive. « Or nous ne sommes pas très bons dans cette position », « je suis payé pour le savoir », a-t-il conclu.

Pierre Duchateau

---

[61] Karl Schiller a été ministre de l'Économie de 1966 à 1972 ; avec Giscard d'Estaing, il avait obtenu la création d'un groupe d'experts au cours du Sommet de La Haye de 1969, présidé par le président et ministre des Finances du gouvernement luxembourgeois, Pierre Werner, chargé de préparer un rapport sur une Union économique et monétaire. Ce groupe présenta son rapport en octobre 1970.

[62] Union économique et monétaire ; le 21 mars 1972 les Six avaient créé le Serpent monétaire européen qui limitait la fluctuation des monnaies européennes entre elles.

68 – Les conversations préparatoires du sommet de Paris d'octobre 1972 avec le chancelier Willy Brandt

Extrait du témoignage de l'ambassadeur François Puaux, Association Georges Pompidou, Georges Pompidou et l'Europe, Bruxelles, Complexe, 1995, p. 86-88. Reproduit avec l'autorisation des Éditions Complexe.

Les relations entre Pompidou et Brandt n'ont pas toujours été faciles. Pourtant des compromis ont été trouvés pour la relance européenne, qu'on la nomme Confédération ou Union, selon le témoignage de François Puaux, alors directeur politique du Quai d'Orsay.

*

[…] On ne peut pas tout à fait dissocier la sensibilité du président Pompidou vis-à-vis de l'Union monétaire et ses rapports avec l'Allemagne.

Je voudrais faire simplement deux observations, parce que j'ai vécu cette période comme directeur politique du Quai d'Orsay.

Effectivement, l'avènement au pouvoir simultané de Georges Pompidou, en juin, et de Willy Brandt, en octobre, changeait complètement la configuration politique européenne. Mais, alors que Willy Brandt voulait inaugurer une nouvelle politique allemande, Georges Pompidou voulait continuer la politique du général de Gaulle. Dès le début, des contacts ont été pris avec l'Est. Ce n'est un secret pour personne que Georges Pompidou n'avait pas de liens affectifs particuliers avec Willy Brandt, dont le vedettariat l'agaçait un peu. D'un autre côté, Georges Pompidou gardait une certaine méfiance vis-à-vis de nos voisins, conformément à une vieille tradition française. Or des initiatives susceptibles de provoquer cette méfiance se manifestaient d'une manière quelquefois un peu voyante ; je pense à l'activité du secrétaire d'État Egon Bahr, qui a lancé à ce moment-là sa « Deutschland Politik » qui était en réalité une suppression des alliances, une neutralisation de l'Allemagne, toutes choses qui inquiétaient beaucoup l'Amérique mais qui inquiétaient aussi la France. Georges Pompidou a su surmonter toutes les appréhensions qu'il pouvait avoir et a décidé d'appuyer « l'Ostpolitik » de l'Allemagne (il faut se rappeler que Willy Brandt, avant d'être Chancelier, était vice-Chancelier et ministre des Affaires étrangères et que de Gaulle avait été le premier à pratiquer « l'ouverture à l'Est »).

Quant à l'Union européenne, je voulais faire une remarque qui a certains aspects sémantiques. Le professeur Pierre Gerbet a fait allusion au sommet organisé par Georges Pompidou en octobre 1972. Nous l'avons préparé avec le Président, à Bonn, au mois de juillet et j'avais été chargé de trouver une formule avec le secrétaire d'État Frank. Je devais essayer de lui « vendre » le mot Confédération. C'était d'ailleurs une grande tradition gaulliste, « une imposante Confédération ». C'était une idée à laquelle le président Pompidou tenait. Je me suis heurté à un mur chez mes interlocuteurs de l'Auswàrtiges Amt. On m'a expliqué que le mot « confédération » ferait l'effet d'un torchon rouge sur l'opinion allemande et qu'il y avait un parti fédéraliste qui ne le tolérerait pas. On a discuté, discuté... Finalement, Frank m'a dit : « La seule chose que nous puissions accepter, c'est le mot Union, étant donné qu'il est très vague et qu'il peut couvrir beaucoup de conceptions différentes ». Le soir, je suis rentré à la résidence d'Emich et j'ai rendu compte au Président et à Maurice Schumann de la réaction allemande. Georges Pompidou a hésité un moment, et puis m'a dit : « Va pour l'Union ». Effectivement, c'est ce que nous avons mis dans la déclaration d'octobre 1972 ; ce n'était d'ailleurs pas l'Union européenne, mais l'Union économique et monétaire. Mais le Président m'avait dit, parce que j'étais chargé de présider le groupe de travail sur la déclaration : « Acceptons Union, mais mettons un habillage, une connotation volontariste à ce projet ». D'où la phrase sur cette Union qui doit se réaliser avant la fin de la décennie en cours, ambition qui n'a malheureusement pas vu le jour puisqu'il y a maintenant vingt et un ans de cela.

Une petite remarque sur ce qu'a dit le professeur Gerbet quand il a indiqué, à propos de cette déclaration, qu'il avait relevé l'expression : « ... dans le respect des traités existants... ». Le respect des traités existants était demandé par nos partenaires en pensant surtout au traité de Washington de 1949 et à l'OTAN, parce qu'on n'oubliait pas le plan Fouchet et les disputes autour du problème de la défense en Europe. C'est le sens de cette phrase.

Je terminerai en soulignant la loyauté du président Pompidou vis-à-vis de la politique du général de Gaulle, malgré les problèmes que cela pouvait lui poser. Le texte a abouti, dans les faits, entre 1970 et 1972, à un ensemble impressionnant d'accords : l'accord à quatre, dit des Quatre puissances, sur Berlin en 1971, le « grundvertrag » en Allemagne, qui a permis à la France reconnaître la RDA (Georges Pompidou avait dit : « Nous ne serons ni les premiers ni les derniers »), et ensuite les traités germano-soviétique et germano-polonais.

69 – Arrimer la Grande-Bretagne
aux Communautés (novembre 1972)

Note rose, 16 novembre 1972, conversation avec le président Georges Pompidou. Source : Archives de Jean Monnet. Reproduit avec l'autorisation de la Fondation Jean Monnet pour l'Europe (Lausanne).
Dans cette note sommaire où Monnet résume le contenu d'un entretien qu'il a eu avec le président Pompidou, on voit que les deux hommes ont cherché à rendre possible l'entrée de la Grande-Bretagne dans les Communautés et surtout à lui faire accepter l'accord monétaire qui réunissait les Six face à la crise du dollar et à l'effondrement du système monétaire international. Monnet a joint Edouard Heath sur cette question. La note révèle la prudence de Jean Monnet à propos de l'union politique européenne et tout autant la relation quelque peu tendue avec le président Pompidou.

*

16 novembre (1972)
Monsieur Pompidou m'invite à déjeuner le 16 novembre en tête-à-tête, seuls. Bernard[63] vient me chercher Avenue Foch. Il me conduit à l'Élysée, par des « corridors de travail » et ensuite au salon d'attente de G. Pompidou – moderne – avec un beau corridor et une belle perspective. Un salon curieux. Il me semble trop « art » et difficile à faire accepter par les syndicalistes qui certainement doivent parfois venir. Au bout de quelques minutes, M. Georges Pompidou arrive – serrement de mains – on s'assoit. Il a des yeux perçants. Il m'observe. La conversation ne démarre pas. Il dit : « vous voulez parler de l'Europe ». Un geste d'acquiescement. Alors je dis un résumé rapide de ce que je pense que l'on peut faire de suite – en 1973 – Exécuter pendant cette année le programme du sommet – et j'aborde la question personnelle. Je dis : « le moteur » c'est lui-même. M. Heath et M. Brandt en admettant qu'il soit...
Nous allons à table. Je sens l'atmosphère se détendre. Je lui dis que nous nous sommes vus une fois à déjeuner chez Palewski, et je reprends les points qui me semblent essentiels. Je dis : nous sommes à un moment particulièrement favorable. Nous avons derrière nous le sommet et les décisions qu'il a prises[64]. Nous avons un programme qui peut devenir un programme d'action – et que l'on peut commencer à exécuter de suite en 1973 – et enfin des chefs de gouvernement qui croient à la nécessité de poursuivre la construction européenne : lui-même, Heath, Brandt.

---

[63] Jean-René Bernard est conseiller technique à l'Élysée. Il est en charge des dossiers européens. Il prend en charge Monnet avenue Foch, siège du Comité d'Action pour les États-Unis d'Europe.

[64] Le sommet de Paris d'octobre 1972 vient de décider diverses mesures d'approfondissement.

Oui, me dit-il, mais nous nous trouvons en face d'une Angleterre en situation difficile et je me demande ce que Heath va faire au 1er janvier. J'avais une promesse ferme que l'Angleterre ne flotterait plus après le 1er janvier, mais maintenant je ne sais plus.

Je dis : je pense que l'Angleterre doit, au 1er janvier, adopter une parité fixe et je ne conçois pas que le Marché commun puisse être poursuivi autrement qu'avec des parités fixes. Nous ne réussirons dans cette entreprise européenne que si un certain nombre de règles et de principes sont acceptés par tous les membres de la Communauté. Si vous ouvrez la porte à une situation particulière d'un pays, vous ouvrez la porte aux autres. Il est alors impossible de prévoir la suite.

– Non, dis-je, il faut que Heath le comprenne.

– Peut-être pourriez-vous envoyer un mot personnel à Heath ?[65] Je suis en rapport avec lui sur ce point, mais par [un] intermédiaire compliqué. Il fait un geste que je comprends comme signifier que c'est par l'intermédiaire ou des Affaires étrangères, ou des Finances.

J'hésite à lui dire que je peux, peut-être, être utile et expliquer la situation à Heath. Je ne le fais pas, car je crains une mauvaise interprétation de ma proposition. J'y suis revenu plus tard, vers la fin tout à fait de notre entretien. J'ai dit alors : « Je m'excuse de vous parler ainsi, mais je vais à Londres dans les prochains jours. Je serais très surpris que Heath ne comprenne pas qu'il ne peut pas entrer dans le Marché Commun avec une £ flottante. Mais vous ne m'avez rien dit[66]. J'agis de ma propre initiative qui correspond d'ailleurs avec ce que je lui avais dit lors de notre dernière conversation à Londres ».

Il ne fait aucune remarque mais j'ai l'impression très nette qu'il trouve ma suggestion très bonne. Il dit « Mais les Anglais débarquent en commando à Bruxelles et en outre ils disent – ou on dit qu'ils voient déjà la City de Londres contrôlant l'Europe ».

Je dis et explique différemment les qualités UK et les qualités françaises.

Qualités UK : se concentrer sur des points précis.

Qualités françaises : vue d'ensemble.

Les Français sont meilleurs en contact avec les autres que lorsqu'ils sont entre eux. Avec les autres ils dirigent, entre eux ils discutent. Ces qualités qu'on trouve chez des gens comme à Bruxelles, s'éteignent à Paris. Cette comparaison s'applique aux fonctionnaires de Bruxelles et s'applique à la France tout entière. J'en reviens à ce que je dis sur le « moteur » de l'Europe. Les trois chefs de gouvernements, mais il me dit : Vous avez peut-être raison pour l'UK mais que dites-vous de l'Allemagne ? Je dis : l'UK comme l'Allemagne sont poussés par la nécessitée Heath, en outre de ses difficultés matérielles, est convaincu que sans l'Europe, le destin de l'UK se perdra. Brandt est convaincu que sans l'union de l'Europe de l'Ouest il ne courra que s'incliner devant l'URSS, ce qu'il ne veut pas faire. Il me l'a dit de nombreuses fois. De même Barzel[67] me pressait pour que je fasse définir par une commission du Comité ce que serait l'auto-rite

---

[65] C'est Pompidou qui parle.

[66] Ce sont des notes rapidement prises : il veut dire qu'il fera comme si Pompidou ne lui avait rien dit.

[67] Rainer Barzel est le chef du groupe parlementaire CDU/CSU au Bundestag.

politique un jour. J'ai refusé, malgré la pression qu'il exerçait sur moi parce que je pense qu'il faut avancer plus loin que nous ne sommes dans l'organisation de l'Europe économique et aussi changer le contexte actuel pour le remplacer graduellement par les modifications que nous apporterons par la création de l'intérêt commun dans l'Union européenne.

[…]

70 – Le référendum français du 23 avril 1972 concernant l'élargissement de l'Europe des Six

Extrait du témoignage d'Alain Peyrefitte, Association Georges Pompidou, Georges Pompidou et l'Europe, *Bruxelles, Complexe, 1995, p. 253-255. Reproduit avec l'autorisation des Éditions Complexe.*

Alain Peyrefitte, ancien ministre du Général de Gaulle, rapporte que le successeur du général de Gaulle, Georges Pompidou, espérait renforcer le camp des anti-fédéralistes en accueillant la Grande-Bretagne dans l'Europe du traité de Rome.

*

[...] à la veille du référendum du 23 avril 1972, le président Pompidou m'avait fait part de sa préoccupation : certains gaullistes estimaient que le fait de prendre une position sur l'entrée de la Grande-Bretagne dans le marché commun, contraire à celle qu'avait prise le général de Gaulle, était un signe de rupture et ils avaient tendance à s'en émouvoir. Ils considéraient qu'en décidant de sceller, comme on vient de le rappeler avec le Premier ministre Edward Heath, une entente pour que la Communauté européenne s'étende à la Grande-Bretagne et à deux autres pays, il y avait une décision contraire à celle que le général de Gaulle avait prise et, allait-on dire, aurait prise.

Le président m'a fait part de sa préoccupation – et j'ai retrouvé dans mes cahiers les notes prises à chaud – lors d'un entretien dont je vous livre la teneur.

Il a commencé par me rappeler qu'en 1963 d'abord, en 1967 ensuite, le général de Gaulle s'était opposé à l'entrée de la Grande-Bretagne dans le marché commun, parce qu'elle refusait de se plier aux règles du traité de Rome et qu'elle voulait imposer sa préférence impériale. Peut-être aussi, ajoutait-il, ses liens spéciaux avec l'Amérique. Ce qui était contraire à l'esprit et à la lettre du traité de Rome.

Le général de Gaulle n'avait pas dit : « La Grande-Bretagne n'entrera jamais », il a même dit le contraire ; il avait dit « qu'elle entrerait quand elle aurait cessé de poser des exigences qui auraient empêché le fonctionnement du marché commun ».

Comme les trois quarts ou les neuf dixièmes des mots que l'on prête au général de Gaulle, cette attitude a été popularisée à cette époque par un mot que je crois apocryphe : « L'Angleterre, je la veux toute nue ».

Si le général de Gaulle admettait qu'un jour l'Angleterre entrerait dans le marché commun, il considérait, en revanche, comme inacceptable à tout jamais, la supranationalité, le système fédéral et la perte de la souveraineté nationale et de la personnalité française. Et Georges Pompidou a ajouté : « Le général de Gaulle pouvait se permettre, parce qu'il était un personnage de légende, de défier nos cinq partenaires du marché commun et de refuser, à la fois, la Grande-Bretagne et la supranationalité, mais maintenant qu'il n'est plus là, la France n'a pas la capacité de défier le monde entier. Il faut choisir... », et il a employé cette formule que je garantis : « L'Angleterre, justement, ne voudra pas de la supranationalité, et sera la garantie que nous pourrons bâtir l'Europe des nations par une concertation de plus en plus étroite des nations qui la composent et des États qui dirigent ces nations, et cela nous permettra de bloquer cette marche vers la désintégration ».

Il a ajouté : « Nous les gaullistes, nous sommes les seuls à défendre la nation et l'État ». Cela voulait dire : « Si nous ne défendons pas la nation et l'État, ils vont disparaître tous les deux. Cela ne va pas de soi que la nation et l'État continuent d'exister. Il faut donc que nous nous donnions un allié, dont nous sommes sûrs qu'il n'acceptera pas de se dissoudre dans un magma ».

Voilà, je pense, ce qui était la raison fondamentale qui légitimait dans son esprit la démarche qu'il a adoptée pour que la France ne disparaisse pas en tant que telle. Pour que la nation et l'État continuent à ternir debout, il fallait que l'on dise non à la supranationalité, et oui à la Grande-Bretagne qui nous aiderait à la sauvegarder.

71 – Giscard d'Estaing, Monnet et les Conseils européens (1974)

Extrait des Mémoires *de Jean Monnet, Paris, Fayard, 1976, p. 603-604.* © *Libraire Arthème Fayard 1976.*

Jean Monnet est-il au cœur d'une relance européenne importante : l'institutionnalisation des sommets des chefs d'État et de gouvernement des Communautés européennes sous le terme de Conseil européen au sommet de Paris des 3-10 décembre 1974 ? Cette page des *Mémoires* semble aller dans ce sens. La volonté manifestée par le nouveau président de la République, Valéry Giscard d'Estaing, de dépasser les blocages français antérieurs y est aussi pour beaucoup, relayé qu'il fut par le nouveau chancelier de RFA, Helmut Schmidt.

*

[…] La France assurerait dans la seconde moitié de l'année la présidence de la Communauté et Giscard s'était engagé à prendre des initiatives. Il me reçut le 19 septembre 1974 à ma demande. Assurément, il n'y avait dans cet homme heureux aucune crainte devant l'avenir, aucune vue étroite. Son esprit était ouvert au changement et, dans cette perspective, l'Europe lui paraissait une étape naturelle. Sa capacité d'action serait-elle à la mesure de sa remarquable intelligence et des mouvements de son cœur, je l'ignorais, et ce que je venais lui proposer était un processus de décision collective. « Je crois que ce qui manque surtout dans les affaires européennes, lui dis-je, c'est l'autorité. La discussion y est organisée, la décision ne l'est pas. Les institutions communautaires existantes à elles seules n'ont pas de force suffisante. Avec cette préoccupation, j'ai remis il y a juste un an à M. Pompidou, à M. Heath et à M. Brandt, cette note que je vous soumets. Elle propose un début d'autorité européenne. Tous les trois ont été d'accord. J'avais supprimé à la demande de M. Jobert la phrase suivante : "Les institutions de l'Union comportent notamment un gouvernement et une Assemblée européenne élue au suffrage universel". Je souhaiterais la réintroduire. – Mon intention est de poursuivre cette ligne, répondit Giscard, et je suis favorable à des réunions régulières des chefs d'État et de gouvernement – un véritable Conseil européen. Je crois également qu'il faut fixer une date avant laquelle les élections européennes au suffrage universel devront être organisées. Et puis il faudra bien un jour abandonner la politique de l'unanimité pour que les décisions soient prises à la majorité qualifiée. » Nous convînmes que je le rappellerais lorsque j'aurai vu Helmut Schmidt.

Pendant une heure de conversation, je ne rencontrai chez le président de la République aucun refus de l'esprit, aucun faux-fuyant, et je pus dire en sortant de l'Élysée que la voie qu'il suivait était la bonne. Mais je ne cachai pas que la remontée serait ardue : « L'Europe sera en difficulté très longtemps. D'ailleurs, penser qu'on fera des progrès sans difficulté est une erreur fondamentale. » Que faut-il faire ? me demandèrent les journalistes. « Continuer, continuer, continuer... », leur répondis-je, et ils parurent se satisfaire de cette réponse parce qu'ils voyaient bien que c'était la règle depuis vingt-cinq ans et qu'à travers toutes les crises et les péripéties de l'histoire la construction européenne progressait irrésistiblement sur le chemin où nous l'avions engagée. Pour ma part, je continuais ma recherche essentielle qui était celle de l'autorité commune capable de transformer en décision la volonté de vivre ensemble que la grande majorité des Européens exprimaient au même moment dans les sondages d'opinion publique. Le 16 octobre, j'étais à Bonn dans le bureau du Chancelier.

Je trouvai Schmidt remarquablement déterminé et, bien que je connusse son allant, je fus surpris par sa volonté de marcher de pair avec Giscard. « J'appuierai de toute ma force l'initiative qu'il prendra, me dit-il. – Une initiative commune franco-allemande serait meilleure, fis-je observer, qu'une initiative française soutenue par l'Allemagne. En effet, répondit-il, l'essentiel est qu'il n'y ait plus d'actions nationales séparées, mais des actions européennes. » Une occasion s'offrait pour la politique de l'énergie qui divisait les Neuf et isolait la France. Mais, comme je devais le constater en revenant à Paris, les positions de combat prises au début de l'année bloquaient encore la stratégie du gouvernement. La politique régionale serait un terrain plus propice à la manifestation d'une solidarité concrète dont l'Europe avait un besoin urgent. Sur ce point, Schmidt se déclarait prêt à s'avancer, car il était soucieux de convaincre les Anglais de demeurer dans la Communauté. « Mais encore faut-il qu'ils veuillent en faire une réalité, dit-il. Je parlerai en ce sens à Wilson bientôt. » L'entretien eut lieu en effet à Londres, et l'on vit après cela que Wilson avait fait son choix et s'engageait pour l'Europe.

En accord avec Schmidt, je ne cachai rien à Giscard de cet entretien, de même que je lui fis part des observations que j'avais recueillies à Bruxelles auprès du Premier ministre Tindemans, homme sage et de grande bonne volonté. Ainsi, tout était clair et les fils que l'on croyait brisés au printemps étaient bien renoués. La Communauté avait à nouveau un organe moteur qui la conduirait jusqu'à l'étape du gouvernement européen et du Parlement élu par tous les citoyens. Cet organe allait être institué formellement le 10 décembre lorsque Giscard, clôturant la réunion des Neuf, déclara : « Le sommet est mort, vive le Conseil européen ».

[…]

72 – « Le marché commun, un pari audacieux »

Extraits d'un article de Maurice Faure, 25 mars 1977. Source : Le Monde*. Reproduit avec l'autorisation du journal* Le Monde.

Maurice Faure fut l'un des artisans avec Christian Pineau, ministre des Affaires étrangères et de Guy Mollet, président du Conseil, de la signature des traités de Rome, le 25 mars 1957. Vingt ans plus tard, Maurice Faure, fervent fédéraliste, regrette que le marché commun n'ait pas conduit à une union politique. En 1977, l'horizon de la construction européenne semble bien bouché.

*

Un pari audacieux

Négocié en six mois, sur la base il est vrai d'un excellent travail préalable élaboré par des experts, les traités de Rome virent le jour dans des conditions que les plus optimistes n'osaient espérer.

Ils furent surtout le fruit d'une forte volonté politique partagée par les six chancelleries des pays membres. Il apparaissait alors vital de prendre rapidement des initiatives nouvelles si l'on ne voulait pas condamner à mort l'unité européenne, blessée deux ans auparavant par l'échec de la Communauté européenne de défense, conçue à la hâte et sans doute historiquement prématurée.

En sorte que la CECA (Communauté européenne du charbon et de l'acier) demeurait son seul support, artificiel et fragile. Le mérite de ses promoteurs avait été grand, original, courageux. Mais cette intégration de deux secteurs économiques seulement était une conception trop élitiste pour atteindre l'opinion publique dans ses profondeurs. Leur valeur de symbole se dégradait au fur et à mesure qu'ils apparaissaient de moins en moins comme les facteurs principaux de la puissance économique et militaire au profit des domaines du nucléaire, de l'électronique et du spatial.

C'est ainsi que naquit l'idée de la communauté atomique qui, combinée à celle du charbon aurait préfiguré celle de l'énergie. [...]

Peu à peu, au cours de la négociation, la CEE prit le pas sur l'Euratom et devait en effet se révéler plus féconde. Elle allait pourtant à rencontre de nos vieux démons protectionnistes et constituait, en même temps qu'une considérable entreprise, un pari audacieux au pays de Colbert et de Méline.

En tout cas, les choses furent rondement menées, dans une ambiance de coopération et d'amitié entre les ministres des six pays, ce qui favorisa la recherche des solutions. Car les obstacles ne manquèrent pas ! [..]

Ensemble nous avions le sentiment de contribuer à bâtir l'avenir, un avenir de paix et de progrès. Depuis, bien sûr, on relève au bilan des lumières et des ombres.

Au crédit de ces vingt ans, il faut porter la libération des échanges, leur considérable progression, l'interdépendance croissante de nos économies, le haut niveau de leur expansion. Tout ceci favorisé, sans doute, par la haute conjoncture mondiale jusqu'en 1973.

La Communauté n'en finit pas de se réaliser : les politiques communes conjoncturelles, industrielle, régionale ou sociale en sont encore aux balbutiements. Celles de l'énergie et de la monnaie ne sont même pas amorcées, ce qui est proprement aberrant dans la mesure où elles intéressent des domaines qui sont à la racine de la crise actuelle. D'où le scepticisme croissant des travailleurs qui attendaient une ouverture vers le progrès social. [...]

La faiblesse des institutions est notoire. Leur sens a été dénaturé peu à peu : impuissance de la Commission insuffisance du contrôle démocratique paralysie du Conseil des ministres dut à son intermittence et à la règle de l'unanimité. [..]

Enfin, et surtout, elle ne débouche pas sur une communauté politique. C'était là son ambition majeure. Elle n'a pas fait le premier pas dans cette direction, et on voit mal aujourd'hui quand et comment elle commencera. Pour moi ayant vécu hier l'ère des pionniers, je suis assez bien placé pour contempler la forêt et ses arbres.

Ce géant économique est un nain politique. Ce qui ne pourra durer long temps sans compromettre l'ensemble de l'entreprise. Car, à bien y réfléchir c'est la politique qui unit, alors que l'économie divise et transforme les querelles d'intérêts en affrontements nationaux.

Là est la plus lourde hypothèque qui pèse sur l'avenir de la Communauté et obscurcit singulièrement son horizon.

73 – Le commissaire européen Claude Cheysson et les pays d'Afrique, Caraïbes et Pacifique (ACP) (1973-1981)

Extraits de l'entretien entre Claude Cheysson, ancien ministre des Relations extérieures avec Gérard Bossuat, les 10, 21 et 30 octobre 1997. Source : Archives historiques de l'Union européenne-Florence, Jean Monnet oral project (professeurs d'histoire, chaires Jean Monnet), bande son et transcription déposées aux Archives européennes de Florence. © Archives historiques de l'Union européenne-Florence.

Ce vigoureux témoignage de Claude Cheysson rappelle d'une part l'intérêt qu'il a toujours porté aux questions européennes et au Tiers monde. Il évoque ici l'une des grandes œuvres des Communautés européennes, la relation économique privilégiée des Communautés avec les pays adhérents aux accords de Lomé. Très peu critique sur les résultats, Claude Cheysson rappelle toutefois, avec conviction, que les Communautés européennes ont été à l'origine de nouveaux rapports Nord-Sud, plus équilibrés. Commissaire en charge de la Coopération et du Développement de 1973 à 1981, Claude Cheysson a beaucoup œuvré pour les conventions ACP (Lomé I).

*

CC. Revenons à mes responsabilités : je suis Commissaire au Budget ; cela durera peu de temps, je n'y insisterai pas. Ma fonction principale est d'être chargé des relations Nord-Sud. Cela se place à un moment où doit être traitée d'urgence la relation entre la Communauté européenne et l'Afrique noire, l'Afrique au sud du Sahara. Les Anglais, dans les négociations préparatoires à leur entrée dans la Communauté, ont obtenu un engagement de la part des autres, en particulier des Allemands, des Français, selon lequel leurs colonies et anciennes colonies en Afrique seront traitées comme l'ont été jusqu'alors les colonies françaises, belges et italiennes en Afrique noire. Je vous rappelle qu'il existe alors une convention, la Convention de Yaoundé, qui assure aux pays africains membres une aide financière, et qui donne aux productions de ces pays, aux exportations de ces pays, un accès libre au marché commun européen, sans réciprocité ; non, excusez-moi, avec réciprocité. C'est en fait un libre-échange qui est offert et imposé à ces colonies.

Comment va se faire l'intégration des pays anglophones d'Afrique noire ? Le problème est rendu plus complexe par le fait que les Anglais demandent et obtiennent que la promesse qui leur a été faite porte aussi sur leurs colonies ou anciennes colonies dans les Caraïbes et dans le Pacifique ? Je suis très convaincu – excusez-moi de parler de mes convictions mais je crois avoir eu un rôle assez important dans l'affaire – je suis convaincu qu'il faut tenter de conclure un accord global définissant les relations entre l'Europe d'une part et de l'autre ce qui n'est pas encore appelé le groupe ACP (Afrique, Caraïbes, Pacifique), plutôt que de prévoir des relations distinctes et différentes entre la Communauté et chacun des pays, comme c'était le cas sous la Convention de Yaoundé – la

Convention qui, alors, unissait la Communauté des Six et les colonies ou les anciennes colonies françaises, belges et italienne en Afrique au sud du Sahara.

Le pari n'est pas gagné d'avance, en particulier parce que les relations entre certains anglophones et certains francophones d'Afrique noire sont détestables. Une réunion avait eu lieu à Accra, où Nigérians et Ghanéens avaient dénoncé en termes virulents, blessants le colonialisme européen, en fait le colonialisme français en Côte-d'Ivoire, au Sénégal. Ils avaient dénoncé en particulier le libre-échange qui avait été imposé à ces pays, les mettant ainsi en état de subordination par rapport à l'Europe, dans la mesure où ces pays dépendaient largement de leurs recettes douanières, qu'ils perdaient par le jeu de la Convention de Yaoundé, dans la mesure aussi et surtout où le libre-échange donnait aux produits manufacturés venus d'Europe une certitude de domination du marché dans les pays en question : si les produits manufacturés venus d'Europe entraient librement, sans pouvoir être frappés de droits, comment ces pays développeraient-ils alors les productions correspondantes, pour la consommation interne, et *a fortiori* pour l'exportation ? Comment traiter l'affaire ?

Ici je rapporterai un épisode assez curieux. Il se trouve que je connaissais ces pays et la plupart de leurs dirigeants, parce que j'avais servi auparavant en Afrique noire de 1957 à 1962. En rendant visite au Président Ahidjo alors Président du Cameroun, celui-ci me dit : « il n'y a qu'un moyen. Vous devez tenter d'obtenir des pays anglophones – prenez surtout les plus forts, le Ghana de N'Krumah ou le Nigeria – que ce soit eux pays d'Afrique noire, qui disent en Europe : « Vous Européens, traitez avec nous comme une entité ; nous Africains n'avons pas le droit de traiter séparément avec chacun de vous ; alors, nous voulons changer cela et parler en tant qu'Afrique. C'est avec l'Afrique que vous devez négocier ». La Communauté se laisse prendre par l'argument. Des négociations ont été promises, elles doivent donc avoir lieu. La conférence qui les ouvre a lieu à Copenhague. La Communauté est mise en face du Président de l'Organisation de l'Unité Africaine (OUA), un Président de l'Afrique, un Nigérian tonitruant. Ce Président met l'Europe en demeure de respecter l'unité des Africains. Je ne dis pas que ceci enchante la Côte-d'Ivoire, le Sénégal, le Niger, etc. Mais le Général Gowon – si mes souvenirs sont bons, c'est lui qui préside le Nigeria à l'époque – est ferme ; il exige. Et la Communauté accepte. La situation a quelque chose d'assez étrange, puisque dans cette réunion d'ouverture de la négociation, figurent non seulement les pays d'Afrique noire, ceux vis-à-vis de qui un engagement a été pris, mais également ceux de l'Afrique méditerranéenne : Algérie, Maroc, Tunisie, Égypte. La négociation commence, l'Afrique méditerranéenne disparaissant naturellement dans la suite de la négociation. Le principe qu'il y a un « Groupe ACP » est posé dès le départ. Paris ne se rend pas très bien compte que les choses ont évolué de la sorte, en dépit de déclarations indignées de Houphouët, Senghor, Hamani Diori, qui tiennent à garder des rapports directs avec la France, avec l'Europe, compte tenu de leurs relations personnelles, des habitudes qui ont été prises. L'affaire commence ainsi. Est dévolu aussitôt aux plus – je ne dirai pas aux plus avancés, mais aux mieux équipés pour la négociation, aux plus articulés – un rôle très important. Dans toute la négociation de Lomé, le Jamaïcain, le Guyanais ex-Britannique, et même le Fidjien, joueront un rôle disproportionné par rapport à leur dimension, et par rapport à l'objectif que l'on s'était fixé qui était un accord avec l'Afrique au sud du Sahara. Les choses se développent donc de la sorte.

Très rapidement, le principe du libre-échange est écarté, les Caribéens, la plupart des Africains et les gens du Pacifique marquant clairement qu'ils n'acceptent pas ce qu'on appelait alors la « préférence inverse », c'est-à-dire le libre-échange. Très rapidement aussi, il est ainsi convenu, au niveau des experts, que l'on adoptera un système de préférence unilatérale. Paris en a-t-il eu aussitôt conscience ? Je n'en suis pas certain. Je me rappelle la stupéfaction du Ministre français des Affaires étrangères, Jean Sauvagnargues, lors de la réunion au niveau gouvernemental qui suivra celle de Copenhague, et qui a lieu en Jamaïque. Il constate que c'est acquis, quelles que soient les protestations de certains des francophones. La négociation se développe ; le principe essentiel, je viens de le rappeler, étant que les préférences accordées à nos partenaires ACP ne seront pas équilibrées par des préférences inverses. Rapidement, apparaissent des problèmes particuliers : l'Europe entend se protéger contre quelques exportations qui pourraient être fatales ou qui seraient en tout cas dangereuses pour l'agriculture (nous retrouverons ce problème-là de manière plus aiguë avec les pays d'Afrique du Nord plus tard ; nous en reparlerons). Certains soulignent aussi qu'il pourrait être intéressant d'assurer la prévisibilité de quelques exportations, intéressant pour les Européens, afin que le volume en soit connu à l'avance, intéressant pour les ACP, surtout si la prévisibilité garantie pouvait porter aussi sur le niveau des prix, donc sur les recettes correspondantes d'exportation. C'est ainsi qu'est introduit le système qu'on appellera « stabex » : stabilisation des recettes d'exportation. L'affaire est traitée globalement dans un premier temps, c'est-à-dire qu'il est convenu que si la recette d'exportation d'un pays déterminé baisse par rapport aux références des années précédentes, la Communauté paiera la différence. La Communauté, le budget communautaire, car ceci, naturellement, ne doit pas contredire les règles du marché qui existent que l'acheteur paie le prix mondial. L'affaire ira même plus loin pour quelques exportations. C'est ainsi que nous arriverons à des protocoles portant sur telle ou telle production. Celui, dont on n'a pas cessé de parler depuis lors, est le « protocole bananes ». Pour les bananes, outre le fait que la recette d'exportation globale est, en principe, stabilisée, la quantité garantie à l'importation est fixée par le traité.

Dans un cas on ira même plus loin, et ce sera le « protocole sucre ». Ce protocole, non seulement assure les exportateurs de canne à sucre de la quantité que la Communauté s'engage à acheter ou à payer, mais il prévoit que ce sucre sera payé au prix interne à la Communauté. Dans ce cas donc, on arrive à une parfaite prévisibilité en termes réels de la recette d'exportation, puisque les prix internes au marché communautaire évoluent avec l'indice des prix dans la Communauté ; on assure donc au vendeur une recette qui lui permettra d'acheter les biens d'équipement dont il aura besoin, biens dont les prix vont eux-mêmes évoluer comme l'indice des prix. Comment a-t-on obtenu ce protocole « sucre » ? Il est pittoresque de le rappeler. Évidemment, Paris, Bonn et autres n'étaient pas désireux d'aller si loin, Bonn encore moins que Paris ; et nous sommes bien loin des règles sacrées de l'économie libérale. Mais il se trouve que le Premier ministre britannique à l'époque, James Callaghan, était élu d'une circonscription dans laquelle se trouvait la plus grande raffinerie de sucre d'Europe, et qu'il était donc intéressé à ce que l'on arrive à cette formule, fût elle scandaleuse du point de vue de l'économie libérale. Or, c'est une période où la Communauté avait des difficultés avec les Anglais, qui voulaient remettre en cause bien des principes de la Politique Agricole Commune, de la PAC. Un marchandage honteux a ainsi été engagé – excusez-moi de le dire : je suis allé dire à mon collègue de l'agriculture, qui était Pierre Lardinois, un Néerlandais : « Si on apaise les Anglais, pour un temps, dans leurs critiques de la PAC, es-tu prêt à payer le prix de ce qui sera un "protocole sucre" ? » Cela a marché. Et le coût du protocole « sucre », c'est-à-dire la différence entre le prix mondial et le prix interne à la Communauté, a été payé, jusqu'à présent, par le budget agricole communautaire, et non par le budget de Lomé ; Solution tout à fait étonnante, reconnaissez-le.

Revenons à l'ensemble de la négociation. Vous aurez remarqué qu'après avoir parlé des relations commerciales et de l'accès au marché communautaire sans préférence inverse, après avoir évoqué quelques produits, j'ai mêlé plusieurs sujets. Ceci constitue un aspect essentiel, unique de la Convention de Lomé, aspect que malheureusement, on ne retrouve dans aucun autre des accords de coopération entre États du nord et États du sud. Dans Lomé, on traite simultanément de sujets tout à fait différents : relations commerciales, garanties pour certaines exportations, « stabex » et dans les cas extrêmes garanties en valeur réelle, assistance technique. S'ajoute encore dans la convention de Lomé, une structuration permanente de la coopération, la Commission européenne ayant ses représentants propres dans chacun des pays ACP. Tout ceci – autre caractéristique qui n'existe dans aucun autre système de coopération – s'inscrit dans un traité ratifié par les Parlements et relevant du droit international. Pendant la durée d'une Convention – l'accord est signé pour cinq ans, renouvelable ; il a été renouvelé bien des fois – la Communauté a donc accepté des contraintes de droit international, puisqu'il s'agit d'un traité.

GB. *Pouvez-vous préciser un point ? La Convention de Lomé s'inscrit-elle dans un traité ?*

CC. C'est cela.

GB. *Et le traité prévoit de signer des conventions quinquennales ?*

CC. Non. Le traité est conclu pour cinq ans, renouvelable.

GB. *C'est ce qu'on appelle la Convention de Lomé ?*

CC. C'est ce qu'on appelle la Convention de Lomé. Elle est prévue pour cinq ans, le montant de l'aide financière est fixé pour cinq ans. Il est ensuite réparti par année et réparti entre les pays ; mais il est conclu pour cinq ans. La garantie d'accès au marché est assurée pour cinq ans, la stabilisation des recettes d'exportation – parfois en valeur réelle – est garantie pour cinq ans. J'y insiste beaucoup, car ces garanties me paraissent essentielles dans les relations entre pays développés et pays en développement. Plus on est pauvre, plus il est important de savoir ce dont on disposera l'année suivante. Comment autrement programmer ? J'irai jusqu'à dire « planifier », son développement ? La Convention de Lomé, sur ce plan, a été révolutionnaire. Notre échec – car c'en est un – est que le modèle n'a été retenu par aucun de nos États membres pour ses relations propres bilatérales de coopération, qu'il n'a pas non plus été repris au niveau international, les programmes d'aide des organisations internationales ne comportant ni assurance pluriannuelle, ni véritable garantie en droit international.

74 – Entretien donné par M. Valéry Giscard d'Estaing, président de la République au journal allemand *Der Spiegel* sur la situation européenne (1978)

Entretien avec le Spiegel *au Palais de l'Élysée, le 18 décembre 1978.*
Cet entretien est particulièrement fascinant car il traduit la position du président Giscard d'Estaing sur l'Europe avec une précision remarquable ; européen, Giscard ? Certes, mais il reste attaché à la souveraineté des États et veut une Confédération européenne. L'union de l'Europe se fera, mais avec une France aussi puissante que l'Allemagne.

*

Question.– *Nous voilà en face de l'année de l'Europe. Elle commencera par le nouveau système monétaire et culminera en été avec l'élection du Parlement européen au suffrage universel par 180 millions d'électeurs dans les neuf pays de la CEE. Aucun sujet politique depuis la Deuxième Guerre mondiale n'a créé tant d'espoir et tant de déception comme l'Europe. Pensez-vous que les échéances de cette année représentent sa dernière chance ?*

Le Président. – Il est naturel que la presse cherche à dramatiser les étapes de la construction européenne et sans doute inévitable qu'elle en dramatise plus les crises que les succès. Si l'on regarde les choses avec davantage de sérénité et un peu de recul, le bilan est différent. L'union douanière existe et la crise économique ne l'a pas disloquée. La TVA est appliquée partout ; la politique agricole commune a été maintenue malgré les difficultés imposées par le désordre monétaire. La Communauté s'est élargie et de nouveaux États souhaitent y entrer. La Communauté est bien vivante, et l'année 1979 n'a aucune raison de représenter sa dernière chance. Il est vrai que la mise en place du système monétaire européen, et l'élection au suffrage direct de l'Assemblée, confèrent une grande importance à l'année qui vient.

Question. – *Les visionnaires de l'Europe de la première heure, comme Robert Schuman, ont bien conçu l'horizon lointain de l'évolution politique un gouvernement européen responsable. Considérez-vous un tel gouvernement réalisable pour, disons, l'an 2000 ?*

Le Président. – Quand Robert Schuman a pris l'initiative de lancer la déclaration qui porte son nom, il avait conscience de commencer à bâtir quelque chose de neuf en Europe, quelque chose pour quoi il n'existait ni précédent, ni plan préparé à l'avance. Il a défini une étape et pour la suite s'en est remis à l'imagination et à la sagesse de ses successeurs. Les traités de 1957 ont marqué une autre étape, différente à bien des égards de celle de 1950. J'en retiens qu'il faut à chaque époque se préoccuper des problèmes de son temps.

Question. – *Et le problème de la phase actuelle ?*

Le Président. – C'est d'organiser la confédération de l'Europe. Une confédération n'aura pas de gouvernement au sens auquel nous l'entendons dans notre vie nationale. Mais elle aura un exécutif de type confédéral, issu de l'actuel Conseil européen. L'erreur de certains des premiers visionnaires de l'Europe a été de croire que celle-ci recopierait l'histoire et en particulier l'histoire des États-Unis d'Amérique.

Question. – *C'était vraiment une erreur ?*

Le Président. – Or l'Europe n'a ni unité de langue, ni unité de religion. Elle a de puissantes traditions historiques locales qui n'existaient pas sur un continent nouvellement conquis. Bref, il faut se faire à l'idée que la confédération européenne aura une structure originale à trois branches : une branche exécutive, issue du Conseil européen, une branche administrative pour les matières communautaires, issue de la Commission, et une branche à vocation délibérante et législative pour les questions communautaires, issue de l'Assemblée. Les trois branches seront nécessairement séparées : la séparation des pouvoirs est un trait nécessaire d'une organisation confédérale, conservant des structures étatiques. Quant à la suite, nous n'avons pas à priver nos petits-enfants du droit de vote. Ils verront à l'expérience, comment compléter l'organisation de l'Europe.

Question. – *À quoi d'après votre notion politique ressemblera cette Europe unifiée de l'avenir ? Vous vous êtes exprimé clairement lors de votre dernière conférence de Presse, pour une Europe confédérale au lieu d'une Europe fédérale parce que cette dernière serait soumise, à l'excès, à l'influence des États-Unis ? Est-ce que cela serait la seule raison pour laquelle vous rejetez une Fédération ?*

Le Président. – Je m'en suis expliqué dans ma conférence de presse. J'ai indiqué trois raisons pour lesquelles je pensais que l'Europe devait être confédérale et non pas fédérale. La première est en effet qu'une Europe fédérale serait soumise, à l'excès, à l'influence des États-Unis.

Question. – *Mais pourquoi ?*

Le Président. – S'il est souhaitable d'entretenir des rapports amicaux avec les États-Unis, l'Europe, pour exister, doit être indépendante. J'en ai ajouté une deuxième : c'est qu'aucun pays d'Europe n'accepterait des décisions jugées contraires à son intérêt national, qui lui seraient imposées par une structure fédérale. Est-ce que la République fédérale accepterait de soumettre à une telle procédure le régime particulier de ses échanges avec la RDA ? Est-ce que les petits pays accepteraient de voir réduire à deux ou trois les langues de travail de l'Europe ? Est-ce que la Grande-Bretagne et les Pays-Bas accepteraient que leur pétrole et leur gaz soient déclarés ressources fédérales ?

Der SPIEGEL. – *Certainement pas !*

Le Président. – Je vous rappelle ce que je viens de vous dire : l'Europe n'est pas la reproduction de ce qui s'est passé ailleurs. Ses structures doivent tenir compte de sa personnalité historique et culturelle. La troisième raison est d'assurer la cohésion monétaire de l'Europe. Cette cohésion est nécessaire pour garantir le fonctionnement efficace des politiques communes.

Der SPIEGEL. – *Elle est nécessaire mais pas encore existante.*

Le Président. – En permettant de créer en Europe une zone de stabilité monétaire elle contribuera à un meilleur équilibre de nos économies et favorisera l'activité et l'emploi. C'est pourquoi j'ai pris, de concert avec le Chancelier Schmidt, qui partage mes préoccupations, l'initiative de proposer la mise au point d'un système monétaire européen. Les décisions qui viennent d'être prises à Bruxelles à ce sujet marqueront effectivement L'entrée dans une étape nouvelle.

Question. – *Vous n'étiez pas déçu des résultats de Bruxelles ?*

Le Président. – Non, l'entrée de l'Italie et de l'Irlande sont révélatrices. Il ne s'agit plus de « serpent ». Voici deux pays qui avaient des décisions difficiles à prendre, L'un en raison de ses échéances économiques et politiques, L'autre en raison de son union monétaire centenaire avec la Grande-Bretagne. Leur attitude est courageuse. S'ils ont choisi d'entrer, c'est qu'ils ont compris qu'il s'agissait d'autre chose que d'un simple arrangement monétaire, mais d'une nouvelle étape d'organisation pour l'Europe. Nous sommes décidés, nos partenaires allemands et nous, à faire tout le possible pour assurer le succès du système monétaire européen. Une Europe sans douane, avec un système monétaire et un Conseil régulier au sommet. Ce n'est déjà pas mal, trente ans après les horreurs de la guerre.

Question. – *Trente années de Communauté économique n'ont pas pu créer une véritable concertation européenne en matière d'économie, de défense, de politique étrangère, la Communauté étant restée en fait une association douanière et commerciale avec une bureaucratie en même temps gigantesque et impuissante. Pourquoi croyez-vous pouvoir donner un nouveau coup d'envoi à une réalité européenne tout à fait nouvelle ?*

Le Président. – Il ne s'agit pas de créer une réalité européenne tout à fait nouvelle, mais de la développer et de la compléter en partant de ce qui existe et qui est moins négligeable que vous ne le croyez. La Communauté a ses défauts.

Der SPIEGEL. – *On pourrait en effet le dire.*

Le Président. – Mais elle existe dans des domaines nombreux : à l'extérieur ceux du commerce international, de l'aide au développement, des rapports avec les pays Méditerranéens, de la coopération politique, notamment aux Nations unies ; à l'intérieur, ceux de la politique agricole, de la politique sociale, de la politique régionale, de la politique fiscale. Je vous dirai qu'on se trompe beaucoup dans les questions de délai. L'impatience est l'ennemi du futur. On a fait beaucoup en vingt ans, même si nous nous irritons et c'est mon cas, que nous n'ayons pas fait davantage.

Question. – *À quoi pensez-vous ?*

Le Président. – Voici deux actions importantes, l'une qui remonte à 1974, l'autre qui va entrer en vigueur en 1979. La première était de renforcer au sommet la capacité de décision et d'impulsion, pour tenir compte de l'élargissement à Neuf et pour éviter l'enlisement bureaucratique. C'est ce qui m'a conduit à proposer la création du Conseil européen. Dans l'ensemble, j'estime que les résultats de cette initiative ont répondu à ce j'en attendais. Il est devenu, par la force des choses, une institution centrale de l'Europe.

Question. – *L'élargissement de la Communauté à la Grèce, l'Espagne et au Portugal est imminent. Ne craignez-vous pas qu'une Europe des douze États ne puisse encore créer d'énormes nouveaux problèmes et affaiblir le fonctionnement des institutions européennes ?*

Le Président. – Il est évident que l'élargissement à douze États membres posera des problèmes à la Communauté. Il posera des problèmes du point de vue de l'équilibre économique en particulier agricole du marché commun. Il en posera aussi pour le fonctionnement des institutions conçues pour six pays. J'ai été le premier à le dire et c'est pourquoi j'ai proposé cette réflexion des « Sages ». Deux remarques sur ce point : nous ne pouvons pas, même avec les meilleures raisons administratives, dessiner une Europe réduite par rapport à ses frontières historiques. Il faut savoir adapter nos institutions aux réalités objectives.

Question. – *Très bien, mais comment le faire entre partenaires qui ne sont pas d'accord ?*

Le Président. – Les tâches de bon fonctionnement des institutions, dans leurs attributions existantes, me paraissent suffisamment importantes et difficiles pour qu'on n'aille pas se disperser et s'engluer dans l'inutile débat sur les modifications de ces compétences. À cet égard, la manière dont l'Assemblée sortante s'est prononcée sur le budget communautaire me paraît être l'exemple même de ce qu'il ne faut pas faire, si l'on tient à faire fonctionner l'Europe. J'ajoute que c'est juridiquement et politiquement inacceptable.

Question. – *En vue des échéances de 1979, la France a une responsabilité particulière, puisqu'elle assumera la Présidence de la CEE au début de l'an prochain. Déjà vous avez proposé un « Comité de trois Sages » pour une reforme des institutions européennes. à quelles reformes songez-vous précisément ?*

Le Président. – Si j'ai proposé la création d'un comité de trois Sages c'est précisément pour permettre à des personnalités libres et Indépendantes qui viennent d'être choisies, MM. Marjolin, Bisheuvel, et Dell de nous présenter une réflexion et des propositions sur l'amélioration du fonctionnement des institutions existantes. La nature de leur mission m'interdit de préjuger le sens de leur réflexion. Je mentionnerai quelques sujets : organisation de la Commission et fonctionnement de ses services ; fréquence et nature des Conseils des ministres ; spécialisation des rôles au sein du Conseil européen pour assurer le suivi de certains grands problèmes, etc.

Question. – *Déjà l'élargissement de la CEE à la Grande-Bretagne s'est révélé comme un coup de frein dangereux à la Communauté existante. Ainsi les Anglais se plaignent de la distribution en leur faveur des charges financières et réclament une renégociation. Est-ce qu'il faut donner suite à leur demande ?*

Le Président. – Nos partenaires britanniques ont toujours été d'excellents négociateurs, défendant avec habileté les intérêts de leur pays. Personne ne le leur reprocher. Mais avant d'apprécier la portée de leurs demandes il faut rappeler certaines réalités. D'abord, la Communauté n'est pas une entreprise de comptabilité ou de compensation financière dans laquelle chacun n'apporterait que ce qu'il est sur l'obtenir en retour. Tous les États membres tirent de leur participation à la construction européenne des avantages diversifiés, notamment sur le plan de l'ouverture des frontières, qui ne sont pas mesurables mais qui sont en tous les cas bien supérieurs à l'effort qui leur est demandé.

Question. – *Mais si des situations injustes en matière économique et budgétaire apparaissaient ?*

Le Président. – Il est évident que la Communauté ne pourrait pas les ignorer. Dans ce domaine il existe des références objectives que nous avons définies précisément à l'initiative du gouvernement britannique. Je me souviens qu'au Conseil européen de Dublin, en mars 1975 nous avons mis au point après des négociations laborieuses un mécanisme qui vise à corriger les distorsions entre la contribution budgétaire d'un État-membre, sa situation financière, et, d'une façon plus générale, ses performances économiques. Or, je constate trois ans plus tard que ce mécanisme n'a jamais eu à jouer. à la vérité, si l'on veut faire des comptes perchis, il faut y inclure les Montants Compensatoires Monétaires qui s'appliquent, vous le savez, aux importations agricoles du Royaume-Uni, et qui sont de véritables subventions que nous versons aux consommateurs britanniques. On s'aperçoit alors que la Grande-Bretagne bénéficie largement du fonctionnement du marché commun, y compris dans le domaine agricole.

Question. – *Les Britanniques ne seront pas d'accord. Que faire ?*

Le Président. – Ce sont ces Montants Compensatoires Monétaires qui expliquent, en large partie, le coût élevé de la politique agricole commune. Aussi, ai-je demandé et obtenu du Conseil européen pendant sa dernière session, une décision qui prévoit qu'il n'y aura plus désormais de Montants Compensatoires durables et que ceux qui existeront seront progressivement supprimés.

Question. – *Le grand enthousiasmé pour l'Europe semble bien affaibli. N'y a-t-il pas d'autres préoccupations comme le chômage, l'inflation, le manque de matières premières et notamment le problème énergétique et la lutte contre le terrorisme qui exigent une concertation majeure ?*

Le Président. – C'est en effet une habitude, J'allais dire une manie, de dire que le grand enthousiasme pour l'Europe semble affaibli. Il y a maintenant assez longtemps que je participe à la vie politique : j'ai toujours entendu dire la même chose, mais j'observe que dans chaque circonstance importante, nous nous mettons finalement d'accord pour effectuer un nouveau progrès de l'Europe. Laissons ces dissertations sur l'enthousiasme de côté, et ayons une vue réaliste des choses.

Question. – *Et quelle est la vue réaliste des choses ?*

Le Président. – Tous les problèmes que vous citez correspondent en effet aux préoccupations essentielles de l'Europe et c'est pourquoi plutôt que de disserter indéfiniment sur les institutions européennes, comme vous m'avez d'ailleurs invité à le faire, je crois que nous obtiendrions un soutien beaucoup plus massif de l'opinion publique si l'Europe s'attaquait hardiment aux problèmes qui préoccupent sa population. Il est extravagant que la Communauté n'ait pas encore de politique commune de l'énergie, il serait souhaitable qu'en matière d'action pour L'amélioration de l'emploi, la concertation fût plus étroite.

Der SPIEGEL. – *En ce qui concerne la lutte contre l'inflation on n'a pas mieux réussi.*

Le Président. – Il existe désormais un mécanisme sérieux et efficace de consultation entre nous et je pense que l'année 1979 marquera une convergence des taux d'inflation européens. Enfin pour le terrorisme, permettez-moi de rappeler que le Conseil européen s'est saisi de ce grave problème pour décider la création d'un espace judiciaire européen dont les éléments se mettent actuellement en place.

Question. – *Six mois avant l'élection, des discussions ont déjà éclaté sur les compétences de cette Assemblée européenne pas encore élue, suite à la déclaration du Chancelier allemand Helmut Schmidt : « Je ne crois pas que le parlement élu se contentera des choix relativement restreints dont il dispose à l'heure actuelle ». Sur quoi la Présidence de la République française a répondu : « l'élection de l'Assemblée européenne n'a aucune incidence sur les dispositions qui définissent ce pouvoir ». Vu le fait que le traité de Rome date de 1957, ne faudrait-il pas interpréter le texte selon les exigences de l'année 1979 ou bien l'actualiser ?*

Le Président. – Je sais ce que disent les traités. Or les traités ne sont rien d'autre que ce qu'ont approuvé de façon démocratique les parlements nationaux. Jusqu'à ce qu'ils soient modifiés, ils s'imposent à nos États de la même façon que la loi s'impose au Citoyen. Cela signifie qu'ils s'imposent aux gouvernements, aux parlements et même aux hommes politiques.

Question. – *C'est-à-dire : rien ne peut être changé ?*

Le Président. – Il est naturellement loisible à ceux à qui ce droit est ouvert de demander la révision des traités. Il existe une procédure prévue à cet effet. Elle exige l'unanimité des États membres et l'approbation des parlements nationaux. Il est clair, en revanche, que les compétences de l'Assemblée, pas plus que celles des autres institutions, ne sauraient relever d'une « interprétation ».

Question. – *Pourquoi pas ?*

Le Président. – Se livrer à une opération de ce genre ne serait rien d'autre qu'une manière de tourner les dispositions des traités, c'est-à-dire de les violer. Je suis convaincu qu'aucun homme politique responsable n'y songe.

Question. – *En tout, il semble qu'il y a beaucoup plus de réticences anti-européennes en France qu'ailleurs et surtout en Allemagne. Faut-il chercher l'explication de ce phénomène dans le fait que L'État national français, qui a déjà mille ans, est devenu en quelque façon pour beaucoup de français le centre naturel d'une civilisation universelle ?*

Le Président. – Qu'il y ait un débat dans l'opinion politique française sur l'avenir de l'Europe, quoi de plus naturel. Mais il ne faut pas confondre l'expression bruyante de certaines opinions avec le sentiment majoritaire français.

Question. – *Y a-t-il une différence entre les deux ?*

Le Président. – C'est au travers des consultations électorales, que l'opinion d'un pays démocratique s'exprime. Je vous rappelle que la seule référence d'une consultation qui ait été organisée en France à propos de l'Europe, l'a été par le Président Pompidou au printemps 1972 ce qui a donné malgré un pourcentage élevé d'abstentions une nette majorité pour l'élargissement de la Communauté. Si nous regardons de l'autre côté de la France, nous y apercevons un débat sur l'Europe qui est largement aussi vif que chez nous. La vérité, c'est qu'en France, dont la vie politique est d'expression latine, les partis et les dirigeants s'expriment de façon plus permanente et plus véhémente qu'ailleurs, et en particulier chez vous. Si j'observe le parcours des vingt dernières années, depuis 1959 jusqu'en 1978, la France a toujours été présente aux rendez-vous successifs que l'histoire a fixés à l'Europe.

Der SPIEGEL. – *Il serait intéressant de connaître des exemples.*

Le Président. – C'est le gouvernement du général de Gaulle qui décidait en janvier 1959 l'entrée de la France dans le marché commun. C'est le Président Pompidou qui prenait en 1969 une position favorable à l'élargissement à la Grande-Bretagne. C'est enfin moi-même qui ai proposé à nos partenaires l'institution régulière, à partir de décembre 1974, du Conseil européen devenu l'un des rouages centraux de la Communauté. Les Français expriment des opinions. C'est leur droit. Mais je constate qu'au total la France a bien travaillé pour l'Europe. Par contre, il y a un domaine ou nous devons rester vigilants, c'est celui du risque de démagogie financière, qui serait d'autant plus grand que l'Assemblée ne votant pas d'impôts directs, les recettes sont camouflées dans nos TVA nationales, et qu'il n'y a pas de risque à réclamer l'augmentation des dépenses. Je ne vous cache pas qu'en tant que ministre des finances j'aurais souhaité qu'il soit plus strict. Mais tel qu'il est, nous devons le respecter. Nous y veillerons.

Question. – *Supposons que le rééquilibre économique entre la France et l'Allemagne ne soit pas atteint et que l'Allemagne reste la plus grande puissance du marché commun. Une telle évolution constituerait-elle un danger fondamental pour l'Europe ?*

Le Président. – Je me réjouis de votre question. Je crois qu'il faut répondre très franchement sur les problèmes de l'équilibre interne de l'Europe. J'ai eu l'occasion, dans une interview télévisée le 16 octobre dernier, d'indiquer que je fixais pour objectif pour la France de devenir, dans les années 1985, une puissance économique comparable à celle de l'Allemagne fédérale.

Question. – *Vous considérez que c'est réalisable ?*

Le Président. – Oui, Je considère que c'est parfaitement réalisable. Si vous survolez l'histoire des quinze dernières années, vous observerez qu'au total la croissance en volume de la production française a toujours été supérieure à celle de la production allemande. C'est seulement dans la période 1974-1978 qu'on observe un avantage pris par l'Allemagne fédérale qui a su mieux s'adapter aux conséquences de la crise de l'économie mondiale. Compte tenu de l'effort dans notre pays, je pense que nous allons pouvoir reprendre notre cours normal et marquer un certain avantage annuel sur l'économie sur votre pays. Il y a des motifs à cela : la croissance de notre population active va se poursuivre encore pendant plusieurs années alors que votre population active diminue. Nous disposons du plus vaste territoire de la Communauté, supérieur en superficie à celui de l'Allemagne fédérale et de l'Italie réunies. Il nous reste une marge considérable de développement de notre exportation industrielle et agro-alimentaire, en direction de la plupart des pays et pour laquelle nous allons concentrer notre effort des années prochaines. Je pense qu'il ne serait pas bon pour l'Europe qu'il y ait une puissance économique se détachant nettement des autres. La nature du système confédéral que nous envisageons est d'établir nos relations selon un régime de partenaires qui suppose une certaine égalité dans les moyens. C'est pourquoi le Chancelier Schmidt, avec beaucoup de sagesse, partage mon analyse. Il est souhaitable pour le bon fonctionnement de la Communauté qu'il y ait dans celle-ci un certain nombre de puissances économiques de dimension et d'influence comparable, en particulier la France et l'Allemagne. Le complément symétrique de mon attachement à l'organisation d'une confédération de l'Europe est l'accentuation du développement économique de la France.

Question. – *Il y a des Français qui craignent que le poids économique et politique de l'Allemagne puisse encore devenir plus lourd vu une réunification éventuelle des deux Allemagne dans l'avenir. En Allemagne même de telles perspectives sont considérées comme tout à fait irréalistes et même pas souhaitables. Pourquoi est-ce qu'on surestime tellement cette éventualité en France ?*

Le Président. – Votre question nous ramène en réalité au sujet précédent. D'abord j'observe qu'il y a peu de Français pour croire à l'heure actuelle à l'éventualité d'une réunification prochaine des deux Allemagne. Cette position a fait l'objet des déclarations de quelques spécialistes. Elle ne reflète pas mon propre jugement.

Question. – *Quel est votre jugement ?*

Le Président. – Je crois ensuite que lorsque le Chancelier Schmidt a déclaré que « les circonstances politiques du moment n'offrent aucune possibilité de surmonter la division de l'Allemagne en deux États », il a décrit objectivement la situation, et chacun en est persuadé, qu'il le déplore ou qu'il s'en réjouisse. C'est pourquoi je pense que l'inquiétude de ceux dont vous parlez s'adresse moins à une éventualité future qu'à un argument qu'ils utilisent en vue de renforcer une crainte présente : celle de la République fédérale dont ils jugent le poids excessif en Europe Occidentale.

Question. – *Comment faut-il expliquer le complexe d'infériorité français vis-à-vis de l'Allemagne ?*

Le Président. – Je vous ai déjà répondu sur ce point. Je n'ai aucun complexe d'infériorité vis-à-vis de l'Allemagne et je tiens à vous dire que la France n'en aura pas non plus. Nous sommes un pays jeune, décidé et vigoureux. Nous avons les moyens de peser d'un poids considérable dans les décisions qui intéresseront l'avenir de l'Europe. C'est notre affaire de nous en donner les moyens. Nous le ferons.

J'ai été heureux de m'entretenir avec vous. Nous vivons dans un monde ou de grands bouleversements s'observent, où l'on voit soudain des États-Continents se rapprocher et nouer de nouvelles relations. Face à tout cela, nous avons le devoir de réunir les moyens de l'Europe pour ne pas devenir un continent qui subite un sort dicté par les autres, mais pour prendre notre place dans les grandes délibérations du troisième millénaire.

75 – Mitterrand et l'Europe en 1981, d'après André Chandernagor

Extraits de l'entretien entre André Chandernagor, ancien ministre délégué aux Affaires européennes, et Élisabeth du Réau, professeur à l'Université de Paris-III, décembre 1998. Source : Archives historiques de l'Union européenne-Florence, Jean Monnet oral project (professeurs d'histoire, chaires Jean Monnet), bande son et transcription déposées aux Archives européennes de Florence, © Archives historiques de l'Union européenne-Florence.

L'entretien avec André Chandernagor montre combien la politique européenne de la France avait été précédemment définie par des hauts fonctionnaires a-européens ou anti-européens. Quand on est ministre, il faut savoir conquérir son domaine par rapport aux hauts fonctionnaires et parfois par rapport à d'autres ministres.

*

ER. *Quand on lit le Programme commun ou les 101 Points[68], il est clair que l'Europe a une part modeste et que quand elle est présentée, c'est plutôt comme une contrainte.*

A.C. Il est indéniable que Mitterrand était foncièrement européen. Mais, c'est aussi un pragmatique total, donc si à un certain moment, la contrainte européenne pèse trop lourd, on ne sait pas ce qui peut arriver. Il m'est arrivé de m'interroger à ce sujet, quand j'étais auprès de lui.

Mon propos a été, dès le début de mes fonctions, d'affirmer par un certain nombre de gestes que ce gouvernement était européen. Le contexte ? Les communistes ne m'ont jamais gêné pendant toute cette période. J'ai entretenu des relations publiques politiques très denses, non pas avec la presse (la construction européenne ne l'intéressait pas, ce n'était pas un thème porteur), mais avec les groupes politiques du Parlement européen et du Parlement français. Je les invitais successivement à déjeuner, pour débattre avec eux des problèmes, et j'ai maintenu en permanence des contacts étroits. Je n'ai jamais eu de problème avec le PCF pendant cette période-là. J'en ai eu en revanche avec Jean-Pierre Chevènement, alors ministre de l'Industrie. Il me multipliait les contentieux avec Bruxelles. En vain lui faisais-je observer, qu'on serait obligé, à terme, de s'incliner ou de quitter l'Europe. Quand on veut tricher avec l'Europe, autant le faire intelligemment, mais nous non, nous le faisions de la manière la plus officielle, par décret. Bien entendu, moi je multipliais des signes différents.

La veille du premier Conseil des Ministres européen auquel je devais participer, le représentant permanent, Monsieur de la Barre de Nanteuil, m'apporte les dossiers et me dit : « Sur tel dossier, nous voterons comme ça… » C'était la délégation qui préparait tout. Je l'écoute et lui dis : « C'est très intéressant, mais vous verrez bien demain comment je voterai et puis dorénavant, les choses vont se

---

[68] Il s'agit des 110 propositions du candidat François Mitterrand.

passer autrement. C'est moi qui vous expliquerai quelle position nous prenons sur chacun des dossiers. C'est clair ? » Le lendemain, stupeur de la Barre de Nanteuil, lorsque arrive le dossier du passeport européen. C'était le énième tour de table. Je donne l'accord de la France, qui s'y était opposée jusque-là. Là-dessus, on se tourne vers la Grande-Bretagne : « Vous aviez aussi des réserves... » L'Anglais bégaye : « Je ne sais plus trop pourquoi, mais du moment que la France est d'accord, je ne vois pas pourquoi j'irais contre ». Au premier Conseil des Ministres du gouvernement Mauroy, j'observe que la convention européenne des droits de l'homme a été ratifiée par la France, mais que le recours individuel n'est pas autorisé. Cela n'a pas de signification. Je déclare donc que nous allons immédiatement autoriser le recours individuel. Je suis allé signer dans les jours qui ont suivi notre accord sur ce point au Conseil de l'Europe où j'ai été accueilli par le secrétaire général de l'époque, que j'avais bien connu à l'Union interparlementaire, un autrichien, mon ami Karaseck. Tout cela s'est fait, bien entendu, avec l'accord du Président de la République.

ER. *Vous en aviez parlé auparavant ?*

A.C. Pas du tout. Il m'a laissé quand même assez libre de mes mouvements. Cheysson a essayé de m'encadrer et s'est vite aperçu que ce n'était pas possible, car à l'une des premières réunions de travail qui réunissait, avec les fonctionnaires intéressés et mes collaborateurs directs, un représentant de Matignon et un représentant de l'Élysée (ce qui était normal), s'amène un membre de l'équipe Cheysson. Je lui demande : « Vous venez pour quoi ? » Il me répond : « C'est Monsieur Cheysson... » Je le coupe : « Il y a longtemps que je sors sans ma mère ! Vous avez certainement beaucoup de choses à faire. Je pense que vous les ferez certainement beaucoup mieux ailleurs qu'ici. Au revoir. Quand j'aurai besoin de vous, je vous ferai appeler ! » Et cela a été terminé, il n'a pas insisté.

Donc j'ai mené les dossiers sensiblement comme je voulais, tant qu'ils relevaient de ma compétence. Mais la conclusion de certains d'entre eux m'échappait et relevait de Claude Cheysson. C'était un bon négociateur, dont le défaut, qui tenait à la fonction qu'il exerçait auparavant, était de continuer à réagir un peu trop en commissaire. C'est-à-dire de proposer trop tôt une solution possible. Or lorsque vous défendez les intérêts d'un État, la concession que vous avez faite pour proposer un compromis est considérée par les autres comme acquise sans contrepartie. Il ne faut donc pas se découvrir trop tôt. Or il avait gardé ce travers de commissaire, de rechercher le compromis. Mais, si nous avons eu, rarement, des divergences, elles n'ont pas altéré nos rapports.

ER. *Sur le premier Conseil, en dehors du passeport européen, il y a eu ce fameux plan social proposé par la France. Qu'est ce que vous en dites ?*

A.C. Je n'ai jamais cru au Père Noël ! Mais enfin, c'était normal que nous le proposions. Cela a fait un flop, je ne m'attendais pas à ce que cela fasse autre chose, compte tenu de la composition politique du Conseil des Ministres de la Communauté. Les difficultés que j'ai rencontrées, c'était notamment la contribution britannique qui a empêché pendant trois ans l'Europe de fonctionner. Trois ans pour aboutir à un compromis qui nous a coûté très cher. Mais le désir de François Mitterrand et de Pierre Mauroy était de se débarrasser de cette affaire, et je les comprends. Margaret Thatcher était un personnage incroyable : sèche et dure dans les discussions, avec parfois un brin d'humour. C'était un orateur presque populiste, en tout cas redoutable.

76 – Discours prononcé par M. François Mitterrand, président de la République française, devant le Bundestag à l'occasion du 20ᵉ anniversaire du Traité franco-allemand de coopération, Bonn, jeudi 20 janvier 1983

Source : service de presse de la présidence de la République.

Le discours du Bundestag est célèbre parce que François Mitterrand y déclare qu'il appuie le déploiement des missiles américains Pershing 2 face aux SS-20 soviétiques. Il est important aussi par les développements qu'il donne sur la construction européenne. Mars 1983 est le moment du retournement de la politique européenne de la France. Mais dès janvier, Mitterrand choisit l'Europe contre le rêve d'un salut assuré par le socialisme dans un seul pays. François Mitterrand se donne les moyens d'assurer le progrès de l'unité européenne et inaugure une grande politique européenne.

*

Monsieur le Président du Parlement,

Monsieur le Président de la République Fédérale d'Allemagne,

Monsieur le Chancelier,

Mesdames et Messieurs les Parlementaires,

J'exprimerai d'abord l'honneur que je ressens d'être reçu dans cette enceinte, devant les représentants de ce peuple et à l'occasion d'un tel événement. J'en éprouve de la fierté mais aussi de la gratitude devant l'histoire et devant vous.

D'autres ont accompli l'événement que nous célébrons. Il nous reste à continuer, et continuer veut dire : il nous reste à créer les pratiques qui découlent naturellement de la suite des temps.

Qui aurait pu imaginer après tant de combats, oui, qui aurait pu imaginer qu'un jour, dans ce dernier quart du XXᵉ siècle, l'Allemagne et la France se retrouveraient non pas pour célébrer l'anniversaire d'une bataille, d'une trêve ou d'un traité de paix, mais celui de la réconciliation ?

Combien de temps, d'efforts, d'hommes ont été perdus dans ces affrontements, gagnés tantôt par l'un, tantôt par l'autre, victoires toujours éphémères, et qui condamnaient le vainqueur à construire sur le sang, le vaincu à rêver du temps de la revanche, guerres de peuples en mouvement on en quête de leur pré carré, guerres de religion, guerres de seigneurs, guerres fratricides, guerres de masses, guerres civiles...

Il a fallu les malheurs les plus cruels, de barbares dictatures, une France occupée, une Allemagne écartelée, une Europe divisée, dévastée, épuisée, pour que le refus de tels déchirements devint la volonté commune des Européens, oui, mais d'abord celle des Allemands et des Français.

Alors on s'interroge. Pourquoi cette sorte de régularité du malheur, qui avait fini par faire de nos deux peuples, vous l'avez dit M. le Président, comme des ennemis héréditaires, séparés par une haine inscrite dans la conscience populaire profonde ?

Et pourtant, même aux pires moments, il y eut à ces longs désastres un admirable contrepoint : les meilleurs de nos créateurs et de nos artistes ne cessèrent jamais de réagir les uns aux autres, de composer les chapitres d'un dialogue presque unique, tour à tour déchirant, apaisant, toujours déterminant.

Faudrait-il écrire ici le dialogue des ombres ? Le dialogue des morts célèbres, qui marquèrent votre histoire et qui marquèrent la nôtre ? Je ne citerai ici que Victor Hugo parlant en 1842 de l'Allemagne et de la France et qui employait l'expression, je cite « de connexions intimes » même de « consanguinité ». Il ajoutait : « l'union de la France et de l'Allemagne et ce serait la paix du monde ».

L'évocation serait inépuisable, fleuve aux eaux mêlées certes, et qui emportera aux pires moments bien des esprits féconds.

Mais il n'est pas de discipline, il n'est pas de domaine où la création française eut été aussi grande s'il n'y avait eu l'Allemagne, où la création allemande eut été aussi forte s'il n'y avait eu la France.

C'est toute une histoire, celle de l'Europe, qui accompagne les tourments des relations franco-allemandes avec son prodigieux cortège d'inventions et de recherches culturelles, littéraires, spirituelles, artistiques, musicales, linguistiques, architecturales, urbaines, scientifiques, philosophiques, économiques, technologiques. Les siècles ont vu naître et rayonner à partir de l'Europe une immense civilisation, la nôtre, avec son propre génie.

Mesdames et Messieurs les parlementaires, il n'y a pas de fatalité. Et nos peuples le savent bien, eux, qui, aujourd'hui, considèrent que la paix est le bien le plus précieux, après que leurs parents, leurs grands-parents aient si souvent, sur le front, au fond des tranchées, dans la résistance, dans les camps, dans les armées de libération, rêvé du moment où la France et l'Allemagne, dans le respect mutuel, vivraient enfin en bonne entente. De ce rêve est issue la Société des Nations, puis l'Organisation des Nations unies et la postérité retiendra que nos conflits ont engendré des institutions, des mécanismes de défense et de protection de la paix, et que s'il reste beaucoup à faire, au moins nos antagonismes auront-ils fait avancer l'idée d'un monde organisé.

Évoquons un instant la mémoire des disparus, saluons l'œuvre des présents, des vivants, tous ceux à qui nous devons l'Europe et la réconciliation de la France et de l'Allemagne. Ceux qui ont préparé ce traité, dès la fin de la guerre. Ceux qui l'ont signé. Ceux qui l'ont fait vivre par la suite : Présidents, Premiers ministres, Chanceliers, tous les Chanceliers d'Allemagne, grands parlementaires, militaires, hauts fonctionnaires et, autour de tout cela, de puissantes volontés populaires.

Quand ce fut l'heure de Konrad Adenauer, de Jean Monnet, de Robert Schuman, ces hommes qui surgirent au moment où le destin hésite, peut devenir ou néfaste ou propice, quand ce fut l'heure de décider, ces hommes exceptionnels ont su agir. Saluons leur imagination, leur résolution tranquille, l'œuvre qu'ils nous ont léguée.

Et voici qu'après avoir donné le triste exemple de nations voisines qui s'entre-déchiraient, nous pouvons, en cette matinée, célébrer une harmonie qui dure maintenant depuis plus de trente ans, un traité qui a vingt ans, qui peut servir d'exemple partout dans le monde troublé et menacé qui est le nôtre.

J'ai rendu hommage aux morts et aux vivants, à ces vivants que je salue, car il est de ces grands artisans qui sont dans cette salle. Il y a ceux qui n'ont pu venir jusqu'à nous mais qui sont en cet instant sensibles au symbole et aux réalités que représente la réunion du Parlement allemand.

Oui, rendons hommage à ceux qui ont voulu, à ceux qui ont agi, et puisqu'il s'agit du traité de 1963, chez vous, saluons la mémoire du Chancelier Adenauer, chez nous celle du Général de Gaulle. Ils appartenaient aux générations qui s'étaient affrontées dès 1914 et qui avaient, aux noires années de 1939-1945, défendu une certaine idée de la liberté des nations, de la démocratie, de l'indépendance nationale.

Ils ont su donner une forme à la fois solennelle et pratique à la réconciliation que je célèbre ici. Commencée dès 1947, au Congrès européen de La Haye, et qui avait pour objet, je cite le traité lui-même, de « mettre fin à une rivalité séculaire ». Cela constituait un événement historique, je cite toujours : « il transforme profondément les relations entre les deux pays ». Les dispositions du traité du 22 janvier 1963 sur l'organisation et les principes de la coopération ont été conçus entre nos deux pays comme une étape indispensable sur la voie de l'Europe unie. Appuyée sur la conscience de la jeunesse comme sur – je cite encore – « la solidarité qui unit les deux peuples tant du point de vue de la sécurité que du point de vue de leur développement économique et culturel ».

J'évoquerai ces deux points dans un instant, mais comment dresser un bilan alors que tant a été fait depuis lors et que nos économies, nos sociétés sont devenues si utilement imbriquées ? Les échanges commerciaux entre nous le montrent, qui sont, en valeur, les plus importants échanges bilatéraux en Europe, et les troisièmes dans le monde. Nous sommes l'un pour l'autre le premier partenaire commercial.

En matière industrielle, nous avons participé à la réalisation – ou réalisé nous-mêmes – d'Ariane, de l'Airbus, des satellites symphonie de télévision directe, nous avons coopéré dans le nucléaire civil et dans le domaine de l'armement. Coopération économique, mais aussi coopération des élus et coopération culturelle. Plus de 1 300 jumelages ont été établis entre nos villes et nos communes. Plus de cinq millions de jeunes ont participé à des échanges sous l'égide de l'Office franco-allemand pour la jeunesse. 24 % des élèves français étudient l'allemand et 25 % des élèves allemands étudient le français. 2 400 étudiants français sont inscrits dans les universités de votre pays et 2 900 étudiants allemands dans les nôtres. Un centre d'information et de recherche sur l'Allemagne contemporaine vient d'être créé à Paris.

Ce ne sont là que quelques exemples. Nos hauts fonctionnaires, nos hommes d'affaires, nos industriels, nos chercheurs, nos enseignants, nos journalistes se rencontrent souvent. La comparaison, la concertation sont devenues pour nous une seconde nature, un élément fondamental de la marche de nos sociétés.

Pourtant, beaucoup reste à faire. En matière culturelle d'abord, où nous pourrions redevenir beaucoup plus ambitieux et en matière, surtout, de coopération scientifique, technologique, industrielle. Tels sont les objectifs assignés pour les années à venir à notre coopération.

Forts de l'œuvre accomplie et de notre volonté de la poursuivre, nous devons envisager ensemble :

– comment se pose aujourd'hui le problème de notre sécurité et comment peut s'exprimer notre solidarité ?

– comment, enfin, nous pouvons tracer à la communauté des perspectives d'avenir ?

Mesdames et Messieurs les parlementaires, l'état du monde place au premier plan, pour tout responsable, la question de la sécurité et donc celle de la défense. Notre appartenance à une même alliance – je le répète à une même alliance – notre proximité géographique, les obligations que nous avons contractées notamment par le traité de 1963, me conduisait à examiner devant vous les formes que peut prendre notre solidarité dans les conditions présentes des rapports de forces mondiaux. Bien entendu, je m'exprime au nom de la France. Je vous dis, je suis venu vous dire ce que je veux, ce que pense la France, et je n'entends pas me substituer à vous. Encore faut-il que vous sachiez ce que nous sommes, lorsque vous souhaitez vous-mêmes définir ce que vous entendez être.

Après les controverses passionnées de l'après-guerre sur l'organisation de la sécurité et de la défense en Europe, le traité de l'Élysée a défini des dispositions très précises dont je rappelle les principales :

– Rapprochement des doctrines militaires en vue d'aboutir à des conceptions communes. C'est dans le texte, ce n'est pas d'aujourd'hui.

– Réunions régulières des Ministres de la Défense tous les trois mois, des Chefs d'État-major tous les deux mois.

– Échanges de personnels entre les armées des deux pays.

– Coopération en matière d'armement dès le stade d'élaboration des projets.

– Coopération dans le domaine de la défense civile.

La simple énumération de ces engagements, comparée à la réalité de ce qui a été mis en œuvre, montre qu'il reste encore du chemin pour les honorer pleinement.

De fait, après la signature du traité, s'est ouverte une période dans les relations internationales, et notamment dans les relations Est-Ouest, qui a conduit nos deux pays à décider des choix nouveaux l'indépendance stratégique pour la France, les traités avec les pays de l'Est pour la République Fédérale d'Allemagne. Ces choix n'étaient pas antinomiques. Loin de là, mais ils auraient pu comporter, si les responsables de l'époque n'y avaient veillé intelligemment, heureusement, mais ils auraient pu comporter des risques pour la coopération franco-allemande. Ils ont au contraire suscité des consultations intensives. Et, dans le respect de chacun, la concertation diplomatique comme la coopération en matière d'armement ont atteint entre nos deux pays une ampleur sans précédent. Vingt années durant, nous avons appris à travailler ensemble, en vue d'une commune sécurité.

Pendant ce temps, en dépit de tensions multiples, la paix a régné entre les deux plus grandes puissances et leur dialogue a été presque constant, mais l'équilibre entre elles ne s'est jamais vraiment fixé, chacune dépassant l'autre à son tour et ces derniers temps, cette situation s'est dégradée. Deux exemples suffisent à le rappeler : l'occupation de l'Afghanistan, les événements de Pologne.

De son côté, l'Europe a vu la quantité et le niveau des armements implantés sur son sol ou pointés vers elle s'élever. La supériorité conventionnelle soviétique et l'implantation, déjà ancienne, de missiles nucléaires à moyenne portée avaient entraîné le perfectionnement d'avions américains stationnés en Europe, appelés pour cette raison « systèmes avancés ». L'Union soviétique en a pris argument pour installer de nouveaux missiles mobiles à trois têtes, avec 5 000 km de portée et une précision accrue. 5 000 km de portée, assez pour atteindre l'Europe, pas assez pour atteindre le continent américain.

Les pays membres du commandement militaire intégré de l'OTAN ont alors répondu par ce que l'on appelle communément la « double décision » qui prévoyait d'entamer une négociation sur les armes nucléaires à moyenne portée sur le continent européen, négociation dont dépendra le niveau de déploiement des nouveaux missiles américains à partir de décembre 1983. Je rappelle ces faits, vous les connaissez, mais nous nous adressons à nos peuples et il convient de connaître le cheminement de ces actes pour tenter d'approcher les solutions d'aujourd'hui.

Mesdames et Messieurs, nos peuples haïssent la guerre, ils en ont trop souffert et les autres peuples d'Europe avec eux. Une idée simple gouverne la pensée de la France : il faut que la guerre demeure impossible et que ceux qui y songeraient en soient dissuadés.

Notre analyse et notre conviction, celle de la France, sont que l'arme nucléaire, instrument de cette dissuasion, qu'on le souhaite ou qu'on le déplore, demeure la garantie de la paix, dès lors qu'il existe l'équilibre des forces. Seul cet équilibre, au demeurant, peut conduire à de bonnes relations avec les pays de l'Est, nos voisins et partenaires historiques. Il a été la base saine de ce que l'on a appelé la détente. Il vous a permis de mettre en œuvre votre « Ost-Politik ». Il a rendu possible les accords d'Helsinki.

Mais le maintien de cet équilibre implique à mes yeux que des régions entières d'Europe ne soient pas dépourvues de parade face à des armes nucléaires spécifiquement dirigées contre elles. Quiconque ferait le pari sur le « découplage » entre le continent européen et le continent américain mettrait, selon nous, en cause l'équilibre des forces et donc le maintien de la paix. Je pense, et je le dis, que le « découplage » est en soi dangereux, et je souhaite ardemment que les négociations de Genève permettent d'écarter un danger qui pèse singulièrement sur les partenaires européens non détenteurs de l'arme nucléaire.

C'est pourquoi la détermination commune des membres de l'Alliance Atlantique et leur solidarité doivent être clairement confirmées pour que la négociation aboutisse – aboutisse. Condition nécessaire à la non-installation des armes prévues par la « double décision » de décembre 1979.

Ce que nous voulons d'abord, mais vous aussi, c'est la paix. La paix n'est possible que par la négociation. Il dépend de ceux qui négocient de préparer les chemins de l'harmonie indispensable. Il suffit que l'un des partenaires, quand ils ne sont pas deux, s'y refuse pour que l'accord ne puisse se faire. Il faut donc que demeurent les conditions de l'équilibre nécessaire dans l'assurance, pour les peuples intéressés, qu'ils ne seront pas sous le poids d'une éventuelle domination extérieure.

De cette solidarité, la France est, croyez-moi, consciente lorsqu'elle maintient en République Fédérale d'Allemagne une part importante de la première armée française dont elle étudie précisément l'accroissement de la mobilité et de la puissance de feu. Et, à Berlin en particulier, la France confirme qu'elle assume et assumera toutes ses responsabilités.

Ainsi concevons-nous la défense de notre territoire et de nos intérêts vitaux, tout en nous affirmant le partenaire loyal de l'Alliance Atlantique et l'ami fidèle, connaissant ses obligations, de la République Fédérale d'Allemagne.

Mais que l'on me comprenne bien, et c'est là l'expression de nos situations différentes qui découlent de l'histoire, dont nous ne sommes pas les auteurs. La France, qui ne participe pas et ne participera pas aux discussions de Genève, entend laisser les négociateurs libres de leur conduite. À chacun de discerner ce qu'il y a de bon ou d'insuffisant dans les dernières propositions émises. Intéressée comme vous-mêmes par l'aboutissement des négociations, la France se réfère pour en juger à quelques données simples que je me permettrai de rappeler ici brièvement. *Primo*, on ne peut comparer que ce qui est comparable : types d'armements, puissance de feu, précision, portée. *Secundo*, entre deux pays qui ont la possibilité de se détruire, si j'ose dire, plusieurs fois, ce qui est le cas des États-Unis d'Amérique et de l'Union soviétique, des pays comme le mien, dont la possibilité majeure est d'interdire à un agresseur éventuel d'espérer tirer avantage d'une guerre, la marge est immense : il y a une différence de nature... J'exprimerai cela plus concrètement en disant que si l'une des deux plus grandes puissances détruisait tous ces missiles à moyenne portée, il lui resterait encore des milliers de fusées, alors que la France y perdrait un élément déterminant de sa capacité dissuasive, et donc la garantie de sa sécurité qui n'existerait plus au-dessous d'un certain seuil. *Tertio*, la force nucléaire française est et demeurera indépendante.

Cette indépendance, avec tout ce qui en découle, n'est pas seulement un principe essentiel de notre souveraineté – c'est sur le Président de la République française, et sur lui seul, que repose la responsabilité de la décision – elle accroît également, je vous demande d'y réfléchir, elle accroît également l'incertitude pour un agresseur éventuel et seulement pour lui. Elle rend du coup plus effective la dissuasion et par-là même, je le répète, l'impossibilité de la guerre.

C'est pour ces raisons précises et sérieuses que j'affirme que les forces françaises ne peuvent être prises en compte dans les négociations de Genève par les deux puissances surarmées. Je veux dire que l'on se retourne vers la France – comme on l'a fait à l'égard de la Grande-Bretagne et c'est à elle de se décider – pour confondre ce qui ne peut être confondu. Nous n'avons pas à être pris en compte par les deux puissances surarmées et, selon nous, tout arrangement qui se fonderait sur un calcul de ce type serait résolument écarté par mon pays... J'ajoute qu'il serait finalement préjudiciable à la paix en Europe. Les 38 ans de paix que nous avons connus en Europe sont dus – faut-il dire heureusement, malheureusement – à la dissuasion. Certes, il est très regrettable qu'ils ne soient dus qu'à cela, l'équilibre de la terreur. Imaginez le point où en est parvenue l'humanité. Il est regrettable, je le répète, qu'ils ne soient dus qu'à cela et non pas à une forme plus rationnelle et plus satisfaisante d'organisation collective de la sécurité, qui demeure naturellement désirable ! Mais tant qu'il en sera ainsi, tant que ne prévaudra pas l'organisation de la sécurité collective, comment pourrions-nous nous priver de ce moyen de prévenir un conflit ?

Cela passe par un effort militaire dans notre pays, que les Françaises et les Français comprennent, je le crois, et soutiennent et qui sera poursuivi. Personne ne peut douter sur ce point de la détermination du Président de la République française. La loi-programme militaire pour les années 1984-1988 qui sera examinée par notre parlement au cours de ce semestre traduira cette volonté dans des termes opérationnels.

Qui ne voit les conséquences positives de cet effort sur la paix en Europe ? C'est dans cet esprit que nous avons récemment donné vie à cette partie du traité de l'Élysée qui était restée jusqu'ici lettre morte. En tenant compte bien sûr de la différence de nos situations. Nous avons la volonté et l'ambition, en ce domaine comme dans les autres, de nous écouter, allemands, français, de nous consulter – rien de ce qui touche à la vie et à la sécurité de l'Allemagne ne peut être traité sans elle – de nous écouter, de nous consulter et de nous comprendre.

Et d'autre part, le rétablissement d'une plus grande confiance, au-delà du couple franco-allemand, doit être recherché en Europe. La conférence actuelle de Madrid par exemple, en dépit des déceptions qu'elle a jusqu'ici causées, aboutira, je l'espère, à cette conférence pour le désarmement en Europe, qui couvrira l'ensemble de ce continent de l'Atlantique à l'Oural, comme le principe en a déjà été accepté par l'Union soviétique, permettez-moi de le rappeler.

Dépassant ce problème qui reste cependant au centre de nos préoccupations, je consacrerai la troisième et dernière partie de cet exposé à l'examen de la situation de la Communauté européenne dont on sait bien que l'Allemagne et la France sont des artisans déterminants.

La Communauté a réussi, depuis 1958, à progresser dans la voie choisie par les traités. Sans l'amitié et la coopération entre nos deux pays, rien n'eut été possible. Et si l'on se retourne sur les vingt années écoulées et même davantage, le chemin parcouru impressionne, en dépit des difficultés rencontrées. Et cependant voici que nous nous enfonçons dans le sombre inconnu de la crise.

Les instituts spécialisés annoncent 35 millions de chômeurs en 1984 dans les pays industrialisés. Plus de 11 millions hantent déjà les 10 pays de notre communauté. Un très grand nombre sont des jeunes à qui, après des années d'études et de formation, nous n'offrons comme ouverture sur la vie active que le recours à l'assistance de la collectivité nationale.

Chacun, dans ces conditions, risque de se recroqueviller, de se cramponner à ses fragiles avantages. Nos sociétés sont menacées d'éparpillement et de fractures, et nous devons nous souvenir des processus de désagrégation que nos pays ont connus durant les années 1930.

Et tandis que nos entreprises sont exposées à une concurrence impitoyable, tandis que nos travailleurs actifs vivent dans l'angoisse du chômage, tandis que nos concitoyens s'interrogent sur leur avenir et sur celui de leurs enfants, l'Europe, Mesdames et Messieurs, l'Europe s'occupe de sa querelle budgétaire.

En réalité, au cœur de la crise qui n'affecte pas seulement l'Europe – il est presque banal de le redire – se situe la mutation technologique.

Je constate que dans de nombreux secteurs d'avenir, les Européens ont pris un grand retard parce qu'ils ont dispersé leurs efforts de recherche, parce qu'ils ont multiplié leurs investissements qui font double emploi. L'exemple même du Japon montre qu'il n'y a pas de retard irréversible, à condition d'accomplir tout l'effort nécessaire, effort d'autant plus important que le retard est plus grand. Il n'y a pas là non plus, Mesdames et Messieurs, de fatalité et surtout pas de fatalité dans la décadence de l'Europe. L'Europe qui devrait alors se résigner à voir émerger de nouveaux soleils économiques à l'Ouest et à l'Est du Pacifique. L'Europe, abandonnant son histoire et sa terre, baissant les bras, absente, oubliée et perdant au fil des temps la démographie et la population nécessaires pour figurer sur la scène des nations. Oui, je le répète, L'Europe peut s'engager dans une renaissance industrielle à condition qu'elle le veuille. Et nos peuples, je le crois, attendent que nous réagissions contre l'évolution présente. Et s'ils ne l'attendaient pas, notre devoir serait alors de les entraîner vers l'avenir que nous souhaitons.

Mais comment se ressaisir sans posséder une dimension suffisante ? Une voix assez forte ? Pour moi, pour nous, cette dimension, c'est la dimension européenne. Tournons le dos à des comportements qui enfoncent l'Europe dans de stériles querelles de famille. Il ne s'agit pas d'oublier les légitimes intérêts de chacun, les concurrences, mais de les transcender dans le dynamisme retrouvé de la construction européenne.

En définitive, comme toutes les idées fortes, la communauté repose sur deux principes très évidents la cohésion interne, et l'identité commune vis-à-vis de l'extérieur. Sans cohésion européenne, il n'y a plus que des États isolés. Sans identité externe, nous disparaissons dans une vague zone de libre-échange.

Pour que la communauté existe, je pense que quatre principes devraient nous guider. Appliqués, ils seront la base de notre réussite : l'unité du marché, la préférence communautaire, le développement des politiques communes, la solidarité, et précisons que ces principes ne vont pas l'un sans l'autre.

Ainsi l'unité du marché stimulera la concurrence et les initiatives. Les entreprises européennes auront comme base un grand marché intérieur à partir duquel elles pourront consolider ou améliorer leurs positions dans le monde. Et comment imaginer qu'elles puissent le faire sans que la communauté en tant que telle ne se fixe quelques objectifs essentiels pour son sursaut industriel et décide d'y affecter les moyens nécessaires faciliter le rapprochement entre firmes, mener des actions communes dans les domaines fondamentaux de la recherche et de la formation. Ainsi jouera la préférence communautaire, qui n'est pas pour nous synonyme de protectionnisme, mais tout simplement la condition d'existence d'une vraie communauté.

Ne nous laissons pas impressionner par des critiques injustifiées ou des pressions inadmissibles. La Communauté Économique Européenne est actuellement l'ensemble le plus ouvert du commerce mondial et la principale puissance commerciale. À ce titre, permettez-moi de vous expliquer ma pensée : elle doit reprendre l'offensive, non seulement pour défendre ses justes intérêts, mais aussi pour proposer des bases durables d'une relance du commerce mondial. Autrement dit, il ne peut y avoir de communauté ni d'action européenne sans l'affirmation d'une politique commerciale commune projetée également vers le Tiers monde.

Ainsi du développement des politiques communes. On réussira, je le pense, en consolidant et en rationalisant la seule politique commune qui existe véritablement, je veux dire la politique agricole. Je veux dire par-là que si l'on veut faire l'Europe, il ne faut pas commencer par supprimer ce qui existe. Il vaudrait mieux peut-être ajouter ce que nous saurons créer, quand il le faudra.

C'est vrai que l'Europe a pris, dans le domaine rural, avec une appréciation différente, selon que l'on est un grand ou un modeste, une dimension, en tout cas c'est une donnée objective, une dimension comparable à celle du marché américain. Comme les États-Unis mais à un moindre coût et dans un moindre interventionnisme – elle veille sur ses producteurs agricoles, elle leur donne l'assurance que l'agriculture fait partie de l'avenir de nos peuples et de nos civilisations. Je crois que cela est juste pour les agriculteurs. C'est en tout cas souhaitable pour nos pays. On ne me démentira pas, je l'espère, dans une assemblée où figurent beaucoup d'élus des zones rurales.

Ces règles, Mesdames et Messieurs, doivent s'appliquer à tous nos producteurs. D'où la nécessité du rééquilibrage entre agriculteurs du Nord et du Sud et la nécessité de garantir des productions encore délaissées et qui ne peuvent être abandonnées à tous les hasards de la nature.

Elles doivent prendre leur place dans le cadre mondial : sur la politique agricole extérieure, européenne, une capacité de contractualisation et de prévision à long terme s'impose. Je crois savoir que nos partenaires mondiaux ne s'y trompent pas.

Il en va ainsi de la dimension industrielle. Et à cette fin, il faudrait encourager les coopérations entre les grandes firmes de nos pays et les autres, particulièrement dans les secteurs d'avenir. Le marché européen deviendrait-il le champ clos de la concurrence entre les marques américaines et japonaises luttant par filiales européennes interposées ? La préférence communautaire, qui a été un des fondements de l'Europe commerciale et de l'Europe agricole, contribuera, j'en suis sûr, à préparer la nouvelle Europe industrielle que j'appelle de mes vœux.

Quant à la cohésion monétaire et financière, oui, il convient de la renforcer. Elle apportera plus de stabilité et de sécurité à ceux qui entreprendront de grands projets d'investissements, à un moment où les perspectives mondiales sont si peu encourageantes. Le système monétaire européen, doit et peut être préservé et amplifié. Il serait bon aussi de le relier à un système plus général comme ce fut le cas des années d'après-guerre, jusqu'en 1971. Enfin, l'Europe a désormais la faculté d'emprunter sur les marchés financiers internationaux, de consacrer les sommes obtenues au soutien des investissements productifs des entreprises grandes et petites, à l'édification des infrastructures modernes de transport et de communication. Renforçons, Mesdames et Messieurs, le nouvel instrument communautaire et consacrons-le plus particulièrement aux projets propres aux pays de la communauté.

Enfin, la solidarité, et d'abord la solidarité financière.

En période de crise, dans une phase de non-croissance, ou de croissance faible, la solution des problèmes financiers et budgétaires devient naturellement plus difficile pour chacun. Ce n'est pas une raison suffisante pour que la notion de juste retour envahisse progressivement tous les débats européens. Les avantages et les coûts, pour chacun, de son appartenance à la communauté se ramènent-ils à un seul calcul budgétaire ? De nouvelles règles du jeu doivent-elles être élaborées ? Je le crois, oui, à la condition qu'elles tiennent compte aussi bien de tout ce qu'apporte la communauté et de tout de que pourrait apporter une relance de l'action communautaire. C'est à la lumière de ce nouvel état d'esprit qu'il conviendra d'examiner aussi bien les dépenses régionales et sociales que les dépenses agricoles. Et j'estime qu'il faut tenir le plus grand compte des possibilités de chacun. Des débats importants et utiles et féconds m'ont permis dans l'année passée d'entretenir avec les dirigeants allemands une discussion, toujours restée amicale, et dont nous tirerons, je l'espère, le meilleur. C'est à la lumière de ce nouvel état d'esprit que nous mènerons les actions budgétaires par le recours notablement accru aux actions financières : prêts, bonifications d'intérêts, agences de développement, actions communes en matière énergétique et industrielle.

J'en aurai bientôt fini, mais je ne peux me trouver devant le Parlement allemand sans traiter au fond les institutions, les pratiques et les politiques qui nous voient unir nos efforts et bâtir les fondements de l'avenir. Car au-delà de la solidarité financière, il y a la solidarité des hommes et des peuples. La participation de la communauté est indispensable dans la lutte contre la misère, contre les souffrances des individus, des familles, des régions. Reconnaissons que ni le Fonds social européen, ni le Fonds régional ne constituent actuellement des moyens appropriés. Qu'ils sont devenus de simples canaux de redistribution budgétaire à quelques gouvernements et qu'il faut les réviser et mettre leurs disponibilités au service de grands et clairs desseins, intéressant les jeunes, mobilisant les ressources.

Qu'on me permette d'ajouter que l'Europe m'apparaît trop souvent comme exclusivement marchande et qu'elle devrait s'appliquer davantage à la dimension sociale que supposerait un large espace européen. Il est intéressant que les discussions engagées, sur un mode tripartite, donc avec le concours des syndicats ouvriers, se poursuivent et même qu'elles aient été relancées au cours de ces derniers mois sur la durée du travail, sur les droits des travailleurs dans l'entreprise, que sais-je encore, en bref, sur les thèmes où nous devons harmoniser les pratiques pour les rendre significatives, sans entraver la libre circulation des produits.

La première priorité est donc un programme de lutte contre le chômage qui gangrène nos sociétés. L'Europe n'a pas d'avenir, Mesdames et Messieurs, si la jeunesse n'a pas d'espoir.

Une Europe forte et qui reprendra confiance en elle-même conservera le rayonnement qu'elle a dans le monde et particulièrement – sans jeu de mots – dans le Tiers monde. Je reviens – c'était hier – d'un voyage en Afrique – où j'ai ressenti l'impact dramatique de la crise internationale sur les plus démunis. Mais j'ai pu constater aussi à quel point la coopération franco-allemande s'accomplissait dans l'harmonie et la compréhension, à quel point nous étions devenus deux des pays, les deux pays vers lesquels se tournaient les regards et l'espérance. J'ai ressenti aussi l'impact dramatique de la crise et j'ai constaté l'espoir – oui, je le répète l'espoir – placé dans des relations équilibrées dont les accords de Lomé, que nous allons bientôt renouveler, sont l'éclatant témoignage.

Et si l'Europe est forte, comment ne songerait-elle pas cette Europe, sur tous les plans, à être un jour indépendante des menaces extérieures et à s'assumer elle-même. Si l'Europe est forte, elle saura accueillir comme il convient les jeunes démocraties de la Méditerranée qui aspirent à unir leur avenir économique et politique à la Communauté des Dix.

Espagnols et Portugais ne frappent pas à notre porte pour être admis à assister à d'interminables disputes de comptables ou pour constater tristement que l'agriculture du Sud est en difficulté, ils le savent déjà. Ils attendent que nous nous écartions de ces obstacles et de quelques autres. Voyant l'Europe de l'extérieur, ils en attendent tout ce qu'elle peut offrir comme possibilités industrielles, monétaires, sociales, politiques mêmes. C'est une raison de plus pour que la France, je vous le dis comme je le pense, souhaite leur entrée dans la communauté dans la conscience claire des obligations réciproques.

Et si l'Europe est forte, elle convaincra les États-Unis d'Amérique et le Japon, comme elle l'a tenté au Sommet de Versailles, de la nécessité de reconstruire un ordre monétaire international et de ne pas laisser à la main invisible d'un marché qui a souvent cessé d'être libre sans le dire, l'entière responsabilité de déterminer notre avenir commun.

Oui, si l'Europe est forte, elle multipliera les relations économiques mutuellement profitables avec les pays de l'Europe de l'Est.

Amis Allemands, en cette année fatidique, recherchons ensemble, et pour long-temps, comme naguère, les chemins de l'équilibre, du développement et de la paix.

La paix. J'y reviens pour conclure. Il ne sert à rien hélas de l'invoquer comme une puissance invisible, il faut la construire, la reconstruire chaque jour, la consolider, la garantir. Il y faut du sang-froid et de la volonté. Écartons donc les faux-semblants – et là je m'adresse bien au-delà de cette assemblée qui, au contraire, est l'une de celles, l'un des endroits du monde et de l'Europe où l'on sait qu'une volonté existe, une volonté commune – écartons donc les faux-semblants. Sachons ce que nous voulons, une Allemagne et une France fortes, prospères, libres, assurées, solidaires, maîtresses autant qu'il est, qu'il sera possible de leurs destins, dans une Europe qui n'est pas celle des règlements et des frontières, dont le passé est incomparable et dont l'avenir dépend beaucoup de nous.

Comment vous dire, après avoir vécu ce moment pour moi-même, premier responsable de la politique française, tenant d'une longue histoire et m'adressant aux représentants du grand peuple allemand, comment vous dire, ce qui est hors des paroles, tout au-dedans de moi et qu'il faut pourtant essayer d'exprimer ? Je m'adresse par vos personnes, au-delà d'elles, à tout votre peuple, ce grand peuple, noble et courageux que nous Français nous avons appris à connaître, et je le dis, même si ces termes paraissent désuets, et le connaissant, à aimer.

Né pendant une guerre, combattant dans une autre – je ne suis pas le seul ici – j'ai vu la somme de souffrances entraînées par nos luttes. À peine sorti de ces affron-tements, j'ai choisi de travailler comme tant d'autres, après d'autres à l'amitié de nos deux peuples. J'étais, Mesdames et Messieurs, présent dans ma jeunesse, au sortir de la guerre dont j'avais, comme tant d'autres encore une fois, supporté dans ma vie personnelle, familiale, nationale, les épreuves les plus ardues.

J'étais présent au premier Congrès européen, le congrès de l'espoir que j'évo-quais il y a un instant – le Congrès de La Haye – dès 1947, deux ans après la fin du drame. Oui j'ai choisi de travailler à l'amitié de nos deux peuples.

C'est-à-dire à quel point je vis ce que je dis, à quel point je ressens ce que j'exprime devant le Parlement allemand. Tout ce qui s'est déroulé depuis lors, 33, 36 ans, tout me confirme dans ce choix. Je ne l'ai jamais regretté. J'ai exercé mon esprit critique en chemin sur telle ou telle disposition. J'ai toujours respecté les dirigeants choisis par le peuple allemand, qui ont été à l'égard de la France, l'un après l'autre et tous ensemble, en dépit de leurs divergences intérieures, des amis fidèles, de grands organisateurs, des constructeurs de notre entente et de la paix.

Non, jamais je n'ai regretté ce choix. Mais j'agissais en tant que citoyen, en tant qu'individu. J'agis aujourd'hui en qualité de Président de la République fran-çaise. Cela prend tout son sens si je dis que non seulement je n'ai pas regretté ce choix de mes jeunes années, mais que j'entends le faire aboutir là où resterait encore – et j'en ai dessiné le champ – à construire.

Pour avoir vécu dans une France occupée, je ressens au fond de moi-même ce que peuvent éprouver les Allemands séparés. Pour avoir connu une Europe dévastée, je ressens ce que peuvent éprouver les peuples dispersés. Je pense qu'aucune réponse ne sera donnée à toutes ces questions, hors d'une seule : ce n'est pas en allant dans le sens de la division, du chacun pour soi, du nationalisme qui s'exacerbe facilement, de l'isolement ou de la méconnaissance que nous trouverons les voies qui seront profitables aux peuples que nous représentons. C'est dans l'unité, la communauté, l'amitié et la compréhension.

Était-il meilleure occasion que le 20ᵉ anniversaire du Traité franco-allemand de l'Élysée, pour le dire à cette assemblée, par vos soins, Mesdames et Messieurs, au peuple allemand ?

77 – Mémorandum français du 12 juin 1985

Source : service de presse, présidence de la République.

Ce mémorandum français reflète la politique de François Mitterrand en matière européenne, politique d'innovation et de relance depuis Fontainebleau en juin 1984. Il est prévu de le présenter au Conseil européen de Milan des 28 et 29 juin 1985. Un certain nombre de mesures proposées ici ont été, en effet, reprises par le Conseil européen. La relance européenne de 1984-85 renoue avec la grande politique française en matière de construction européenne inaugurée par Schuman en 1950, poursuivie par Mollet en 1957, puis par Pompidou en 1969 et Giscard d'Estaing en 1974.

*

Pour un progrès de la construction de l'Europe

L'Europe, en dépit des obstacles qu'elle trouve en elle-même ou qui lui viennent de l'extérieur, l'Europe avance.

Les contentieux qui freinaient depuis des années ses progrès ont été réglés l'an dernier à Fontainebleau. L'élargissement à l'Espagne et au Portugal, si longtemps attendu, a été signé ce 12 juin après l'entente réalisée à Dublin et Bruxelles.

La déclaration de Stuttgart, adoptée en 1983, ouvre la voie au projet d'Union européenne. Les rapports des deux comités issus des travaux de Fontainebleau, l'un sur les institutions, les procédures, les usages et le devenir de la Communauté, l'autre sur l'Europe des citoyens, sont prêts. Le rendez-vous de Milan fixé pour leur examen aura lieu dans les délais prévus.

À tour de rôle les présidents du Conseil européen et les présidents de la Commission ont su dépasser les contradictions du moment. Enfin, le Parlement, par sa volonté politique et par sa vigilance, a contribué à tenir le cap.

Et pourtant, on a pu redouter que la grande espérance des années 1950 ne fut brisée. Les intérêts nationaux discordants, la tentation du « juste retour », l'orientation traditionnelle des courants commerciaux, la diversité des politiques étrangers et de défense, tout cela et d'autres choses encore a suscité le doute au point que trop de temps perdu a laissé le champ libre aux puissances qui dominent le monde. C'est pourquoi, il convient de saisir l'occasion du Sommet de Milan pour décider une nouvelle étape dans la construction de l'Europe unie dont nos peuples ont besoin.

À cet égard, les contributions fournies par plusieurs pays des Dix et par la Commission dessinent des perspectives qui nous semblent, pour l'essentiel, conformes à nos vues.

La France souhaite que ces perspectives s'organisent autour de quatre thèmes : l'Europe de la technologie à bâtir, l'Europe des citoyens à hâter, l'Europe économique et sociale à parfaire, l'Union européenne à fonder comme première esquisse d'une entité politique majeure que certains d'entre nous appellent de leurs vœux.

Nous vous communiquons sur ces sujets les propositions de la France.

I – L'Europe de la technologie.

Soumise à la compétition scientifique, technologique, industrielle, commerciale, culturelle, en un mot politique que se livrent entre eux les pays qui la composent et a la pression de ses principaux concurrents, l'Europe doit prendre conscience de cette réalité : selon les réponses qu'elle apportera aux questions que lui posent la rigueur des temps et l'état du monde ou bien elle resserrera son union, ou bien elle se dissoudra. Telle est du moins notre conviction.

Or, sur le plan technologique, des nombreuses données permettent, à l'heure présente, d'être optimistes puisqu'un large consensus se dégage sur la nécessite d'une stratégie commune et sur la valorisation du potentiel scientifique et industriel de la Communauté.

Déjà réalisés ou décidés Ariane, Esprit, Brite, Airbus, le « programme biotechnologie », Jet montrent les avantages de la coopération là où l'on a réuni les moyens humains et financiers, condition du succès.

À coté de ces actions, toutes remarquables par leurs résultats, la France a proposé que fut lancé, par les industriels des pays européens, un projet de grande ampleur baptise Eurêka et regroupant leurs efforts dans des secteurs essentiels pour la maîtrise du futur : grands calculateurs, génie logiciel, intelligence artificielle, composants électroniques, optronique, robotique de la troisième génération, usines automatisées, lasers d'assemblage et d'usinage, matériaux nouveaux, réseaux de communication, technologies du vivant. Ce projet reste bien entendu, ouvert à toute suggestion. Il ne s'enferme dans aucune structure préétablie. Il appartient désormais à l'Europe, et donc aux partenaires qui le décideront d'y prendre part.

Déjà de nombreux pays, membres ou non de la Communauté, ont approuve cette initiative et s'apprêtent à la soutenir. Des industriels y travaillent.

Parallèlement, afin de soutenir et d'accompagner Eurêka, on encouragera ou créera : l'Université de l'Europe et ses antennes dans chacun des pays de la Communauté ou les jeunes seront formes, parmi d'autres disciplines, aux technologies du futur.

Une académie européenne des Sciences et de la Technologie ou seront confrontés et consacrés les résultats scientifiques.

L'harmonisation des diplômes pour favoriser les échanges universitaires et de chercheurs.

II – L'Europe économique et sociale

1 – Le marché intérieur

Chacun reconnaît que la constitution d'ici à 1992 d'un marché unifié et de dimension continentale est un objectif prioritaire de la Communauté. L'achèvement du marché intérieur affirmera l'identité de l'Europe dans les relations commerciales internationales et donnera aux entreprises européennes les moyens d'affronter à armes égales la concurrence mondiale. Aussi le Conseil européen devrait-il, à notre sens, retenir les orientations de la Commission et inviter celle-ci à lui présenter au plus tôt des propositions sur l'abolition des barrières physiques à la libre circulation.

La suppression des barrières techniques dues à la disparité des législations sur les normes européennes, des procédures d'achats publics, des réglementations sur les services, des mouvements des capitaux et de la concurrence, du droit des sociétés, du cadre juridique de la coopération entre entreprises et de la propriété intellectuelle, etc.

La levée de barrières fiscales par le rapprochement de certains éléments de la fiscalité indirecte et de la fiscalité des sociétés.

2 – Le système monétaire européen

La France estime que le renforcement du SME, base de l'intégration économique et financière de l'Europe et zone de stabilité dans le système monétaire international est indispensable à la réalisation du marché intérieur unifié, ainsi que le souligne la Commission dans le *Livre blanc* transmis au Conseil. Nous connaissons les objections de droit ou d'opportunité opposée par les uns ou les autres à cette démarche. Mais la France n'en rappelle pas moins le lien évident qui existe entre l'union économique et l'union monétaire.

Il serait sage que le Conseil demandât aux ministres de l'économie et des finances et aux Gouverneurs des Banques Centrales de lui présenter des mesures propres à développer le rôle de l'ECU comme avoir de réserve externe. Le rôle du Fonds Européen de Coopération monétaire, dont la vocation demeure d'être transformé à terme en un Fonds Monétaire Européen, en serait rehaussé. L'Europe, qui attend des États-Unis d'Amérique et du Japon qu'ils aillent vers un système monétaire ordonné, montrerait par-là qu'elle est elle-même capable de défendre chez elle ses propres intérêts.

3 – Les grandes infrastructures européennes

Nous recommandons que la Commission soumette au plus tôt les plans d'infrastructure européenne qui lui ont été confiés.

Parlant de ce qu'elle connaît, la France estime qu'un réseau de trains a grande vitesse et d'abord la liaison Paris-Bruxelles-Cologne-Amsterdam ainsi que la liaison transmanche et sa connexion aux grands réseaux européens, sont parfaitement réalisables. Des industriels européens, réunis à ce sujet, ont émis des propositions constructives. D'autres initiatives utiles à d'autres régions de l'Europe pourront être, de la même façon, étudiées et, le cas échéant, mises en œuvre.

4 – L'espace social européen

L'unification du marché intérieur commande la plus grande homogénéité de l'espace social européen.

On se souvient que la France, dès octobre 1981, en a saisi le Conseil de Luxembourg, plaçant l'emploi et la protection sociale au cœur des politiques communes. La Communauté a confirme ces priorités en 1984. Pour en tenir compte, il conviendra :

– de déterminer les réglementations qui rapprocheront les systèmes de protection sociale,

– d'aménager la consultation systématique des partenaires sociaux,

– de préparer la concertation qui débattra des éléments à réunir pour qu'ils s'insèrent dans les conventions collectives, par branches d'activité, en particulier celles qui obéissent à des disciplines communautaires (sidérurgie, textile, etc.).

Dans l'immédiat, le Conseil européen pourrait convenir d'un plan spécial d'action pour les jeunes : il s'agirait de fournir à tous les jeunes Européens, pendant les trois années suivant la vie de la scolarité obligatoire ou du service militaire, soit une formation professionnelle adaptée, soit une activité rémunérée. Ce programme, garantissant la mobilité des jeunes entre les États membres, serait financé concurremment par les organismes nationaux compétents et la Communauté. Les régions qui le souhaiteraient pourraient participer en tant que telles a ce programme On ne saurait trop insister sur ce dernier point.

Enfin, les dispositions et orientations communes qui seront arrêtées devront prendre en compte la situation particulière des travailleurs immigrés provenant de pays extérieurs à la Communauté.

III – L'Europe des citoyens

Sur l'Europe des citoyens, nécessité vivement ressentie par tous, le Comité Adonnino a présenté un ensemble de suggestions utiles. Rappelons également le travail accompli par le Conseil de l'Europe à l'échelle de notre continent, dans les domaines de l'éducation, de la culture, des problèmes de société. C'est dire que les mesures que nous adopterons à Milan dans ce domaine devront connaître, le moment venu, un prolongement au-delà des limites de l'Europe des Dix et bientôt des Douze.

Pour son avenir, l'Europe ne saurait demeurer sans risque une construction abstraite ignorée de la majorité de nos concitoyens. Elle n'existera que le jour ou elle sera reconnue par tous comme le cadre naturel de leurs activités intellectuelles et pratiques. Indépendamment des projets déjà arrêtés, il nous semble que l'on pourrait hâter l'allure dans trois directions bien précises : la santé, la culture, la jeunesse.

La santé : chaque pays dépense pour la recherche médicale des sommes considérables. Pour lutter contre les plus grands fléaux, unissons nos efforts, au lieu d'agir en ordre dispersé. Ainsi, contre le cancer, une initiative européenne s'impose. Des structures existent, comme l'Organisation européenne de la Recherche sur le traitement des cancers, pour la thérapeutique, ou le Centre International de Recherches sur le cancer, pour la prévention. Cette opération pourrait se prolonger dans :

– la recherche fondamentale, afin d'éviter les doubles emplois et de faciliter la circulation des informations,

– la prévention par la lutte conjointe contre les méfaits du tabac et par le dépistage précoce des cancers de la femme,

– la thérapeutique, par le lancement de programmes accélérés dans les domaines de pointe (lésions précancéreuses, tumeurs de l'enfant). En centrant nos efforts sur les cinq formes de cancer les plus meurtrières, nous réduirions, sans doute, les experts le pensent, la mortalité due à cette maladie de 10 ou 15 %.

De même l'Europe a les moyens d'aider de façon rapide et coordonnée les populations des pays victimes de grandes catastrophes (séisme, inondation, cyclone, éruption volcanique, incendie, pollution chimique, sécheresse, épidémie). Qu'elle décide donc d'agir en conséquence. La Communauté Économique devra coordonner son propre dispositif avec les organismes existants.

La culture : elle n'est plus seulement nationale. Les connaissances et les curiosités traversent les frontières tandis que les contraintes financières obligent de plus en plus les pays à collaborer dans des productions communes. Parallèlement, les technologies nouvelles offrent des moyens considérables de communiquer. Pourquoi s'isoler, alors que tout pousse au dialogue ?

Le pluralisme culturel est une des richesses de l'Europe. Mais les empêchements linguistiques bloquent la circulation des idées et limitent le sentiment d'identité commune. Pourquoi ne pas réfléchir ensemble à un Fonds européen de Financement des Traductions ?

Partout s'accroît le nombre des chaînes de télévision et se multiplient des programmes dont la monotonie commence à lasser. Le besoin se fait jour d'émissions différentes, plus ouvertes à la création, plus sensibles aux valeurs propres de l'Europe. Pourquoi ne pas créer au moins une chaîne culturelle européenne ? Le public la demande, les créateurs la réclament, les satellites la rendent possible.

Alors que nos écoles historiques ont acquis une réputation mondiale, pourquoi ne pas encourager l'édition d'une Histoire de l'Europe, patronnée par nos universitaires qualifiés ?

La jeunesse : nos enfants se connaissent peu. Ils voyagent sans se rencontrer, poursuivent leurs études, commencent leur carrière sans rien connaître des pays voisins.

Nous suggérons l'apprentissage, le plus tôt possible, d'une ou plusieurs langues étrangères. En France, 1 000 000 élèves de l'école primaire bénéficient d'expériences ponctuelles. En dix années ces mesures seront étendues à l'ensemble des élèves. D'autres pays ont lancé des expériences du même type.

La France et l'Allemagne ont créé, voici vingt ans, un Office commun de la Jeunesse qui a organise les échanges de près de cinq millions de jeunes. Ces échanges concernent les scolaires, les universitaires, les travailleurs, les membres de mouvements associatifs ou sportifs. Pourquoi pas un Office européen de la Jeunesse ?

Une carte de jeune Européen donnant droit à des facilités diverses (transports, hébergement...) irait dans le même sens.

Enfin des séjours à l'étranger devraient être intégrés dans les formations supérieures. Nous recommanderions à nos universités et à nos écoles d'ingénieurs de modifier progressivement leurs cursus pour prévoir des stages dans un autre pays de la Communauté ou même des parties d'études. Cette procédure serait étendue aux fonctionnaires dans le développement de leurs carrières.

Conformément au vœu du Parlement, on prévoira le vote aux élections locales des citoyens des divers pays européens, lorsqu'ils résident depuis un certain temps dans un autre État membre. Cela supposera, dans de nombreux pays, des étapes transitoires et des reformes institutionnelles.

IV – Vers l'Union européenne

Il nous paraît possible d'avancer vers l'Union européenne définie à Stuttgart. La France, par la bouche de son Président, s'est exprimée là-dessus devant le Parlement européen. Elle souhaite – et elle n'est pas la seule – à la fois améliorer le fonctionnement des institutions et voir naître au plus tôt l'Union européenne.

Améliorer l'efficacité des institutions existantes

L'amélioration du processus de décision au sein des institutions communautaires est un préalable à tout progrès de l'Europe et à la réussite de l'élargissement. À cet égard, le Comité Dooge a présenté nombre de suggestions pertinentes qui visent à accroître le recours au vote majoritaire dans les décisions du Conseil, les pouvoirs de gestion de la Commission et la participation du Parlement européen au processus de décision. La France approuve ces orientations et s'y prêtera, soit par une modification formelle des Traités, soit par simple décision du Conseil européen. En tout état de cause, elle donnera son accord à toute disposition qui conduira le Parlement à participer davantage aux décisions prises sur proposition de la Commission en matière de formation, de conditions de travail, de développement régional, d'environnement, de conditions de vie, de culture et d'éducation. Ces propositions de la Commission seraient transmises simultanément au Parlement et au Conseil. Le Parlement rendrait en première lecture un avis par lequel il approuverait ou modifierait la proposition initiale. Le Conseil délibérerait en première lecture sur le texte voté par le Parlement. En cas de désaccord entre le Conseil et le Parlement, un Comité de conciliation disposerait de 30 jours pour parvenir à une conclusion. S'il y parvenait, l'approbation du Parlement et du Conseil devrait être acquise dans les 90 jours. Si la Commission de conciliation ne parvenait pas à un accord ou si la proposition n'était pas approuvée par le Parlement et le Conseil, ce dernier statuerait définitivement conformément aux dispositions du Traité.

Si le Parlement n'exprimait pas d'avis dans les 45 jours suivant le dépôt de la proposition de la Commission, le Conseil statuerait.

Dans le même esprit le Parlement serait saisi par le Conseil, chaque année, d'un projet d'enveloppe maximale des dépenses. Si le Parlement et le Conseil en étaient d'accord, celle-ci serait retenue pour l'élaboration du budget. S'il n'y avait pas d'accord, le Conseil arrêterait en dernier recours le « cadre de référence » de l'ensemble du budget.

En outre, le Conseil européen conviendrait d'examiner, à l'occasion du relèvement de 1,4 à 1,6 % du taux maximum de la TVA, la possibilité d'associer le Parlement aux décisions sur les ressources propres.

Au Conseil des Ministres, il est indispensable de revenir au vote majoritaire lorsque le Traité le prévoit. On s'efforcera même d'y recourir plus souvent lorsque le Traité ne le prescrit pas. Pour cela, les États membres s'engageront à recourir à l'abstention, conformément aux dispositions de l'article 148,3 du traité, pour ne pas faire obstacle à l'adoption de décisions qui requièrent l'unanimité du Conseil. Le Conseil pourrait, si nécessaire, dispenser les États qui se sont abstenus, des droits et obligations résultant de ces décisions.

Beaucoup d'entre nous pensent qu'il y a lieu de limiter l'usage de l'arrangement du 29 janvier 1966, dit « Compromis de Luxembourg ». Au cas où les États membres invoqueraient « un intérêt très important », ils auraient à le justifier devant le Conseil des Ministres des affaires étrangères, voire devant le Conseil européen, et non à y recourir dans les autres instances.

On accroîtra également les pouvoirs de gestion de la Commission afin d'éviter des délais trop longs dans l'application des décisions du Conseil.

Construire l'union européenne

Avec beaucoup d'autres, la France souhaite que soit créée, sans plus tarder, une Union européenne réunissant les Communautés fonctionnant selon leurs règles propres et la coopération politique entre les États membres.

À cette fin, le Conseil européen pourrait prendre, à partir de sa prochaine réunion le nom du Conseil de l'Union européenne. Le Conseil de l'Union disposerait d'un Secrétariat, dirigé par un Secrétaire général désigné par le Conseil. Ce secrétariat serait un organe de travail à la disposition du Conseil, notamment pour assurer la continuité de la coopération politique.

Le rapport Dooge demande la réunion prochaine d'une conférence intergouvernementale chargée de préparer les voies et moyens de l'union politique.

La France, pour sa part, n'est pas hostile à une telle conférence ; elle souhaite seulement que les travaux ne s'engagent que lorsqu'un accord de principe aura été réalisé sur les points principaux que nous venons d'évoquer.

En agissant de la sorte, les États membres auront mené à bien cette étape décisive d'une tâche qu'ils auront à poursuivre assidûment.

Un jour viendra ou les peuples devront eux-mêmes assurer l'élan nécessaire à l'unité de l'Europe. Ce sera alors l'affaire d'une Assemblée constituante.

78 – Audience du président de la République accordée à Émile Noël, secrétaire général des Communautés européennes, Paris, 13 février 1986

Notes manuscrites d'Émile Noël rédigée après l'audience accordée par le président de la République, sur 5 demi-feuilles A4, en abrégé parfois. Source : documentation privée.

L'intérêt de ce petit document réside dans sa spontanéité. Certes c'est la version d'Émile Noël, mais il révèle un président de la République très attentif aux suites des initiatives franco-allemandes lancées en 1984 à Fontainebleau. On est à quelques jours de la signature de l'Acte unique européen (17 et 28 février 1986).

*

10h15

Arrivée à pied (métro…) au bureau des gardes de l'Élysée… Surprise du poste de garde « vous êtes à pied », une réception est prévue… Un piquet d'honneur est dans la cour… (Il y fait bien froid…) et présente les armes.

(Même surprise à l'accueil en haut du grand perron).

À 10h15, dans l'antichambre… prise en charge par Mme Guigou (Secrétaire générale du SGCI/conseiller à l'Élysée). Présente les personnages connus… Jacques Attali… Pierre de Brichambault (dir. Cabinet Roland Dumas), Roland Dumas lui-même.

[illisible]

Grand bureau, 1ᵉʳ étage, donnant sur le parc

-10h30 (tête-à-tête)… « M. le Secrétaire Général des Communautés européennes »… Le président, aimable et souriant, vient vers son « coin conversation » – angle du canapé et fauteuil pour le visiteur, près de la grande mappemonde.

EN. Excusez-moi… j'ai perdu la moitié de ma voix, mais je ne suis pas contagieux.

Pr. « Je souhaitais vous connaître. Nous sommes à un tournant… Quelle est votre appréciation ?

EN. Plutôt que tournant, 1986 période de *consolidation*. Le tournant a été pris en 1985[69], tirer les conséquences et mettre en œuvre ce qui a été engagé.

Réforme de l'agriculture et problèmes budgétaires…

Technologie…assurer le programme communautaire et consolider Eurêka.

À terme, opération monétaire, ce peut être la prochaine percée.

---

[69] Allusion au conseil européen de Milan (29-30 juin) qui convoqua une CIG pour réformer les traités, qui aboutit à l'Acte unique européen.

Pr. Et le Danemark ?[70]

EN. Le gouvernement danois est pleinement engagé pour obtenir un vote favorable. Le récent rapport rendu public (sur les conséquences d'un retrait DK), il répond à la vraie question (qui n'est pas évidemment pas celle posée dans le référendum)[71].

– Le traité vaut plus que qualification [illisible]. Vous l'avez bien caractérisé dans votre livre (cite de mémoire… réforme qui restitue le Traité à lui-même).

Président. Nous avons été à deux doigts de la rupture à Luxembourg… jusqu'aux deux dernières heures, avec les Allemands et les Britanniques – et finalement il y a une réponse et un résultat[72].

EN. Vous avez fait bouger la Grande-Bretagne – Le résultat était sans doute le maximum possible.

Président. Parlons un peu de vous. Quel est votre avenir ?

EN. Je pars l'année prochaine.

Président. Quelles sont les dimensions des services à Bruxelles ?

EN. La Commission 9 500 personnes (plus 2 000/2 500) avec les autres institutions (Conseil, Parlement, Cour) (17/18 000 fonctionnaires).

Pr. Les Français sont bien représentés ?

EN. Oui… Mis à part le cadre linguistique (25 %) dans les administrations, on a encore 18 % de Français – proportion normale… et à des postes convenables.

Pr. Vous êtes là depuis longtemps ?

EN. 29e année le mois prochain.

Pr. C'est une tranche de vie.

EN. Oui j'ai commencé à travailler en 1958 avec le Président Hallstein mais j'ai commencé plus tôt – en 1949 – au Mouvement européen et au Conseil de l'Europe.

Pr. Nous sommes myopes sur le sujet même, mais en perspective le progrès a été réel.

EN. Oui, si l'on part de la CECA puis de l'échec de la CED et la reprise par les Traités de Rome.

Pr. La CED… J'étais dans le gouvernement Mendès France. Je l'appuyais parce que j'étais européen, mais sans grande conviction… D'autres, en face, en faisaient une guerre de religion… Mettre la défense en commun, alors que la défense était entièrement américaine, c'était un rêve.

EN. Si la CED était entrée en vigueur, elle aurait peut-être conduit ensuite à d'extraordinaires tensions… La relance par les traités de Rome a été plus saine. Après cela il y a eu des blocages, mais aussi des développements plus ambitieux qu'on avait pu l'espérer.

---

[70] Le parlement danois venait de repousser l'Acte unique en janvier 1986, un référendum l'approuva finalement le 27 février 1986.

[71] Référendum danois.

[72] Le conseil de Luxembourg des 2-3 décembre 1985 aboutit à un « compromis de progrès » sur l'unification du marché intérieur.

Pr. La difficulté qui vient sera l'agriculture. Elle risque de mettre en cause ce qui reste du traité de Rome, ou ce qui a été tiré du traité de Rome. Et cela va durer pour plusieurs années du côté de l'Allemagne et de la Grande-Bretagne.

EN. La Commission essaie dans ses propositions de contourner l'obstacle. Assainir le système et le maîtriser et créer les bases d'une discussion raisonnable avec le partenaire américain.

Pr. J'ai été heureux de vous connaître. Il y aura d'autres occasions de nous revoir.

EN Puis-je m'adresser à l'auteur (sur les « Réflexions sur la politique étrangère »[73]) ?

Pr. « Je n'ai pas mon stylo sur moi », se lève, rejoint son bureau, s'y assied. « J'ai écrit une longue introduction. Il est difficile, dans mon travail, de trouver le temps nécessaire pour se concentrer sur un écrit. On est constamment appelé ».

Écrit une (longue) dédicace : « À M. Émile Noël en cordial témoignage ce livre où il reconnaîtra quelques traces de sa propre action. François Mitterrand ».

EN Remercie, très touché de cette attention.

Pr. Reconduit à la porte de son bureau. « Quelles sont vos origines ? »

EN. Ardennes par mon père, Marseille par ma mère et né à Istanbul. J'ai fait mes études à Aix-en-Provence.

Pr. Vous vivez depuis longtemps à Bruxelles ?

EN. Près de trente ans, mais avec de fréquentes venues à Paris.

Prend congé, 11h50.

---

[73] Il s'agit de *Réflexions sur la politique extérieure de la France-Introduction à vingt-cinq discours-1981-1985*, Paris, Fayard, 1986.

79 – Débat à l'Assemblée nationale pour la ratification de l'Acte unique européen (1986)

Extraits du débat du 20 novembre 1986.

L'Acte unique a été signé en février 1986. Il ouvre la voie à un élargissement des compétences des Communautés, en particulier à la monnaie unique. Les débats de ratification font apparaître le clivage entre communautaires et souverainistes (certains gaullistes et communistes). La ratification de l'Acte unique européen est approuvée sous le gouvernement de Jacques Chirac, le 20 novembre 1986, par 498 voix contre 35 (communistes) et 35 abstentions (extrême droite). La totalité des députés néo-gaullistes votent pour la ratification, à l'exception de huit d'entre eux (dont Michel Debré).

*

Jean de Lipkowski. « Ni cet excès d'honneur, ni cette indignité » : l'Acte unique soumis à la ratification du Parlement constitue une révision du traité de Rome et ne doit ni soulever un enthousiasme démesuré, ni nourrir des craintes injustifiées. [...]

Ce titre « Acte unique » recouvre une réalité simple : on a voulu inscrire dans un même document, d'une part, des dispositions relatives à des matières communautaires relevant du traité de Rome et, de l'autre, des dispositions concernant la coopération politique. Le but est clair : dans cette Europe des Douze, avec ses 320 millions hommes, il s'agit d'organiser, d'ici à 1992, une libre circulation des marchandises, des services des hommes et des capitaux, afin d'obtenir un grand marché dont la dimension nous permettra seule de rivaliser avec deux principaux concurrents, les États-Unis et le Japon, ainsi qu'avec les nouveaux pays industrialisés.

Pour éviter qu'il ne s'agisse que d'une simple zone de libre-échange, on entoure ce marché d'une série de politique d'accompagnement, dans le domaine social, dans celui de l'environnement et surtout, dans celui de la recherche et de la technologie. On essaie de mettre en œuvre une politique de plus grande solidarité entre les pays forts et les pays moins favorisés. La Communauté qui cherche à améliorer ses mécanismes de décision, reçoit les moyens de tourner à une vitesse supérieure, par le recours à la majorité qualifiée.

À ce sujet, je veux ici présenter deux remarques liminaires.

D'abord, rien, dans celte amélioration du processus de décision, ne bouleverse les équilibres institutionnels.

Ensuite, rien dans ce texte n'aboutit à de nouveaux transferts de souveraineté au profit de la Communauté.

En somme, on approfondit ce qui existe et on insère dans le traité ce qui s'était développé hors de lui ; mais les négociateurs n'ont pas voulu et ils ont eu raison qu'il y ait des dessaisissements supplémentaires dans de nouveaux domaines. Par exemple, on aurait pu penser à une « Europe de la culture » mais voilà qui aurait mis en cause l'audiovisuel et la souveraineté des États sur la répartition des chaînes. Et qui aurait pensé à une « Europe de l'énergie » ? Aurait-on vu la Grande-Bretagne accepter que son pétrole soit « communautarisé » ? Cette « Europe de l'énergie », on ne l'a donc pas faite.

J'affirme que les seuls transferts de souveraineté existants ont tous été déjà réalisés par le traité de Rome. Il n'y a pas un seul transfert de souveraineté de plus par l'Acte unique, ni ouvertement ni subrepticement.

[...]

Valéry Giscard d'Estaing. Ce traité a été négocié par le gouvernement précédent. Il est aujourd'hui. Monsieur le Premier ministre, présenté à notre ratification par le vôtre. Il témoigne de la continuité de la politique européenne de la France.

[...]

Il y a dans cet hémicycle – la frontière passe probablement plus entre les personnes qu'entre les groupes – des hommes et des femmes qui pensent que l'union de l'Europe est souhaitable pour la France, et je suis de ceux-là, et d'autres qui pensent qu'elle est inévitable et que donc. Il faut accepter qu'elle se produise. Ce n'est pas la même chose. Je voudrais essayer de convaincre ceux qui pensent qu'elle est inévitable qu'ils doivent accepter à leur tour de considérer qu'elle est souhaitable. Nous ne pouvons pas. Étant donné la vocation historique de la France, entrer dans l'Europe à reculons. Nous ne pouvons pas être les « malgré nous » de l'Europe. Nous devons, au contraire saisir une chance historique, celle d'être le seul grand pays qui puisse assumer pour le moment le leadership de l'Europe.

[...]

M. Jean Foyer. Ce traité est-il conforme ? ou est-il contraire à la Constitution ? Question essentielle car les traités, fussent-ils européens, ne sont pas supérieurs à la Constitution.

M. Michel Debré. Très bien !

M. Jean Foyer. Ils ont certes, lorsqu'ils ont été ratifiés, une autorité supérieure à celle des lois sous réserve de leur application par l'autre partie. Ainsi en dispose l'article 55. Mais l'article 54 a pris soin de préciser au préalable qu'un engagement international comportant une clause contraire à la Constitution ne peut faire l'objet d'une autorisation de ratification qu'après la révision de la Constitution.

Or l'Acte unique comporte des clauses que je crois fermement contraires à la Constitution. Ce sont celles de l'article 99 et plus encore celles de l'article 100A du traité CEE dans la nouvelle rédaction que leur donnera l'Acte final.

[...]

Ce que font les deux articles 99 et 100A consiste à substituer le règlement à la directive. La modification est d'une portée considérable. Elle consiste en effet à transférer certaines compétences législatives des États membres à des institutions communautaires, des parlements des États membres à une institution communautaire composée des représentants des gouvernements de ces États. De nationales qu'elles étaient, les compétences de l'espèce vont devenir communautaires ; hier confiées au Parlement, elles deviennent désormais le domaine d'autorités exécutives. On accordera que ce changement n'est pas mince.

L'Acte unique institue dans un domaine d'autant plus large qu'il n'est guère précis – le paragraphe 2 énumère simplement des exceptions limitatives : la législation fiscale, les droits des travailleurs – un pouvoir législatif concurrent de celui des parlements nationaux dans un certain nombre de matières. Et dès lors que ce pouvoir aura été exercé par la voie de règlements, les législateurs nationaux ne pourront « plus toucher aux règles que ces règlements auront posées Il s agit donc à l'évidence d'un transfert partiel de souveraineté.

[...]

Or notre Constitution ne les autorise point dans sa lettre actuelle et le Conseil constitutionnel l'a rappelé en termes catégoriques dans sa décision du 30 décembre 1976.

[...]

Maxime Gremetz. Certes, les précautions politiques et les prudences de langage montrent que les partisans de la supranationalité et de l'Acte unique ne peuvent pas aller aussi vite qu'ils le souhaiteraient du fait des contradictions existantes qui empêchent toute avancée radicale dans la réalisation des objectifs

Il y a d'abord l'opinion publique, dont ils sont obligés de tenir compte. Il y a la triste expérience que les gens ont aujourd'hui de cette Europe du chômage et de la crise. Il y a toutes les promesses de prospérité et de progrès social du traité de Rome qui n'ont jamais été tenues.

Alors évidemment, il est bien difficile de dire aux Français : ce qui s'est fait en Europe a des conséquences désastreuses, mais qu'importe, nous irons encore plus loin !

Certains prétendent d'ailleurs que l'Acte unique n'aurait pas de portée réelle. Ils cachent la vérité, car les objectifs que l'on cherche à atteindre à travers l'Acte unique sont connus, et même dans le détail.

Il suffit, à cet égard, de relire le rapport de M. Maurice Faure, concernant les questions institutionnelles et l'Union européenne, adressé en décembre 1984 au Conseil européen.

Ce rapport trace les grandes lignes et définit le contenu d'une Europe supranationale complètement intégrée aboutissant à une « entité politique véritable », une union économique et monétaire achevée, poussant jusqu'au bout les déréglementations nationales, l'intégration financière, la mise en cause des services publics, une union visant à l'élaboration d'une politique commune de sécurité parallèlement à un renforcement des pouvoirs supranationaux des institutions communautaires qui conduirait à priver les États membres de l'essentiel de leur indépendance et de leur souveraineté.

L'Acte unique constitue donc un pas dans cette direction. Certains trouvent qu'il est petit, d'autres qu'il est exagéré. C'est en tout cas un nouveau pas extrêmement dangereux dans la voie de l'intégration sur les plans économique, politique et militaire.

C'est pourquoi nous disons non, résolument non, à ce projet.

80 – L'avenir des Communautés européennes en 1988, par Raymond Barre

Extrait d'une conférence de Raymond Barre, « Faire face aux défis des années 1990 : l'avenir de la Communauté européenne ». 8ᵉ conférence à l'Université de Harvard (USA), Center for International Affairs, le 28 avril 1988, sous les auspices de la Fondation Frank Boas, p. 50-52. Source : Fondation Paul-Henri Spaak. Reproduit avec l'autorisation de la Fondation Paul-Henri Spaak (Bruxelles).

Raymond Barre, ancien premier ministre d'août 1976 à mai 1981, a aussi exercé des fonctions de vice-président de la Commission européenne de 1967 à 1972. Il est l'auteur d'un rapport, en 1969, sur une Union économique et monétaire européenne. Invité en 1988 à parler de l'avenir de l'Europe, il insiste sur la naissance d'une Union européenne.

*

[…] Conclusion.

J'ai limité mon exposé aux problèmes de la CEE sur trois points que je considère comme fondamentaux pour l'avenir. Mais je ne sous-estime pas d'autres aspects de l'évolution de la Communauté : la dimension sociale du marché unique ; la coopération technologique développée au travers de projets communautaires (Esprit, Race, etc.) et le projet Eurêka qui va au-delà de la seule Communauté ; la culture européenne sauvegardée et développée par des programmes éducatifs et par le nouveau projet Eurêka pour la radio et la TV.

Néanmoins, les trois thèmes que j'ai retenus démontrent très clairement la nécessité d'un choix entre deux conceptions de la Communauté : un large espace économique et politique organisée, l'Union européenne. Ce qui est en jeu, c'est la sauvegarde de l'identité et de la personnalité des nations d'Europe Occidentale par rapport à des forces internationales puissantes.

Mais les trois thèmes que j'ai choisis montrent aussi clairement comment la Communauté pourrait faire face aux défis des années 1990 et jouer un rôle spécifique et utile dans les relations transatlantiques.

Au cours de la prochaine décennie, les États-Unis devront mettre en œuvre un processus d'ajustement afin de surmonter leur déficit commercial et celui des paiements et stopper leur endettement. L'ajustement sera douloureux ; sa charge sera partagée par les nations industrialisées et en développement. Si la Communauté devient un espace économique dynamique et un marché sans frontières de 320 millions de consommateurs, attirant une croissance plus rapide et ouvert au commerce international, elle pourra compenser avec succès tout ralentissement ou tendance récessionniste aux États-Unis. La Communauté serait alors un centre autonome d'activité économique dans le monde.

Dans le domaine des relations monétaires internationales les années 1990 seront caractérisées par la prédominance du dollar et du yen. J'ose penser qu'un instrument monétaire européen, utilisé en tant que monnaie commerciale, financière et de réserve, pourrait contribuer à une gestion plus équilibrée du système économique international. Dans un monde oligopolistique, la stabilité devrait être assurée par une coordination efficace des politiques économiques orientées vers la croissance et la stabilité.

En ce qui concerne la sécurité et la défense du monde libre, une politique cohérente et responsable des nations de la Communauté européenne devrait contribuer à la stabilité sur le continent européen et constituer une contribution valable pour la paix mondiale.

Il y aura dans les prochaines décennies une plus grande dispersion du pouvoir dans le monde. Je ne partage pas la vue de trois blocs – l'Américain, l'Européen et celui du Pacifique – vivant de manière isolée et dans la confrontation.

Le réseau de liens transatlantiques et transpacifiques est trop imbriqué pour permettre une telle situation. Je crois aussi qu'un duopole – États-Unis et Japon – risque d'être instable et ne serait pas accepté par la communauté internationale. Dans le monde de demain, la Communauté européenne pourrait être un facteur d'équilibre très utile.

Cette vue ne devrait pas être utopique si les nations européennes restent fidèles à l'esprit et à la volonté qui ont inspiré et supporté depuis quarante ans la grande entreprise de construction d'une Union européenne. Puisse cette résolution servir nos espoirs !

488 Faire l'Europe sans défaire la France

81 – « Pour pouvoir redresser l'Europe »
Jean-Pierre Chevènement

Source : Le Monde, *2 mai 1992. Reproduit avec l'autorisation du journal* Le Monde.

Jean-Pierre Chevènement a été l'un des fondateurs du parti socialiste dirigé par François Mitterrand depuis le congrès d'Épinay-sur-Seine, en 1971. Membre du CERES, un des courants du PS, il a contribué à porter Mitterrand à la tête du parti. ministre de la Défense dans le gouvernement de Michel Rocard (1988-1991), il démissionne en janvier 1991 pour protester contre la participation de la France à la Guerre du Golfe. Ce texte, très souverainiste, présente les arguments des anti-Maastricht à quelques mois du référendum de ratification en France, en septembre 1992.

*

L'abdication de la démocratie, selon Pierre Mendès France, peut prendre deux formes : soit le recours à une dictature intérieure... soit la délégation de tous les pouvoirs à une autorité extérieure, laquelle, au nom de la technique, exercera en réalité la puissance politique. « Nous y sommes. »

Au cœur du traité de Maastricht, il y a, en effet, « l'union économique et monétaire », c'est-à-dire le transfert du pouvoir monétaire, apanage et cœur de la souveraineté, à une banque centrale indépendante. Indépendante à l'égard des gouvernements et donc des peuples, mais non à l'égard des marchés financiers. Gardienne vigilante de l'orthodoxie monétaire, cette banque centrale indépendante sera à la fois une Buba bis[74] et un FMI européen, gendarme des incontinents. Une telle union se réduirait à contre-courant de l'histoire, aux six ou sept pays qui pourront satisfaire aux critères posés par le traité. Bien loin de constituer une zone de croissance forte, elle risque au contraire, par la pratique perpétuée de taux d'intérêt très élevés, de nourrir la spéculation financière, de gonfler encore le chômage, de creuser les inégalités entre les régions et d'accroître la fracture historique entre une Europe occidentale avancée et les pays de l'Europe centrale, orientale ou méditerranéenne qui ont besoin de débouchés pour combler leur retard.

Dans cette union économique et monétaire dont le seul principe affirmé est celui d'« une économie de marché ouverte, où la concurrence est libre », les marges de manœuvres budgétaires, fiscales, ou réglementaires des États sont vouées à disparaître. La logique de Maastricht est celle d'une zone de libre-échange à laquelle se superposera paradoxalement une bureaucratie de l'empêchement, la « politique de la concurrence » tenant lieu de toute autre politique. Il est vrai que la majorité des parlementaires qui voteront le traité ne le feront pas pour des raisons de fond mais d'opportunité. Il suffit déjà de les entendre. Ils ne voteront

---

[74] C'est-à-dire une Bundesbank.

ce « mauvais texte » qu'avec le ferme espoir qu'eux-mêmes tenant la barre, il ne s'appliquera jamais.

Mais à supposer même que la monnaie unique ne voie pas jour, sa seule perspective agira comme un puissant levier au service de l'orthodoxie libérale et monétariste.

L'économie française condamnée à suivre les taux d'intérêt de la Bundesbank, majorés d'une insultante « prime de risque », restera tout au long de cette décennie, à la remorque de l'économie allemande, à ce détail près que l'Allemagne a un projet et que la France n'en a pas.

En 1983 un gouvernement de gauche a choisi de se priver des moyens d'intervention qui lui auraient permis de mener une politique industrielle et de préserver la cohésion sociale. Maastricht, en 1992, apparaît comme un renouvellement définitif des vœux de conversion au libéralisme, prononcés dans la précipitation il y a bientôt dix ans.

Tête-à-queue idéologique

Paradoxalement, les mêmes qui vantaient à l'époque les avantages du SME pour la compétitivité et pour l'emploi, nous en décrivent aujourd'hui la réalité – celle d'une zone mark – et les méfaits – la dépendance à l'égard de la politique économique et monétaire allemande – pour mieux nous faire valoir les bienfaits supposés, mais jamais démontrés, de la monnaie unique. Ils nous expliquent, sans rire, que la France retrouvera sa souveraineté monétaire, dans un nouveau « Conseil des régents », où le gouverneur de la Banque de France – préalablement dénationalisée – n'aura pas besoin de faire reconnaître par ses pairs une orthodoxie en effet hors de pair. C'est ainsi que les marchands de bonheur feront au moins le bonheur des marchands.

Je puis comprendre que François Mitterrand trouve dans le traité de Maastricht le point d'orgue d'un « grand dessein » conçu au lendemain de la Seconde Guerre mondiale dans une Europe ravagée et divisée. Mais pour le parti d'Epinay, je ne pourrais voir dans l'approbation donnée à Maastricht que l'aboutissement d'un complet tête-à-queue idéologique.

Comme je n'imagine pas que des socialistes puissent accepter le naufrage des politiques publiques qui en sera l'inévitable résultat, force m'est de leur dire qu'ils ont passé avec les libéraux un compromis illusoire. En acceptant dans l'immédiat une véritable Constitution libérale (l'UEM) gravée dans le marbre d'un traité, ils ont lâché la proie pour l'ombre. Jamais des politiques publiques efficaces au niveau communautaire ne compenseront les effets ravageurs du « tout marché » auquel ils ont consenti. L'idée fédérale est le leurre dont ils se bercent pour couvrir leurs renoncements successifs : hier l'acceptation du SME ou la libération des capitaux sans contrepartie, aujourd'hui une Buba bis. Comme l'explique Jean-François Poncet : « Dans un avenir proche, la Communauté va inéluctablement s'élargir à de nouveaux membres, ce qui rendra les perspectives fédérales de plus en plus difficiles à réaliser ».

Que MM. Giscard d'Estaing, Peyrefitte, Madelin, etc. voient dans Maastricht un moyen de « faire reculer le socialisme » ou d'interdire à l'avenir une politique autre que la leur, je vois la logique de cette position pourtant fort peu démocratique. Mais où est la logique, pour des socialistes ou même tout simplement pour des républicains ?

Dans la conception républicaine, la citoyenneté est un ensemble équilibré et indispensable de droits et de devoirs. L'accélération de la dévolution du pouvoir non seulement monétaire mais également législatif et réglementaire au profit d'organismes technocratiques ou dépourvus de légitimité ne peut manquer d'aggraver la crise de l'identité républicaine de la France : que manque le citoyen, alors il n'y a plus de Français.

Le transfert de compétences nationales à une autorité supranationale n'est acceptable que si le contrôle des citoyens peut continuer à s'exercer, et de préférence à travers leur Parlement national. La démocratie implique en effet un débat public et par conséquent des valeurs et des références partagées. Tant qu'un « espace public de débat européen » n'existera pas, la nation restera le cadre pertinent du débat démocratique, seul à même de fonder une autorité légitime. Aucune décision communautaire ne devrait en tout cas pouvoir être prise autrement que par une autorité représentative (le conseil), elle-même soumise à un contrôle public vigilant.

Or le principe de subsidiarité, à peine affirmé dans le texte du traité, est aussitôt démenti par la liste impressionnante des « compétences », attribuées à l'« Union européenne ». Qui fera respecter ce principe ? Le Parlement français ? Dès aujourd'hui, la loi française, même postérieure, plie devant le règlement communautaire. Sera-ce la Cour de justice de Luxembourg ? L'inspiration supranationaliste de sa jurisprudence (« le droit fédéral brise le droit local ! ») aurait plutôt tendance à réduire les États au rang de simples collectivités locales, si ce n'est de services extérieurs de la Commission. Au modèle républicain fondé sur la souveraineté populaire et la citoyenneté se substitue insidieusement le modèle du Saint Empire, avec ses princes électeurs (les chefs d'État et de gouvernement), son empereur en son conseil aulique (le président en sa Commission), sa diète à Strasbourg, son tribunal impérial à Luxembourg. Comme sous le Saint Empire, la jurisprudence – et non la loi – constituera le principal instrument d'autorité.

Comme le principe de subsidiarité, la citoyenneté européenne est affirmée avec d'autant plus de force qu'elle est en fait dépourvue de contenu véritable : le droit d'aller et de venir dans les limites de la Communauté en votant aux élections européennes et municipales est le modeste attribut d'une citoyenneté destinée à servir d'ornement et surtout à faire oublier la disparition bien réelle de la citoyenneté nationale, happée dans le trou noir du nouveau Saint Empire. Celui-ci servira les oligarchies. Il n'est pas difficile de montrer que la logique de développement du « grand marché » a jusqu'ici épousé celle des multinationales – pas forcément européenne – en voie de mondialisation, et pas toujours au bénéfice de l'Europe. L'écu servira les intérêts du capital financier plus que les activités productives.

Quant à la politique étrangère et de sécurité commune, « compatible avec l'OTAN », elle risque bien de n'être qu'une des modalités de l'installation du « nouvel ordre mondial », tant il est vrai que nos partenaires nous attireront plus sûrement vers l'OTAN que nous le les rapprocherons d'une défense européenne, capable d'affirmer notre autonomie stratégique et politique vis-à-vis des États-Unis. Pendant une période sans doute encore longue l'Allemagne ne revendiquera pas de rôle militaire propre. L'économie, où ses entreprises et ses banques peuvent déployer leur stratégie, lui suffit.

Maastricht ouvre ainsi sur un condominium : à l'Allemagne l'économie, aux États-Unis, la puissance politique. Le destin de la France est-il de se fondre dans ce nouveau Saint Empire américano-germanique du capital ?

Réinventer la République

La France, depuis qu'elle s'appelle la République, est une éthique exigeante. Deux fois blessée en ce siècle, dans sa chair puis dans son âme, la nation française a perdu confiance en sa capacité à signifier et à peser par elle-même. Depuis plus d'un demi-siècle, la France, ou plutôt ses oligarchies, cherche son salut dans une hégémonie extérieure. Maastricht et la guerre du Golfe procèdent à cet égard du même esprit. L'Allemagne de son côté, fut longtemps « une patrie difficile ». Le souvenir du nazisme qui pèse encore sur elle comme un cauchemar, la tourne naturellement vers le rêve d'une organisation qui reproduirait le modèle multinational, mais inégalitaire, auquel sa tradition l'a accoutumée : celui du Saint Empire. Le post-national auquel elle aspire reproduirait ainsi le stade antérieur à l'avènement des nations et de la démocratie.

La stratégie lilliputienne qui consiste à se ligoter soi-même dans l'espoir de mieux ligoter l'Allemagne est une politique de Gribouille. Elle trouvera vite ses limites. Je crois à l'importance décisive pour l'Europe et le monde d'une solide amitié franco-allemande, mais elle n'existera jamais qu'entre deux nations maîtresses d'elles-mêmes et d'abord de leur passé.

Pour relever les défis qui sont devant nous (le chômage, l'arrimage de l'Europe de l'Est et du Maghreb, la défense de nos intérêts face au Japon et aux États-Unis) le traité de Maastricht sera de peu d'utilité quand il ne sera pas un obstacle. L'élargissement nécessaire vers la grande Europe entrera bien vite en contradiction avec la logique de l'approfondissement à douze.

Pour équilibrer la superpuissance américaine, point n'est besoin d'édifier un « État-continent ». À l'heure où les nations revivent sur les décombres des empires, il est préférable, et plus raisonnable d'ailleurs, d'édifier une confédération européenne riche de ses nations, et ouverte sur toutes les cultures du monde.

Une initiative européenne de croissance doublée d'un « plan Marshall » vers l'Est et vers le Sud se heurtera bien vite au fondamentalisme monétariste de l'UEM. Donnons-nous des objectifs plus accessibles pour associer les autres pays à notre croissance en leur permettant, peu à peu, de nous rejoindre. Gardons à l'écu son statut de monnaie commune, sans prétendre vouloir l'imposer, aux forceps, comme monnaie unique.

Redonnons le pouvoir aux citoyens en exigeant des organes de contrôle populaire dans les Parlements nationaux et auprès des institutions communautaires. Revenons au schéma républicain. Inscrivons la subsidiarité dans notre Constitution sous le contrôle de juridictions nationales, le peuple seul, en cas de conflit grave, étant habilité à trancher.

Cessons enfin de démobiliser la France en faisant de l'Europe la prothèse de nos insuffisances. Une France politiquement et spirituellement libre est nécessaire si l'on veut éviter la paralysie qui guette à l'évidence l'Europe procédurale de Maastricht.

Le président de la République a assez insisté sur l'importance de ce traité pour que chaque député, élu du suffrage universel et comptable de ses actes devant le peuple français, doive et puisse voter en son âme et conscience.

Demain, quand les illusions se seront dissipées, quand l'ampleur des réorientations nécessaires apparaîtra, il faudra redresser l'Europe et pour cela réinventer la République. Pour pouvoir le faire avec quelque chance de succès, il vaudra mieux ne pas avoir voté les accords de Maastricht.

Ceux-ci sont, nous dit-on, à prendre ou à laisser. À tant de questions complexes, donnons une réponse simple : Laissons.

82 – Pierre Bérégovoy, ministre d'État, ministre de l'Économie, des Finances et du Budget face au grand marché européen en 1991

Intervention de Pierre Bérégovoy au colloque sur Pierre Mendès France et le rôle de la France dans le monde, *10 et 11 janvier 1991.* Source : René Girault (dir.), Gérard Bossuat et Séloua Boulbina (avec la collaboration de), Pierre Mendès France et le rôle de la France dans le monde, Grenoble, PUG, 1991, p. 135-139.

Le témoignage de Pierre Bérégovoy est d'une part une marque de fidélité à Mendès France et d'autre part le souhait de voir naître une Union économique et monétaire et une Union politique qui conférerait une légitimité démocratique aux institutions européennes.

*

[…]

Du grand marché, on le voit bien, nous passons à l'union économique et monétaire. Et j'ai retrouvé, dans un ouvrage paru en 1930 qui s'intitule *La Banque Internationale*[75], une contribution à l'étude du problème des États-Unis d'Europe le texte suivant qui vaut d'être lu aujourd'hui. « Si les vieux États – c'était en 1930 – ne prennent pas l'initiative de la création de cette fédération européenne composée et organisée par eux, nous aurons deux politiques européennes. Celle des États qui sera parfois discordante, parce qu'elle sera arriérée, parce qu'elle sera guidée par de vieilles considérations sentimentales ou d'amour propre et la politique étroite des banques destinée à imposer aux nations les solutions de leurs intérêts ». Curieux aboutissement disait Pierre Mendès France – il avait 25 ans – curieux aboutissement d'une civilisation démocratique et libérale. Le grand marché suppose une union.

Le grand marché suppose donc une union économique et monétaire. Qui dit union économique et monétaire dit monnaie unique, dit banque centrale unique, indépendante, qui fixe le taux d'intérêt, le volume de la masse monétaire mise en circulation pour que l'économie fonctionne. S'il n'y a pas, face à ce pouvoir des banques ou de la banque centrale, une autorité politique, le système est ce que nous avons appelé un gouvernement économique, un peu et même très imparfait. On trouve ainsi dans le débat d'aujourd'hui, clairement exprimées, la pensée de Pierre Mendès France et la philosophie qu'il nous a apprise.

Autrement dit, du marché libre, de l'économie de marché, on passe à l'union économique et monétaire parce que ce marché ne doit pas fonctionner sans règle. Si l'on a l'union économique et monétaire, et donc la monnaie unique qui est l'aboutissement de cette union, à terme plus ou moins rapproché, il faut qu'il y ait une autorité politique, des légitimités démocratiques. Nous avons déjà une autorité dans l'Europe d'aujourd'hui, c'est la Commission ou le Conseil européen. Le Conseil européen, même au deuxième degré, est d'essence démocratique : il a

---

[75] Publié aux éditions Valois, Paris.

une légitimité démocratique. La Commission a une légitimité dans la mesure où elle est nommée par les gouvernements, mais elle ne repose pas sur le suffrage universel, fut-il exprimé au deuxième degré.

Cela ne peut pas se faire sans abandon de souveraineté, ou tout au moins si on veut s'exprimer autrement, sans élément de supranationalité. Vous retrouvez, là peut-être, ce que vient de dire Prével, c'est au fond cette thèse qui est développée, au sein de la Communauté depuis quelques années, qu'on appelle la subsidiarité. Ce que l'on peut faire bien chez soi, sans avoir besoin des autres on le fait, mais ce qu'on fait mieux à douze ou à neuf, ou à treize ou à quatorze demain, supposé qu'on le fasse ensemble. Si on le fait ensemble, on abandonne une partie de sa souveraineté dans un certain nombre de domaines.

Voilà pourquoi je suis de ceux qui ont lié marché unique, union économique et monétaire et union politique. Est-ce qu'on le fait à quelques-uns ou à douze ? C'est pourquoi je vous disais que le débat de 1954 était encore dans mon esprit. Bien entendu, je souhaite la monnaie unique, et je souhaite la banque centrale, à condition qu'il y ait un gouvernement économique. Le fait-on aujourd'hui simplement autour de l'Allemagne et de la France qui commence à être respectée dans le domaine économique et monétaire ? Avec les Pays-Bas et la Belgique, déjà liés à la zone mark ? Mais cela ne fait jamais que quatre. Cela fait cinq puisqu'il y a le Luxembourg, mais il n'a pas de monnaie nationale. Peut-être trouverait-on un sixième. Cela devient difficile, car l'Italie a un taux d'inflation double du nôtre et double de celui de l'Allemagne. L'Espagne aussi. On mesure les difficultés.

Je viens de rencontrer M. Poehl[76] et je lui ai dit : avec les autres, et non pas a six sans les autres ; autrement dit je veux bien que l'on adopte la démarche habituelle : on commence par construire, il y en a qui sont obligés d'attendre un peu parce que leur économie n'est pas dans un bon état, parce qu'ils ne sont pas encore tout à fait décidés – c'est le cas de la Grande-Bretagne. Mais à condition qu'on ne les écarte pas. On leur dit attendez encore un peu, puisque tel est votre désir ; nous sommes prêts à vous attendre, mais on ne fait pas sans vous la construction finale. C'est cela qui est important à mon avis dans l'esprit de la démarche et je la trouve très mendésienne.

J'ajoute, en outre, qu'à partir du moment où l'Allemagne est unifiée, grand pays, fort pays, qui a beaucoup de cartes en mains, mais qui va connaître dans les trois ou quatre ans qui viennent sans doute plus de difficultés qu'on s'y attendait, cela offre un répit à la France pour consolider encore son économie et parler d'égal à égal ou presque d'égal à égal. L'Allemagne a 78 millions d'habitants, la France, 58, franchement j'aime autant que les Anglais soient là. S'ils le veulent. Je sais qu'ils ne veulent pas spontanément. Alors je les y encourage et je saisis toute occasion d'initiative anglaise pour penser que cela va un peu mieux. J'en connais, y compris dans les rangs de l'opinion publique française, peut-être même au sein de la formation politique à laquelle j'appartiens, qui pensent qu'il n'y a rien à faire avec les Anglais, qu'après tout ce n'est pas la peine de les attendre indéfiniment. Ce n'est pas ma vision des choses. Je préfère encourager les Anglais à évoluer dans le bon sens que de leur fermer la porte *a priori*.

---

[76] Président de la Banque fédérale d'Allemagne.

C'est clair. C'est pour moi très important. Et cela correspond à ce que je crois avoir compris de la pensée politique de Mendès et de Blum. J'ai le privilège d'avoir eu 20 ans en 1946 et je me souviens de leur insistance à accrocher l'Angleterre à l'Europe. C'est pourquoi il m'arrive de dire, sous une forme simple, je ne veux pas d'une Europe française, pas d'une Europe anglaise, je ne veux pas d'une Europe italienne, ni d'une Europe allemande ; mais si je ne veux pas d'une Europe allemande, je ne veux pas non plus d'une Allemagne qui soit hors de l'Europe. Et, j'essaie de travailler à faire en sorte que nous puissions continuer à avancer les plus nombreux possibles dans cette direction. Voilà pourquoi les débats que nous allons avoir dans le cadre de deux conférences intergouvernementales sur l'union politique et sur l'union économique et monétaire vont être si importants.

Nous ne devons exclure *a priori* personne. Mais nous ne pouvons pas accepter non plus qu'un des pays, en l'occurrence la Grande-Bretagne, use en quelque sorte d'un droit de veto pour freiner une construction que nous estimons nécessaire. Et c'est là où les Français, le gouvernement comme l'opinion publique, doivent faire preuve d'imagination et de constance.

Je ne suis pas entré dans la théorie, dans la politique monétaire, dans la politique des taux d'intérêts, dans la politique extérieure monétaire et de la communauté, parce que je crois que l'objectif doit être clair. À partir du moment où il y a marché, grand marché européen, libre, il faut en effet harmoniser les politiques fiscales, monétaires, le cadre juridique. Il faut une union économique et monétaire. Il faut à côté une autorité publique. Tel sera le schéma de nos discussions. Parce que, une banque, fût-elle centrale, est indépendante dans la conduite de la politique monétaire, mais comme je disais à M. Poehl, en Allemagne il y a le deutsche-mark et M. Poehl, mais aussi M. Kohl. Et on s'est aperçu que M. Kohl comptait dans la vie politique allemande, à l'occasion de l'unification. Donc je suis d'accord pour une banque centrale qui sera présidée par M. Poehl, ou par un autre européen, à condition qu'à côté, il y ait un gouvernement. Il sera peut-être un peu multiforme. Peu importe, il faut qu'il y ait un gouvernement ; il n'y a pas de démocratie, sans cela. Sinon alors, c'est ce que disait Pierre Mendès France en 1930, il y a d'un côté des autorités politiques divisées, et de l'autre des autorités financières aux vues parfois larges, mais aux vues parfois étroites aussi. C'est dire que dans les débats européens actuels, la pensée de Pierre Mendès France est vivante et que son enseignement peut être très utile à ceux qui exercent des responsabilités. C'est en tout cas ce que je ressens.

83 – « Une crise vaut mieux qu'un mauvais compromis », par Jacques Delors, 24 mars 1994

Source : Info matin, *24 mars 1994, extrait de l'interview de Jacques Delors par Sylvaine Frezel et Danielle Molho, p. 12-13.*

Jacques Delors a pris ses fonctions de président de la Commission européenne en janvier 1985 et a quitté Bruxelles, dix ans après, en janvier 1995. Il manifeste une certaine critique envers les choix d'élargissement faits par le traité de Maastricht (1992) qui n'est pas son traité, mais celui des gouvernements. Dans cet entretien, Delors insiste sur les solutions du problème du chômage contenues dans le *Livre blanc sur la croissance, la compétitivité et l'emploi* (1993). Adopté par le Conseil européen, il ne sera pas mis en œuvre dans son volet communautaire.

*

InfoMatin. Les pays nordiques et l'Autriche ont conclu leur accord d'adhésion. Mais l'élargissement bute sur des problèmes institutionnels. La Grande-Bretagne et l'Espagne s'opposent aux modifications prévues. Les Douze peuvent-ils trouver un compromis en faisant l'économie d'un débat de fond ?

Jacques Delors. L'Union européenne a 37 ans d'âge. Chacun doit savoir que, durant cette période, elle n'a connu que douze années de dynamisme : de 1957 à 1962 et de 1985 à 1991. Le reste du temps a été marqué par une relative stagnation ou par des crises. Bien que préférant le consensus au conflit, je ne suis pas effrayé par la perspective d'une crise, celle-ci valant mieux, l'expérience le prouve, qu'un mauvais compromis. Or nous sommes dans une telle situation. Au Conseil européen de Lisbonne, les Douze ont décidé d'ouvrir des négociations d'élargissement à l'Autriche, à la Finlande, à la Norvège et à la Suède. Ce qui vient d'être achevé avec succès. Mais ils ont convenu de vivre à seize dans le cadre du traité qui les régit Alors que la Commission européenne les avait mis en garde contre les risques de difficultés institutionnelles, ils ont passé outre et, aujourd'hui, ils sont devant une telle difficulté. De quoi s'agit-il ? Des droits de vote attribués à chaque pays et qui sont nécessaires pour le vote à la majorité qualifiée. La règle depuis 1957 est demeurée la même : pour bloquer une décision, il faut recueillir 30 % des droits de vote : Compte tenu du passage de douze à seize membres, le total des droits de vote passera de 76 à 90 et la minorité de blocage (30 %) de 23 à 27. Or deux pays refusent l'accord de Lisbonne – ce qui [est] condamnable en soi – et veulent maintenir 23 voix, ce qui aurait pour but d'affaiblir la capacité de décision – par vote à la majorité qualifiée de l'Union européenne. Par exemple, il deviendrait plus difficile de gérer la « politique agricole commune » ou d'avoir un budget correspondant à l'intérêt commun de renforcer des politiques de développement régional, dont la France bénéficie largement.

Q. On est à la veille d'élections européennes et on a l'impression que la campagne ne démarre pas. Qu'est-ce qui peut mobiliser les gens, ce ne sont pas les questions institutionnelles, même si elles sont fondamentales ?

J.D. Il y a deux thèmes qui peuvent les intéresser : la paix et la sécurité d'une part, et la réduction du chômage, donc la réussite du *Livre blanc*, d'autre part.

L'Europe a le mieux réussi dans ce qui était à l'origine de sa création, la paix et la compréhension mutuelle entre les peuples. C'est un bien inestimable que cache le drame du chômage. Mais imaginez que lors de la tragédie yougoslave, il n'y ait pas eu d'Europe, nous aurions assisté à une tension très grave entre l'Allemagne et la France. Imaginez que la Grèce ne soit pas dans la Communauté européenne, que serait aujourd'hui la situation dans les Balkans ? Si les pays de l'Europe de l'Est et du Centre veulent adhérer à l'Europe, ce n'est pas simplement parce qu'ils y voient l'appui et le couronnement d'un effort d'adaptation de leurs économies. C'est parce qu'eux aussi ont besoin avant tout de sécurité et veulent chasser les mauvais bergers. Ces mauvais bergers, vous les connaissez : le refus de l'autre, l'exaltation des ethnies, l'identification entre l'ethnie et la nation, la confusion entre la religion et la politique, etc. Tous ces maux-là sont à l'origine de la tragédie yougoslave. Ils menacent toute l'Europe de l'Est et une partie de l'ex-Union soviétique. C'est une maladie contagieuse qui risque aussi de venir chez nous. Il suffit d'ailleurs de voir la résurgence des idéologies d'extrême droite. Mais j'oserai dire que, si la construction européenne est au carrefour et hésite entre plusieurs formes, il y a un socle positif quasi irréversible.

UNIR DES NATIONS ET DES PEUPLES

Q. Quand on hésite entre plusieurs voies, quelle est celle qui peut donner un nouveau souffle à l'Europe ?

J.D. Il ne s'agit pas de donner un nouveau souffle à l'Europe, mais de choisir entre plusieurs finalités, plusieurs formes, plusieurs physionomies, plusieurs visages de l'Europe de demain. La date la plus importante depuis que je suis à la Commission n'est pas l'objectif 1992, mais 1989, la chute du Mur de Berlin. Comment m'en plaindrais-je, puisque cela a permis à des centaines de millions de gens de se libérer du joug totalitaire ? La question essentielle est la suivante : sommes-nous capables de proposer à ces peuples sortis de la nuit un schéma de coopération qui leur permette à eux aussi de connaître la paix, de mieux se comprendre entre les peuples et de coopérer pour le bien de tous ? Comment le faire ? L'Europe s'est construite jusqu'à présent à partir de motivations économiques, à la suite de l'échec de la Communauté européenne de défense. Aujourd'hui, ce n'est plus suffisant. Il faut une approche politique parce que chacune de nos nations n'a plus ni la puissance économique, ni les moyens diplomatiques et militaires de garantir son autonomie et pour les grands pays européens, de maintenir leur rayonnement dans le monde. Nous ne pouvons le faire qu'ensemble. Ce qui implique que, dans des grands problèmes de politique étrangère et de sécurité, nous ayons des positions communes et que nous menions des actions communes. Donc le choix d'une orientation politique, dans la clarté, est décisif.

Q. L'Union européenne a été incapable de régler le conflit dans l'ex-Yougoslavie, on ne parle même plus de l'initiative européenne. À quoi attribuez-vous cet échec ?

J.D. C'est très simple. D'un point de vue d'historien, les Douze n'étaient pas d'accord entre eux et, même s'ils l'étaient, ils ne disposaient pas des instruments diplomatiques et militaires leur permettant d'agir. Mais malgré cela, l'Union européenne a pris en charge les deux tiers de l'aide humanitaire à l'ex-Yougoslavie et ce sont en majorité ses soldats qui sont sur le terrain. Cette tragédie démontre par l'absurde, par l'échec, la nécessité de mettre en œuvre le nouveau traité en ce qui concerne la politique étrangère et de sécurité commune. Je n'aime pas beaucoup le terme parce que je crois que ce qui est demandé, ce n'est pas qu'ils unifient complètement leur politique étrangère, mais que, quand il y a des sujets d'intérêt commun, ils se mettent d'accord et agissent ensemble. Mais pas pour tous les sujets. C'est mon point de vue personnel. Les pères de l'Europe disaient, à juste titre : « Il faut unir des peuples. » Ma formule est : « Il faut unir des nations et des peuples. » Il y a une différence. Les Européens les plus militants pensaient qu'il fallait unir les peuples et que, peut-être, la nation devrait se repositionner sinon s'effacer. Je pense que la construction européenne ne sera solide que si elle s'appuie sur des nations conscientes d'elles-mêmes et souhaitant agir en commun.

Q. Vous considérez que la question du chômage est essentielle. Trois mois après la publication du Livre blanc, *où en est-on ?*

J.D. D'abord un rappel. Le *Livre blanc*[77] a pour objet de répondre à la question : existe-t-il un mal européen en matières économique et sociale ? Autrement dit, sommes-nous condamnés à un déclin relatif, compte tenu des performances américaines et japonaises et surtout de la montée en force des nouveaux pays en Asie, dans le Pacifique et en Amérique latine ? Le *Livre blanc* est à la fois un plan d'action communautaire et un cadre pour provoquer la réflexion sur l'emploi.

Q. Comment cela se traduit-il concrètement ?

J.D. Sur le plan communautaire, c'est l'approfondissement du marché intérieur, avec une vaste zone où il n'y a plus d'obstacle aux échanges ; la mise en place d'un réseau d'infrastructures pour que les personnes, les biens, les capitaux, les services et l'information circulent plus vite et moins cher ; enfin, un programme communautaire sur la société de l'information qui va notamment bouleverser l'organisation du travail et aussi celle de la société.

Q. Vous êtes depuis toujours un spécialiste du partage du temps de travail. Où en êtes vous de cette réflexion ?

J.D. Le *Livre blanc* ouvre des perspectives pour l'éducation, la formation, l'organisation du travail dans les entreprises, le fonctionnement du marché du travail. Le progrès technique va provoquer une diminution du temps de travail. Il en est ainsi depuis le début de la société industrielle. On peut penser qu'actuellement une personne qui a la chance de travailler consacre 70 000 heures de sa vie à son travail. Dans vingt ans, elle ne lui consacrera plus que 40 000 heures. C'est à partir de cette donnée fondamentale que l'aménagement du temps de travail se pose et que des solutions diverses doivent être trouvées dans un cadre contractuel et décentralisé. Nous avons créé moins d'emplois que les États-Unis et le Japon dans les vingt dernières années. La seule période où nous en avons créés, c'est à la suite de la relance de la construction européenne : 9 millions entre 1985 et 1991. Mais la question est de savoir si ce phénomène est éphémère et si l'Europe arrivera à sortir de cette déferlante du chômage qui mine la société et amplifie les phénomènes d'exclusion.

---

[77] Sur l'avenir de l'emploi en Europe.

Q. Dans le Livre blanc*, vous distinguez trois sortes de chômage.*

J.D. Il y a en effet un chômage conjoncturel dû à la récession économique, mais, même si la croissance reprend, nous arriverons à peine à réduire le chômage global. Le chômage technologique est une donnée permanente des sociétés industrielles, c'est-à-dire que le progrès technologique va beaucoup plus vite que notre capacité à imaginer de nouveaux besoins. Et, enfin, un troisième type de chômage, le chômage structurel. Je rejette *a priori* toutes les solutions qui consistent à abandonner la philosophie et l'esprit de l'État providence pour pouvoir créer des emplois. Je pense que c'est une voie à la fois dangereuse politiquement et socialement erronée. S'il n'y avait pas eu en Europe des systèmes de sécurité sociale, nous aurions connu depuis longtemps une crise économique encore plus grave et plus précoce.

NE PLUS ACCEPTER CERTAINES CONCURRENCES

Q. Si à la croissance égale les États-Unis et le Japon créent plus d'emplois, n'est-ce pas parce que leur société est moins réglementée ?

J.D. Non, on ne peut pas dire les choses comme cela. C'est parce que l'économie est plus flexible. Le président américain Bill Clinton est un grand partisan du *Livre blanc*. Il s'est aperçu que, chez lui, les emplois créés étaient à faible qualification, précaires et à bas salaires. Et comme le système de sécurité sociale est faible, les intéressés ne peuvent pas vivre décemment. On ne peut pas importer le modèle américain. En schématisant, on peut dire que les États-Unis souffrent d'un système qui n'aboutit pas à donner à chacun une formation convenable et un salaire décent. En Europe, nos systèmes d'éducation sont bien meilleurs, mais nous souffrons d'une trop grande rigidité dans l'organisation interne des entreprises comme dans le fonctionnement du marché du travail.

Q. On est en concurrence avec des pays qui ont des règles plus souples. Un peu de protectionnisme arrangerait peut-être les choses ?

J.D. On ne peut pas vouloir tout et son contraire. Se plaindre que ces pays accèdent au festin de la croissance, alors que pendant trente ans tous les hommes politiques de droite ou de gauche ont mis l'accent sur un nouveau rapport entre le Nord et le Sud et sur la nécessité de sortir les deux tiers de l'humanité du sous-développement. Entre 1970 et 1990, l'économie européenne a perdu 5 millions d'emplois. Elle a choisi de remplacer la main-d'œuvre par du capital technique, pour conserver son système de sécurité sociale. Si nous n'avions pas fait cela, nous n'existerions plus aujourd'hui. Quant à ce que l'on appelle le dumping social, il va être traité dans le cadre de la nouvelle organisation du commerce, dont la mise en place a été décidée lors de l'Uruguay Round. Il ne faut pas que nous acceptions de recevoir chez nous des produits fabriqués par des prisonniers ou des enfants en bas âge. Dans une économie qui se mondialise, il faut établir des règles du jeu. Et je n'exclus pas toute forme de défense contre des pratiques qui ne seraient pas conformes à ces règles du jeu.

D'ailleurs, en même temps que les Douze acceptaient les conclusions de l'Uruguay Round, ils ont décidé, sur proposition de la Commission, de renforcer leurs instruments de défense commerciale. Ce n'est pas encore parfait, mais maintenant, nous avons les moyens de répliquer lorsque les États-Unis prennent des mesures unilatérales ou quand un pays vend un produit en dessous de son prix de revient. Je vais vous donner un exemple : c'est la Commission européenne qui a réussi à obtenir un accord mondial sur l'aluminium. Sans cet accord, nous étions condamnés à fermer un tiers de nos usines.

Quant au protectionnisme pur et simple, il suffit de rappeler qu'en France un travailleur du secteur privé sur trois travaille pour l'exportation pour se rendre compte de ce que donnerait l'application de la politique que préconisent certains.

Q. L'Union économique et monétaire n'est-elle pas arrivée au mauvais moment ?

J.D. Non pas du tout. Celui qui dévalue sa monnaie s'octroie une euphorie toute provisoire. Il prend des emplois à qui ? Aux autres Européens. Par conséquent, la convergence des économies est une garantie supplémentaire pour avoir des économies saines qui créent durablement des emplois.

Q. Mais les gouvernements sont parfois obligés de lâcher sur le budget ?

J.D. Ils ont raison de le faire lorsqu'il s'agit de compenser les effets de la récession économique. Il ne faut pas devenir des esclaves d'une idéologie de la monnaie forte ou des victimes de cette idéologie banale qui consiste à concentrer son regard uniquement sur la monnaie et le budget. D'ailleurs, le *Livre blanc* est le contraire de cela. Il explique que la politique économique, c'est la monnaie, le budget, la politique des revenus, le développement de la recherche et de la technologie, une meilleure organisation des systèmes de l'emploi, des réformes structurelles et l'aménagement du territoire... et aussi une bonne concertation entre les entrepreneurs, d'une part, les travailleurs et les syndicats, d'autre part.

Q. Vous dites que sans l'Europe il y aurait encore plus de chômage. Franchement, ce n'est pas un discours très mobilisateur.

J.D. Il y a deux semaines, j'ai discuté avec tous les syndicats européens des moyens de créer des emplois. En Italie, patronat, syndicats et gouvernement ont étudié ensemble des moyens d'appliquer le *Livre blanc*. Donc, il y a un réveil. Ce n'est pas parce qu'il n'y a pas de débat en France qu'il n'y en a pas ailleurs.

En Europe, il y a deux catégories de pays : ceux dans lesquels les forces patronales et syndicales ont conclu des formes de pacte social avec l'État, tels les Pays-Bas, l'Italie et l'Allemagne. Et il y a des pays où ce pacte social n'a pas pu être conclu, comme l'Espagne ou la Belgique. Mais il y a en ce moment une prise de conscience du problème qui, évidemment, ne pouvait pas avoir lieu dans la période précédente où l'on a créé 9 millions d'emplois.

Le *Livre blanc*, c'est une fenêtre ouverte sur l'avenir, c'est l'appel à la mobilisation contre le chômage, c'est un message d'espoir ! Si nous n'avons pas le droit à la reconnaissance immédiate des peuples, peu importe. N'oubliez pas que gouverner, c'est prévoir : nous allons imaginer et mettre en œuvre des nouveaux gisements d'emplois, notamment dans les services et les ME.

Q. Que vous inspire la concomitance dans le temps des accords salariaux en Allemagne et les manifestations contre le « smic-jeune » en France ?

J.D. Mon devoir de réserve m'interdit de débattre de la situation française. Ce que je peux vous dire, c'est que les Allemands font un effort considérable pour s'adapter à la nouvelle donne mondiale et à la globalisation des problèmes. Un effort qui m'impressionne parce qu'il se fait sur la base d'un consensus social.

Q. Vous êtes à quelques mois de la fin de votre mandat, qu'est-ce que vous espérez le plus réaliser d'ici là ?

J.D. C'est qu'on puisse dire que la Commission européenne a contribué par ses propositions et ses actions à inverser la courbe du chômage. Les Européens doivent savoir que, d'après nos prévisions, il est possible de ramener le niveau de chômage de 12 % actuellement à 5 ou 6 % à la fin du siècle. Si, en 1995, on s'aperçoit qu'on est sur cette voie, le climat va changer, le succès appellera le succès, un climat de confiance envers l'avenir s'établira et, ensemble, nous pourrons faire de grandes choses pour la paix, pour l'emploi et pour la solidarité entre les peuples. La construction européenne est plus que jamais la voie royale pour l'avenir de notre pays, à condition bien entendu qu'il accepte de mettre en œuvre les réformes nécessaires. Mais ceci, c'est un autre débat !

Propos recueillis par Sylvaine Frezel et Danielle Molho

84 – Le testament européen de François Mitterrand, novembre 1994

Allocution prononcée à l'occasion de la remise du prix des médias allemands, Baden-Baden, 25 novembre 1994. Extraits. Source : François Mitterrand, De l'Allemagne, de la France, *Paris, Odile Jacob, 1996, p. 233-240, sous le titre* Le couple franco-allemand. *Reproduit avec l'autorisation des éditions Odile Jacob.*

Ce texte est l'un des derniers prononcés par François Mitterrand sur l'avenir de l'Europe et sur son passé récent, à la lumière de l'entente franco-allemande. Bien construit, il évoque la qualité de la relation entre le chancelier et le président. Il pointe les réussites des deux hommes : l'Union économique et monétaire, la solidarité face aux bouleversements à l'Est, la solidarité au sein même de l'Europe des Douze. Ce texte est une sorte de testament européen d'un président qui allait quitter le pouvoir en mai 1995 et disparaître le 9 janvier 1996.

*

Je pense que nous pouvons contempler, avec une certaine fierté, le chemin accompli. La récapitulation de ces deux dernières années le démontre amplement : à aucun moment l'Allemagne et la France n'ont travaillé de façon aussi dense et aussi constante. Je crois que jamais nos deux pays n'ont moissonné autant de résultats positifs, pour eux-mêmes et pour l'Europe tout entière. Je crois pouvoir dire qu'il n'est aucun autre pays avec lequel, nous Français, nous entretenons des relations d'un niveau aussi exceptionnel.

Et pourtant, l'amitié franco-allemande ne va pas de soi. Elle n'est ni naturelle ni automatique. L'histoire de nos deux pays est très compliquée et même parfois très dramatique. L'harmonie préétablie, chère à l'un de vos grands philosophes, ne règle pas le cours de l'Histoire. Surtout quand les histoires sont aussi anciennes, aussi complexes que les nôtres, avec, depuis des siècles, beaucoup plus d'occasions de s'affronter que de s'accorder. Notre relation est donc une construction permanente, animée par une volonté politique de chaque instant et facilitée par les outils et les procédures que nos prédécesseurs ont forgés et que nous avons cherché à perfectionner.

Il a fallu transformer, transcender les différences d'intérêt, de sensibilité, par la conscience que nous avions d'un intérêt supérieur dont nous étions comptables devant nos peuples et devant le monde. Nous avons pris des initiatives. Certaines ont paru audacieuses au moment où l'Histoire hésitait, car elle a hésité plusieurs fois.

Nous avons connu l'Europe enlisée avec la menace soviétique du début des années quatre-vingt, les bouleversements de l'Europe de l'Est, la tragédie yougoslave, les tourments monétaires, la crise économique, et j'arrête là une liste qui serait beaucoup trop longue. Nous n'avons jamais baissé les bras. C'est au nom de cet intérêt supérieur que j'ai cru devoir proclamer la solidarité de la France avec l'Allemagne devant le Bundestag en 1983 ; qu'Helmut Kohl a soutenu l'Union économique et monétaire à Maastricht ; que nous nous sommes recueillis sur les tombes de Verdun en 1984 ; que nous avons conduit nos pays sur la voie d'une coopération militaire toujours plus étroite. Certaines de ces initiatives ont naturellement suscité, dans un premier temps, des réactions négatives. Mais au bout du compte, elles ont fait progresser l'idée d'une communauté de destin entre l'Allemagne et la France qui s'impose, de plus en plus, avec la force de l'évidence.

La part de l'amitié dans cette histoire, ce n'est pas simplement une mécanique bien huilée, ou une succession d'habiletés politiques, qui pouvaient d'ailleurs paraître de grossières erreurs. Il y a une dimension humaine que je crois irremplaçable.

Je pense aux centaines d'heures de discussion, aux batailles livrées côte à côte, aux moments d'intense émotion. Vous avez rappelé l'un d'entre eux, votre présence, en tant que Chancelier allemand, sur les Champs-Élysées, le 14 juillet dernier. Nous avons assisté au défilé de nos soldats. Et au-delà de nos personnes, ce sont des générations qui se sont rencontrées.

Quoi d'étonnant si, aujourd'hui, ce qu'on appelle le « couple franco-allemand » est devenu comme une sorte de baromètre de l'Europe. On nous épie, on nous ausculte. La moindre de nos brouilles supposées met en alarme rédactions et chancelleries. L'affirmation de notre bonne entente suscite la jalousie ou le soupçon. Et pourtant, tous nos partenaires le savent, et s'ils ne le savaient pas, je le leur répéterais ce soir : l'entente franco-allemande ne prend tout son sens que parce qu'elle est au service de l'unité européenne.

C'est ce que disait, au demeurant, le Chancelier Kohl, lorsque, dans les journées de 1989, il entendait défendre la cause de l'unité allemande. Oui, l'unité allemande dans le cadre de l'unité européenne, l'amitié franco-allemande au service de l'Union européenne.

Le problème, aujourd'hui, c'est de faire progresser cette union. Car tout danger n'est pas écarté. Tout pessimisme n'a pas disparu. L'embellie économique, si elle se confirme, nous y aidera. Les acquis sont considérables. Il faut les consolider. Il va y avoir encore des moments d'hésitations. Les opinions attendront des résultats immédiats. Les problèmes de politique intérieure, les complications extérieures viendront retarder l'heure des rendez-vous. Il faudra avoir les nerfs solides et tenir bon. Savoir attendre pour décider et pour réussir.

Les Douze se sont collectivement engagés dans cette voie. Nous allons juger, à l'œuvre maintenant, les résultats de Maastricht. N'oublions jamais, sous prétexte de relance ou de nouveauté, le programme que nous nous sommes fixé. Il est déjà très ambitieux. On peut ouvrir des chantiers nouveaux, achevons les chantiers ouverts.

Les priorités s'imposent d'elles-mêmes : poursuivre vers l'Union économique et monétaire ; donner consistance à la politique extérieure et de sécurité ; renforcer les premiers embryons de défense commune ; accompagner la reprise économique par de grands programmes d'infrastructures ; donner toutes leurs chances à nos identités nationales et à nos cultures menacées par la banalisation commerciale mondiale, à nos langues, à ce que nous sommes et qui s'accomplira d'autant mieux que nous serons unis ; mettre en place les systèmes permettant de concilier liberté de circulation et sécurité : j'appelle de mes vœux la réalisation proche désormais, je l'espère, sans obstacle nouvellement hérissé, des accords de Schengen.

Enfin, en même temps qu'elle renforce ses structures, l'Europe est appelée à s'élargir. C'est déjà quasiment fait pour l'Autriche, la Finlande et la Suède. La Norvège en discute ; d'autres pays sont demandeurs. Cela pose le problème des institutions qui seront au cœur de la Conférence intergouvernementale de 1996 et qui suscitent déjà beaucoup de débats.

Helmut Kohl sera présent. Moi, je regarderai cela d'un peu plus loin mais je vous accompagnerai de mes vœux. Il faut réussir ! Cette conférence intergouvernementale sera difficile à conduire. Ce seront nos amis espagnols qui en auront alors la responsabilité. Mais c'est à nous. Allemands et Français, puisque nous assurons successivement la présidence, de préparer le terrain. Nous devrons accroître la légitimité des institutions. Nous devrons nous préparer à accueillir avec le maximum de chance les pays d'Europe centrale, orientale et méditerranéenne, qui se pressent aux portes de l'Union et qui en attendent un surcroît de sécurité et de bien-être pour leurs peuples.

L'Union ne fonctionnera pas à vingt ou plus comme elle le faisait à douze. L'essentiel est qu'en s'élargissant l'Europe ne perde pas sa capacité d'agir. Bien entendu, les futurs élargissements posent beaucoup de problèmes aux actuels pays membres, surtout aux pays contributeurs nets – je pense à l'Allemagne, à la France et à l'Angleterre – qui apportent plus de financements à l'Europe qu'ils n'en reçoivent. Ces trois pays supportent déjà une charge plus importante que les neuf autres partenaires de l'Europe des douze. Et avec ceux qui prétendent à l'adhésion – car chacun a le droit d'être un jour membre de l'Union européenne – il faudra mener bien des discussions complexes, en fonction de la situation économique de chacun, pour que ce ne soit pas nos quelques pays qui aient à supporter tout l'effort économique du redressement européen. Il faut donc discuter de cela très sérieusement. Ce ne sont pas des questions sur lesquelles on puisse faire l'impasse.

Les institutions, elles, doivent être de plus en plus démocratiques. Là-dessus, il n'y a pas de difficultés entre nous. Elles doivent, de plus en plus, tendre à organiser des politiques communes. Voyez comme l'Europe manque aujourd'hui pour tenter de prévenir ou de résoudre les conflits qui se développent ! Voyez ce qui se passe dans l'ancienne Yougoslavie, ce qui peut se passer demain dans d'autres pays ! Je pourrais déjà poser mon doigt sur la carte et dire où cela se passera ! Encore mes prévisions ne seraient-elles pas toujours justes. Il y a là une absence, une carence qu'on ne peut pas reprocher à l'Union européenne puisque ce n'est que depuis Maastricht que l'Europe s'est accordée une responsabilité qu'elle n'avait pas auparavant. Mais on voit bien que le temps presse.

Je ne vais pas vous entretenir de l'Europe de A à Z. Mais, puisque l'on parle de l'Europe et de l'amitié franco-allemande, je veux insister sur le rôle de la presse. La responsabilité des médias, en effet, est très grande dans la perception qu'auront nos opinions publiques de la construction européenne, car c'est maintenant devenu un débat public. Ce n'est plus l'apanage d'un petit groupe, d'une élite, d'une classe sociale, ou d'un groupe socioprofessionnel. Ceux-là ont rendu de grands services dans le passé, car ils ont mis la machine en marche. Mais maintenant, c'est l'affaire de tous, c'est l'affaire des citoyens. L'Europe des citoyens est quand même l'aboutissement final de toutes les organisations techniques et politiques.

J'ai, moi-même, cherché à confirmer cette évolution dans mon pays lorsque à la surprise presque générale j'ai demandé un référendum, qu'aucune règle constitutionnelle n'imposait, pour approuver le traité de Maastricht. Je savais que c'était risqué, comme cela eût été risqué dans quasiment tous les pays d'Europe. L'opinion publique n'est pas toujours formée avec le même soin dont font preuve ceux qui se passionnent ou qui connaissent, par leurs voyages, par leurs relations d'affaires, l'Histoire et qui ont un pressentiment du devenir de l'Europe.

La France s'est donc engagée. Oh, de justesse ! On m'a d'ailleurs objecté que c'était peu. Mais si on avait perdu, on m'aurait dit que c'était la démocratie ! On a gagné : c'est encore la démocratie ! Le peuple français s'est engagé. Cet ouvrage ne saurait être défait par l'action de quelques-uns. On ne peut tout de même pas remettre en cause la parole du peuple à chaque aléa de la politique intérieure.

J'ai confiance dans l'évolution de l'opinion publique même si, tous les trois mois, des sondages, des vagues de ressentiments, des difficultés politiques ou des contestations internationales font que de nombreuses catégories socioprofessionnelles dénoncent l'Europe, le Conseil européen, la Commission... On est tenté de se dire à ces moments-là : « Il ne faudra plus se retourner vers l'opinion, car on risque de voir mise à bas la construction que nous avons édifiée si difficilement ». Mais non, c'est une erreur ! Au contraire, il faut rechercher le débat et la confrontation. La presse, aussi bien audiovisuelle qu'écrite, est en mesure d'apporter à l'opinion les éléments indispensables à sa réflexion.

Nous avons entrepris une œuvre de longue haleine. Ce n'est qu'avec du recul que l'on jugera les progrès accomplis. On passera encore par des phases de découragement et par des phases d'exaltation. L'important, c'est de ne pas perdre le fil. Laissons le temps et l'Histoire décanter l'ordre des choses, faire le tri entre l'essentiel et l'accessoire ! Le Chancelier se souvient, comme moi, de la nature des débats européens il y a dix ans. L'Europe de 1982 était en panne et s'angoissait du passage de dix à douze membres. Aujourd'hui, on débat de souveraineté, de monnaie unique, de défense ; on envisage d'ouvrir l'Union à toutes les démocraties du continent. En bref, l'audace est désormais portée par le rêve et par la connaissance des intérêts communs.

Je veux remercier ceux qui y ont contribué, et notamment le Chancelier Kohl. On peut dire qu'il a été pour moi un compagnon de travail et d'imagination puisque le hasard historique a voulu que nous partagions douze années de responsabilité politique. Je veux que vous sachiez que je suis sensible à ses marques d'amitié et parfois d'affection, qu'elles ne me laissent pas froid ni indifférent. Pour moi, la responsabilité politique ne peut se passer des éléments affectifs. On ne construit pas simplement avec des pierres ou du ciment.

Je raconte quelquefois cette histoire, qui n'est pas de moi : au Moyen Âge, un étranger voit des ouvriers qui mettent des pierres les unes sur les autres. Il s'arrête et demande aux maçons : « Que faites-vous là ? – Eh bien, vous voyez bien, on met des pierres les unes sur les autres ! » Puis il va s'adresser à un autre groupe qui, plus loin, fait la même chose, et pose la même question : « Qu'est-ce que vous faites ? » Et les ouvriers de répondre : « Nous bâtissons une cathédrale ».

C'est toute la différence. Nous avons essayé de bâtir une cathédrale. Merci d'avoir bien voulu le remarquer.

85 – L'appel de Jacques Delors (février 1996)

« *Europe, l'appel de Jacques Delors* », Le Nouvel Observateur, *1-7 février 1996, p. 40-42, propos recueillis par Christine Mital et Robert Schneider. Source :* © Le Nouvel Observateur, *avec l'aimable autorisation du* Nouvel Observateur.

Devant les réactions anti-Maastricht de nombreux représentants de l'élite politique en France et en conséquence des réserves de Jacques Delors lui-même, *Le Nouvel Observateur* publie un *Appel* de Jacques Delors qui ramène à de plus justes dimensions les regrets des pro-européens ou les exagérations tendancieuses des opposants. En effet le traité de Maastricht, en France, était décrit comme la source de « tous nos maux » (Jean Daniel).

*

Le Nouvel Observateur. – Les adversaires de Maastricht se sont emparés de vos toutes dernières déclarations au journal Sud-Ouest, *puis à un journal grec, pour les retourner contre vous. On voudrait laisser croire que vous avez rejoint le camp des eurosceptiques !*

Jacques Delors. – C'est une imposture ! Je n'ai jamais mis en doute hier la nécessité de voter Maastricht, ni aujourd'hui celle de soutenir le traité. C'est une chose, en tant qu'ancien président de la Commission, que de rappeler un certain nombre de refus irresponsables qui m'ont été opposés, c'en est une autre que de préparer l'avenir.

Soyons clair : j'ai exprimé des réserves sur le traité bien avant sa signature. J'ai regretté à l'époque la manière dont il a été présenté et le fait qu'on ait négligé la politique sociale. J'ai aussi regretté le manque de dimension politique, notamment l'irréalisme des dispositions concernant la politique dite étrangère. Bref, avec la PESC (Politique extérieure et de Sécurité commune) on a construit une très belle voiture. Mais on l'a équipée d'un moteur de tondeuse à gazon. Mes réserves ne sont donc pas nouvelles. Mais qui peut oser prétendre qu'elles m'ont empêché de faire une campagne franche et active pour Maastricht ? Eh bien ! Aujourd'hui, je persiste et signe. Je prends le traité tel qu'il est et je le soutiens. Sans réserve.

Peut-être me suis-je trop attardé sur les regrets. Je reviendrai plus tard sur le *Livre blanc* que j'ai fait adopter en 1993 par le Conseil européen. J'avais proposé alors un ensemble de mesures pour soutenir la croissance et la compétitivité, donc l'emploi. Tout le monde a applaudi ! Mais la Commission européenne s'est heurtée à la réticence de la majorité des ministres de l'Économie et des Finances et à l'indifférence de certains chefs d'État et de gouvernement. Bien sûr je ne peux m'empêcher de penser que, si l'on avait mis en œuvre le *Livre blanc*, on serait aujourd'hui dans une bien meilleure situation du point de vue de la croissance et de l'emploi. Mais il n'est pas trop tard pour le faire. Et l'heure n'est pas aux regrets. Comme le dit l'Ecclésiaste, il y a un temps pour le regret et un temps pour l'action.

N.O. – *Pour le moment, deux questions se posent : le respect de la date du 1ᵉʳ janvier 1999 pour la monnaie unique et celui des critères dits de convergence. Les adversaires de Maastricht pensent que le ralentissement de la croissance ne les rend pas crédibles.*

J. Delors. – Je crois surtout que les adversaires de la monnaie unique se saisissent de cet argument pour intensifier leur combat. Et ils ne manquent pas de munitions. Qui sont en effet aujourd'hui les véritables adversaires de Maastricht ? Il y en a de trois sortes. D'abord, les gouvernements qui mènent des politiques économiques réduites aux seules préoccupations monétaire et budgétaire. Et qui repoussent en fait à plus tard la lutte contre le chômage. Ensuite, tous ceux qui ne voient dans l'Europe que le cheval de Troie de la mondialisation. Pour eux et pour les hommes politiques qui les représentent, Maastricht est devenu le bouc émissaire de toutes leurs craintes. Enfin, ceux qui, au nom d'intérêts doctrinaux ou plus simplement financiers, veulent continuer à vivre dans un monde de flottement généralisé des monnaies. Ce sont toutes ces réticences qu'il convient de surmonter. Et d'urgence.

N.O. – *Pour éviter qu'une réduction des déficits n'aggrave encore le ralentissement de l'économie, certains préconisent un recul des échéances de Maastricht.*

J. Delors. – Je le dis solennellement : tout report dans l'application du traité serait une catastrophe. Pas seulement pour la construction européenne mais aussi pour la gestion des monnaies On multiplierait les risques de crise et de spéculation. Je vous rappelle que les négociateurs avaient d'ailleurs prévu un calendrier qui permettait de passer à la monnaie unique dès 1997. Ne ratons pas la deuxième échéance. Jusqu'au 1ᵉʳ janvier 1999 la transition est déjà longue. Et périlleuse.

N.O. – *Valéry Giscard d'Estaing, lui, conseille une interprétation souple des critères de convergence qui conditionnent l'entrée dans la monnaie unique...*

J. Delors. – Mais pourquoi le dire maintenant ? Il sera toujours temps, à la veille de l'échéance, de juger si l'on doit appliquer les critères non pas en niveau absolu mais en tendance. Le traité le laisse entendre d'ailleurs. Très bien ! On verra si l'on a besoin de se servir de cette possibilité. Vouloir assouplir dès maintenant les critères est contre-productif. Il faut maintenir la pression, c'est la meilleure incitation : retrouver le bon équilibre entre monnaie, croissance et emploi. Aujourd'hui, on ne doit avoir qu'un souci : se donner les moyens de respecter Maastricht à la lettre. Il est certain qu'avec une croissance inférieure à 3 % la France accroît ses déficits. Voilà pourquoi il faut agir pour que la panne que connaît actuellement notre économie dure le moins longtemps possible.

Je voudrais quand même rappeler qu'en 1988 beaucoup écrivaient qu'on ne ferait jamais le Grand marché en 1992. On l'a fait. Ce n'était pourtant pas une mince affaire puisqu'il y avait près de 300 décisions à prendre pour la libre circulation des hommes, des biens, des services et des capitaux. Pour faire avancer l'Europe, il faut se fixer des dates, des objectifs, et il faut s'y tenir. C'est une des conditions de la réussite.

N.O. – *Votre vrai remède pour Maastricht, c'est une relance de la croissance ? Pensez-vous, comme le gouvernement, que cela passe par des mesures en faveur de la consommation ?*

J. Delors. – La demande – que ce soit la consommation ou l'investissement – est aujourd'hui trop faible. Je le redis parce que c'est important : le fléchissement actuel de la croissance n'a pas d'explication objective. Nous ne sommes pas à la fin d'un cycle mais au milieu. Le gouvernement a perdu six mois en 1995. Il essaie depuis quelque temps de relancer la machine. Mais l'économie française est un grand paquebot qui ne change pas de route avec des coups de pouce.

N.O. – *Quelles sont alors vos recommandations ?*

J. Delors. – Ce sont plus que des recommandations. C'est un appel. Pour sortir la France de la crise et du pessimisme ambiant. Pour nous remettre solidement sur la voie de la construction de l'Europe. Prouvons dès aujourd'hui que l'Europe, c'est la monnaie mais aussi l'emploi. Que l'Europe n'est pas seulement un marché mais l'un de nos principaux atouts pour nous adapter à la mondialisation, défendre notre protection sociale et notre niveau de vie.

N.O. – *Concrètement, quelle initiative prendre pour que ce plaidoyer ne reste pas un vœu pieux ?*

J. Delors. – En France, il faut créer un climat propice à la reprise de la croissance. Si j'étais le gouvernement, j'inviterais les partenaires économiques et sociaux à une conférence sur la compétitivité, l'emploi et les revenus. Quand j'ai émis cette idée dans mon livre, « l'Unité d'un homme »[78] (1), certains l'ont critiquée en disant que cela faisait années 1960. Mais c'est exactement ainsi que procèdent les Allemands, les Danois et bien d'autres... Et vous verrez, cela va donner des résultats. Certes les conditions ne sont pas les mêmes en France. Mais pourquoi ne pas mettre patrons et syndicats au pied du mur ? Les Français se rendraient compte que l'on tente l'impossible. Ils reprendraient confiance.

Dans cette conférence, on ne parlerait pas seulement de salaires mais aussi d'investissements, de formation, de politique active de l'emploi, de recherche, d'aménagement du territoire... Bien entendu, des actions devraient suivre, la plupart à un niveau décentralisé (entreprises, bassins d'emploi...) Aujourd'hui la grande mode, c'est de considérer qu'il n'y a plus que deux leviers dans une politique économique : le budget et la monnaie. Plus personne ne défend une conception plus globale. C'est une grave erreur que j'ai combattue dans mes cinq dernières années comme président de la Commission.

N.O. – *Estimez-vous souhaitable – ou même nécessaire – que dans le même temps la France prenne une initiative européenne, seule ou avec l'Allemagne ?*

J. Delors. – Il faut que la France retrouve son rôle de tête chercheuse de l'Europe. L'Allemagne, elle, veut avant tout s'assurer que la future monnaie unique sera aussi solide que le mark. D'accord, mais je veux aussi que la monnaie unique produise bien les effets attendus. C'est-à-dire que cette stabilité permette à l'Europe de peser davantage dans le monde, mais aussi dope la croissance et l'emploi. Voilà pourquoi je souhaiterais qu'aujourd'hui, face au « pacte de stabilité » proposé par Théo Waigel, le ministre allemand des Finances, la France propose un « pacte de confiance ». Pas seulement à l'Allemagne. Nous devons discuter avec tous nos partenaires. Certains pays ont fait un effort fantastique – l'Irlande, le Danemark et d'autres – pour réduire leur déficit et le chômage. Sortons de l'élitisme franco-allemand.

N.O. – *Quel serait le contenu de ce « pacte de confiance » ?*

J. Delors. – Les signataires s'engageraient à coordonner véritablement leur politique macro-économique. Ensuite, ce pacte donnerait à l'Union européenne

---

[78] Éditions Odile Jacob (1994).

les moyens financiers, comme je l'avais prévu dans le *Livre blanc*, de réaliser des actions communes en matière d'infrastructure et de développement de secteurs de pointe. Enfin, les signataires prendraient l'engagement que dans le prochain traité l'emploi serait explicitement élevé au même niveau de priorité que la monnaie. Je vous rappelle que lors de la négociation de Maastricht, j'avais proposé que l'emploi fasse partie des critères. Toutes les délégations nationales ne l'ont pas accepté. Elles ont commis une erreur politique, on le voit bien aujourd'hui.

N.O. – *Et si les Allemands ne sont pas d'accord ?*

J. Delors. – Ce n'est pas faire de l'égocentrisme que de dire que je suis très populaire en Allemagne. D'abord parce que personne ne doute, là-bas, que je suis européen ; Ensuite parce que j'ai soutenu dès le premier jour l'unification allemande. C'est précisément l'amitié qui aujourd'hui m'enjoint de parler franchement. Et même brutalement. C'est pourquoi je dis avec solennité à mes amis allemands : « Si vous voulez essayer de vous en sortir seuls et si vous refusez de cogérer avec vos partenaires la politique macro-économique européenne, cela veut dire que vous ne respectez pas l'esprit même de l'union économique et (pas seulement) monétaire. »

N.O. – *Quel serait pour vous le signe que les Allemands seraient prêts à cette cogestion de l'économie européenne ?*

J. Delors. – Les Allemands doivent comprendre que ce n'est pas en menant une politique en solo, même efficace, qu'ils construiront l'Europe. Il faut une réelle coordination entre les politiques nationales. Je n'ai pas de conseil à leur donner, mais j'ai noté celui de l'on ne peut plus orthodoxe Samuel Brittan, éditorialiste du *Financial Times*, qui, récemment, les incitait à une politique monétaire plus souple. Je cite : « L'évolution la plus souhaitable en 1996 [NDLR : pour l'économie européenne] ne serait pas une rupture du lien franc-mark mais un fléchissement de la devise allemande et des monnaies qui y sont attachées, contre un dollar qui reste sous-évalué. » Même si ces sujets sont délicats, il y a là une voie, d'autant que les marchés commencent à anticiper une hausse du dollar.

N.O. – *Et si la Bundesbank fait de la résistance ?*

J. Delors. – La France pourra alors élever la voix. Mais on ne peut être dur que si par ailleurs on a fait soi-même la preuve que l'on était vraiment européen.

N.O. – *Décerneriez-vous aujourd'hui à Jacques Chirac un brevet de « véritable européen » ?*

J. Delors. – Il a évolué depuis son élection à la présidence de la République. Aujourd'hui, son image d'européen est suffisamment forte pour qu'il puisse prendre des initiatives. La France doit maintenant dire quelles sont ses idées pour la construction d'une Europe politique, économique et sociale, d'une Europe dotée d'institutions efficaces et démocratiquement responsables.

[...]

Propos recueillis par Christine MITAL et Robert SCHNEIDER

86 – Les orientations de la France pour la Conférence intergouvernementale de 1996

Remarques sur le Mémorandum sur les orientations de la France *pour la Conférence intergouvernementale de 1996. Source : Parlement européen,* Livre blanc sur la CIG de 1996, *volume II.*

Le *Mémorandum* ne figure pas *in extenso* dans cet article de synthèse mais il est important d'en connaître les principales dispositions résumées par les services du secrétariat du Parlement européen. Dans le *Livre blanc* se trouvent également les prises de positions des autres pays membres de l'Union.

*

Il s'agit d'un document interne du gouvernement français publié dans le quotidien et à la date susmentionnée, et dont l'objectif fondamental est de servir de guide aux travaux du Comité qui se réunit environ tous les dix jours sous la présidence de MM. les ministres De Charrette et Barnier pour préparer en détail la Conférence intergouvernementale. Les points et propositions les plus intéressants de ce document sont les suivants. Pour commencer, le document cite ce qui suit comme *objectifs de la France pendant la CIG* : une meilleure application du principe de subsidiarité, une meilleure association des parlements nationaux à la construction européenne, une plus grande efficacité des institutions, un plus large contenu de la PESC et une réponse aux aspirations de sécurité accrue des citoyens européens par le renforcement de l'action de l'Europe dans le domaine des affaires intérieures de justice. En ce qui concerne les *propositions*, celles-ci s'inspirent d'un réalisme qui implique le maintien de la distinction entre les trois piliers actuels de l'Union européenne. D'autre part, la France considère que la Conférence ne doit pas rouvrir le thème de l'*Union économique et monétaire*, ni discuter à nouveau des *politiques communes*. En ce qui concerne le premier pilier ou pilier communautaire et s'agissant du processus décisionnel au sein du *Conseil*, le document propose deux adaptations : d'une part, introduire une plus grande pondération des voix au sein du Conseil qui tienne compte des facteurs démographiques, économiques et de contribution financière des États membres ; d'autre part, élargir le champ d'application des décisions qui peuvent être adoptées au moyen du vote pour éviter les risques de blocage résultant de l'exigence de consensus. La France considère toutefois que tout État membre doit pouvoir continuer à invoquer, le cas échéant, l'existence d'un intérêt national majeur qui justifie l'ajournement du vote et la poursuite des négociations dans la ligne de ce qu'on appelle le « compromis de Luxembourg ». En ce qui concerne la *Commission*, la France se montre favorable à la réduction des effectifs, afin d'en renforcer la capacité d'initiative et de décision et de faciliter une plus grande cohérence et une plus grande discipline au sein de cette institution. Elle suggère en outre de prévoir des mandats précis et impératifs qui devraient être systématiquement accordés à la Commission afin de mieux définir sa fonction d'application des orientations du Conseil. Par conséquent, la Commission devrait se rendre devant le Conseil chaque fois qu'elle se verrait dans une situation où elle ne pourrait poursuivre les négociations avec les pays tiers sans outrepasser le mandat conféré par le Conseil. En ce qui concerne le *Parlement européen*, la France considère qu'il conviendrait de simplifier les procédures législatives mais sans modifier l'équilibre actuel des pouvoirs dans le Conseil et le Parlement. Elle suggère en outre de fixer un plafond en ce qui concerne le nombre des parlementaires tout en réalisant le projet de procédure électorale uniforme. Enfin, la France considère qu'il conviendrait de garantir le respect de la décision de 1992 sur les lieux de travail du Parlement européen, laquelle prévoit que les séances plénières de cette assemblée se tiennent à Strasbourg. En ce qui concerne les *parlements nationaux*, la France juge qu'il est souhaitable de créer un organe qui rassemble les représentants des parlements nationaux et qui devrait être consulté pour tout ce qui concerne le respect du principe de subsidiarité, étant donné qu'à son sens, les parlements nationaux sont les meilleurs juges sur ce point précis. Selon le document confidentiel en question, la mise en œuvre de ce « Haut Conseil parlementaire » qui comprendrait par exemple deux représentants pour chacun des États membres, pourrait être fixée en institutionnalisant l'actuelle COSAC.

En ce qui concerne le *deuxième pilier ou PESC*, le document en question propose en premier lieu de substituer le système actuel de *rotation de présidence semestrielle du Conseil* par l'instauration d'un « haut représentant de l'Union » qui serait investi d'un mandat de plusieurs années (3 ou 5) et qui pourrait jouer un rôle d'animation et de représentation dans le domaine de la PESC. Ce haut représentant serait désigné par le Conseil européen et devrait mener à bien les tâches qui lui ont été confiées par le Conseil européen lui-même ou par le Conseil des Ministres de l'Union. Pour l'appuyer et lui donner les moyens nécessaires à l'exercice de ses fonctions, le Secrétariat général du Conseil pourrait être renforcé. D'autre part, le mémorandum juge indispensable de clarifier la répartition des tâches entre la PESC, fondée sur la méthode intergouvernementale et le domaine extérieur des politiques communes de l'Union.

En ce qui concerne la *défense commune*, le document considère qu'il faudrait tenter une action dans les trois directions suivantes : préciser les modalités de subordination de l'UEO à l'Union européenne ; prévoir un modèle de prise de décisions spécifiques en matière de sécurité de façon à ne pas paralyser le Conseil ; développer les capacités opérationnelles de l'UEO en introduisant la flexibilité nécessaire pour permettre à certains États membre de s'unir afin d'agir dans le domaine d'une coopération plus avancée.

Concernant le *troisième pilier*, le document suggère de prendre les précautions nécessaires en matière d'*asile et d'immigration* lorsque ces thèmes seront à rapprocher de la sphère communautaire. En matière de *coopération policière*, le document considère que la coopération intergouvernementale actuelle sur ce thème est toujours la formule la plus opportune et la plus adéquate. Par contre, il suggère certaines améliorations en matière de *coopération judiciaire*, et notamment de stimuler le rapprochement des législations civiles et pénales des États membres. À cet effet, il propose d'abord d'accorder à la Commission une capacité d'initiative dans ce domaine, en sachant que cette institution devra agir à cet égard en association avec les États membres. Ensuite, il propose la participation des parlements nationaux lors de l'élaboration des textes législatifs, en associant notamment le Haut Conseil parlementaire à leur préparation lorsqu'ils touchent au droit civil ou pénal de telle sorte que ces parlements ne se bornent pas seulement à intervenir au moment de la procédure de ratification. Enfin, selon le document, il serait opportun de réfléchir aux avantages de l'entrée en vigueur des textes ainsi élaborés sans attendre le dépôt des instruments de ratification de l'ensemble des États membres, selon une formule qui existe déjà en droit international classique.

Finalement, le document en question propose l'insertion d'une *clause générale sur les coopérations renforcées*, afin de permettre aux États membres qui ont la volonté et la capacité de développer entre eux des coopérations plus renforcées de pouvoir le faire. Selon lui, il suffirait pour cela que certains États présentent au Conseil des projets de coopération qui, une fois approuvés par cette institution, seraient considérés comme confirmés par l'Union européenne dans leur ensemble, créant ainsi un schéma qui introduirait la flexibilité nécessaire dans les traités sans diminuer la cohérence de l'Union.

87 – « Notre Europe », d'après Jacques Chirac, juin 2000

Discours du président Jacques Chirac devant le Bundestag à Berlin, 27 juin 2000.

Ce discours a été prononcé devant le Bundestag, récemment installé dans l'ancien Reichstag de Berlin, haut lieu de l'histoire européenne. Il paraît être un écho à celui prononcé par François Mitterrand en janvier 1983. La filiation avec de Gaulle est revendiquée en ce sens que Jacques Chirac célèbre l'entente franco-allemande. Mais est-ce cela seulement l'Europe unie ?

*

Monsieur le Président du Bundestag,

Monsieur le Président Fédéral,

Monsieur le Chancelier Fédéral,

Mesdames, Messieurs les Parlementaires,

et permettez-moi de saluer en particulier les Parlementaires français ici présents.

Merci, Monsieur le Président, pour ce moment fort que ni mes compatriotes ni moi n'oublierons. Merci de m'avoir invité à m'exprimer devant la représentation allemande, ici, dans ce palais qui porte la marque des souffrances de votre pays mais qui, aujourd'hui éclatant de lumière, est l'image de l'Allemagne moderne.

Un demi-siècle durant, plaie béante au cœur de Berlin divisée, abîmée, le Reichstag, jamais reconstruit, demeurait comme le symbole de la douleur et de l'attente de tout un peuple. Comme le symbole d'une Europe déchirée. Et tout naturellement, quand l'Allemagne s'est retrouvée et, à sa suite, notre continent, alors la démocratie allemande s'est réinstallée ici, renouant les fils de l'Histoire, fermant enfin la tragique parenthèse.

Vous l'avez dit, je suis de ceux qui ont toujours espéré et toujours attendu le moment où l'Allemagne retrouverait son unité et sa capitale. C'est dire mon émotion d'être le premier chef d'État étranger à s'adresser, depuis cette tribune, à l'Allemagne tout entière ! L'Allemagne, notre voisin, notre adversaire d'hier, notre compagnon d'aujourd'hui ! L'Allemagne unie ! L'Allemagne chez elle !

Aujourd'hui, je pense à toutes celles et à tous ceux qui ont permis que s'accomplisse le rêve de générations d'Allemands. À ces hommes de conviction et de vision qui ont aidé leur peuple à croire en son avenir. À celles et ceux qui ont donné à la République fédérale, dans la ville des bords du Rhin qui l'avait accueillie, ses institutions et ses valeurs. À celles et ceux qui ont relevé le pays de ses ruines, rebâti et donné au monde, au prix de trésors d'intelligence, de travail, de sacrifices, le témoignage d'une extraordinaire réussite. À celles et ceux qui ont rendu à l'Allemagne sa place au premier rang des nations dans le monde.

Mais d'abord je pense aux hommes d'État qui, chez vous comme chez nous, ont engagé l'historique réconciliation de l'Allemagne et de la France. Quelle audace et quel courage il leur fallut, au lendemain même de la guerre, pour parler entre eux le langage de la confiance et de la coopération. Le prodige est aussi qu'à chaque étape essentielle, nos deux pays aient trouvé les hommes pour consolider le rapprochement et aller toujours plus loin.

Au départ, il y eut Konrad Adenauer et le général de Gaulle qui surent répondre au rendez-vous de l'Histoire et ouvrir, je dirais même, forcer ce chemin que nous parcourons ensemble.

Je pense à Willy Brandt et à Georges Pompidou.

Je pense aussi à Helmut Schmidt et à Valéry Giscard d'Estaing qui ont fait grandir la solidarité franco-allemande et franchir de nouvelles étapes à l'Europe.

Enfin, je veux saluer ici Helmut Kohl et lui dire que l'œuvre immense qu'il a accomplie avec François Mitterrand pour renforcer encore la cohésion et l'identité européennes reste gravée dans la mémoire des Français et des Européens.

Il y a bientôt quarante ans, le général de Gaulle, en visite en République fédérale d'Allemagne, évoquait l'amitié franco-allemande et déclarait : « *Notre rapprochement puis notre Union, événements parmi les plus éclatants de toute l'Histoire, c'est afin d'agir ensemble que nous les avons engagés. L'union, pour qu'existe sur l'ancien continent un môle dont la puissance, la prospérité, l'autorité égaleront celles des États-Unis. L'union, encore, pour, le moment venu, permettre à toute l'Europe d'établir son équilibre, sa paix, son développement. L'union, enfin – ajoutait-il – et peut-être surtout, à cause de l'immense tâche de progrès humain qui s'impose au monde et dont la conjonction des valeurs de l'Europe, en premier lieu des nôtres, peut et doit être l'élément majeur.* »

Mesdames et Messieurs, quarante ans ont passé. Largement réalisée, l'ambition demeure.

La prospérité d'abord. L'Union européenne est aujourd'hui la première puissance économique et commerciale du monde, c'est un géant de la recherche et de l'innovation. La coopération, l'émulation, la synergie franco-allemandes en ont été l'un des plus puissants moteurs. Aujourd'hui, à l'heure où se bâtissent des groupes de taille à l'emporter dans la grande compétition mondiale, Allemands et Français se tournent tout naturellement les uns vers les autres.

Nous avons franchi une étape historique avec l'adoption de l'Euro, projet lui aussi porté dès l'origine par le couple germano-français et qui est une réussite. Avec l'Euro, nous avons consacré l'unification du grand marché européen et nous nous sommes dotés d'un formidable accélérateur des échanges. Nous ancrons dans l'esprit de nos concitoyens leur appartenance à un même ensemble économique et, au-delà, politique et humain. Les Européens ont désormais leur monnaie.

L'équilibre, la paix, le développement de tout le continent ensuite. Le principal témoignage du succès de la construction européenne a été sans doute cette formidable force d'attraction exercée sur ceux des Européens restés si longtemps séparés de nous. La brillante réussite de l'Europe a rendu chaque jour plus absurde et plus insupportable le maintien, à ses portes, de régimes totalitaires et la division de notre continent, et d'abord de l'Allemagne. L'Europe tout entière se souvient de ces heures magiques où, bravant le Mur de la honte, Berlinois de l'Est et de l'Ouest se sont rejoints, lançant aux peuples opprimés le signal de la liberté.

L'Europe enfin, militant et acteur du progrès dans le monde. Ce qui a réuni l'Allemagne et la France et leurs partenaires, c'est bien sûr l'aspiration profonde de leurs peuples à la paix. Mais c'est aussi, et peut-être d'abord, une certaine idée de l'homme, qui a donné au projet européen son horizon de liberté, de dignité, de tolérance, de démocratie. Voilà pourquoi l'appartenance à l'Union vaut adhésion sans réserve aux idéaux et aux valeurs qui la fondent.

Au-delà de ses frontières, l'Union européenne fait entendre sa voix. Elle plaide pour une organisation internationale des échanges plus équilibrée, attentive au mieux-être des individus et respectueuse de la diversité culturelle du monde. Elle plaide pour une véritable solidarité entre pays riches et pauvres et montre l'exemple par une politique active d'aide au développement. Elle plaide, et elle agit, en faveur de la paix et pour que cesse la barbarie.

Je pense bien sûr à notre engagement conjoint en Bosnie et au Kosovo, qui dit bien la signification profonde, pour vous comme pour nous, de notre projet européen. Cette exigence éthique qui nous rassemble et qui justifie à nos yeux que l'Europe, dans le respect de ses alliances, se donne désormais les moyens de poursuivre sa propre politique étrangère et de sécurité.

Ici, au Bundestag, je veux saluer la décision historique des Allemands qui, pour la première fois depuis plus d'un demi-siècle, ont accepté l'envoi de soldats sur un théâtre d'opérations extérieur. Ils l'ont fait au nom du respect de la dignité de chaque homme. L'engagement de l'Allemagne, son rang de grande puissance mondiale, son influence internationale, la France souhaite les voir reconnus par un siège de membre permanent du Conseil de sécurité de l'Organisation des Nations unies !

Mesdames, Messieurs, dans trois jours, la France prendra la Présidence de l'Union européenne. Elle aura la responsabilité de faire aboutir des décisions qui engagent l'avenir. Je pense bien sûr à la première d'entre elles : la réforme, absolument vitale, de nos institutions communes que nous mènerons avec, je le sais, le soutien de nos partenaires allemands.

Elle devra faire progresser d'importants chantiers. Celui de la défense européenne. Nous espérons lui faire franchir de nouvelles étapes, à la mesure des progrès considérables accomplis en l'espace de quelques mois, notamment sous présidence allemande.

L'Europe, nous la voulons aussi plus proche des citoyens. Notre Union, chacun doit pouvoir en mesurer les bienfaits dans sa vie de tous les jours. Alors qu'aujourd'hui, beaucoup d'Européens, c'est vrai, la jugent un peu abstraite, trop éloignée de leurs vraies préoccupations que sont : la croissance, l'emploi et la formation, la justice et la sécurité, la lutte contre le trafic de drogue et contre les filières d'immigration clandestine, l'environnement et la santé, d'autres encore. Dans tous ces domaines, le prochain semestre doit nous permettre d'avancer.

Mais, au-delà de ces échéances immédiates, la responsabilité qui nous incombe, à nous, membres fondateurs, est de poser sans cesse la question du sens et de l'avenir de l'Europe. De ne jamais laisser s'affaiblir notre volonté. Je salue l'esprit profondément européen qui a présidé ici, tout récemment, à la relance d'un débat dont les enjeux sont, au sens propre du mot, existentiels. Un débat qui engage nos nations et nos peuples, leur histoire et leur identité, et qui touche à l'organisation même de nos sociétés, à la volonté et à la capacité des Européens d'aller plus loin dans l'Union. Ce n'est pas rien ! Il est des moments où il faut savoir prendre des risques. Sortir des sentiers battus. La poursuite de la grande aventure communautaire est à ce prix !

Et, je voudrais, ici, à Berlin, éclairer le chemin. Vous faire part de mes convictions. Ouvrir avec vous des perspectives.

Ma première conviction est que l'élargissement de l'Union européenne est une grande ambition légitime et nécessaire. Il est en marche. Ce sera difficile, pour les pays candidats comme pour les États membres. Mais, demain, nous serons trente et plus représentés à Bruxelles, à Strasbourg, à Luxembourg.

C'est un accomplissement ! Pour la paix et la démocratie, enracinées sur notre continent et qui donnent tout son sens à notre aventure commune. Pour les pays candidats, soutenus dans leur combat pour la liberté par l'espoir de nous rejoindre. Pour l'Union elle-même qui en sera plus forte, politiquement et économiquement.

Mais, pour autant, l'exigence est claire. L'élargissement ne sera pas une fuite en avant. Nous ne laisserons pas se défaire le projet européen auquel vous et nous, avec nos partenaires, avons, depuis près d'un demi-siècle, consacré tant de volonté et tant d'énergie. Et qui, en retour, nous a tant apporté, non seulement la paix, mais aussi le succès économique, et donc le progrès social. Qui s'est avéré, pour nous tous, un formidable multiplicateur de puissance. Notre Union ne sera plus tout à fait la même demain. Mais elle ne connaîtra ni dilution, ni retour en arrière. Notre responsabilité est d'y veiller.

Une autre de mes convictions est que le rythme de la construction européenne ne se décrète pas. Il résulte, pour une large part, des progrès, parmi nos peuples, du sentiment d'identité et d'appartenance européenne, de leur « vouloir vivre ensemble » dans une communauté solidaire. Et j'ai confiance car ce sentiment est de plus en plus fort, surtout parmi les jeunes.

Enfin, je crois nécessaire d'éclairer le débat sur la nature de l'Union. C'est déformer la vérité de dire qu'il y a d'un côté ceux qui défendent la souveraineté nationale et, de l'autre, ceux qui la bradent. Ni vous ni nous n'envisageons la création d'un super État européen qui se substituerait à nos États-nations et marquerait la fin de leur existence comme acteurs de la vie internationale.

Nos nations sont la source de nos identités et de notre enracinement. La diversité de leurs traditions politiques, culturelles et linguistiques est une des forces de notre Union. Pour les peuples qui viennent, les nations resteront les premières références.

Envisager leur extinction serait aussi absurde que de nier qu'elles ont déjà choisi d'exercer en commun une partie de leur souveraineté et qu'elles continueront de le faire, car tel est leur intérêt. Oui, la Banque centrale européenne, la Cour de Justice de Luxembourg ou le vote à la majorité qualifiée sont des éléments d'une souveraineté commune. C'est ainsi, en acceptant ces souverainetés communes, que nous acquerrons une puissance nouvelle et un rayonnement accru. Alors, de grâce, renonçons aux anathèmes et aux simplifications, et convenons enfin que les institutions de l'Union sont et resteront originales et spécifiques !

Mais reconnaissons aussi qu'elles sont perfectibles et que le grand élargissement à venir doit être l'occasion d'approfondir la réflexion institutionnelle, au-delà de la Conférence intergouvernementale. Dans cette perspective, je souhaite que nous puissions nous entendre sur quelques principes.

D'abord, rendre l'Union européenne plus démocratique. La construction communautaire a trop été l'affaire des seuls dirigeants et des élites. Il est temps que nos peuples redeviennent les souverains de l'Europe. Il faut que la démocratie en

Europe vive mieux, notamment à travers le Parlement européen et les parlements nationaux.

Ensuite, clarifier, mais sans la figer, la répartition des compétences entre les différents niveaux du système européen. Dire qui fait quoi en Europe avec le souci que les réponses soient apportées au meilleur niveau, au plus près des problèmes. Bref, mettre enfin en application le principe de subsidiarité.

Nous devons aussi veiller à ce que, dans l'Europe élargie, la capacité d'impulsion demeure. Sans cesse, il faut pouvoir ouvrir de nouvelles voies. Pour cela, et comme nous l'avons fait dans le passé, il faut que les pays qui veulent aller plus loin dans l'intégration, sur une base volontaire et sur des projets précis, puissent le faire sans être retardés par ceux qui, et c'est leur droit, ne souhaitent pas avancer aussi vite.

Enfin, l'Europe-puissance que nous appelons de nos vœux, cette Europe forte sur la scène internationale, doit disposer d'institutions fortes et d'un mécanisme de décision efficace et légitime, c'est-à-dire faisant toute sa place au vote majoritaire et reflétant le poids relatif des États membres.

Voilà, Mesdames et Messieurs, les grandes orientations selon lesquelles, je crois, doit s'engager le processus de refondation institutionnelle de l'Union. Le visage de l'Europe future reste encore à dessiner. Il dépendra du débat et de la négociation. Et bien sûr et surtout de la volonté de nos peuples. Mais nous pouvons d'ores et déjà tracer le chemin.

La première étape, incontournable, est la réussite, sous présidence française, de la Conférence intergouvernementale. Ne sous-estimons pas l'importance de cette conférence. Les quatre points essentiels de son ordre du jour, y compris le développement des procédures de coopération renforcée, permettront d'adapter les mécanismes de décision de l'Union à sa composition future. La réussite de la CIG est un préalable indispensable à tout progrès. Aussi, ni vous ni nous ne pourrions nous satisfaire d'un accord a minima, je dirais d'un accord au rabais, qui conduirait l'Union à la paralysie pour les années à venir !

Après la Conférence intergouvernementale, à la fin de l'année, s'ouvrira une période que je qualifierai de « grande transition » au terme de laquelle il faudra que l'Union soit stabilisée dans ses frontières et dans ses institutions. Nous devrons, pendant cette période, mener de front trois grands chantiers.

Celui, naturellement, de l'élargissement. Quelques années ne seront pas de trop pour conclure les négociations d'adhésion et assurer l'intégration réussie des nouveaux États membres.

C'est aussi de l'approfondissement des politiques, à l'initiative de ces pays que j'évoquais tout à l'heure et qui souhaitent aller plus loin ou plus vite. Rassemblés avec l'Allemagne et la France, ils pourraient se constituer en un « groupe pionnier ». Ce groupe ouvrirait la voie en s'appuyant sur la nouvelle procédure de coopération renforcée définie par la CIG et en nouant, si nécessaire, des coopérations hors traité, mais sans jamais remettre en cause la cohérence et l'acquis de l'Union.

C'est de cette façon, naturellement, que se dégagera la composition du « groupe pionnier ». Non pas sur une base arbitraire, mais par la volonté des pays qui décideront de participer à l'ensemble des coopérations renforcées. Je souhaite ainsi que, dès l'an prochain, le « groupe pionnier » puisse s'atteler, notamment, à une meilleure coordination des politiques économiques, à un renforcement de la politique de défense et de sécurité et à une plus grande efficacité dans la lutte contre la criminalité.

Faut-il que ces États concluent entre eux un nouveau traité et se dotent d'institutions sophistiquées ? Je ne le crois pas. Soyons conscients que ce serait ajouter un niveau supplémentaire à une Europe qui en compte déjà beaucoup ! Et évitons de figer des divisions de l'Europe alors que notre seul objectif est de préserver une capacité d'impulsion. Il faudrait plutôt envisager un mécanisme de coordination souple, un secrétariat chargé de veiller à la cohérence des positions et des politiques des membres de ce groupe pionnier, qui devrait rester naturellement ouvert à tous ceux qui souhaitent le rejoindre.

Ainsi l'Europe, dans cette période de transition, continuera-t-elle d'avancer pendant que sera menée la préparation de la refondation institutionnelle.

En effet, et c'est notre troisième chantier, je propose que, dès après le sommet de Nice, nous lancions un processus qui nous permette, au-delà de la CIG, de répondre aux autres questions institutionnelles qui se posent à l'Europe.

D'abord, réorganiser les traités afin d'en rendre la présentation plus cohérente et plus compréhensible pour les citoyens. Ensuite, définir de façon claire la répartition des compétences, vous l'avez souligné, Monsieur le Président et vous avez raison, des compétences entre les différents niveaux de l'Europe. Nous pourrions également réfléchir, dans le cadre de ce processus, aux frontières géographiques ultimes de l'Union ; préciser la nature de la Charte des droits fondamentaux que, je l'espère, nous aurons adoptée à Nice ; et enfin préparer les ajustements institutionnels nécessaires, tant du côté de l'exécutif que de celui du Parlement, pour renforcer l'efficacité et le contrôle démocratique de notre Union.

Cette réflexion préparatoire devra être conduite de façon ouverte, en associant les gouvernements et les citoyens, à travers leurs représentants au Parlement européen et dans les Parlements nationaux. Les pays candidats devront naturellement y prendre part. Plusieurs formules sont envisageables, du Comité des sages à un modèle inspiré par la Convention qui rédige notre Charte des droits fondamentaux.

Et à l'issue de ces travaux qui prendront sans doute quelque temps, les gouvernements puis les peuples seraient appelés à se prononcer sur un texte que nous pourrons alors consacrer comme la première « Constitution européenne ».

Mais pour que la construction européenne avance, c'est d'abord l'amitié franco-allemande que nous devons approfondir sans cesse.

Nos coopérations si nombreuses, si familières, l'étroite concertation politique à tous les niveaux de nos institutions, le riche dialogue de nos cultures, les échanges entre jeunes à la faveur de nos milliers de jumelages comme de nos apprentissages linguistiques, ont tissé un lien unique, irréversible, irremplaçable.

Voici plus d'un demi-siècle que nous travaillons la main dans la main. Entre nous, la réconciliation est acquise. Elle est une évidence. Une réalité de la vie quotidienne si normalement inscrite dans notre paysage que nous n'en percevons plus la dimension propre. Et la nouvelle génération aux commandes la reçoit en héritage après l'avoir apprise dans les livres, sans ressentir la même charge émotionnelle que jadis. Eh bien, retrouvons le souffle, l'élan fondateur ! L'ardente nécessité de notre dialogue ! Donnons-nous les lieux pour se connaître et entreprendre ensemble ! Et c'est ce que j'observais depuis hier, dans les rues de Berlin, en voyant si nombreux les Allemands qui, avec le sourire, faisaient dans notre direction, un geste spontané d'amitié, celui du cœur, que l'on ne retrouve pas souvent dans les voyages officiels et qui m'a beaucoup touché.

Que de traits communs, que de raisons de se porter plus d'attention ! Si nous avons chacun nos traditions, notre histoire, nos qualités propres, qui expliquent sans doute les formes d'organisation que nous nous sommes choisies. Si l'Allemagne est à l'aise dans son fédéralisme qui permet une participation active et vivante des citoyens à tous les niveaux de la vie politique. Et si la France a su conserver, en la modernisant, une tradition unitaire qui contribue à la cohésion de sa communauté nationale, les défis que nous devons relever aujourd'hui sont les mêmes. Ils s'appellent croissance économique et compétitivité, mutations de notre système éducatif, défense de l'emploi, adaptation de nos régimes sociaux à l'évolution démographique, modernisation et maîtrise des systèmes de santé, de sécurité, d'environnement, d'immigration. Il suffirait de parcourir l'ordre du jour de vos assemblées et des nôtres, de suivre parallèlement les débats qui passionnent aujourd'hui nos deux pays, pour mesurer l'intime parenté de nos problèmes et des attentes de nos peuples.

Il nous manque encore, me semble-t-il, ce lieu privilégié où les responsables politiques, économiques, syndicaux, associatifs, représentants des médias, personnalités du monde culturel pourraient facilement se retrouver. Où l'Allemagne et la France en mouvement, avec leurs débats, leurs interrogations, leurs aspirations, se rencontreraient dans toutes leurs composantes. Et je propose qu'une conférence germano-française les réunisse chaque année. Ce serait le grand rendez-vous de nos deux pays où Allemands et Français embrasseraient l'avenir ensemble.

Le monde de l'économie a connu, ces derniers mois, des progrès spectaculaires. Nos grandes entreprises ont noué de nouvelles et puissantes solidarités dans les domaines clés de l'aéronautique, de la chimie, de l'énergie, de l'assurance, des services. Hier soir, le Chancelier Schröder et moi-même nous avons rencontré leurs dirigeants.

Je crois que notre priorité doit être d'encourager davantage encore cette forte dynamique d'intégration entre nos potentiels économiques et faire du tandem franco-allemand le moteur d'un puissant pôle industriel européen. Et j'appelle nos milieux économiques, avec naturellement l'appui de nos deux gouvernements, à créer une fondation où dirigeants et cadres, Allemands et Français, pourraient se rencontrer et mieux connaître – c'est peut-être ce qui nous manque le plus – la culture d'entreprise en vigueur chez l'autre.

Cet esprit de partenariat, nous devons le développer aussi dans les disciplines de l'esprit. Je salue la qualité comme l'importance du dialogue entre nos penseurs, nos artistes. Mais j'ai la conviction que nous pouvons lui faire gagner en intensité, en solidarité aussi à l'heure où nous devons mener ensemble la grande bataille pour la diversité culturelle dans le monde.

À votre initiative, Monsieur le Chancelier, nous avons désormais notre académie franco-allemande du cinéma, dont la première session s'est tenue hier, en notre présence. Dans le même esprit, nous avons engagé une réflexion commune sur l'avenir du livre et sur l'évolution des médias.

Rendons à nos artistes, à nos écrivains, le goût et les moyens de composer et de créer chez l'autre, renouant ainsi avec la prestigieuse tradition européenne du voyage et de l'immersion. Et je propose la création à Berlin, à l'image de ce qui existe à Rome ou à Madrid, d'un lieu où nos créateurs, qui souhaitent chercher l'inspiration dans cette ville en plein renouveau, soient accueillis et trouvent les conditions propices à leur réflexion.

Nous devons cultiver cet esprit de dialogue entre nos peuples en favorisant l'apprentissage de nos langues respectives. Je voudrais, en saluant les membres du Bundesrat ici présents, féliciter tout particulièrement les autorités des Länder qui se sont engagées avec détermination dans cette voie et ont pris des décisions exemplaires. Pour notre part, nous veillerons à ce que la langue allemande garde son statut d'excellence et son rang parmi les toutes premières langues vivantes étrangères enseignées.

Enfin je propose qu'ensemble, en cette année symbolique, nous accomplissions un geste fort en direction de notre jeunesse, en invitant 2000 de nos collégiens et lycéens à conclure leur première année d'apprentissage linguistique par un séjour de découverte du pays, des traditions, de la culture du peuple dont ils ont choisi la langue.

Monsieur le Président du Bundestag,

Monsieur le Président Fédéral,

Monsieur le Chancelier Fédéral,

Mesdames, Messieurs les Parlementaires,

Ce que l'Allemagne et la France ont vécu et subi dans l'Histoire ne ressemble à rien d'autre. Mieux qu'aucune nation, elles saisissent le sens profond de la paix et du projet européen. Elles seules, en forçant le cours des choses, pouvaient, en Europe, lancer le signal du rassemblement. Ensemble, au rythme de leurs retrouvailles et de la volonté de leurs peuples, elles ont fait progresser l'idée européenne.

Elles seules peuvent accomplir les gestes qui porteront l'Europe plus loin, dans ses ambitions, dans ses frontières comme dans les cœurs. Qui feront de l'Union ce grand espace de paix, de droits et de libertés, ce foyer de l'esprit digne de son héritage, cette terre que nos citoyens aimeront habiter, cultiver, faire rayonner ensemble.

Vive l'Allemagne ! Vive la France ! Et vive l'Union européenne.

88 – Discours d'Hubert Védrine, ministre des Affaires étrangères devant le Conseil de l'Europe (2000)

Discours d'Hubert Védrine, ministre des Affaires étrangères, devant le Conseil de l'Europe, 9 novembre 2000, 107ᵉ session du Comité des ministres du Conseil de l'Europe.

Le ministre français des Affaires étrangères se réjouit du retour probable de la Yougoslavie (République de Serbie et Monténégro) au Conseil de l'Europe, gage de la paix enfin retrouvée après les frappes de l'OTAN sur la Serbie de Milosevic[79]. Il brosse aussi un tableau intéressant des activités du Conseil de l'Europe.

*

Strasbourg, 9 novembre 2000

Je salue, au nom des Quinze pays membres de l'UE, la présence parmi nous du nouveau président de la RFY, M. Vojislav Kostunica[80], dans cette enceinte du Conseil de l'Europe qui, depuis sa création, a su incarner et accompagner l'adhésion progressive de l'ensemble du continent européen au respect et à la promotion des Droits de l'Homme et des libertés fondamentales.

Les pays membres de l'Union européenne ont été les premiers à reconnaître et à saluer la victoire, dès les premiers jours qui ont suivi le scrutin, et malgré les manœuvres contraires, de M. Kostunica aux élections du 24 septembre en République fédérale de Yougoslavie.

L'Union européenne a voulu adresser très rapidement un message de soutien au processus démocratique que cette victoire a à la fois symbolisé et rendu possible pour la suite. Ainsi les ministres des Affaires étrangères des Quinze ont annoncé dès le 9 octobre :

– la levée des sanctions visant la RFY depuis 1998, à l'exception des dispositions frappant l'ancien président Milosevic et les personnes qui lui sont associées ;

– des mesures favorisant un futur rapprochement avec l'UE et l'accès aux différents instruments qui peuvent l'accompagner, dans le respect de l'intérêt de tous les pays de la région et du continent tout entier.

Je rappelle également que nous avons engagé le projet de déblaiement du chenal du Danube et de rétablissement de la navigation sur le fleuve, projet qui intéresse toute la région et auquel l'UE contribue à la fois sur le plan multilatéral et sur le plan bilatéral.

Nous nous réjouissons, dans le même esprit, de l'admission de la RFY à l'ONU, intervenue le 1ᵉʳ novembre, qui marque la réintégration de ce pays dans le concert des nations et règle un problème qui hypothéquait sérieusement la coopération régionale que nous appelons tous de nos vœux.

---

[79] La procédure d'adhésion a commencé en septembre 2002.

[80] Leader de l'opposition démocratique de Serbie, il est élu en 2000 président de la République fédérale de Yougoslavie (RFY), face à S. Milosevic. On le présente comme un leader nationaliste et conservateur.

L'expérience acquise par le Conseil de l'Europe dans l'accomplissement de la démocratie, dans son accompagnement et dans la mise en œuvre d'une politique de respect des Droits de l'Homme et de réconciliation peut contribuer à la solution des problèmes que vous affrontez maintenant, et dont vous parliez il y a un instant, Monsieur le Président Kostunica. Nous serons aux côtés de la RFY, dans l'évolution qui est en cours, pour que soient toujours mieux respectées les valeurs et les normes du Conseil de l'Europe.

Plusieurs initiatives, prises récemment, tant par le Secrétaire général du Conseil de l'Europe que par le président du Comité des ministres et le président de l'Assemblée parlementaire du Conseil de l'Europe, ont recueilli d'emblée le plein appui des pays membres de l'Union européenne. J'en veux pour seul exemple cette invitation qui vous a été adressée, Monsieur le Président, à venir à Strasbourg pour participer à nos travaux.

C'est après avoir écouté vos commentaires, vos analyses et vos propositions que je voudrais faire ici quelques réflexions en tant que Président en exercice du Conseil des Ministres de l'Union européenne.

La première concerne le processus à suivre pour intégrer la RFY comme nouvel État membre au Conseil de l'Europe. Le président Kostunica vient de nous dire que ce serait l'une des priorités des nouvelles autorités yougoslaves. Il faut maintenant une demande formelle émanant du gouvernement démocratique de RFY, qui doit être déposée auprès du Secrétariat et enregistrée par le Comité des ministres. Il est clair que cette question de l'adhésion se pose, en termes similaires, auprès de l'OSCE. Nous accueillerons favorablement cette demande, qui sera ensuite examinée selon les procédures normales. Dans l'intervalle, la RFY pourrait se voir attribuer le statut d'invité spécial, tant auprès de l'Assemblée parlementaire qu'auprès du Congrès des pouvoirs locaux, ce qui lui permettrait de développer, au niveau des parlementaires, des contacts avec le Conseil de l'Europe. Auparavant, une relation de travail pourrait être établie avec le secrétariat. À la suite de l'envoi à Belgrade d'une délégation du secrétariat (les 18-20 octobre), un programme global de coopération est en préparation, dont les grandes lignes pourront être discutées avec le nouveau gouvernement fédéral.

Sans préjuger des décisions futures qui seront prises par notre Comité des ministres, je voudrais insister, à ce stade, pour que ce programme s'attache, en priorité, et en coordination avec l'UE et avec l'OSCE[81], à la consolidation des structures démocratiques en RFY et à son intégration progressive dans les institutions européennes. Je crois, disant cela, aller à la rencontre des desiderata exprimés par les nouvelles autorités yougoslaves. C'est pourquoi je propose que soient privilégiés dans le choix des thèmes de coopération les aspects institutionnels, la défense des Droits de l'Homme et la construction de l'État de droit. Pour réaliser ces objectifs, l'ouverture d'un Bureau de représentation du Conseil de l'Europe à Belgrade pourrait être envisagée.

Cette action du Conseil de l'Europe devrait être articulée, pour être la plus efficace possible, avec le nouveau programme CARDS (Community Assistance for Reconstruction, Democratisation and Stabilisation) d'aide aux Balkans dont va se doter l'Union européenne, et dont l'un des objectifs sera notamment la

---

[81]   Organisation pour la sécurité et la coopération en Europe.

création d'un cadre institutionnel et législatif en soutien de la démocratisation, de l'État de droit, des Droits de l'Homme et des minorités[82].

Le Sommet de Zagreb entre l'UE et les pays des Balkans occidentaux va être l'occasion de tirer les conséquences du changement à Belgrade : un des objectifs du Sommet sera de soutenir le processus de réconciliation entre la RFY et les pays voisins et de développer une coopération confiante entre ces pays en vue d'un rapprochement avec l'UE. Plus généralement, ce Sommet sera appelé à réaffirmer, pour toute la région, l'inviolabilité des frontières, le respect des principes de la démocratie et de l'État de droit, la protection des Droits de l'Homme y compris le droit des personnes appartenant à des minorités et la tenue d'élections libres et équitables. Le Sommet devrait, de surcroît, renforcer et faciliter le processus de stabilisation et d'association entre l'UE et les divers pays des Balkans occidentaux.

Je tiens par ailleurs à me réjouir de la décision d'admission simultanée de l'Arménie et de l'Azerbaïdjan au Conseil de l'Europe qui sera, je pense, extrêmement utile pour la coopération régionale dans cette zone de notre activité.

---

[82] 4,65 milliards d'euros ont été inscrits dans le règlement CARDS pour la période 2000-2006. L'Agence européenne de reconstruction est située à Thessalonique.

89 – Les priorités de la présidence française pour l'Union européenne (second semestre 2000)

Présidence française de l'Union, publié dans le Bulletin européen *août-septembre 2000, n° 603-604.*

Le catalogue français pour la présidence de l'Union pouvait-il enthousiasmer les citoyens européens ? Les thèmes chers au gouvernement de Lionel Jospin (socialiste) sont très présents : une Europe proche des citoyens, le modèle social européen, et ce qui s'impose, l'élargissement. C'est sous la présidence française qu'est signé le traité de Nice de décembre 2000 prévoyant l'élargissement de l'Union vers les pays de l'Europe centrale, orientale et méditerranéenne, une Commission européenne de 27 membres, son président choisi à la majorité qualifiée, la repondération des voix au Conseil, la possibilité de pratiquer des coopérations renforcées et un Parlement européen de 732 députés pour 27 pays membres. Les préoccupations de la présidence françaises ont-elles été satisfaites ?

*

Au cours du second semestre 2000, plusieurs questions importantes pour l'avenir des Européens devront être traitées, en particulier pour préparer l'élargissement de l'Union aux pays candidats. Il conviendra, par ailleurs, dans l'esprit des efforts entrepris depuis quelques années, de mieux répondre aux préoccupations des citoyens européens.

Dans ce contexte, trois axes guideront les travaux de la Présidence française :
– concilier modernisation économique et renforcement du modèle social européen,
– rendre l'Europe plus proche des citoyens,
– préparer l'élargissement de l'Union et renforcer la place de l'Europe dans le monde.

Modernisation économique et renforcement du modèle social européen

Modernisation économique et renforcement du modèle social européen doivent aller de pair pour faire de l'Union un espace de croissance et renforcer la cohésion de ses sociétés.

Dans le prolongement des efforts entrepris pour réorienter l'action de l'Union en faveur de la croissance et de l'emploi, le Conseil européen de Lisbonne, en mars 2000, a adopté un certain nombre d'orientations qui doivent promouvoir une économie européenne innovante et compétitive. L'objectif de reconquête du plein emploi à l'horizon de la décennie et la perspective d'une croissance européenne à hauteur de 3 % par an en moyenne sont désormais des objectifs stratégiques de l'Union.

Atteindre ces objectifs implique le renforcement du rôle et de la visibilité politique de l'Euro-11 comme instrument opérationnel de la coordination des politiques économiques, l'enrichissement du contenu des « grandes orientations de politique économique », leur meilleure articulation avec les lignes directrices pour l'emploi, en même temps que la définition de nouveaux objectifs quantifiés en matière d'emploi, mais aussi des progrès en matière d'harmonisation fiscale et dans la mise en place d'un marché financier unifié.

Le Conseil européen de Lisbonne a fixé l'objectif de placer l'Europe à la pointe de la société de l'information, de la recherche et de l'innovation.

Dans ce cadre, la Présidence française s'attachera à la mise en œuvre des décisions prises au cours du premier semestre 2000, concernant notamment : la mise en place d'un brevet communautaire, l'élaboration d'un tableau de bord européen de l'innovation, la création d'un nom de domaine européen « .eu », la création d'un réseau à très haut débit pour les scientifiques et le développement des contenus européens.

En même temps, les politiques permettant un accès égal de tous à la société de l'information seront développées, afin de prévenir l'apparition de nouvelles discriminations : la connexion de toutes les écoles européennes et l'abaissement du coût d'accès à l'Internet, la création et le soutien, par le capital-risque, d'entreprises innovantes.

Une attention particulière sera également accordée à la construction d'un véritable espace européen de la recherche au cœur de la société de la connais et ouvert sur le monde.

La volonté de renforcer le modèle social européen se traduira par l'adoption d'un agenda européen qui sera présenté au Conseil européen de Nice. Il sera élaboré sur la base d'une active concertation sociale au plan européen. Son adoption devrait assurer la visibilité et la cohérence des progrès à réaliser, au cours des 5 à 10 prochaines années, pour une plus grande justice sociale au sein de l'Union.

La protection des droits des salariés dans l'entreprise et l'amélioration de leurs conditions de travail, en particulier l'égalité entre les hommes et les femmes dans le travail, doivent progresser. À cet égard, la France souhaite faire avancer la négociation de la directive sur l'information et la consultation des travailleurs au niveau national.

La lutte contre les exclusions fera l'objet d'une attention particulière de la Présidence française : l'adoption d'objectifs communs de lutte contre les exclusions ainsi que des actions spécifiques dans le domaine de l'accès aux soins et au logement doivent concrétiser cette volonté.

Une Europe proche des citoyens

Rapprocher l'Union de ses citoyens, et renforcer ainsi leur adhésion au projet européen, passe avant tout par des initiatives et des politiques qui répondent davantage à leurs préoccupations quotidiennes.

Le sentiment d'appartenance à une communauté de valeurs et l'adhésion au projet européen susceptible d'en résulter devraient être renforcés, à l'occasion du Conseil européen de Nice, par l'adoption d'une Charte des droits fondamentaux de l'Union.

Dans le même esprit, et conformément aux décisions du Conseil européen de Lisbonne, il convient d'engager les travaux nécessaires pour lever les obstacles qui contrarient encore la mobilité des étudiants, des enseignants et des chercheurs. Dans ce but, la Présidence française visera, à Nice, l'adoption d'un programme de travail permettant de parfaire l'Europe de la connaissance.

Dans quelques domaines qu'elle estime prioritaires, la Présidence française engagera des initiatives concrètes susceptibles d'avoir une incidence positive sur la vie quotidienne des citoyens de l'Union.

La santé, les conditions de vie et la protection des consommateurs : en jetant les bases de l'autorité alimentaire européenne indépendante proposée par la Commission européenne, en faisant progresser la réflexion sur la mise en œuvre du principe de précaution et en adoptant des actions concrètes dans le domaine de l'environnement, par exemple en matière de lutte contre l'effet de serre.

En ce qui concerne la sécurité dans les transports, on cherchera, en particulier, à adopter un ensemble de mesures visant à améliorer la sécurité du transport maritime (renforcement des contrôles communautaires des navires et amélioration des dispositifs de responsabilisation des opérateurs).

Une politique européenne d'asile et d'immigration : en assurant la mise en œuvre concrète des conclusions du Conseil européen de Tampere, notamment en matière de délivrance de titres de séjour de longue durée, de sanctions contre les responsables de l'immigration irrégulière, d'harmonisation des conditions d'accueil des demandeurs d'asile et de renforcement de la coopération policière concernant la sécurité des biens et des personnes. La Présidence s'efforcera par ailleurs de mieux prendre en compte les causes des flux migratoires, en développant une politique coordonnée avec les pays d'origine, et d'améliorer l'intégration des étrangers régulièrement installés dans les États membres de l'Union européenne.

La mise en œuvre d'un espace judiciaire européen est l'une des priorités de l'Union. En prenant appui sur les conclusions de Tampere, la Présidence française s'attachera également à l'adoption de mesures visant la reconnaissance mutuelle des jugements et des décisions pénales et civiles, la création d'Eurojust ainsi que d'un réseau judiciaire européen.

Il faut continuer à être vigilant en ce qui concerne la drogue : en encourageant la coopération européenne, visant notamment à une meilleure prévention des nouvelles formes de toxicomanie et à combattre plus efficacement les trafics illicites.

La circulation de l'euro et le sport constituent deux autres secteurs d'intervention. En ce qui concerne l'euro, il faut veiller à quelques mois de la mise en circulation des pièces et des billets en euro, à poursuivre l'information du grand public. Pour le sport, il faut proposer aux partenaires des initiatives visant à renforcer l'action européenne contre le dopage et à faire reconnaître le rôle social et la spécificité du sport.

Préparer l'élargissement de l'Union et renforcer la place de l'Europe dans le monde

À l'occasion de sa Présidence, la France souhaite contribuer à relever le défi historique de l'élargissement de l'Union aux pays candidats. Elle s'efforcera par ailleurs de mieux affirmer la place de l'Europe sur la scène internationale.

La Présidence française s'attachera à faire aboutir la Conférence intergouvernementale sur la réforme des institutions engagée au cours de la présidence portugaise. Elle s'efforcera d'obtenir, lors du Conseil européen de Nice, des résultats significatifs, notamment sur les trois questions qui n'ont pu trouver une réponse lors de la négociation du traité d'Amsterdam (le format de la Commission, l'extension du champ du vote à la majorité qualifiée, la révision de la pondération des voix dans les décisions du Conseil des Ministres de l'Union), mais aussi sur les mécanismes des coopérations renforcées. Par ailleurs, la Présidence française encouragera la poursuite de la réforme de l'organisation et des méthodes de travail de la Commission et du Conseil.

Les négociations d'élargissement seront activement poursuivies, en ayant pour objectif d'établir à la fin de l'année un bilan précis des progrès accomplis : pour la première fois, le Conseil Affaires Générales aura, le 20 novembre, un débat politique global sur l'état des négociations. La différenciation dans la conduite des négociations permettra de mieux tenir compte de l'état effectif de préparation de chacun des pays candidats et de leurs progrès dans la reprise de l'acquis communautaire.

Enfin, la France estime nécessaire de renforcer le cadre collectif du dialogue avec les pays candidats : au cours de sa Présidence, la Conférence européenne se réunira au niveau ministériel, le 23 novembre, à Sochaux-Montbéliard, puis au niveau des chefs d'État et de Gouvernement le 7 décembre, à Nice.

L'émergence d'une Europe plus forte sur la scène internationale passe par le développement de la dimension de sécurité et de défense de l'Union européenne. Dans cette perspective, la Présidence française se fixe les objectifs suivants :

– renforcer les capacités militaires, en concrétisant, par des engagements nationaux, les objectifs de capacité définis à Helsinki ;
– préparer le passage aux structures politiques et militaires définitives de l'Europe de la défense ;
– mettre en œuvre les décisions relatives aux relations avec l'OTAN et avec les pays tiers ;
– poursuivre les travaux engagés concernant le renforcement des instruments civils de gestion des crises.

La Présidence française s'attachera à développer les partenariats stratégiques de l'Union avec ses voisins, en particulier avec la Russie (un Sommet Union européenne-Russie se tiendra en octobre, à Paris), l'Ukraine (un Sommet est prévu le 15 septembre, à Paris), et avec les pays méditerranéens à travers la tenue, si les circonstances le permettent, d'un sommet euro-méditerranéen qui pourrait suivre la réunion ministérielle dite de « Barcelone IV » à Marseille, prévue le 13 novembre. La France propose également un sommet entre l'Union et les pays des Balkans occidentaux.

Plusieurs autres rendez-vous importants, sous la forme de Sommets, ponctueront les rencontres organisées par la Présidence française avec des partenaires majeurs de l'Union. En plus du sommet avec le Japon (qui a eu lieu à Tokyo le 19 juillet), rappelons que d'autres sommets ont eu lieu : avec l'ASEM (Séoul, 20-21 octobre), la Chine (Pékin, 23 octobre), les États-Unis (Washington, 18 décembre) et le Canada (Ottawa, 19 décembre).

La Présidence française s'attachera à ce que l'Union contribue activement aux initiatives visant à renforcer la stabilité du système monétaire et financier international.

Une attention prioritaire sera accordée aux actions de lutte contre la délinquance financière avec, notamment, l'adoption de la proposition de directive modifiée contre le blanchiment de capitaux. Des travaux communs des Ministres de l'Économie, de l'Intérieur et de la Justice contribueront faire progresser ce dossier.

La Présidence française veillera enfin à la poursuite des efforts entrepris par l'Union pour lancer un nouveau cycle large et global de négociations commerciales multilatérales à l'OMC. Sur la base des orientations définies à Quinze, elle s'attachera à la prise en compte, par ce nouveau cycle, des attentes de la société civile et des pays en développement, dans la perspective d'une mondialisation maîtrisée. Elle soumettra à ses partenaires des initiatives permettant d'améliorer le fonctionnement de l'OMC et la transparence de ses procédures.

90 – Entretien du président de la République, M. Jacques Chirac avec le quotidien *Les Dernières Nouvelles d'Alsace* (février 2001)

Entretien. Source : Dernières Nouvelles d'Alsace *du 5 février 2001. Reproduit avec l'autorisation des DNA.*

Dans cet entretien, on reconnaît l'importance du couple franco-allemand. Jacques Chirac tire aussi des conclusions positives de la cohabitation en matière de construction européenne au terme du semestre de Présidence française qui s'est terminé par le Conseil européen de Nice et la nouvelle définition des institutions européennes dans l'attente de l'adhésion des nombreux nouveaux pays à l'Union européenne.

*

Q – Depuis Blaesheim, le courant passe à nouveau dans le tandem franco-allemand, après une période de crispation. Qu'est-ce qui a débloqué la situation ?

R – Cette rencontre était à la fois importante et utile. Nous étions heureux de nous rencontrer. Nous avions besoin de nous parler, de réfléchir aux prochaines étapes de la construction européenne. Nous avons décidé de renforcer notre travail en commun et de nous concerter encore plus étroitement sur l'avenir de l'Europe, sur l'approfondissement de la construction européenne.

La question, aujourd'hui, est : « Que sera l'Europe à 25 ou à 30 ? Va-t-elle garder sa cohésion ? Y aura-t-il une adhésion des peuples européens ? » Tout cela fera l'objet d'un grand débat démocratique, un débat que j'avais souhaité dans mon discours au Bundestag du 27 juin dernier. Un débat que nous avons décidé à Nice, que nous allons engager le plus rapidement possible, que nous voulons engager.

Q – Un débat qui dépassera les institutions ?

R – Nous devons maintenant dessiner le nouveau visage de l'Europe. C'est un problème d'institutions, bien sûr, mais ce n'est pas qu'un problème d'institutions. L'important c'est ce que nous voulons faire, une Europe continent, une Europe puissance. L'important, ce sont les valeurs que défend cette Europe, ce sont les principes de fonctionnement qu'elle adopte. L'important, c'est l'affirmation de cette communauté de peuples et de nations qui constitue un ensemble vivant de mieux en mieux organisé, de plus en plus solidaire. Alors, intégration, approfondissement, au-delà des mots, c'est une réalité que nous devons façonner et qui est aussi la réponse à la mondialisation qui marque notre temps. Sur cette vision générale, il y a un accord profond entre Français et Allemands.

Q – Êtes-vous sûr que le Chancelier partage cette vision ?

R – Oui. Certes il peut y avoir des difficultés. Au Sommet de Berlin, sous la présidence allemande, nous avions eu des divergences de vues sur les problèmes agricoles et les problèmes de financement. À Nice, nous avons eu des discussions sur la répartition des voix au Conseil. Cela peut se comprendre. En revanche, sur la vision de la construction européenne, nous avons vérifié, au cours de notre discussion de Blaesheim, qu'elle était commune. Avec le Chancelier et le Premier ministre, nous avons décidé de nous voir plus régulièrement, toutes les six à huit semaines. « L'attelage franco-allemand » est indispensable à la construction européenne. Si la France et l'Allemagne tirent à hue et à dia, l'Europe n'avancera pas. Ce n'est pas du tout l'affirmation de je ne sais quel directoire franco-allemand qui s'imposerait à l'Europe, c'est une simple constatation. Si nos deux pays s'entendent, il n'y a pas de frein au progrès de l'Europe. S'ils s'opposent, il y a un risque sérieux de blocage. Ce sera encore plus vrai après l'élargissement.

Q – Il y a deux ans, vous aviez déjà évoqué la nécessité d'une relance.

R – En effet, dès l'arrivée du Chancelier Schröder, j'avais évoqué, en septembre 1998, la nécessité de refonder la relation franco-allemande parce qu'on ne peut pas uniquement fonder une relation sur des souvenirs, il faut la fonder sur une volonté commune, sur des ambitions et sur des espoirs. Je crois d'ailleurs que c'est un sentiment partagé par nos concitoyens, qui sont parfaitement conscients de la nécessité d'avoir un moteur franco-allemand pour assurer une impulsion permanente à la construction européenne.

Q – À Nice, on évoquait un « décrochage » franco-allemand. À Blaesheim, vous avez parlé « d'égalité de droits et de devoirs. » Est-ce dire que l'Allemagne ne revendique plus de poids prépondérant ?

R – Je ne crois pas que ce soit en termes de compétition entre la France et l'Allemagne que se pose le problème essentiel, celui de la construction européenne. C'est en termes de capacité à entraîner l'ensemble européen. Et sur ce point, il n'y a pas lieu, à mon sens, de faire de différence entre la France et l'Allemagne. Notre approche commune de la construction européenne s'enracine dans le passé, mais se fonde d'abord sur les exigences de l'avenir.

Q – À Nice, a été construite une mécanique complexe, à la calculette, avec un système de triple majorité. Est-ce que ce n'est pas trop lourd ?

R – Le système de repondération qui a été adopté à Nice n'est pas aussi complexe que vous le dites. Les deux critères complémentaires ne joueront que très peu en pratique. En fait, ce système est moins lourd que la double majorité que certains de nos partenaires proposaient. Pour le reste, il y a un acquis important : d'abord, les coopérations renforcées. Jusqu'ici, elles étaient inutilisables. Maintenant, elles sont possibles. Un groupe de huit États dans l'Europe de demain pourra, à condition d'être ouvert et de respecter l'acquis communautaire, être un vrai moteur de progrès, montrer la voie, donner l'exemple et entraîner le reste de l'Europe.

Q – Il y a eu d'autres avancées...

R – C'est le cas des majorités qualifiées. Désormais, près de 90 % des décisions communautaires vont relever de la majorité qualifiée. Là aussi, c'est un progrès. On aurait pu aller plus loin encore, mais il y avait des oppositions dans beaucoup de pays. Il faut être réaliste : entre le possible et le souhaitable, il y a toujours le raisonnable et je crois qu'à Nice, on a atteint le raisonnable.

Pour la Commission, nous l'aurions préférée plus réduite, mais la plupart des pays voulaient garder leur commissaire. On risquait d'avoir une Commission démesurée avec l'élargissement. Finalement, elle aura 26 membres au plus. C'est peut-être un peu trop, mais c'est le meilleur compromis. J'ajoute que, dorénavant, le Président de la Commission verra ses pouvoirs renforcés et sera élu à la majorité qualifiée et non plus à l'unanimité. Donc, là encore, progrès.

Enfin, la repondération. Au fil des élargissements, il y avait eu une espèce d'éparpillement de la capacité de décision. La repondération décidée à Nice permet de conserver à l'Europe élargie de demain une vraie capacité de décision.

Q – Un bon bilan pour Nice, donc ?

R – Naturellement, on peut toujours faire mieux, mais ce qu'il fallait, c'est que l'Europe continue d'aller de l'avant, avec un traité qui puisse être ratifié par les quinze pays afin de permettre l'élargissement. D'ailleurs les pays candidats ne s'y sont pas trompés et ont tous applaudi.

Q – Le système de Nice est-il prêt à supporter l'élargissement de l'Europe ? Au-delà, ce grand débat démocratique que vous appelez ira-t-il vers une Constitution européenne ?

R – Ma conviction, c'est que la repondération des voix, la réforme des coopérations renforcées, les progrès de la majorité qualifiée et les décisions prises sur la Commission permettront, sans aucun doute, la gestion de l'Europe élargie. D'ailleurs les Allemands partagent ce sentiment. Maintenant que nous nous sommes donné les moyens d'avancer, il faut préciser notre ambition. Dans mon discours au Bundestag, j'avais indiqué comment je voyais la nécessaire évolution de l'Europe. Les réformes qui devaient être mises en œuvre pour affirmer nos valeurs, celles de la Charte des droits de l'Union, pour mettre en œuvre le principe de subsidiarité et pour simplifier les textes. Tout cela exige un travail de refondation, qui devrait aboutir à l'élaboration d'une Constitution. Vous avez observé que la Déclaration de Nice sur l'avenir de l'Union reprend l'essentiel des propositions que j'avais faites au Bundestag. Or ce sont principalement les Allemands qui sont à l'origine de cette déclaration. C'est dire à quel point l'inspiration était commune.

J'avais parlé aussi au Bundestag d'un grand débat nécessaire, un débat démocratique. Il faut qu'avant de préparer cette prochaine étape, celle de 2004, nous ayons ce débat. Nous devons faire en sorte que l'adhésion des peuples soit plus forte que par le passé. Ce débat doit associer tous les citoyens, le Parlement européen, les parlements nationaux, toutes les forces vives des nations, les associations, les organisations syndicales et professionnelles, les médias, les universitaires, les jeunes.

Il faut organiser ce grand débat pour permettre de sensibiliser, de mobiliser l'ensemble de nos concitoyens, mais surtout d'entendre, parce que c'est souvent la voix de la sagesse, ce qu'ils expriment, ce qu'ils sentent, ce qu'ils ressentent. Autrement dit, il faut démocratiser le débat européen qui trop souvent a été limité à des cercles de fonctionnaires, d'intellectuels, de politiques. Il faut le démocratiser comme on voit se démocratiser, aujourd'hui, le débat sur la mondialisation. Car l'Europe est bien l'affaire de tous. C'est une nécessité, qui répond à l'évolution naturelle de notre société : démocratiser les débats.

Q – Quel bilan tirez-vous des six mois de présidence française ?

R – On a fait un procès injuste à la présidence française. J'ai évoqué les décisions de la Conférence intergouvernementale, qui ont ouvert la porte à l'élargissement. C'était capital : imaginez ce qu'aurait été un échec ! Mais il y a d'autres domaines dans lesquels la présidence française a fait faire à l'Europe des progrès importants. Les Quinze se sont dotés d'une Charte des droits fondamentaux de l'Union. Les progrès en matière de défense ont été considérables. Nous avons adopté l'agenda social, ce qui était loin d'être évident. Nous avons réglé deux problèmes qui étaient des « serpents de mer » : le paquet fiscal et le statut de la société européenne. Nous avons renforcé la coordination des politiques économiques.

Nous nous étions aussi fixé des priorités pour ce qui concerne la vie quotidienne des citoyens européens. Elles se sont traduites dans les faits : adoption des mesures sur la sécurité maritime, plan contre la vache folle et création de l'autorité alimentaire européenne, directive pour lutter contre le blanchiment de l'argent sale, aide à la production audiovisuelle, aide à la mobilité des étudiants, déclaration sur la spécificité du sport... Bref, un ensemble de décisions concrètes. Je remarque qu'il est rare qu'on en prenne autant au cours d'une seule présidence. La France peut être fière de sa présidence.

Q – Les sessions du Parlement européen à Strasbourg ont été tout récemment raccourcies. Un parlementaire allemand s'est étonné, dans les DNA, que la France n'ait pas déposé de recours devant la Cour européenne de Justice. Qu'en pensez-vous ?

R – Je voudrais d'abord vous dire que la France, le gouvernement et moi-même n'accepterions aucune mise en cause du statut européen de la ville de Strasbourg. Je rappelle que nous avons obtenu, lors du Conseil européen d'Amsterdam en 1997, la confirmation du siège du Parlement européen dans la capitale alsacienne et son inscription dans le traité. J'ai mal compris la décision du Parlement. Ses pouvoirs de co-législateur ne cessent d'augmenter. On comprend mal comment les parlementaires européens peuvent concilier cet accroissement de leurs tâches et la diminution de leur temps de travail.

Sur le plan juridique, l'essentiel est que cette réduction, très regrettable je le répète, des sessions plénières ne s'accompagne pas d'un allongement des sessions extraordinaires à Bruxelles.

Q – On s'est inquiété à Strasbourg de la décision prise à Nice de tenir l'essentiel des Conseils européens à l'avenir à Bruxelles. Des rumeurs ont même couru selon lesquelles la France aurait aussi proposé un transfert de sessions parlementaires. Frissons à Strasbourg, vous le comprenez.

R – Il n'y a pas à s'inquiéter. S'agissant des sessions parlementaires, il n'en a jamais été question à Nice. S'agissant des réunions du Conseil européen, la capitale belge, parce qu'elle accueille déjà la plupart des Conseils des ministres, est bien équipée pour cela. Tenir les Conseils européens, plusieurs fois par an, dans des pays différents, pose un problème d'organisation et de coût qui ira croissant avec l'élargissement. D'où la solution raisonnable qui est d'en faire le plus possible là où les équipements existent, c'est-à-dire à Bruxelles. Cela n'est en rien de nature à modifier l'équilibre entre les trois capitales de l'Europe, Strasbourg, Bruxelles et Luxembourg.

Q – Ce frisson strasbourgeois revient régulièrement. Strasbourg et l'Alsace se sentiraient parfois oubliées par Paris dans leur ambition européenne. Ne pourrait-on pas imaginer une région pilote transfrontalière comprenant l'Alsace, le Bade-Wurtemberg et le Palatinat, qui serait un modèle pour d'autres régions transfrontalières qui vont émerger avec l'élargissement ?

R – C'est un sujet qui demande études et discussions avec les pays et les régions concernées. Mais le problème que soulèvent le plus souvent les parlementaires

européens, c'est celui de la desserte aérienne. De nouveaux appels d'offres ont été lancés pour subventionner des liaisons plus nombreuses à destination de grandes villes européennes, suite à une consultation des parlementaires. Ces liaisons devraient être opérationnelles rapidement.

Parallèlement, des travaux sont engagés sur la mise en réseau des aéroports voisins de Strasbourg et sur l'allégement des contraintes du trafic aérien dans cette partie Nord-Est de la France. Soyez assurés de la détermination absolue, à la fois la mienne et celle du gouvernement français, avec l'aide des collectivités territoriales alsaciennes, de faire le maximum pour conforter matériellement le siège strasbourgeois du Parlement européen.

Q – L'Europe de la défense a avancé, à Nice notamment, mais timidement, en raison des réticences britanniques. Croyez-vous que ces avancées lui donnent une vraie autonomie d'action militaire ?

R – Quand, il y a un peu plus de deux ans, j'ai parlé de défense européenne, cela a provoqué un certain scepticisme. Or, rarement projet aura été mis en œuvre aussi rapidement. Et je ne crois pas qu'on puisse parler de réticences britanniques, bien au contraire ! N'oublions pas qu'un des premiers pays avec lequel la France a travaillé dans ce domaine, c'est le Royaume-Uni.

Nous avons pris une position commune, inattendue pour beaucoup, à Saint-Malo. Cette impulsion majeure s'est conjuguée avec les efforts menés depuis longtemps, notamment avec l'Allemagne, qui est notre partenaire traditionnel en la matière.

Le schéma a été défini à Helsinki et les décisions concrètes ont été arrêtées à Nice. Les organes de décision ont été créés. En 2003, nous aurons la capacité de projeter 60 000 hommes et nous avons défini les relations avec l'OTAN. C'est un grand acquis.

Q – La culture est aussi un ciment de l'Europe. L'intention de restructurer et de réduire les centres culturels français en Allemagne va dans le sens contraire. Elle a soulevé beaucoup d'inquiétude en Alsace comme en Allemagne.

R – Le projet actuellement à l'étude au ministère français des Affaires étrangères n'a évidemment pas du tout pour objectif de diminuer nos moyens en Allemagne. Il veut au contraire améliorer leur efficacité, rendre plus compétitifs nos centres culturels, mettre les technologies nouvelles au service de notre rayonnement culturel sur l'ensemble du territoire allemand. Cela suppose une modernisation de notre réseau.

Q – Nice a insisté sur l'échange des enseignants, chercheurs et étudiants. Pour des Européens de 20 ans, que les mécanismes de l'Europe institutionnelle n'enthousiasment pas forcément, n'est-ce pas une bonne porte d'entrée dans l'Europe ?

R – C'est évidemment un élément essentiel de la construction européenne. C'est le retour à une situation que nous avons connue : une grande culture européenne fondée sur la libre circulation des hommes et des esprits.

L'obstacle auquel nous nous heurtons n'est pas matériel, il est linguistique. C'est toujours très triste de voir que, malgré nos efforts conjoints, trop peu de Français parlent allemand, en dehors de l'Alsace, et trop peu d'Allemands parlent français. Nous avons donc un immense effort à faire en matière de langues.

Q – Quel schéma se dessine pour l'Europe : fédérale, intégrée, coopérative ?

R – J'ai remarqué qu'on est friand de querelles sémantiques. Il y a eu la querelle sur la fédération et la confédération, jusqu'à ce qu'on se rende compte que les mots n'avaient pas le même sens en français et en allemand.

On a tenté de lancer le débat sur le mot « intégration ». Cela n'a pas beaucoup de sens. Toute l'évolution européenne est fondée sur l'intégration : depuis la Politique agricole commune jusqu'à l'euro, en passant par le marché unique. C'est, petit à petit, par l'intégration qu'on est arrivé aux progrès de la construction européenne. De grâce, n'ayons pas peur des mots ! Je m'exprimerai à nouveau sur tout cela, au cours de cette année.

J'avais parlé d'approfondissement. Nous sommes là sur la même notion. Ce qui est important, c'est d'approfondir en élargissant, tout en respectant l'identité de chacun. Et surtout que les peuples y soient vraiment associés. Nous sommes arrivés au moment où c'est à eux de manifester leur volonté.

Les peuples sont bien conscients que la paix est essentielle et que le meilleur moyen de la garantir au niveau de notre continent, c'est l'intégration européenne. On voit bien, quand on évoque l'Histoire ou qu'on regarde aujourd'hui les Balkans, le danger de la parcellisation de l'Europe. Les peuples européens veulent aussi la démocratie. Ils ne veulent plus revoir de régimes autoritaires. Vous avez vu le grand soupir de soulagement qui s'est exprimé lorsque Milosevic est tombé ! Il faut donc enraciner la démocratie. Et le seul moyen, c'est de le faire dans le cadre d'une Europe élargie et solide.

Q – Et forte économiquement ?

R – Le progrès économique et social sera d'autant plus facile, rapide, important, que nos économies seront mieux intégrées. Pensez qu'il y a quinze ans, la France avait encore un contrôle des prix, des changes, du commerce extérieur ! Les progrès, dus largement à l'Union européenne, ont été considérables. Ils doivent se poursuivre pour améliorer le niveau et la qualité de l'emploi et pour lutter contre l'exclusion. Et l'élargissement y contribuera.

Un des grands succès de l'Europe des Quinze, c'est ce que l'on appelle la politique de cohésion. Les avantages qu'en ont retirés des pays comme l'Espagne, le Portugal, la Grèce ou l'Irlande ont rejailli sur l'ensemble de l'Europe. L'augmentation du niveau de vie de ces pays se traduit par une augmentation de leur commerce extérieur. Tout cela est lié. Dans l'élargissement de l'Europe, nos concitoyens sentent bien qu'il y a une source de progrès considérable.

Vous le voyez, notre ambition est grande. Une Europe juste et solidaire, une Europe continent, une Europe puissance, une Europe de culture, tout ceci suppose une adhésion forte des Européens. D'où l'importance capitale de la démocratisation du débat sur l'avenir de l'Union. C'est la prochaine étape./.

91 – Nice-CIG : conférence de presse finale de la présidence, 11 décembre 2000

Extraits de la conférence de presse conjointe de Monsieur Jacques Chirac, président de la République, de Monsieur Lionel Jospin, premier ministre et de Monsieur Romano Prodi, président de la Commission européenne, à l'issue du Conseil européen, tenu à Acropolis – Nice – Alpes maritimes, Lundi 11 décembre 2000. Source : présidence de la République.

Le Conseil européen de Nice a-t-il été un grand Conseil ? L'opinion de Jacques Chirac n'est pas nécessairement celle du président de la Commission européenne alors que le premier ministre Lionel Jospin appuie les propos du président de la République. Cohabitation convenue et convergence réelle se mêlent.

*

Le Président – Bien. Cela a été une conférence longue, difficile, qui se termine tard mais qui a réussi. Je disais, en descendant, je faisais une observation au Premier ministre et au Président de la Commission, je leur disais : vous verrez que ce Sommet de Nice restera dans l'histoire de l'Europe comme un grand Sommet, par l'ampleur et la complexité des problèmes qui ont été réglés.

Nous avons, en effet, dans un premier temps, traité toute une série de problèmes touchant à la vie de nos concitoyens, allant de la Charte des droits fondamentaux aux perspectives de l'élargissement en passant par la défense, problème que nous aurons réussi à régler en Europe en moins de deux ans.

C'est vrai pour l'agenda social et toute une série de progrès tels que la décision sur l'Autorité européenne alimentaire, pour la sécurité maritime avec les mesures qui ont été prises et qui seront définitivement confirmées lors du Conseil des Ministres des Transports du 21 décembre, la déclaration sur les services d'intérêt général et vous savez l'importance que la France y a attaché, la déclaration sur la spécificité du sport que nous avons dû négocier longuement, face à certains partenaires qui, n'ayant pas exactement la même sensibilité, n'étaient pas favorables à la reconnaissance de cette spécificité. Les ministres des Sports ont fini par aboutir aussi à un résultat. C'est vrai pour les régions ultra-périphériques où, grâce à l'action déterminante du Président de la Commission, des propositions ont pu être faites, puis qui sont satisfaisantes. C'est vrai pour le sommet de Zagreb qui aura permis à l'Europe de reprendre sa place et ses responsabilités dans cette région des Balkans.

La CIG. C'était là aussi un exercice difficile. Nous avions échoué à Amsterdam et là on touche aux choses les plus délicates, celles qui font mal, les plus sensibles. Alors, chacun est à la fois prudent, voire agressif et finalement, à force de discussion, d'argumentation, nous avons réussi à obtenir un résultat convenable, mieux que convenable d'ailleurs, un bon résultat. Et c'était important pour pouvoir poursuivre les travaux permettant de tenir nos engagements à l'égard des pays candidats dans le cadre de l'élargissement.

À la suite de cet accord, la Commission pourra continuer à jouer son rôle avec efficacité. Elle aura un nombre de commissaires inférieur à 27, avec un système de rotation égalitaire avec, naturellement, une période de transition jusqu'en 2010 et avec des pouvoirs renforcés, très renforcés pour le Président. Ce que nous souhaitions. J'ajoute que, dorénavant, le Président sera désigné par le système de la majorité qualifiée. Cela aussi c'est un progrès.

Des progrès significatifs ont été faits dans le domaine du vote à la majorité qualifiée. Oh ! je sais bien que tout n'a pas été fait mais ces choses-là évoluent avec une sage et nécessaire lenteur. J'entends parfois certains dire : « ah ! on n'a pas suffisamment d'ambition, il n'y a qu'à faire ceci, il n'y a qu'à faire cela ! « Mais faire l'Europe, c'est naturellement obtenir d'un certain nombre de chefs d'État et de gouvernement, en liaison avec la Commission, des progrès mais c'est aussi faire ratifier ces progrès par les populations. Alors, ceux qui prétendent confondre hâte et précipitation font du bien mauvais travail, dans la mesure où ce qui n'est pas accepté par les populations conduit à un rejet de l'Europe. Et on ne fera pas l'Europe sans les Européens.

Je prends un exemple, dont le Premier ministre parlera certainement tout à l'heure. Nous avons, dans notre tradition, une identité culturelle qui nous conduits à être très attentifs à conserver nos libertés de manœuvre. Alors, naturellement, certains de nos partenaires nous disaient : mais, enfin, c'est ridicule. Non, ce n'est pas ridicule, c'est notre culture. Et si l'on veut la bousculer, le seul résultat, ensuite, c'est l'idée européenne qui sera repoussée. Donc, la construction européenne, c'est tout un art, c'est l'art du possible. C'est d'ailleurs celui, en règle générale, de la politique, animé bien sûr par une vision, animé par la volonté de dominer les choses et les événements mais aussi par l'art de respecter les hommes, sinon cela risque de ne pas marcher.

Donc, en matière de majorité qualifiée, nous n'avons pas été aussi loin que certains l'auraient souhaité, notamment le Président de la Commission, et je le comprends bien sûr parfaitement et je l'approuve parfaitement, mais on a tout de même fait des progrès substantiels.

Enfin, nous avons fait un accord, nous sommes arrivés à un accord, c'est ce qui a été peut-être le plus délicat, pour la repondération des voix, qui est un accord pour une repondération significative des voix. Vous savez que nous avons toujours pensé que notamment dans le cadre de l'élargissement, il était indispensable de retrouver une repondération qui donne tout de même un peu plus la place qui doit être la leur aux pays les plus peuplés. Non pas du tout que ces pays soient plus importants que les autres, naturellement, j'aurai l'occasion certainement d'en dire un mot tout à l'heure, mais simplement parce que c'est tout de même une exigence de la démocratie que l'on tienne au moins un peu compte de la population.

Et, enfin, nous avons, et ça c'était une chose à laquelle, vous savez, la France tenait beaucoup et qui au début, il y a quelques mois, était considérée comme inatteignable, nous tenions beaucoup à pouvoir mettre en œuvre des coopérations renforcées parce qu'avec une Europe à 27 on ne peut pas exclure, naturellement, l'hypothèse dans laquelle les gens ne soient pas toujours aussi motivés qu'on le souhaiterait. Et les coopérations renforcées donneront la possibilité à l'Europe d'avoir une sorte de moteur, d'entraînement, qui montrera la voie et qui convaincra les autres de suivre et de s'associer. Naturellement, il va de soi que ces coopérations renforcées obéissent à deux règles. La première, c'est qu'elles sont ouvertes, toujours, et à tous, et la deuxième c'est qu'elles respectent intégralement l'acquis communautaire, cela va de soi.

Donc, voilà ce que nous avons fait pendant ces trois journées de travail intensif et, je le répète, je suis tout à fait persuadé que ce sommet restera dans l'histoire européenne comme un grand sommet réussi.

Je pense que le Premier ministre a un certain nombre d'observations à faire, ainsi que d'ailleurs le président de la Commission, après quoi, naturellement, nous vous donnerons la parole.

Le Premier ministre – Merci, monsieur le Président. Je voudrais d'abord dire que je suis heureux ce matin, heureux pour l'Europe, heureux aussi pour la France qui a joué son rôle, répondu à sa responsabilité. Nous avons eu l'occasion de souligner avec le Président, et le Président vient de le refaire à nouveau, les résultats qui avaient été obtenus sous la présidence française par les quinze sur un certain nombre de dossiers importants, je ne les rappelle pas, ils viennent d'être évoqués et nous vous avons rendu compte par nos conférences de presse, les ministres ou le président et moi-même de ce qui avait été accompli.

Mais au fond, dans la perspective de ce Conseil européen de Nice, tous ces résultats étaient comme surplombés par la perspective de réussir ou de ne pas réussir la conférence intergouvernementale. On nous disait, oui sans doute, vous avez fait avancer tel ou tel dossier, la société européenne, la fiscalité de l'épargne, l'agenda social, toutes les questions qui ont été réévoquées par le Président, mais qu'est-ce que vous allez faire à l'occasion de ce rendez-vous ?

Ce rendez-vous était stratégiquement placé, il se trouve que cette conférence intergouvernementale tombait sous présidence française, que ce dossier était extraordinairement complexe, que nous avons mesuré à travers ces heures et ces heures de négociations, de discussions, d'écoute, de propositions, à quel point les visions étaient souvent différentes où les intérêts nationaux très marqués et que nous ayons réussi, grâce à l'aide de tous et avec la Commission, à dénouer cette négociation, à la nouer, puis à la dénouer positivement est une très bonne chose.

C'est un paquet équilibré qui a été finalement accepté après des propositions que nous avons faites et que nous avons dû modifier, changer, pour obtenir un résultat, et à cet égard, je crois qu'il faut saluer, puisque vous le saviez, il y a eu un moment d'attente, il faut saluer l'effort qu'à fait le Premier ministre belge, Guy Verhofstadt au dernier moment, pour permettre que l'accord qui s'esquissait à 14 puisse devenir un accord complet. C'est, je crois, un vrai accord de substance dans la mesure où sur les mêmes questions nous n'avions pas pu réussir, malgré les talents de Wim Kok, il y a trois ans et demi à Amsterdam. C'est un accord qui ouvre la voix à l'élargissement, c'est en ce sens que je disais qu'il était stratégiquement placé et, si nous n'avions pas réussi ce matin, même très tard et donc très tôt, je pense que pour l'élargissement, pour tous les candidats à l'adhésion, tous ceux qui attendaient les résultats de Nice, cela aurait été une très mauvaise nouvelle.

Bien sûr, ce paquet aurait pu être plus ambitieux, nous étions de ceux qui le souhaitions, notamment en matière de majorité qualifiée et dans les champs dans lesquels on nous attendait, peut-être un peu sur la réserve, nous avons bougé, évolué, fait des compromis tout en veillant, bien sûr, à défendre des conceptions, qui sont pour nous fondamentales et qui le sont d'ailleurs pleinement.

Je crois donc que c'est un bon travail qui a été fait, je ne vais pas en rappeler les différentes données, le Président vient de le faire, et puis nous aurons peut-être l'occasion de répondre à vos questions. Mais je pense que nous avons pu faire cette réforme nécessaire des institutions européennes, peut-être pas avec l'ambition, la rigueur que nous pouvions souhaiter, mais je pense que si vous mesurez ce qu'aurait été un échec à ce moment, vous pouvez aussi apprécier l'importance de ce qui vient d'être décidé, même si on peut, les uns et les autres, se fixer naturellement des objectifs plus ambitieux. De toutes façons, ce traité ne sera pas le dernier dans l'histoire de l'Europe, mais il était absolument indispensable de réunir les conditions de la signature de celui-ci.

M. Romano Prodi – Bonjour à vous tous et à vous toutes,

Comme l'a dit le Président Chirac, après des intenses journées de négociation, nous avons pu en arriver à cet accord sur ce Traité de Nice.

C'est un bon accord. Ce matin, nous avons pu conclure ce sommet en applaudissant. Cela a été un sommet majeur, intéressant. Je dois remercier le Président Chirac et le Premier ministre Jospin des efforts et des capacités qui ont été les leurs lors de la gestion de ces négociations.

Vous n'ignorez pas que l'ambition de la Commission était particulièrement élevée et certainement plus que celles des autres chefs d'État et de Gouvernement. Aussi bien moi-même que Michel Barnier, que je remercie pour son travail remarquable.

Nous nous étions fait l'interprète des fortes demandes du Parlement européen. Nous ne vous cacherons pas que, de ce côté-là, c'est vrai que je regrette un peu de ne pas en avoir fait plus. Nous avons tâché, simplement, d'atteindre le meilleur résultat possible. Je crois que nous pouvons nous satisfaire des résultats obtenus. C'est vrai que les ambitions de la Commission étaient élevées. Alors, c'est vrai que nous sommes un tout petit peu déçus parce que nous aurions voulu en faire plus.

Mais ce qui a été décidé relève d'une grande importance. Pourquoi ? Parce que les conditions existent maintenant. Conditions qui permettront de lancer le processus d'élargissement et nous pourrons même le faire dans le cadre d'un calendrier conforme à nos intentions, peut-être même plus rapide. Les travaux d'Amsterdam sont maintenant conclus. Il n'y a plus de « left over » à Nice.

Nous avons aussi décidé de lancer le grand débat sur les finalités de l'Union et de traiter des questions qui sous-tendent nos travaux. Le processus post-Nice confirme bel et bien que notre action d'intégration est vive autant que forte et que la Commission, dans ce sens également, jouera son rôle qui est celui de déployer le maximum d'efforts.

Il est une conquête importante de ce Traité, c'est la coopération renforcée. J'avais demandé à ce qu'elle soit incluse à l'ordre du jour et elle est maintenant intégrée de plain-pied dans le Traité. Son fonctionnement est rendu plus souple et ceci à tous ses niveaux. Les pays qui le désireront disposent à présent d'un instrument efficace, souple, ouvert à tous les États membres pour aller vers une intégration de plus en plus intense. La Commission profitera de cet instrument.

Nous avons également développé le vote à la majorité qualifiée, même si nous aurions voulu aller plus loin. Des secteurs importants ne seront plus décidés à l'unanimité. C'est plus particulièrement vrai pour ce qui est de la politique commerciale. Ce que je veux dire, c'est que l'Union sera à même de traiter d'une manière plus efficace au plan international.

Le rôle de la Commission s'est vu renforcé également. Nous avons pu adopter une formule à deux étages. L'étage actuel puis l'étage futur, lorsque l'élargissement deviendra réalité. De toute façon, nous pourrons toujours jouer notre rôle avec efficacité.

Le Président Chirac vous a déjà présenté certains détails sur le système de repondération. Nous n'y reviendrons pas. Mais il s'agit d'un système qui rend possible un processus décisionnel rapide et efficace.

Nous disposons maintenant du Traité. Il faut convaincre les peuples de l'Europe que ce Traité représente un pas en avant décisif pour nos travaux. Il nous faut donc lancer, à partir de maintenant, le processus de ratification qui, étant donné l'état de complexité de la vie politique de beaucoup d'États membres, ne rendra pas les choses faciles. La position du Parlement européen va également largement influencer les choses.

J'aimerais maintenant conclure. L'élargissement, à ce jour, dispose de ses propres règles qui lui permettront d'être mis en œuvre d'une manière efficace. Je crois aussi qu'à partir de maintenant, nous pourrons lancer des travaux sérieux et forts.

Je ne peux que noter, cela sera ma conclusion, un certain regret. En effet, l'extension des votes à la majorité qualifiée ne s'est pas faite dans certains secteurs pourtant essentiels de notre vie politique. Mais on nous a opposé certains veto insurmontables sur lesquels nous n'avons même pas pu discuter, ceci malgré la bonne volonté de beaucoup.

Nous devrons réfléchir à cela dans l'avenir. Nous devrons expliquer le pourquoi et le comment de ces moments de notre vie européenne. Croyez bien que la Commission, de son côté, fera tout ce qu'il lui sera possible pour faire avancer ces travaux de stimulation et de contrôle au nom de l'intérêt général européen.

Merci à vous tous et merci à la Présidence française, qui a rempli ses tâches d'une manière efficace. Tâches, je le répète, extrêmement difficiles et complexes. Merci.

92 – Alain Lipietz – Le vrai fiasco de la présidence française

Source : Le Monde *13 décembre 2000. Reproduit avec l'autorisation du journal* Le Monde.

Ce témoignage d'un député européen vert français très médiatique n'est pas étonnant puisque le Conseil européen de Nice n'a pas abordé les dossiers essentiels à ses yeux. L'Europe unie n'est pas assez sociale, elle est trop libérale, elle a oublié l'État-providence, elle renie l'écologie et abandonne l'intégration fédérale au nom des intérêts des États.

*

Le bilan de la présidence française du Conseil européen ne se mesure pas seulement au caractère insipide d'une Charte des Droits qu'on voulait fondamentaux, ni à la maigreur des réformes institutionnelles, salmigondis intergouvernemental écartant le vote à la majorité et le contrôle des eurodéputés sur les sujets décisifs, qui laisse une Europe ingouvernable et donc incapable de s'élargir. Il se mesure surtout à l'immense inquiétude de la plus grande manifestation syndicale paneuropéenne de l'histoire. Il se mesure aux trains bloqués aux frontières par la police française, en totale violation du droit de libre circulation, et à la rage des jeunes « anti-mondialistes », assimilant « Seattle, Prague et Nice » : l'OMC, le FMI et l'Union européenne. L'Europe, que nous avions rêvée patrie en formation, gouvernée par le suffrage universel, ainsi ravalée au niveau des officines anonymes de l'ultra-libéralisme globalisé : là est le plus terrible échec.

Il ne suffit pas d'incriminer, comme la presse étrangère, la proverbiale arrogance sur fond d'amateurisme des Français, incarnée par J. Chirac et P. Moscovici. Ni les pièges d'une cohabitation où chacun était persuadé que tout succès commun ne profiterait qu'au concurrent. Le mal est plus profond : la France politique n'a pas encore vraiment choisi l'Europe comme vecteur du bien commun.

Souvenons-nous. L'accord Verts-PS de 1997 n'a pu se faire que parce que la nouvelle direction socialiste, autour de Lionel Jospin, avait rejeté la confiance béate dans le traité de Maastricht et ses « critères » monétaristes : l'Europe serait sociale et écologique ou ne serait pas. Chez les euro-députés Verts, nous les Français étions relativement confiants : « Avec la présidence française, Martine Aubry, nos 35 heures, vous allez voir ! »

On a vu. Martine Aubry, fait sans précédent, quitter la présidence du Conseil européen des affaires sociales en pleine bataille, sans soulever aucune objection. En réalité, le scepticisme à l'égard de Maastricht cachait un scepticisme de fond vis-à-vis de l'Europe elle-même comme outil et arène du progrès social. Constat annoncé par le rejet à peine poli de la déclaration « fédéraliste » de Joshka Fisher, et qui se vérifie dans les autres domaines. Ainsi de la sécurité maritime : après avoir retardé de six mois l'examen des rigoureuses propositions de la Commission de Bruxelles, le ministre des Transports communiste J.-L. Gayssot, qui, lui, n'est pas tenu à la règle de l'unanimité, permet, pour obtenir quand même le consensus, de graves concessions aux pays qui défendent les intérêts de leur flotte. Le Parlement européen, expression directe de la volonté majoritaire des peuples européens, rétablit les mesures les plus urgentes, mais au prix d'un nouveau retard pour la sécurité de nos plages et de nos mers.

Ici se joue la crise de l'Europe : dans cette complicité des gouvernements pour la maintenir enfermée sous le règne de l'unanimité. C'est-à-dire comme une alliance principalement commerciale gouvernée par des traités intergouvernementaux, négociés à l'abri du regard des élus, au nom de la jalouse défense de « l'intérêt national ». Or (comme le criaient jadis ceux qui aujourd'hui se disent antimondialistes), « l'intérêt national, c'est l'intérêt du capital ». L'intergouvernementalité, l'unanimité, le droit de veto, c'est le droit pour la City londonienne et le Luxembourg de bloquer l'imposition des capitaux baladeurs jusqu'à ce que la Suisse en fasse autant, le droit pour la Grèce ou le Danemark de bloquer le contrôle des poubelles flottantes, le droit pour l'Espagne de bloquer l'écotaxe contre l'effet de serre, le droit pour la « troisième voie » britannique de bloquer les avancées sociales, etc. La faiblesse de l'Europe n'est pas son « excès d'intégration », mais la possibilité laissée à la Grande-Bretagne ou aux Pays-Bas de miner la belle résistance de Dominique Voynet au sabotage par les États-Unis du traité contre l'effet de serre.

Et le nœud de notre tragédie, c'est que cette évidence (qui explique le paradoxe que l'Europarlement, à majorité de droite mais sous le contrôle des électeurs, vote quand même des textes plus progressistes et écologistes que le Conseil européen, composé d'une majorité de gouvernements sociodémocrates) n'est pas pleinement perçue par les forces progressistes françaises, ni à gauche, ni « à la gauche de la gauche ». Ainsi, le mouvement « contre la mondialisation libérale », au lieu de s'étiqueter « anti-libéral », se proclame « anti-mondialiste », s'arc-boutant sur la ligne Maginot du droit de veto national contre une Union européenne perçue comme une déclinaison locale de l'Organisation mondiale du commerce.

Cette « gauche de la gauche » s'est déchaînée à Nice contre la médiocrité de la Charte des droits et contre le passage à la règle majoritaire de l'article 133 régissant les traités commerciaux. Que la Charte soit médiocre, cela ne fait aucun doute. Cinquante ans après les Grandes Chartes de l'ONU et du Conseil de l'Europe, elle réduit le célèbre « droit au travail » à un « droit à l'accès à un bureau de placement gratuit », et résume un demi-siècle de lutte des femmes pour le droit au divorce et le droit sur leur propre corps à un « droit de se marier et de fonder une famille ». Mais c'est justement la règle de l'unanimité, le droit de blocage accordé aux gouvernements les plus conservateurs qui en est responsable !

L'article 133 a certes permis à la France de rejeter unilatéralement l'Accord Multilatéral sur les Investissements préparé par l'OCDE. Son passage à la règle de la majorité du Conseil est réclamé par le commissaire Pascal Lamy. Or ce commissaire incarne par excellence la connexion intime entre la construction libérale de l'Europe et sa dissolution dans le libre marché mondial. Sa capacité stupéfiante à proposer à Seattle les abandons qu'en Europe, face aux eurodéputés et aux organisations non-gouvernementales, il s'était engagé à refuser, est encore dans les mémoires. Mais faut-il pousser l'anti-lamysme jusqu'à l'illusion nationaliste que les services publics et la diversité culturelle seraient mieux défendus petit État par petit État ? Oui, l'Europe doit faire bloc quand les rapports de force mondiaux sont en jeu. Et oui, son Parlement doit pouvoir contrôler rigoureusement que les accords entre l'Europe et le reste du monde ne compromettront pas les avancées d'un modèle européen original, démocratique, social et écologiste – en particulier en matière de culture et de service public.

Il faut aujourd'hui redresser la barre. La duplicité des « libéraux-européens », les concessions de ceux qui acceptent n'importe quoi plutôt que de « ralentir la construction européenne (quelle que soit sa direction) », n'ont fait qu'alimenter la paranoïa de ceux qui ne voient dans toute avancée européenne qu'un mauvais coup de la mondialisation. Il nous faut une Constitution européenne pour rendre la parole aux citoyens et citoyennes d'Europe. Et que les forces sociales qui s'opposent à la globalisation libérale s'emparent de la construction européenne comme jadis les forces progressistes opposèrent l'édification d'un État-providence à la toute-puissance du marché. Pour être vraiment social et écologiste, il faut aujourd'hui être vraiment européen. Pour faire aimer l'Europe, il faut définir une Europe digne d'être aimée.

Finalement, que le syndicalisme européen et les mouvements sociaux aient été les véritables vedettes de Nice est la meilleure nouvelle de ce sommet.

93 – La Fédération d'États-nations
de Lionel Jospin, 28 mai 2001

Discours prononcé le 28 mai 2001 par Lionel Jospin, premier ministre.

Dans ce discours très attendu, le premier ministre socialiste brosse les traits fondamentaux de la politique européenne du gouvernement, comme une sorte de programme pour l'avenir. Il faut répondre à la question des élargissements prévus depuis 1997, confirmée à Nice. Son intervention a été longuement réfléchie et se présente sous la forme d'une construction logique et travaillée. Est-elle satisfaisante pour ceux qui attendent une relance de l'idée européenne ? Il évoque une communauté de valeur et de destin, l'Europe-puissance, et de nouvelles institutions dans le cadre d'une fédération d'États-nations et d'un espace public et politique européen.

*

Mesdames, Messieurs,

En cinquante ans, l'Europe s'est faite. Elle vit en paix, la démocratie règne, notre mode de vie séduit.

L'Union européenne a encore progressé récemment. La croissance a repris. Le chômage reflue. Dans moins de huit mois, l'euro sera une réalité concrète pour 300 millions de citoyens européens. La défense européenne se met en place. L'Union réaffirme sa dimension sociale. Elle se donne des instruments pour protéger la santé et l'environnement. Le Gouvernement français est fier d'avoir contribué à ces évolutions.

Pourtant un certain désenchantement et des incertitudes se font jour, au sein des peuples comme chez certains responsables politiques. Et il est vrai que l'avenir de l'Europe soulève des questions légitimes. L'Europe ne risque-t-elle pas de se défaire si elle s'élargit jusqu'aux frontières de son continent ? Comment l'ouvrir à la mondialisation sans diluer son identité ? Pour réformer ses institutions, doit-elle estomper le rôle des Nations ? Comment faire pour que les citoyens de l'Union s'approprient l'Europe ?

Attentifs à ces interrogations, les Chefs d'État et de Gouvernement, réunis l'an passé à Nice, ont décidé d'engager une réflexion en profondeur sur l'avenir de l'Union élargie. Les citoyens européens sont invités à y participer. Nous avons décidé d'ouvrir ce débat en France. C'est dans ce cadre que j'inscris mon propos d'aujourd'hui. Il est la contribution du responsable politique que je suis à cette réflexion.

Je suis Français. Je me sens Européen. Je veux une Europe qui affirme son identité, qui réponde mieux au désir de ses peuples, qui se fasse exemplaire dans le monde.

C'est pourquoi le débat ne doit pas porter uniquement sur la question des institutions et de leur réforme. L'Europe est d'abord un projet politique, un « contenu » avant d'être un « contenant ». L'Europe n'est pas faite seulement de règlements, de directives ou de contentieux. Elle est d'abord une œuvre de l'esprit, un modèle de société, une vision du monde. L'idée européenne inscrite dans la réalité : voilà ce qui compte pour moi. L'Europe que j'aime, celle que je veux avec tant d'autres accomplir, a un projet de société (I), une vision du monde (II), une architecture politique (III).

I. L'Europe doit affirmer un projet de société

Jusqu'à une période récente, l'essentiel des efforts de l'Europe s'est concentré sur la mise en place de l'Union économique et monétaire. Nous en avons tiré de réels bénéfices. Mais il nous faut maintenant élargir la perspective, sous peine de réduire l'Europe à un marché et de la diluer dans la mondialisation. Car l'Europe est bien plus qu'un marché. Elle est porteuse d'un modèle de société, fruit de l'Histoire et qui se déploie au travers de liens toujours plus intenses qui unissent aujourd'hui les peuples européens. Il existe un « art de vivre » à l'européenne, une façon propre d'agir, de défendre les libertés, de lutter contre les inégalités et les discriminations, de penser et d'organiser les relations de travail, d'accéder à l'instruction et aux soins, d'aménager le temps. Chacun de nos pays a ses traditions et ses règles mais celles-ci composent un univers commun.

Ce modèle de société original, nous devons désormais l'inscrire dans les traités et le faire vivre dans nos politiques. La justification de l'Europe, c'est sa différence. Rappelons-nous que l'Europe est une civilisation, c'est-à-dire tout à la fois un territoire, une histoire partagée, une économie unifiée, une société humaine et des cultures diverses qui dessinent ensemble une culture.

1. Cette civilisation repose sur une communauté de valeurs

Au premier rang de celles-ci, il y a la démocratie et les droits de l'homme. Les « Pères fondateurs » ont voulu et construit l'Europe politique pour délivrer notre continent des impérialismes solitaires ainsi que des totalitarismes meurtriers qui l'ont ensanglanté au XXe siècle. Grâce à eux, l'Europe est désormais une terre de paix. Les ennemis d'hier se sont réconciliés. La désunion a laissé place à la recherche d'une unité renforcée. L'Europe est l'espace de la planète où l'État de droit est le mieux accompli. Elle est le seul ensemble politique au sein duquel la peine de mort n'existe plus. Elle est cette terre où le respect de la personne humaine est poussé à son plus haut point. Elle a vocation à porter plus loin ce message.

L'Europe refuse de dissocier la prospérité économique du progrès social. C'est ainsi qu'elle a pu se relever des guerres qui l'ont ravagée. Malgré les inégalités qui subsistent, elle connaît aujourd'hui un très haut niveau de développement économique. Des droits sociaux ont été conquis : le droit à la protection sociale, les droits syndicaux, le droit à une éducation gratuite.

C'est pour proclamer ces valeurs que nous avons doté l'Union d'une Charte des droits fondamentaux. Qu'il s'agisse de dignité et d'intégrité de la personne humaine, de libertés ou de solidarité, d'égalité, de citoyenneté ou de justice, ou encore de droits nouveaux – tels ceux qui s'attachent à la préservation de notre patrimoine naturel – l'ensemble des principes qui fondent la civilisation européenne sont ainsi consacrés. Cette Charte mérite d'être considérée comme la clé de voûte de la construction européenne. Je souhaite qu'elle fasse partie intégrante du pacte qui unit les nations d'Europe et qui fonde, entre les Européens, une communauté de destin.

2. Cette communauté de destin doit mieux inspirer nos politiques communes

L'Europe a besoin de plus de solidarité économique. La monnaie unique nous apporte désormais une précieuse stabilité. Depuis deux ans, l'euro a joué son rôle de « bouclier » commun contre les crises financières internationales et les dévaluations compétitives. Pour équilibrer l'édifice de l'Union, il nous faut maintenant nous doter d'un gouvernement économique de la zone euro. La coordination des politiques économiques doit être considérablement accrue. Je propose que tout État membre consulte en amont ses partenaires et tienne compte de leur recommandation avant de prendre une décision ayant des conséquences globales sur la zone. Créons un fonds d'action conjoncturelle, auquel chaque État serait éligible, qui permettrait de soutenir tout pays membre frappé par les turbulences économiques mondiales. Il faut s'attaquer enfin aux comportements qui attentent à l'intérêt général européen. La lutte contre le « dumping fiscal » est une priorité immédiate : il n'est pas acceptable que certains États membres usent d'une concurrence fiscale déloyale pour attirer les investissements internationaux et les délocalisations des sièges sociaux de groupes européens. À terme, une harmonisation globale de la fiscalité des entreprises est nécessaire.

Cette cohérence économique doit être au service de la solidarité sociale. Les citoyens l'appellent de leurs vœux. L'Europe ne saurait être une simple zone de libre-échange. Depuis quatre ans, le Gouvernement français s'est battu pour réorienter la construction européenne au profit de la croissance et de l'emploi. Des progrès importants ont été réalisés avec l'adoption de l'agenda social européen. Ces objectifs doivent se traduire par des résultats concrets, pour toutes les catégories de travailleurs. Les conditions de travail des salariés doivent être harmonisées vers le haut. Faisons reculer la précarité et combattons les discriminations. Créons les conditions d'un dialogue social avec les syndicats à l'échelle européenne. Un véritable droit social européen fixant des normes communes ambitieuses doit être édifié, notamment en matière d'information et de participation des salariés dans la vie des entreprises, de droit des licenciements, de lutte contre le travail précaire et de politique salariale. Notre perspective doit être celle d'un traité social européen.

De même, les Européens ont besoin, pour garantir l'égalité des citoyens, leur solidarité et l'intérêt général, de services publics forts et efficaces. Je suis favorable à une directive européenne qui définirait un cadre juridique permettant de consolider, sous la responsabilité des États, le rôle des services publics en Europe.

Au service de l'emploi, l'Europe doit avoir une ambition industrielle forte. L'intégration européenne permet des réussites majeures : hier, Ariane et Airbus ; aujourd'hui, EADS dans le domaine de l'aéronautique civile ou, dans la sphère militaire, le projet de gros avion de transport. Ces partenariats sont importants pour nos industries : ils leur offrent les moyens nécessaires à leurs investissements, ils leur confèrent une taille critique sur le marché mondial, ils permettent d'éviter une domination exclusive des États-Unis dans des secteurs décisifs.

Dans le même esprit, l'Europe doit s'affirmer comme le continent de la science et de l'innovation. Le savoir est un élément de la conscience européenne. Mais l'éclatement de la recherche européenne en autant d'efforts nationaux trop peu coordonnés réduit aujourd'hui son efficacité. Il est urgent de constituer un véritable espace européen de la recherche, dans des domaines aussi essentiels que la santé ou l'environnement, comme l'Europe a su le faire en matière spatiale, avec l'Agence spatiale européenne.

3. *L'unité de l'Europe appelle des droits et protections renforcés pour tous les Européens*

Nous devons édifier un espace de droit commun, dont la Charte sera la référence. La Cour européenne de justice devrait pouvoir être saisie, dans certaines conditions, directement par les citoyens. Il nous faut harmoniser les différentes règles nationales de fond et de procédure. Dans l'immédiat, une reconnaissance mutuelle effective des décisions de justice et la création d'une instance arbitrale pour trancher les conflits de droits nationaux constitueraient des avancées importantes ; je pense en particulier à la douloureuse question des divorces de couples binationaux.

L'un des droits fondamentaux du citoyen est la sécurité. L'Europe doit aider à la garantir.

Je pense d'abord à la lutte contre la criminalité. Parce que le crime organisé ne connaît pas de frontières – on le voit particulièrement avec le blanchiment d'argent, le trafic de drogue et toutes les formes contemporaines de traite des êtres humains – il faut le combattre au niveau de l'Europe. Plusieurs de nos partenaires ont proposé la création d'une police européenne intégrée. Pour ma part, j'y souscris. Je propose la création d'une police criminelle opérationnelle, dont Europol serait le noyau. Confions aussi à une police spécifique la mission d'assurer la protection des frontières extérieures de l'Union et de ses aéroports internationaux.

La sécurité des Européens passe aussi par la mise en place d'un véritable espace judiciaire européen qui, s'appuyant sur une coopération renforcée entre magistrats et sur la poursuite de l'harmonisation du droit pénal des États membres, pourrait conduire à terme à la création d'un parquet européen. Celui-ci serait chargé de coordonner les poursuites et l'action publique au niveau européen et faciliterait, notamment, l'exécution des Commissions rogatoires sur tout le territoire de l'Union.

La sécurité sanitaire est une autre exigence. Les récentes crises, en particulier celle de la « vache folle », ont montré les menaces que fait courir aux consommateurs le productivisme à outrance. Nous devons collectivement en tirer une leçon urgente : le citoyen est aussi un consommateur dont il faut renforcer la protection. Dotons l'Union d'un statut du consommateur européen, fondé sur le principe de précaution, la transparence dans l'information et la traçabilité des produits « de la fourche à la fourchette ». Je propose, en outre, dans le domaine de la santé humaine, la création d'un réseau de surveillance et d'alerte sanitaires permettant une réaction immédiate des autorités publiques face au déclenchement d'une crise.

Mesdames, Messieurs,

Dans un monde désormais globalisé, notre Europe ne saurait se contenter d'être un îlot de prospérité relative et de stabilité. Ce repli égoïste serait une illusion et un reniement. L'Europe porte un modèle, mais un modèle ouvert au monde, notamment à la Méditerranée et à ses rives. Elle a vocation à orienter la mondialisation dans le sens du droit et de la justice.

II. L'Europe doit peser sur le cours du monde

Je veux une Europe forte, qui assume pleinement sa responsabilité dans la redé-finition de l'ordre mondial et qui se donne les moyens de porter son message de paix, de solidarité et de pluralisme.

1. Au nom de ce pluralisme, l'Europe doit faire vivre la diversité culturelle

La diversité des cultures est un des éléments les plus précieux du patrimoine de l'humanité. Or celle-ci est aujourd'hui menacée. La loi du marché pousse à l'uni-formité des modes de consommation et à la concentration des industries culturel-les. Bien entendu, certaines formes d'expression – je pense en particulier au cinéma – ont acquis une dimension industrielle. Mais il faut nous préserver, collectivement, de la menace de l'uniformité et de l'envahissement de produits culturels émanant d'une source unique. C'est là un enjeu de civilisation fonda-mental. C'est là un combat pour les cultures européennes, bien sûr, mais aussi pour toutes les cultures. Un combat porté par l'Europe à l'OCDE – quand elle dénonce l'Accord multilatéral sur l'investissement – et au sein de l'Organisation mondiale du commerce – lorsqu'elle défend la spécificité de la création et des œuvres culturelles. Elle doit poursuivre en ce sens.

L'Europe est consciente de cet enjeu parce qu'elle porte en elle-même une excep-tionnelle diversité de cultures. Ces cultures, dans toutes leurs composantes – reli-gieuses, philosophiques, littéraires, musicales ou plastiques – et dans toutes leurs expressions, nous en sommes les héritiers. Elles forment notre patrimoine commun. C'est pourquoi pour nous, Européens, la culture n'est pas une marchandise. Elle est d'abord une part de notre identité.

Pour faire vivre cette identité, l'Europe doit permettre à tous de partager ce patri-moine. Favorisons mieux encore la mobilité des étudiants, des artistes et des cher-cheurs. D'ici dix ans, tous les jeunes Européens devraient pouvoir accomplir une partie de leur scolarité dans un autre pays de l'Union que le leur. Faisons de l'enseignement d'au moins deux langues européennes, dès le plus jeune âge, une règle. Tout doit être fait – notamment à l'École – pour que nos enfants prennent conscience que leur héritage national s'inscrit dans une richesse plus vaste encore, celle de l'Europe.

Parce que la culture est vivante, il appartient à l'Europe de favoriser la création. La culture doit bénéficier d'une politique commune, conçue spécifiquement et non dominée par les règles de la concurrence et du marché intérieur. Dans cet esprit, je propose la mise en place, au niveau européen, de mécanismes de soutien à la création cinématographique, audiovisuelle et informatique et celle de studios européens. Au moment où se multiplient dans tous nos pays les bouquets numéri-ques, l'Europe devrait disposer d'une chaîne de télévision qui lui soit propre, sur le modèle réussi d'Arte.

À mes yeux, l'engagement de l'Europe pour la diversité culturelle est exemplaire de notre vision d'une société internationale ouverte et solidaire.

2. *Animée par cette conception, l'Europe a vocation à défendre la paix et la démocratie dans le monde*

Face aux tentations de l'unilatéralisme – c'est-à-dire de la loi du plus fort ou des visions trop simples – l'Europe doit être un facteur d'équilibre dans les relations internationales. Elle ne veut pas être une puissance dominante mais elle peut mettre sa puissance au service de valeurs.

L'Europe est capable de faire entendre sa voix grâce à une politique étrangère commune. Approfondissons nos « stratégies communes » dans les zones du monde où nos intérêts sont en jeu. Renforçons le rôle du Haut représentant pour la PESC. Veillons à la cohérence de nos diplomaties nationales avec la définition d'une politique qui nous soit commune. Travaillons au rayonnement, à travers le monde, d'une Europe présente et active. L'unification de la représentation externe de la zone euro à travers une présidence élue de l'eurogroupe y contribuera. Mettons-là en place à brève échéance. Par ailleurs, la fusion des réseaux consulaires européens à l'étranger permettrait à des « maisons de l'Europe » d'être au service de tous les Européens expatriés à travers le monde. Ces maisons conforteraient chez eux le sentiment de la citoyenneté européenne.

Pour assurer sa sécurité, mais aussi pour contribuer au maintien de la paix dans le monde, l'Europe a besoin d'une défense commune. Ses fondations ont été jetées. Grâce aux récentes décisions, prises sous la Présidence française de l'Union, l'Europe est en passe de se doter d'une force de réaction rapide encadrée par des institutions politiques et militaires permanentes. L'Union demande une doctrine globale d'intervention et d'emploi de cette force. La priorité va aujourd'hui au renforcement d'une politique de prévention des conflits, qui est la mieux à même d'assurer une sécurité durable. Dans le même temps, l'Europe doit définir, en fonction de ses intérêts propres et dans le respect de ses alliances, une stratégie de défense à long terme. Cela suppose en particulier qu'elle adopte une position cohérente face à l'initiative controversée des États-Unis de créer un bouclier antimissile.

Au-delà des questions diplomatiques et de sécurité, l'économie et le commerce doivent être organisées de façon plus juste et plus efficace.

3. *L'Europe doit aider à construire la régulation dont le monde a besoin*

Pour empêcher que les intérêts privés étouffent l'intérêt général, que la recherche du profit à court terme ignore la justice sociale et dégrade l'environnement, il faut définir des « règles du jeu ». L'Union européenne peut tenir un rôle de premier plan dans la définition de cette régulation et se mettre au service de trois priorités.

Il faut donner un cadre stable à l'économie mondiale. Les récentes crises économiques et financières ont démontré que des règles, publiques et privées, sont indispensables au bon fonctionnement de l'économie de marché. Depuis trois ans, pour tirer les leçons de ces crises, d'importants progrès ont été accomplis. Mais beaucoup reste à faire, et d'abord en matière de régulation financière internationale. Renforçons le rôle des institutions de Bretton-Woods dans la gestion et la prévention des crises. Assurons mieux leur transparence et leur responsabilité politique. Premier actionnaire de ces institutions, l'Union européenne doit y faire entendre sa voix. Réfléchissons, pour les pays de la zone euro, à une représentation coordonnée, voire unique, dans ces institutions. Luttons contre la criminalité financière et la concurrence fiscale déloyale ; les hésitations de la nouvelle administration américaine ne sauraient remettre en cause les travaux du Groupe d'action financière international et de l'OCDE. L'Europe continuera d'affirmer ses positions en faveur de la réforme de l'architecture financière internationale. Nous voulons un commerce équitable. L'Europe s'est battue pour la création de l'OMC parce que cette organisation traite les conflits commerciaux par des procédures objectives, en nous préservant de l'unilatéralisme. Cette régulation va dans l'intérêt même de l'essor du commerce international. L'Europe devra plaider, à l'OMC, pour une politique commerciale posant des limites claires. La libéralisation du commerce n'a pas à porter atteinte aux services publics, à la diversité culturelle, au progrès social ou à la sécurité alimentaire. Il faut que l'Europe accentue son effort de solidarité envers les pays en développement pour faire reculer la pauvreté. Le Sud a besoin de l'Europe. Celle-ci se battra pour aider ces pays à trouver toute leur place dans les échanges mondiaux. Elle contribuera à alléger le poids de la dette, premier obstacle à leur développement.

Il n'est de développement que durable. La planète est menacée. Notre responsabilité devant les générations futures est engagée. L'Europe, vieille terre industrielle, espace de population très dense, modestement dotée en matières premières, ayant tiré les leçons des chocs pétroliers, sait que la Terre n'est pas un stock inépuisable de ressources naturelles. C'est pourquoi elle est à la tête du combat pour le développement durable, au moment où les États-Unis semblent éluder leurs responsabilités. Il lui revient de montrer l'exemple : le développement durable est désormais un objectif prioritaire de la construction communautaire. Près de dix ans après l'acte fondateur de Rio, il faut aller au-delà. Fer de lance de la création d'une autorité mondiale de l'Environnement que mon gouvernement a proposée, l'Europe devrait porter une politique ambitieuse de recherche et de promotion de technologies respectueuses de l'environnement.

Mesdames, Messieurs,

L'Europe a besoin d'institutions dignes de son projet de société et de sa vision du monde. C'est là où la réflexion institutionnelle trouve sa pleine justification.

III. L'Europe politique exige des réformes profondes

Un débat est engagé sur l'avenir de l'Union. Le terme de cette réflexion a été fixé à 2004. Nous savons aussi que les conséquences à tirer de cette réflexion devront l'être à l'unanimité. Le consensus sera donc nécessaire entre les Quinze. Nous devons bien sûr prendre en compte les préoccupations des pays candidats. La plupart d'entre eux bénéficient des institutions démocratiques et vivent leur indépendance depuis une décennie seulement. Il est indispensable de les associer à notre réflexion.

Des contributions intéressantes ont déjà été apportées à ce débat. Des « modèles » institutionnels ont été proposés. En Allemagne, par exemple, le SPD a suggéré pour l'Europe une construction fortement inspirée par le système politique de son pays. D'autres propositions ont été faites ou viendront. Au terme du processus, il faudra chercher la ligne d'un compromis acceptable par tous. C'est pourquoi l'on ne peut avancer des architectures institutionnelles ou proposer des formules sans avoir réfléchi, au préalable, au sens politique que l'on veut donner à l'Europe. On ne peut en particulier faire l'économie d'une réflexion sur la place des Nations au sein de l'ensemble européen.

J'apporterai la mienne dans cet esprit. Je ne sépare pas la France de l'Europe. Comme tant d'autres Européens convaincus, je désire l'Europe mais je reste attaché à ma Nation. Faire l'Europe sans défaire la France – ni aucune des autres nations européennes : tel est mon choix politique.

1. Ainsi, je fais mienne la belle idée de « fédération d'États-nations »

« Fédération » : voilà un mot qui présente les apparences de la simplicité et les attraits de la cohérence, mais qui recèle en réalité une diversité de sens. Pour certains, ce terme signifie un exécutif européen qui tirerait sa légitimité du seul Parlement européen. Cet exécutif aurait le monopole de la diplomatie et de la défense. Dans ce nouvel ensemble, les États actuels auraient le statut des Länder allemands ou des États fédérés américains. La France, comme d'ailleurs d'autres nations européennes, ne saurait accepter un tel statut ni cette conception de la « fédération ».

Si, en revanche, on entend par « fédération » une démarche progressive et maîtrisée de partage ou de transfert de compétences au niveau de l'Union, alors on se réfère à la « fédération d'États-nations », selon la formule forgée par Jacques Delors. C'est là une notion à laquelle je souscris pleinement. D'un point de vue juridique, elle peut sembler ambiguë. Mais je la juge politiquement pertinente, car l'Europe est une construction politique originale, mêlant de façon indissociable en un précipité singulier deux éléments différents : l'idéal fédératif et la réalité des États-nations européens.

C'est pourquoi la notion de « fédération d'États-nations » traduit avec justesse la tension constitutive de l'Union européenne. Il y a les nations, fortes, vivantes, attachées à leur identité, qui font la richesse de notre continent. Et puis il y a aussi la volonté d'unir, de bâtir un ensemble qui rendra chacun plus fort. Il y a d'un côté l'histoire, marquée par les rivalités et les égoïsmes nationaux, et de l'autre le projet, tourné vers l'harmonie et l'alliance. Des éléments fédératifs très forts existent déjà : la primauté du droit européen, sanctionnée par la Cour de Justice, une Commission indépendante, un Parlement européen élu au suffrage universel, le marché et la monnaie uniques. Mais la coopération intergouvernementale occupe encore une place importante et restera indispensable.

Si nous voulons aller vers une telle fédération, il nous faut clarifier les compétences respectives de l'Union et des États. Il faut le faire selon le principe de la subsidiarité. Cela doit être l'occasion de simplifier des traités qui sont devenus indéchiffrables au fil des négociations successives et au gré de l'empilement des politiques communes.

Cette clarification ne doit pas remettre en cause des compétences partagées. Celles-ci favorisent les synergies entre l'action des États et celle de l'Union. Il en est ainsi, par exemple, pour la formation, l'éducation et la culture. Ces domaines sont et resteront de la compétence principale des États ; mais ils font aussi l'objet, pour le bien de tous, de politiques communes ou de programmes communautaires qu'il faudra développer encore dans l'avenir.

A fortiori, nous devons refuser la renationalisation de politiques jusqu'à présent définies et conduites au niveau de l'Union. Il y aurait un paradoxe à suggérer des pas en avant vers une plus forte intégration européenne tout en commençant par opérer des replis nationaux. Je pense en particulier aux fonds structurels. Quant à la politique agricole commune, elle doit rester au niveau européen mais être réorientée. Tout en préservant la compétitivité de notre agriculture, il faut aider les agriculteurs à produire mieux pour répondre aux attentes de qualité et de sécurité alimentaires. La politique agricole commune doit encourager un développement plus équilibré de l'espace rural, préservant la diversité des terroirs et des pratiques agricoles.

Il conviendra en revanche de mieux assurer dans certains domaines la répartition « verticale » des compétences : le cadre général, fait de principes ou d'objectifs, serait alors défini au plan européen tandis que la mise en œuvre politique et technique serait assurée par les États ou les régions, selon les formes constitutionnelles et les institutions administratives de chaque État membre. Ainsi évitera-t-on la multiplication des normes de détail jugées souvent à juste titre – je pense par exemple à la chasse – comme excessivement tatillonnes.

Une « fédération d'États-nations » implique que les parlements nationaux soient mieux associés à la construction européenne. Renforçons les pratiques actuelles, trop timides, de concertation entre le Parlement européen et les parlements nationaux. Confions à un organe commun – Conférence permanente des Parlements ou « congrès » – un vrai rôle politique. Réuni en sessions périodiques, il contrôlerait le respect de la subsidiarité par les instances communautaires et débattrait chaque année de « l'état de l'Union ».

Ce « congrès » pourrait jouer un rôle dans l'évolution des règles de l'Union. À l'exception des normes de nature « constitutionnelle », pour lesquelles les procédures actuelles de ratification resteraient en vigueur, les modifications apportées dans les traités aux règles techniques relatives aux politiques communes pourraient suivre, grâce à ce « congrès », des procédures simplifiées. Cette formule remplacerait avantageusement, dans l'Europe de demain, la trentaine d'autorisations de ratification nationale qui aurait été sinon nécessaire. Nous pourrions ainsi faire évoluer nos politiques communes avec plus de souplesse.

Dans la perspective de l'élargissement, les coopérations renforcées seront indispensables. L'élargissement de l'Europe est une nécessité historique ; mais c'est aussi un défi. Avec l'adhésion de nouveaux membres, l'Europe devra apprendre à maîtriser sa diversité. L'Europe à deux vitesses est une perspective inacceptable. Mais la paralysie institutionnelle est une menace qu'il nous faut conjurer. Ceux qui souhaitent aller de l'avant devront pouvoir le faire. C'est pourquoi le mécanisme des coopérations renforcées a été judicieusement assoupli à Nice. Il pourrait évidemment trouver à s'appliquer en matière de coordination économique, autour de l'euro, mais aussi dans des domaines tels que la santé ou l'armement. Ces coopérations permettront à un groupe d'États de renouveler la force d'entraînement qui a toujours été indispensable à la construction européenne.

Notre Union tirera aussi sa force de la vitalité de sa vie démocratique.

2. L'Europe doit constituer, pour ses citoyens, un véritable espace politique

Un espace où vive un débat et où se rencontrent de véritables partis européens, comme l'est déjà le Parti des socialistes européens. Un espace où les peuples d'Europe pourraient ainsi, en élisant leurs représentants, exprimer des choix politiques clairs. Un espace où les responsabilités de ceux qui décident seraient mieux marquées.

L'Europe est devenue un horizon familier à nos concitoyens, mais ceux-ci ressentent le besoin profond de mieux s'approprier l'Europe. Ils veulent en tracer le dessin. Pour eux, l'élection au Parlement européen devra s'affirmer comme le temps fort de la vie démocratique européenne. Je souhaite une réforme profonde du mode d'élection actuel. Recherchons un mode de scrutin combinant, dans chaque État membre, la proportionnelle et un système de grandes circonscriptions régionales. Ceci permettrait de rapprocher l'élu de l'électeur.

Entre deux élections, cette vie démocratique ne doit pas s'assoupir. Dans cet esprit, je propose trois pistes.

D'abord, la consultation directe de la société civile, grâce à des forums de dialogue. Appuyons-nous sur la richesse du monde associatif en France et en Europe. Appuyons-nous sur les nouvelles technologies de la communication, à l'image du projet d'élection en ligne du premier Conseil étudiant européen.

Ensuite, l'organisation régulière, au sein des États membres, de consultations sur un sujet politique important, clairement identifié et de nature européenne. Cette consultation se ferait à travers les parlements nationaux ou des forums *ad hoc*.

Enfin, le renforcement du rôle du médiateur européen, dont l'existence reste ignorée par l'immense majorité des citoyens européens. Son rôle serait accru grâce à l'instauration de correspondants nationaux et locaux. Le médiateur serait alors en mesure de remplir pleinement sa mission de résolution amiable des conflits entre les citoyens et les institutions européennes.

Celles-ci ont à l'évidence besoin d'être réformées.

3. Les institutions européennes doivent gagner en cohérence et en efficacité

Le système institutionnel européen est construit autour du triangle de la Commission, du Conseil et du Parlement européen. Cet équilibre reste essentiel. Des évolutions sont néanmoins nécessaires.

Il faut mieux garantir l'intérêt général européen. C'est là le rôle de la Commission européenne. Son autorité et sa légitimité politiques sont donc à renforcer. À cette fin, je propose la désignation d'un Président de la Commission issu de la formation politique européenne victorieuse aux élections européennes.

Le Parlement européen, expression de la volonté des peuples, exercerait ainsi plus nettement son rôle d'institution devant laquelle la Commission est politiquement responsable et par laquelle elle peut même être censurée. En contrepartie, la responsabilité de l'Assemblée de Strasbourg devrait être mieux définie. Je propose d'instituer, pour le Conseil européen, un droit de dissoudre le Parlement, sur proposition de la Commission ou des États membres. Cela pourrait jouer en cas de crise politique ou pour lever un blocage institutionnel. Un équilibre de ce type, on le sait, caractérise la plupart des grandes démocraties représentatives.

Comme la Commission, le Conseil a besoin d'être renforcé parce qu'il ne joue plus suffisamment son rôle. Le futur traité devrait consacrer pleinement le Conseil européen rassemblant les Chefs d'État et de Gouvernement ainsi que le Président de la Commission. Ce Conseil devrait avoir la responsabilité d'approuver un véritable programme de « législature » pluriannuel, à partir d'une proposition de la Commission et du Parlement européen. Il devrait se réunir de façon plus fréquente – par exemple tous les deux mois – et consacrer ses travaux, sans à-côtés protocolaires, aux débats d'orientation et aux grandes décisions de l'Union.

Par ailleurs, le moment est venu de réfléchir à la mise en place d'un Conseil permanent des ministres. Ses membres, sorte de vice-Premiers ministres, coordonneraient les questions européennes dans leur propre gouvernement national. Une telle formation pourrait assurer les fonctions d'impulsion, de préparation et de coordination du travail européen en amont du Conseil européen. En liaison avec le Parlement européen, elle assumerait mieux son rôle de co-législateur dans l'élaboration des « lois » européennes. S'agissant de cette dernière fonction, la règle des délibérations devrait être systématiquement celle de la majorité qualifiée.

Telles sont les orientations et les réformes qui pourraient fonder, selon moi, l'architecture institutionnelle de l'Europe de demain.

Ces voies dessinent la perspective, à laquelle je suis favorable, d'une Constitution européenne. Celle-ci déterminerait l'organisation et le fonctionnement des institutions européennes. Bien entendu, il ne suffirait pas de baptiser « constitution » un nouveau traité. Un tel texte n'aurait de sens que s'il était l'aboutissement de réformes profondes et non le produit d'une simple réécriture des traités actuels. Il importe en même temps que cette démarche constitutionnelle exprime un acte politique fondamental : l'affirmation d'un projet commun, l'expression d'une ambition collective. Cette démarche serait d'abord, bien entendu, conduite par les gouvernements ; mais elle devrait aussi être l'affaire des citoyens. La Charte des droits fondamentaux serait au cœur de cette Constitution. À l'image de la méthode retenue avec succès pour élaborer la Charte, la préparation de cette Constitution pourrait être confiée au niveau européen à une Convention réunissant des représentants des différents acteurs de l'Union : États, parlements nationaux, Parlement européen, société civile. Les décisions finales reviendraient aux États et seraient ratifiées par les peuples.

Mesdames, Messieurs,

Parce que je ne suis pas un Européen tiède, je ne veux pas d'une Europe fade.

L'Europe que j'aimerais construire est une Europe forte, consciente de son identité politique, respectueuse des peuples qui la composent, assumant ses responsabilités dans le monde, prête à supporter la charge de sa défense, déterminée à préserver son modèle équilibré de développement économique et social, décidée à définir en toute indépendance et à défendre avec opiniâtreté ses intérêts diplomatiques, industriels et commerciaux, attachée passionnément à sa diversité culturelle. L'édification de l'Europe exige de nous le meilleur : l'ambition et l'imagination dans la perspective, l'humilité et la ténacité dans l'effort.

J'ai la volonté de répondre, avec d'autres, à l'appel de l'Europe.

94 – Le face-à-face Chevènement-Fischer
(21 juin 2000)

Extraits des propos recueillis par Jacqueline Hénard, Roger De Weck
(Die Zeit) et Daniel Vernet. Source : Le Monde, 21 juin 2000, débat
organisé conjointement par Die Zeit *et* Le Monde. *Reproduit avec*
l'autorisation du journal Le Monde.

Deux conceptions de l'unité européenne s'affrontent à travers les personnes de Joska Fischer, ministre des Affaires étrangères de RFA et Jean-Pierre Chevènement, ministre de l'Intérieur français. L'écho des positionnements de deux responsables politiques dans les opinions publiques des deux pays montre que l'avenir des institutions d'unité européenne n'est pas clairement tranché.

*

– Monsieur Fischer, qu'est-ce qui vous est passé par la tête quand vous avez
entendu M. Chevènement, après votre discours de Berlin, dire que l'Allemagne,
au fond, rêvait toujours du Saint Empire romain germanique et ne s'était pas
complètement remise du « déraillement » que le nazisme a représenté dans son
histoire ?

Joschka Fischer. – Je connais depuis longtemps les positions de Jean-Pierre Chevènement. En France, il passe pour un « souverainiste ». Je suis au contraire un intégrationniste convaincu. J'ai d'abord pensé que ça allait lui attirer des ennuis et puis je me suis demandé ce qu'il avait vraiment voulu dire : que l'Allemagne a une histoire tragique, l'histoire de la formation avortée d'un État-nation, contrairement à la France, la Pologne ou les Pays-Bas ? Que cette Allemagne, au fond, veut tourner le dos à l'État national, pour fuir son passé ? Qu'elle cherche le salut dans une Europe abstraite ?

– Ce n'est pas le cas ?

J.F. – Non. Jean-Pierre Chevènement sous-estime ce qui s'est passé au cours des dix dernières années. Maintenant, après 150 ans d'une histoire tragique, d'une quête de l'État-nation, d'un dévoiement hégémonique et finalement de la chute dans le crime, les Allemands sont au clair avec eux-mêmes : politiquement et culturellement. Les Allemands se sentent aussi bien que les Français. Aussi avec leur histoire. Toutefois notre histoire est malheureusement différente.

La confrontation permanente avec Auschwitz et la responsabilité morale et historique sont inséparables de notre identité. C'est un morceau de notre histoire nationale. Comme tel, Auschwitz fait partie de nous. Les questions de frontières sont définitivement réglées. Il n'y a plus de « question allemande » ouverte, ni à l'intérieur ni à l'extérieur. La dernière étape a été le déménagement de Bonn à Berlin. On ne saurait en surestimer l'importance symbolique. Dans cette mesure, on peut considérer que le débat sur la question de savoir si nous avons un rapport biaisé à l'État nation, ce débat est clos. Nous l'avons eu. Nous ne l'avons plus.

– M. Chevènement, êtes-vous d'accord avec M. Fischer ?

Jean-Pierre Chevènement. – Je vais vous faire une réponse nuancée mais, auparavant, laissez-moi vous dire que rien n'est plus important, à mes yeux, qu'une bonne relation entre la France et l'Allemagne, une compréhension profonde, et cela passe toujours par un débat, même un peu vif, mais nécessaire pour faire avancer l'idée d'une Europe européenne. L'articulation entre la France et l'Allemagne est décisive aussi. Alors, l'Allemagne se trouve aujourd'hui réunifiée avec l'héritage d'un demi-siècle de patriotisme constitutionnel, une capitale à Berlin qui est sa capitale historique, même si l'Allemagne a fait tardivement son unité, des frontières qu'elle reconnaît, des voisins qui, non seulement ne la menacent pas, mais sont des voisins amicaux pour elle. Toutes les conditions existent pour que l'Allemagne cesse d'avoir peur d'elle-même.

– Alors quel est le problème ?

J.-P. Ch. – Le passé pèse sur l'Allemagne comme il pèse sur la France. La France reste très marquée, non seulement par la Révolution française, mais par le traumatisme de 1940. La question de Vichy joue un rôle obsédant dans notre vie politique et il me paraît tout à fait naturel que l'Allemagne, aussi, parce qu'elle rejette le nazisme – ce que j'ai voulu dire, bien qu'on ait voulu me faire dire le contraire – puisse être tentée de diaboliser l'idée de la nation. Et pourquoi cela ? Parce que, traditionnellement, l'idée de la nation était confondue avec un concept ethnique, le concept du Volk, qui était encore à la base du droit de la nationalité allemande l'année dernière. Le changement du droit de la nationalité, l'instauration du droit du sol, est évidemment quelque chose qui change non seulement la définition de l'étranger, mais aussi la définition de l'Allemand et qui, à mon sens, doit déboucher sur une conception de la nation comme communauté de citoyens. Si l'Allemagne a en effet une conception citoyenne de la nation, après tant de drames, de guerres, de catastrophes – qui, d'ailleurs, dans mon esprit, sont des déraillements, ils ne sont pas le produit d'une quelconque fatalité allemande – le moment est propice pour avoir une relation très franche, très directe, où on se dira des choses que, peut-être il y a encore quelques années, on n'osait pas se dire. Il n'y a aucune raison de fuir dans le « postnational », dans un fédéralisme flou. Ce sera un progrès par rapport à un discours un peu conventionnel sur la relation franco-allemande, dont nous avons souffert par le passé.

– La tentation de diaboliser l'État-nation, qui existait avant la réunification, est-elle dépassée ?

J.F. – Il est peut-être difficile, d'un point de vue français ou polonais, de comprendre ce que veut dire être confronté avec l'idée de nation allemande après 1945. Si je connais une raison de mon éveil à la politique, c'est précisément cette confrontation. Je me souviens encore de mes premières visites à Paris, à la fin des années 1960 : les rapports décomplexés entre les générations, l'existence d'une culture populaire, les mêmes chansons que tout le monde chantait... Chez nous, tout ce que les nazis avaient touché était contaminé. Les meilleures traditions de notre nation avaient été empoisonnées par les nazis et avaient été utilisées pour détruire la nation.

En fait, tous ceux qui voyaient en la nation allemande une valeur positive auraient dû haïr Hitler en tant que fossoyeur de la nation. Mais dans les années 1950, il n'en était pas ainsi. Pour qui avait grandi dans cette ambivalence, il était clair que le plus grand danger pour l'Allemagne c'était le nationalisme allemand et que la nation risquait de se perdre par le nationalisme. Dans ce contexte, il était difficile pour nous de développer un concept moderne de nation comme communauté de citoyens. L'Allemagne n'avait pas de tradition bourgeoise, révolutionnaire réussie, à laquelle nous puissions nous référer.

L'identité völkisch (ethnique) remonte à la première fondation du Reich, sous Guillaume II, à la veille de la Première Guerre mondiale, dans la faiblesse de nos valeurs. Si, en 1848, le Parlement réuni à la Paulskirche de Francfort s'était transformé en Assemblée constituante et avait réussi à mettre en cause le pouvoir des princes les armes à la main, nous aurions aujourd'hui une tradition révolutionnaire à laquelle nous pourrions nous référer. Nous n'aurions jamais connu l'Allemagne ethnique, mais une Allemagne consciente d'elle-même, démocratico-révolutionnaire, constitutionnelle. Il n'en a pas été ainsi.

Notre histoire ne s'est enfin libérée qu'avec la révolution pacifique de 1989. Le point de départ, nous le devons à la décision des Américains de rester en Europe en 1945 ainsi qu'à la décision de Schuman et Monnet, c'est-à-dire de la France, d'imposer un nouveau principe de rapports internationaux – le principe d'intégration. Ce moment historique de 1989, nous le devons aussi à la démocratie de la République fédérale.

L'ironie, et l'histoire est parfois pleine d'ironie, veut que nous commençons à nous sentir bien dans notre État-nation au moment où l'État national européen classique, comme nous le connaissons et l'aimons – les Allemands aussi – n'est plus assez grand ni plus assez puissant pour décider du destin des peuples européens. Autrement dit, nous sommes placés devant l'obligation de réaliser pleinement le principe d'intégration. Et ça m'intéresserait de savoir ce que vous voulez dire avec votre référence au « Saint Empire romain des nations allemandes », comme nous disons en allemand. Aucun État n'est plus éloigné de toute idée d'empire que l'Allemagne d'aujourd'hui.

J.-P. Ch. – C'était une boutade, à vrai dire, dont le sens est le suivant : parce qu'elle diabolise encore la nation, l'Allemagne est tentée de fuir dans le post-national, où elle retrouve la nostalgie d'une sorte de fédération rassemblant des entités diverses de préférence régionales un peu analogue à ce qu'était le Saint Empire.

J.F. – Mais l'Union européenne n'a rien à voir avec le Saint Empire !

J.-P. Ch. – Elle lui ressemble beaucoup...

[...]

– *M. Fischer, pensez-vous que M. Chevènement a tendance à projeter sur l'Allemagne la notion française de nation ?*

J.F. – Je ne pense pas que cela puisse marcher. On voit pourtant que nous sommes débarrassés du concept ethnique de nation. Regardez le débat sur la nationalité en Allemagne ou le débat sur l'immigration. Ce thème sera définitivement clos avec la prochaine génération. J'en suis fermement convaincu.

– *Il reste tout de même un peu de völkischen Allemagne ?*

J.F. – Non, mais ça continue à jouer un rôle dans une partie de notre tradition. La discussion revient de temps en temps. Comment pouvons-nous nous définir nous-mêmes ? Mais ça passera avec le temps. En France aussi, il y a eu ce genre de conflits entre les réactionnaires, les légitimistes et les républicains comme Jean-Pierre Chevènement. Quand on parle de Vichy, on parle aussi de racines qui contiennent des éléments réactionnaires. Ceux-ci n'ont pas été majoritaires en France. Les valeurs démocratiques et révolutionnaires ont toujours gardé la primauté. C'est la différence. Mais la thèse selon laquelle nous, Allemands, nous fuirions notre identité dans l'Europe, je la rejette fermement. Après la guerre, le souhait de fuir notre propre histoire était puissant. Il en va autrement aujourd'hui.

J.-P. Ch. – En France, c'est de justesse que la conception républicaine a triomphé à la fin du XIXe siècle, au moment de l'affaire Dreyfus. Et ceux qui avaient eu le dessous, les antidreyfusards, ont pris le pouvoir en 1940 à la faveur de la défaite. En France aussi, il nous faut donc avoir une vision nuancée du passé. La notion de patriotisme constitutionnel d'Habermas est trop superficielle car même dans la conception de Renan, la nation se définit aussi par un patrimoine de souvenirs communs et par un vouloir-vivre collectif, et par conséquent, nous ne devons pas opposer de manière trop schématique l'idée d'une communauté de citoyens un peu désincarnée et l'idée de communauté historique. Ce qui fait la nation, c'est bien évidemment ce legs puissant de souvenirs mais c'est aussi cette capacité à penser l'avenir ensemble sous les auspices de valeurs universelles.

– *Limitée au cadre national ?*

J.-P. Ch. – Non, ce n'est pas forcément limité au cadre de la nation mais je constate qu'il n'y a pas un peuple européen. Aujourd'hui, très franchement, la citoyenneté européenne est une citoyenneté postiche. Tant que nous n'avons pas créé un espace commun de débat à l'échelle de l'Europe. On ne peut pas faire passer les institutions avant le débat politique. La politique doit précéder les institutions, sinon on va jouer au Meccano.

– *Joschka Fischer est-il un « mécanicien » ?*

J.F. – Plutôt un dialecticien. Je comprends ce que dit Jean-Pierre Chevènement. Mais je pense qu'il est dangereux de faire une différence entre la communauté de raison et la communauté historique parce qu'on retombe très vite dans une interprétation ethnique préconstitutionnelle. Nos nations sont beaucoup plus anciennes que les États nationaux. La spécificité de l'identité moderne, à la française, c'est le lien entre la nation et l'État.

J.-P. Ch. – Ce n'est pas le cas en France. En France, la nation est une création politique et culturelle qui s'est faite autour de l'État.

J.F. – Pour l'Allemagne, il en va autrement. La Révolution française constitue pour tous les peuples européens une césure. En ceci que la nation moderne a trouvé, grâce à elle, ses critères universels de valeurs. C'est ainsi qu'on l'éprouve aussi en Allemagne. Le dernier grand défi auquel nous avons dû répondre a été la question suivante : la fin de la Deuxième Guerre mondiale était-elle pour nous Allemands une libération, oui ou non ? Aujourd'hui, même la droite démocratique répond par l'affirmative. Avec son formidable discours du 8 mai 1985, Richard von Weizsäcker, alors président de la République, a brisé un tabou, pour la première fois d'un point de vue démocratique conservateur, en affirmant que le 8 mai 1945 avait été une libération. C'était un pas énorme qui n'est pas en contradiction avec notre histoire mais qui, au contraire, remet à sa place centrale notre responsabilité. En ce sens, le monument aux victimes de la Shoah qui doit être érigé à Berlin ne représente pas un refus, mais une affirmation de notre nation. C'est seulement un exemple. Mais nous, Allemands, nous sommes une communauté historique difficile, Jean-Pierre Chevènement, très difficile...

J.-P. Ch. – Par rapport au nazisme, il est évident que la défaite de 1945 est une libération. Pour autant, dans l'histoire de l'Allemagne, l'épisode nazi ne dure qu'une douzaine d'années et on doit prendre davantage de recul. La libération de 1945 ne doit pas conduire à une dépendance éternelle à l'égard du libérateur, c'est-à-dire les États-Unis. Si nous prenons les choses du point de vue des peuples européens dans leur ensemble, nous devons apprendre à considérer les États-Unis comme des partenaires et non comme des protecteurs. Le risque étant que, si nous faisons une fédération européenne mal pensée, le véritable fédérateur soit, en définitive, les États-Unis.

J.F. – D'abord, je ne pense pas que 1945 nous ait rendus dépendants des libérateurs. J'ai toujours été en faveur de l'ancrage à l'Ouest de la RFA mais j'ai critiqué et combattu la politique du gouvernement américain. Je sais ce que nous devons aux États-Unis, et cependant je veux une Europe forte. Parce que je pense que les États-Unis ont besoin d'un partenaire fort – dans leur propre intérêt. Ce partenaire ne sera pas la France, l'Allemagne, la Pologne ou l'Angleterre mais nous pouvons le devenir, ensemble.

Deuxièmement, je serai toujours contre une fédération qui serait mal conçue. Elle ne fonctionnerait pas. La question : veut-on une fédération ou non ? est académique. Si nous sommes honnêtes, nous devons reconnaître qu'il existe déjà depuis longtemps des éléments essentiels de cette fédération. L'euro est déjà en réalité une fédération. Et qu'est-ce que Schengen ? Si vous êtes conséquent dans votre attitude envers les États-Unis, le plus grand danger c'est une Europe faible. Je suis profondément convaincu qu'il y a un lien étroit entre une Europe forte, unie, politiquement active, et un partenariat transatlantique que nous devons évidemment redéfinir.

J.-P. Ch. – Simplement, pour que l'Europe se définisse par elle-même, nous devons avoir un projet social ou géopolitique, par exemple arrimer la Russie au destin de l'Europe. C'est un projet essentiel car, si la Russie ne devient pas un pays stable, l'Europe sera toujours un continent en proie à une certaine instabilité. Donc, il me semble que nous devrions avoir un projet...

J.F. – Cher Jean-Pierre Chevènement, j'ai vécu la préparation de la stratégie commune vis-à-vis de la Russie au Conseil européen. Nous parlons d'un sujet politique, l'Europe, qui n'existe aujourd'hui qu'en filigrane, sous une forme embryonnaire. Je suis totalement d'accord avec vous. La Russie est essentielle pour notre sécurité. Mais où est cette Europe qui serait en mesure d'agir ?

J.-P. Ch. – Nous devons avoir une vision géopolitique de l'avenir de ce que peut être une Europe européenne.

– L'Europe va-t-elle surgir des politiques communes ou n'est-elle pas plutôt la condition d'existence de ces politiques communes ?

J.-P. Ch. – Je pense qu'il faut parler politique d'abord, que le reste, c'est-à-dire l'institutionnel, suivra. Comment d'ailleurs peut-on approcher ce problème institutionnel ? Joschka Fischer a fait des propositions qui ont provoqué un débat européen, c'est très bien. Mais j'observe que tout commence par un aveu, c'est que l'Europe selon le modèle Schuman-Monnet fonctionne de plus en plus mal et avec l'élargissement fonctionnera de manière de plus en plus problématique. Donc, il faut aller vers des réformes qui sont à l'ordre du jour de la Conférence intergouvernementale, et je soutiens tout à fait le propos de Hubert Védrine dans la réponse qu'il vous a faite (*Le Monde* daté 11-12 juin). Il y a des améliorations de fonctionnement à faire. Dans des domaines comme la politique étrangère, la défense, nous devons aller vers des coopérations renforcées qui passeront toujours forcément par l'Allemagne et la France et qui gagneraient à embrasser au moins les cinq grands pays de l'Europe de l'Ouest, à savoir aussi l'Italie, l'Espagne et, bien sûr, la Grande-Bretagne. Mais je n'imagine pas que l'Europe puisse s'affirmer comme une association de nations solidaires si nous n'avons pas un débat politique de fond sur le modèle de société que nous voulons, sur notre projet de civilisation, par rapport à ce qui nous vient d'Amérique et sur notre projet géopolitique. Tant que ce débat n'aura pas une grande intensité, nous risquons de nous perdre dans la technique institutionnelle.

J.F. – Les institutions ne sont pas un but en soi. Les institutions sont des instruments. Comment pouvons-nous discuter d'une association durable de la Russie et de l'Europe si nous ne sommes même pas en mesure d'intégrer les pays d'Europe centrale ? Les institutions actuelles ne le permettent pas, c'est clair et net. C'est pourquoi nous devons répondre à ce défi historique par une refondation des institutions européennes.

J.-P. Ch. – On doit faire les deux à la fois si on veut être autre chose qu'une banlieue américaine.

J.F. – Oui, oui, je sais. Nous sommes en fait devant une révolution européenne, une révolution constitutionnelle. C'est un grand défi. Je suis d'accord avec vous, la question est naturellement le développement d'une substance politique commune. Quel modèle social ? Il y a beaucoup de points communs en Europe, parfois de grandes différences avec les États-Unis. Nous ne pouvons conserver ce modèle que sous un chapeau européen commun ; seuls nous serons trop faibles. L'État-nation européen classique est trop petit dans les conditions de la mondialisation. Et cette mondialisation – qu'on le veuille ou non – est une réalité objective. La question est de savoir comment nous nous comportons, comment nous pouvons la maîtriser, comment conserver ce qui est important et précieux pour nous.

J.-P. Ch. – Mais en quoi une fédération européenne nous permettrait-elle de défendre le modèle social européen, le droit du travail par exemple, contre les remises en cause de la mondialisation ?

J.F. – Tout simplement parce qu'une fédération européenne pourrait défendre les intérêts européens d'une manière tout à fait différente. Je vous cite quelques exemples. Quand Boeing et Lockheed fusionnent et que la Commission de Bruxelles fronce les sourcils, ces messieurs de Seattle se sentent concernés. Si c'était l'autorité française antimonopole ou l'office allemand des cartels, ça ne les aurait pas vraiment intéressés.

J.-P. Ch. – Quel contrôle social s'exerce sur les fusions à l'échelle européenne ?

[…]

– *Est-ce à dire que vous voulez renforcer les pouvoirs de la Commission de Bruxelles ?*

J.-P. Ch. – Ça se discute, mais je pense que ce serait préférable qu'il puisse y avoir, à un niveau à déterminer, la prise en compte d'autres intérêts que le strict respect de la concurrence. Je pense que nous l'avions fait dans le cadre des États-nations. Mais cela ne se reproduit pas au niveau européen. De ce point de vue-là, l'Europe agit comme un relais de la mondialisation libérale. L'Europe n'est pas en soi un concept universaliste. Dans le passé, elle s'est identifiée à la chrétienté ou à la race blanche. Elle peut s'identifier à un espace libéral que, d'un point de vue républicain, je ne considère pas comme l'exemple de l'universalisme progressiste.

J.F. – C'est un tout autre débat pour lequel j'ai une réponse différente de la vôtre. Bien que je me considère comme un homme de gauche, je pense que nous devons redéfinir la justice sociale, le rapport entre la liberté et la prise en charge collective, la relation au marché... Si nous voulons être une gauche moderne. Le secteur public pourrait être créateur d'emplois s'il était réorganisé. Nous avons partout les mêmes problèmes, le même retard dans l'adaptation aux nouvelles conditions, qui ne peuvent pas être résolus par la politique de la concurrence de la Commission. Si nous voulons par exemple une politique sociale commune, nous avons besoin d'institutions européennes qui fonctionnent. Nous avons besoin d'un Parlement européen dont les députés défendent chez eux ce qu'ils ont décidé à Strasbourg. C'est le point décisif. Pas des institutions nouvelles comme but en soi, mais une démocratie européenne vivante. C'est ce que j'ai voulu dire à Berlin. Avec une confédération très lâche d'États, nous ne réussirons rien à l'ère de la mondialisation.

J.-P. Ch. – Je suis moins optimiste que vous sur les conséquences de la mondialisation. Elle crée beaucoup de déséquilibres, de fractures, qui laissent de côté des couches sociales entières...

J.F. – Le capitalisme n'a jamais rien fait d'autre.

J.-P. Ch. – Néanmoins, dans le cadre traditionnel de l'État-nation, un certain équilibre s'était créé entre le capital et le travail.

J.F. – Après deux siècles de révolution et de guerres horribles...

J.-P. Ch. – Oui, après la crise des années 1930. Aujourd'hui, nous sommes à nouveau dans un système de déséquilibres et, pour abonder dans votre sens, à savoir qu'il y a beaucoup d'emplois à créer dans les secteurs comme la santé, la formation, et bien d'autres, c'est peut-être un programme de travail pour le gouvernement économique de l'Euro 11. C'est au niveau de l'Euro 11 que nous devrions essayer de penser de manière plus volontariste l'avenir de l'emploi en Europe.

– N'est-il pas temps de renforcer et de démocratiser les institutions européennes ?

J.-P. Ch. – Eh bien voilà, c'est un grand débat. Je pars de l'idée que, pour que la démocratie puisse fonctionner, il faut qu'il y ait un espace commun de débat public. Si cet espace commun n'existe pas, nous ne pouvons avoir qu'une illusion de Parlement et, en réalité, un voile qui dissimule le pouvoir des oligarchies. L'Europe fonctionne beaucoup trop en réseau, le contrôle des citoyens s'exerce mal. C'est à l'intérieur des nations que le débat a la plus grande vivacité, la plus grande vérité, qu'il peut être tranché de la manière la plus claire, et l'Allemagne en a donné deux exemples récents puisqu'il y a eu la réunification, il y a eu la victoire de la coalition SPD-Verts... Au niveau européen, nous avons encore à créer l'espace de débats commun sur un certain nombre de grandes lignes de force. C'est notre tâche.

J.F. – Bien, mais cela suppose que nous ayons en Europe une répartition des pouvoirs avec une légitimité démocratique. De telle sorte que toutes les opinions publiques nationales puissent participer. À l'heure actuelle, il n'y a que le Conseil européen, le représentant des gouvernements, qui a une légitimité démocratique indirecte. Ce n'est pas une critique mais le processus de décision n'est pas transparent. Notre devoir est de créer un espace européen commun sans abolir l'espace national. Quelle doit être la pondération entre le national et l'européen ? Pour moi, c'est la question décisive. La réponse est la fédération.

J.-P. Ch. – Nous devons d'abord faire converger nos nations. Je suis convaincu qu'il y aura des sauts qualitatifs comme il y en a déjà eu dans le passé. Par exemple, nous avons évoqué 1848 tout à l'heure, mais en 1848 il y a eu dans toute l'Europe des révolutions démocratiques.

J.F. – Et une année plus tard, la contre-révolution partout...

J.-P. Ch. – C'est vrai, mais on ne peut pas empêcher l'histoire de se dérouler de manière sinusoïdale.

[...]

– *M. Chevènement, croyez-vous qu'avec ce débat constitutionnel, l'Allemagne ne cherche qu'à « habiller sa puissance aux couleurs européennes », comme vous l'avez écrit naguère à propos de l'euro ?*

J.-P. Ch. – J'ai dit aussi que je n'ai pas peur de l'Allemagne, que je ne suis pas intimidé par elle. Je considère que nous avons besoin d'une Allemagne stable, d'une nation consciente d'elle-même avec laquelle nous puissions parler du fond des choses et d'un projet qui nous soit commun.

J.F. – Je ne comprends pas pourquoi vous êtes hostile au fédéralisme. Pour vous, une Europe centralisée devrait être le véritable cauchemar. Si nous sommes d'accord que l'Europe va se faire, parce qu'elle doit se faire, comment doit-elle être, sinon fédérale ? L'alternative est simple : Europe fédérale ou Europe centralisée... ou pas d'Europe du tout, ce qui est la pire perspective.

J.-P. Ch. – Nous pouvons avoir une association politique d'États-nations qui, d'une certaine manière...

J.F. – Ce n'est pas l'Europe !

J.-P. Ch. – Prenons les choses telles qu'elles sont. L'Union européenne, elle existe et on ne peut pas créer à l'intérieur de l'Union européenne, à mon sens, un noyau dur qui serait fédéral. On peut créer des coopérations renforcées, mais...

J.F. – À onze ? Comme l'Euro 11 ? C'est déjà une fédération !

J.-P. Ch. – Ce n'est pas tout à fait une fédération...

J.F. – En réalité c'est un organe fédéral bureaucratique : la banque centrale européenne. Nous avons confié notre pouvoir souverain, notre souveraineté monétaire, à onze, à une banque. Ce devrait être un cauchemar pour un républicain comme vous !

J.-P. Ch. – Personnellement, je n'étais pas partisan de cette formule et je suis pour équilibrer la Banque centrale par un gouvernement économique. Enfin, il ne faut pas que nous ayons en France une « querelle d'Allemands » sur la nature de l'Europe... Elle n'est ni une fédération ni une confédération. Elle est quelque chose qui n'a jamais été décrit nulle part et qui ne ressemble même pas au Saint Empire romain germanique !

J.F. – Nous avons cherché un mot allemand neutre, en lieu et place de fédération. Traduit en français ou en anglais, c'est toujours fédération. Aussi nous nous sommes résignés. Nous devons accepter le fait que fédération est le mot qui convient le mieux.

J.-P. Ch. – Alors je ne vois pas comment vous allez partager les compétences entre la fédération à laquelle vous aspirez et les États-nations. Car aujourd'hui, l'Union européenne est compétente pour tout, la longueur des essieux, la date d'ouverture de la chasse, la teneur en dioxine des émissions de fumée, et tout ça, nous n'allons pas le renationaliser. Qu'est-ce qui sera vraiment de la compétence de la nation ?

[...]

– *Pour conclure, deux brèves questions : M. Fischer, n'êtes-vous pas mal à l'aise quand vous parlez de « normalité » à propos de l'Allemagne ?*

J.F. – Normalité ne veut pas dire tirer un trait sur notre passé. Qu'il n'y ait pas de malentendu. Mais « normalité européenne », cela signifie se sentir bien dans ses frontières. Dans son État national avec toutes les fractures, mais avec la *conscience de la responsabilité liée à ces fractures.*

– *M. Chevènement, à la fin de ce débat, pensez-vous toujours que l'Allemagne rêve encore du Saint Empire ?*

J.-P. Ch. – Ce n'était qu'une boutade, à vrai dire pédagogique. Je décrivais la tentation du post-national au miroir de l'ante-national. Je faisais la description d'un univers un peu chaotique, un capharnaüm politique d'essence oligarchique vers lequel, à mon avis, nous risquons d'aller. Face à ce danger, je ne vois de recours que dans la démocratie et dans le débat que nous avons en commun.

95 – Conférence débat sur l'Europe avec Pierre Moscovici, ministre délégué chargé des Affaires européennes (juin 2001)

Conférence débat du ministre délégué chargé des Affaires euro-péennes, M. Pierre Moscovici, à l'Université Charles de Prague, 25 juin 2001.

Cet entretien manifeste les interrogations que chacun se pose sur les institutions européennes dans une Union européenne de vingt-cinq membres ou plus et sur le sentiment européen chez les Français.

*

Q – L'Europe telle que vous la prêchez est mal définie dans les pays du centre de l'Europe. Quelle forme pensez-vous qu'elle prendra, à long terme, à la fois géographiquement, sur le plan linguistique, quel sera le poids des institutions communautaires comme la future Commission ? Par ailleurs, comment expliquer l'emploi du conditionnel dans la rédaction des conclusions du Traité de Nice ? Enfin, comment interprétez-vous les scènes de violence qui accompagnent chaque sommet européen et pensez-vous que l'Europe sera le grand sujet des élections en France ?

R – Je ne suis pas venu pour prêcher, mais débattre. Ce qui est très important dans le débat européen c'est que chacun y prend part avec ses convictions, ses propres approches. Je ne pas crois qu'il y ait de modèle unique. Si c'était le cas, cela entraînerait certaines désillusions.

La première question posée a trait aux frontières de l'Europe. Question extraordinairement difficile qui est à approcher par plusieurs cercles. D'abord le cercle des pays actuellement membres plus les pays candidats ; quinze pays membres, douze pays candidats. Ils ont déjà ouvert les négociations avec l'Union européenne et un cas particulier, la Turquie. La Turquie est loin aujourd'hui de remplir les valeurs de l'Union européenne, et pourtant elle est admise comme candidate, ce qui veut dire que lorsqu'elle aura rempli les critères économiques et politiques de Copenhague, elle pourra à son tour ouvrir les négociations. Nous savons que ce n'est pas une perspective nécessairement très proche, mais dans le même temps, en considérant que la Turquie est candidate, nous avons pris avec elle des engagements. Donc c'est quinze pays, plus douze, plus un.

Après nous entrons dans un deuxième cercle, celui des pays qui ont une vocation européenne, des pays qui sont voisins de ce premier cercle. Je pense notamment aux pays des Balkans, hors de la Slovénie qui est déjà un pays candidat et dont, apparemment, la négociation est la mieux engagée. Ce n'est d'ailleurs pas forcément la plus compliquée des négociations car c'est un petit pays déjà très prospère de 2 millions d'habitants. Les pays des Balkans ont vocation, lorsqu'ils auront retrouvé sécurité, stabilité régionale, et capacités à vivre en paix, à être un jour des pays candidats à l'Union européenne.

D'autres pays peuvent se voir conférer cette vocation européenne, mais avec peut-être plus d'hésitation. Là nous sommes déjà dans le très long terme. Je pense notamment à la Moldavie, qui est évidemment très proche de la Roumanie. Je pense à l'Ukraine, même si sa situation actuelle est extraordinairement complexe.

Je pense à la Biélorussie, peut-être aussi aux autres pays du Caucase, mais là on est déjà en train de glisser vers une frontière très lointaine.

Si je devais résumer, la frontière extérieure de l'Union européenne aujourd'hui, demain, après-demain, c'est la Russie. Car la Russie, qui est un pays du continent et a sa propre culture, doit être en lien avec l'Union européenne. Il doit y avoir demain des stratégies extrêmement fortes d'association de coopération. Mais la Russie membre de l'Union européenne, cela signifierait la dilution absolue et la fin de ce projet d'espace de civilisation que j'ai décrit. Et cela, justement, parce que d'une certaine façon la Russie est une autre civilisation. Donc elle sera demain un très grand partenaire de l'UE élargie, mais elle ne peut pas en être membre.

Je sais c'est une question prématurée, c'est pourquoi je la décris dans l'espace et dans le temps avec un peu de distance. Cette question des frontières de l'Union, nous devons effectivement y penser. Voilà rapidement la réponse que j'y apporte. Vous voyez que c'est basé sur le fait que l'Union européenne est une culture et une civilisation potentiellement partagées.

Pour ce qui concerne la responsabilité de la Commission : il n'y a pas de vision française. Dans le débat qui s'ouvre, les opinions sont libres. Le président de la République Jacques Chirac s'est exprimé devant le Bundestag il y a un an exactement, le Premier ministre s'est exprimé il y a quelques jours. Donc je vous donnerai plutôt la vision gouvernementale, disons du Premier ministre.

Le Premier ministre Lionel Jospin a proposé que la Commission voit sa légitimité démocratique renforcée, notamment en faisant en sorte que le président de la Commission soit le leader de la formation politique arrivée en tête aux élections au Parlement européen. Autrement dit, cela pourrait prendre la forme soit d'une formation soit d'une coalition. Vous avez en Europe deux grands partis : le Parti Populaire européen, les droites européennes si vous voulez, et le Parti Socialiste européen, les socialistes et sociaux-démocrates. Chacun de ces partis présenterait des candidats dans tous les pays membres de l'UE en 2004 et en République tchèque, car il y aura des parlementaires européens tchèques, par définition, lorsque la République tchèque aura adhéré. Et à la tête de ces coalitions, au niveau européen, il y aurait monsieur untel ou monsieur untel, pour les socialistes M. Delors, pour les chrétiens démocrates M. Kohl – je fais plutôt appel à des figures d'avant, bien identifiées l'une et l'autre, mais il y en aura d'autres demain.

Et puis selon que l'un ou l'autre camp l'emporte, le leader de cette formation serait appelé en quelque sorte à proposer sa candidature et à essayer de trouver une majorité au sein du Parlement européen. Il serait ensuite Président de la Commission. Cela permettrait de parlementariser la vie communautaire, ce qui est très important. C'est l'esprit de cette proposition, qui avait d'ailleurs été formulée à l'origine par Jacques Delors.

Il serait logique, à partir du moment où il y a parlementarisation, qu'il y ait droit de dissolution du Parlement européen par le Conseil sur proposition des États-membres de la Commission. Car un Parlement européen qui devient très souverain et représente dès lors un peuple européen doit pouvoir être dissout par les gouvernements devant lesquels il est responsable.

Pour ce qui est de la question linguistique, il va de soi que des pays slaves ont leur place – avec leur langue – dans l'UE de demain. Mais en évoquant le problème des traductions vous avez posé une vraie question. Ici nous sommes dans une université, nous avons deux interprètes qui traduisent dans deux langues. Mais à Bruxelles ou à Strasbourg vous avez désormais une véritable Tour de Babel avec profusion de salles d'interprètes. Dans l'hémicycle de Strasbourg on ne peut plus aujourd'hui introduire de nouvelles salles d'interprétariat. Donc il faudra ajouter de nouvelles langues, bâtir de nouveaux circuits, et quand nous serons 27, 28, 35 membres – je pense que c'est à peu près 35 le nombre maximal de pays dans l'UE – il faudra trouver quelques langues qui seront des langues de travail, quitte ensuite à ce que d'autres puissent parler dans leur langue en référence à quelques langues centrales. Quand je dis cela, je tombe sur un nombre de problèmes considérable ; si on dit que le français et l'anglais sont les langues internationales au niveau de l'ONU, on va nous répondre qu'il y a le cas de l'Allemagne, pays le plus peuplé dont la langue doit peser. Si on dit que c'est l'Allemagne, on va répondre que l'Espagne a une vaste histoire, que les Pays-Bas ont dominé le monde, que le portugais est une langue pratiquée à l'échelle de la planète. Et en effet, ils n'ont pas de raison de se sentir écartés. Nous laissons ce problème pour les générations futures, mais il approche assez vite.

Pour répondre à votre question sur la formulation des traités, à Göteborg, en effet, comme c'est toujours le cas, les conclusions sont rédigées au conditionnel. Pour expliquer pourquoi, je voudrais rappeler ce que sont les conclusions de Göteborg s'agissant de l'élargissement.

Elles énoncent que si les pays poursuivent leurs négociations, les mènent à bon terme, elles pourraient être achevées à la fin 2002. À ce moment-là, il pourrait y avoir adhésion en janvier 2003, et ensuite on entre dans le processus de ratification du traité. Ils pourraient participer aux élections de 2004. Ce conditionnel est logique, car l'adhésion n'est pas un cadeau : l'adhésion n'est pas automatique. Elle suppose que les négociations soient conduites à bon terme, et suppose des efforts. Si nous avions dit que tous les pays candidats actuels seront membres au 1er janvier 2003 – je parle au futur et non plus au conditionnel – cela revient à dire qu'ils le sont déjà aujourd'hui, et les négociations, les efforts nécessaires, n'auraient plus lieu d'être. Vous savez bien qu'il y a de grandes inégalités entre les pays candidats dans la reprise de l'acquis et dans la conduite de ces négociations. Je dirais que ce conditionnel est à la foi un engagement – même si le mouvement est irréversible – mais qu'il est aussi une incitation à poursuivre.

Pour ce qui est du thème de l'élargissement dans la campagne électorale française, je ne crois pas qu'il jouera un rôle prépondérant. Parce que, malheureusement peut-être, les questions européennes jouent un rôle trop peu important dans la vie politique française. Ce que je crains en revanche, c'est que ce qui concerne l'euro joue un rôle négatif. Certains pourraient être tentés de profiter des difficultés psychologiques inévitables liées à ce changement fondamental, pour ressusciter des peurs ou pour relancer des idées souverainistes.

Mais de toute façon cela restera marginal, car les Français sont très favorables à l'Europe et à l'euro. En revanche, sans me mêler de la vie politique de puissants voisins et amis, il est probable que l'élargissement joue un rôle dans la campagne allemande lors des élections de novembre 2002. L'Allemagne ressent cet élargissement comme un élargissement de voisinage, une pression démographique sur ses frontières. Nous, Français, n'avons pas de frontière directe avec un pays candidat contrairement à l'Allemagne avec la Pologne. On voit bien que cette question d'élargissement est très présente dans les débats allemands. Mais j'imagine que vous avez l'occasion d'en parler avec les ministres, les personnalités allemandes qui ne manqueront pas d'intervenir dans le débat sur l'avenir de l'Europe.

Quant à votre question sur la sécurité c'est vrai que nous constatons maintenant que chaque réunion internationale est marquée par des violences. Cela devient de plus en plus inacceptable. Ce fut le cas à Seattle, à Prague, à Biarritz, à Nice, et c'est vrai que cela a atteint son paroxysme à Göteborg. Paroxysme à la fois parce qu'il y a des gens extrêmement déterminés, que vous avez appelé « les professionnels de la casse », et parce que la Suède est un pays tellement accoutumé au dialogue, pacifique, presque pacifiste, « pays neutre », qu'il n'y a pas de culture de la répression de ces manifestations violentes. C'est vrai que nos amis suédois n'étaient pas outillés, même techniquement, pour faire face à cela, d'où les scènes auxquelles nous avons assisté. Il est clair qu'il faut maintenant s'habituer à ce que cette donnée existe, et existera... Donc les ministres des Affaires étrangères et les ministres de l'Intérieur des pays membres vont se réunir prochainement pour étudier les mesures à prendre pour préparer, dans de bonnes conditions, les Sommets et les Conseils européens face à ces hooligans. Ce sont sûrement des mesures qui s'inspireront de celles qui ont été prises pour les matchs de football, les accords dits de Schengen. L'espace de liberté, de sécurité et de justice de l'UE offre à cet égard des possibilités de contrôles adaptées pour des circonstances particulières et, assurément, la tenue des Conseils européens constitue maintenant des circonstances particulières qui sont systématiquement exploitées par ces casseurs. Ces derniers ne doivent en aucun cas être tenus pour des héros. À Göteborg, j'ai été frappé par une certaine couverture médiatique. D'une part elle n'a parlé que de cela, alors qu'à l'intérieur on parlait heureusement d'autre chose, à savoir de l'élargissement de l'Union. D'autre part, elle faisait une assimilation un peu facile en mettant sur le même plan les casseurs et ceux qui ont voté « non » en Irlande pour des raisons irlandaises, ceux qui manifestent pacifiquement contre la mondialisation – ou pour une autre Europe – et qui sont des manifestants respectables, avec qui nous devons dialoguer.

Et *in fine*, en regardant par exemple certains journaux télévisés en France, je fais un raccourci : on avait l'impression que les casseurs c'était la voix de ceux qui n'aiment pas l'Europe et qu'ils sont majoritaires. Non. Les casseurs sont des gens qui veulent casser, et casser l'Europe du même coup. Il faut les mettre de côté plutôt que de justifier leur attitude qui est, encore une fois, inacceptable, et doit être combattue.

[...]

96 – Lettre de Jacques Chirac et de Helmut Kohl
au président de l'Union européenne (6 décembre 1995)

Cette lettre commune de Jacques Chirac, président de la République, et de Helmut Kohl, chancelier d'Allemagne, adressée à Felipe González, chef du gouvernement espagnol et président de l'Union européenne pour un semestre, exprime les objectifs prioritaires des deux hommes pour la conférence intergouvernementale sur l'Union européenne. Comme souvent, l'intervention conjointe franco-allemande est un moteur efficace de l'Union européenne. On remarquera que la France et l'Allemagne recommandent une plus grande lisibilité de la PESC et préconisent des coopérations renforcées entre pays désireux de pousser plus loin leur intégration ou leurs politiques communes. La conférence intergouvernementale aboutira au traité d'Amsterdam.

*

Monsieur le Président,

L'Espagne va accueillir, les 15 et 16 décembre prochains, le Conseil européen pour une réunion dont l'enjeu sera particulièrement important. Il appartiendra aux chefs d'État et de Gouvernement de l'Union européenne d'arrêter en particulier les principales décisions permettant le succès de la Conférence Intergouvernementale de 1996. Par là même, ils donneront le coup d'envoi a toute une série de négociations dont l'objet est l'adaptation de la construction européenne aux transformations profondes qui ont marque notre continent depuis la fin de la précédente décennie.

La réunion informelle de Majorque nous a permis d'identifier les cinq défis que les États membres de l'Union doivent relever pour préparer l'Europe au XXIe siècle. Nous devons, dans les cinq années à venir :

– mener à bien l'adaptation du Traité sur l'Union européenne ;

– réaliser le passage à la monnaie unique dans les délais et selon les conditions prévues ;

– préparer et conduire dans un esprit chaleureux et résolu les négociations d'élargissement avec les États associés d'Europe centrale, orientale et méridionale, candidats à l'adhésion ;

– parallèlement, définir les paramètres essentiels des financements des politiques communes au-delà de 1999 ;

– poursuivre enfin activement la politique de dialogue, de coopération et de partenariat déjà engagée avec les voisins de l'Union, en particulier la Russie, l'Ukraine, la Turquie et les pays de la Méditerranée.

C'est en menant à bien l'ensemble de ces taches que nous pouvons espérer réaliser, à l'échelle de notre continent, une grande communauté de liberté, de prospérité et de stabilité.

Dans cette perspective, et notamment pour assurer la bonne préparation du futur élargissement, la Conférence Intergouvernementale constituera une étape essentielle. Cette Conférence doit être préparée par une réflexion approfondie. Ce fut la tâche du groupe présidé par M. Westendorp, dont nous saluons l'excellent travail. Nous avons aussi pris note avec Internet des suggestions formulées par plusieurs de nos partenaires.

Il nous semble utile d'apporter à notre tour, à la veille du Conseil européen de Madrid, notre contribution.

Nous considérons que la Conférence doit remplir pleinement son mandat mais qu'elle doit être suffisamment courte pour permettre d'aborder les échéances suivantes sans retard. Ceci implique qu'elle se concentre sur les quatre objectifs prioritaires suivants :

1 – Il faut, selon nous, permettre à l'Union d'avoir une politique étrangère de sécurité commune plus visible et plus déterminée, dans une démarche qui assure mieux l'efficacité, la continuité, la cohérence et la solidarité de son action. Ceci implique que soient rapprochées significativement les politiques étrangères et de défense de chacun de nos pays autour d'objectifs et de priorités claires. Il conviendra à cet égard de préciser la relation entre l'Union européenne et l'UEO dans la perspective de l'échéance de 1998 du Traité de Bruxelles, et de réfléchir aux ajustements qui permettraient de doter la PESC des moyens et des instruments correspondant à nos ambitions, lui donnant une visibilité accrue et permettant de conjuguer les instruments communautaires et les capacités propres des États membres.

2 – Nous proposons de parachever en Europe la constitution d'un espace homogène, ou la liberté de mouvement serait garantie par une démarche commune, en particulier dans le domaine de l'asile et de l'immigration et par une coopération renforcée permettant d'assurer de manière réellement efficace la sécurité des citoyens contre les fléaux du terrorisme, du crime international organise et de la drogue.

3 – Il nous semble indispensable de doter l'Union d'Institutions plus efficaces. Ceci implique les aménagements importants, tant pour le Conseil que pour la Commission. Ces aménagements devraient inclure, pour le Conseil, une extension du champ d'application des décisions à la majorité qualifiée, accompagnée d'une révision de la pondération des voix. Il faudra également réfléchir à la désignation, à la composition et aux attributions de la Commission, pour permettre à celle-ci de jouer pleinement son rôle dans une Union élargie. Il faudra enfin examiner les moyens de rendre plus transparentes et plus simples les procédures entre le Conseil, la Commission et le Parlement.

4 – Il faut renforcer l'ancrage démocratique d'une Union plus proche de ses citoyens. Ceci suppose une meilleure association du Parlement européen aux responsabilités de la construction européenne ainsi qu'une implication renforcée des parlements nationaux. Ceci suppose également que, par une application plus résolue, le principe de subsidiarité se concrétise davantage.

Globalement, l'Union devrait être plus compréhensible pour le citoyen et plus à l'écoute de ses besoins.

Dans une Union élargie, nous voulons que tous les États membres puissent participer de la même façon aux progrès de la construction européenne. Mais les difficultés momentanées de l'un des partenaires à suivre la marche en avant ne devraient pas faire obstacle à la capacité d'action et de progrès de l'Union. Pour cette raison, nous jugeons souhaitable et possible, à la lumière de l'expérience et des exemples existants, d'introduire dans le Traité une clause de caractère général permettant aux États qui en ont la volonté et la capacité de développer entre eux des coopérations renforcées, dans le cadre institutionnel unique de l'Union.

Telles sont, Monsieur le Président, les idées dont il nous a paru utile de vous faire part à la veille du Conseil européen de Madrid. Nous pouvons vous assurer que la France et l'Allemagne sont déterminées à assurer le succès de la Conférence Intergouvernementale, mais aussi des négociations qui la suivront, pour permettre à l'Union d'assumer ses responsabilités à l'aube du XXIe siècle. Nos deux Gouvernements sont prêts à continuer à prendre, dans l'avenir, toutes les initiatives communes appropriées qui pourraient être utiles au succès de la marche en avant de notre Union.

Nous nous permettons de transmettre ce message aux autres membres du Conseil européen.

Nous vous prions d'agréer, Monsieur le Président, l'expression de notre haute considération.

97 – Une Union d'États gérant des compétences fédérales

Article de presse : « Giscard d'Estaing préconise une nouvelle approche dans le débat européen », Les Échos, Catherine Chatignoux, 24 octobre 2001. Reproduit avec l'autorisation du journal Les Échos.

Valéry Giscard d'Estaing sera désigné, au Conseil européen de Laeken (14-15 décembre 2001), par les chefs d'États et de Gouvernement pour présider la Convention sur l'avenir de l'Europe ; il esquisse ici un « programme » européen en vue de cette désignation. La Convention doit proposer en 2003 un projet de Constitution européenne.

*

« Giscard d'Estaing préconise une nouvelle approche dans le débat européen ».

À l'époque nouvelle, système nouveau. Hier au Parlement, devant la délégation pour l'Union européenne, Valéry Giscard d'Estaing a manifestement cherché à renouveler le débat européen : « Nous sommes à la fin d'un processus et au début d'un autre. Pendant cinquante ans l'Europe a été synonyme d'intégration avec, pour point d'orgue, l'Union économique et monétaire. Ce processus s'est arrêté au début des années 1990 avec la réunification. Aujourd'hui, il faut répondre à une tout autre question : comment organiser le continent européen ?

L'attente aujourd'hui, selon VGE, est plutôt la création d'un espace de liberté. C'est pourquoi il ne sert à rien d'étirer le système institutionnel actuel comme s'il avait une élasticité infinie. « Il faut bâtir un nouveau système ; Il se garde bien de le définir en détail, mais livre quelques pistes. Nouvelle répartition des tâches :

Tout d'abord, pousser le plus loin possible le débat sur les attentes des Européens. Et intégrer largement les futurs candidats à ce processus avant d'amorcer une démarche constituante qui permettra de rechercher les objectifs communs aux Européens.

Une nouvelle organisation de l'Europe suppose une nouvelle répartition des compétences entre l'Union et les États membres. V. Giscard d'Estaing ne rejette pas l'idée que certaines attributions pourraient être retirées à l'Union pour les rendre aux États. Refusant d'entrer dans le débat sur l'opportunité d'une fédération, d'une fédération d'États-nations ou d'une confédération, il donne tout de même sa propre définition de l'Europe de demain : « Une Union d'États gérant des compétences fédérales ».

Surtout il recommande de ne faire intervenir le débat sur les institutions qu'en tout dernier lieu. La Commission peut-elle devenir le gouvernement de l'Europe ? Certainement pas avec la structure à rallonges que lui a donnée le traité de Nice.

Mais, si l'on veut refaire de la Commission un vrai outil exécutif, alors il faudra une Chambre des États sur le modèle du Bundesrat, composée des exécutifs de chaque État, représentés selon une certaine pondération. Si c'est le Conseil qui garde l'exécutif, alors il lui faudra un président digne de ce nom comme le Parlement européen et la Commission. Et pas un président qui gère l'Union pendant six mois tous les vingt-huit semestres.

98 – « Bonjour monsieur Monnet »

Article de presse, Pierre Viansson-Ponté, Le Monde, *22-23 octobre 1972. Reproduit avec l'autorisation du journal* Le Monde.

Le tableau admiratif et bucolique que brosse le journaliste Pierre Viansson-Ponté de Jean Monnet manifeste l'influence que ce dernier a exercée sur certaines élites françaises. C'est aussi un hommage à celui qui, en dépit des oppositions vigoureuses des gaullistes, a su convaincre des responsables politiques de « faire l'Europe ». Monnet a publié ses *Mémoires* en 1976. Il est décédé le 16 mars 1979.

*

Bonjour monsieur Monnet.

À 40 kilomètres de l'avenue Kléber où jeudi matin, les neuf chefs d'État et de gouvernement de la nouvelle Europe prennent séance dans l'imposant appareil des grandes conférences internationales, un vieux monsieur alerte le visage rougi par le froid déjà vif rentre de sa promenade quotidienne à travers la campagne d'Île-de-France. Avec un dernier regard pour les doux vallonnements qu'enserre au loin la tache sombre des premiers contreforts de la forêt de Rambouillet, il pousse la porte d'un jardin et pénètre de son pas tranquille dans une grande maison à colombages, gaie et chaude, sa maison.

Robuste et lent il tape du pied sur le seuil, pose sa canne, enlève le vieux feutre cabossé qu'il soulevait tout à l'heure, dans le chemin du Saint-Sacrement ou en traversant le hameau pour saluer avec une courtoisie attentive et familière un cultivateur au loin dans son champ ou une vieille femme sur le pas de la porte de sa maisonnette. Ôtée cette lourde canadienne fourrée devenue ici légendaire, car sa réapparition annonce chaque automne depuis vingt-cinq ans aux villageois l'approche de l'hiver aussi sûrement que le premier givre de l'aube, l'homme des villes n'apparaît pas très différent au fond de l'homme des champs qui perché sur sa moissonneuse-batteuse, lui rendait à l'instant son salut, en criant très fort pour vaincre le bruit : « Bonjour, monsieur Monnet ! ». Carré maintenant dans son fauteuil, les mains tendues vers le feu de bois, Jean Monnet songe-t-il à cette simple feuille de papier partie de son bureau de commissaire général au Plan, rue de Martignac un jour du printemps 1950, à l'intention du lorrain Robert Schuman, alors ministre des Affaires étrangères ? En quinze lignes, il proposait simplement « pour supprimer... l'opposition séculaire » entre la France et l'Allemagne de placer la totalité de la production franco-allemande de charbon et d'acier sous une autorité supérieure de contrôle dans le cadre d'une organisation qui reste ouverte aux autres pays européens ».

Ces quinze lignes, Robert Schuman en répétait très haut le texte, mot pour mot encore, le 20 juin suivant, dans le salon de l'Horloge du Quai d'Orsay, devant les ministres des six pays qui avaient accepté d'étudier la proposition française.

Avec ces trois phrases, une aventure nouvelle commençait, l'aventure de la Communauté européenne. Vingt-deux ans plus tard, après bien des vicissitudes. Elle se poursuit dans la grande salle de la conférence « au sommet », avenue Kléber.

« Monsieur Europe » : sans Jean Monnet, sans son obstination à croire d'abord, à faire admettre ensuite, qu'une idée simple finit toujours par l'emporter, dans un monde complexe et troublé, sur toutes les querelles, toutes les abstractions, il n'y aurait sans doute pas d'union européenne.

Quelle vie étonnante, que celle de ce petit-fils et fils de négociants en cognac – c'étaient là les seules étoiles qui brillaient sur son destin – né lui-même à Cognac il y aura bientôt – le 9 novembre – quatre-vingt-quatre ans ! S'il se soucie peu de servir d'alibi aux cancres, il n'a d'autres diplômes que ceux qui lui ont été conférés « honoris causa » par dix universités. S'il n'arbore jamais aucune décoration, ses tiroirs sont remplis des ordres les plus prestigieux qui soient à travers le monde, mais il n'a pas la Légion d'honneur. Et il vérifie un aphorisme bien connu : célèbre dans le monde entier, il n'est que connu dans son propre pays.

Par leur seule présence, jeudi avenue Kléber, neuf chefs d'État et de gouvernement en portaient, qu'ils le veuillent ou non, témoignage : oui, le promeneur de Bazoches qui avait tôt appris entre les ceps du vignoble charentais que « le temps ne respecte pas ce qu'on fait sans lui » a donné une leçon qui restera, il a réalisé quelque chose. L'Europe, tout simplement.

Pierre Viansson-Ponté
22-23 octobre 1972

99 – Allocution prononcée par monsieur François Mitterrand, président de la République française lors du transfert des cendres de Jean Monnet au Panthéon

Source : présidence de la République, 9 novembre 1988 – Transfert des cendres de Jean Monnet au Panthéon.

Le texte de François Mitterrand est-il un texte d'histoire ? On en jugera en historien. Mais le fin politique qu'il est sait dire les convictions communes qui le lient à Monnet et montrer toute l'importance du terroir charentais, terre du Cognac et de la bonne mesure. Il y a de la nostalgie dans ce texte fait pour célébrer une œuvre d'avenir, exactement à l'image du destin de l'Europe. Il témoigne que Jean Monnet a été l'homme de la paix en Europe, simple et heureuse banalité pour les générations qui ont suivi celles de ces deux hommes, dur combat pour la génération de guerre et d'après-guerre, qui l'a gagné, pour le bien des Européens et de la paix mondiale.

*

Messieurs les Présidents, Mesdames et Messieurs,

Il y a très exactement cent ans, le 9 novembre 1988, Jean Monnet naissant à Cognac, en Charente, et sa vie qui fut longue et féconde raconte comment un petit provincial de Saintonge devint le premier citoyen de l'Europe.

On ne comprendrait pas Jean Monnet sans une référence permanente au paysage de son enfance, à la nature de son sol, à un certain type de société où coopèrent depuis des générations viticulteurs, artisans, distillateurs et négociants, liés par une passion exigeante, scrupuleuse : celle de la qualité. Or la qualité ne s'obtint qu'au prix de l'extrême attention, d'un savoir-faire à l'image de la distillation : compromis subtil entre le désir de préserver les qualités originelles d'un fruit et la nécessité d'en éliminer les lourdeurs. Le patient travail de la terre, le double passage dans les alambics, la lente maturation à l'ombre des chais de ces eaux-de-vie qu'on appelle « les belles au bois dormant », plus encore que pour une façon de faire témoigne pour une façon d'être.

De souche terrienne, le père de Jean Monnet s'oriente vers le négoce. Pour vendre le cognac et plus encore imposer sur les marchés lointains une marque encore mal assurée, on voyage, on apprend les langues étrangères, on reçoit des clients venus des quatre coins du monde. Jean Monnet a décrit cette ambiance : « On ne faisait qu'une chose avec concentration et lenteur, mais à travers cette chose, on avait un immense champ d'observation et un échange d'idées très actif. J'apprenais là, ou à partir de là, sur les hommes et les affaires internationales plus que je l'eusse fait avec une éducation spécialisée ». Et il ajoute : « Je sais attendre longtemps les circonstances. À Cognac, on sait attendre, c'est la seule manière de vanter un bon produit ».

Dès l'âge de 16 ans, il travaille dans la petite affaire familiale et part lui aussi se former sur le tas en Angleterre, en Amérique, en Orient. Il y apprend à négocier, à connaître d'autres usages. Il y met en pratique cette patience reçue en héritage. Il découvre que la confiance et l'entraide font plus que l'égoïsme et le secret. À la Cité londonienne de l'époque, il admire une communauté très forte à l'intérieur de laquelle l'action individuelle n'aboutit qu'épaulée par l'effort collectif.

En Amérique, à 18 ans, au tout début du siècle, il rencontre des hommes dont l'avancée vers l'Ouest semble être sans limites, un peuple occupé à développer plus qu'à gérer, le dynamisme d'un monde en mouvement qui rend à ses yeux bien statiques les coutumes de la vieille Europe.

Ces trois leçons de sa jeunesse : prendre le temps sans dévier du but, s'adapter à son partenaire tel qu'il est, coopérer pour réussir, il les appliquera le moment venu aux affaires publiques. Mais pourquoi m'arrêterai-je sur ces commencements qui sembleront loin du sujet qui nous occupe ? Parce que je veux montrer que Jean Monnet n'est pas séparable d'une forme de civilisation où travail et perfection sont anonymes, où toute œuvre exige autant de soin que de respect.

Lorsque éclate la Première Guerre mondiale, Jean Monnet, bien que réformé pour raison de santé, veut prendre sa part, à sa manière, de la mobilisation Ayant observé que les bateaux, qui arrivaient chargés en Angleterre, retournaient vides en France, tandis que l'approvisionnement s'imposait comme une question stratégique, il convainc René Viviani, président du Conseil des Ministres français, qu'il approche à Bordeaux, et par Viviani, le Gouvernement britannique, qu'il est urgent de coordonner leurs efforts. Il n'a que 26 ans et ne représente rien. À quelque étape que ce soit d'un surprenant parcours, on s'étonne. Quoi ? Les puissants et les pouvoirs sont-ils si accueillants, si ouverts au rêve ou bien à l'idée neuve qu'on puisse obtenir d'eux tous les visas pour l'avenir ? On sait qu'au contraire, rien n'est plus difficile que d'obtenir sur les hommes et sur les choses un regard neuf. Mais Jean Monnet est déjà cet homme de silence pour lequel toute parole est acte. Il tire force et clarté de la méditation à laquelle il s'adonne chaque jour de sa vie. Il a compris, dès son enfance, qu'un homme ne vaut que par la maîtrise de lui-même et qu'aucun pouvoir ne s'impose, ni ne dure qui ne procède d'un mûrissement intérieur.

Chargé de mettre en place à Londres, pour les achats de blé puis pour les transports maritimes, le système qu'il préconise, il esquisse la première ébauche en temps de guerre d'une organisation franco-britannique intégrée.

Quand les armes se taisent, Jean Monnet est partisan d'une action internationale capable, selon ses mots, « d'organiser la paix » et de prévenir de nouveaux conflits par un traitement équitable et réaliste des problèmes économiques et territoriaux, ceux des vaincus comme ceux des vainqueurs.

L'expérience des Comités interalliés de la guerre lui vaut d'être appelé à la Société des Nations par Clemenceau et Balfour. Secrétaire de Balfour, il est choisi par Clemenceau pour le poste d'adjoint au secrétariat général, Sir Eric Drummond. Il a à peine plus de 30 ans et se met au travail. Mais ni l'outil ni l'esprit du temps ne sont à la mesure de ce qu'il en attend. Il y fait l'expérience qu'il n'oubliera pas, de l'impuissance à quoi condamne la primauté des égoïsmes nationaux, la persistance de l'esprit de revanche, le pouvoir de veto d'un seul contre les autres.

Il quitte alors la Société des Nations, retourne aux affaires privées, d'abord à celles de son père qu'il tire des difficultés où l'absence d'innovation les avait enlisées. Puis il entre dans une banque d'investissement américaine dont les activités le conduisent à participer aux efforts de redressement des monnaies polonaise et roumaine. Banquier à San Francisco, il mène une mission économique en Chine. Bref, durant toute cette période, il voyage, il observe et il pressent que la montée du nazisme conjuguée à l'incapacité des démocraties à contenir le danger, condamne le monde à un affrontement qu'il juge inévitable et qu'il entend désormais préparer. Il convainc le Président Roosevelt, en 1935, que le devoir de son pays est de fournir aux démocraties les armes dont elles auront besoin. Bien que les États-Unis d'Amérique veuillent rester à l'écart du conflit qui approche, il obtient la promesse que l'industrie aéronautique américaine livrera à la France et à l'Angleterre plus de 2000 avions de combat. Puis il retourne à Londres où il prend la tête du Comité franco-britannique pour la préparation et la coordination de l'effort à fournir.

La débâcle du printemps 40, en France, provoque en lui un choc, comme une illumination. Il lance la fameuse proposition d'une union indissoluble entre la France et la Grande-Bretagne, une seule citoyenneté, une seule armée, un seul Parlement, une seule monnaie, thèmes que reprendront Winston Churchill et le Gouvernement britannique.

On sait ce qu'il en adviendra, mais Jean Monnet ne baisse pas les bras ; il agit encore auprès de Roosevelt, il entre à Alger au Comité de Libération nationale. De nouveau aux États-Unis, il organise l'achat et le transfert des marchandises dont sitôt la paix rétablie la France aura le plus besoin.

Ici se situe la rencontre des deux hommes qui, aussi différents et parfois opposés qu'ils aient été, donneront plus que tous les autres à la France et à la même époque le sursaut et l'élan, la force d'être soi-même et celle de changer.

À la Libération le Général de Gaulle appelle Jean Monnet au redressement du pays. Il faut pour reconstruire une action cohérente dans la durée et associant les forces vives de la Nation, Jean Monnet sait qu'il n'y a pas simplement à rebâtir ce que la guerre a détruit, mais à moderniser une économie qui s'est laissée distancer. La faiblesse de la production n'est pour lui que le symptôme d'un mal plus profond ; la défaillance de l'esprit d'entreprise. « La modernisation, dit-il, n'est pas un état de choses, c'est un état d'esprit ». Ainsi verra un jour le Plan que l'on appellera plan Monnet, dont il sera le premier Commissaire général. Avec une petite équipe, dans de modestes locaux, prendra forme une grande idée.

Il dresse l'inventaire des besoins, crée des Commissions de modernisation où sont discutés et définis les objectifs prioritaires, met l'accent sur les choix nécessaires. Et il pratique sa méthode, sa constante méthode : unir dans la réflexion des hommes et des forces d'origines diverses qui s'étaient jusque-là ignorés. C'est ce que l'un de ses collaborateurs nommera « l'économie concertée ».

Dans le même moment, Jean Monnet perçoit qu'il faut à la racine extirper les germes de la division européenne et bâtir entre ennemis d'hier un avenir solidaire. Car l'Europe n'a plus le choix, elle doit s'unir ou décliner. Il avait vu par deux fois l'Europe se déchirer, sortir exsangue des conflits où elle avait précipité le monde. Il avait vu à l'Ouest et à l'Est vaciller des démocraties qui n'avaient résisté ni aux crises intérieures, ni aux convoitises extérieures. Il a voulu briser ce cercle maléfique. D'autres, avant lui, avaient nourri le rêve d'unir pacifiquement les peuples de l'Europe. Convaincu que « là où manque l'imagination, les peuples périssent », il en fit un projet. Parce que, je le cite, « l'heure n'était plus à tenter de gagner un avenir précaire aux dépens des autres », il voulut que l'Europe, celle du moins sur laquelle il pouvait agir, reconquit par sa cohésion et par son unité une souveraineté réelle à l'échelle du monde.

Parce qu'elles avaient souffert l'une par l'autre, il jugea que l'Allemagne et la France avaient déjà dans cette construction d'une Europe réconciliée une responsabilité particulière. Parce que ni les hommes ni les nations ne peuvent effacer d'un coup de leur mémoire les méfiances et les violences, les traces du passé, il voulut prouver le mouvement en marchant, engager dans des structures communautaires les pays – ils étaient six à l'origine – prêts à tenter ensemble la grande aventure dont on dira un jour qu'elle résulta de la plus étonnante audace intellectuelle et politique du siècle.

Encore fallut-il l'indispensable vertu de persévérance pour cimenter l'Europe. Cette vertu, Jean Monnet la possédait. Elle reste, croyez-le bien Mesdames et Messieurs, à l'ordre du jour. Jean Monnet avait choisi, selon aussi ses propres termes, de « faire quelque chose plutôt que d'être quelqu'un », et ce quelque chose fut l'Europe, mais elle n'aurait pu se faire sans quelqu'un ou, soyons juste, sans quelques-uns au premier rang desquels Jean Monnet.

La cérémonie solennelle exceptionnelle qui nous réunit devant le Panthéon de nos gloires nationales en témoigne. Jean Monnet, comme d'autres l'avaient fait avant lui, selon les besoins du temps, les réalités de l'Histoire et l'ambition d'un peuple dont la vocation est d'aller à l'universel. Voilà pourquoi les Français, en ce jour, doivent se souvenir et savoir que d'autres aussi se souviennent auprès de nous, sont ici : les représentants, les plus hauts, et je les en remercie, les représentants des peuples maintenant rassemblés pour une œuvre commune qui à la fois les accomplit et les dépasse.

Pour construire l'Europe nouvelle et sceller la réconciliation franco-allemande, Jean Monnet eut l'intuition qu'il fallait instituer une solidarité de fait autour d'une richesse commune : le charbon et l'acier. Robert Schuman, alors ministre français des Affaires étrangères, comprit très vite la portée de ce projet. L'Allemagne et le Luxembourg, la Belgique, les Pays-Bas et l'Italie s'y rallièrent. Tout naturellement, Jean Monnet présida la Haute Autorité de la Communauté européenne du charbon et de l'acier, et voilà que tout commence.

Un peu plus tard, il fonde le comité d'action pour les États Unis d'Europe. De ses idées naissent la Communauté européenne de l'énergie atomique, Euratom, puis la Communauté économique européenne, qui élargit à tous les domaines de l'activité industrielle et agricole les bases de la coopération. Oh ! Certes, Jean Monnet savait que le cheminement serait long, que les tentations solitaires resurgiraient, car la marche vers l'Europe est souvent malaisée. On peut penser à tout moment que l'obstacle qui se dresse sur la route ne sera pas franchi, mais cependant la simple énumération des progrès accomplis en trente ans offre en perspective une tout autre vue de l'Histoire en train de se faire et prête à Jean Monnet sa véritable dimension.

Du discours du Salon de l'Horloge prononcé par Robert Schuman en 1950, aux décisions récentes du Conseil européen de Hanovre qui ont doté la Communauté des instruments qui lui permettront d'atteindre et de gagner le grand rendez-vous de 1992, en passant par le Traité de Rome, la politique agricole commune, les Sommets européens, les élargissements successifs à Neuf, à Dix, à Douze, les accords de Lomé, la création du Conseil européen, le système monétaire, l'élection du Parlement au suffrage universel, l'Europe technologique, l'Europe de la recherche, que sais-je encore, pour aboutir à l'Acte unique qui va lier l'existence pour une Histoire commune de 320 millions d'êtres humains porteurs et héritiers de l'une des grandes civilisations de la terre, le siècle qui s'achève et celui qui vient auront connu et connaîtront l'avènement d'un nouveau monde, l'Europe qui restera, quoi qu'il advienne, l'Europe de Jean Monnet.

Et voilà qu'il faut maintenant continuer l'entreprise dans les directions fixées par les fondateurs. Il est toujours très difficile de citer des noms sans commettre des injustices, mais comment ne pas associer à l'éloge d'aujourd'hui adressé à Jean Monnet et Robert Schuman et Alcide de Gasperi et Paul-Henri Spaak et Conrad Adenauer et Altiero Spinelli ? Devrais-je citer le premier d'entre eux, qui parla des États-Unis de l'Europe : Winston Churchill ? Ne faut-il pas mentionner Joseph Bech ? Faut-il citer tous des artisans qui sont encore des nôtres et qui représentent dignement la longue chaîne des fondateurs que, plus tard, d'autres que moi citeront ?

Et nous savons aussi qu'il convient de poursuivre l'œuvre, que la monnaie européenne n'en est qu'à ses vagissements, que l'Europe ne se fera pas si elle laisse en cours de route le plus grand nombre, ses producteurs, ses travailleurs, eux sans lesquels il n'y aurait pas de construction véritable et tout le reste s'effondrerait, je veux parler de l'espace social européen. Et la culture, Jean Monnet rappelait peu avant de mourir que s'il avait à recommencer, ce serait par la culture. Qu'est-il de plus culturel aujourd'hui et de plus répandu que l'audio-visuel qui risque d'échapper aux pays de l'Europe pour appartenir désormais à ceux qui viennent de plus loin, porteurs d'autres formes de civilisation, d'autres cultures, d'autres langages ? Voilà pourquoi nous nous sommes engagés à créer cette Europe-là comme celle de l'environnement qui ne connaît pas de frontières, moins encore que les hommes. Et puis encore l'Europe tournée vers le tiers monde, capable de lui parler, capable de le comprendre, capable de l'aider à se développer, capable de promouvoir les vertus nouvelles qui feront les siècles futurs. Avec, plus tard, ce par quoi il faut commencer tout de suite : l'Europe consciente que sans être capable d'assurer elle-même sa sécurité, je veux dire sa défense, elle n'aurait pas de réalité politique. Cette réalité politique, objectif fixé depuis le premier jour, reste aujourd'hui l'essentiel de la tâche.

Avant d'en terminer, je pense à Jean Monnet qui s'est apprêté à concevoir l'Europe telle qu'il l'avait trouvée : à la fin d'un temps, au commencement d'un autre. Et j'imagine de futurs concepteurs, de futurs fondateurs qui, à la suite de Jean Monnet, regarderont autour d'eux et verront d'abord l'autre Europe, l'autre partie de l'Europe : ce même continent nourri aux mêmes sources qui a pris part de la même façon à la construction de notre société, même si les divisions et les déchirements ont souvent pris le pas sur la volonté unitaire, l'autre Europe qui verra au travers des décennies prochaines des projets, des accords, les évolutions, les ambitions et les autres rêves qui nous permettront un jour de savoir que l'Europe, c'est tous les Européens.

Messieurs les Présidents, Mesdames et Messieurs, voici depuis quelques années le troisième des grands acteurs de notre vie nationale à nous Français, mais aussi grands acteurs de la vie contemporaine de l'Europe qui sont venus l'un après l'autre, entourés par l'affection et par le respect d'un peuple, jusqu'au Panthéon où nous sommes.

Chacun symbolise un moment de l'Histoire, une attitude devant la vie, une façon d'être soi-même : Jean Moulin et la résistance pour l'amour de la patrie, René

Cassin, la défense et le progrès du droit, Jean Monnet, l'Europe et l'organisation de la paix. Il est bon que tant de personnalités de l'Europe aujourd'hui communautaire, soient venues ici, parmi nous. Elles sont les bienvenues, elles sont surtout pour Jean Monnet et les grands témoins, elles viennent ici affirmer que l'Histoire a déjà reçu celui que nous saluons en ce jour où Jean Monnet entre au Panthéon.

100 – Victor Hugo, discours sur les États-Unis d'Europe

Source : Discours d'ouverture du Congrès de la Paix à Paris, le 21 août 1849.

Il est intéressant de proposer à la fin du parcours sur l'unité européenne, par les textes, un extrait du discours de Victor Hugo sur l'avenir de l'Europe. 1848 ! C'était la révolution, l'Europe bougeait sous la pression de la rue parisienne. 1849, la République européenne, pacifique, semblait encore possible alors que s'effondraient les restes du vieux monde des monarchies autoritaires. Du 21 au 24 août 1849, un Congrès mondial réunit à Paris les membres de la Société des Amis de la Paix, fondée en 1847 par l'Anglais Richard Cobden en vue de rapprocher les peuples et d'établir la paix perpétuelle. Dans le fond, beaucoup des souhaits du poète ont été réalisés en cent cinquante ans. Les poètes ont donc toujours raison ! « L'utopie, c'est la vérité de demain », disait-il encore.

*

M. Victor Hugo est élu président. M. Cobden est élu vice-président[83].

M. Victor Hugo se lève et dit :

Messieurs, beaucoup d'entre vous viennent des points du globe les plus éloignés, le cœur plein d'une pensée religieuse et sainte ; vous comptez dans vos rangs des publicistes, des philosophes, des ministres des cultes chrétiens, des écrivains éminents, plusieurs de ces hommes considérables, de ces hommes publics et populaires qui sont les lumières de leur nation. Vous avez voulu dater de Paris les déclarations de cette réunion d'esprits convaincus et graves, qui ne veulent pas seulement le bien d'un peuple, mais qui veulent le bien de tous les peuples. (Applaudissements.) Vous venez ajouter aux principes qui dirigent aujourd'hui les hommes d'état, les gouvernants, les législateurs, un principe supérieur. Vous venez tourner en quelque sorte le dernier et le plus auguste feuillet de l'Évangile, celui qui impose la paix aux enfants du même Dieu, et, dans cette ville qui n'a encore décrété que la fraternité des citoyens, vous venez proclamer la fraternité des hommes.

Soyez les bienvenus ! (Long mouvement.)

En présence d'une telle pensée et d'un tel acte, il ne peut y avoir place pour un remerciement personnel. Permettez-moi donc, dans les premières paroles que je prononce devant vous, d'élever mes regards plus haut que moi-même, et d'oublier, en quelque sorte, le grand honneur que vous venez de me conférer, pour ne songer qu'à la grande chose que vous voulez faire.

---

[83]   En 1848, Victor Hugo est républicain et député à la Constituante. Son idéal européen s'était manifesté déjà dès 1840 après un séjour dans la vallée du Rhin. Richard Cobden, animateur en 1838 de l'« Anti-Corn Law League », destinée à faciliter les importations de blé en Angleterre et co-auteur de la grande loi sur le libéralisme de 1846 en Angleterre.

Messieurs, cette pensée religieuse, la paix universelle, toutes les nations liées entre elles d'un lien commun, l'Évangile pour loi suprême, la médiation substituée à la guerre, cette pensée religieuse est-elle une pensée pratique ? Cette idée sainte est-elle une idée réalisable ? Beaucoup d'esprits positifs, comme on parle aujourd'hui, beaucoup d'hommes politiques vieillis, comme on dit, dans le maniement des affaires, répondent : Non. Moi, je réponds avec vous, je réponds sans hésiter, je réponds : Oui ! (Applaudissements) et je vais essayer de le prouver tout à l'heure.

Je vais plus loin ; je ne dis pas seulement : C'est un but réalisable, je dis : C'est un but inévitable ; on peut en retarder ou en hâter l'avènement, voilà tout.

La loi du monde n'est pas et ne peut pas être distincte de la loi de Dieu. Or, la loi de Dieu, ce n'est pas la guerre, c'est la paix. (Applaudissements.) Les hommes ont commencé par la lutte, comme la création par le chaos. (Bravo ! bravo !) D'où viennent-ils ? De la guerre ; cela est évident. Mais où vont-ils ? À la paix ; cela n'est pas moins évident.

Quand vous affirmez ces hautes vérités, il est tout simple que votre affirmation rencontre la négation ; il est tout simple que votre foi rencontre l'incrédulité ; il est tout simple que, dans cette heure de nos troubles et de nos déchirements, l'idée de la paix universelle surprenne et choque presque comme l'apparition de l'impossible et de l'idéal ; il est tout simple que l'on crie à l'utopie ; et, quant à moi, humble et obscur ouvrier dans cette grande œuvre du dix-neuvième siècle, j'accepte cette résistance des esprits sans qu'elle m'étonne ni me décourage. Est-il possible que vous ne fassiez pas détourner les têtes et fermer les yeux dans une sorte d'éblouissement, quand, au milieu des ténèbres qui pèsent encore sur nous, vous ouvrez brusquement la porte rayonnante de l'avenir ? (Applaudissements.)

Messieurs, si quelqu'un, il y a quatre siècles, à l'époque où la guerre existait de commune à commune, de ville à ville, de province à province, si quelqu'un eût dit à la Lorraine, à la Picardie, à la Normandie, à la Bretagne, à l'Auvergne, à la Provence, au Dauphiné, à la Bourgogne : Un jour viendra où vous ne vous ferez plus la guerre, un jour viendra où vous ne lèverez plus d'hommes d'armes les uns contre les autres, un jour viendra où l'on ne dira plus : Les Normands ont attaqué les Picards, les Lorrains ont repoussé les Bourguignons. Vous aurez bien encore des différends à régler, des intérêts à débattre, des contestations à résoudre, mais savez-vous ce que vous mettrez à la place des hommes d'armes ? Savez-vous ce que vous mettrez à la place des gens de pied et de cheval, des canons, des fauconneaux, des lances, des piques, des épées ? Vous mettrez une petite boîte de sapin que vous appellerez l'urne du scrutin, et de cette boîte il sortira, quoi ? Une assemblée en laquelle vous vous sentirez tous vivre, une assemblée qui sera comme votre âme à tous, un concile souverain et populaire qui décidera, qui jugera, qui résoudra tout en loi, qui fera tomber le glaive de toutes les mains et surgir la justice dans tous les cœurs, qui dira à chacun : Là finit ton droit, ici commence ton devoir. Bas les armes ! Vivez en paix ! (Applaudissements.) Et ce jour-là, vous vous sentirez une pensée commune, des intérêts communs, une destinée commune ; vous vous embrasserez, vous reconnaîtrez fils du même sang et de la même race ; ce jour-là, vous ne serez plus des peuplades ennemies, vous serez un peuple ; vous ne serez plus la Bourgogne, la Normandie, la Bretagne, la Provence, vous serez la France. Vous ne vous appellerez plus la guerre, vous vous appellerez la civilisation !

Si quelqu'un eût dit cela à cette époque, messieurs, tous les hommes positifs, tous les gens sérieux, tous les grands politiques d'alors se fussent écriés : « Oh ! le songeur ! Oh ! le rêve-creux ! Comme cet homme connaît peu l'humanité ! Que voilà une étrange folie et une absurde chimère ! » – Messieurs, le temps a marché, et cette chimère, c'est la réalité. (Mouvement.)

Et, j'insiste sur ceci, l'homme qui eût fait cette prophétie sublime eût été déclaré fou par les sages, pour avoir entrevu les desseins de Dieu ! (Nouveau mouvement.)

Eh bien ! vous dites aujourd'hui, et je suis de ceux qui disent avec vous, tous, nous qui sommes ici, nous disons à la France, à l'Angleterre, à la Prusse, à l'Autriche, à l'Espagne, à l'Italie, à la Russie, nous leur disons :

Un jour viendra où les armes vous tomberont des mains, à vous aussi ! Un jour viendra où la guerre paraîtra aussi absurde et sera aussi impossible entre Paris et Londres, entre Pétersbourg et Berlin, entre Vienne et Turin, qu'elle serait impossible et qu'elle paraîtrait absurde aujourd'hui entre Rouen et Amiens, entre Boston et Philadelphie. Un jour viendra où la France, vous Russie, vous Italie, vous Angleterre, vous Allemagne, vous toutes, nations du continent, sans perdre vos qualités distinctes et votre glorieuse individualité, vous vous fondrez étroitement dans une unité supérieure, et vous constituerez la fraternité européenne, absolument comme la Normandie, la Bretagne, la Bourgogne, la Lorraine, l'Alsace, toutes nos provinces, se sont fondues dans la France. Un jour viendra où il n'y aura plus d'autres champs de bataille que les marchés s'ouvrant au commerce et les esprits s'ouvrant aux idées. – Un jour viendra où les boulets et les bombes seront remplacés par les votes, par le suffrage universel des peuples, par le vénérable arbitrage d'un grand sénat souverain qui sera à l'Europe ce que le parlement est à l'Angleterre, ce que la diète est à l'Allemagne, ce que l'Assemblée législative est à la France ! (Applaudissements.) Un jour viendra où l'on montrera un canon dans les musées comme on y montre aujourd'hui un instrument de torture, en s'étonnant que cela ait pu être ! (Rires et bravos.) Un jour viendra où l'on verra ces deux groupes immenses, les États-Unis d'Amérique, les États-Unis d'Europe (Applaudissements), placés en face l'un de l'autre, se tendant la main par-dessus les mers, échangeant leurs produits, leur commerce, leur industrie, leurs arts, leurs génies, défrichant le globe, colonisant les déserts, améliorant la création sous le regard du Créateur, et combinant ensemble, pour en tirer le bien-être de tous, ces deux forces infinies, la fraternité des hommes et la puissance de Dieu ! (Longs applaudissements.)

Et ce jour-là, il ne faudra pas quatre cents ans pour l'amener, car nous vivons dans un temps rapide, nous vivons dans le courant d'événements et d'idées le plus impétueux qui ait encore entraîné les peuples, et, à l'époque où nous sommes, une année fait parfois l'ouvrage d'un siècle.

Et Français, Anglais, Belges, Allemands, Russes, Slaves, Européens, Américains, qu'avons-nous à faire pour arriver le plus tôt possible à ce grand jour ? Nous aimer. (Immenses applaudissements.)

Nous aimer ! Dans cette œuvre immense de la pacification, c'est la meilleure manière d'aider Dieu !

Car Dieu le veut, ce but sublime ! Et voyez, pour y atteindre, ce qu'il fait de toutes parts ! Voyez que de découvertes il fait sortir du génie humain, qui toutes vont à ce but, la paix ! Que de progrès, que de simplifications ! Comme la nature se laisse de plus en plus dompter par l'homme ! Comme la matière devient de plus en plus l'esclave de l'intelligence et la servante de la civilisation ! Comme les causes de guerre s'évanouissent avec les causes de souffrance ! Comme les peuples lointains se touchent ! Comme les distances se rapprochent ! Et le rapprochement, c'est le commencement de la fraternité !

Grâce aux chemins de fer, l'Europe bientôt ne sera pas plus grande que ne l'était la France au moyen âge ! Grâce aux navires à vapeur, on traverse aujourd'hui l'Océan plus aisément qu'on ne traversait autrefois la Méditerranée ! Avant peu, l'homme parcourra la terre comme les dieux d'Homère parcouraient le ciel, en trois pas. Encore quelques années, et le fil électrique de la concorde entourera le globe et étreindra le monde. (Applaudissements.)

Ici, messieurs, quand j'approfondis ce vaste ensemble, ce vaste concours d'efforts et d'événements, tous marqués du doigt de Dieu ; quand je songe à ce but magnifique, le bien-être des hommes, la paix : quand je considère ce que la Providence fait pour et ce que la politique fait contre, une réflexion douloureuse s'offre à mon esprit.

Il résulte des statistiques et des budgets comparés que les nations européennes dépensent tous les ans, pour l'entretien de leurs armées, une somme qui n'est pas moindre de deux milliards, et qui, si l'on y ajoute l'entretien du matériel des établissements de guerre, s'élève à trois milliards. Ajoutez-y encore le produit perdu des journées de travail de plus de deux millions d'hommes, les plus sains, les plus vigoureux, les plus jeunes, l'élite des populations, produit que vous ne pouvez pas évaluer à moins d'un milliard, et vous arrivez à ceci que les armées permanentes coûtent annuellement à l'Europe quatre milliards. Messieurs, la paix vient de durer trente-deux ans, et en trente-deux ans la somme monstrueuse de cent vingt-huit milliards a été dépensée pendant la paix pour la guerre ! (Sensation.) Supposez que les peuples d'Europe, au lieu de se défier les uns des autres, de se jalouser, de se haïr, se fussent aimés : supposez qu'ils se fussent dit qu'avant même d'être Français, ou Anglais, ou Allemand, on est homme, et que, si les nations sont des patries, l'humanité est une famille ; et maintenant, cette somme de cent vingt-huit milliards, si follement et si vainement dépensée par la défiance, faites-la dépenser par la confiance ! Ces cent vingt-huit milliards donnés à la haine, donnez-les à l'harmonie ! Ces cent vingt-huit milliards donnés à la guerre, donnez-les à la paix ! (Applaudissements.) Donnez-les au travail, à l'intelligence, à l'industrie, au commerce, à la navigation, à l'agriculture, aux sciences, aux arts, et représentez-vous le résultat. Si, depuis trente-deux ans, cette gigantesque somme de cent vingt-huit milliards avait été dépensée de cette façon, l'Amérique, de son côté, aidant l'Europe, savez-vous ce qui serait arrivé ? La face du monde serait changée ! Les isthmes seraient coupés, les fleuves creusés, les montagnes percées, les chemins de fer couvriraient les deux continents, la marine marchande du globe aurait centuplé, et il n'y aurait plus nulle part ni landes, ni jachères, ni marais ; on bâtirait des villes là où il n'y a encore que des écueils ; l'Asie serait rendue à la civilisation, l'Afrique serait rendue à l'homme ; la richesse jaillirait de toutes parts de toutes les veines du globe sous le travail de tous les hommes, et la misère s'évanouirait ! Et savez-vous ce qui s'évanouirait avec la misère ? Les révolutions. (Bravos prolongés.) Oui, la face du monde serait changée ! Au lieu de se déchirer entre soi, on se répandrait pacifiquement sur l'univers ! Au lieu de faire des révolutions, on ferait des colonies ! Au lieu d'apporter la barbarie à la civilisation, on apporterait la civilisation à la barbarie ! (Nouveaux applaudissements.)

Voyez, messieurs, dans quel aveuglement la préoccupation de la guerre jette les nations et les gouvernants : si les cent vingt-huit milliards qui ont été donnés par l'Europe depuis trente-deux ans à la guerre qui n'existait pas, avaient été donnés à la paix qui existait, disons-le, et disons-le bien haut, on n'aurait rien vu en Europe de ce qu'on y voit en ce moment ; le continent, au lieu d'être un champ de bataille, serait un atelier, et, au lieu de ce spectacle douloureux et terrible, le Piémont abattu, Rome, la ville éternelle, livrée aux oscillations misérables de la politique humaine, la Hongrie et Venise qui se débattent héroïquement, la France inquiète, appauvrie et sombre ; la misère, le deuil, la guerre civile, l'obscurité sur l'avenir ; au lieu de ce spectacle sinistre, nous aurions sous les yeux l'espérance, la joie, la bienveillance, l'effort de tous vers le bien-être commun, et nous verrions partout se dégager de la civilisation en travail le majestueux rayonnement de la concorde universelle. (Bravo ! Bravo ! – Applaudissements.)

Chose digne de méditation ! Ce sont nos précautions contre la guerre qui ont amené les révolutions ! On a tout fait, on a tout dépensé contre le péril imaginaire ! On a aggravé ainsi la misère, qui était le péril réel ! On s'est fortifié contre un danger chimérique ; on a vu les guerres qui ne venaient pas, et l'on n'a pas vu les révolutions qui arrivaient. (Longs applaudissements.)

Messieurs, ne désespérons pas pourtant. Au contraire, espérons plus que jamais ! Ne nous laissons pas effrayer par des commotions momentanées, secousses nécessaires peut-être des grands enfantements. Ne soyons pas injustes pour les temps où nous vivons, ne voyons pas notre époque autrement qu'elle n'est. C'est une prodigieuse et admirable époque après tout, et le dix-neuvième siècle sera, disons-le hautement, la plus grange page de l'histoire. Comme je vous le rappelais tout à l'heure, tous les progrès s'y révèlent et s'y manifestent à la fois, les uns amenant les autres : chute des animosités internationales, effacement des frontières sur la carte et des préjugés dans les cœurs, tendance à l'unité, adoucissement des mœurs, élévation du niveau de l'enseignement et abaissement du niveau des pénalités, domination des langues les plus littéraires, c'est-à-dire les plus humaines ; tout se meut en même temps, économie politique, science, industrie, philosophie, législation, et converge au même but, la création du bien-être et de la bienveillance, c'est-à-dire, et c'est là pour ma part le but auquel je tendrai toujours, extinction de la misère au-dedans, extinction de la guerre au dehors. (Applaudissements.)

Oui, je le dis en terminant, l'ère des révolutions se ferme, l'ère des améliorations commence. Le perfectionnement des peuples quitte la forme violente pour prendre la forme paisible : le temps est venu où la Providence va substituer à l'action désordonnée des agitateurs l'action religieuse et calme des pacificateurs. (Oui ! Oui !)

Désormais, le but de la politique grande, de la politique vraie, le voici : faire reconnaître toutes les nationalités, restaurer l'unité historique des peuples et rallier cette unité à la civilisation par la paix, élargir sans cesse le groupe civilisé, donner le bon exemple aux peuples encore barbares, substituer les arbitrages aux batailles ; enfin, et ceci résume tout, faire prononcer par la justice le dernier mot que l'ancien monde faisait prononcer par la force. (Profonde sensation.)

Messieurs, je le dis en terminant, et que cette pensée nous encourage, ce n'est pas d'aujourd'hui que le genre humain est en marche dans cette voie providentielle. Dans notre vieille Europe, l'Angleterre a fait le premier pas, et par son exemple séculaire elle a dit aux peuples : Vous êtes libres. La France a fait le second pas, et elle a dit aux peuples : Vous êtes souverains. Maintenant faisons le troisième pas, et tous ensemble, France, Angleterre, Belgique, Allemagne, Italie, Europe, Amérique, disons aux peuples : Vous êtes frères !

(Immense acclamation. – L'orateur se rassied au milieu des applaudissements.)

Chronologie[1]

1943

Août

5   Note de Jean Monnet sur des autorités européennes après la guerre

Septembre

17   Note d'Alphand sur des bureaux européens et une union douanière en Europe

30   Note de René Mayer sur une Europe nouvelle

Octobre

17   Le CFLN décide de définir sa politique européenne d'après-guerre

Novembre

13-14   Le PS clandestin se prononce pour un Congrès socialiste européen

Décembre

1er   Rapport de Laurent Blum-Picard sur une union économique en Europe de l'ouest

12   Dans *Combat* clandestin, Henri Frenay revient sur la Fédération européenne

1944

Mars

18   Discours du général de Gaulle devant l'Assemblée consultative d'Alger en faveur d'une union occidentale économique

1945

Mars

20   Institution d'un CTCE entre la France, la Belgique, les Pays-Bas et le Luxembourg

---

[1]   http://europa.eu.int/abc/history/2001/2001_fr.htm ; GERBET P., *La construction de l'Europe, op. cit.* ; BOSSUAT G., *les Fondateurs de l'Europe unie, op. cit.* ; GERBET P., DE LA SERRE F., NAPHYLIAN G., *L'Union politique de l'Europe, jalons et textes, op. cit.*

Octobre

11 Projet Monnet de dictateur du charbon de la Ruhr

1946

Février

15 Projet Monnet de création d'autorités autonomes pour la gestion des vallées du Rhin, de l'Elbe, de l'Oder et du Danube

Septembre

19 Discours de Winston Churchill à Zurich en faveur d'une Europe unie et d'une réconciliation franco-allemande

1947

Mars

4 Traité franco-britannique de Dunkerque

Juin

5 Discours de George C. Marshall, secrétaire d'État américain sur une aide américaine à l'Europe

27-31 Congrès de Montreux en vue de réaliser une fédération européenne économique et politique

1948

Janvier

22 Discours d'E. Bevin, secrétaire du Foreign Office, sur une Union occidentale

Février

25 Coup de Prague

Mars

17 Pacte de Bruxelles signé entre la Grande-Bretagne, la France, la Belgique, les Pays-Bas et le Luxembourg

Avril

16 Création de l'OECE

Mai

7-10 Congrès de La Haye des mouvements européens

Octobre

25 Mise en place par les Cinq du Pacte de Bruxelles d'un comité pour l'étude et le développement de la Fédération européenne

1949

Mars

26   Signature entre la France et l'Italie d'un traité instituant une union tarifaire, un tarif extérieur commun et une union économique en 6 ans (non ratifié)

Avril

4   Pacte atlantique

28   Création de l'AIR pour contrôler le charbon et l'acier de la Ruhr

Mai

5   Signature à Londres du statut du Conseil de l'Europe

8   Loi fondamentale de la RFA

Novembre

12   Projet français Finebel ou Association économique et monétaire régionale

22   Accords du Petersberg. Le statut d'occupation en RFA est assoupli

Décembre

17   Projet Uniskan (Grande-Bretagne, Suède, Danemark et Norvège)

1950

Mai

9   Déclaration Schuman en faveur d'une Haute Autorité du charbon et de l'acier, préparée par Jean Monnet

Juin

25   Guerre de Corée

Juillet

3   Plan Petsche, plan Stikker, plan Pella de libération des échanges à l'OECE

Septembre

Création de l'UEP

Octobre

24   Proposition de René Pleven, président du Conseil français, préparée par Monnet, en faveur d'une armée européenne

Novembre

4   Signature de la convention de sauvegarde des Droits de l'Homme et des Libertés fondamentales élaborée par le Conseil de l'Europe, entrée en vigueur le 3 septembre 1953

1951

Mars

14   Adenauer accepte la déconcentration de l'industrie lourde de la Ruhr

Avril

18   Traité de Paris instituant la CECA entre six pays : Allemagne, France, Italie, Belgique, Pays-Bas et Luxembourg

1952

Mai

27   Signature du traité de Paris de CED entre les Six de la CECA

Juillet

23   France et Italie proposent la création d'une CPE

Août

10   Entrée en fonction à Luxembourg de la Haute Autorité de la CECA présidée par Jean Monnet

Septembre

10   Les Six de la CECA décident de créer une Assemblée *ad hoc* pour étudier une CPE

1953

Mars

        Six protocoles additionnels sont ajoutés au traité de CED

10   Projet de CPE élaborée par l'Assemblée commune de la CECA remis aux gouvernements des Six

1954

Août

23   Entretiens de Chartwell entre Churchill et Mendès France sur une solution alternative à la CED

30   L'Assemblée nationale française rejette le traité de CED

Octobre

3-23   Accords de Londres (3 octobre) puis de Paris (23 octobre) sur l'élargissement du Pacte de Bruxelles à l'Allemagne et à l'Italie et création de l'Union de l'Europe occidentale. Rétablissement de la souveraineté allemande et admission de la RFA dans l'Alliance atlantique et l'OTAN, sous contrôle de l'UEO

Novembre

10   Démission de Monnet de la Haute Autorité du Charbon et de l'Acier

1955

Avril

4   Paul-Henri Spaak, ministre belge des Affaires étrangères, lance l'idée de nouvelles institutions européennes

Mai

18   Mémorandum des pays du Benelux soumis aux Six pour Messine

Juin

1-3   Conférence de Messine des Six de la CECA en vue d'une relance européenne

Juillet

9   Ouverture du CIG présidé par Spaak sur la relance, rue Belliard, à Bruxelles

Octobre

13   Jean Monnet crée le CAEUE

23   Référendum en Sarre sur son avenir ; victoire des rattachistes à la RFA

1956

Janvier

2   Élections générales en France ; gouvernement Guy Mollet de Front républicain

Avril

21   Rapport Spaak sur une Euratom et un marché commun soumis au Six gouvernements de la CECA

Mai

29-30   Conférence de Venise des Six pays de la CECA

Juin

5   Accord Adenauer-Mollet à propos de la Sarre

26   Ouverture des négociations sur le traité d'Euratom et de marché commun à Val-Duchesse sous la direction de Spaak

Juillet

11   Séance d'information de l'Assemblée nationale française sur l'intérêt de créer une Euratom

19   L'OECE est saisie par la Grande-Bretagne du dossier d'une zone de libre-échange

Octobre

27   Traité franco-allemand sur la Sarre : rattachement politique le 1er janvier 1957, rattachement économique 3 ans après

Novembre

6   Arrêt de l'expédition franco-britannique de Suez sur la pression des USA et de l'URSS ; rencontre à Matignon d'Adenauer et de Mollet

30   Le gouvernement français autorise secrètement le CEA à préparer des explosions atomiques expérimentales

1957

Janvier

17   Accords secrets de collaboration bipartite Strauss/Bourgès-Maunoury (protocole de Colomb-Béchar)

15-22   Débat d'orientation à l'Assemblée nationale sur le marché commun

Février

20   Conférence des Six de Paris du 20 février 1957 : l'association des TOM au marché commun est décidée

Mars

25   Traités de Rome instituant la CEE et la CEEA, appelée Euratom, entre six pays européens

Mai

23   Démission de Guy Mollet de la présidence du Conseil

Juillet

3-10   Ratification des Traités de Rome par l'Assemblée nationale française

Novembre

20 et   Accord secret tripartite franco-germano-italien sur la fabrication d'IRBM
28

1958

Janvier

1   Les Commissions CEE et EURATOM sont installées à Bruxelles

7   Walter Hallstein est élu président de la Commission de la CEE.
        Louis Armand de la Commission de l'Euratom.
        Paul Finet de la Haute Autorité de la CECA

26   Création du COREPER

Février

24   Projet français pour une zone de libre-échange : l'Union européenne de coopération économique

Mars

19   Robert Schuman est élu président de l'Assemblée parlementaire des Communautés européennes

Avril

8   Accords secrets Strauss-Chaban-Delmas-Taviani sur une coopération atomique (accord non honoré)

11   Décret Gaillard concernant la construction de l'usine de Pierrelatte et l'expérimentation de la bombe A pour 1960

Mai

23   La Commission européenne et le Conseil des ministres décident d'aider la France à surmonter la crise financière de mai 1958

Juin

1er Arrivée au pouvoir du général de Gaulle

17   Dénonciation par de Gaulle des accords secrets Strauss-Chaban-Delmas-Taviani sur une coopération atomique

Juillet

3-11   Conférence à Stresa (Italie) pour établir les bases d'une politique agricole commune (PAC)

Septembre

14   Rencontre Adenauer-de Gaulle à Colombey-les-deux-Églises

Novembre

8   Accord USA-Euratom pour la fourniture d'U-235 américain à bas prix

15   Rupture des négociations sur une ZLE, à l'initiative de la France

26   Seconde rencontre de Gaulle-Adenauer à Bad Kreuznach : accord pour proposer aux Six d'élargir aux pays tiers l'abaissement tarifaire de 10 % et de leur ouvrir les contingents d'importation prévus dans le marché commun au 1er janvier 1959

Décembre

27   Plan Rueff-Pinay de stabilisation financière et économique

1959

Janvier

1   Premières mesures de suppression des droits de douane et des quotas à l'intérieur de la CEE

Février

2   Étienne Hirsch est élu président de la Commission de l'Euratom en remplacement de Louis Armand démissionnaire

Juin

25   Mémorandum Monnet adressé à Dillon « A New Era of Atlantic Relations ». Il parle de « Transatlantic Cooperation » et invite la CEE, la Grande-Bretagne, les États-Unis et le Canada à y participer.

26   De Gaulle suggère la création d'un secrétariat permanent installé à Paris sur les questions de politique étrangère

Juillet

20-21 L'Autriche, le Danemark, la Norvège, le Portugal, la Suède, la Suisse et le Royaume-Uni décident de créer une AELE

Septembre

11   Piero Malvestiti est élu président de la Haute Autorité de la CECA

1960

Janvier

4   Convention de Stockholm instituant l'AELE entre la Grande-Bretagne, la Suède, la Norvège, le Danemark, l'Autriche, la Suisse, le Portugal

Mai

31   De Gaulle propose à ses partenaires une coopération politique pour répondre aux dangers internationaux après l'échec de la conférence des quatre grands du 16 mai 1960 à Paris

Juin

30   Sicco Mansholt, vice-président de la Commission économique européenne, propose une PAC

Juillet

29-30 De Gaulle lance, à Rambouillet, au cours d'une rencontre avec Adenauer, un projet d'Union politique européenne

Septembre

5   De Gaulle propose aux Six une coopération organisée en Europe occidentale dans les domaines politique, économique, culturel et de la défense

Novembre

22   Monnet accepte les projets d'Union politique de de Gaulle sous le titre de confédération européenne

Décembre

14   L'OECE devient l'OCDE et s'ouvre aux États-Unis et au Canada

1961

Février

10-11   Sommet des Six à Paris (France) sur la nécessité d'établir une coopération politique. Création de la Commission Fouchet

Juin

27   Projet néerlandais de révision des traités de Rome et de Paris : Conseil unique des Communautés et Haute commission européenne (résultant de la fusion des exécutifs). Divergences entre les États membres

Juillet

9   Accord d'association Grèce-CEE

18   Sommet européen de Bad-Godesberg (Allemagne). Les Six expriment la volonté de créer une Union politique

31   Annonce par Macmillan de la candidature britannique aux Communautés européennes

Août

9   Le Royaume-Uni présente sa demande officielle d'adhésion aux Communautés européennes

Octobre

19   Projet de traité (Fouchet I) instituant une « Union d'États »

Novembre

8   Ouverture des négociations d'adhésion avec la Grande-Bretagne, l'Irlande et le Danemark

1962

Janvier

10   Nouvelle Commission de la Communauté économique européenne, présidée par W. Hallstein. Pierre Chatenet, président de la Commission Euratom

14   Le Conseil adopte les premiers règlements sur la PAC après un marathon agricole commencé le 15 décembre 1961. Il est convenu d'arrêter le règlement financier définitif au 30 juin 1965

18   Projet Fouchet II révisé unilatéralement par de Gaulle

Février

27   Les cinq se mettent d'accord sur un nouveau texte réintroduisant la référence à l'Alliance atlantique et les Communautés dans le projet d'Union

Avril

17   À Paris, les ministres des Affaires étrangères des Six se séparent sans avoir pu proposer un plan d'Union d'États indépendants

Mai

15   Conférence de presse du général de Gaulle contre une Europe intégrée sous la direction d'un fédérateur étranger. Le MRP quitte le gouvernement. de Gaulle inquiète les petits États par ses déclarations anti-américaines

Juin

26   Le CAEUE de Monnet publie un texte contre les positions de la France et en faveur de la méthode communautaire

Juillet

4   Discours de Philadelphie de Kennedy : proposition d'un partenariat atlantique

Novembre

15-16   Rencontre de Gaulle-Macmillan à Rambouillet

1963

Janvier

14   Le général de Gaulle s'oppose à l'entrée du Royaume-Uni dans la Communauté, parce qu'il a fait allégeance aux États-Unis après les accords de Nassau (décembre 1962)

22   Traité franco-allemand d'amitié et de coopération

Mai

4   Ouverture officielle des négociations commerciales du GATT (cycle Kennedy)

16   Ratification du traité franco-allemand par le Bundestag assorti d'un préambule atlantiste suggéré par Monnet au SPD

Juillet

20   Signature, à Yaoundé (Cameroun), de la convention d'association pour une durée de cinq ans entre la Communauté et dix-sept États africains et Madagascar

Septembre

4   Décès de Robert Schuman

12   Accord d'association CEE-Turquie

Octobre

8   Dino del Bo est nommé président de la Haute Autorité CECA

1964

Janvier

10   Hallstein est reconduit dans son mandat de président de la Commission de la CEE

Mai

4   Ouverture officielle du cycle Kennedy des négociations commerciales multilatérales, terminé le 15 mai 1967

1965

Mars

23   Le président de la Commission de la CEE, W. Hallstein formule des propositions pour étendre les pouvoirs de la Commission et du Parlement européen au moment du passage à la 3e étape du marché commun

Avril

8   Signature à Bruxelles du traité de fusion des exécutifs des trois communautés (CECA, CEE et EURATOM), entré en vigueur le 1er juillet 1967 : Commission unique des Communautés européennes et institutionnalisation du COREPER

Juin

30   Le président du Conseil des ministres de la CEE, M. Couve de Murville suspend les débats au terme de la présidence semestrielle française : il n'y a pas eu d'accord sur le financement définitif de la CEE, ni par conséquent de règlement définitif de la PAC

Juillet

1   Le gouvernement français rappelle son représentant permanent auprès des Communautés

Septembre

9   De Gaulle critique dans une conférence de presse le vote à la majorité qualifiée

Décembre

5   1er tour des présidentielles en France. De Gaulle mis en ballottage. Monnet soutient Mitterrand, candidat « européen »

1966

Janvier

1   La CEE entre dans la troisième et dernière phase de la période de transition précédant la mise en place du marché commun. Pour la plupart des décisions du Conseil, le système de vote à la majorité devrait remplacer le vote à l'unanimité

28-30   Fin de la crise. Arrangement de Luxembourg : accord pour ne pas soumettre au vote à la majorité un texte mettant en cause les intérêts vitaux des États

Mars

         Victoire des travaillistes aux législatives : arrivée au pouvoir d'Harold Wilson et de George Brown

31   La Commission présente au Conseil sa proposition relative au financement de la Politique agricole commune (PAC), aux ressources propres de la Communauté et au renforcement des pouvoirs du Parlement européen

Mai

2   Demande de reprise de la négociation d'adhésion de la Grande-Bretagne aux Communautés

1967

Mai

11   Le Royaume-Uni présente une nouvelle demande d'adhésion à la Communauté. L'Irlande et le Danemark et, peu de temps après, la Norvège lui emboîtent le pas

Juillet

1   Entrée en vigueur du traité de fusion des exécutifs des Communautés européennes (CECA, CEE et EURATOM). Commission unique et Conseil unique

6   Entrée en fonction de la nouvelle Commission, présidée par Jean Rey

Novembre

27   Veto du général de Gaulle à de nouvelles négociations pour l'élargissement aux pays candidats

1968

Janvier

1   La France prend la présidence du Conseil des Communautés européennes ; l'Union douanière est réalisée avec 18 mois d'avance

Octobre

3   Refus français du plan Harmel de coopération politique entre les Six et la Grande-Bretagne au sein de l'UEO

1969

Février

12   Premier plan de coopération monétaire européenne présenté par Raymond Barre, vice-président de la Commission européenne

Mars

13   Adhésion des Républicains indépendants de V. Giscard d'Estaing au CAEUE

Avril

28   Démission du général de Gaulle de son mandat de président de la République

Juin

15   Pompidou élu président de la République

Juillet

6   Jean Rey est reconduit dans son mandat de président de la Commission

16   La Commission présente au Conseil un mémorandum proposant de remplacer les contributions financières des États membres par des ressources propres aux Communautés et d'accroître les pouvoirs budgétaires du Parlement européen

18   Adoption par le Conseil du plan Barre. Accord sur un mécanisme monétaire de soutien entre les Six

29   Signature de la deuxième convention de Yaoundé

Décembre

1-2   Réunion au sommet à La Haye (Pays-Bas). Les chefs d'État ou de gouvernement décident d'achever, d'élargir et d'approfondir les Communautés

31   Fin de la période de transition de douze ans prévue par le traité instituant CEE pour la mise en œuvre du marché commun

1970

Janvier

1er Passage à la phase définitive de la CEE

Mars

4   Plan d'UEM de la Commission

6   Mandat du Conseil à Pierre Werner pour rédiger un projet d'UEM et à Étienne Davignon pour un projet de coopération politique

Avril

21-22   Signature du traité de Luxembourg. Le Conseil décide d'instaurer progressivement un système de ressources propres perception directe par la Communauté des droits de douane, des prélèvements sur les importations agricoles ainsi que les recettes provenant de la taxe sur la valeur ajoutée. Il décide aussi d'étendre les pouvoirs budgétaires du Parlement européen

Juillet

2   Nouvelle Commission, présidée par Franco Maria Malfatti

Octobre

8   Plan Werner d'UEM

27   Les États membres approuvent le rapport Davignon sur la coopération politique

Novembre

19   Conférence sur le Proche-Orient et sur la Sécurité et la Coopération en Europe, à Munich

Décembre

18   Mémorandum britannique sur le financement de la contribution de la Grande-Bretagne aux Communautés jugé inacceptable par la France

1971

Janvier

1   La France préside le Conseil des Communautés européennes.
     Entrée en vigueur de la deuxième convention de Yaoundé et de l'accord d'Arusha

Février

9   Accord franco-allemand pour accepter la première phase du plan Werner (1er juillet 1971-31 décembre 1973)

Mars

22   Le Conseil adopte le plan Werner : harmonisation des politiques budgétaires et réduction des marges de fluctuation des cours de change de leurs monnaies

Mai

     Flottement à la hausse du DM et des monnaies du Benelux. Rupture de la solidarité monétaire européenne

20-21   Rencontre Heath-Pompidou à l'Élysée ; accord sur la contribution britannique et sur la PAC

Août

15   Suppression de la convertibilité or du dollar et imposition d'une taxe de 10 % sur les importations aux États-Unis

19   Fiasco de la réunion des Six pour répondre à la crise du SMI. Giscard
        d'Estaing repousse un flottement concerté des monnaies des Six

Décembre

13-14   Rencontre Nixon-Pompidou aux Açores pour rédéfinir la parité des
        grandes monnaies mondiales. Dollar dévalué de 7,9 %

18   Accords de Washington du Smithsonian Institute, autorisent une fluctua-
        tion des monnaies par rapport à leur parité officielle de ± 2,25 %, au lieu
        de ± 1 % et suppriment la surtaxe américaine de 10 % aux importations

1972

Janvier

22   Signature par le Danemark, l'Irlande, la Norvège et le Royaume-Uni des
        traités d'adhésion aux Communautés européennes

Février

10-11   Pompidou et Brandt expriment leurs désirs de relancer l'UEM après la
        tourmente et la « stabilisation »

Mars

21   Démission de Franco Maria Malfatti, président de la Commission, rempla-
        cé par M. Sicco Mansholt, vice-président

21   Accord de Bâle sur la création d'un serpent monétaire européen

25   Le rapport Vedel préconise un pouvoir de co-décision législative entre le
        Parlement européen et le Conseil des ministres

Avril

10   Réduction des marges de fluctuation au sein du serpent monétaire européen
        à 2,25 %

22   Référendum en France sur l'adhésion de la Grande-Bretagne et des autres
        pays candidats, taux d'abstention record

24   Mise en place du « serpent monétaire » : les Six s'engagent à limiter à
        2,25 % la marge de fluctuation des cours de change entre leurs monnaies.
        Le serpent monétaire européen fluctue par rapport au dollar dans les
        limites d'un tunnel de flottement de 4,5 %

Septembre

26   Le peuple norvégien repousse l'adhésion aux Communautés

Octobre

19-21   Conférence au sommet à Paris (France). Les chefs d'État ou de gouverne-
        ment définissent de nouveaux domaines d'action communautaire : région,
        environnement, social, énergie et industrie ; commencement de la seconde
        étape de l'UEM au 1er janvier 1974, dont la création d'un FECOM

1973

Janvier

1ᵉʳ   Grande-Bretagne, Irlande et Danemark deviennent membres des Communautés européennes. Les Communautés passent à neuf membres

6   François-Xavier Ortoli, président de la Commission européenne

Février

13   Dévaluation du dollar de 10 % par rapport à l'or

Mars

        Libre flottement (à la baisse) du dollar ; échec d'un retour aux parités fixes des monnaies

11-12   Réunion du Conseil à Bruxelles : incapacité des Européens à bâtir une vraie UEM et un Fonds de réserve ; mais serpent maintenu sans le tunnel

Avril

3   Création du FECOM

Juillet

23   Affirmation de l'identité européenne par les Neuf

Octobre

6-27   Guerre du Kippour. Les pays producteurs de pétrole décident de diminuer ou d'interdire les exportations vers certains pays occidentaux ; l'OPEP décide d'augmenter massivement le prix du pétrole

13   Les Communautés appellent à un cessez-le-feu au Proche-Orient ; l'idée de Monnet d'un gouvernement provisoire européen est approuvée par E. Heath

17   Décision d'embargo des pays exportateurs de pétrole

Novembre

6   Déclaration des Neuf sur la paix au Proche-Orient

Décembre

14-15   Sommet de Copenhague (Danemark). Accord sur la mise en place d'une politique énergétique commune. Publication d'une déclaration sur l'identité européenne

1974

Janvier

19   Le franc sort du serpent, y rentre en juillet 1975, en ressort en mars 1976

Février

11-14   Réunion de Washington des pays industrialisés sur l'embargo pétrolier : la France n'adhère pas à l'AIE

28   Le nouveau ministère travailliste demande la renégociation du traité d'adhésion

Avril

1   Le ministre britannique des Affaires étrangères demande des modifications en profondeur de la PAC, des « méthodes plus équitables de financement du budget communautaire » et des solutions aux problèmes monétaires

2   Décès de Georges Pompidou

Mai

19   Élection de Valéry Giscard d'Estaing à la présidence de la République

Juin

19   La « nouvelle charte atlantique » précise l'engagement des États-Unis en Europe et reconnaît l'apport des forces nucléaires françaises et britanniques pour l'Alliance atlantique

Juillet

1   La France prend la présidence du Conseil des Communautés européennes

Septembre

14   Réunion informelle à l'Élysée des chefs de gouvernements de la communauté sur les dossiers européens

19   Monnet rencontre Giscard d'Estaing à l'Élysée

Décembre

9-10   Sommet à Paris. Les chefs d'État ou de gouvernement de la Communauté décident de se réunir trois fois par an en Conseil européen ; acceptent l'élection au suffrage direct du Parlement européen, approuvent la création du Fonds européen de développement régional et sont d'accord pour une Union économique et monétaire. Ils demandent à M. Tindemans, premier ministre belge, de présenter un rapport sur l'Union européenne à la fin de 1975

19   Le mandat du président de la Commission, François-Xavier Ortoli, est prolongé jusqu'au 5 janvier 1977

1975

Février

28   Signature à Lomé, Togo, d'une convention, dite Lomé I, entre la Communauté et les 46 États ACP, d'une durée de 5 ans

Mars

10-11   Conseil européen de Dublin : satisfactions d'ordre technique données à Harold Wilson (allégement de la contribution britannique)

18   Création par le Conseil du FEDER et d'un Comité de politique régionale. Le Conseil adopte une unité de compte ; Harold Wilson, premier ministre britannique, déclare que le gouvernement britannique recommande le « oui » au référendum sur le maintien du Royaume-Uni dans la Communauté

20   Mise en place officielle de l'Institut universitaire européen de Florence

Avril

9   369 membres de la Chambre des Communes contre 170 se prononcent en faveur du maintien du Royaume-Uni dans la Communauté

Juin

5   Résultats du référendum britannique : 67,2 % des votants se prononcent en faveur du maintien du Royaume-Uni dans la Communauté

12   Demande d'adhésion aux Communautés de la Grèce

Juillet

22   Traité de Bruxelles : le Parlement européen pourra rejeter le budget et donner décharge à la Commission. Institution d'une Cour des Comptes européenne, qui entre en fonction le 25 octobre 1977

Août

1ᵉʳ   Acte final de la Conférence d'Helsinki sur la Coopération et la Sécurité en Europe (CSCE). Les Communautés ont adopté une position commune, élaborée dans le cadre de la coopération politique

Décembre

1-2   Le Conseil européen, réuni à Rome, se prononce sur l'élection du Parlement européen au suffrage universel direct, sur un passeport unique et sur une représentation unique de la Communauté dans le dialogue Nord-Sud

29   Rapport de Léo Tindemans sur l'Union européenne, publié le 7 janvier

1976

Janvier

8   Les accords de la Jamaïque établissent que le dollar deviendrait l'étalon des monnaies, à la place de l'or

Avril

1   Entrée en vigueur de la convention CEE-ACP, signée à Lomé le 28 février 1975

1-2   Réunion du Conseil européen à Luxembourg. Premier échange de vues sur le rapport Tindemans du 7 janvier consacré à l'Union européenne

Septembre

22   Le gouvernement français adopte le Plan Barre de lutte contre l'inflation, prévoyant, entre autres, une baisse de la TVA

1977

Janvier

6   Entrée en fonction de la nouvelle Commission, présidée par Roy Jenkins (6 janvier 1977 au 6 janvier 1979)

Mars

28   Demande d'adhésion aux Communautés du Portugal

Juin

1   Entrée en vigueur du traité renforçant les pouvoirs budgétaires du Parlement

29-30   Le Conseil européen de Londres précise les missions des Conseils européens

Juillet

28   Demande d'adhésion aux Communautés de l'Espagne

Octobre

27   Roy Jenkins prend l'initiative de relancer l'Union monétaire dans un discours prononcé à l'Institut universitaire de Florence

1978

Juillet

6-7   Le Conseil européen, réuni à Brême : stratégie commune en vue de parvenir à une augmentation sensible de la croissance économique et de réduire ainsi le chômage et envisage la création d'un SME

Décembre

4-5   Le Conseil européen, réuni à Bruxelles, adopte le SME

8   « Appel de Cochin » de Jacques Chirac contre l'abaissement de la France par les Communautés et le parti de l'étranger

19   Renouvellement du mandat de Roy Jenkins, en qualité de président de la Commission, pour la période allant du 6 janvier 1979 au 5 janvier 1981

1979

Janvier

1   La France prend la présidence du Conseil des Communautés européennes

Février

5   Ouverture des négociations d'adhésion de l'Espagne et du Portugal

Mars

12-13 Conseil européen de Paris : entrée en vigueur du SME

16   Décès de Jean Monnet à Houjaray (Yvelines, France)

Mai

3   Margaret Thatcher devient premier ministre de Grande-Bretagne

28   Signature du traité d'adhésion de la Grèce

Juin

7-10 Première élection du Parlement européen au suffrage universel direct

Juillet

17-20 Simone Veil est élue présidente du Parlement européen à la majorité absolue, au second tour

Octobre

31   Signature à Lomé, au Togo, de la deuxième convention entre les États ACP et la CEE (Lomé II)

Novembre

Conseil européen de Dublin : le nouveau premier ministre Margaret Thatcher dit : « I want my money back »

1980

Février

5   Déclaration des Neuf sur l'Afghanistan : sanctions limitées à l'encontre de l'URSS alors que les États-Unis imposent un embargo sévère

Mai

19   Valéry Giscard d'Estaing tente de porter « la voix de l'Europe » dans les affaires internationales ; rencontre à Varsovie de Leonid Brejnev

30   Le Conseil parvient à un compromis sur la contribution du Royaume-Uni au budget communautaire

Juin

12-13 Conseil européen de Venise : déclaration sur le Moyen-Orient, le dialogue euro-arabe, le Liban et l'Afghanistan

1981

Janvier

1   Entrée de la Grèce dans les Communautés ; Communauté des Dix

6   H.D. Genscher prépose de renforcer la coopération politique

20   La nouvelle Commission entre en fonction, sous la présidence de Gaston Thorn

Avril

26   Élections présidentielles en France

Mai

10   François Mitterrand est élu président de la République

Juin

       Conseil européen de Luxembourg : la France propose une relance sociale européenne

25   Rapport de Gaston Thorn, président de la Commission préconisant « une stratégie globale de relance européenne »

Octobre

13   Présentation du plan Genscher-Colombo « d'acte européen » au Conseil européen de Londres

Novembre

6   L'Italie et la République fédérale d'Allemagne présentent le plan Genscher-Colombo destiné à améliorer les mécanismes institutionnels

1982

Janvier

19   Élection de Pieter Dankert à la présidence du Parlement européen

Octobre

1er Helmut Kohl, chancelier d'Allemagne fédérale

2   Visite du nouveau chancelier, Helmut Kohl, à l'Élysée

1983

Janvier

20   Vingtième anniversaire du traité de l'Élysée ; discours de François Mitterrand devant le Bundestag ; approbation du déploiement en Allemagne de nouveaux missiles nucléaires contre les SS-20 soviétiques

Février

7   Livre Vert de la Commission sur la réforme du financement de la Communauté et particulièrement de la PAC

Mars

21   Le gouvernement français choisit de maintenir le franc français dans le SME ; Delors et Mitterrand inaugurent une politique de rigueur

Juin

17-19   Conseil européen de Stuttgart : signature d'une déclaration sur l'Union européenne en retrait sur le projet Genscher-Colombo

Septembre

14   Altiero Spinelli présente au Parlement européen un projet de traité instituant l'Union européenne

1984

Janvier

1   La France prend la présidence du Conseil des Communautés européennes

Février

14   Le Parlement européen adopte à une large majorité le projet de traité instituant l'Union européenne (projet Spinelli)

Mars

19-20   Conseil européen de Bruxelles : désaccords sur le montant de la compensation à accorder au Royaume-Uni pour réduire sa contribution au budget communautaire

Juin

14-17   Deuxième élection du Parlement européen au suffrage universel direct

25-26   Conseil européen de Fontainebleau, les Dix concluent un accord sur le montant de la réduction de la contribution britannique au budget communautaire. Création du comité Adonnino (Europe des citoyens), comité Dooge (institutions) pour la révision des traités, accroissement des ressources budgétaires

Juillet

13   Signature à Sarrebruck, Allemagne, de l'accord franco-allemand relatif à la suppression graduelle des contrôles aux frontières

24   Élection de Pierre Pflimlin à la présidence du Parlement européen

Septembre

22   Kohl et Mitterrand se réunissent fraternellement sur les tombes du cimetière militaire de Verdun

Octobre

27   Les États de l'UEO décident de réactiver l'organisation signe d'un renouveau de la coopération européenne de défense

Décembre

3-4   Le Conseil européen de Dublin, Irlande, décide de renforcer le SME et d'accorder un rôle plus important à l'ÉCU

8   Signature à Lomé de la troisième convention ACP-CEE par les dix États membres de la Communauté et leurs 65 partenaires

1985

Janvier

6   La nouvelle Commission présidée par Jacques Delors entre en fonction

Mars

29-30 Rapport du comité James Dooge remis au Conseil : idée de renforcer les pouvoirs de la Commission et du Parlement, d'étendre le vote à la majorité, de créer un secrétariat politique permanent pour mettre en œuvre une politique extérieure commune

Juin

14   La Commission transmet au Conseil européen un *Livre blanc* sur l'achèvement du marché intérieur en 300 mesures ; accord de Schengen sur l'élimination des contrôles aux frontières est signé par l'Allemagne, la Belgique, la France, le Luxembourg et les Pays-Bas à Schengen (Luxembourg)

17   Eurêka, programme non communautaire, lancé à Paris par François Mitterrand

28-29 Conseil européen de Milan, les chefs d'État ou de gouvernement approuvent le *Livre blanc* de la Commission sur le marché intérieur et décident de

      lancer une conférence intergouvernementale pour une réforme institutionnelle. (ouverture de la CIG le 9 septembre à Luxembourg)

Décembre

2-4   Conseil européen de Luxembourg, les Dix décident de modifier le traité de Rome en élaborant un Acte unique européen

1986

Janvier

1er L'Espagne et le Portugal deviennent membres des Communautés. L'Europe passe à douze

Février

17-28   Signature à Luxembourg et à La Haye de l'Acte unique européen

Mars

16   Élections législatives en France

Mai

1   Entrée en vigueur de la troisième convention ACP-CEE, signée à Lomé, Togo, le 8 décembre 1984

29   Le drapeau aux douze étoiles d'or sur fond bleu, adopté par les institutions communautaires comme symbole des Communautés, est hissé pour la première fois devant le Berlaymont au son de l'hymne européen (Ode à la Joie dans la Neuvième symphonie de Ludwig Van Beethoven)

1987

Juillet

1er L'Acte unique européen entre en vigueur

Octobre

27   L'UEO déclare vouloir une Europe intégrée avec une dimension de défense et de sécurité

1988

Janvier

22   Création d'un conseil de défense franco-allemand et d'une brigade franco-allemande

Février

13   Adoption par le Conseil européen de Bruxelles du « paquet Delors I » destiné à financer la mise en œuvre de l'Acte unique (doublement des fonds structurels)

Avril-Mai

24 avril et 8 mai   Élections présidentielles en France. Réélection de François Mitterrand

Juin

5-12   Élections législatives en France

Décembre

         Conseil européen de Rhodes, les Douze acceptent un Eurêka audiovisuel

1989

Avril

17   Rapport Delors sur une UEM : parités fixes entre les monnaies, puis monnaie unique gérée par un système européen de banques centrales

Juin

15-18   Troisième élection au suffrage universel du Parlement européen

26-27   Le Conseil européen de Madrid approuve le rapport Delors sur une UEM

Juillet

1   La France prend la présidence du Conseil des Communautés européennes

Septembre

30   Assises de l'Audiovisuel à Paris : participation des pays membres du Conseil de l'Europe et des représentants de pays invités : Hongrie, Pologne, URSS et Yougoslavie

Octobre

2   Une conférence audiovisuelle tenue à Paris est conclue par une déclaration commune, émise par 26 pays européens et par la Commission, sur la création d'un « Eurêka audiovisuel »

Novembre

9   Chute du mur de Berlin

Décembre

8-9   Le Conseil européen de Strasbourg décide de convoquer une conférence intergouvernementale avant 1990 pour modifier le traité en vue des étapes finales de l'Union économique et monétaire. Adoption par onze États membres de la Charte communautaire des droits sociaux fondamentaux des travailleurs

8-9   Conseil européen de Strasbourg : Europe des citoyens et Europe de la culture. Décision prise par un vote à la majorité de convoquer deux CIG : révision des traités communautaires et UEM ; adoption de la Charte communautaire des droits sociaux fondamentaux des travailleurs par onze pays sauf la Grande-Bretagne

15   La nouvelle convention ACP-CEE est signée à Lomé, Togo, entre les Douze et 69 pays ACP

1990

Janvier

1er Mitterrand annonce un projet de confédération européenne ouverte aux pays de l'Est

Avril

18   Proposition Kohl-Mitterrand de compléter l'UEM par une Union politique

28   Le conseil européen spécial de Dublin adopte le principe de la tenue d'une seconde CIG sur l'union politique

Mai

29   Traité de Paris : création de la BERD

Juin

19   L'accord de Schengen sur la suppression des contrôles aux frontières est signé par l'Allemagne, les pays du Benelux et la France

20   La CEE et l'AELE entament des négociations officielles pour la création de l'Espace économique européen (EEE)

25-26   Le conseil européen de Dublin ouvre la seconde CIG sur l'union politique

Juillet

1er Début de la première étape de l'UEM (libération des mouvements de capitaux)

Septembre

12   Traité 2 + 4 (les deux Allemagnes, RFA et RDA + les quatre puissances victorieuses de la Seconde Guerre, États-Unis, Grande-Bretagne, URSS, France) règle définitivement la question des frontières orientales de l'Allemagne

Octobre

3   L'Allemagne est réunifiée et les *Länder* de l'ancienne Allemagne de l'Est intègrent l'Union européenne

27-28   Conseil européen de Rome ; fixation de la seconde étape de l'UEM au 1er janvier 1994

Décembre

6   Lettre de Mitterrand et Kohl insistant sur la vocation fédérale de l'Union et sur une politique de sécurité

14-15   Le Conseil européen de Rome ouvre les deux CIG sur l'union politique et sur l'Union économique et monétaire et détermine le mandat de la CIG sur l'union politique

1991

Février

4   Proposition Dumas-Gensher d'une politique de sécurité commune : idée d'établir une défense européenne commune et de créer des liens avec l'UEO

Avril

30   Création d'ARTE, chaîne de télévision franco-allemande

Juin

3   Ratification des accords de Schengen par l'Assemblée nationale française

25   La Slovénie et la Croatie proclament leur indépendance. Intervention des troupes fédérales yougoslaves ; tentative de médiation des Douze

28   Dissolution du Comecon (CAEM)

Septembre

1   Entrée en vigueur de la quatrième convention de Lomé, portant sur le développement des relations entre la Communauté et les pays d'Afrique, des Caraïbes et du Pacifique (États ACP)

30   Faute de soutien, y compris des Anglais, les Néerlandais retirent un projet atlantique de défense européenne

Octobre

4   Document signé De Michaelis et Hurd, ministres italien et anglais de la Défense : l'originalité de l'Europe unie serait d'avoir une relation spéciale avec l'Alliance atlantique

14   Mitterrand et Kohl demandent au conseil européen une relance du débat sur la défense et la PESC

21   Le Conseil parvient à un accord sur la création de EEE

30   Conférence de paix sur le Proche-Orient à Madrid, en Espagne. La Communauté se voit confier un rôle de chef de file dans le cadre des négociations multilatérales devant se dérouler ultérieurement

Novembre

7-8   Le Conseil atlantique de Rome reconnaît un rôle aux structures de défense européenne ; La Russie, la Biélorussie et l'Ukraine proclament la fin de l'URSS

Décembre

9-10   Le Conseil européen se tient à Maastricht, aux Pays-Bas. Il marque son accord sur le projet de traité sur l'Union européenne. Mitterrand propose de fixer au 1er janvier 1999 la date du passage à la troisième étape de l'UEM qui est acceptée

11   Accord à 11 sur la charte sociale européenne ; naissance d'une Europe à deux vitesses

16   Signature des « Accords européens » avec la Pologne, la Hongrie et la Tchécoslovaquie

20   Début du Conseil de coopération nord-atlantique ouvert aux pays de l'Est

23   L'Allemagne reconnaît unilatéralement la Slovénie et la Croatie

25   Mikaël Gorbatchev démissionne de ses fonctions de président de l'Union soviétique

26   Création de la CEI sur les ruines de l'URSS

1992

Février

7   Signature du traité sur l'Union européenne à Maastricht par les ministres des Affaires étrangères et ministres des Finances des États membres

Avril

6   Reconnaissance de la Bosnie-Herzégovine par la Communauté européenne et les États-Unis

Mai

2   Création de l'EEE entre la Communauté européenne et les pays de l'AELE

21   Adoption de la réforme de la PAC

22   Mitterrand et Kohl annoncent, au sommet franco-allemand de La Rochelle, la création de l'Eurocorps à partir de la Brigade franco-allemande. Opérationnel depuis le 30 novembre 1995 pour des missions dites de Petersberg

Juin

19   Le Conseil des ministres de l'UEO précise les missions de Petersberg confiées à l'UEO

Septembre

20   Référendum en France. Le peuple français ratifie le traité sur l'Union européenne par 51,05 % des votes

Décembre

6   La Suisse rejette son adhésion à l'EEE et retire sa demande d'adhésion à la Communauté européenne

11-12   Delors et Bérégovoy proposent une Initiative européenne de croissance au Conseil d'Édimbourg (politique de grands travaux)

1993

Janvier

1er Entrée en vigueur du grand marché intérieur

Mai

18   Second référendum au Danemark : 56,8 % de oui au traité de Maastricht assorti de dérogations

Juin

21-22   Le Conseil européen, réuni à Copenhague, charge la Commission de préparer un *Livre blanc* sur une stratégie à long terme en faveur de la croissance, de la compétitivité et de l'emploi ; il rappelle que l'adhésion de l'Autriche, de la Finlande, de la Norvège et de la Suède devra être effective en 1995 au plus tard et il affirme que les pays d'Europe centrale et orientale associés pourront devenir membres de plein droit dès qu'ils rempliront les critères économiques et politiques requis

Août

1er-2   Crise du SME : marges de fluctuation élargies à plus ou moins 15 %

Octobre

1er Création de l'Eurocorps franco-allemand et installation de l'État-major à Strasbourg

29   Le Conseil européen, réuni à Bruxelles, adopte une déclaration à l'occasion de l'entrée en vigueur du traité sur l'Union européenne ; il confirme l'entrée en vigueur de la deuxième phase de l'Union économique et monétaire, le 1er janvier 1994 et décide de plusieurs actions communes à mener par l'Union dans le cadre de la politique étrangère et de sécurité commune

Novembre

1   Le traité de Maastricht sur l'Union européenne entre en vigueur

Décembre

15   Dans le cadre de l'Accord général sur les tarifs douaniers et le commerce – GATT, signature à Genève d'un accord ouvrant la voie à la plus vaste libéralisation de l'histoire du commerce mondial

20   Action commune PESC destinée à élaborer un pacte de stabilité en Europe

1994

Janvier

1er Entrée en vigueur de l'EEE ; début de la deuxième étape de l'UEM, installation à Francfort-sur-le-Main de l'Institut Monétaire européen (IME)

10-11   Sommet de l'OTAN : un « partenariat pour la paix » est proposé aux pays de l'ancien bloc de l'Est ; le pilier européen de l'Alliance atlantique sera renforcé

Avril

15   Clôture du cycle de négociations commerciales internationales de l'Uruguay Round, commencées en 1986 à Punta del Este ; signature des accords de Marrakech, création de l'OMC

Mai

26-27   Ouverture à Paris d'une conférence de lancement du Pacte de stabilité en Europe sous l'égide de l'Union européenne

Juin

9-12   4ᵉ élection du Parlement européen au suffrage universel direct

24-25   Conseil européen de Corfou : adhésion de l'Autriche, de la Finlande, de la Suède et de la Norvège à l'Union ; signature par Boris Elstine d'un accord de partenariat et de coopération de la Fédération de Russie avec l'Union européenne ; veto de John Major à la désignation de Jean-Luc Dehaene à la succession de Jacques Delors à la tête de la Commission européenne

Juillet

15   Jacques Santer désigné pour succéder à Jacques Delors à la tête de la Commission européenne

19-26   M. Klaus Hänsch est élu président de l'Assemblée de Strasbourg

Novembre

28   La Norvège refuse pour la seconde fois son entrée dans l'Union par 52,2 % de non

30   Article de E. Balladur dans *Le Monde* : la théorie de l'Europe par cercles concentriques

1995

Janvier

1   La France prend la présidence du Conseil de l'Union européenne. L'Union passe de Douze à Quinze membres le 1ᵉʳ janvier 1995 en accueillant la Suède, la Finlande et l'Autriche

18   Investiture par le Parlement européen de la Commission Santer

Mars

1ᵉʳ   La Grande-Bretagne refuse l'incorporation de l'UEO à l'Union européenne

20-21   Signature du pacte de stabilité à Paris

26   Entrée en vigueur de l'accord de Schengen en Belgique, en France, en Allemagne, au Luxembourg, aux Pays-Bas, au Portugal et en Espagne

Mai

15   Le conseil de l'UEO réuni à Lisbonne décide la création de l'Euroforce et de l'Euromarforce, avec la participation de la France, de l'Italie, de l'Espagne et du Portugal

Juin

26-27   Le Conseil européen, réuni à Cannes, en France, parvient à un accord global sur les modalités de financement du huitième FED pour les pays ACP. Il confirme aussi le passage à la monnaie unique le 1ᵉʳ janvier 1999

Juillet

26   Signature de la convention créant l'office européen de Police (Europol)

Novembre

4   Révision de la convention ACP-CEE de Lomé IV

27-28 Conférence euro-méditerranéenne de Barcelone

Décembre

3   Signature à Madrid du nouveau plan d'action transatlantique entre l'Union et les États-Unis

5   La France réintègre le comité militaire de l'OTAN

6   J. Chirac et H. Kohl prévoient de développer des coopérations renforcées pour les pays qui le souhaitent

14   Signature à Paris de l'accord de Dayton, relatif à la paix en ex-Yougoslavie

15-16 Conseil européen de Madrid : choix du nom de la monnaie unique européenne (l'euro) ; ouverture au 26 mars 1996 de la prochaine CIG

1996

Février

27   Entente franco-allemande sur le principe d'abstention constructive, la création d'un poste de haut représentant de la PESC, une agence commune d'armement, la fusion de l'UEO dans l'Union européenne

Mars

29   CIG ouverte pour toiletter le traité d'Union européenne de Maastricht à Turin

Juin

3   Le Conseil atlantique réuni à Berlin se donne comme objectif de développer « l'identité européenne de sécurité et de défense au sein de l'Alliance » ; définition des GFIM

Septembre

21   Dublin, les ministres de l'Économie et des Finances de l'Union européenne s'accordent sur les grands principes d'un pacte de stabilité budgétaire entre les pays membres de l'UEM

Octobre

18   Contribution franco-allemande à la réflexion au sein de la CIG sur la « coopération renforcée » entre les pays membres désireux d'accélérer l'approfondissement de la construction européenne

Décembre

9   Jacques Chirac accepte le principe d'un système de défense européen placé au sein de l'OTAN (accord des 3 et 4 juin 1996 à Berlin et déclaration commune de Nuremberg du 9 décembre 1996)

13-14 Le Conseil européen de Dublin adopte le « Pacte de stabilité et de croissance » de l'UEM et le nouveau SME pour les États de l'Union qui resteront hors de la zone euro

1997

Mai

1er   Tony Blair (travailliste) devient premier ministre

28-29 Pacte de stabilité et de croissance adopté par les Quinze

Juin

1er   Victoire de la Gauche aux élections législatives, Lionel Jospin, premier ministre

16-18 Conseil européen, Amsterdam : accord définitif sur le « pacte de stabilité et de croissance », inclusion d'un nouveau chapitre « Emploi » dans le projet de traité, désaccord sur une réforme des institutions préalable à l'élargissement

Juillet

15   Agenda 2000 de la Commission européenne

22   Le Conseil extraordinaire de l'UEO adopte une déclaration sur le rôle de l'UEO et ses relations avec l'Union européenne et avec l'Alliance atlantique

Octobre

2   Signature du traité d'Amsterdam

Novembre

21-22 Un Conseil extraordinaire sur l'emploi se réunit à Luxembourg à la demande de Lionel Jospin

Décembre

12-13 Conseil européen de Luxembourg : création du Conseil de l'euro, décision de commencer le processus d'élargissement de l'Union, résolution en vue de coordonner les politiques économiques

1998

Mars

12   Réunion à Londres de la « conférence européenne », enceinte de consultation politique réunissant les Quinze de l'Union européenne et les Onze pays candidats à l'Union

25   La Commission européenne recommande la participation à l'euro des onze pays réunissant les critères de convergences : Allemagne, Autriche, Belgique, Espagne, Finlande, France, Irlande, Italie, Luxembourg, Pays-Bas, Portugal

30   Ouverture du processus d'élargissement aux onze pays candidats. Négociations avec les six pays les plus avancés (Hongrie, Pologne, Estonie, République Tchèque, Slovénie, Chypre)

Mai

3   Un Conseil extraordinaire décide que onze États membres remplissent les conditions nécessaires pour l'adoption de la monnaie unique au 1er janvier 1999. Le Conseil Ecofin fixe les parités bilatérales entre les monnaies des Onze membres de l'euro

Juin

1er Établissement de la Banque centrale européenne

Octobre

29   Gerhard Schröder devient chancelier d'Allemagne (coalition SPD-Verts)

Décembre

4   Sommet franco-britannique de Saint-Malo

11-12   Le Conseil européen se réunit à Vienne, en Autriche. Décision de renforcer le processus de convergence des politiques de l'emploi dans la perspective d'un pacte européen pour l'emploi, plan d'action concernant l'établissement d'un espace de liberté, de sécurité et de justice

1999

Janvier

1er L'euro (€) installé comme monnaie de compte des Européens (1 € = 6,55 FR)

12   Jacques Santer, président de la Commission européenne, sollicite la confiance du Parlement

Mars

15   Démission collective de la Commission à la suite du rapport du comité d'experts indépendants sur les allégations de fraude, de mauvaise gestion et de népotisme à la Commission

24   M. Romano Prodi, nouveau président de la Commission

24-25   Un Conseil européen extraordinaire se réunit à Berlin. Accord global sur l'Agenda 2000 ; deux déclarations sur le Kosovo, déclarations sur le processus de paix au Moyen-Orient et sur l'élargissement

Mai

1   Entrée en vigueur du traité d'Amsterdam

5   Le Parlement approuve la nomination de M. Prodi en tant que président de
        la Commission

Juin

10   Le Conseil de sécurité des Nations unies adopte le plan de paix du G8
        (occidentaux et Russie) et donne mandat à l'OTAN de déployer au Kosovo
        une force internationale de sécurité (KFOR)

10-13   Cinquième élection au Parlement européen

Septembre

10-11   Le Conseil européen d'Helsinki décide la création d'ici 2003 d'une « capa-
        cité autonome » d'intervention militaire de l'Union européenne, décide
        d'ouvrir des négociations d'adhésion avec Malte, la Lettonie, la Lituanie,
        la Slovaquie, la Roumanie, la Bulgarie et confère à la Turquie le statut de
        pays candidat

15   Le Parlement européen vote l'investiture de la nouvelle Commission

Octobre

15-16   Un Conseil européen spécial se réunit à Tampere, en Finlande. Accord sur
        un certain nombre d'orientations et de priorités politiques concernant, en
        particulier, le droit d'asile, l'immigration, l'accès à la justice et la lutte
        contre la criminalité. Il prend des décisions concernant les modalités
        d'élaboration du projet de charte des droits fondamentaux de l'Union
        européenne

Décembre

10-11   Le Conseil européen d'Helsinki ouvre une CIG sur la réforme des institu-
        tions dans la perspective des élargissements

2000

Février

2-3   Ouverture à Bruxelles de la quatrième conférence ministérielle sur les
        négociations entre l'UE et les pays ACP en vue d'un nouvel accord de
        partenariat pour le développement

4   Gouvernement autrichien comprenant des représentants du parti populiste
        d'extrême-droite de Jörg Haider, les Quatorze de l'Union européenne
        décident de suspendre leurs relations bilatérales avec l'Autriche

14   Ouverture de la conférence intergouvernementale (CIG) sur la réforme des
        institutions

Mars

1ᵉʳ   Début de mise en place de structures politico-militaires au sein du Conseil de l'Union européenne (Comité politique et de sécurité, Comité militaire, État-major)

28   Ouverture des négociations d'adhésion avec Malte, la Lettonie, la Lituanie, la Slovaquie, la Roumanie et la Bulgarie

Juin

23   Signature à Cotonou, (Benin), d'une convention entre la Communauté et les États ACP

Juillet

1   La France prend la présidence du Conseil de l'Union européenne

4   Chirac expose à Strasbourg le programme de la présidence française

Septembre

12   Les Quatorze de l'Union européenne lèvent les mesures d'isolement prises à l'encontre du gouvernement autrichien mais restent « vigilants »

Octobre

9   Après les élections du 24 septembre, Vojislav Kostunica, opposant à Slobodan Milosevic, est proclamé président de la République yougoslave. Le conseil de l'Union occidentale lève aussitôt et sans condition les sanctions contre Belgrade

Novembre

1ᵉʳ   À l'initiative de l'Union européenne, la République fédérale de Yougoslavie (Serbie-Monténégro) est admise aux Nations unies

9   La République fédérale de Yougoslavie est candidate au Conseil de l'Europe

13   Transfert à l'Union européenne des moyens militaires de l'UEO : centre satellitaire, institut d'études de sécurité, état-major

15-16   La quatrième conférence euro-méditerranéenne a lieu à Marseille, France. Contribution de l'Union européenne au partenariat pour la stabilité dans la région méditerranéenne

20-21   Force de réaction rapide européenne de 60 000 personnes : conférence d'engagement des capacités à Bruxelles

Décembre

7   Les présidents du Parlement européen, du Conseil européen et de la Commission proclament solennellement la Charte des droits fondamentaux de l'Union européenne

7-9   Le Conseil européen de Nice réaffirme que la Charte des droits fondamentaux doit bénéficier d'une diffusion aussi large que possible. Il accueille avec satisfaction l'accélération des négociations d'adhésion avec les pays candidats. Le Conseil examine aussi la politique européenne de sécurité et de défense. La conférence intergouvernementale se termine par un accord politique sur le Traité de Nice

2001

Février

26 Un nouveau traité est signé modifiant le traité sur l'Union européenne et les traités établissant les Communautés européennes (traité de Nice)

Décembre

14-15 Le Conseil européen se réunit à Laeken, en Belgique. Il adopte une déclaration sur l'avenir de l'Union ouvrant la voie à la future grande réforme de l'Union et convoque une Convention afin de préparer la prochaine Conférence intergouvernementale. Il prend également la décision de conclure, avant fin 2002, les négociations avec les pays candidats prêts à l'adhésion. Il adopte une déclaration d'opérationnalité de la politique extérieure

commune de sécurité et de défense ainsi qu'une déclaration sur le Moyen-Orient

2002

Février

28 L'euro devient la seule monnaie ayant cours légal dans les douze États participants. Séance inaugurale de la Convention sur l'avenir de l'Europe est tenue à Bruxelles

Avril

21 Premier tour des élections présidentielles en France ; début mai, Jacques Chirac élu au second tour contre Jean-Marie Le Pen

Octobre

15 Jacques Chirac demande « une solution acceptable par tous » pour le financement de l'élargissement de l'Union européenne et remet en cause le système de ristourne accordée à la Grande-Bretagne

Juillet

23 Le traité établissant la CECA expire après 50 années de fonctionnement

Novembre

22 Les deux gouvernements français et allemand publient un texte destiné à la Convention en vue de créer une Union européenne de sécurité et de défense dans le cadre des coopérations renforcées

2003

Janvier

15   Première mission de police de l'Union européenne en Bosnie-Herzégovine

Février

1ᵉʳ   Entrée en vigueur du traité de Nice

17   Un Conseil européen extraordinaire se tient à Bruxelles pour adopter une politique commune face à l'Irak

Mars

19   Accord du Parlement européen pour l'adhésion en 2004 de Chypre, l'Estonie, la Hongrie, la Lettonie, la Lituanie, Malte, la Pologne, la République slovaque, la République tchèque et la Slovénie

Avril

16   Signature du traité d'adhésion entre l'Union européenne et la République tchèque, l'Estonie, Chypre, la Lettonie, la Lituanie, la Hongrie, Malte, la Pologne, la Slovénie et la Slovaquie à Athènes

Juin

20-21   Conseil européen de Thessalonique. L'avant-projet de Constitution pour l'Union européenne bien accueilli, mais divergences. Importance des relations transatlantiques pour la stabilité de la situation internationale

25   Sommet Union européenne-États-Unis à Washington DC. L'Union européenne et les États-Unis décident de travailler en collaboration dans la lutte contre le terrorisme et la prolifération des armes

Septembre

14   Référendum en Suède sur l'adhésion à la monnaie unique. Le non l'emporte ; cinquième conférence ministérielle de l'OMC à Cancùn, Mexique. Échec

Octobre

4   Conférence intergouvernementale (CIG), Rome. Élaboration et adoption de la version finale de la première Constitution européenne. Échec, mais décision de parvenir à un accord avant fin juin 2004

16-17   Conseil européen de Bruxelles. Il se concentre sur trois sujets principaux : le suivi donné au Conseil de Thessalonique sur le droit d'asile et l'immigration, la politique économique dans le cadre de l'initiative européenne pour la croissance, et les relations extérieures

Novembre

1   BCE : Jean-Claude Trichet succède à Willem F. Duisenberg, président de la BCE du 1ᵉʳ juin 1998 au 31 octobre 2003

2004

Mai

1   Entrée en vigueur du traité d'élargissement aux dix nouveaux membres :
           Chypre, République tchèque, Hongrie, Estonie, Lettonie, Lituanie, Malte,
           Pologne, République slovaque, Slovénie.

Juin

13   Sixième élection au Parlement européen en France et, dans la semaine,
           dans les autres pays de l'Union

17-18   Le Conseil européen, réuni à Bruxelles, décide d'engager le processus
           d'adhésion de la Croatie

29   Le Conseil européen désigne M. Manuel Durão Barroso comme président
           de la Commission européenne

Juillet

20   Le nouveau Parlement européen choisit Josep Borrelle Fontelle comme
           président

Octobre

29   Les chefs d'État et de gouvernement et les ministres des Affaires étran-
           gères signent le traité établissant une Constitution pour l'Europe

2005

Mai

29   La France rejette à 54,6 % le traité constitutionnel. Le 1er juin, les Pays-
           Bas disent « non » à 61,6 % des voix, tandis qu'une dizaine de pays
           l'approuve.

Juin

16-17   Échec du Conseil européen de Bruxelles. Les dirigeants européens ne
           parviennent pas à un accord sur le budget de l'Union pour les années 2007-
           2013 : les difficultés ont porté sur le « rabais » britannique (5 milliards par
           an) et sur la PAC (44 milliards par an).

Octobre

3   Ouverture des négociations d'adhésion avec la Turquie et la Croatie.

2006

Juin

15-16   Le Conseil européen de Bruxelles décide que des propositions institution-
           nelles seraient faites au premier semestre 2007 sous présidence allemande
           et des décisions prises au second semestre 2008 sous présidence française.
           Le rythme des élargissements dépendra de la capacité d'absorption de
           l'Europe.

Septembre

26   La Commission européenne rend un avis favorable à l'élargissement de
           l'Union à la Bulgarie et à la Roumanie à compter de janvier 2007.

Bibliographie

Généralités

1957-1997, 40 ans des traités de Rome, colloque des 26 et 27 mars 1997, Bruxelles, Bruylant, 1999.

BITSCH M.-Th. (dir.), *Le couple France-Allemagne et les institutions européennes*, Bruxelles, Bruylant, 2001.

BITSCH M.-Th., *Histoire de la construction européenne*, Bruxelles, Complexe, 1996, réédition 1998.

BITSCH M.-Th., LOTH W., POIDEVIN R. (dir.), *Institutions européennes et identités européennes*, Bruxelles, Bruylant, 1998.

BITSCH M.-Th., BOSSUAT G. (dir.), *L'Europe unie et l'Afrique, de l'idée d'Eurafrique à la convention de Lomé 1*, actes du colloque international de Paris, 1er et 2 avril 2004, Bruxelles, Bruylant, 2005.

BOSSUAT G. (dir.), SAUNIER G. (avec la collaboration de), *Inventer l'Europe, Histoire nouvelle des groupes d'influence et des acteurs de l'unité européenne*, actes du colloque de l'Université de Cergy-Pontoise des 8-9 et 10 novembre 2001, Bruxelles, P.I.E. Peter Lang, 2003.

BOSSUAT G., *Les fondateurs de l'Europe unie*, Belin-sup histoire, Paris, Belin, cartes, index, bibliographies, textes. Réédition 2001.

BOSSUAT G. et VAICBOURDT N. (dir.), *États-Unis, Europe et Union européenne / The United States, Europe and the European Union. Histoire et avenir d'un partenariat difficile (1945-1999) / Uneasy Partnership (1945-1999)*, Bruxelles, P.I.E.-Peter Lang, 2001, 283 pages.

BOSSUAT G., WILKENS A. (dir.), *Jean Monnet, l'Europe et les chemins de la paix*, Paris, Publications de la Sorbonne, 1999, 540 pages. Index, bibliographie.

BUSSIÈRE E et DUMOULIN M. (dir.), *Milieux économiques et intégration européenne en Europe occidentale au XXe siècle*, Arras, Artois Presse Université, 1998.

CATALA M. (dir.), *Cinquante ans après la déclaration Schuman, Histoire de la construction européenne*, colloque international de Nantes des 11, 12 et 13 mai 2000, CRHMA, Ouest-Éditions, 2001.

DU RÉAU E., *L'idée d'Europe au XXe siècle*, Questions au XXe siècle, Bruxelles, Complexe, 1996, 372 pages.

DUCHÊNE F., *Jean Monnet, the First Stateman of Interdependance*, New York, Norton Company, 1995, 478 pages.

GERBET P., *La construction de l'Europe*, Paris, Imprimerie nationale, 1983, 3e édition 1999, 620 pages.

GERBET P., DE LA SERRE F., NAFILYAN G , (documents rassemblés par), *L'Union politique de l'Europe. Jalons et textes*, préface de Jacques DELORS, Paris, La Documentation française, 1998.

GERBET P., *La France et l'intégration européenne, Essai d'historiographie*, Berne, Peter Lang, 1995, 162 pages.

GIRAULT R., BOSSUAT G. (dir.), *Europe brisée, Europe retrouvée, nouvelles réflexions sur l'unité européenne au XXᵉ siècle*, Paris, Publications de la Sorbonne, 1994.

Le rôle des ministères des Finances et de l'Économie dans la construction européenne (1957-1978), Actes du colloque de Bercy, 26-28 mai 1999, Paris, Comité pour l'histoire économique et financière de la France (CHEFF), 2002.

LEQUESNE C., *Paris-Bruxelles. Comment se fait la politique européenne de la France*, Paris, Presses de la Fondation nationale des Sciences Politiques, 1993.

OLIVI B., *L'Europe difficile, Histoire politique de la Communauté européenne*, folio Histoire, Paris, Gallimard, 1998, 800 pages.

PITSCH R., WESSELS W., *Motor für Europa, Deutsch-französischen Bilateralismus und europäische Integration*, Bonn, Europa Union Verlag, 1990.

PRATE A., *La France en Europe*, Paris, Économica, 1995.

RIDEAU J., GERBET P., TORRELLI M., CHEVALLIER R.-M. (dir.), *La France et les Communautés européennes*, Paris, L.G.D.J., 1975.

ROUGEMONT D. DE, *Vingt-huit siècles d'Europe. La conscience européenne à travers les siècles*, Paris, Payot, 1961.

ROUSSEL E., *Jean Monnet*, Paris, Fayard, 1996, 1004 pages.

ROUSSEL E., *Charles de Gaulle*, Paris, NRF, Gallimard, 2002.

SOUTOU G.-H., *L'Alliance atlantique, les rapports politico-stratégiques franco-allemands, 1954-1996*, Paris, Fayard, 1996.

TOULEMON R., *La Construction européenne*, Paris, De Fallois, 1994, rééd., Livre de Poche, 1999.

VAN HELMONT J., *Options Européennes 1945-1985*, Bruxelles, Luxembourg, Commission des Communautés Européennes, 1986.

GPRF et IVᵉ République

AURIOL V., *Journal du septennat, 1947-1954*, Paris, Armand Colin, 1970.

BADEL L., *Un milieu libéral et européen. Le grand commerce français : 1925-1948*, CHEFF, 1999.

BELOT R. *Henri Frenay, de la Résistance à l'Europe*, Paris, Seuil, 2003.

BERSTEIN S., MAYEUR J.-M., MILZA P. (dir.), *Le MRP et la construction européenne*, Questions au XXᵉ siècle, Bruxelles, Complexe, 1993.

BEYER H. *Robert Schuman, l'Europe par la réconciliation franco-allemande*, Lausanne, Fondation Jean Monnet pour l'Europe, Centre de recherches européennes, 1986.

BITSCH M. Th. (dir.), *Jalons pour une histoire du Conseil de l'Europe. Actes du colloque de Strasbourg (8-10 juin 1995)*, Berne, Peter Lang, 1997.

BOSSUAT G., *L'Europe occidentale à l'heure américaine, 1944-1952*, Bruxelles, Complexe, 1992.

BOSSUAT G., *La France, l'aide américaine et la construction européenne, 1944-1954*, tomes 1 et 2, Paris, CHEFF, 1992, 1021 pages.

BOSSUAT G., *L'Europe des Français, 1943-1959, une aventure réussie de la IVᵉ République*, Paris, Publications de la Sorbonne, 1997, 480 pages.

BROUWER J.W.L., *Divergences d'intérêts et mauvaises humeurs, La France et les pays du Benelux devant la construction européenne, 1942-1950*, Nimègue, thèse éditée à compte d'auteur, 1997.

DALLOZ J., *Georges Bidault, biographie politique*, Paris, L'Harmattan, 1992, 468 pages.

DEIGHTON A. (ed.), *Building Postwar Europe, National Decision-makers and European Institutions, 1948-63*, Londres/New York, Macmillan Press/ St.Martin's Press, 1995.

DEIGHTON A., MILWARD A. (eds.), *Widening, Deepening and Acceleration : the European Economic Community, 1957-1963*, Baden-Baden/Bruxelles, Nomos Verlag/Bruylant, 1999, 360 pages.

DUMOULIN M., GUILLEN P., VAÏSSE M. (textes réunis par), *L'énergie nucléaire en Europe, des origines à Euratom*, Berne, Peter Lang, 1994, 198 pages.

DUMOULIN M. (dir.), *La Communauté européenne de défense, leçons pour demain ? / The European Defence Community, Lessons for the Future?*, Bruxelles, P.I.E.-Peter Lang, 2000.

DUMOULIN M. (dir.), *Plans de temps de guerre pour l'Europe d'après guerre, 1940-1947*, actes du colloque de Bruxelles, 12-14 mai 1993, Bruylant/Bruxelles, Giuffré/Milano, LGDJ/Paris, Nomos Verlag/Baden-Baden, 1995.

GERBET P., *La genèse du Plan Schuman, des origines à la déclaration du 9 mai 1950*, Lausanne, Centre de recherches européennes, 1962.

GERBET P., *La Naissance du marché commun*, Bruxelles, Complexe, 1987.

GHÉBALI E., *Vincent Auriol, le président citoyen, 1884-1998*, Paris, Grasset, 1998, 396 pages.

GIRAULT R., ZIEBURA G. (dir.), *Léon Blum, socialiste européen*, interventions, Bruxelles, Complexe, 1995.

GIRAULT R. (dir.), en collaboration avec BOULBINA S. et BOSSUAT G., *Pierre Mendès France et le rôle de la France dans le monde*, Grenoble, Presses Universitaires de Grenoble, 1991.

GOUZY J.-P., *Les pionniers de l'Europe communautaire*, Lausanne, Centre de recherches européennes, 1968.

GREILSAMMER A., *Les mouvements fédéralistes en France de 1945 à 1974*, Paris, Presses d'Europe, 1975.

HIRSCH E., *Ainsi va la vie*, Fondation Jean Monnet pour l'Europe, Lausanne, Centre de recherches européennes, 1988.

KÜSTERS H.-J., *Fondements de la Communauté économique européenne*, Baden-Baden, Nomos Verlag/Labor, office des publications officielles des Communautés européennes, 1990.

LEFEBVRE D., *Guy Mollet le mal aimé*, Paris, Plon, 1992, 561 pages.

LEVY-LEBOYER M., GIRAULT R. (dir.), *Le plan Marshall et le relèvement économique de l'Europe, colloque tenu à Bercy les 21, 22, 23 mars 1991*, Comité pour l'histoire économique et financière de la France, Paris, 1993.

LIPGENS W. (ed.), *Documents on the History of European Integration*, vol. 2, *Plans for European Union in Great-Britain and in Exile, 1939-1945*, vol. 1, *Continental Plans for European Union, 1939-1945*, Berlin/New York, De Gruyter, 1986.

MARJOLIN R., *Le travail d'une vie, Mémoires 1911-1986*, préface de Raymond BARRE, Paris, Robert Laffont, 1986.

MÉLANDRI P., *Les États-Unis face à la construction de l'Europe 1945-1954*, Paris, Pédone, 1980.

MICHEL H., *Les courants de pensée de la résistance*, Paris, PUF, 1962.

MILWARD A.S., *The European Rescue of the Nation-State*, Londres, Routledge, 1992.

MILWARD A.S., *The Reconstruction of Western Europe, 1945-51*, Londres, Methuen, 1984.

MOLLET G., « Textes choisis sur l'Europe (1948-1955) », *Bulletin de la Fondation Guy Mollet*, n° 14, novembre 1988.

PINEAU C., RIMBAUD C., *Le grand pari, l'aventure du traité de Rome*, Paris, Fayard, 1991.

PIROTTE O., *Trente ans d'expérience, Euratom, la naissance d'une Europe nucléaire*, Bruxelles, Bruylant, 1988.

POIDEVIN R., *Robert Schuman, homme d'État, 1886-1963*, Paris, Imprimerie nationale, 1986.

POIDEVIN R. (dir.), *Histoire des débuts de la construction européenne, mars 1948-mai 1950*, Bruxelles, Bruylant, 1986.

PREDA D., *Storia di una speranza. La battaglia per la C.E.D. e la federazione europea 1950-1952*, Milano, Jaca Books, 1990.

René MAYER études, témoignages et documents réunis et présentés par Denise Mayer, Paris, PUF, 1983.

REUTER P., *La naissance de l'Europe communautaire*, Lausanne, Fondation Jean Monnet pour l'Europe, Centre de recherches européennes, 1980.

ROCHEFORT R., *Robert Schuman*, Paris, Cerf, 1968.

SCHUMAN R., « Origines et élaboration du Plan Schuman », *Cahiers de Bruges*, Bruges, Collège d'Europe, 1953, n° IV.

SCHUMAN R., *Pour l'Europe*, Paris, Nagel, 1963.

SCHWABE K. (ed.), *Die Anfänge des SCHUMAN-Plans, 1950-1951, The Beginnings of the SCHUMAN-Plan, Contributions to the Colloquium in Aachen*,

May 28-30, 1986, Publications of the European Community Liaison Committee of Historians, band 2, Baden-Baden, Nomos Verlagsgeselleschaft, Milano, Giuffré, Paris, LGDJ, Bruxelles, Bruylant, 1988.

SERRA E. (dir.), *La relance européenne et les traités de Rome, actes du colloque de Rome 25-28 mars 1987*, Bruxelles, Bruylant, 1989.

SPIERENBURG D., POIDEVIN R., *Histoire de la Haute autorité de la Communauté européenne du charbon et de l'acier, une expérience supranationale*, préface de Jacques DELORS, Bruxelles, Bruylant, 1988.

TRAUSCH G. (ed.), *Die Europeische integration vom SCHUMAN-plan bis zu den vertrögen von Rom*. Actes du colloque de Luxembourg, 17-19 mai 1989, publication du Groupe de liaison des historiens auprès des Communautés, Bruxelles, Bruylant, Milan, Giuffré, Paris, LGDJ, Baden-Baden, Nomos-Verlag, 1993, 426 pages.

URI P., *Penser pour l'action. Un fondateur de l'Europe*, Paris, Odile Jacob, 1991.

VARSORI A., *Il Patto di Bruxelles (1948), tra integrazione europea e alleanza atlantica*, Roma, Bonacci, 1998.

VON DER GROBEN H., *Combat pour l'Europe. La construction de la communauté européenne, 1958-1966*, Commission des Communautés européennes, 1985, Bruxelles.

Ve République de Gaulle et Pompidou

ASSOCIATION GEORGES POMPIDOU, *Georges Pompidou et l'Europe*, Préface d'Édouard BALLADUR, Post-face de Jacques CHIRAC, Bruxelles, Complexe, 1995.

BAHU-LEYSER D., *De Gaulle, Les Français et l'Europe*, Paris, PUF, 1981.

BARNAVI E., FRIEDLANDER S. (dir.), *La politique étrangère du général de Gaulle*, Paris, PUF, 1985.

BLOES R., *Le plan Fouchet et le problème de l'Europe politique*, Bruges, Collège d'Europe, 1970.

BOEGNER J.-M., *Le Marché commun de Six à Neuf*, Paris, A. Colin, 1974.

BOZO F., *Deux stratégies pour l'Europe. De Gaulle, les États-Unis et l'Alliance atlantique, 1958-1969*, Fondation Charles de Gaulle, Paris, Plon, 1996.

COUSTE P.-B., VISINE F., *Pompidou et l'Europe*, Préface de Jacques CHIRAC, Paris, Litec, 1974.

COUVE DE MURVILLE M., *Une politique étrangère 1958-1969*, Paris, Plon, 1971.

De Gaulle en son siècle, Tome 5 L'Europe, ouvrage collectif publié par la Fondation Charles de Gaulle, Paris, Plon, La Documentation française, 1992.

DUMOULIN M., GIRAULT R., TRAUSCH G. (dir.), *L'Europe du patronat, de la guerre froide aux années soixante*, Berne, Peter Lang, 243 pages.

DUROSELLE J.-B., « L'avenir de la Communauté atlantique », in *Itinéraires, idées, hommes et nations d'Occident (XIXe-XXe siècles)*, Paris, Publications de la Sorbonne, 1992.

GUDERZO M., *Interesse nazionale e responsabilita globale, Gli Stati Uniti, l'Alleanza atlantica et l'integrazione europea negli anni di Johnson, 1963-69*, Firenze, Il Maestrale, 2000.

HALLSTEIN W., *L'Europe inachevée*, Paris, Laffont, 1970.

HEUSER B., O'NEIL R. (eds.), *Securing Peace in Europe, Thoughts for thePost-cold War Era*, Oxford, St Antony's/Macmillan series, 1992.

JOUVE E., *Le général de Gaulle et la construction de l'Europe*, Paris, LGDJ, 1967.

LECERF J., *Histoire de l'unité européenne*, Préface de Jean MONNET, Paris, Gallimard, 1965, 384 pages, tome II, *la Communauté en péril*, 1975, Tome III, *La Communauté face à la crise*, 1984.

LOTH W. (ed.), *Crises and Compromises, the European Project, 1963-1969*, Baden-Baden, Nomos Verlag, Bruxelles, Bruylant, 2001.

MAILLARD P., *De Gaulle et l'Europe entre la nation et Maastricht. Approches*, Paris, Tallandier, 1995.

MASSIP R., *De Gaulle et l'Europe*, Paris, Flammarion, 1963.

MÉLANDRI P. *Une incertaine alliance, les États-Unis et l'Europe, 1973-1983*, Paris, Publications de la Sorbonne, 1988.

NEWHOUSE J., *30 juin 1965 : crise à Bruxelles*, Paris, FNSP, 1968.

NOËL G., *Du pool vert à la politique agricole commune, tentatives de communautés agricoles européennes entre 1945 et 1957*, Paris, Économica, 1987.

POMPIDOU G., *Entretiens et discours, 1968-1974*, Préface d'Édouard BALLADUR, Paris, Plon, 1975, 2 vol.

ROUSSEL E., *Georges Pompidou, 1911-1974*, Paris, Lattès, 2ᵉ éd. 1994.

VAÏSSE M., *La grandeur. Politique étrangère du général de Gaulle 1958-1969*. Paris, Fayard, 1998.

Giscard d'Estaing

ABADIE F., CORCELETTE J.-P., *Valéry Giscard d'Estaing*, Paris, Balland, 1997, 442 pages.

BITSCH M.-Th., « Jean Monnet et la création du Conseil européen », in BOSSUAT G., WILKENS A. (dir.), *Jean Monnet, l'Europe et les chemins de la paix*, Paris, Publications de la Sorbonne, 1999, p. 399-410.

BOTHOREL J., *Un si jeune Président*, Paris, Grasset, 1995.

COHEN S., SMOUTS M.-C. (dir.), *La politique extérieure de Valéry Giscard d'Estaing*, Paris, Presses de Sciences Po, 1985.

FOURNIAUD A., *Valéry Giscard d'Estaing, entretien*, collection Mémoire vivante, Paris, Flammarion, 2001, 265 pages.

GISCARD D'ESTAING V., *Allocution lors de la cérémonie anniversaire de la déclaration de M. Robert Schuman à Paris*, le 9 mai 1975.

GISCARD D'ESTAING V., *Europe, relever le défi du plurilinguisme*, Paris, CIREEL, 1980, 30 pages.

GISCARD D'ESTAING V., *Le Pouvoir et la vie, 1*, Paris, France Loisirs, 1988, 401 pages.

GISCARD D'ESTAING V., *Entretien*, Paris, Flammarion, 2001.

GISCARD D'ESTAING V., *Démocratie française*, Paris, Fayard, 1976.

GISCARD D'ESTAING V., *Le Pouvoir et la vie. 2, L'affrontement*, Paris, France Loisirs, 1992, 486 pages.

GISCARD D'ESTAING V., *Les Français, réflexions sur le destin d'un peuple*, Paris, Plon, 2000, 341 pages.

LEBLOND L., *Le couple franco-allemand : chronique d'une relation exemplaire*, Paris, Le Monde Éditions, 1997.

MÉNUDIER H., *Le couple franco-allemand en Europe*, Asnières, Université de la Sorbonne-Nouvelle Paris III, Institut allemand d'Asnières, 1993, 360 pages.

MIARD-DELACROIX H., *Partenaires de choix ? : Le Chancelier Helmut Schmidt et la France (1974-1982)*, Berne, Peter Lang, 1993, 380 pages.

SCOTTO M., *Entretien avec Valéry Giscard d'Estaing*, publié in *Les institutions européennes*, Paris, Marabout/Le Monde Éditions, 1994.

TODD O., *La marelle de Giscard, 1926-1974*, Paris, Robert Laffont, 1977.

WEINACHTER M., *Valéry Giscard d'Estaing et l'Allemagne, le double rêve inachevé*, Paris, L'Harmattan, 2004.

François Mitterrand

ATTALI J., *Verbatim*, Paris, Fayard, 1993.

BRAILLARD P., DEMANT A., *Eurêka et l'Europe technologique*, Axes, Bruylant, LGDJ, 1991.

COHEN-TANUGI, L., *L'Europe en danger*, Paris, Fayard, 1992.

DELORS J., *Le Nouveau concert européen*, Paris, Éditions Odile Jacob, 1992.

DUHAMEL E., *François Mitterrand : l'unité d'un homme*, Paris, Flammarion, 1998.

FAVIER P., MARTIN-ROLLAND M., *La Décennie Mitterrand*, Paris, Le Seuil, 3 vol., 582 pages, 775 pages et 589 pages.

GRANT C., *Delors, architecte de l'Europe*, Georg, 1995.

LACOUTURE J., *Mitterrand, une histoire de Français*, Points, Paris, Le Seuil, 1998, 2 volumes.

MARIS B., *Saint Jacques Delors, artiste et martyr*, Paris, Albin Michel, 1993.

MITTERRAND F., *Réflexions sur la politique extérieure de la France, introduction à vingt-cinq discours, 1981-1985*, Paris, Fayard, 1986.

MITTERRAND F., *De l'Allemagne, de la France*, Paris, Éditions Odile Jacob, 1996, 247 pages.

MITTERRAND F., HAVEL V., *Sur l'Europe : allocution prononcée le 9 mai 1991, à l'occasion de la remise du prix Charlemagne*, La Tour d'Aigues, Édition de l'Aube, 1991, 58 pages.

MITTERRAND F., *Présence française et abandon*, Plon, 1957.

ROBIN G., *La diplomatie de Mitterrand ou le triomphe des apparences*, La Bièvre, 1985.

VÉDRINE H., *Les Mondes de François Mitterrand – 1981-1995*, Paris, Fayard, 1996, 441 pages.

Du même auteur

Monographies

L'Europe occidentale à l'heure américaine (Plan Marshall et unité européenne), 1944-1952, Questions au XXe siècle, Bruxelles, Complexe, 1992, 351 pages.

La France, l'aide américaine et la construction européenne, 1944-1954, 2 vol., Paris, Comité pour l'Histoire économique et financière de la France, Imprimerie nationale, réédition 1997, 1010 pages.

L'Europe des Français, 1943-1959, une aventure réussie de la IVe République, Paris, Publications de la Sorbonne, 1997, 480 pages.

Les aides américaines, économiques et militaires à la France, 1938-1960, une nouvelle image des rapports de puissance, Paris, Comité pour l'histoire économique et financière de la France, 2001, 406 pages.

Les fondateurs de l'Europe unie, Paris, Belin, Belin-sup histoire, réédition revue et augmentée, 2001, 320 pages.

Livres en collaboration

René GIRAULT (dir.), avec la collaboration de Gérard BOSSUAT, *Les Europe des Européens*, Paris, Publications de la Sorbonne, 1993, 156 pages.

René GIRAULT (dir.), en collaboration avec Robert FRANK et Gérard BOSSUAT, *Identité et conscience européennes au XXe siècle*, Paris, Hachette, 1994, 234 pages.

Jean-Louis ROBERT (dir.), avec G. BOSSUAT, F. GEORGI, P. GERVAIS, J. GIRAULT, M. MARGAIRAZ, A.-M. MATARD-BONUCCI, J.-L. ROBERT, P. SALY, *Le XXe siècle, Histoire contemporaine*, Collection Grand Amphi, Paris, Bréal, 1995, 367 pages.

Direction et co-direction d'ouvrages

René GIRAULT et Gérard BOSSUAT (dir.), *Europe brisée, Europe retrouvée, Nouvelles réflexions sur l'unité européenne au XXe siècle*, Paris, Publications de la Sorbonne, 1994, 431 pages.

Gérard BOSSUAT et Andreas WILKENS (dir.), *Jean Monnet, l'Europe et les chemins de la paix*, Paris, Publications de la Sorbonne, 1999, 540 pages.

Gérard BOSSUAT (dir.), *L'élargissement de l'Union européenne à l'Est européen, Enjeux historiques et perspectives*, Groupe de recherches sur l'histoire de l'Europe communautaire (GRHEC), série colloques et recherches de Sciences humaines, Cergy-Pontoise, *Cahiers du CICC*, septembre 1999, 165 pages.

Gérard BOSSUAT (dir.), *L'Europe de la citoyenneté, Issue of the Journal of European Integration, Revue de l'histoire de l'intégration européenne*, volume 6, n° 1, 2000,

Gérard BOSSUAT et Nicolas VAICBOURDT (dir.), *États-Unis, Europe et Union européenne, histoire et avenir d'un partenariat difficile (1945-1999)*, Études et Documents, Bruxelles, P.I.E.-Peter Lang, Euroclio n° 24, réimpression 2002, 283 pages.

Gérard BOSSUAT (dir.), en collaboration avec Georges SAUNIER, *Inventer l'Europe. Histoire nouvelle des groupes d'influence et des acteurs de l'unité européenne*, Bruxelles, P.I.E.-Peter Lang, Euroclio n° 27, 2003, 517 pages.

Marie-Thérèse BITSCH et Gérard BOSSUAT (dir.), *L'Europe unie et l'Afrique, de l'idée d'Eurafrique à la convention de Lomé 1*, actes du colloque international de Paris, 1ᵉʳ et 2 avril 2004, Bruxelles, Bruylant, 2005.

EUROCLIO – Ouvrages parus

N° 36 – *Quelle(s) Europe(s)? Nouvelles approches en histoire de l'intégration européenne / Which Europe (s)? New Approaches in European Integration History.* Katrin RÜCKER & Laurent WARLOUZET (dir.). 2006

N° 35 – *Milieux économiques et intégration européenne au XXe siècle. La crise des années 1970 de la conférence de La Haye à la veille de la relance des années 1980.* Éric BUSSIÈRE, Michel DUMOULIN & Sylvain SCHIRMANN, 2006.

N° 34 – *Europe organisée, Europe du libre-échange ? Fin XIXe siècle - Année 1960.* Éric BUSSIÈRE, Michel DUMOULIN & Sylvain SCHIRMANN, 2006.

N° 33 – *Les relèves en Europe d'un après-guerre à l'autre.* Olivier DARD et Étienne DESCHAMPS, 2005.

N° 32 – *L'Europe communautaire au défi de la hiérarchie.* Bernard BRUNETEAU & Youssef CASSIS (dir.), à paraître.

N° 31 – *Les administrations nationales et la construction européenne. Une approche historique (1919-1975).* Laurence BADEL, Stanislas JEANNESSON & N. Piers LUDLOW (dir.), 2005.

N° 30 – *Faire l'Europe sans défaire la France. 60 ans de politique d'unité européenne des gouvernements et des présidents de la République française (1943-2003).* Gérard BOSSUAT, 2005 – 2e tirage 2006.

N° 29 – *Réseaux économiques et construction européenne – Economic Networks and European Integration.* Michel DUMOULIN (dir.), 2004.

N° 28 – *American Foundations in Europe. Grant-Giving Policies, Cultural Diplomacy and Trans-Atlantic Relations, 1920-1980.* Giuliana GEMELLI and Roy MacLEOD (eds.), 2003.

N° 27 – *Inventer l'Europe. Histoire nouvelle des groupes d'influence et des acteurs de l'unité européenne.* Gérard BOSSUAT (dir.), avec la collaboration de Georges SAUNIER, 2003.

N° 25 – *American Debates on Central European Union, 1942-1944. Documents of the American State Department.* Józef LAPTOS & Mariusz MISZTAL, 2002.

N° 23 – *L'ouverture des frontières européennes dans les années 50. Fruit d'une concertation avec les industriels ?* Marine MOGUEN-TOURSEL, 2002.

N° 22 – *Visions et projets belges pour l'Europe. De la Belle Époque aux Traités de Rome (1900-1957).* Geneviève DUCHENNE, 2001.

N° 21 – *États-Unis, Europe et Union européenne. Histoire et avenir d'un partenariat difficile (1945-1999) – The United States, Europe and the European Union. Uneasy Partnership (1945-1999).* Gérard BOSSUAT & Nicolas VAICBOURDT (eds.), 2001.

N° 20 – *L'industrie du gaz en Europe aux XIXe et XXe siècles. L'innovation entre marchés privés et collectivités publiques.* Serge PAQUIER et Jean-Pierre WILLIOT (dir.), 2005.

N° 19 – *1848. Memory and Oblivion in Europe.* Charlotte TACKE (ed.), 2000.

N° 18 – *The "Unacceptables". American Foundations and Refugee Scholars between the Two Wars and after.* Giuliana GEMELLI (ed.), 2000.

N° 17 – *Le Collège d'Europe à l'ère des pionniers (1950-1960).* Caroline VERMEULEN, 2000.

N° 16 – *Naissance des mouvements européens en Belgique (1946-1950).* Nathalie TORDEURS, 2000.

N° 15 – *La Communauté Européenne de Défense, leçons pour demain ? The European Defence Community, Lessons for the Future?* Michel DUMOULIN (ed.), 2000.

N° 12 – *Le Conseil de l'Europe et l'agriculture. Idéalisme politique européen et réalisme économique national (1949-1957).* Gilbert NOËL, 1999.

N° 11 – *L'agricoltura italiana e l'integrazione europea.* Giuliana LASCHI, 1999.

N° 10 – *Jalons pour une histoire du Conseil de l'Europe. Actes du Colloque de Strasbourg (8-10 juin 1995).* Textes réunis par Marie-Thérèse BITSCH, 1997.

N° 9 – *Dynamiques et transitions en Europe. Approche pluridisciplinaire.* Claude TAPIA (dir.), 1997.

N° 8 – *Le rôle des guerres dans la mémoire des Européens. Leur effet sur leur conscience d'être européen.* Textes réunis par Antoine FLEURY et Robert FRANK, 1997.

N° 7 – *France, Allemagne et « Europe verte ».* Gilbert NOËL, 1995.

N° 6 – *L'Europe en quête de ses symboles.* Carole LAGER, 1995.

N° 5 – *Péripéties franco-allemandes. Du milieu du XIXe siècle aux années 1950. Recueil d'articles.* Raymond POIDEVIN, 1995.

N° 4 – *L'énergie nucléaire en Europe. Des origines à l'Euratom.* Textes réunis par Michel DUMOULIN, Pierre GUILLEN et Maurice VAÏSSE, 1994.

N° 3 – *La ligue européenne de coopération économique (1946-1981). Un groupe d'étude et de pression dans la construction européenne.* Michel DUMOULIN et Anne-Myriam Dutrieue, 1993.

N° 2 – *Naissance et développement de l'information européenne.* Textes réunis par Felice DASSETTO, Michel DUMOULIN, 1993.

N° 1 – *L'Europe du patronat. De la guerre froide aux années soixante.* Michel DUMOULIN, René GIRAULT, Gilbert TRAUSCH, 1993.

Les neufs volumes de la collection HISTOIRE DE LA CONSTRUCTION EUROPÉENNE, à l'origine de la création de la présente collection EUROCLIO, sont disponibles auprès des Éditions Artel (Namur) ou de leurs diffuseurs.

Ouvrages parus – Published Books

* *La construction européenne en Belgique (1945-1957). Aperçu des sources.* Michel DUMOULIN (1988)

* *Robert Triffin, le C.A.E.U.E. de Jean Monnet et les questions monétaires européennes (1969-1974). Inventaire des Papiers Triffin.* Michel DUMOULIN (1988)

* *Benelux 1946-1986. Inventaire des archives du Secrétariat Général de Benelux.* Thierry GROSBOIS (1988)

* *Jean Monnet et les débuts de la fonction publique européenne. La haute autorité de la CECA (1952-1953).* Yves CONRAD (1989)

* *D'Alger à Rome (1943-1957). Choix de documents.* Gérard BOSSUAT (1989)

* *La Guerre d'Algérie (1954-1962). Biblio- et filmographie.* Denix LUXEN (1989)

* *Le patronat belge face au plan Schuman (9 mai 1950-5 février 1952).* Elisabeth DEVOS (1989)

* *Mouvements et politiques migratoires en Europe depuis 1945.* Michel DUMOULIN (1989)

* *Benelux, « laboratoire » de l'Europe. Témoignage de Jean-Charles Snoy et D'Oppuers.* Thierry GROSBOIS (1990)

Réseau européen Euroclio

Répertoire permanent des sources et de la bibliographie relatives à l'histoire de la construction européenne

Coordination: Collège Erasme, 1, place Blaise-Pascal, B-1348 Louvain-la-Neuve

Germany:

Prof. Dr. Wilfried Loth
Dr. August Hermann Leugers-Scherzberg

Belgium:

Jocelyne Collonval
Yves Conrad
Pascal Deloge
Etienne Deschamps
Geneviève Duchenne
Prof. Michel Dumoulin
Anne-Myriam Dutrieue
Thierry Grosbois
Béatrice Roeh
Prof. Nathalie Tousignant
Arthe van Laer
Jérôme Wilson

France:

Prof. Marie-Thérèse Bitsch
Prof. Éric Bussière
Marine Moguen
Prof. Gérard Bossuat
Prof. Philippe Mioche
Prof. Sylvain Schirmann

Italy:

Dr. ssa Elena Calandri
Dr. ssa Marinella Neri Gualdesi
Prof. Antonio Varsori

Luxemburg:

Charles Barthel
Jean-Marie Majerus
Martine Nies-Berchem
Prof. Gilbert Trausch
Edmée Schirz

The Netherlands:

Dr. Anjo Harryvan
Dr. Bert Zeemann
Dr. Jan W. Brouwer

Switzerland:

Prof. Antoine Fleury
Lubor Jilek